CATALOGUE

DE LA

BIBLIOTHÈQUE COMMUNALE

DE BREST

PAR

A. MARION

Docteur en Médecine, Bibliothécaire

ET

J.-B. LOYER

Agrégé des Lettres et de Grammaire, Officier d'Académie
Bibliothécaire-Adjoint

BELLES-LETTRES

BREST
Imprimerie L. ÉVAIN-ROGER, rue Saint-Yves, 32.

1889

BIBLIOTHÈQUE

DE LA

VILLE DE BREST

BELLES-LETTRES

Offert

Au nom du Conseil Municipal de la Ville de Brest,

à la Bibliothèque de la Ville de

Le Maire,

CATALOGUE

DE LA

BIBLIOTHÈQUE COMMUNALE

DE BREST

PAR

A. MARION, ✻

Docteur en Médecine, Bibliothécaire

ET

J.-B. LOYER

Agrégé des Lettres et de Grammaire, Officier d'Académie
Bibliothécaire-Adjoint

BELLES-LETTRES

BREST

Imprimerie L. ÉVAIN-ROGER, rue Saint-Yves, 32.

1889

AVIS

Le Catalogue méthodique de la THÉOLOGIE ET DE LA JURISPRUDENCE *de la Bibliothèque communale de la ville de Brest a été imprimé en 1877, celui des* SCIENCES ET ARTS, *en 1880.*

Le volume que nous publions aujourd'hui comprend les ouvrages inscrits au Catalogue manuscrit DE L'ANCIEN FONDS *des* BELLES-LETTRES, *dressé en 1859, par M. Fleury, Bibliothécaire, et celui du* NOUVEAU FONDS *qui se compose, dans son ensemble, et sans distinction de catégories, de 14,000 volumes environ. Ce dernier a été établi, par nos soins, en 1885 et 1886.*

Notre tâche semblait, de prime abord, devoir se borner à introduire ces nouveaux ouvrages à leurs places respectives, dans l'ancien Catalogue.

Au moment de son admission à la retraite, en 1885, M. Mauriès notre prédécesseur immédiat, nous laissait, en effet, un Catalogue manuscrit, préparé pour l'impression, embrassant environ les trois-quarts des ouvrages des Belles-Lettres de l'ancien fonds.

Si le respect de la mémoire de notre ancien collègue ne nous avait fait un devoir de l'utiliser, le désir de répondre à l'impatience avec laquelle les lecteurs et l'Administration attendaient la publication de ce volume, nous eût fait considérer ce manuscrit comme une bonne fortune.

Ancien professeur de l'Université, Bibliothécaire ou Sous-Bibliothécaire, depuis plus de trente ans, bibliophile passionné, M. Mauriès avait, pour mener ce travail à bonne fin, toute la compétence désirable. Il joignait, en effet, à une intelligence vive, à une mémoire prodigieuse, que l'âge n'avait pas affaiblies, une grande érudition et des connaissances bibliographiques très étendues. Malheureusement, *de nombreuses erreurs de copiste, de fréquents lapsus calami, des omissions d'ouvrages importants, qui l'eussent frappé, s'il avait eu le temps de se relire, existaient dans son manuscrit. Cette constatation nous conduisit à revoir, en détail, un grand nombre des ouvrages dont il avait dressé le Catalogue.*

Ces incorrections, dues évidemment au grand âge de leur auteur et à son état valétudinaire, ont eu pour effet, par le travail de révision auquel elles nous ont condamnés, de retarder de plusieurs mois la publication de ce volume. Elles expliquent aussi, dans une certaine mesure, le grand nombre d'errata que nous signalons et ceux qui ont pu nous échapper, malgré le soin avec lequel nous les avons recherchés.

Nous aurions pu, à l'exemple de quelques uns de nos collègues, donner plus d'ampleur et d'étendue à notre Catalogue, en y faisant figurer les romans, les poésies et autres productions littéraires contenus dans la Revue des Deux-Mondes, la Revue littéraire, le Bulletin de la Société Académique de Brest, *et autres Revues littéraires ; mais nous avons pensé que ce serait là une superfétation coûteuse, les Tables générales de ces périodiques devant suffire, à notre avis, à guider les lecteurs dans leurs recherches, ou dans le choix de leurs lectures.*

Le Bibliothécaire,

MARION.

TABLE

DES DIVISIONS ET SUBDIVISIONS

I. — LINGUISTIQUE

	Pages.
1. — Introduction	1
A. — Origine et formation des langues. — Etymologies générales.	id.
B. — Grammaire générale et mélanges de Grammaire.	4
C. — Comparaison des langues. — Alphabets, Grammaires et vocabulaires polyglottes-généraux.	6

2. — Langues européennes anciennes et modernes

A. — Histoire. — Origines. — Dictionnaires polyglottes.	13
B. — Langues étrusques.	15
C. — Langue grecque ancienne. — Traités généraux. — Traités spéciaux. — Dictionnaires.	id.
D. — Langue latine. — Traités généraux. — Traités spéciaux. — Dictionnaires.	17

3. — Langues romanes

A. — Roman proprement dit.	23
B. — Langue française. — Origine et étymologies.	id.
Traités généraux et traités spéciaux.	25
Dictionnaires français, français-grecs et français-latins	31
Idiomes spéciaux et patois en usage dans différentes parties de la France.	36
C. — Langue italienne. — Etymologie. — Grammaires. — Dictionnaires.	id.
D. — Langues espagnole, catalane, portugaise.	37
E. — Langue celtique ou bretonne.	38
F. — Langue basque	41

G. — Langues teutoniques : allemand, flamand, hollandais. 41

H. — Langues scandinaves : mœso-gothique, suédois, danois, norwégien, islandais, groënlandais, langues ongro-finnoises ou ouraliennes. 43

I. — Langues anglo-saxonne et anglaise, avec les différents idiômes des provinces de l'Angleterre, de l'Ecosse et de l'Irlande 44

J. — Langues slaves : illyrien, russe, polonais, bohémien. 47

4. — Langues asiatiques

A. — Généralités . . . . id.
B. — Langue hébraïque 48
C. — Langues chaldéenne, syriaque, de Palmyre, phénicienne, punique, malaise. 49
D. — Langue arabe . . . . id.
E. — Langue persane. 50
F. — Langues arménienne et géorgienne . . . . id.
G. — Langues de l'Inde 51
H. — Langue chinoise . . . . id.
I. — Langues mantchoue, tartare ou mongole 52

5. — Langues africaines

Langue égyptienne ou copte . . . . id.

6. — Langue poul. — Idiomes serères

Autres langues du Soudan occidental. 55

7. — Langues américaines. . . . . . . id.

8. — Langues océaniennes. 55

II. — RHÉTORIQUE

Rhéteurs

1. — Rhéteurs grecs. 56
2. — Rhéteurs latins anciens et Rhéteurs modernes qui ont écrit en latin 57
3. — Rhéteurs français, italiens espagnols, anglais. 58

Orateurs

	Pages.
1. — Orateurs grecs.	60
2. — Orateurs latins anciens et Orateurs modernes qui ont écrit en latin.	61
3. — Orateurs français, anglais.	64

III. — POÉSIE

Introduction et Traités généraux.	73
1. — Recueil de poésies en différentes langues .	74

2. — Poètes grecs

A. — Collections et Extraits.	id.
B. — Poètes grecs anciens.	75

3. — Poètes latins

A. — Histoire et Traités sur la Poétique.	82
B. — Collections et extraits des poètes latins.	83
C. — Poètes latins anciens.	84

4. — Poètes latins modernes

A. — Histoire. — Collections et extraits.	107
B. — Poètes latins modernes, italiens et portugais de nation. . . .	108
C. — Poètes latins modernes, français de nation.	109
D. — Poètes latins modernes, allemands, flamands et hollandais de nation.	114
E. — Poètes latins modernes, anglais de nation.	115

5. — Poètes français

A. — Histoire.	116
B. — Troubadours.	id.
C. — Traités sur la poétique française.	id.
D. — Collections de poètes français.	118
E. — Trouvères et autres poètes français, depuis le xiiie siècle jusqu'après la mort de Malherbe (1628)	128

6. — Poètes français depuis 1628 jusqu'à nos jours

	Pages.
A. — Poésies de divers genres.	132
B. — Poëmes religieux, épiques, héroïques, mythologiques, chevaleresques, didactiques, descriptifs, érotiques, satiriques et badins.	143
C. — Fables, contes et idylles.	154
D. — Odes, épîtres, élégies, satires, épigrammes, madrigaux, etc.	156
E. — Cantiques, Noëls et Chansons, depuis le xiie siècle.	160
F. — Poésies en langue celtique et bretonne.	161
Poésies en divers patois de la France.	164

7. — **Poètes italiens**.	id.
G. — Poètes espagnols et portugais.	168

8. — **Poètes allemands**.	id.
9. — **Poètes scandinaves et slaves**.	169
Les poètes illustres de la Pologne au xixe siècle	id.
10. — **Poètes anglais**.	170
11. — **Poésies écossaises et irlandaises**	173
Poètes Magyares. Poésies Finlandaises.	174
12. — **Poètes orientaux**.	id.

III. — POÉSIE (Seconde partie)

Poésie dramatique

1. — Histoire générale des Théâtres et Traités généraux de l'art dramatique.	175
2. — Poètes dramatiques grecs.	id.
3. — Poètes dramatiques latins anciens, et poètes modernes qui ont écrit en latin.	176

4. — Poètes dramatiques français

A. — Histoire du Théâtre en France. — Traités sur la poésie dramatique et sur l'art du comédien.	178

DES DIVISIONS ET SUBDIVISIONS XIII
Pages.

B. — Pièces de Théâtre, depuis l'origine du Théâtre en France jusqu'à nos jours. 180

C. — Opéras, pièces de l'ancien Théâtre italien, opéras-comiques, vaudeville, etc. 200

D. — Pièces non représentées sur des théâtres publics, proverbes, pièces historico-satiriques. 201

E. — Pièces écrites en dialecte breton. . . . . id.

5. — Histoire du Théâtre italien. — Poètes dramatiques italiens . . 202

6. — Poètes dramatiques espagnols. 203

7. — Poètes dramatiques allemands. 204

8. — Poètes dramatiques anglais. . . . . id.

IV. — FICTIONS EN PROSE

1. — **Apologues ou Fables en différentes langues**. . 206

2. — Romans, contes et nouvelles

A. — Histoire des romans et collections de romans. . . . . . . id.

B. — Romans grecs. 207

C. — Romans latins, anciens et modernes. 210

D. — Romans français

A. — Romans de chevalerie 211

B. — Poëmes en prose. . . . . id.

C. — Romans de différents genres, rangés par ordre chronologique de publication. 216

D. — Romans, féeries et voyages imaginaires. 235

E. — Contes et nouvelles en prose. 236

E. Romans italiens, espagnols, etc.

Romans de différents genres. — Contes et nouvelles. 240

F. — Romans allemands. 242

G. — Romans anglais 245

H. — Romans arabes, persans, turcs, indiens, chinois. 250

APPENDICE AU TITRE IV

Pages.

Facéties et pièces burlesques. Dissertations singulières, plaisantes et enjouées sur divers sujets : sur l'amour, pour ou contre les femmes, etc. Ouvrages grotesques. 251

V. — PHILOLOGIE

1. — Philologie proprement dite.

A. — Introduction contenant les traités pour et contre les lettres, les dictionnaires et cours de littérature générale. 254

B. — Traités de critique générale et Dictionnaires pour l'intelligence des auteurs classiques. 256

C. — Philologues ou critiques grecs et latins anciens et modernes. . 257

D. — Critiques français 259

Cours de littérature spéciaux. — Traités sur différents points de critique. — Mélanges de critique.

E. — Critiques italiens, espagnols, allemands et anglais.— Mélanges. 269

2. — Satires. 269

3. — Sentences, apophtegmes, adages, proverbes. 277

4. — Bons mots, Ana, Pensées, Esprits. 279

5. — Symboles, emblèmes et devises. 286

VI. — DIALOGUES ET ENTRETIENS. . 288

VII. — EPISTOLAIRES

1. — Epistolaires grecs et latins et épistolaires modernes qui ont écrit en latin. 290

2. — Epistolaires français. 293

3. — Epistolaires italiens, espagnols, portugais, anglais, etc. . . 300

VIII. — POLYGRAPHES

Pages.

1. — Polygraphes grecs. 301
2. — Polygraphes latins anciens et polygraphes modernes qui ont écrit en latin.. 302
3. — Polygraphes français. 306
4. — Polygraphes étrangers. 328
    Italiens, espagnols, allemands, anglais. . . . . id.

IX. — COLLECTIONS D'OUVRAGES ET D'EXTRAITS
DE DIFFÉRENTS AUTEURS

Recueils de pièces; mélanges; auteurs grecs, latins, anciens et modernes qui ont écrit en latin ; auteurs français et étrangers . . 329

SUPPLÉMENT

CONTENANT LES OUVRAGES OMIS OU REÇUS APRÈS L'IMPRESSION DU CATALOGUE.

LINGUISTIQUE. 336

Poètes latins modernes

Poètes latins modernes, français de nation. . . . . id.
Poètes français depuis 1628 jusqu'à nos jours. 337
Poésie dramatique. — Pièces de théâtre depuis l'origine du théâtre français jusqu'à nos jours. . . . . id.
Pièces non représentées sur des théâtres publics. 338
Romans français. — Contes et nouvelles . . . . id.
Romans anglais . . . . id.
Philologie et traités de critique générale 339
Critiques français. . . . . id.
Polygraphes français. 340

BELLES LETTRES

I. — LINGUISTIQUE

1. — INTRODUCTION

A. — Origine et formation des Langues, Etymologies générales

1. — BERGIER (Nic.-Sylv.), Docteur en Théologie, *curé dans le Diocèse de Besançon*. — Les éléments primitifs des langues découverts par la comparaison des racines de l'hébreu avec celles du grec, du latin et du françois. Ouvrage dans lequel on examine la manière dont les langues ont pu se former et ce qu'elles peuvent avoir de commun. *(Paris, Brocas et Humblot, rue Saint-Jacques, au Chef Saint-Jean, 1764, in-12 relié.)* Sur le recto de la feuille blanche de garde, on lit : *De Kergwélen, mousquetaire du Roy, première compagnie)*, au verso : *Du Boys de la Retaudière*, et sur la page du titre : *Kergwelen de Penhoat, Regis Galliæ XV, olim anceclopetarius major.*

2. — BROSSES (le président de). — Traité de la formation méchanique des langues et des principes physiques de l'étymologie (par le président de Brosses, suivant Quérard, *dans sa France littéraire*, et Barbier 2ᵉ édit.) — *Paris, Saillant, Vincent et Desaint, 1765, in-12, 2 vol. rel., dos orné.* Le premier volume contient 9 planches, dont les deux dernières sont interverties numériquement, mais qui se rapportent à la pagination.

Dº. — Le même, avec un avis de l'éditeur où l'on trouve dans une note au bas de la page 3 une petite notice sur le président De Brosses.—*Paris, Terrelonge, an IX, in-12, 2 vol. rel. en v. f., trip. fil dorés. D. S. T. (9 planches).* Le titre courant est ainsi conçu : *Méchanisme du Langage.*

3. — COPINEAU (L'abbé). — Essai synthétique sur l'origine et la formation des langues (par l'abbé Copineau, d'après *la France littéraire*, de Quérard, et le *Dictionnaire des ouvrages anonymes*, de Barbier, 3ᵐᵉ édit.) — *Paris, Ruault, 1774, in-8° relié.*

4. — LE BRIGANT (Jacq.), Avocat. — Observations fondamentales sur les langues anciennes et modernes, ou Prospectus de l'ouvrage intitulé : *La langue primitive conservée.* — *Paris, Barrois l'aîné, 1787, in-4° relié.*

5. — SMITH (Adam). — Essai sur la première formation des langues et sur la différence du génie des langues originales et des langues composées, traduit de l'anglais d'Adam Smith, avec des notes, suivi du premier livre des *Recherches sur la langue et la philosophie des Indiens*. Extrait et traduit de l'allemand de F. Schlegel, par J. Manget, professeur de belles-lettres dans l'académie de Lausanne. — *Genève, Manget et Cherbuliez, 1809, in-12, relié.*

6. — POUGENS (Charles). — Essai sur les antiquités du Nord et les anciennes langues septentrionales. Seconde édition. Augmentée d'une notice d'ouvrages choisis sur les Religions, l'histoire et les divers idiomes des anciens peuples du Nord. — *Paris, Charles Pougens, an VII (1799, v. s.), in-8° relié*, avec :

Quelques notices sur les premières années de Buonaparte, recueillies et publiées en anglais par un de ses condisciples, mises en français par le C. B. Bourgoing, suivant Barbier, 2ᵉ édit. — *Paris, Du Pont, l'an VI de la République (45 pages)*, sans compter l'avertissement du traducteur, IV p. p.

7. — DELORMEL (J.), *avocat et ancien professeur.* — Projet d'une langue universelle, présenté à la Convention nationale. — *Paris, Beauvais, l'an 3 de la République française une et indivisible, in-8°, rel. (50 pages).*

8. — JOHANNEAU (Eloi). — Mélanges d'origines étymologiques et de questions grammaticales. — *Paris, A. Johanneau, 1818, in-8° (96 p p.), relié*, avec :

Note bibliographique sur le Festin de Pierre, de Molière (4 p. p.);

Recherches historiques sur la médecine des chinois par Lepage (11 p. p.);

Description d'un tombeau de Bollendorff, par fr. J. Muller (4 p. p.);

Lettre de M. Eloi Johanneau sur l'origine astronomique et étymolog. du nom de Belenus (4 p. p.);

Origine du rapport singulier du nom de l'année, avec celui du soleil et du loup, en celtique et en grec (4 p. p.);

Description de l'Idole des anciens Saxons, appelée Irmensul (31 p. p.) ;

Lettre de M. Eloi Johanneau à M. le chev. de Bossi (8 p. p.) ;

Dissertation sur l'origine d'un pélérinage qui se fait en dansant (12 p. p.) ;

Coup d'œil sur l'état actuel et futur du Musée des monnaies françaises, consacré à l'hist. de l'art de France (17 p. p) ;

Recherches sur la prérogative des Dames chez les Gaulois, etc., etc. (7 p. p.) ;

Histoire fabuleuse de la naissance de Charlemagne (11 p. p.) ;

Variante de l'histoire fabuleuse de Charlemagne (6 p. p.) ;

Notice sur le monument et la fable du Dragon de Niort (6 p. p.) ;

Notice sur une Idole des anciens Saxons (8 p. p.) ;

Notice sur l'origne étymologique, mythologique et historique de quelques noms de lieux et de peuples d'un canton de l'ancien évêché de Léon (9 p. p.) ;

Notice sur l'origine du culte de Saint-Sul et du denier à Dieu (4. p. p.) ;

Dissertation sur l'origine, la signification et la restitution des mots musinari et muginari... (4 p. p.) ;

Notice sur des Médailles celtiques... (8 p. p.) ;

Origine étymologique et mythologique du mot celtique *Daougan*, qui signifie *Cocu*, du mot français cocu, et d'un usage singulier relatif à ces deux noms injurieux (10 p. p.) ;

Origine du nom de Magada, déesse des Saxons... (12 p. p.) ;

Dissertation sur l'étymologie du mot *faim-valle*, *faim-galle*, ou *fraimgalle* (7 p. p.), envoi de l'auteur à M. Lehir (2 exemp.) ;

Observations sur quelques statues et représentations d'Apollon, par M. Alexandre Lenoir (16 p. p.), à M. Lehir, de la part de l'auteur de l'*Hymne au Soleil*, Eloi Johanneau ;

Couplets pour la fête de Mademoiselle Charlotte ***, le 3 Novembre 1814... On lit en tête : à Monsieur Lehir, avocat, Membre de la Chambre des Députés, de la part de l'auteur, Eloi Johanneau ;

Imitations en vers français, de Martial (8 p. p.), envoi de l'auteur E. Johanneau, à M. Lehir ;

Le Retour de l'Age d'or ou l'horoscope de Marcellus, églogue de Virgile, trad. en vers français, suivie d'un hymne au Soleil, imité d'un hymne antique, avec des notes pour l'explication des allégories, par M. Eloi Johanneau. — *Paris, A. Johanneau, 1819 (16 p. p.)*

9. — DANIEL (J.-F.) — Analactes littéraires et scientifiques. — Nouvelles étymologies. — *Saint-Brieuc, L. Prud'homme 1874, in-8°.*

BELLES LETTRES.

B. — Grammaire générale et mélanges de Grammaire

10. — COMENIUS (Joan-Amos). — J. A. Comenii Janva Linguarum reserata, cum Græca versione Theodori Simonii Holsati, innumeris in locis emendata a Stephano Curcellæo, qui etiam Gallicam novam adjunxit. Amstelodami, apud Ludovicum Elzevirum 1649. Cum privilegio. Le privil. se trouve au verso de la page en hollandais et en français. Le titre en rouge et noir, avec la marque typog. de Minerve et la devise *Ne extra oleas*, que *L. Elzévir avait adoptée dès 1642, in-8°, relié.*
Cette édit. ainsi que celle de 1865, est en latin, en grec et en français. La préface de 9 ff. et demie, est en latin et la traduct. franç. en regard. Suit l'Index titulorum, 2 pag. La Janua se compose de 266 pag. L'Index vocabulorum, avec pag. différente, en latin, en grec et en français, se compose de 238 pag. On rencontre dans les cent chapitres de cette *Janua linguarum reserata*, qui se subdivisent en mille paragraphes numérotés, une espèce d'Encyclopédie élémentaire, contenant tous les mots usuels, latins, grecs, français, au nombre de neuf mille trois cents, le même mot n'y étant presque jamais répété.

11. — LAMY (Le R. P.) — De l'art de parler. — *Paris, Pralart 1675, in-8°.*

12. — HARRIS (Jacques). — Hermès, ou Recherches philosophiques sur la Grammaire universelle, ouvrage traduit de l'anglais de Jacques Harris, avec des remarques et des additions, par François Thurot. — *Paris, imprimerie de la République, Messidor an IV, in-8° relié.*

13. — RADONVILLIERS (L'abbé de). — De la manière d'apprendre les langues, par l'abbé Cl. fr. Lizarde de Radonvilliers, suivant Barbier, 3e édit. Nouvelle édit. — *Paris, Veuve Nyon, an XI (1802), petit in-8°, relié.*

14. — SICARD (L'abbé R. A.). — Eléments de Grammaire générale, appliquée à la langue française. — *Paris, Bourlotton, an VII, in-8°, relié, 2 vol.* (Avant l'Introduction, on trouve le Décret de la Convention Nationale concernant les contrefacteurs, du 19 Juillet, l'an II de la République française une et indivisible.)

15. — D°. — Les mêmes, seconde édition. — *Paris, Deterville, an X (1801), in-8°, 2 vol. reliés.*

16. — ÉLÉMENTS DE GRAMMAIRE GÉNÉRALE, appliqués à la langue française et applicables à la langue latine. — *Saint-Brieux, L. J. Prud'homme, an VI, in-12, 2 vol. reliés.*

17. — COURT DE GEBELIN (A.) — Monde primitif, analysé et comparé avec le monde moderne considéré dans son génie allégorique et dans les allégories auquel conduisit ce génie ; précédé d'un plan général des diverses parties qui composeront ce monde primitif ; avec des figures en taille-douce ; 3 vignettes, dans le premier volume, 3 planches et un frontispice représentant Œdipe vainqueur du Sphinx. — *C. P. Marillier inv. 1773 ; A. Romanet sculp. 1773.*

Paris, Boudet, 1773 - 1784, in-4°, 9 vol. reliés

Division de cet ouvrage : Tom. Ier (il offre de nombreuses mouillures) Allégories orientales.

Tom. II. Grammaire universelle et comparative. (2 planches ; le frontispice, dont le sujet est Orphée ou les humains instruits et consolés et les animaux eux-mêmes rendus dociles par l'harmonie du discours, exécuté par Marillier, manque, parce qu'une longue indisposition de l'habile artiste auquel la gravure en avait été confiée, l'empêcha de la terminer à temps ; c'est ce que constate un avis imprimé.)

Tom. III. Histoire naturelle de la parole, ou origine du langage et de l'écriture, avec une réponse à un critique anonyme. (21 planches et frontispice représentant Mercure conduit par l'Amour. — *C. P. Marillier inv., A. Romanet sculp.*

(Manque le Tom. IV : Histoire du Calendrier.)

Tom. V. Dictionnaire étymologique de la langue françoise, précédé d'un discours préliminaire. C'est dans ce volume que l'on trouve les mots françois-celtes ou dérivés du celtique. (Frontispice représentant Puy d'Amour pour couronner le meilleur poète françois. (2 exemplaires, l'un manque du frontispice.)

Tom. VI et VII. Dictionnaire étymologique de la langue latine, avec une carte et 2 planches dans le tom. VI.

Tom. VIII. Monde primitif, analysé et comparé avec le monde moderne, considéré dans divers objets concernant l'Histoire, le Blason, les Monnoies, les Jeux, les Voyages des Phéniciens autour du monde, les Langues Américaines, etc. Ou Dissertations mêlées. Tom. Ier, remplies de découvertes intéressantes ; avec une carte, 8 planches et un monument d'Amérique.

Tom. IX. Dictionnaire étymologique de la langue grecque, précédé de recherches et de nouvelles vues sur l'origine des Grecs et de leur langue. (La *France Littéraire* de Quérard constate la rareté de ce volume.)

C. — Comparaison des langues, Alphabets, Grammaires et Vocabulaires polyglottes-généraux

18. — MERCURIUS quadrilingvis ; id est : Linguarum, ac nominatim Latinæ, Germanicæ, Græcæ et Hebraicæ ratio, ad Ferdinandum II. Magnum Etruriæ ducem. — *Basileæ, 1637, in-8°.*

19. — MENINSKI (François Mesgnien). — Francisci à Mesgnien Meninski institutiones linguæ Turcicæ, cum rudimentis parallelis linguarum Arabicæ et Persicæ.

Editio altera methodo linguam Turcicam suo Marte discendi aneta etc. — *Vindobonæ, ex-typogr. orientali schilgiono, 1756 ;* — *2 tomes en un vol. in-f°.* Venit sub insigne aurei velleris.

20. — LA CROZE (Mathurin-Vessière). — Lexicon Ægyptiaco-Latinum ex veteribus illius linguæ monumentis summo studio collectum et elaboratum à Mathurino Veyssière La Croze.

Quod in compendium redegit, ita ut nullæ voces Ægyptiæ, nullæ que earum significationes omitterentur, Christiamus Scholtz.

Notulas quasdam et indices adjecit Carolus Godefredus Woide. — *Oxonii, ex typogr., Clarendoniano. 1775, in-4° relié.*

21. — MERIAN et KLAPROTH. — Tripartitvm, sev de analogia lingvarvm Libellvs (Auctoribus and. Adolph de Merian et J. Klaproth, d'après Brunet, 5e édit.) — *Typis hayruliianis divendente Carolo Becr, Viennæ, 1820-1821.* 2 parties in-4° obl. sans changement de pagin. La deuxième partie est intitulée : Tripartiti sev de analogià Lingvarvm Libelli Continnatio 1. Manquent les deux dernières parties qui contiennent Continnatio secunda, tertia et quarta.

22. — ADELUNG (J. Chr.). — Mithridates oder allgemeine Sprachhenkunde mit dem Vater Unser als Sprachprobe in bey nahe fünfhoundert Sprachen und Mundarten ; c'est-à-dire : Mithridate, ou Science générale des langues, avec l'oraison domiuicale dans près de cinq cents langues ou dialectes. — *Berlin, in der Vossischen Buchhandlung, 1806-1817, in-8°, 4 tom. en 5 vol., rel. en v. marb. avec dentelles.* — Le titre du 2e volume est ainsi conçu après les derniers mots cités plus haut dans le titre du 1er : Grofsentheils ans Dessen Papieren fortgesetzt und Bearbeitet von Dr. Johann Severin Vater. C'est-à-dire publié et continué par J.-S. Vater, professeur et bibliothécaire de l'Université de Halle,

23. — D°. — Le même, avec ces mots après le titre cité plus haut dans le titre du 2e vol. : Mit Beuntzung ciniger Papiere desselben fortgesezt, und aus zum Theil gauz nenen oder wenig bekannten hülfsmitteln bearbeitet von Dr. Johann Severin Vater, professor der Theologie und bibliothekor an Konigsberg. — Dritter Theil. Ettic Abtheilung. — *Berlin, in der Vossischen Buchhandlung, 1812.*

Relié avec :

Berichtignngen nud zusatze zum ersten abschnitte des zweyten Bandes des Mithridates über die Cantabrische oder Baskische Sprache von Wilhelm von humbboldt. — *Berlin, 1817, m der Vossischen Buchhandeung, in-8°* (95 pages).

24. — BOPP (François). — Grammaire comparée des langues Indo-européennes, comprenant le sanscrit, le zend, l'arménien, le grec, le latin, le lithuanien, l'ancien slave, le gothique et l'allemand. Traduite sur la deuxième édition et précédée d'une introduction par M. Michel Bréal, chargé du cours de Grammaire comparée au Collège de France. — *Paris, imprimerie impériale, 1865-1874, grand in-8°.* — 5 vol. Le Ve contient : Registre détaillé rédigé par M. Francis Meunier.

25. — L'OR (Louis de), ancien Officier de Cavalerie. — Lettre adressée à la Société asiatique de Paris. — *Paris, Fain, 1823, in-8°* (16 pages). Avec : Seconde lettre adressée à la Société asiatique de Paris. — *Paris, Dondey-Dupré, 1823, in-8°.* — (45 pag. et un postcriptum).

26. — ALPHABETS DE LA PROPAGANDE ROMAINE. — Alphabeta scilicet : Alphabetum Æthiopicum cive Gheez et Amhharicum cum oratione Dominicali, salutatione Angelica, symbolo fidei, præceptis Decalogi et initio Evangelii. S. Johannis, *Romæ 1789.* — Typis Sac. Congreg. de Prop. fide. — Marque typog. avec ces mots tirés de l'apôtre Saint-Marc : Cap. XVI vers. 15. — Euntes in mundum universum, prœdicate Evangelium omni creaturæ. — (32 pag.)

Alphabetum Barmanum sev Bomanum regni Avæ finitimarumque regionum. — *Romæ* MDCCLXXI. — préface de 15 pag.

Alphabetum Brammhanicum sev Indostanum Universitatis Kasi. — *Romæ* MDCCLXXVI. — préf. de 20 pag.

Alphabetum Græcum cum oratione Dominicali, salutatione Angelica symbolo fidei, et præceptis Decalogi. — *Romæ* MDCCLXXVI — 15 pages.

Alphabetum Grandonico-Malabaricum sive Samscrudonicum (100 pag.). En regard de la page 12 se trouve le texte Malabare dont le latin offre la traduction ; plus 8 tables intercalées entre la page 88. Cap. X : de notis numeralibus Malabarum et la page 89. Cap. XI.

Alphabetum Grandonico-Malabaricum sive Samscrudonicum. — *Romæ* MDCCLXXII. — 28 pag. de préface.

Alphabeta Indica, id est : Granthamicum seu Samscrudonico-Malabaricum Indostanum sive Vanarente Nagaricum vulgare et Talinganicum. — 24 pages.

Alphabetum Tibetanum. — 138 pag. avec une table page 106, contenant : Consonæ minores simplices.

Alphabetum Tangutanum sive Tibetanum. — *Romæ* MDCCLXXIII. — 26 pages de préface.

Alphabetum Armenum cum oratione Dominicali, salutatione Angelica, Initio Evangelii S. Johannis et Cantico pœnitentiæ. — *Romæ* MDCCLXXIV. — 32 pages.

Alphabetum Barmanorum seu regni Avensis. — Editio altera emendatior. — *Romæ* MDCCLXXXVII. — Edidit Johannes Christophorus Amadatius, præses typographiæ sacræ Congregationis de propaganda fide. — 26 pages de préface, texte encadré, caractères italiques; prologue, texte encadré, caractères romains, 28 pages. — A la page XLV, se trouve : Alfabeto Barmano, o Bomano...

Alphabetum Barmanum sev Bomanum. — 51 pages.

In Alphabetum Barmanorum præfatio. — Texte encadré, 18 pages.

Alphabetum Barmanorum. — Alphabetum simplicium seu radicalium litterarum quod Barmane ex primis duabus litteris Kaghi - Khagué nuncupatur. — 46 pages, texte encadré.

Alphabetum Arabicum una cum oratione Dominicali, salutatione Angelica et symbolo fidei. — *Romæ* MDCCXCVII — 15 pages.

Alphabetum Persicum cum oratione Dominicali et salutatione Angelica. — *Romæ* MDCCLXXXIII. — 24 pages.

Alphabetum Hebraicum addito Samaritano et Rabbinico cum oratione Dominicali, salutatione Angelica et symbolo Apostolico. — *Romæ* MDCCLXXI. — 16 pages.

Alphabetum Syro-Chaldacum una cum oratione Dominicali, salutatione Angelica et symbolo fidei. — *Romæ* MDCCXCVII. — 30 pages.

Petit in-8°, 12 volumes reliés en un seul.

27. — ALPHABETA VARIA. — Un vol. contenant :

Alphabetum Romanum et ex hoc transformata quædam alia Belgicum, Hibernicum, Anglo-Saxonicum, jamque antiqvatum, Gothicum. Itemque Runicum, Hetruscum, et Szekelicum ;

Alphabetum Græcum. Atticum scil. Cum Jonico, ut et Æolico. Quæque ex Græco derivata ac novis porro ltteris aucta sunt : Ægyptiacum, et Moskoviticum, tandemque posteriori huic alioqvi vicinum Slavonicum ;

Alphabetum Hebraicum, qvod Judaicum vocant, et Assyriacum. Ut et duo illa, ex quibus natum esse perhibetur, Phœnicium, qvod et Punicum, ac Samaritanum, qvod et Hebraicum priscum appellant. Ea qvoque qvæ indè porro successivè nata sunt.

Chaldaicum, qvod Estrangelo, Syriacum, qvod Aramæum cognominant, et Arabicum antiqvum, in forma Kufica.

Alphabeti Hebraici corollarium. H. F. De accentuum Hebraicorum ratione Tabulæ insuper duæ ipsinsque accentuationis ablegmina.

Alphabetum Arabicum, idem que novis insuper literis auctum : Persicum, Turcicum, Tataricum, Malaicum, aliorumque Alkorainstarum.

Alphabetum Armenicum.

Alphabetum Gjorgjanicum.

Alphabeta fabulosa.

Alphabeta inusitata, hoc est : antiqvata, conficta, fabulosa, Spuria.

Syllabarium Æthiopicum, seu Habessinicum ; literatum et Amharicum.

Syllabarium Brachmanicum, seu Hanscriticum.

Syllabarium Japanicum geminum, e Manuscripto Meakensi alterum, alterum e Sinarum Traditione.

Syllabarium Malabaricum.

Hieroglyphicorum Ægyptiacorum specimen. — Scripturæ figurariæ Mexicanorum specimen.

Notæ numerorum illiteratæ, varii generis, Barbaricæ, Romanæ, Ciceronianæ, Indicæ, Sinicæ, Mexicanæ. Quibus annexi sunt numeri Cossici, Logistici, Decimales.

Orationis Dominicæ versiones fermè centum. — 64 pages.

Versionum orationis Dominicæ auctarium, curante Barnimo Hagio anno 1660.

Selectiorum numismatum inscriptiones nonnullæ, historicè, grammaticè et criticè consideratæ.

— Pera I. Numismata Samaritano et Judaico charactere, utrinque verò Hebraica lingua inscripta.

Selectiorum numismatum inscriptiones nonnullæ, historicè, grammaticè et criticè consideratæ.

— Pera II. Numismata Arabicis partim, partim verò Sinicis, Græcis et Latinis literis linguisque inscripta.

Antiqvæ Inscriptiones nonnullæ, quarum literæ dudum in usu esse desierunt et ignorari cœperunt, his denuò propositæ, qui ingenii vires explorare et inventricis facultatis casus obvios minimè negligere volent.

A. M. G. Geographia. Mosaica generalis ex Genesios capite decimo, cum novissima Orbis Terraquei facie, et commentariolis. — Sumptibus Godofredi Bartschii calcographi. Typis exprimebat vidua Salfeldiana, Berolini 1689. — *Petit in-4° cartonné.* — Planches.

28. — FAURE (S.). — Essai sur la composition d'un nouvel Alphabet, pour servir à représenter les sons de la voix humaine, et leurs diverses modifications, avec beaucoup plus de fidélité que par tous les alphabets connus; suivi de l'esquisse d'une nouvelle prosodie, dans laquelle on indique un moyen très commode pour noter jusqu'à 125 modifications diverses de la même voix; ce qui pourrait rendre la lecture d'une langue quelconque, comme la musique, aussi fidèlement lisible à Pékin qu'à Paris. — Avec des aperçus sur les avantages qu'on pourrait retirer du nouvel Alphabet, et sur le moyen de parvenir à former un véritable Alphabet. — *Paris, Firmin Didot frères, 1831, in-8° relié.*

29. — CALEPIN (A.) — Ambrosii Calepini Dictionarivm, in quo restituendo at que exornando hæc præstitimus. Primum non solum illud curavimus, quod ab omnibus jam solet, ut adderemus quamplurima; sed etiam, quod nemo hactenus fecit, ut multarum dictionum obscuram significationem aperiremus, etc., etc....

Marque typographie des Alde, une ancre autour de laquelle s'enroule un dauphin, et qui partage le mot Aldus en deux.

Venetiis, apud Aldi filios. MDXLVIII, *1548, in-f° parch.* (aux armes).

Au verso du dernier feuillet, on lit après series literarvm, etc... Venetiis, apvd Aldi filios MDXXXXVIII, et, sur le verso de la feuille de garde inférieure, on voit reproduite la marque typographique des Alde...

30. — D°. — Ambrosii Calepini Dictionarivm, quanta maxima fide ac diligentia fieri potuit accuratè emendatum, multisque partibus cumulatum, adjectæ svnt latinis dictionibvs Hebræ, Græcæ, Gallicæ, Italicæ, Germanicæ, et Hispanicæ.

Accesserunt insignes loquendi modi, lectiores etymologiæ, opposita, translationes, adagia ex optimis quibusque auctoribus decerpta. Huc, præter aliæ, accedunt certæ syllabarum quantitatis notæ, singulis vocibus inscriptæ; magna silua nominum, tum appellativorum, tum propriorum; ut virorum, mulierum, sectarum, populorum, Deorum, siderum, ventorum, urbium, marium, fluviorum, montium et reliquorum; ut sunt vici, promontoria, stagna, paludes, etc....

Ita ut hæc editio omnibus Thesauris et Dictionariis, quæ hactenus collecta sunt, incredibili et rerum et verborum numero sit locupletior.

Fleuron ou marque typographique représentant un Lion passant, avec ces mots, en banderole : *De forti Dvlcedo*, tirés des Juges, chap. xiv, vers. 14 ; la douceur est sortie du fort. — *Lvgdvni*, m. d. lxxxi, 1581. — Titre rouge et noir. — *In-folio, rel.*

31. — D°. — Ambrosii Calepini Dictionarivm octolingve in quo Latinis dictionibus Hebrææ, Græcæ, Italicæ, Germanicæ, Hispanicæ, atque Anglicæ adjectæ sunt.

Recensuit, defæcavit, auxitque multùm Joannes Passerativs in principe Academia Parisiensi Eloquentiæ Professor Regius, adeò ut nunc, novum hoc opus novum nomen postulet, et jam non Calepini Dictionarivm, sed Thesavrvs Lingvæ Latinæ dici mereatur.

Accesserunt etiam insignes loquendi modi, lectiores etymologiæ, antitheta, translationes, emendationes, adagia ex optimis quibusque auctoribus decerpta.

Huc, præter alia, accedunt, etc., etc ..., comme dans l'édit. précédente, sauf les mots *et reliquorum* après fluviorum, et, tout à la fin, les mots : Ac emendatior après locupletior. Porrò, quæ huic editioni accreverunt, ea obeliscis, sine hamulis hujus modi ( ) inclusimus, vt quantis auctibus præcedentivm omnivm editionum fastigium, hæc nova Passeratii editio extulerit, omnes statim videant, vnoque oculi intuitu facilè cognoscant. Marque typograph. : Ancre autour de laquelle se tortille un Dauphin avec la devise : Festina tardè. Le Dauphin désigne la vitesse, et l'ancre la solidité et la constance.

Genevæ, ex-typographia Mathæi Berjon, mdcxx (1620). — Titre rouge et noir. — *In-f°, 2 vol. rel.*

32. — D°. — Coloniæ allobrogvm, svmptibus Caldorianæ societatis 1609. — *In-f°.*

Fleuron ou marque typographique représentant la Renommée, les ailes déployées.

33. — D°. — Perfectissimus Calepinus parvus, sive correctissimum Dictionarium Cæsaris Calderini Mirani. — *In-8°.*

34. — JVNIUS (Hadrianus), Medicus. — Nomenclator Commvnivm rervm propria nomina Gallico idiomate indicans, multò quam anteà brevior et emendatior. Auctore Hadriano Jvnio, Medico, in usum Studiosorum Societatis IESV.

En ceste dernière édition a esté adioustée la langue bretonne correspondante à la latine et françoise, par Maistre Gvillaume Qviqvier, de Roscoff; en faueur de Messieurs les Escoliers des Collèges de Quimpercorentin et Vanes

A Morlaix, chez George Allienne, Imprimeur et Libraire, juré à Roüen, au Palmier Couronné, et à Quimpercorentin en sa boutique.

M.DC.XXXIII 1633. — On lit au bas de l'Extrait du privilège du Roy : Achevé d'imprimer pour la première fois, le 15 de Septembre mil six cens trente-trois, 335 pag. à 2 col., plus 12 pag. d'Index en latin et en français sur le verso du feuillet, et au recto se trouve le breton, mais, par l'inadvertance du relieur, le texte breton se trouve parfois ne pas coïncider avec le latin et le français. — *in-16 cart.*

35. — HOURWITZ (Zalkind), ancien interprète de la Bibliothèque nationale. — Polygraphie, ou l'art de correspondre, à l'aide d'un dictionnaire, dans toutes les langues, même dans celles dont on ne possède pas seulement les lettres alphabétiques. — *Paris, an 9, in-8°, rel.*

36. — BOULARD (M. A. H.). — Essai de traduction interlinéaire des cinq langues, hollandaise, allemande, danoise, suédoise et hébraïque, savoir :

1° D'une traduction, en vers hollandais, des distiques de Caton ;

2° D'une traduction en vers allemands, du poëme de l'Homme des Champs, par l'abbé Delille ;

3° D'une traduction danoise, des fables de Lessing ;

4° D'une traduction suédoise, de quelques odes d'Anacréon ;

5° De la traduction allemande de quelques-uns des Conseils moraux, de Muret ;

6° Et de plusieurs pseaumes et cantiques hébreux. — *Paris, Fuchs, Germinal an dix.* — *Mars 1802, in-8° relié*, avec :

Distiques de Caton, en vers latins, grecs et français, suivis des quatrains de Pibrac, traduits en prose grecque par Dumoulin ; le tout avec des traductions interlinéaires ou littéraires du grec. — *Paris, Fuchs, Thermidor an X.* — *Août 1802, in-8°.*

37. — D°. — Traductions interlinéaires des six langues allemande, suédoise, danoise, anglaise, portugaise et hébraïque, savoir :

1° D'Hermann et Dorothée, poëme allemand de Goëthe ;

2° D'une traduction allemande de l'Art poétique de Boileau ;

3° D'une traduction suédoise du premier acte de Mérope ;

4° De quelques morceaux anglais, suédois et portugais ;

5° Et de quelques morceaux hébreux. — *Paris, Fuchs, Messidor, an X.* — *1802, in-8° relié*, avec :

Essai d'un Télémaque polyglotte ; ou les aventures du fils d'Ulysse, publiées en langues française, grecque-moderne, arménienne, italienne, espagnole, portugaise, anglaise, allemande, hollandaise, russe, polonaise, illyrienne, avec une traduction en vers grecs et latins, par Fleury Lécluse, professeur au Prytanée-Militaire-Français. — *Paris, J. M. Eberhart, 1812, in-8°.*

38. — JULLIEN (B). — Thèses de grammaire. — *Paris, Hachette, 1855, in-8°.*

39. — GIRARD DE RIALLE et JULIEN VINSON. — Revue de linguistique et de philologie comparée, Recueil trimestriel, publié par....— *Paris, Maisonneuve et Cie, 1882 et suiv., de 1880 à 1887.*

---

2. — LANGUES EUROPÉENNES ANCIENNES ET MODERNES

A. — Histoire. — Origines. — Dictionnaires polyglottes

40. — DENINA (L'Abbé CHARLES). — La Clef des langues ou observations sur l'origine et la formation des principales langues qu'on parle et qu'on écrit en Europe. Berlin MDCCCIV (1804). — *in-8°, 3 vol. rel., chez Mettra, libraire du roi.* — En tête du Tome second, se trouve la dédicace : A son Auguste Majesté, Napoléon, Empereur des françois.

41. — VENERONI (JEAN). — Le Dictionnaire impérial, représentant les quatre langues principales de l'Europe, sçavoir :

I. L'italienne expliquée par la françoise, l'allemande et la latine.

II. La françoise expliquée par l'italienne, l'allemande et la latine.

III. L'allemande expliquée par la françoise, la latine et l'italienne.

IV. La latine expliquée par l'Italienne, la françoise et l'allemande.

Ouvrage fort utile pour ceux qui veulent entendre les vieux et les nouveaux autheurs, et apprendre les dites langues, avec les manières de parler et d'écrire à la moderne. Premièrement composé par le célèbre interprète et maître de langue, J. Veneroni, et présentement accentué par tout, corrigé, et considérablement augmenté par Nicolas de Castelli. Avec ce privilège de leurs Majestés impériale, et Polonnoise, et de son altesse Electorale de Saxen.

Imprimé à Franc-fort sur le Mein, chez les héritiers de Zounner, et J. Adam joung. L'an MDCCXIV (1714). *In-4° cart.* (Donné par M. E. Fleury.)

42. — PELL (G.). — Le Vocabulaire anglois, flamand, françois et latin ; où l'on montre la grande convenance des trois dernières langues avec les premières ; on a aussi accentué les mots *anglois*, et ajouté des remarques pour apprendre facilement un grand nombre de mots de ces langues.

— Vocabularium Anglo-Belgico-Gallico-Latinum : in quo, trium posteriorum linguarum cognatio cum prima ostenditur : præterea vocibus *anglicis* accentus adscripti sunt : atque observationes adjunctæ, ut copiam verborum facilius addiscere queant harum linguarum studiosi.— *Utrecht, E. Neaulme, 1735, petit in-8° rel.* — A la fin se trouve : The art of Travelling to advantage (9 pages).

43. — GIRAUDEAU (Le P. Bonaventure), *de la Société de Jesus*. — Introductio ad Linguam Græcam complectens Iliadis Homericæ quatuor priores Libros græco-latinos. Cum duplici rudice vocum, cùm Græcarum tùm Latinarum, ad usum Rhetoricæ. — *Rupellæ, ex typographia R. J. Desbordes. Et veneunt Parisiis, apud M. Bordelet, 1755, in-12 rel.*

44. — ANTONINI (L'abbé A.). — Dictionnaire italien, latin, et françois ; contenant non seulement un abrégé du Dictionnaire de la Crusca ; mais encore tout ce qu'il y a de plus remarquable dans les meilleurs Lexicographes, Etymologistes et Glossaires, qui ont paru en différentes langues. 1re Edit. — *Venise, Francois Pitteri, 1745, in-4°, 2 vol. rel.* (Le 1er vol. a le titre en rouge et noir. Le tome second a pour titre : Dictionnaire françois, latin, et italien...)

45. — D°. — Dizionario italiano, latino e francese, in cui si contiene, non solamente un compendio del Dizionario della Crusca, ma encora tutto ciò che v'ha di piu rimmarchevole ne' migliori Lessicografi, Etimologisti, e Glossari ; usciti fin ora alla luce in diverse lingue ; nuova edizione. Riveduta, corretta, e notabilmente accresciuta. — *In Lione, appresso Pietro Duplain, 1770, in-4°, 2 vol. Reliure pleine en basane, avec fil. dorés.* Titre rouge et noir. — Le 2° vol. porte pour titre : Dictionnaire françois, latin et italien, contenant non seulement un abrégé du Dictio^{re} de l'Académie, mais encore tout ce qu'il y a de plus remarquable dans les meilleurs Lexicographies, Etymologistes et Glossaires, qui ont paru en différentes langues. Nouv^{elle} édit. Revue, corrigée, et très-considérablement augmentée.

46. — SEJOURNANT (N. de). — Nouveau Dictionnaire espagnol, françois et latin, composé sur les Dictionnaires des Académies royales de Madrid et de Paris. Nouvelle édit. *1790, in-4°, 2 vol. rel.* Le 2me vol. cont. le Dict^{re} françois-espagnol.

47. — SOBRINO (F.). — Sobrino anmentado o nuevo diccionario de las lenguas espanola, francesa y latina, con un diccionario abreviado de Geografia, en donde se hallan los nombres de los Reynos, de las Ciudades, de los Mares y Rios del Mundo.

Nueva edicion, aumentada de un Suplemento de muchos verbos nuevos y sacados de los Diccionarios de la real Academia de Madrid, de Sejournant y de Gattel. En Leon de francia, por J. B. Delamollière 1791, *in-4°, 2 vol. rel.* Le 2me est intitulé : Nouveau Dictionnaire de Sobrino, françois, espagnol et latin, composé sur les meilleurs Dictionnaires qui aient paru jusqu'à présent. Nouvelle édit. corrigée et augmentée d'un supplément considérable de mots recueillis dans les Dictionnaires de l'Académie de Madrid, Sejournant et Gatelle.

48. — INTERPRÈTE (L'), ou le maître de langues modernes. Journal anglais, français et italien, au moyen duquel on peut apprendre seul les langues anglaise, française et italienne. 1er n° Août 1834, et dernier n° Juillet 1836, *in-4° rel.*

49. — DIEZMANN (JOHANN-AUGUST). — Nouveau Dictionnaire de poche des quatre langues principales de l'Europe, tiré des meilleurs auteurs qui aient écrit dans ces langues, français-allemand-anglais-italien. Edit. stéréotype. — *Leipzig, 1836, Baumgærtner, in-4°, 2 vol. rel.*

B. — Langues étrusques

50. — LANZI (LUIGI). Saggio di lingua etrusca e di altre antiche d'Italia per servire alla storia de' popoli delle lingue, e delle Belle-Arte. Da Luigi Lanzi, — *In Roma, nella Stamperia Pagliarini, 1789, in-8°, 2 vol. rel.* — Le 1er vol. contient : 1 Preliminari ; e il Trattato degl Alfabeti e lingue de gl'Itali antichi ; et le 2e : Le Iscrizioni della Etruria Media e delle sue adjazence. (On trouve à lafin : 16 planches.)

C. — Langue grecque ancienne et moderne
Traités généraux et spéciaux. — Dictionnaires

51. — GAIL (J.-B.). — Nouvelle Grammaire grecque, à l'usage des Ecoles centrales. VIe vol. de la collection in-4°. — *Paris, Baudelot Eberhart, l'an VII, in 4° cart.* — (A la fin, 8 Tableaux de conjugaisons.)

52. — BURNOUF (J.-L.). — Méthode pour étudier la Langue grecque. — *Paris, Delalain, 1838, in-8°.*

53. — C. L LANCELOT, Ant. ARNAULT et Pierre NICOLE. — Nouvelle méthode povr apprendre facilement la Langve greqve ; contenant les règles des déclinaisons, des conjvgaisons, de l'investigation du Thème, de la Syntaxe, de la quantité, des accens, des dialectes et des licences poëtiques. Mises en françois, dans vn ordre très-clair et très-abrégé. Avec vn grand nombre de remarques très-solides et très-nécessaires pour la parfaite connoissance de la langue Greque et pour l'intelligence des auteurs. (Par C. L. Lancelot, Ant. Arnauld et Pierre Nicole, suivant Barbier, 3ᵉ édit.) — *Paris, de l'Imprimerie d'Antoine Vitré. Chez Pierre le Petit, imp. et lib. ordin. du Roy, ruë S. Jacques, à la Croix d'Or, 1635, in-8°, anc. rel.*

54. — D°, d°. — La même. Seconde édition. — *Paris, de l'Imprimerie d'Antoine Vitré, chez Pierre le Petit, imprimeur et libraire ordinaire du Roy, ruë S. Jacques, à la Croix d'Or, 1658, in-8°, anc. rel.*

55. — D°, d°. — La même. Nouvelle édition, corrigée et augmentée de nouveau. — *Paris, veuve Brocas et Denis-Jean Aumont, au Chef S. Jean, et Charles-Nicolas Poirion, à l'Impereur, 1754, in-8° rel.*

56. — D°, d°. — Abrégé de la novvelle méthode povr apprendre facilement et en peu de temps les Principes de la Langve greqve. Seconde Edition. — *A Paris, de l'Imprimerie d'Antoine Vitré. Chez Pierre le Petit, imp. et libr. ord. du Roy, ruë S. Jacques, à la Croix d'Or, 1656, in-8°, anc. rel.* — Très joli fleuron représentant une corbeille de fleurs. (On lit dans le Privilège dv Roy : « *Et l'Abrégé pour apprendre facilement et en peu de temps les principes de la langue Greque, fait par le mesme auteur* que celui de la nouvelle méthode, etc... » Et dans l'advis av lectevr, l'auteur dit : Je donneray, bien-tost, s'il plaist à Dieu, vn petit Jardin des Racines Greqves...)

57. — MYNAS (C. Minoïde), *Ex-professeur de Philosophie et de Rhétorique en Macédoine.* — Orthophonie grecque, ou Traité de l'accentuation et de la quantité syllabique, avec quelques considérations sur la ponctuation et sur les chapitres et les paragraphes ; suivie de notes sur les différences qui se remarquent entre le grec ancien et le grec vulgaire. — *Paris, J. S. Merlin, 1824, in-8° rel.*

58. — SVIDAS. — Svidæ historica, cæteraque omniaque ulla ex parte ad cognitionem rerum spectant : Opus jucunda rerum varietate, et multiplici eruditione refertum :

Liberalite Magnif. et Generosi viri D. Caroli Villingeri, Baronis à Schæneberga : Cæsareæ Majestati à consilijs : opera ac studio Hier. Vvolfii annis abhinc xvii, in Latinum sermonem conuersa; nunc verò et emendata, et aucta.

Accessit nunc demum rerum et verborum extra ordinem Alphabeticum memorabilium Index, priore editione (multis sane locis deprauata), propter publicam calamitatem, prœtermissus.

On lit : à droite et à gauche de la marque typographique d'Hervagius, de Basle, le Terme des trois Mercures, tenant d'une main le caducée et de l'autre la Crosse d Episcopius ou Bischop, de Basle. — Basileæ, ex officina Hervag. per Evsebivm Episcop. — *1581, in-folio, rel.* : Sur la feuille qui se trouve après l'Index ont été reproduits ces mots : Basileæ, ex officina Hervagiana, per Evsebivm Episcopivm, anno 1580, et, au verso, la marq. typog...

59. — CHŒRADAMUS (Joannes). — Lexicopator etymon ex variis doctissimorum hominum lucubrationibus, per Ioannem Chœradamum, eloquiorum sacrorum Regium Lutotiæ professorem, congestum. — *Parisiis, apud Guilelmum Roland in vico Longobardorum, et Hieronymum Gormontium sub insigni trium coronarum argentearum, via ad P. Iabocum anno nostræ salutis* MDXLIII (1548). *Texte à 2 colon., in-folio rel. pleine en v. D. S. T.* Les plats et les entre-nervures du dos sont parsemés de fleurs de lys d'or, fil. dorés et dent... frontisp. grav. représentant les 4 évangelistes avec leurs attributs, l'adoration des Mages, etc., armoiries sur les plats. Au verso du titre se trouvent sept lignes manuscrites utiles à consulter pour les bibliophiles, et la signature Henricus de Gaumont.

60. — HOOGEVEEN (H.) — Doctrinæ particularum, linguæ Græcæ, auctore et oditore H. Hoogeveen, Lugduni Batavorum, typ. *Dammaeno, 1769, in-4°, 2 vol. rel.* Fleuron représentant une ruche d'abeilles, des moutons etc., un vaisseau avec une devise en grec.

61. — PLANCHE (Jos.). — Dictionnaire grec-français, composé sur l'ouvrage intitulé Thesaurus linguæ Græcæ, de Henri Etienne, où se trouvent l'explication des mots de la langue Grecque, leur étymologie, leur sens propre et figuré, et leurs diverses acceptions, justifiées par des exemples choisis avec soin, et vérifiés sur les originaux. Nouvelle édit. — *Paris, Le Normant, 1817, in-4°, rel. en v. marb.*

D. — Langue latine

Traités généraux. — Traités spéciaux. - Dictionnaires

62. — LE COZ (J.), *Instituteur.* — Grammaire latine. — *Quimper, Y. J. L. Derrien, 1811, petit in-8°, cart.*

63. — LANCELOT (Cl.), ARNAULD (Ant.) et NICOLLE (Pierre). — Nouvelle Méthode pour apprendre facilement la langue latine. (Par Cl. Lancelot, Ant. Arnauld et Pierre Nicolle, suivant Barbier, 3ᵉ édit.), contenant les règles des Genres, des Déclinaisons, des Prétérits, de la Syntaxe, de la quantité, et des accens Latins ; mises en françois avec un ordre très-clair et très-abrégé. Présentée au Roy. Augmentée d'un grand nombre de remarques très-solides, et non moins nécessaires pour la parfaite connoissance de la langue latine que pour l'intelligence des bons auteurs, tirées de tous ceux qui ont travaillé sur cette langue avec plus de soin et de lumière. Avec un Traité de la Poësie latine, et une brève Instruction sur les règles de la Poësie françoise. Dixième édition. — *Paris, Denys Mariette, 1709, in-8°, anc. rel. dos orné.* (Titre rouge et noir.)

64. — Dº, dº. — Abrégé de la nouvelle Méthode présentée au Roi, par MM. de Port-Royal, pour apprendre facilement la langue latine ; contetenant les rudimens réduits en un nouvel ordre. Avec les règles des Genres, des Déclinaisons, des Prétérits, etc., etc... (Par Claude Lancelot, suivant Barbier, 3ᵉ édit.) — *Paris, J. Barbou, 1789, in-12 rel.*

65. — MANUEL *des Grammairiens*, divisé en trois parties. — *Lyon, Molin, 1711, in-12.*

66. — TRICOT. — Les Rudimens de la langue latine, à l'usage des collèges de l'Université de Paris. — *Besançon, Métoyer aîné, 1800, in-12 cart.*

67. — GUEROULT (P.-C.-B.) — Nouvelle méthode pour étudier la langue latine à l'usage des Lycées et des Ecoles secondaires, 5ᵉ édit. — *Paris, De Delance et Lesueur, an XII, 1804, in-4° cart.*

68. — LHOMOND (L'abbé Ch. fr.). — Rudiment, ou Grammaire latine. Nouvelle édit. augmentée de 197 notes... et suivie d'une Table raisonnée des matières, par P. Alexandre Lemare. — *Paris, Bachelier, an XIV, 1805, in-12.*

69. — Dº. — *Paris, Dezobry, 1838, in-12.*

70. — MARESCHAL (L. F.), ex-oratorien, Directeur du Collège de Vendôme. — Essai d'une Grammaire latine, élémentaire et raisonnée. — *Paris, A. Egron, 1808, in-12 cart.*

71. — POTTIER (F.-G.). — Nouveau système d'enseignement du latin, ou essai sur la valeur des propositions latines, développée par des figures, et sur la possibilité de soumettre l'étude des langues anciennes et modernes à l'esprit d'analyse et à la méthode rigoureuse des mathématiciens ; précédé d'observations sur les inconvénients du système actuel d'instruction publique. — *Paris, Roret, 1829, in-8° rel.*

72.— LEMARE (P.-A.).— Cours théorique et pratique de la langue latine, ou abréviateur et ampliateur latins, suivi du Novitius, ou dictionnaire pour ceux qui apprennent le latin, dans lequel ils peuvent trouver d'eux-mêmes tous les mots et faire de suite toutes sortes de thèmes et de versions. Nouvelle édit. comprenant les édit. précédentes du Panorama et de l'abréviateur latins, avec des perfectionnements et des développements qui font de cet ouvrage un traité vraiment complet de principes, accompagnés de tous les moyens nécessaires d'exécution. — *Paris, Prairial an XII (1804), in-4° obl. 2 vol. rel.*

73. — ESTIENNE (H.). — De Latinitate falsò suspecta, expostulatio Henrici Stephani.

Lectori no metueda in Lat. metueti.

Tunc pudore taces, quia barbarus esse vereris ?

Eia, metum et linguam solve, Latinus eris.

— Eivsdem de Plavti latinitate Dissertatio, et ad lectionem illius Progymnasma.

— *Anno* M. D. LXXVI (1576). *Excudebat Henricus Stephanus, in-8°, v. f., triples filets dorés, dos orné. D. S. T.* (Marque typ. adoptée par H. Estienne et la même que celle de son père : L'Olivier, avec cette devise : *Noli altum sapere...*)

Faisons remarquer, avec M. Ant. Aug. Renouard (membre de l'Imprimerie de Estienne), une Dédicace ou Épître à Jér. de Chastillon, président du Parlement de Lyon, datée *e Grieriana nostra villa. — Id. febr. anno 1576.* — Savante et instructive, cette pièce de 9 pp. est une sorte d'introduction à l'ouvrage, et non, ce qui n'est que trop fréquent, un fade et oiseux panégyrique de quelque insignifiant Mécène.

74. — CASTIUS SADIUS (JOACHIMVS JOSEPHVS). — Latinæ orationis Particvlas ex criticis observationibvs Stewechii fabri Gesneri facciolati Sanctii Borrichii aliorvmque principvm Philologorvm de integro collectas, addito etiam tvm Latinarvm, tvm Lusitanarvm locvtionvm indice locvpletissimo pro stvdentivm commodo vernacvlo Sermone illvstravit, recensvit, digessit, etc., etc... Joachimvs Josephvs Costivs Sadivs apvd Regale nobilivm Adolescentvm Collegivm Romanarvm litterarvm regivs professor. — *Olisipone, Typis Regiæ officinæ, 1776, petit in-8°, rel. v. rac.* — L'Epît. dédicat., en portugais, au Marquis de Pombal, est signée de l'aateur Joaquim José da Costa e Sa.

75. — SIBILLON, *Maître ès Arts et pension à Etampes*. — Principes de traduction, ou les diverses manières de rapprocher les tours de la Langue françoise de ceux de la Langue latine, afin de rendre fidèlement et élégamment le françois et le latin.— *Orléans, Rouzeau-Montant, 1785, in-8° rel.*

76. — FERRI DE ST. CONSTANT (J. L.), *Proviseur du Lycée d'Angers.* — Rudimens de la traduction, ou l'art de traduire le latin en français, ouvrage élémentaire, contenant un cours de latinité. — *Angers, Fourier-Mame, et Paris, Arthus Bertrand, 1808, in-12.*

77. — D°. — Les mêmes. Seconde édit. — *Angers, Fourier-Mame, et Paris, Arthus Bertrand, 1811.* (A cette époque, l'auteur, comme le titre de l'ouvrage nous l'apprend, était Recteur de l'Académie d'Angers.) *In-12, 2 vol.*

78. — BONDOT (JOANNES). — Dictionarium universale latino-gallicum ex omnibus latinitatis auctoribus, etc. — *Parisiis, apud Augustum Delalain, 1805, in-4°.*

79. — VOSSIUS (GERARDUS JOANNES). — Gerardi Joannis Vossii Etymologicon linguæ latinæ. Præfigitur ejusdem de litterarum permutatione tractatus. — *Amstelodami, apud Ludovicum et Danielem Elzevirios, 1662.* — Cum S. C. Majestatis, Ordiumque Hollandiæ et West-Frisiæ, Privilegiis. Titre rouge et noir. Marq. typog. : l'Olivier avec la Minerve tenant de la main droite la lance à la hampe de laquelle flotte un drapeau, et de l'autre gauche le bouclier où l'on distingue la tête de Méduse entourée de ses petits ; à ses pieds est le hibou. On lit la Devise en banderole : Ne extra oleas. Titre rouge et noir. Epit. dédicatoire d'Isaac Vossius, 2 pag Avis de l'Editeur, 1 pag. Le *Tractatus de literarum permutatione*, non chif., est contenu en 58 pag. à 2 colon., et l'Etymologicon en 606 pp. *In-f°, anc. rel.* Armoiries sur les plats ; celles de Feydeau de Brou (Denis), conseiller au Parlement de Paris, vers 1620 : *Ecartelé : au 1, vairé d'or et d'argent, au chef de gueules chargé d'un lion léopardé d'argent, qui est Hennequin ; au 2, d'azur, à la merlette de sable, au chef d'azur chargé de trois besants d'or qui est* DU BOUCHET ; au 3, d'azur, à la levrette courante d'argent acculée de gueules et bouclée d'or, qui est de Nicolaï ; au 4, d'azur, à la bande de pourpre ou d'argent accompagnée de deux dragons d'or qui est BAILLET ; et sur le tout, d'azur, au chevron d'or accompagné de 3 coquilles de même, 2 en chef, 1 en pointe, qui est FEYDEAU. L'Ecu repose sur un ovale feuillé. Cet exemplaire, relié aux armes de Feydeau, porte aux angles et au dos, entre les nervures, deux O entrelacés et que des flèches en sautoir traversent à leurs centres respectifs.

80. — ESTIENNE (Robert). — Roberti Stephani lexicographorum principis Thesaurus linguæ latinæ, in IV tomos divisus, cui post novissimam Londinensem editionem, complurium eruditorum virorum collectis curis insigniter auctam, accesserunt, nunc primum Henrici Stephani Rob. f. annotationes autographæ ex codice Biblioth. P. Civit. Genev.

Nova cura recensuit, digessit, ab auctorum citationibus atque interpretationibus falsis, interpolationibus supervacuis mendisque quamplurimis repurgavit, suas que passim animadversiones adjecit Antonius Birrius filiater Basil.

Basileæ, typis et impensis E. et J. R. Thurnisiorum frat. MDCCXL *(1740-1743), in-f°. 4 vol. rel. en v. dos orné, filets...* (fleuron, grav. par Redinger. On distingue le portrait de Robert Estienne, sa devise : *Noli altum sapere,* et les mots *Thesaurus,* et *erudit ditatque.*

L'édition, dont nous avons un exemplaire, est moins belle que celle de Londres, mais les savants la préfèrent, parce qu'elle contient des augmentations et des corrections plus exactes. L'éditeur a employé des notes dont H. Estienne fils de Robert, avait orné un exempl. de l'édit. de 1573, conservé dans la bibl. de Genève, comme on le voit d'ailleurs en lisant attentivement le titre latin que nous avons reproduit...

81. — LAURENBERG (Jean). — Jani Gulielmi F. Laurenbergi Antiquarius, in quo præter antiqua et obsoleta verba ac voces minus usitatas, dicendi formulæ insolentes, plurimi ritus Pop. Rom. et Græcis peculiares exponuntur et enodantur. Opus ex plurimis latinæ linguæ auctoribus multo labore concinnatum, et juxta alphabeticam seriem digestum, quod cuivis prolixi commentarii loco esse potest. Adjecta est in fine vetustiorum vocum ex glossariis aliquot collecta farrago. *Lugduni, typis Joannis Anard. 1622.* Superiorum permissu, *in-4°.*

82. — GARDIN DUMESNIL (J. B.). — Synonymes latins, et leurs différentes significations, avec des exemples tirés des meilleurs auteurs ; à l'imitation des synonymes françois de l'abbé Girard. Nouvelle édit. revue, corrigée sur l'édit. originale, et augmentée de plus de quatre cents synonymes avec explication, par N. L. Achaintre éditeur d'Horace, de Perse et de Juvénal. — *Paris, Aug. Delalain, 1815, in-8° rel. en v. rac. dos orné.*

83. — DUFRESNE (Ch.). — Sieur du Cange. Glossarium ad scriptores mediæ et infimæ latinitatis, auctore Carolo Dufresne, Domino Du Cange, Regi à Consiliis, et Franciæ apud Ambianos quœstore. Editio nova, locupletior et auctior, opera et studio monachorvm ordinis S. Benedicti è Congregatione S. Mauri. — *Parisiis, sub Oliva Caroli Osmont, via San-Jacobæa,* M. DCC. XXXIII (1733) Titre rouge et noir. Marq. typog. où l'on distingue la Minerve avec l'Olivier : Olea Minervæ, en banderole. Grav. par.... Frontisp. représentant le génie de la Latinité.... — Latinitas — dans l'attitude de la douleur en présence des ruines accumulées par l'incendie qui consume une ville, sans doute celle de Rome, et des bûchers ou les barbares jettent pêle-mêle les monuments écrits. On lit au bas : Lutetiæ Parisiorum curà et impensis Caroli Osmont, M. DCCXXXIII. S. le Clerc inv. Entre le titre et la préface, très-beau portrait de Du Cange. P. Giffart fecit. On y voit les armes de Du Cange : *d'or, à un frêne arraché de sinople.* Ce sont les mêmes que portait Mahaius du Fresne, vivant en 1348. — *In-folio, 6 vol., rel. cart. marb., filets. dos orné, nervures.* Et :

Glossarium novum ad scriptores medii ævi, cum latinos, tum gallicos, seu Supplementum ad auctiorem Glossarii Cangiani editionem. Subditæ sunt, ordine alphabetico, voces gallicæ usu aut significatu obsoletæ, quæ in Glossario et Supplemento explicantur.

Accedunt varii Indices, præcipuè rerum extra ordinem Alphabeticum positarum, vel quas ibi delitescere non autumaret Lector, atque auctorum operumve emendatorum.

His demum adjuncta est Cangii dissertatio de inferioris ævi aut Imperii numismatibus, quam excipiunt emendationes typographicæ ad postremam Glossarii editionem. Collegit et digessit D. P. Carpentier, V. S P. Præpositus S. Onesimi Doncheriensis. — *Parisiis, apud Le Breton, Saillant et Desaint, 1766, in-folio, 4 vol. rel. en v. marb., filets, dos orné; en tout 10 vol.* — Sur le 1er vol. du Supp., on voit un frontisp. portant en médaillon le portrait de Louis XV couronné de lauriers, avec ces mots : Ludovico XV regi dilectissimo Patriæ ac literarum parenti Glossarium novum ad scriptores medii ævi munificentia ipsius editum dicat vovet consecrat Petrus Carpentier. Piauger, inv., Loyer, sculp.

84. — DANET (T.). — Magnum Dictionarium Latinum et Gallicum ad usum Delphini. — *Lugduni, Deville, 1738, in-4°.*

85. — D°. — Le même. — *Lugduni, Deville, 1740, in-4°.*

86. — VOIMONT (Magnier de, L. M.). — Novitius, seu Dictionarium latino-gallicum, Schreveliana methodo digestum ou Dictionnaire latin-français. *Lutetiæ Parisiorum, C. Huguier, 1721, in-4°, 2 vol.* (2 ex.)

87. — NOEL (Fr.). — Dictionarium latino-gallicum. Dictionnaire latin-français, composé sur le plan de l'ouvrage intitulé : Magnum totius latinatis lexicon de facciolati, où se trouvent tous les mots des différents âges de la langue latine, leur étymologie, leur sens propre et figuré, et leurs diverses acceptions, justifiées par de nombreux exemples choisis avec soin et vérifiés sur les originaux. Huitième tirage. — *Paris, Le Normant, 1813, grand in-8° rel.*

3. — LANGUES ROMANES

A. — Roman proprement dit

88. — LACOMBE (F.). — Dictionnaire de la langue romane, ou du vieux langage françois. — *Paris, Saillant, Desaint, Durand et Panckoucke, 1768, in-8°, rel. en v. marb. Triples filets dorés.*

Barbier, dans la seconde édit. des ouvrages anonymes et pseudonymes, attribue cet ouvrage à La Curne de Sainte-Palaye, et il ajoute : « François Lacombe a publié un second volume en 1767 ; on croit qu'il a eu beaucoup de part au premier. » Mais nous lisons dans la 3e édit. : « On attribue souvent ce vol. à La Curne de Sainte-Palaye. C'est une grave erreur, née d'une confusion ; il n'a paru, on le sait, qu'une faible partie du grand ouvrage entrepris par Sainte-Palaye. Quant à notre vol., ce n'est qu'une réédition du 1er vol. de l'ouvrage de F. Lacombe : « Dictionnaire du vieux langage françois », dont on a réimprimé uniquement le titre et la première feuille G. M. »

Quérard, dans sa France littéraire, dit : Le 1er vol. a reparu, en 1768, sous le titre de *Dictionnaire de la langue romane, ou du vieux langage françois.*

Notre exempl. se compose d'un discours sur l'origine et les révolutions des langues celtique et françoise. (Liv. pp. et du Dictiore proprement dit, qui comprend 498 pp.)

89. — TOURTOULOU (Ch. de), O. BRINGUIER. — Etude sur la limite géographique de la langue d'Oc et de la langue d'Oil, avec une carte.

Premier rapport à M. le Mtre de l'Instruction publique, des Cultes et des Beaux-Arts. Extrait des archives des Missions scientifiques et littéraires. — *Paris, Impie Natle 1876 ; 3e série, tome 3e, in-8°.*

90. — REVUE DES LANGUES ROMANES. — Publiée par la Société pour l'étude des langues romanes. De 1882 à 1887. — *Paris, Maisonneuve. Montpellier, au Bureau des publications de la Société, 1887.*

B. — Langue française. Origine et Étymologie

91. — LITTRÉ (E.). — Histoire de la Langue française. Etudes sur les origines, l'étymologie, la grammaire, les dialectes, la versification et les lettres au Moyen-Age. — *Paris, Didier et Cie, 1863, in-8°, 2 vol.*

92. — LABBE (Le R. P. Philippe), *de la Compagnie de* Jésvs. — Les Etymologies de plvsieurs mots françois, contre les abus de la secte des hellénistes dv Port-Royal. Sixiesme partie des racines de la langue grecque — Paris, chez Gvillavme et Simon Benard, ruë S.-Jacques, vis-à-vis du Collège des R. R. P. P. Jésuites, m.dc.lxi, 1661. — *Petit in-12 rel. en parch.*

Cet *ouvrage curieux*, comme le dit une note manuscrite sur la feuille de garde qui se trouve avant le faux titre, se compose d'un Epistre à MM. de l'Académie françoise, 9 p. p.; d'un advertissement avx lectevrs cvrievx des premiers principes de nostre langue françoise, 37 p. p. dont une se trouve interposée par le relieur dans celles de l'Epistre ; des tesmoignages de Scaliger le père, de Barthivs, et de Vives, 6 p. p. — Le tout non chiffré.

Les Etym. se composent, pour la première partie, de 535 p. p. sans compter les add., corrections ; la seconde partie, avec changement de pag. se compose de 192 p. p.

93. — MÉNAGE (G.) — Dictionnaire étymologique de la langue françoise, avec les origines françoises de M. de Caseneuve, les additions du R. P. Jacob et de M. Simon de Valhebert, le discours du R. P. Besnier sur la science des étymologies, et le vocabulaire hagiologique de M. l'Abbé Chastelain. Nouvelle éd. dans laquelle, outre les origines et les additions ci-dessus, qu'on a insérées à leur place, on trouvera encore les étymologies de Messieurs Huet, le Duchat, de Vergy, et plusieurs autres. Le tout mis en ordre corrigé et augmenté, par A. F. Jault, Docteur en Médecine, et Professeur en langue Syriaque, au Collège royal.

Auquel on a ajouté le dictionnaire des termes du vieux françois, ou trésor des recherches et antiquités gauloises et françoises de Borel, augmenté des mots qui y étoient oubliés, extraits des dictionnaires de Monet et Nicot, et des auteurs anciens de la langue françoise. — Paris, Briasson, 1750. Une épître dédicatoire au Roi de Prusse, datée de Berlin, le 22 Novembre 1749, est signée : Le très-humble et très-soumis serviteur et sujet, Formey. — *In-folio, 2 vol. rel. en v. jasp. dos orné avec nervures.*

94. — ROCHEFORT (César de), *Docteur ès Droits, agrégé à l'Université de la Sapience de Rome, Juge des appellations du Comté de Grôlée, et Juge ordinaire des terres du prieuré de S. Benoît pour Monsieur l'Abbé de la Chaize.* — Dictionnaire général et curieux, contenant les principaux mots, et les plus usitez en la langue françoise, leurs définitions, divisions et étymologies ; enrichies d'éloquens discours, soutenus de quelques histoires, de passages des Pères de l'Eglise, des autheurs et des poëtes les plus célèbres, anciens et modernes : avec des démonstrations catholiques sur tous les points qui sont contestez entre ceux de l'Eglise Romaine, et les gens de la Religion prétendue Réformée. Ouvrage très-utile et très-nécessaire à toutes sortes de personnes, et particulièrement à ceux qui veulent composer, parler et publier, et diriger les âmes, qui trouveront dans ce volume une riche bibliothèque et une table très-fidèle des matières capables de satisfaire l'esprit des lecteurs, par la grande diversité des sujets dont il traite. — Première édition. — *Lyon, Pierre Guillimin, ruë Belle-Cordière, 1685, in-folio rel.*, titre rouge et noir, fleuron représentant une femme couronnée de fleurs, assise sur une colonne, tenant sur ses genoux une ruche d'où s'échappe un essaim d'abeilles, et sur laquelle se pose une de ses mains ; de l'autre elle tient un bouquet de fleurs, et, d'une corbeille ou d'une corne d'abondance tombent des fruits et des fleurs. On lit en banderoles : Collecta magis quam sparsa placebvnt, et au bas : Delin. et sculp, Lugd. — Après l'épit. dédicatoire et l'avis au lecteur, on trouve 3 pièces de vers curieuses à lire.

95. — PIHAN (A. P.), *compositeur pour les langues orientales à l'Imprimerie royale*. — Glossaire des mots français tirés de l'arabe, du persan et du turc, contenant leur étymologie orientale en caractères originaux, leur définition, et des remarques philologiques sur les erreurs des étymologistes, relativement à la racine, au sens ou à l'orthographe d'un grand nombre de ces mots ; précédé d'une méthode simple et facile pour apprendre à tracer et lire promptement les caractères arabes, persans et turcs. — *Paris, Benjamin Duprat, 1847, in-8° rel.*

Traités généraux et traités spéciaux

96. — BUFFIER (Le Père Cl.), *de la Compagnie de Jésus*. — Grammaire françoise, sur un plan nouveau, avec un traité de la prononciation des *e*, et un abrégé des règles de la Poësie françoise. Nouvelle éd. — *Paris, Musier, 1729, in-12 rel.* — On lit ces mots manuscrits en tête du titre : Sem. Brestensis, S. J.

97. — GIRARD (L'Abbé Gabr.) — Les vrais principes de la langue françoise, ou la parole réduite en méthode, conformément aux lois de l'usage, eu seize discours. — *Paris, Le Breton, petit-fils d'Houry, imprimeur ordinaire du Roi, rue de la Harpe, au Saint-Esprit, 1747, in-12, 2 vol. rel.*, armoiries sur les P., celles de Choiseul, duc de Praslin, mort le 7 Décembre 1791, d'azur à la croix d'or cantonnée de 18 billettes de même, 5 en chaque canton du chef posées en sautoir, et 4 en chaque canton de la pointe, posées 2, 2. Des lions pour supports.

98. — D°. — Les mêmes. — *Paris, Le Breton, 1747, in-12, 2 vol. rel.* — Le premier vol. de cette édit, comparé à celui de la précédente, contient 459 p. p., tandis que ce dernier n'en contient que 432 ; le deuxième vol. comparé à celui de l'édition précédente ou de l'exemplaire cité plus haut, contient 500 p. p., et l'autre n'en compte que 468, sans avoir égard à l'approbation ni au privilège. — *Ex libris Aug^{te} Cavelier.*

99. — RESTAUT (P.) — Abrégé des principes de la grammaire françoise, dédié aux enfants de France, Monseigneur le Duc de Berry, Monseigneur le Comte de Provence, et Monseigneur le Comte d'Artois, 8me édit., revue par l'auteur, et augmentée des principes généraux de l'orthographe françoise. — *Paris, Lotin, le jeune, 1776, in-12, rel.*

100. — BARTHÉLEMY (L.), *de Grenoble*. — Grammaire des Dames, ou nouveau traité d'orthographe françoise, réduite aux règles les plus simples, et justifiée par des morceaux choisis, de poësie, d'histoire, etc., 5e édit. entièrement refondue, augmentée d'un tableau simplifié des synonymes de notre langue, et imprimée sous les yeux de l'auteur. — On distingue cette épigraphe : Peu de ronces et beaucoup de roses. — Pont-de-Vaux. — *Chez J. P. Moiroud, se trouve à Paris et à Lyon, 1797, in-8° rel. en v. rac. fil. dos orné.*

101. — GALIMARD ou GALLIMARD (P. J.) — Rudiment des Dames, ou méthode abrégée, simple et facile, pour se perfectionner en moins de *trois mois*, dans l'étude de la langue françoise et l'orthographe... 9e édit., augmentée d'un vocabulaire des mots homonymes les plus utiles, et d'un traité de calcul. Le vocab. et le traité de calcul manquent. Ils se vendaient séparément. On trouve, au verso du titre, le nom de Galimard désigné comme l'auteur de cet ouvrage.

102. — DANIEL (J. F.) — Récréations grammaticales, 2e édit. — *Rennes, A. Marteville et Lefas, 1842, in-8° rel.* (planche reproduisant une épître en rebus).

103. — WAILLY (N. F. DE). — Principes généraux et particuliers de la langue françoise, confirmés par des exemples choisis, instructifs, agréables et tirés des bons auteurs ; avec des remarques sur les lettres, la prononciation, la quantité, les accents, la ponctuation, l'orthographe et un abrégé de la versification françoise, 3e édit. — *Paris, J. Barbou, 1765, in-12.* — (Marq. typog. les Cigognes qu'on attribue ordinairement pour signe à Nivelle et à Cramoisy, de Paris).

104. — D°. — Principes généraux et particuliers de la langue françoise, suivis d'un abrégé de versification, par M. de Wailly, alors membre de l'Institut, 12e édit. revue et augmentée par M. de Wailly, Proviseur du Lycée Napoléon. — *Paris, veuve Barbou, 1808, in-12 rel.*

105. — TELL. — Exposé général de la langue française, avec les idées, les systèmes et les principes de l'ancienne et de la nouvelle école, les projets de réforme, la codification et la langue universelle. — *Paris, Morris et Cie, 1863, in-18.*

106. — DOMERGUE (F. N) — Grammaire françoise simplifiée. Nouvelle édit. — *Paris, Durand neveu, et se trouve à Lyon, chez J. S. Grabit, 1782, in-12, rel.*

107. — PHILIPON-DE-LA-MADELAINE (L.), *de l'Académie de Lyon.* — Grammaire des gens du monde, ou la langue française, enseignée par l'usage. — *Paris, Capelle et Renaud, 1807, in-12.*

108. — VAUVILLIERS (Mademoiselle). — Nouvelle méthode pour enseigner le français aux demoiselles, ou le guide des mères qui dirigent elles-mêmes l'éducation de leurs filles, seconde édit. — *Paris, F. Guitel, 1813, in-12.*

109. — MUSY (L'Abbé), *aumônier de la Marine royale, à Brest.* — Nouvelle Grammaire française, appuyée sur les autorités les plus éminentes, telles que l'Académie, Boiste, Levisac, Girault-Duvivier, Estarac, Wailly, Napoléon Landais, etc., et disposée d'après une méthode simple et lucide, qui facilite l'enseignement aux maîtres et l'étude aux élèves. — *Brest, Mme veuve Lefournier, 1842, in-12.*

110. — GOUZIEN (Alain). — Nouvelle Grammaire française. — Brest, Louis Gouzien, éditeur. - *Imprimerie J. P. Gadreau, petit in-8°, 1871.* (A la Bibliothèque de la ville, hommage de l'éditeur.)

111. — D°. — Dictées françaises, faisant suite à la nouvelle Grammaire. — *Paris, librairie de l'Ecole de la Sorbonne. — Brest, typ.-lith. Gadreau.* (A la Bibl. de la ville, hommage de l'éditeur-propriétaire.)

112. — VAUGELAS (Claude Fabre de). — Nouvelles remarques sur la langue françoise, ouvrage posthume, avec des observations de M. Allemane, suivant une note manuscrite insérée sous ce titre, auteur de la guerre civile des françois sur la langue, avocat au Parlement. — *Paris, Guillaume Desprez, 1690, in-12 rel.* (D'après M Weiss ce recueil, dont l'éditeur est Allemane, avocat de Grenoble, a peu de chose près, ne roule que sur des phrases absolument surannées, même du temps de Vaugelas, en sorte qu'on peut raisonnablement croire que c'est le rebut de ses premières remarques.)

113. — D°. — Remarques sur la langue françoise, avec des notes de Messieurs Patru et T. Corneille. — *Paris, Didot, 1738, in-12, 3 vol.*

114. — D°. — Nouvelle édition, contenant des notes et une introduction, par Chassang. — Versailles, Cerf et fils. — *Paris, J. Baudry, 1880*, *2 vol. in-8°*.

115. — MÉNAGE (G.) — Observations de Monsievr Ménage svr la langve françoise, seconde édit. — *Paris, Clavde Barbin, au Palais, sur le second perron de la Sainte-Chapelle, 1675-1676, 2 vol. rel.* — Le second contient la seconde partie, précédée d'un avis av lectevr, de 21 p. p. non chiff. (Sur la feuille de garde précédant le titre de ces vol., se trouvent 21 lignes manuscrites qui roulent sur Vaugelas, Bonhours, Ménage et le dictionnaire de Trévoux.)

116. — OLIVET (L'Abbé). — Remarques sur la langue françoise. — *Paris, Barbou, 1767, in-12, rel.* Fleuron représentant un olivier avec cette devise en banderole, faisant allusion au nom d'Olivet ; *fructu et foliis*, on y distingue aussi 2 cigognes.

117. — LEMARE (P. A.) — Cours théorique et pratique de la langue française. — *Paris, 1807, in-4°*.

118. — D°. — Le même. Idéologie, lexigraphie, prononciation, syntaxe, construction, ponctuation, où 5,000 exemples, pris dans Pascal, Bossuet, Fénélon, Racine, La Fontaine et autres classiques, servent à fonder les règles et présentent des modèles de tous les genres et de tous les styles ; seconde édit., entièrement refondue et augmentée d'un *Dictionnaire de prononciation*, d'un traité complet d'orthographe d'usage, de plus de 4,000 citations, et terminée par une table complètement alphabétique, de plus de 15,000 articles, en forme de Dictionnaire grammatical. — *Paris, Henry Grand, 1819, in-8°, 2 vol.* (sans changement de pagin.), *rel.*

119. — D°. — Exercices de langue française, contenant plus de 4,000 exemples pris dans Bossuet, Pascal, Fénélon, Molière, La Fontaine, Boileau, Racine et autres classiques, employés tant pour fonder les théories que pour servir de texte aux thèmes ; les principes et les détails des six parties de la grammaire, idéologie ou classification, lexigraphie, prosodie, syntaxe, construction et ponctuation ; cent quatorze exercices chiffrés, où passent et repassent en revue toutes les difficultés de la langue parlée et de la langue écrite, avec les moyens de déchiffration, et les renvois au corrigé, et une table générale des matières de plus de 8,000 articles, etc., sur la nouvelle édition du Cours de langue française, par le même auteur. — *Paris, Henry Grand, 1819, in-8°, rel.*

120. — FABRE (L'Abbé). — Syntaxe françoise, ou nouvelle Grammaire simplifiée, nouvelle édit. — *Paris, 1804, in-12 rel.* (Le titre est tracé à la main).

121. — D°. — *Paris, Delalain, 1818.*

122. — DU MARSAIS (César Chesneau). — Des tropes, ou des différens sens dans lesquels on peut prendre un même mot dans une même langue. Nouvelle édit.— *Paris, David, 1757, in-8° rel.* (Le libraire adresse une épître dédicatoire : à Madame la Marquise de Pompadour, dame du Palais de la Reine).

123. — D°., d°. — *Paris, Dufaut, an III, in-18, 2 vol.*

124. — A. BATTEUX (L'Abbé). — Des tropes et de la construction oratoire. — *Tulle, R. Chirac, 1793, in-12, rel.*

125. — D°. — Des tropes, ou des différents sens dans lesquels on peut prendre un même mot dans une même langue, par M. du Marsais, suivi de la construction oratoire, par M. l'Abbé Batteux. — *Saint-Brieuc, Prud'homme frères, 1811, in-12, rel.*

126. — DU MARSAIS et BARTOUX. — Des tropes ou des différens sens dans lesquels on peut prendre un même mot dans une même langue. Nouvelle édit. — *Paris, Dufart, rue Honoré, an III, in-18, 2 vol.*

127. — D°, d°. — Des tropes ou des différens sens dans lesquels on peut prendre un même mot dans une même langue ; nouvelle édit. augmentée d'une construction oratoire, par l'abbé Batteux.— *Paris, Auguste Delalain, 1816, in-12, rel. car. rac.* (La reliure porte sur le dos les initiales Ch.)

128. — ROUBAUD (L'abbé P. J. A.). — Synonymes français; nouvelle édition, par ordre alphabétique, soigneusement corrigée et augmentée d'un très grand nombre de Synonymes. — *Paris, Bossange, an IV* (1796, ère vulgaire), *in-8°, 4 vol. rel. en v. rac.*

129. — GIRARD (L'abbé). — Synonymes françois, leurs différentes significations, et le choix qu'il en faut faire pour parler avec justesse, et traité d'une prosodie françoise. par M. l'abbé d'Olivet, avec une dissertation de M. Durand sur le même sujet. — *A Genève, les frères Cramer et Cl. Philibert.* (Nouvelle édition), *Amsterdam, J. Wetstein, 1762, in-12 rel.*

130. — D°. — Les mêmes. Nouvelle édition considérablement augmentée, mise dans un nouvel ordre et enrichie de notes, par M. Beauzée. — *Paris, Le Breton, 1769, in-12, 2 vol. rel.*

131. — D°. — Les mêmes. Nouvelle édition. Suivie de la prosodie françoise, édition de 1767, et des Essais de grammaire, par l'abbé d'Olivet. — *Rouen, Vve Depierre Dumesnil, 1794, in-12, 2 vol. rel.*

132. — GALLON, *Instituteur et Professeur de littérature latine et françoise à La Rochelle.* — Traité des homonymes. — *La Rochelle, Vincent Cappon, in-8º* (16 pp., texte à 2 colon.).

133. — DAIRE (Le R. P. E.), *sous-prieur des Célestins de Lyon.* — Les épithètes françoises, rangées sous leurs substantifs ; ouvrage utile aux poëtes, aux orateurs, aux jeunes gens qui entrent dans la carrière des sciences, et à tous ceux qui veulent écrire correctement. — *Lyon, Pierre Bruys et Ponthus, 1759, in-8º rel.*

134. — LEQUIEN (E. A). — Traité de la conjugaison des verbes, ouvrage qui peut servir de supplément à la plupart des grammaires élémentaires qui ont paru jusqu'à ce jour. 10e édition. — *Paris, Werdet et Lequien fils, 1828, in-12.*

135. — Dº. — Traité des participes. Ouvrage utile à toutes les personnes jalouses de vaincre les plus grandes difficultés de l'orthographe françoise. 2e édit. — *Paris, Didot, 1806, in-12.*

136. — BOURSON (D.), *Directeur d'une Ecole secondaire de Brest.* — Le Participe passé français. — *Brest, Michel, Septembre 1807, in-4º.* (54 pp., sans compter la table ni le nota.)

137. — MARTIN (Charles). — L'art d'enseigner la grammaire française. — *Laon, Varlet-Berleux, 1835, in-12.*

138. — POITEVIN. — Cours théorique pratique de langue française, rédigé sur un plan neuf. — *Paris, Didot F^{res}, 1858, in-4º.*

139. — JULLIEN (B.). — Les formes harmoniques du français, savoir : Les périodes, les vers, les stances et les refrains. — *Paris, Hachette et Cie, 1876, in-8º.*

140. — Dº. — Les éléments matériels du français, c. à d. Sons de la langue française entendus ou représentés. — *Paris, Hachette et Cie, 1875, in-8º.*

141. — DIDOT (Ambroise-Firmin). — Observations sur l'orthographe ou orthographe française ; suivies d'une histoire de la réforme orthographique depuis le xve siècle jusqu'à nos jours. 2e édit. — *Paris, A.-F. Didot, 1868, grand in-8º.*

142. — BESCHERELLE (aîné), BESCHERELLE (jeune) et LITAIS DE GAUX. — Grammaire nationale, ou Grammaire de Voltaire, de Racine, de Bossuet, de Fénelon, de J.-J. Rousseau, de Buffon, de Bernardin de Saint-Pierre, de Châteaubriand, de Casimir Delavigne et de tous les écrivains les plus distingués de la France ; renfermant plus de cent mille exemples qui servent à fonder les règles, et forment comme une espèce de panorama où se déroule notre langue, telle que la nation l'a faite, telle qu'elle doit la parler ; ouvrage éminemment classique, destiné à dévoiler le mécanisme et le génie de la langue française. 9e édit. Précédée d'une introduction par M. Philarète Chasles. — *Paris, Garnier frères, 1858, in-4° rel.*

Dictionnaires français — français-grecs et français-latin.

143. — DANIEL (Fr.) — Leçons de français à l'usage de l'Académie française, par un bas-breton. — *Paris, Delaunay, 1837, in-12.*

144. — DICTIONNAIRE DE L'ACADÉMIE FRANÇAISE, 4e édit. — *Paris, veuve Bernard-Brunet, 1762, in-f°, 2 vol.*

145. — D°. — Le même. Nouvelle édition. — *Lyon, J. Duphain, 1776, in-4°, 2 vol.*

146. — SUPPLÉMENT au Dictionnaire de l'Académie, ainsi qu'à la plupart des autres lexiques français, contenant les termes appropriés aux arts et aux sciences, et les mots nouveaux consacrés par l'usage, 3e édit. — *Paris, L. Dureuil, 1829, in-4°* (donné par M. le baron de Lacrosse).

147. — LITTRÉ (E) — Dictionnaire de la langue française, contenant 1° pour la nomenclature : tous les mots qui se trouvent dans le dictionnaire de l'Académie française etc. ; 2° pour la grammaire : la prononciation de chaque mot figuré, etc., etc. ; 3° pour la signification des mots : les définitions, etc. ; 4° pour la partie historique : une collection de phrases, etc. ; 5° pour l'étymologie : la détermination ou du moins la discussion de l'origine de chaque mot, etc., etc. — *Hachette et Cie, Paris, 1873, in-4°, 4 vol. rel.*

148. — LAROUSSE (P). — Grand Dictionnaire universel. — *1866-76, 15 v. in-4°.* — *Paris, administration du grand Dictionnaire universel.*

D°. — Supplément du grand Dictionnaire. — Tome 16, *2 vol. 1877.*

149. — WAILLY, *Membre de l'Institut National*, et de WAILLY, *Chef de l'Enseignement au Prytanée de Paris.* — Nouveau vocabulaire françois, où l'on a suivi l'orthographe du Dictionnaire de l'Académie, 2e édit., revue, quant aux termes de médecine, d'anatomie et d'histoire naturelle, par M. Bosquillon, médecin de Paris, et professeur de langue grecque au Collège de France. — *Paris, Rémont, an XII.* — *1803, in-8°, rel.*

150. — RICHELET (P.) — Dictionnaire portatif de la langue françoise. (C'est le faux titre, l'autre a été déchiré.) Au bas de la dernière page on lit : *de l'imprimerie de P. Valfray, in-8°, rel.*

151. — GATTEL (C. M). — Nouveau Dictionnaire portatif de la langue françoise, composé sur la dernière édition de l'abrégé de Richelet, par Wailly, entièrement refondue d'après le Dictionnaire de l'Académie, celui de Trévoux, etc., le Dictionnaire critique de la langue françoise, par Féraud, le Dictionnaire de grammaire et de littérature dans l'encyclopédie méthodique.

On y a joint : 1° Un extrait des synonymes françois, par Girard, Beauzée, Roubaud, etc. ; 2° Une méthode de prononciation aussi facile que sûre, appliquée à tous les mots de la langue ; 3° Les mots nouveaux et les autres changements introduits dans la langue par la Révolution françoise ; 4° Un vocabulaire géographique, augmenté des noms latins de chaque lieu. — *Lyon, Bruyset aîné et Comp., 1797, in-8°, 2 vol., rel.*

152. — DICTIONNAIRE UNIVERSEL françois et latin, vulgairement appelé Dictionnaire de Trévoux, contenant la signification et la définition des mots de l'une et de l'autre langue, avec leurs différents usages, etc., etc. Avec des remarques d'érudition et de critique. Le tout tiré des plus excellents auteurs, des meilleurs lexicographes, étymologistes et glossaires, qui ont paru jusqu'ici en différentes langues. Nouvelle édition. — *Paris, par la Compagnie des Libraires associés, 1771, in-f°, rel. en v. marb., dos orné, 8 vol.* (2 exempl.)

153. — D°. — *Nancy, Antoine, 6 vol. in-f°.* F. sim.

154. — DICTIONNAIRE UNIVERSEL françois et latin, contenant la signification et la définition des mots de l'une et de l'autre langue, etc. Trévoux. — *Estienne Gaveau, 1704, g^d in-4°.* — N. R.

155. — ABRÉGÉ DU DICTIONNAIRE UNIVERSEL françois et latin, vulgairement appelé Dict^{re} de Trévoux. Contenant la signification, la définition et l'explication de tous les termes de sciences et arts, de théologie, de jurisprudence, de belles-lettres, d'histoire, de géographie, de chronologie, etc., par M. Berthelin, avocat au Parlement, professeur à l'Ecole Royale-Militaire, associé de l'Académie Royale des Belles-Lettres d'Angers, et Maître ès-arts de l'Université de Paris. — *Paris, Giffard, 1762, in-4°, 3 vol. rel.*

156. — VOCABULAIRE (Le grand) françois. Par une Société de gens de lettres (par Guyot, Chamfort, Duchemin de la Chenaye et autres, suivant Barbier, 3ᵉ édit.) — *Paris, Panckoucke, (1767-1774), in-4°, 30 vol. rel.* (On lit ces mots écrits sur le titre : « Aux Capucins de Brest par les soins du Révérend père Jean François de Morlaix en 1781. »)

157. — FÉRAUD (L'Abbé J. F.). — Dictionnaire critique de la langue française. — *Marseille, Jean Moissy père et fils, 1787, in-4°, 3 vol. rel.*

158. — D°. — Dictionnaire grammatical de la langue françoise, contenant toutes les règles de l'orthographe, de la prononciation, de la prosodie, du régime de la construction, etc..., avec les remarques et observations des plus habiles grammairiens, et conforme à la prosodie de feu M. l'abbé d'Olivet, qui a revu cette édition. (Par l'abbé Féraud dont le nom se trouve reproduit dans le titre de l'ouvrage précédent.) — *Paris, Delalain, 1772, in-8°, 2 vol. rel.*

159. — DICTIONNAIRE PORTATIF de la langue françoise, extrait du grand Dictionnaire de l'Académie françoise ; (le faux titre porte : Vocabulaire françois. Edit. augmentée de plus de 6,000 mots, marqués d'une *, et particulièrement des termes de marine). 4ᵉ édit., augmentée de tous les mots nouveaux adoptés par l'usage et de ceux créés pendant le cours de la Révolution, qui ne se trouvent point dans le Dictiorᵉ de l'Académie. Table pour la conjugaison des verbes... Vocabulaire géographique. — *Paris, C. Volland, an X, 1802, in-8°, 2 tom. en un vol. rel.*

160. — CHENU (J.). — Dictionnaire français, rédigé d'après l'orthographe de l'Académie, sous les auspices de M. E. de Jouy. — *Paris, Demouville, 1833, in-18.*

161. — BESCHERELLE (aîné). — Dictionnaire national, ou Dictionnaire universel de la langue française, 8ᵉ édit. — *Paris, Garnier frères, 1860, in-4°, 2 vol. rel.*

162. — DUCHEZ (L.). — Nouveau Dictionnaire de la langue française, contenant la définition de tous les mots en usage, leur étymologie, leur emploi, etc., etc. Précédé d'une introduction par M. Paulin Parès, Membre de l'Institut. — *Paris, Ch. Fouraut, 1860, in-4° rel.*

163. — DARBOIS (L. F.). — Dictionnaire des Dictionnaires, pour apprendre plus facilement, et pour retenir plus promptement l'orthographe et le français ; seul ouvrage dans lequel les mots soient classés et groupés par ordre naturel de difficultés. 2ᵉ édit. — *Paris, 1830, in-8° rel.*

D°. — Almanach des noms, expliquant 2,800 noms de personnes. — *Paris, Strauss, 1881.*

164. — PREVOST D'EXILES (L'Abbé A. F.). — Manuel lexique, ou Dictionnaire portatif des mots françois dont la signification n'est pas familière à tout le monde..... On y a joint les noms et les propriétés de la plupart des animaux et des plantes. Nouvelle édit. — *Paris, Didot, 1755, petit in-8°, 2 vol. rel.*

165. — LIVOY (Le R. P. Timothée de), *Barnabite.* — Dictionnaire de synonymes françois. Nouvelle édit., considérablement augmentée, par M. Beauzée. — *Paris, Nyon l'aîné, 1788, in-8° rel.*

166. — DICTIONNAIRE UNIVERSEL DES SYNONYMES de la langue française, contenant les synonymes de Girard, et ceux de Beauzée, Roubaud, Dalembert, Diderot et autres écrivains célèbres. Nouvelle édit. — *Paris, L.Duprat-Duverger, 1810.* (Stéréotype de Mame), *in-12, 2 vol.*

167. — D°. — *Paris, Garnery, 1818, 4 vol., in-8°.*

168. — ROBERTSON (T.). — Dictionnaire idéologique. Recueil des mots, des phrases, des idiotismes et des proverbes de la langue française, classés selon l'ordre des idées. — *Paris, A. Derache, 1859, in-8°.*

169. — DEMANDRE. — Dictionnaire de l'élocution françoise, contenant les principes de grammaire, logique, etc... avec l'exposition et la solution des difficultés qui peuvent se présenter dans le langage. — *Paris, Lacombe 1769, petit in-8°, 2 vol. rel.* (2 exemp.)

170. — LAVEAUX (J. Ch.) — Dictionnaire raisonné des difficultés grammaticales et littéraires de la langue française. — *Paris, Lefèvre, 1818, in-8°.*

171. — DESFONTAINES (P. F. Guyot). — Dictionnaire néologique à l'usage des beaux esprits du siècle, avec l'éloge historique de Pantalon-Phébus, par Bel, J. J., 2ᵉ édition. — *1727, in-12 rel.*

172. — D°, Le même. — Nouvelle édition. — *Amsterdam, M. P. Le Cène,* relié avec :

Lettre d'un rat Calotin à Citron Barbet, au sujet de l'histoire des chats, par M. de Montgrif. — *Ratipolis, M. Limard, imp. et lib. du Régiment de la Calotte, 1731, in-12, rel.*

173. — D°, Le même. — *1748, in-12, rel.*

174. — DICTIONNAIRE de la langue française, sans date ni nom d'auteur. — *in-8°.*

175. — RESTAUT (P.) — Traité de l'orthographe française, en forme de Dictionnaire. Nouvelle édition, revue par C. F. Roger, 2 Tomes en un vol. in-8°. — *Paris, Richard, an IX.*

176. — CHAUTREAU (P. N.) — Dictionnaire national et anecdotique, pour servir à l'intelligence des mots dont notre langue s'est enrichie depuis la Révolution, etc. (par de l'Epithète Chautreau, élève de feu M. Beauzée. — *Politicopolis, 1790, in-8°.*

177. — MERCIER (L. L.) — Néologie ou vocabulaire des mots nouveaux à renouveler, ou pris dans des acceptions nouvelles. — *Paris, Mussard et Maradan, 1801, in-8°, 2 vol. rel.*

178. — LANDAIS (Napoléon). — Dictionnaire général et grammatical des Dictionnaires français, 9ᵉ édit. — *Paris, Didier, 1847, 2 vol. in-4°.*

179. — LARCHEY (Lorédan). — Les excentricités du langage, 4ᵉ édit. — *Paris, E. Dentu, 1862, in-18.*

180. — DICTIONNAIRE critique et raisonné du langage vicieux. — *Paris, A. André, 1835, in-8°.*

181. — CLÉMENT (J. M. B.) — Petit Dictionnaire de la cour et de la ville. — *Londres et Paris, Briand, 1788, in-12, 2 vol.*

182. — DICTIONNAIRE de la conversation et de la lecture. Inventaire raisonné des notions générales les plus indispensables à tous, par une Société de savants et de gens de lettres, sous la direction de M. W. Duckett. — *Paris, Didot frères, 1878, 16 vol. in-8°, rel.*

183. — Dº. — Avec un supplément offrant le résumé des faits et des idées de notre temps, sous la direction de M. P. Louisy. — *Paris, F. Didot et Cⁱᵉ, 1882, 5 vol. in-8°.*

184. — DICTIONNAIRE des gens du monde, à l'usage de la cour et de la ville, par un jeune hermite ; 2ᵉ édit. — *Paris, A. Eymory, 1818, in-12.*

185. — GUERRE AUX PASSIONS, ou Dictionnaire modéré, par P.-J. — *Paris, Janet et Cotel, Décembre 1821, in-8°.*

186. — BOISTE (P. C. V.). — Dictionnaire universel de la langue française, etc. — *Paris, chez l'auteur, 1808, in-4°.*

187. — Dº. — *Paris, Verdière, 1823, in-4°.*

188. — CLÉMENT (J. M. R.). — Petit Dictionnaire de la cour et de la ville, par un artisan de toutes les bannières. — *Paris, 1826, in-32.* Relié avec :

Dictionnaire féodal. — *Paris, Touquet, 1826, in-32.*

(Magalon.) — Petit Dictionnaire ministériel. — *Paris, 1826, in-32.*

189. — LE ROUX (P. J.). — Dictionnaire comique, satyrique, burlesque, libre et proverbial, avec une explication très-fidèle de toutes les manières de parler, burlesques, comiques, etc. Nᵖᵉ édit. — *Pampelune, 1786, 2 vol. in-8° rel.*

190. — PLANCHE, ALEXANDRE et DEFAUCOMPRET. — Dictionnaire français-grec. — *Paris, Hachette et Belin-Mandar, 1841, in-8°.*

191. — DANET (P.). — Grand Dictionnaire françois et latin, enrichi des meilleurs façons de parler en l'une et l'autre langue. N^lle édit. — *Lyon, N. Deville, 1721, in-4° rel.*

192. — D°. — *Lyon, F^res Deville, 1737, iu-4°.* F. D.

193. — MANUEL LEXIQUE ou Dictionnaire portatif des mots françois, dont la signification n'est pas familière à tout le monde, etc. — *Paris, Didot, 1755, 2 vol. in-8°.*

194. — JOUBERT (J.). — Dictionnaire français et latin, tiré des auteurs originaux et classiques de l'une et l'autre langue. — *Lyon, E. et H. Declaustre, 1742, in-4° rel.*

195. — VILLIER (J.). — Dictionnaire français-latin, à l'usage de l'Empire français. — *Angers, Mame frères, 1803, in-8°.*

196. — APPARAT (LE GRAND) françois et latin. Le latin recueilli de Cicéron, Salluste, César, Tite-Live, Virgile, Horace, etc. N^elle édit. — *Paris, J. Barbou, 1752, in-4° rel.*

197. — DICTIONNAIRE français et latin (le petit Apparat royal ou nouveau), enrichi des meilleures façons de parler, en l'une et l'autre langue. — *Nantes, F^ols Le Tellier (sans date), in-8°.*

Idiomes spéciaux et patois en usage dans différentes parties de la France

198. — BÉRONIE (N.). — Dictionnaire du patois bas-limouzin (Corrèze), et plus particulièrement des environs de Tulle, ouvrage posthume, mis en ordre, augmenté et publié par J. A. Viallé. — *Tulle, J. Drappeau, 1823, in-4°.*

199. — JAUBERT (Le Cte). — Glossaire du centre de la France. — *Paris, Chaix et Cie (sans date), 2 vol. in-8°* et un Supplément.

200. — D°, d°, d°. — *1864, in-8°* et un Supplément.

C. — Langue italienne
Étymologie. — Grammaires. — Dictionnaires

201. — VENERONI (J. VIGNERON, connu sous le nom de). — Le Maître italien ou Grammaire française-italienne. N^elle édit^on, par Rastelli. — *Paris et Hambourg, an IV, in-8° rel.*

202. — D°. — Le même, d'après Gattel. N^{elle} éd^{on}, par Lanzi. — *Avignon, J. A. Jaly, 1816, in-8°.*

203. — D°. — Le Maître italien ou la Grammaire de Veneroni, augmentée de plusieurs règles très nécessaires, et corrigée selon l'orthographe moderne la plus pure de l'Académie della Crusca, avec un Dictionnaire pour les deux langues. — *Vienne, J. P. Krauss (sans date), in-8°.*

204. — D°. — *Paris, Second, 1779.*

205. — BIAGIOLI (G.). — Grammaire italienne élémentaire et raisonnée, suivie d'un Traité de la poésie italienne. 3e édit. — *Paris, Blankenstein, 1812, in-8° rel.*

206. — GOUDAR (L.). — Nuova grammatica italiana e francese. Novissima ed^{one}. — *Venezia, 1790, in-12 rel.*

207. — ROTA (P. R.). — A Key to Botarelli's italian exercises, refering to Veneroni's grammar vith a few extracts in prose and verse. — *London, 1817, in-12 rel.*

208. — VOCABOLARIO italiano-latino. Novissima edizione. — *Venezia, G. Rosa, 1794; Paris, 2 tomes en un vol in-4°.*

209. — ALBERTY (F.). — Nouveau Dictionnaire françois-italien et italien-françois. — *Paris, Marseille, 1771-1772, in-4°, 2 vol. rel.*

210. — GHIRARDINI (Alessandro). — Studij sulla lingua umana sopra alcune antiche inscrizioni e sulla ortografia italiana. — *Milan. tipografia della Società cooperativa, Luglio, 1869, in-4°.*

211. — ANTONINI (L'Abbé). — Grammaire italienne, pratique et raisonnée. — *Paris, Prault fils, 1758, in-12.*

212. — FERRARI (C.). — Grammaire italienne, en 25 leçons, d'après Vergani, corrigée et complétée par Ferrari. — *Paris, Garnier frères, 1871, in-12.*

D. — Langues espagnole, catalane, portugaise

213. — GALMACE (A.). — LLave nueva y universal para aprender con brevedad y perfeccion la lengua francesa. Nouvelle Grammaire universelle espagnole et française, augmentée des additions du R. P. Nunez; 4e édit. — *Paris, 1783, in-8° rel.*

214. — CHAUTREAU (Don P. M.). — Arte de hablar bien frances, o grammatica completa dividida en tres partes. — *Madrid, Sancha, 1797, petit in-4°.*

215. — GRAMATICA de la lengua castellana compuesta por la Real Academia espagnola, tercera impression. — *Madrid, D. Joaquin de Narra, 1781, in-16 rel.*

216. — CHALUMEAU de VERNEUIL (F. T.). — Grammaire espagnole, composée par l'Académie espagnole, traduite et mise à l'usage des français. — *Paris, Samson fils, 1721, 2 vol. in-8° rel.*

217. — MERLE (J. T.) — Grammaire espagnole de Port-Royal. Nouv[lle] édit. — *Paris, L. Collin. 1808, in-8° rel.*

218. — GUIDE de la conversation espagnole. — *Bordeaux, Gamot aîné, 1823, texte à 2 col.*

219. — SOTOS OCHANDO (Le Dr D. B.). — Grammaire espagnole. — *Nantes, Hérault, 1831, in-12.*

220. — MORAND (C.) et PLA (C.) — Dialogues classiques familiers et autres, à l'usage des étudiants des langues française et espagnole avec des exercices préliminaires, suivis d'un recueil des noms propres les plus usités. — *Paris, B. Cormon et Blanc, 1827, in-12 cart.*

221. — SANÉ (A. M.) — Nouvelle grammaire portugaise suivie de plusieurs essais de traduction française interlinéaire et de différents morceaux de prose et de poésie, extraits des meilleurs classiques portugais. — *Paris, Cérioux jeune, 1810, in-8° rel.*

222. — PARDAL, OCHOA, RICHARD, CORONA Y SADLER. — Nouveau guide de conversations modernes ou dialogues usuels et familiers en français et en espagnol. — *Madrid, Charles Bailly-Baillière. — Paris, J. B. Baillière. — Londres et New-York, H. Baillière. — Havane, Andrès Granpera, 1854.*

E. — Langue celtique ou bretonne

223. — BULLET (J. B.) — Mémoires sur la langue celtique, contenant l'histoire de cette langue et une indication des sources où on peut la trouver aujourd'hui, une description étymologique des villes et rivières, etc.; un Dictionnaire celtique renfermant tous les termes de cette langue. — *Besançon, J. Daclin, 1754, 3 vol. in f° rel.*

224. — GRÉGOIRE DE ROSTRENEN (S. D. F.) — Grammaire française-celtique, ou française-bretonne qui contient tout ce qui est nécessaire pour apprendre la langue celtique ou bretonne. — *J. Vatar, 1738, petit in8° rel.*

225. — Dº. — La même. — Nouvelle édit. — *Brest, Allain Lefournier, an III, petit in-8º.*

226. — LE BRIGANT (J.) — Eléments succincts de la langue des Celtes gomériques ou bretons. Introduction à cette langue et, par elle, à celles de tous les peuples connus, 2ᵉ édit. — *Brest, Gauchelet, an 7, petit in-8º, parch.*

227. — LE GONIDEC (J. F. M. M. A). — Grammaire celto-bretonne. — *Paris, 1807, in-8º rel.* (3 Ex.)

228. — Dº. — La même. Nouvelle édit. — *Paris, H. Delloy, 1838, in-8º rel.*

229. — GUILLAUME (J.). — Grammaire française-bretonne, contenant tout ce qui est nécessaire pour apprendre la langue bretonne de l'idiome de Vannes. — *Vannes, J. M. Gallez, 1836, in-12.*

230. — LAGADEUC (Jehan). — Le catholicon, Dictionnaire breton-français et latin, publié par R. F. Le Men, d'après l'édit. de M^{tre} Auffret Quoetqueveran, imprimé à Tréguier, en 1499. Tiré à 200 exemplaires. — *Lorient, Ed. Corfmat, in-8º.* (2 Ex.)

231. — QUIQUIER (G.), de Roscoff. — Dictionnaires et colloques françois-breton. Traduits du français en breton. — *Morlaix, Allienne, 1626, in-18 cart.*

232. — Dº. — Le même. Dernière édit. — *Quimper, R. Malassis, 1679, in-18 cart.*

233. — MAUNOIR (L. R. P. J.). — Le sacré Collège de Jésus, divisé en cinq classes, où l'on enseigne en langue armorique les leçons chrétiennes avec les trois clefs pour y entrer ; un Dictionnaire, une Grammaire et Syntaxe en même langue. — *Quimper-Corentin, J. Hardouin, 1859, in-8º.*

234. — GRÉGOIRE de ROSTRENEN (Le P. F.). — Dictionnaire français-celtique ou français-breton, revu et corrigé par B. Jollivet. — *Guingamp, B. Jollivet, 1834, 2 vol. in-8º rel.*

235. — ARMERYE (L'). — Dtctionnaire françois-breton ou françoisceltique du dialecte de Vannes. — *Leide, 1744, in-8º.*

236. — Dº. — Le même. — *La Haye et Paris, Rabuty, 1756, in-8º.*

237. — LE PELLETIER (Dom L.). — Dictionnaire de la langue bretonne, où l'on voit son antiquité, son affinité avec les anciennnes langues, etc.— *Paris, F. Delaguette, 1752, in-fº, g^d p. p. lavé, réglè, M. R. fil. Tr. D.*

238. — D°. — Le même. De la même édition. — *In-f°, p^t p. p.*

239. — LOTH (J.). — Essai sur le verbe néo-celtique en irlandais ancien et dans les dialectes modernes. — *Paris, E. Leroux, 1882, in-8°.*

240. — D°. — Vocabulaire vieux-breton avec commentaire, contenant toutes les gloses en vieux-breton gallois, cornique, armoricain, connues. — *Paris, Vieweg, 1884, g^d in-8°.*

241. — LE GONIDEC (J. F. M. M. A.) — Dictionnaire celto-breton, ou breton-français, — *Angoulême, F^{ols} Trémeau et Cie, 1821, in-8°* (5 ex.)

242. — D°. — Dictionnaire français-breton, enrichi d'additions et d'un essai sur l'histoire de la langue bretonne, par Th. Hersart de la Villemarqué. — *St-Brieuc, L. Prud'homme, 1847, in-4°.*

243. — TROUDE (A. E.) — Nouveau dictionnaire pratique breton-français, du dialecte de Léon, etc. — *Brest, J. B. et A. Lefournier, 1876, grand in-8°.*

244. — D°. — Dictionnaire français et celto-breton. — *Brest, Lefournier, 1842, in-8°* (2 ex.)

245. — D°. — Nouveau Dictionnaire pratique français et breton, en dialecte de Léon, etc. — *Brest, J. B. et A. Lefournier, 1862, grand in-8°.*

246. — D°. — Dictionnaire pratique français-breton. — *Brest, Lefournier, 1886, in-8°.*

247. — LE BRIGANT (Jacques). — Petit glossaire ou Manuel instructif pour faciliter l'intelligence de quelques termes de la coutume de Bretagne, contenant leur définition exacte, leurs significations et étymologies. — *Brest, R. Malassis, 1774, in-12.*

248. — VOCABULAIRE (Nouveau) ou Colloque français-breton. — *Quimper, Y. J. L. Derrien (sans date), petit in-8°.*

249. — COLLOQUE français-breton, ou nouveau vocabulaire. Nouvelle édit. — *Brest, Lefournier et Despériers, 1816, in-12.*

250. — D°, d°, d°, d°. — *Brest, Lefournier, 1862, in-18.*

251. — D°, d°, d°, d°. — *Morlaix, A. M. L. Ledan, 1828, in-12.*

252. — VOCABULAIRE (Nouveau) ou dialogues français et bretons. — *Vannes, J. M. Gales, in-12.*

253. — LE GONIDEC. — Vocabulaire breton et français et français-breton, revu par Troude. — *Saint-Brieuc, 1860, in-18.*

254. — GUILLOU (J.) — Petites étymologies bretonnes, d'après MM. Pictet, Genss, Davies, Lorédan, Larchey, etc. — *Quimper, 1882, in-8°.*

255. — LE BOS (Eug.) — Causeries bretonnes et remarques sur la formation de la langue celto-bretonne. — *Paris, chez l'auteur, 1877, grand in-8°.*

256. — QUELLIEN (N.) — L'argot des nomades en Basse-Bretagne. — *Paris, Maisonneuve et Ch. Leclerc, 1886, in-8°.*

257. — REVUE CELTIQUE, fondée par H. Gaidoz, publiée sous la direction de H. d'Arbois de Jubainville, avec le concours de J. Loth et E. Ernault, et de plusieurs savants des îles Britanniques et du Continent. — *Paris, Vieweg, de 1870 à 1887.*

258. — TROUDE (Le colonel A.) et MILLIN (G.). — Conversations (nouvelles) en breton et en français. Divizou Brezonek ha Gallek. — *Saint-Brieuc, L. Prud'homme, 1857, petit in-18.*

F. — Langue basque

259. — HARRIET (M.), *notari Erseïalac*. — Gramatica escuaraz eta francesez, composatva francez hitzennuça 1 khasi nahi dutenen faboretan. Grammaire basque et françoise. — *Bayonan, Fauvet, alarguna eta J. Fauvet, Erregueren imprima : doriac baitan.* M. D. CC. XLI (1741). *In-12 rel. en veau marbré, bordure dorée.* — Dictionarioa Escuaraz eta francesez. Dictionnaire françois et basque et remarques sur la langue basque, sont contenus de la page 268 à 512. (2 Ex.)

260. — LÉCLUSE (Fleury), *professeur*. — Grammaire basque, suivie du Manuel de la langue basque, qui consiste en vocabulaires et supplément. — *Toulouse, J.-M. Douladoure ; Bayonne, L.-M. Cluzeau, 1826, in-8° rel.*

G. — Langues teutoniques
Allemand. — Flamand. — Hollandais

261. — RONDEAU (Pierre). — Nouveau Dictionnaire françois-allemand, contenant tous les mots les plus connus et usités de la langue françoise, ses expressions propres, figurées, proverbiales et burlesqves, avec plusieurs termes des arts et des sciences ; le tout tiré des auteurs les plus approuvés, et composé sur le modèle des dictionnaires les plus nouveaux. — *Leipzig et Francfort,* M. DCCXXXX (1740), *in-4° rel.* — La première partie, contenue en 880 pages, est consacrée au Dictionnaire françois-allemand. La seconde, non paginée, renferme le Dictionnaire allemand-françois.

262. — MOZIN (L'Abbé). — Nouveau Dictionnaire complet à l'usage des allemands et des français. — *Stuttgard et Tubingue, Cotta, 1826, 4 vol. in-4°.*

263. — ROUSTAN (Paul). — Petits cours de versions allemandes. — *Strasbourg, Derivaux, 1864, in-12. Paris Dezobry-Hachette.*

264. — LA GRUE (Philippes). — Grammaire flamande, contenant tout ce qui est nécessaire pour apprendre facilement, et en peu de tems, à lire, parler et écrire correctement en cette langue. Nouvelle édit., corrigée et augmentée considérablement par un habile grammairien, et revue par Guill. Lewel.

Nederduytsche Spraakkonst van Philippes La Grue. Behelzende alles wat noodig is om met gemak en binnen korten tyd die Taal wel te leeren Leezen, Spreeken en Schryven. Will. Sewel. — *Rouen, Louis Du Souillet et Abraham Viret, 1728, in-12 rel.*

265. — HALMA (François). — Le grand Dictionnaire françois et flamand, composé sur le modèle des Dictionnaires de Richelet, Pomey, Tachard et Danet. — *Rudolph et Gérard Wetstein, 1717, in-4° rel.* (Frontispice gravé : Quinan inv. et fect.)

266. — D°. — Le grand Dictionnaire françois et flamand, tiré de l'usage et des meilleurs auteurs, 5ᵉ édit. — Het groot fransch et nederduitsch Woordenboek. — *Leide, J. de Wetstein, Utrecht, J. van Poolsum, 1761, in-4°, rel.* (Frontispice J. Wandelaar inv. et fecit 1757.)

267. — D°, d°. — Sixième édit. — *In's hage bij J. Thierry, en te Leiden, P. van der Eyk, et D. Vygh, 1781, in-4°, rel.* (Même frontispice que la précédente édit.)

268. — D°. — Woorden Boek der nederduitsche et fransche taalen, vit het Gebruik, en nit de beste schryveren, met bchulp van voornaame Taalkun digen opgesteld... Dictionnaire flamand et françois, tiré de l'usage des meilleurs auteurs, 3ᵉ édit.— *Te Leiden by Jacob de Wetstein, te Utrecht by Jacob van Poolsum, 1758, in-4°, rel.* (Même frontispice gravé que celui du grand Dict. franç. et flamand. Edit. de 1761 et de 1781. Titre rouge et noir.)

269. — D°, d°. — Quatrième édit. — *Te Utrecht, bij de Wed. J. J. van Poolsum Stadsdrukkeresse* MDCCLXXVIII, *in-4°, rel.* (Frontispice gravé, le même que celui de l'édit. de 1717, du grand Dict. franç. et flamand).

270. — LE GRAND DICTIONNAIRE françois et flamand, formé sur celui de M. Pierre Richelet, contenant la signification et la définition des mots de l'une et l'autre langue, avec leurs différents usages, le genre des noms, la conjugaison des verbes, leur régime, et celui des adjectifs, avec les termes les plus connus des arts et des sciences, soit libéraux ou mécaniques, les noms des Empires, Roiaumes, Républiques, Provinces, Villes, Fleuves et Rivières du Monde, 3° édit. — *Bruxelles, Georges Friex le jeune, 1739, in-4°, rel.* (Fleuron avec cette devise : Studio et Labore. Titre rouge et noir.)

271. — HET GROOT WOORDBOEK der nederlandsche en fransche tacle Getrocken uyt, verscheyde soo nederlandsche als fransche ichryvers, naementlijk uyt den genen van P. Richelet. Behelsende en vervattende de bedicdenissen, etc. Derde Druk. — *Tot Brussel, by Georgius Friex junior, 1739, in-4°, rel.* (Même fleuron que l'ouvrage précédent. Titre rouge et noir.)

272. — MARIN (P.). — Dictionnaire complet françois et hollandois, comprenant tous les mots de l'usage avoüez de l'Académie françoise, e autres autheurs d'élite, exactement définis et clairement expliquez par des exemples qui découvrent le véritable génie de l'une et de l'autre langue. 3ᵉ édit. Compleet fransch en nederduitsch Woorden-Boek, behelsende alle gebruikelyke Woorden, door de fransche Académie en andere nitgelezene Schryvers aangenomen etc., etc.... — *Derde Druk. Te Dordrecht, by Joannes van Braam ; te Amsterdam, by Hermanus Nytwerf,* MDCC. XLIII, *in-4° rel.* Titre rouge et noir.

273. — Dᵒ. — Le même. — *1717-1720, 2 vol. in-4° rel.*, ayant chacun le même frontispice gravé. Titre rouge et noir. Le premier volume, celui de 1717, comprend : Compleet nederduitsch en fransch Woorden-Boek, le Dictionnaire complet hollandois et françois ; l'autre comprend : Dictionnaire complet françois et hollandois....

H. — **Langues scandinaves : mæso-gothique, suédois, danois, norwégien, islandais, groënlandais. Langues ongro-finnoises ou ouraliennes.**

274. — APHELEN (Hans von). — *Adj. facult. philosoph.*

Grand Dictionnaire royal danois et françois. 1ʳᵉ partie. — *Kiobenhavn (Copenhague), imprimat. J. P. Anchersen, 1759, in-4° rel.* (Fleuron avec cette devise : Inserviendo aliis consumor. On y voit un flambeau allumé sur une table. La 2ᵉ partie comprend le Dictionnaire françois et danois.)

275. — VJFALVY (Ch E. de), *vice-président de la Société philologique.* — Etude comparée des langues ongro-finnoises. — *Paris, Ernest Leroux, 1875,* g^d *in-8°.*

276. — D°. — Essai de Grammaire Vêpse ou Tchoude du Nord, d'après les données de MM. Ahlqvist et Lonnrot. — *Paris, Ernest Leroux, 1875, in-8°.*

I. — Langues anglo-saxonne et anglaise, avec les différents idiomes des provinces de l'Angleterre, de l'Ecosse et de l'Irlande.

277. — BERRY (Thom.). — Méthode (vraie) pour apprendre facilement à parler, à lire et à écrire l'anglois, ou Grammaire générale de la langue angloise. Revue et corrigée par Mlle ***. — *Sur l'imprimé : A Paris. A Saint-Malo, chez L. H. Hovius. A Rennes, chez E. G. Blouet,* m. dcc. lxxviii, *in-12.*

278. — PEYTON (V. J.). — Les éléments de la langue angloise, développés d'une manière nouvelle, facile et très-concise, en forme de dialogues, où la prononciatien est enseignée, etc., etc. Avec des phrases familières, des dialogues et un vocabulaire, etc...

The Elements of the English Language, explained in a new, easy, and concise manner, by way of Dialogues ; in which the pronunciation. Is determined ; with familiar phrases, Dialogues, anda Vocabulary. Nouvelle édit. — *London,* mdcc. lxxxv (1785), *in-12 ret.*

279. — D°, d°. — *Londres-Bruxelles, B. Le Francq, 1800, in-12 rel.*

280. — COBBETT (William). — Le Maître d'anglais, ou Grammaire raisonnée, pour faciliter aux français l'étude de la langue anglaise ; 3e édit., enrichie de deux nouvelles tables, augmentée de notes critiques, etc., par L.-H. Scipion Duroure. — *Paris, Warée l'aîné, an* xi. mdccciii, *in-8° rel.*

281. — NUGENT (Thomas). — Nouveau Dictionnaire portatif des langues française et anglaise. — *Londres, Dilly, 1797, in-12.*

282. — TURNER (J.) — Nouvelle Grammaire anglaise, divisée en cinq livres. I. Un système complet de prononciation. II. L'analyse des parties du discours. III. Une syntaxe très-étendue. IV. Un choix d'idiomes anglais et français. V. Un traité de la prosodie anglaise. Le tout suivi d'un choix de pièces en prose et en vers. — *Paris, F. Louis, 1809, in-8°, rel.*

283. — BONIFACE. — Dictionnaire anglais-français et français-anglais, contenant tous les mots de la langue usuelle, leurs définitions, leurs diverses acceptions, etc. — *Paris, Mandar et Dévaux, 1828, 2 vol. in-8°*.

284. — JUMP (John). — Grammaire de la langue anglaire, à l'usage des français, suivie d'un cours complet d'exercices choisis dans les auteurs classiques. — *Paris, Fayolle, 1829, in-12, rel.*

285. — POPPLETON (G.) — Nouveaux éléments de la conversation en anglais et en français. — *Paris, Barrois, 1812.*

286. — SIRET (Pierre-Louis, ou C. J. C.), *ancien maître de langues à Reims*. — Eléments de la langue anglaise, ou méthode pratique pour apprendre facilement cette langue. Nouvelle édit., considérablement augmentée par M. Poppleton. Revue, corrigée et annotée, par Alexandre Boniface, instituteur, avec des modèles de lettres en angl. et en franç., etc. — *Paris, Baudry, 1833, in-8°, rel.*

287. — D°, d°. — *Paris, Baudry, 1847.*

288. — SPIERS (A.), *professeur d'anglais*. — Etude raisonnée de la langue anglaise. — *Paris, Baudry, 1832, in-12.*

289. — HAMONIÈRE. — Cours de thèmes anglais divisé en deux parties, dont la première contient 79 thèmes sur les différentes parties du discours, et la seconde 71 thèmes gradués, extraits des meilleurs auteurs français, tels que Fénélon, Buffon, Marmontel, Mesdames de Sévigné et de Maintenon. — *Paris, J. Duplessis et Cie, 1825, in-8°.*

290. — CHAMBAUD (Lewis). — A Grammar of the french tongue, with a prefatory discourse, containing, an essay ou the Proper Method for teaching and learning that language. The sixth édition. — *London, Printed for C. Bathurst...* mdcclxxv, *in-8°, rel.*

291. — LINDLEY-MURRAY. — English Grammar. — *York Wilson, 1819, in-8°.*

292. — D°, d°. — *1814.*

293. — RANDLE COTGRAVE. — A french-english Dictionary, with another in english and french. Whereunto are newly added the animadversious and supplements, etc. Of James Howell, Esquire. — *London, printed by w. h. for Humphrey Robinson, 1650, in-f° rel.* Avec le :

Dictionnaire anglois et françois, pour l'vtilité de tous ceux qui sont désireux des deux langues. A Dictionary english and french, compiled for the commodity of all such as are desirous of both the languages, by Robert Sherwood Londoner. — *London, printed by Susan Islip. 1650.*

294. — SALMON (N.). — Dictionnaire anglais et français et français-anglais. 2 v. in-8°. — *Paris, Tardieu, 1821, in-8°.*

295. — BOYER (Abel). — The royal Dictionary abridged. In two parts. I. French and english. II. English and french. Containing many thousand words more than any french and english Dictionary yet exstant. Le reste du titre est enlevé. — *In-8°, 2 vol. en un seul, rel., filet doré.* — Le second vol., ou la *seconde partie, contient l'*anglois devant *le* françois.

296. — D°. — 2 vol. in-4° rel. — *Paris, veuve Richard, an X (1803), 2 vol. in-4°.*

297. — CHAMBAUD (Louis). — Nouveau Dictionnaire françois-anglois et anglois-françois. Contenant la signification et les différens usages des mots. Tome premier, contenant le françois devant l'anglois. Corrigé et considérablement augmenté par lui et par M. J.-B. Robinet. — *Paris, Panckoucke. Amsterdam et Leipzig, Arkstée et Mercus. Rotteddm, H. Beman,* mdcclxxvi, *in-4° rel.* — Le vol. II, containing the english before the french. A la fin se trouve la *liste* alphabét. des noms de baptême les plus ordinaires d'hommes et de 814 femmes, en françois et en anglois, et leurs abréviations. (2 ex.)

298. — SMITH (L.) et HAMILTON (H.). — The international english and french Dictionary, containing all words in common use or to be found in polite litterature, with their etymology and affinities, etc., etc.... The english pronunciation figured for the french. New edition. — *Paris, published by Ch. Fourant,* m. decclxv, *g*^{d} *in-8° rel.*

Dictionnaire international français et anglais, par MM. H. Hamilton et E. Legros. Comprenant tous les mots de la langue usuelle et de la langue littéraire, la phraséologie spéciale du commerce et de l'industrie, etc., etc. La prononciation du français figurée pour les anglais. — *Paris, Ch. Fourant,* mdccclxv, *g*^{d} *in-8° rel.*

299. — VALLANCEY (Charles). — An Essay on the antiquity of the Irish language, being a collation of the Irish with the punïc language. With a preface proving *Ireland* to be the *Thule* of the ancients. Addressed of the literati of Europe.

To wich is added, a correction of the mistakes of Mr Lhwyd in reading the ancient Irish manuscript lives of the Patriarchs. Al so, the mistakes committed by Mr Baretti in his collation of the Irish with the *Biscayan* language (quoted in his late publications) exposed and corrected. — *Dublin, printed by and for S. Powell,* m. dcclxxii, *in-8°, veau fauve, filets dorés.* (63 pages.)

300. — O'BRIEN (The Rev. Paul). — A pratical Grammar of the Irish language. — *Dublin, printed by H. Fitz Patrick, 1809, in-8° cart.*

J. — Langues Slaves
Illyrien. — Russe. — Polonais. — Bohémien

301. — DOZON (August). — Manuel de la langue chkipe ou albanaise. Grammaire-chriestomathie-vocabulaire. — *Paris, Leroux, 1878, in-8°.*

302. — JASIENICA WOYNA (Joannes Carolus de), *Eques Polonus.* — Compendiora linguæ polonicæ institutio, in gratiam exterorum qui rectè ac facilè linguam polonicam addiscere cupiunt, elaborata, ac in lucem publicam edita, anno Domini m. dc. xc. — *Additum est in fine breve onomasticum, vocabula polonica obsoleta, barbara, etc., continens. Dantisci, sumptibus authoris, imprimebat David Fridericus Rhetius, in-12, rel.*

303. — PIETKIEWIEZA. — Grammatyca jezyka francuzkiego, dla Wychodzow polskich. — *Bourges, Vermeil, 1833, in-18, rel.*

304. — D°. — Prawidla pisowni francuzkiej, dla wychodzcow polskich. — *Bourges, Vermeil, 1833, in-18, rel.*

305. — PARDÉ (A). — Grammaire de la langue serbo-croate ; traduction à l'usage des français, contenant des améliorations suggérées par l'auteur avec une introduction par le Dr J. B. Feuvrier, grand in-8°. — *Paris, F. Vieweg, 1877, in-8°*

306. — ROZMOWY FRANCUSKIEI-POLSKIE. — Dialogues français-polonais. — *W. Poznaniu, 1793, in-8°, rel.*

307. — REIFF (Ch.-Ph.) — Grammaire française-russe, avec des tableaux synoptiques, etc., 4ᵉ édit., par Louis Léger. — *Paris, Maisonneuve et Cⁱᵉ, 1878, in-8°.*

---

4. — LANGUES ASIATIQUES

A. — Généralités

308. — WEITENAUER (Ignace). — Hierolexicon linguarum orientalium, hebraicæ, chaldaicæ, et syriacæ, in quo radices imperfectæ omnes integrantur, heemantica a radicibus ad ordinem alphabeticum revocantur, et cujusque harum linguarum Grammatica intra paucissimas horas absolvitur. — *Augustæ Vindelicorum et Friburgi Brisgolæ, sumptibus fratrum Ignatii et Antonii Wagner, 1759, petit in-8° cart.* (Après l'Index se trouvent : Trifolium hebraicum, chaldaicum, syriacum, auctore Ignatio Weitenauer S. J. S. S. linguarum œniponti in Alma Leopoldina P. P. O.)

B. — Langue hébraïque

309. — MASCLEF (F.). — Grammatica hebraïca a punctis aliisque inventis. Massorethicis libera. — *Parisiis, apud Jacobum Collombat, regis Christianissimi typographum ordinarium, via Jacobæâ, sub insigni Pelicani*, M. DCC. XVI, *in-12, rel. en veau fauve, T. D.* Fleuron représentant un pélican avec ces mots en banderole : Hic amor.

310. — D°. — Grammatica hebraïca a punctis aliisque inventis Massorethicis libera. Auctore Francisco Masclef presbytero, canonico ambianensi. Accesserunt in hâc secundâ editione tres Grammaticæ chaldaica, syriaca et samaritana ejusdem instituti. Tomus primus Grammaticam hebraïcam complectens. — *Parisiis, apud Ballard filium; sub insigne Sanctæ Crucis,* MDCCXLIII, *in-12 rel.*

311. — HOUBIGANT (Le P. C. F.). — Racines hébraïques sans points-voyelles, ou Dictionnaire hébraïque par racines, où sont expliquez, suivant les anciens et nouveaux interprètes, touts les mots hébreux et caldaïques du texte original des Livres saints. — *Paris, Claude Simon,* MDCCXXXII, *in-8°, reliure ancienne, dos orné.*

312. — FABRE-D'OLIVET (M.). — La Langue hébraïque restituée et le véritable sens des mots hébreux rétabli et prouvé par leur analyse radicale. Ouvrage dans lequel on trouve réunis :

1° Une dissertation introductive sur l'origine de la parole.

2° Grammaire hébraïque.

3° Série de Racines hébraïques.

4° Discours préliminaire.

5° Traduction en français des dix premiers chapitres du Sépher, contenant la cosmogonie de Moyse. — *Paris, Barrois l'aîné, Eberhart, 1815-1816, 2 part. in-4°, 2 vol. rel.*

313. — BUXTORF (Jean). — Lexicon hebraicum et Chaldaicum : complectens omnes voces tàm primas quàm derivatas, quæ in Sacris Bibliis, hebræâ, et ex parte Chaldææ linguâ Scriptis, exstant : interpretationis fide, exemplorum Biblicorum copiâ, locorum plurimorum difficilium ex variis hebræorum commentariis explicatione auctum et illustratum. Accessit Lexicon breve Rabbinico-Philosophicum, communiora vocabula continens, quæ in Commentariis passim occurunt. Cum Indice vocum Latino. Editio quinta. — *Basileæ, sumptibus hæredum Ludovici Konig,* M. DC. XLV, *in-8° parchemin.* On lit en haut du titre : Collegii Regii Cholensis Soc. Jesu., et au bas : Ex Dono Regis, 1680, écrits à la main.

C. — Langues Chaldéenne. — Syriaque. — De Palmyre.
— Phénicienne. — Punique. — Malaise

314. — VASSALI (Michel-Antonio). — Mylsen Phœnico-Punicum sive Grammatica Melitensis. — *Romæ* mdccxci. *Sumptibus auctoris, apud Antonium Fulgoni, in-8°, rel.* Fleuron avec ces mots : Sæcvlo. frvgifero.

315. — FAVRE (L'Abbé P.), *Missionnaire apostolique.* — Dictionnaire malais-français. Contenant : 1° les mots malais en caractères arabes, avec leur prononciation figurée en caract. latins ; 2° leur étymologie, etc. ; 3° leur sens propre et figuré ; 4° une indication des langues de l'Archipel indien et de l'Océanie ; 5° des remarques, etc., etc. — *Vienne, imprimerie impér. et royale,* mdccclxxv, *in-8°, 2 vol.*

316. — D°. — Dictionnaire français-malais. — *Vienne, imprimerie impér. et royale, 1880, grand in-8°, 2 vol.*

317. — D°. — Grammaire de la langue malaise. — *Vienne, imprimerie impér. et royale,* mdcoclxxvi, *in-8°.*

D. — Langue Arabe

318. — VOLNEY (C.-F.) — Simplification des langues orientales, ou méthode nouvelle et facile d'apprendre les langues arabe, persane et turque, avec des caractères européens. — *Paris, imprim. de la République, an III, in 8°, rel.* avec :

L'Hébreu simplifié par la méthode alphabétique de C. F. Volney. — *Paris, J. M. Eberhart, 1820.*

319. — ERPENIUS ou D'ERPE (Thomas), *Célèbre Orientaliste.* — Rvdimenta lingvæ Arabicæ. Accedunt eiusdem praxis grammaticæ, et consilium de studio arabico feliciter instituendo. Ex mandato eminentissimi principis Cardinalis Dvcis de Richeliev, gratis dispensantur. — *Lutetiæ Parisiorum, sumptibus societatis typographicæ librorum officii ecclesiastici, Jussu Regis constitutæ* m. dc. xxxviii, *in-8°, parch.* Fleuron, titre rouge et noir. On lit à la première page : Parisiis, excudebat Antonivs Vitrag. avec la même date que ci-dessus.)

320. — CAUSSIN DE PERCEVAL (A. P.) — Grammaire arabe vulgaire, pour les dialectes d'Orient et de Barbarie. A la fin se trouvent : *phrases d'usage pour conversation, aventure d'Ebn-el-Maghazi,* aventure de Hakem. — *Paris, Dondey-Duqré, 1833, in-8° rel.*

321. — BELLEMARE (Alexandre). — Grammaire Arabe (idiome d'Algérie), à l'usage de l'armée et des employés civils de l'Algérie. — *Paris, Hachette et Cie, Alger, Dubos frères, 1850, in-8° rel.*

322. — BELKACEM BEN SEDIRA, *ancien élève du Collège d'Alger.* — Cours pratique de langue arabe, à l'usage des écoles primaires de l'Algérie. Exercices d'écriture, de lecture et de mémoire, règles du langage, thèmes et versions, dialogues variés, contes amusants, lettres familières. —*Alger, A. Jourdan, 1875, in-8°.* — *Constantine, L. Arnolet.* — *Oran, A. Alessi.* — *Paris, Challamel.*

323. — CHERBONNEAU (Aug.). — Dictionnaire arabe-français. — *Paris, imprimerie nationale,* m. dccclxxvi, *petit in-8°, 2 vol. rel.* (2 exemp.)

E. — Langue Persane

324. — BURNOUF (Eugène). — Observations sur la partie de la grammaire de M. F. Bopp, qui se rapporte à la langue zende. — *Paris, imprimerie royale, 1833, in-4° rel.*

325. — HOVELACQUE (Abel). — Grammaire de la langue zende. — *Paris, Maisonneuve et Cie, 1868, in-4°.*

F. — Langues Arménienne et Géorgienne.

326. — BELLAUD, *Docteur en Médecine.* — Essai sur la langue Arménienne. — *Paris, imprimerie impériale, 1812, de l'ère arménienne 1261, in-8° rel.*

327. — BROSSET (Marie-Félicité), *Orientaliste français.* — Mémoires inédits relatifs à l'histoire des pays géorgiens, dans les 17e et 18e siècles, d'après deux manuscrits de la société asiatique de Paris. Première partie, *lithogr. de Roissy, écrit par Brosset, 1833, in-8°.* Deuxième partie, contenant un précis des guerres qu'eut à soutenir le fils aîné du souverain de la haute Géorgie. A la fin se trouvent des observations contenues en onze pages. Au commencement du vol. un aperçu général de la langue géorgienne contenu en 40 pages. Les mémoires sont en géorgien et en français. *Se trouve chez E. Cassin, agent de la Société asiatique.* — *Firmin-Didot, Dondey-Dupré et chez l'auteur.*

328. — CALFA (Ambroise), *ancien Directeur du Collège national Arménien.* — Dictionnaire arménien-français et français-arménien. — *Paris, L. Hachette et Cie, 1861, in-18 rel.*

G. — Langues de l'Inde

329. — PICTET (Adolphe). — Les origines indo-européennes ou les Aryas primitifs. Essai de paléontologie linguistique. — *Paris et Genève, Joël Cherbuliez, 1859, grand in-8°, 2 vol. rel.*

330. — D°, d°. — Petit édit. revue et augmentée. — *Paris, Sandoz et Fischbacher, 1878, 3 vol. in-8°.*

331. — GAREM DE TASSY. — La langue et la littérature hindoustames en 1876. — Revue annuelle. — *Paris, Maisonneuve et Cie,* MDCCCLXXVII, *in-8°.*

332. — AYMONIER (E.) — Vocabulaire cambodgien-français, in-f° lithographié. — *Saïgon, Collège des Stagiaires, 1874.*

H. — Langue chinoise

333. — FOURMONT (Etienne). — Linguæ Sinarum mandarinicæ hieroglyphicæ grammatica; duplex, latinè, et cum characteribus sinensium. Item sinicorum regiæ bibliothecæ librorum catalogus, denuò, cum notis amplioribus et charactere Sinico. Editus jussu Ludovici decimi quinti. — *Lutetiæ Parisiorum, Hippolyte Louis Guérin; Rollin fils; Joseph Bullot, ex typographia Josephi Bullot,* M. DCC. XLII, *petit in-folio rel.*

334. — RÉMUSAT (Jean-Pierre-Abel). — Elémens de la grammaire chinoise, ou principes généraux du Kou-Wen, ou Style antique, et du Kouan-Hoa, c'est-à-dire de la langue commune généralement usitée dans l'empire Chinois. — *Paris, Imprimerie royale, 1822, in-8° rel.*

335. — HUMBOLDT (G. de). — Lettre à M. Abel Rémusat sur la nature des formes grammaticales en général, et sur le génie de la langue chinoise en particulier. — *Paris, Dondey-Dupré, 1827, in-8° rel.*

336. — GUIGNES (Chr.-Louis-Jos. de), *chargé des affaires de France à la Chine.* — Dictionnaire chinois, français et latin (ouvrage posthume), publié par ordre du gouvernement français. — *Paris, de l'imp. impér. 1813, g^d in-fol. de* LVI *et 1114 pages, sur pap. vél. rel.* C'est un chef-d'œuvre de typographie.

337. — PERNY (Paul), *Provicaire apostolique de Chine, de la Congrégation des Missions étrangères.* — Grammaire de la langue chinoise orale et écrite. — *Paris, Maisonneuve et Cie, 1873-1876, grand in-8°, 2 vol. rel.*

338. — CHINOIS (Livre) sur papier de riz, se composant de 4 brochures recouvertes d'une reliure mobile, fort curieuse et que l'on peut fixer, a été donné à la bibliothèque par M. Antois (Aug.), maître voilier, vaguemestre du vaisseau École le *Borda*.

I. — Langues Mantchoue. — Tartare ou Mongole

339. — RÉMUSAT (Jean-Pierre-Abel) — Recherches sur les langues tartares, ou mémoires sur différents points de la grammaire et de la littérature des mandchous, des mongols, des ouigours et des tibétanis. — *Paris, imprimerie royale, 1820, in-4°*. 1er vol. seulement, le 2e n'a point encore vu le jour, nous dit Quérard dans sa *France littéraire*, en 1835.)

340. — ADAM (Lucien). — Grammaire de la langue mandchou. — *Paris, Maisonneuve et Cie, 1873, in-8°*.

5. — LANGUES AFRICAINES

Langue Egyptienne ou Copte

341. — KIRCHER (Athanase), *Jésuite allemand, né à Geysen, près de Fulde*. — Athanasii Kircherii Fvldensis Bvchonii e Soc. Sesv. (On appelait autrefois l'abbaye de Fulde, le Buchaw, ou le Buchen.) Prodromvs coptvs sive ægyptiacvs. In quo cùm linguæ coptæ, sine ægyptiacæ, quondam Pharaonicæ, origo, ætas, vicissitudo, inclinatio, tùm hieroglyphicæ literaturæ instauratio, vti per varia variarum eruditionum interpretationumque difficillimarum specimina, ita nona quoque et insolita methodo exhibentur. — *Romæ, typis S. Cong. de propag. fide, 1636, in-4°*, fig. rel. en parch. Armoiries collées sur le cart. supér.

342. — SCHOLTZ (Christiani), *Berolini Marchici, aulæ regiæ Borusticæ a concionibus sacris, e, ecclesiæ reformatæ Cathedralis Berolinensis Pastoris*; grammatica ægyptiaca utriusque dialecti : quam breviavit, illustravit, edidit, Carolus Godofredus Woide, S. A. S. — *Oxonii, ex typographeo Clarendoniano* mdcclxxviii, *in-4°, rel. en veau fauve, triples filets dorés*. (Ex libris d'Ansse de Villoison. Cet exempl., d'après une note écrite au crayon, sur une feuille de garde, nous semble avoir appartenu à Volney.)

343. — YOUNG (Thomas). — Rudiments of an egyptian dictionary in the ancient enchorial character ; containing all the words of witch the sense has been ascertained. To wich are prefixed a memoir of the author, and catalogue of his works and essays. — *London, published by J. et A. Arch, Cornhill,* MDCCCXXXI, *in-8° cart.* Port. de l'auteur.

344. — MARC DE MARIN. — Grammaire malgache, fondée sur les principes de la langue javanaise. — *Paris, Maisonneuve et Cie, 1876, in-8°.*

---

6 — LANGUE POUL. WOLOF. — IDIOMES SÉRÈRES

Autres langues du Soudan occidental

345. — FAIDHERBE (Le Général). — Essai sur la langue poul. Grammaire et Vocabulaire. — *Paris, Maisonneuve et Cie, 1875, in-8°.*

346. — D°. — Grammaire et Vocabulaire de la langue poul, à l'usage des voyageurs dans le Soudan, avec une carte indiquant les contrées où se parle cette langue. — *Paris, Maisonneuve et Cie, 1882, in-12.*

347. — DICTIONNAIRE pongué-français, précédé des principes de la langue ponguée, par les Missionnaires de la Congrégation du St-Esprit et du Sacré-Cœur de Marie. — *Paris, Maisonneuve, 1881, in-8°.*

348. — D°. — Français-pongué, par les Missionnaires de la Congrégation du St-Esprit et du Sacré-Cœur de Marie. — Mission du Gabon. Vicariat apostolique des deux Guinées. — *Paris, Maisonneuve, 1877, in-8°.*

---

7. — LANGUES AMÉRICAINES

349. — PINART (Alph.-L.). — Bibliothèque de linguistique et d'ethnographie américaines. Vol. 1. Arte de la lengua chiapaneca por fray Juan de Albornoz. Y Doctrina cristiana en lengua chiapaneca por Fray Luis Barrientos. — *Paris, Ernest Leroux. San-Francisco, A.-L. Bancrost and C°, 1875, in-4° à toutes marges.*

350. — BRASSEUR DE BOURBOURG (L'Abbé). — Gramatica de la lengua quiche. — Grammaire de la langue quichée, espagnole-française mise en parallèle avec ses deux dialectes Cakchiquel et Tzutuhil, tirée des manuscrits des meilleurs auteurs Guatémaliens, ouvrage accompagné de notes philologiques, avec un vocabulaire comprenant les sources principales du Quiché comparées aux langues germaniques, et suivi d'un essai sur la poésie, la musique, la danse et l'art dramatique chez les Mexicains et les Guatémaltèques avant la conquête, servant d'introduction au Rabinal Achi, drame indigène avec sa musique originale, texte quiché et traduction française en regard. — *Paris, Artus Bertrand, 1862, in-8°, London, Trübner, an Co.*

351. — PETITOT (Le R. P. E.), *Missionnaire Oblat de Marie Immaculée.* — Vocabulaire français-esquimau. Dialecte des Tchiglit des bouches du Mackenzie et de l'Anderson. Précédé d'une monographie de cette tribu, et de notes grammaticales. — *Paris, Ernest Leroux, Maisonneuve, 1876, in-4°.*

352. — D°. — Dictionnaire de la langue déssé-dindjée. Dialectes montagnais ou chippewayan, Peaux-de-Lièvre et Loucheux. — *Paris, Ernest Leroux, 1876, grand in-4°.*

353. — URICOECHEA (Ezequiel). — Vocabulario paez-castellano catecismo, notiones gramaticales i dos platicas. — *Paris, Maisonneuve, 1877, in-8°.*

354 — ADAM (L.) — Grammaire caraïbe composée par le P. Raymond Breton, suivie du cathéchisme caraïbe. — *Paris, Maisonneuve et Cie, 1878, in-8°.* (Faisant partie de la collection américaine, Tome III.)

355. — HENRI (V.) — Esquisse d'une grammaire raisonnée de la langue aléoute. — *Paris, Maisonneuve, 1879, in-8°.*

356. — ADAM et HENRY. — Arte y vocabulario de la lengua chiquita.— *Paris, Maisonneuve et Cie, 1880, in-8°.*

357. — FIGUEIRA (Luiz). — Arte de grammatica da lingua brasilica do Padre Luiz Figueira Theologo da compania de Jésus. Lisboa, na officina de Miguel Deslandes, na rua da Figueira, anno 1687. Nova edicao dado a luz, et annotada per Emilio Allain-Rio-Janeiro. — *Typographia et lithographia à vapor de Lambaerts et Cte, 1880, p^t in-8° oblong.* (don de l'éditeur.)

358. — ADAM Y. C. LECLERC. — Arte de la lengua de los Indios Baures de la provincia de los Moxos, conforme al manuscrito original del P. Antonio Magio de la compania de Jesu. — *Paris, Maisonneuve et Cie, 1880, in-8° br.*

359. — HAUMONTE, J. D., PARISOT, ADAM, L¹ˢ. — Grammaire et vocabulaire Taensa, avec textes traduits et commentés. — *Paris, Maisonneuve et Cⁱᵉ, 1882, in-8°.*

360. — CREVAUX J., ADAM L , SAGOT P. — Grammaire et vocabulaire roucouyenne, arrouague, piapoco et d'autres langues de la région des Guyanes. — *Paris, Maisonneuve et Cⁱᵉ, 1882, in-8°.*

6. — LANGUES OCÉANIENNES

361. — KA BUKE AO. — Heluhelu 1 hooponoponoia, no hu, etc. — *Honolulu, 1876, in-8°.*

362. — KA HUINAHELU HOU. — Oia hoi ku arimatica kullani ; na James B. Tomson, etc. — *Honolulu, Papa hoonaanno, 1870, in-8°.*

363. — KA HOUNA. — Nei ; oia ka buke mua a ka hoike honna, etc. — *Papa hoonaanno, Honolulu hu, h. 1., 1873, petit in-4°.* Texte à deux col. oblong, rel.

364. — HE HELUNAAN. — Ke mea e maat'i ke Kanaka. — *Boston na o. Ellsworth i Pai, 1875, petit in 18 rol.*

365. — GRÉZEL (Le Père), Mariste, ancien missionnaire de l'Océanie centrale. — Dictionnaire futunien-français, avec notes grammaticales. — *Paris, Maisonneuve et Cⁱᵉ, 1878, in-8°.*

366. — VIOLETTE (L. P. L.). — Dictionnaire samoa-français-anglais, précédé d'une grammaire de la langue samoa. — *Paris, Maisonneuve, 1880, in-8°.*

II. — RHÉTORIQUE

RHÉTEURS

1. — Rhéteurs grecs

367. — DENYS D'HALICARNASSE. — Traité de l'arrangement des mots, traduit du grec ; avec des réflexions sur la langue françoise, comparée avec la langue grecque, et la tragédie de Polyeucte de P. Corneille, avec des remarques par l'abbé Batteux. — *Paris, Nyon l'aîné et fils,* M. DCC. LXXXVIII, *in-12, rel. en v. rac., filets dorés.* (2 ex.)

368. — APHTHONII sophistæ progymnasmata, partim à Rodolpho Agricola, partim a Johanne Maria Catanæo latinitate donata. — *Rothomagi, 1643, apud Joannem Baptistam Behourt, in-32.*

369. — DENYS D'ALEXANDRIE. — Dionysii Alexandrini de situ orbis libellus, Eustathii Thessalonicensis archiepiscopi commentariis illustratus (græce) ex bibliotheca regia. — *Lvtetiæ, ex officina Rob. Stephani typographi Regii, Regiis typis,* M. D. XLVII (1547), *in-4°, rel. en v. fauve, dos orné.* (Cette belle édition est signalée comme étant la première avec les commentaires d'Eustathe. Elle a 158 pp., plus 15 ff., consacrés à l'index et aux variantes. La marque typographique est un Thyrse entouré d'un rameau d'olivier et d'un serpent, on voit au-dessous quelques mots grecs imités d'Homère (Iliad. III, 179), que l'on peut traduire en mots latins suivants : Regi bono fortique bellatori.) Relié avec :

Manuelis Moschopuli de ratione examinandæ orationis Libellus (græce). Ex Bibliotheca regia. — *Lvtetiæ, ex officina Riberti Stephani typographi Regii,* M. D. XLV (1545), *in-4°.* Même marque typog. que l'ouvrage précédent. 216 pp., plus 25 ff. consacrés à l'index. On lit à la fin : Excvdebat Rob. Stephanvs Typographvs regivs Lutetiæ Parisiorvm ann. M. D. XLV, pridie Cal. Ian. (Première édit. de ce savant opuscule, dont les grandes marges ont fait croire à Crevenna, suivant M. Renouard, que son exempl. était sur grand papier.) Ce vol. porte cette note manuscrite en tête du titre : *Collij Dolani Societ. Jesu catal. inscript.*

2. — Rhéteurs latins anciens et Rhéteurs modernes qui ont écrit en latin

370. — CICÉRON. — La Rhétorique, ou les trois livres du Dialogue de l'Orateur en latin et en françois. Nouvelle traduction (par l'abbé Cassagne, académicien françois, dont les initiales se trouvent dans l'extrait du privilège : A D. C. A. F.) — *Lyon, Horace Molin,* M. DC. XCII (1692), *in-12 rel.*

371. — Dº. — Traduction du Traité de l'orateur, avec des notes, par M. l'Abbé Colin. Nouvelle édit. — *Paris, De Bure, l'aîné,* M. DCCLI, *in-12 rel.* (A la fin, sans changement de pagin., se trouvent *trois discours qui ont remporté chacun le prix de l'éloquence au jugement de l'Acad. française.)*

372. — Dº. — Traduction du Traité de l'orateur, avec des notes, par M. l'Abbé Colin, avec le texte à la suite de la traduction. — *Paris, De Bure l'aîné,* M. DCCXXXVII, *in-12, rel. en v. f.* (A la fin se trouvent *trois discours qui ont remporté chacun le prix de l'éloquence au jugement de l'Acad française.)*

373. — QUINTILIEN. — M. Fabii Quintiliam Institutionum Oratorum libri duodecim, brevibus notis illustrati a Carolo Rollin. — *Parisiis, apud fratres Estienne,* M. DCC. LIV *(1754), in-12, 2 vol. rel.*

374. — Dº. — Préceptes de rhétorique tirés de Quintilien. — *Rouen, Richard Lallemant, 1774, in-12.*

375. — Dº. — De l'Institution, de l'Orateur, traduit par M. l'*Abé* Gédoyn, édit. faite d'après un exemplaire *corigé* par l'auteur. — *Paris, J. Barbou,* M. DCCLXX *(1770), in-12, 4 vol. rel.* (Au verso d'une feuille de garde se trouve transcript un couplet de Piis et quelques mots relatifs à l'Abbé Gédoyn et à Ninon de L'Enclos.)

376. — Dº, dº. — *Paris, Nyon fils et Guillin, 1752, 4 vol. in-8º.*

377. — HURTAUT (P. T. N.) — Manuale rhetorices, exemplis tum oratoriis, tum poeticis, latinè, e Tullio, Quintiliano, Horatio, Virgilio, etc. Gallicè, e Massilione, Flexerio, Bossuetio, Cornelio, Racinio, Bolæo, Crebillione, aliis ex optimis auctoribus illustratum. Editio terti. Cui accedit Tractatus Gallicè du Récit. — *Parisiis, apud Authorem, Juventutis et Convictorum Institutorem,* M. DCCLXXXII, *in-12 rel.*

378. — PELLETIER (Girardo le R. P. Sté J.) — Reginæ eloquentiæ Palatium sive exercitationes oratoriæ, *in-4º* (la première page manque).

3. — Rhéteurs Français. — Italiens. — Espagnols. — Anglais.

379. — GIBERT (Balthasar), *ancien recteur de l'Université de Paris*. — La Rhétorique ou les règles de l'éloquence. — *Paris, Le Clerc*, m. dcc. lxvi, *in-12 rel*.

380. — CRÉVIER (J. B. L.), *rhétoricien et historien*. — Rhétorique françoise. — *Paris, Saillant*, m. dcc. lxvii, *in-12, 2 vol. rel*.

381. — CHARUEL (L'Abbé), d'Antrain. — La Rhétorique des savans, contenant des pièces choisies des plus célèbres poëtes et orateurs. — *Paris, Saillant*, m. dcc. lxvii, *in-12 rel*.

382. — RHÉTORIQUE FRANÇOISE, à l'usage des jeunes demoiselles avec des exemples tirés, pour la plupart, de nos meilleurs orateurs et poëtes modernes. Cinquième édition, par Gabr. H. Gaillard. — *Paris, veuve Savoye*, m. dcc. lxxvi, *in-12 rel*.

383. — L'ART DU POETE ET DE L'ORATEUR. Nouvelle rhétorique à l'usage des collèges, précédée d'un Essai d'éducation, 4e édit., par le P. Jean-Pierre Papon de l'oratoire, suivant le Dictionnaire des ouv. anonymes d'Aut. Alex. Barbies, 3e édit., et la France littéraire de Quérard. — *Lyon, les frères Perisse, 1783, in-12 rel*.

384. — GIRARD (L'abbé), *rhétoricien*. — Préceptes de Rhétorique tirés des meilleurs auteurs anciens et modernes. 5e édit. — *Rodez, Carrère, et Paris, Delalain, 1816, iu-12 rel*.

385. — ANDRIEUX (F.-G.-J.-S.), *membre de l'Institut*. — Cours de grammaire et de belles-lettres. 1re partie : Art d'écrire. (La pagin. va de 70 à 283, en y comprenant la table des articles contenus dans le xe cah. du journal de l'école polytechnique.) — *In-4° rel*.

386. — ANDRIEUX, *professeur de rhétorique en l'Université royale de France*. — Rhétorique française, extraite des meilleurs auteurs anciens et modernes. — *Paris, Brunot-Labbé, 1825, in-8° rel*.

387. — CONSIDÉRATIONS PHILOSOPHIQUES sur l'action de l'Orateur, précédées de recherches sur la mémoire. (Par Dom Fr.-Ph. Gourdin, Bénédictin, anc. bibliothécaire de Rouen). — *A Amsterdam, et se trouve à Paris, chez la Vve Desaint, et à Caen, éhez J. Mesnoury, 1775, in-12*.

388. — MAGASIN DES ADOLESCENS, ou Entretiens d'un Gouverneur avec son élève. 1° Règles de la langue françoise, 2° Principes de l'Eloquence. 3° Exemples tirés soit de Cicéron, soit des orateurs françois les plus estimés. (Par P.-A. Alletz.) *Paris, Guillyn*, m. dcc. lxv (1765), *in-12 rel.*

389. — MASSILLON (Le P. J. B.), *prêtre de l'Oratoire, évêque de Clermont.* — Maximes sur le ministère de la chaire. (Par le P. Gaichès, de l'Oratoire, suivant les supercheries Littéraires dévoilées, de J.-M. Quérard.) La première édition, Paris, *1711, in-12,* est anonyme ; ce n'est que celle que nous citons et que possède notre bibliothèque qui porte le nom de Massillon. Massillon, tout en louant cet ouvrage, l'a désavoué. — *Paris, Damien Beugnié,* m dccxxix, *in-12 rel., 4 ff. limin. et 284 pp.*

390. — FÉNÉLON (François de Salignac de la Motte). — Dialogues sur l'éloquence en général, et sur celle de la chaire en particulier, avec une lettre écrite à l'Académie françoise. — *Paris, les frères Estienne*, m. dcclxiv, *in-12 rel.* On lit sur le plat inférieur ces mots en lettres d'or : Coll. Tol. PP. Doctr. Christ., avec une croix et autres instruments de la Passion, sur l'autre plat.

391. — MAURY (Le Cardinal Jean Sifrein). — Essai sur l'éloquence de la chaire ; panégyriques, éloges et discours. Nouvelle édit. — *Paris, Crapelet,* m. dccc. x, *in-8°, 2 vol. rel.* (Portrait de l'auteur.)

392. — GIN (P.-L.-Cl.) *secrétaire du Roi, avocat au Parlement.* — De l'éloquence du barreau. — *Paris, Hérissant fils,* m. dcc. lxviii, *in-12, rel.*

393. — BOINVILLIERS (E.), *avocat.* — Principes et morceaux choisis d'éloquence judiciaire ; études et devoirs de l'avocat ; ouvrage précédé d'une histoire abrégée de l'éloquence judiciaire en France. — *Paris, Alexis Eymery, 1826, in-8° rel.* (Portrait de Démosthène, gravé par Mecou, d'après le buste antique du Musée.)

394. — DURAND (Ch.), *ancien procureur du Roi.* — Cours d'éloquence à l'usage des jeunes gens qui se destinent au barreau ou à la tribune nationale. — *Paris, Malher et Cie,* m. dcccxxviii, *in-8°, 2 vol. relié.* — (L'introduction se trouve à la fin du second vol.)

395 — DE L'ART DE PARLER, par le R P. Lamy, de l'Oratoire de J., d'après une note manuscrite sur cet exemplaire, et suivant le dictionnaire des ouvrages anonymes d'Ant. Alex. Barbier, 3e édit. — *Paris, André Pralard, à l'occasion,* m. dc. lxxv, *in-12 rel.* D. S. T. Il a été réimprimé avec le nom de l'auteur.

396. — VAUMORIÈRE (d'Artigue de). — Harangues sur toutes sortes de sujets avec l'art de les composer. — *Paris, J. Guignard, 1867, in-4°* (en mauvais état.)

397. — L'ART DE PEINDRE A L'ESPRIT. — Ouvrage dans lequel les préceptes sont confirmés par les exemples tirés des meilleurs orateurs et poëtes françois, par dom Sensario, et publié par A. M. Lottin, dont le nom se trouve au bas de l'épître dédicatoire. — *Paris, A. M. Lottin,* MDCCLVIII, *in-8°, 3* vol rel.

398. — PRÉVOST (L'Abbé). — De l'institution de l'orateur. — *Paris, Nyon fils, 1752, 4 vol in-8°.*

399. — DUBROCA (Louis), *ancien libraire et littérateur.* — Principes raisonnés sur l'art de lire à haute voix, suivis de leur application particulière à la lecture des ouvrages d'éloquence et de poësie. — *Paris, Farge, an IX, in-8° rel.* (C'est la première édition de cet ouvrage.)

400. — DUMARSAIS (César-Chesneau). — Des tropes. Nouvelle édition augmentée de la construction oratoire, par l'Abbé Batteux. — *Paris, A. Delalain, 1829, in-12,* F. G.

401. — BLAIR (H.) — Leçons de rhétorique et de belles-lettres, traduites de l'anglais par J. P. Quenot, avocat, suivies des opinions de Voltaire, Buffon, Marmontel etc., sur les principales questions de littérature traitées par Blair. — *Paris, Lefèvre, 1821, 3 vol. in-8°.*

ORATEURS

1. — Orateurs Grecs

402. — DISCOURS de Lycurgue, d'Andocide, d'Isée, de Dinarque, avec un fragment sous le nom de Démade, traduits en françois par M. l'Abbé Auger. — *Paris, De Bure, fils aîné,* M. DCC, LXXXIII *(1783), in-8° rel. en v. rac. filets dorés et bord. dos orné.*

403. — HARANGUES tirées d'Hérodote, de Thucydide, des histoires grecques de Xénophon, de sa Retraite des dix mille, et de sa Cyropédie, insérées dans un abrégé des histoires de ces mêmes auteurs, avec des notes sur le texte des harangues de Thucydide, traduites par M. l'Abbé Auger. — *Paris, Nyon, l'aîné et fils,* M. DCC. LXXXVIII, *in-8°, 2 vol. rel. en v. rac. dos orné.*

404. — LYSIAS. — Œuvres complètes, traduites en françois par M. l'abbé Auger. — *Paris, de Bure, fils aîné,* M. DCCLXXXIII, *in-8° rel. en veau fauve.*

405. — ISOCRATE. — Œuvres complètes, auxquelles on a joint quelques discours analogues à ceux de cet orateur, tirés de Platon, de Lysias, de Thucydide, de Xénophon, de Démosthène, d'Antiphon, de Gorgias, d'Antisthène et d'Alcidamas ; traduites en françois par M. l'abbé Auger. — *Paris, de Bure, fils aîné,* M. DCC. LXXXI, *in-8°, vol. rel.*

406. — ISOCRATE. — Eloge d'Hélène, (traduit par Paul-Louis Courier, suivant le dictionnaire des ouvrages anonymes d'Ant. Alex. Barbier, 3ᵉ édit., la France littéraire de Quérard). — *Paris, Henrichs, an XI, in-8°* (41 pages).

407. — DÉMOSTHÈNE et ESCHINE. — Œuvres complètes, traduites en françois, avec des remarques sur les harangues et plaidoyers de ces deux orateurs, et des notes critiques et grammaticales en latin, sur le texte grec : accompagnées d'un discours préliminaire sur l'éloquence et autres objets intéressants ; d'un traité de la jurisdiction et des loix d'Athènes ; d'un précis historique sur la Constitution de la Grèce, sur le Gouvernement d'Athènes et sur la vie de Philippe, etc., par M. l'abbé Anger. — *Paris, Lacombe,* M. D. CC. LXXVII (1777), *in-8°, 4 vol. rel. en 5.*

408. — DÉMOSTHÈNE. — Oraisons. Traduction de M. d'Olivet et Auger, avec la harangue d'Eschine sur la Couronne, et précédée de la vie de Démosthène, par A. L. D. — *Paris, Duprat-Duverger, 1813, N. R., in-12.*

409. — Dº. — 2ᵉ Olynthienne expliquée en français, par deux traductions. — *Paris, Delalain, 1820, N. R., in-12.*

410. — Dº. — *Paris, Aug. Delalain, in-12.*

2. — Orateurs latins anciens et Orateurs modernes qui ont écrit en latin

411. — ORATIONES ex Sallustii, Livii, Curtii, et Taciti historiis collectæ. — *Parisiis, apud Jacobum Quillau, Lambertum Coffiis et Joannens Desaint,* M. DCC. XXI, *in-12 rel.*

412. — CONCIONES et Orationes ex Sallustii, T. Livii, Taciti, et Q. Curtii historiis collectas, divisit capitibus, argumentis explicavit, notisque illustravit, unus è professoribus academiæ Parisiensis. — *Parisiis, apud Aug. Delalain, 1814, in-18 cart.*

413. — Dº, dº. — Annoté par J. Maudet. — *Paris, J. Delalain, 1836, in-12.*

414. — D°, d°. — *Parisiis, apud L. Hachette*, MDCCCXL, *in-12*, F. R. K.

415. — HARANGUES choisies des historiens latins, traduites par M. l'Abbé Millot. — *Lyon, les frères Périsse,* M. DCC. LXXVI, *in-12, 2 vol. rel.*

416. — DISCOURS tirés des historiens latins, Tite-Live, Salluste, Tacite et Quinte-Lurce, traduction de l'Abbé Millot. Nouvelle édition, revue, corrigée et complétée par M. Ed. Prieur. — *Paris, Aug. Delalain,* MDCCCXXX, *in-8°*. (Le tome 1er seulement).

417. — CICÉRON. — In omnes M. Tvllii Ciceronis orationes doctissimorvm virorvm lvcvbrationes, accurate in unum volumem collectæ, locisque non paucis ad veritatem emendatæ, adiectis Q. Asconij Pediani commentarijs, cum correctionibus Pauli Mauritii propè innumerabilibus. Rerum et verborum in iisdem lucubrationibus memorabilium plenissimus Index. — *Venetiis,* M. D. LII, *petit in-fol. maroc. rouge, triples filets dorés, bord.* (Après l'Index se trouve : Series literarvm, et, au verso de la feuille de garde, la reproduction de la marque typographique de Alde. Texte à 2 colonnes, 1406 p. p. l'Index est sans pagination (12 feuillets). Sur le verso du feuillet où l'on voit Series literarvm, il y a sept lignes manuscrites curieuses à lire.)

418. — D°. — M. Tullii Ciceronis orationes, quæ in Universitate Parisiensi vulgò explicantur, cum notis ex optimis quibusque commentatoribus selectis. Juxta accuratissimam D. Lallemand editionem. — *Parisiis, apud J. Barbou,* MDCCLXVIII, *in-12, 3 vol. rel.* (Fleuron ou marque typographique avec ces mots en banderole : Et fructu et foliis.)

419. — D°. — Les Oraisons de Cicéron povr S. Roscius d'Amérie. G. Roscius Comedien. M. Fontejus. A. Cecinna. De la version de P. Dv-Ryer. — *Paris, Ant. de Sommaville, au Palais, en la petite salle des Merciers, à l'Escu de France,* M. D. C. L, *petit in-12 rel.*

420. — D°. — Oraisons choisies de Cicéron, traduction revue par M. de Wailly, avec le latin à côté, sur l'édit. de M. l'abbé Lallemant, et avec des notes. — *Paris, J. Barbou,* M. DCC. LXXII, *in-12, 3 vol. rel.*

421. — D°, d°. — *2 vol. in-8°.*

422. — D°. — Philippiques de Démosthène et Catilinaires de Cicéron, traduites par M. l'abbé d'Olivet. Sixième édit. — *Paris, Barbou,* MDCCLXXI, *in-12 rel.* (Fleuron ou marque typographique avec ces mots en banderole : Et fructu et foliis.) Le relieur a mis sur le dos de ce vol. : Oraiso de Cicero. Tom. IV., ce qui l'a fait ressembler aux 3 vol. précédents.

423. — D°. — Nouvelle traduction des Catilinaires et des Discours de Cicéron pour Marcellus et Ligarius. Par M. Busnel, maître ès arts, professeur de troisième au Collège royal de Rouen. — *A Rouen, de l'imprimerie privilégiée*, M. DCC. LXXXIII, *in-12 rel.* (Le texte est en regard du français.)

424. — D°, d°. — *Paris, Delalain, 1805, in-12.*

425. — D°. — Oratio in Verrem de Signis, avec sommaires et notes en français, par M. Morin. — *Paris, Dezobry, E. Magdeleine et Cie, in-8°.*

426. — PLINE (Le jeune). — Caii Plinii Cæcilii Secundi, Novocomensis Panegyricus, Nervæ Trajano Augusto dictus, notis illvstratus. — *Parisiis, apud Joannem-Baptistam Brocas, viâ Jacobæa, ad insigne Capitis D. Joannis*, M. DCC. XXVI, *in-16, rel. ancienne.*

427. — TITE-LIVE. — Les Concions et Harengves de Tite-Live, nouvellement traduictes en françois ; (par J. De Amelin, dont le nom se lit au bas de l'Epître dédicatoire au roi Henri II ; très curieuse à lire. — *A Paris, de l'imprimerie de Michel de Vascosan, demourant Rue S. Jacques, à l'enseigne de la Fontaine,* M. D. LI. III, *in 8°. rel. en v. fauve, triples filets dorés, dos orné.* Sur le verso de la feuille de garde, on lit cette note manuscrite : *Ces Harangues de Tite-Live de l'édition de Vascosan sont rares.*

428. — SCALIGER (Jules-César). — Jvl. Cæs. Scaligeri adversvs Desid. Erasmvm Orationes dvæ, Eloquentiæ Romanæ vindices : vna cvm eivsdem epistolis, et opusculis aliquot nondum vulgatis. Qvibus de novo etiam accedunt Problemata Gelliana, vt reperiri potuerunt. — *Tolosæ Textosagvm, typis Raym. Colomerii Regis et Vniners, Typographi,* M. DC. XXI, *in-4°, rel. en mar. rouge, triples filets dorés, D. S. T.* — Le nom de l'imprim. Colomer, avec la date 1621, se trouve reprod. sur le dos du vol. au bas. Fleuron avec ces mots en banderole : Palladivm Tolesanvm (101 pages). Viennent ensuite, avec changement de pagination, l'Oratio I. Tolosæ, typis Raymvndi Colomerii, Regis et Academiæ Tolosanæ Typographi, M. DC. XX (1620), (69 pages). L'Oratio II (47 pages). Jvl. Cæs. Scaligeri Epistolæ aliqvot nvnc primvm vvlgatæ. Accedvnt præterea alia quœdam ejusdem opuscula et fragmenta præfationis in Arist. historiam de animalibus — *Tolosæ, apud Dominicvm Bose, et Petrvm Bose,* M. DC. XX. Fleuron ou marque typographique : Un berger et des moutons (79 pages) ; Problemata Gelliana, etc. (51 pages).

429. — HEINSIUS (Daniel). — Danielis Heinsii, Orationes ; editio nova ; magna parte auctior. — *Lvgd. Batavorvm, ex officinâ Elzeviriana, anno* CH. HC. XX (1620), *in-8°, rel. en mar. rouge, triples filets dorés, D. S. T.,* *dos orné*. Marque typographique : L'orme, embrassé par un cep chargé de raisins, avec le Solitaire et la devise : *Non solus*. 12 ff. préliminaires et 558 pp. Les 2 dernières ne sont pas chiffrées et contiennent une pièce de vers latins.

430. — POLITUS (ALEXANDER). — Alexandri Politi de Cl. Reg. Scholarum piarum et in Academiâ Pisana humaniorum litterarum professoris orationes omnes nunc primum in unum volumen collectæ. — *Florentiæ, typis Allegrini, Pisoni et sec. facultate publica, 1772, in-4°.*

431. — JOUVENCY (Le P. J.). — Josephi Juvencii e Societate Jesu Orationes, editio nova emendatior. — *Parisiis, apud Joannem Barbou*, M. DCCXIV, *in-12*, 2 vol. rel. (Sur les feuilles de garde, quelques notes manuscrites et 2 distiques en latin.)

432. — BAUDORY (Le P. Jos. Du), *de la Compagnie de Jésus*. — Œuvres diverses. — *Paris, Marc Bordelet*, M. DCC. L, *in-12 rel*. Ce vol. contient : Viris in arte sua præcellentibus succedere quam sit operosum, Oratio. Parisiis provinciæ, provinciis Parisii quantum debeant, Oratio. De reditu Regis Gratulatio. De Novis systematum inventoribus quid sentiendum. Oratio. I. Plaidoyer sur quatre défauts de la jeunesse : Indolence, vivacité et emportement, légèreté, complaisance. II. Plaidoyer sur les divers talens de l'esprit. III. Plaidoyer sur le mérite des différentes sortes de services militaires.... S. Ludovicus in vinculis. Tragædia. Ode au Roi sur sa convalescence. (Une note manuscrite sur le titre nous apprend que l'auteur, *né à Vannes en 1710, est mort à Paris en 1749*, et semble empruntée à *la France littéraire*, de Quérard.)

3. — Orateurs français, anglais

433. — TRÉSOR (LE) des harangues, faites aux entrées des rois, reines, princes, princesses et autres personnes de condition. Par *M. L.-G.*, advocat au Parlement. (Gilbault, suivant les supercheries littéraires dévoilées de J.-M. Quérard, et une note écrite sur le titre ; d'ailleurs le nom de Gilbault figure dans l'*Extrait du privilège*.) — *Paris, N. Le Gras*, M. DCLXXX (1680), *in-12 rel.*

434. — RECUEIL de diverses harangues, discours et autres pièces d'éloquence. Composées par les plus célèbres auteurs de ce temps. — *Bruxelles, François Fopperse*, M. DC. LXXXI. A la fin se trouvent : Lettres à Olinde et traduction de l'Oraison de Cicéron, par le poëte Archias. *In 12 rel.*

435. — BENAT (François de), GÉRARD (de). — L'art oratoire réduit en exemples, ou choix de morceaux d'éloquence tirés des plus célèbres orateurs du siècle de Louis XIV et du siècle de Louis XV. — *Amsterdam, et se vend à Paris, chez Desaint et Saillant, et à Marseille, chez Jean Mossy, libraire à la Canebière*, M. DCC. LX, *in-12, 3 vol. rel.*

436. — CHEFS-D'ŒUVRE d'éloquence poétique, à l'usage des jeunes orateurs ; ou Discours françois tirés des auteurs tragiques célèbres, suivis d'une table raisonnée des figures qui s'y rencontrent. Augmentés d'un supplément. Contenant les tragédies de Polyeucte de Corneille, d'Esther et Athalie, par Racine, (par l'abbé Ch. Batteux, suivant le Dictio^{re} des ouv. anonymes d'Ant. Alex. Barbier, 3e édit.) — *Paris, Nyon l'aîné*, M. DCC. LXXXIV, *in-12 rel.*

437. — RECUEIL d'Oraisons funèbres, 2 vol. in-4°, comprenant :

1er Vol. 1° Oraison funèbre de Monseigneur Louis, Dauphin, et de Marie-Adélaïde de Savoye, son épouse, par Messire Jacques Maboul, évêque d'Alet. — *Paris, Raymond Mazières*, M. DCCXII, *in-4°, rel. en parch.* (Fleuron et en-tête représentant le port. du Dauphin et de la Dauphine) ;

2° Ludovici Magni Franciæ et Navarræ regis. Laudatio funebris dicta in Regio ejusdem. Ludovici Magni Collegio à Carolo Porée è Societate Jesu. Prid. Id. Novemb., anno M. DCC. XV. — *Parisiis, apud Stephanum Papillon, viâ Jacobæâ, sub Scuto anglico*, M. DCC. XV. (Fleuron et en-tête représentant le buste de Louis XIV);

3° Oraison funèbre de Louis XIX. Prononcée le Mercredy treizième Novembre 1715, dans l'église de Beauvais, et dans l'église métropolitaine de Roüen, le samedy 16 Novembre 1718, par M. l'abbé Le Prevost, prédicateur ordinaire du Roy. — *Paris, Nicolas Pépie*, M. DCC. XV. (Fleuron et portrait de Louis XIV et en-tête) ;

4° Oraison, etc., etc..., prononcée à Metz dans l'église cathédrale, le 18 Décembre 1715, par l'abbé Favier. — *Metz, Brice Antoine, au Signe de la Croix.* (Fleuron) ;

5° Oraison, etc., etc..., prononcée en l'église des Carmélites de Lyon le 5 Décembre 1715, par M. l'abbé de Barcos. — *Paris, Laurent D'Houry, au St-Esprit, rue de la Harpe.* (Fleuron et portrait de Louis XIV et en-tête) ;

6° Oraison funèbre de très-noble et très-vertueuse Dame Magdelaine de La Fayette, abbesse du monastère royal de S. Georges, prononcée à la cérémonie de ses funérailles dans l'église dudit monastère, le 28 Juillet 1688. — *Rennes, Mathurin Denys, imprimeur et libraire, ruë St-Germain.* (Fleuron ou marque typographique. A la fin de l'Epître dédicatoire à Madame de Kergrée, on lit les Initiales : F. C. D. S. M. C. I.)

2° Vol. 1° Oraison funèbre de Louis XIV, surnommé le Grand, par l'abbé de La Fargues, suivant une note manuscrite que l'on voit sur la 2° page. — *Paris, Gilles Lamesle, 1715, in-4° rel.* Avec :

2° Oraison funèbre de Louis XIV, prononcée à Paris, dans l'église de Notre-Dame, le 28 Novembre 1715, par Messire Jacques Maboul, évêque d'Alet. — *Paris, François Fournier*, m. dcc. xv. (Portrait ou médaillon de Louis XIV que tient d'une main la France éplorée) ;

3° Oraison funèbre de Louis le Grand, par l'abbé Mongin, abbé de l'Abbaïe royale de Saint-Martin d'Autun, l'un des 40 de l'Acad. française, dont le nom se trouve relaté dans le privilège du Roy. (En en-tête, médaillon de Louis XIV, que tient d'une main la Religion) ;

4° Oraison funèbre de Louis XIV, etc., prononcée en l'église cathédrale d'Evreux, le 7 Novembre 1715, par M. l'abbé Aunillon, chanoine et grand-vicaire d'Evreux, abbé du Guay de Launay. — *Paris, Etienne Papillon, rue Saint-Jacques, aux armes d'Angleterre*, m. dcc. xv ;

5° Oraison funèbre, etc., etc..., prononcée en l'église de l'abbaye royale de Saint-Denys, le 23° jour d'Octobre 1715, par Messire Honoré de Quiqueran de Beaujeu, évêque de Castres. — *Paris, Et. Papillon, rue Saint-Jacques, aux armes d'Angleterre*, m. dcc. xv ;

6° Oraison funèbre. La même que celle du 4° précédent ;

7° Oraison funèbre de Louis le Grand, quatorzième du nom, roy de France et de Navarre, prononcée en l'église de La Flèche, le 26 Novembre 1715, par M. de Coutance-Ribot, prêtre. — *La Flèche, veuve Jacques Laboë, imprimeur et marchand libraire, à la Plume d'or*, m. dccxv, *2 vol.*

438. — DISCOURS prononcé aux Ecoles de médecine pour l'ouverture solennelle du cours de chirurgie, le 6 Février 1780, par M° Edme-Claude Bourru, docteur régent de la Faculté de médecine en l'Université de Paris, et professeur de chirurgie et langue françoise. Sur ce sujet : *A quels points doit s'arrêter le chirurgien dans les différentes sciences dont l'étude lui est nécessaire ?* — *Paris, Quillau*, m. dcc. lxxx, *in-4° rel.* Avec :

1° Discours sur la naissance de Monseigneur le Dauphin, prononcé dans la salle du Collège royal le 18 Février 1782, au nom de MM. les lecteurs et professeurs royaux, par M. Poissonnier, doyen de la compagnie. — *Paris, Ph. D. Pierres*, m. dcc. lxxxii. (Fleuron avec ces mots : Collegium franciæ regium docet omnia) ;

2° Oraison funèbre de très-haut, très-puissant et excellent Prince Monseigneur Louis, Dauphin ; prononcée dans l'église de Paris, le premier Mars 1766, par Messire Charles de Loménie de Brienne, archevêque de Toulouse. — *Paris, Hérissant père*, M. DCC. LXVI. (Fleuron représentant une urne et deux génies éplorés. On lit au bas : C. N. Cochin del. 1766. B. L. Prevost sculpsit) ;

3° Déclaration du Roi, *concernant les ecclésiastiques qui ont été ci-devant dans la Société des jésuites*. Donnée à Versailles le 7 Juin 1777. — *Paris, P. G. Simon, 1777 ;*

4° Oraison funèbre de très-haut, très-puissant et très-excellent Prince Stanislas I, Roi de Pologne, Grand-Duc de Lithuanie, Duc de Lorraine et de Bar., prononcée dans l'église de Paris, le 12 Juin 1766, par Messire Jean de Dieu-Raimond de Boisgelin de Cucé, évêque de Lavaur. — *Paris, Hérissant père*, M. DCC. LXVI. (Fleuron au bas duquel on lit : J. M. Moreau del Prevost sculp. Et, en en-tête, au bas de laquelle on lit : C. N. Cochin filius delin. 1766. B. L. Prevost sculpsit.) ;

5° Ludovico XV, Regi Galliarum dilectissimo. Laudatio funebris, jussu et nomine Collegii regii, dicta a Joanne-Francisco Vauvilliers, Equite, Regis consiliario, lectore et græcarum litterarum professore regio ; in instaurationem scholarum regiarum. — *Parisiis, ex typographiâ Philippi-Dijonisii Pierres, viâ San-Jacobææâ*, M. DCC. LXXIV ;

6° Oraison funèbre de Louis XV, le Bien-Aimé, roi de France et de Navarre, *prononcée, le lundi 29 Août 1774, dans l'église cathédrale de Noyon*, par M. l'abbé Borlet de Vauxcelles, chanoine et vicaire général du diocèse, prédicateur ordinaire du Roi, lecteur et bibliothécaire de Monseigneur le Comte d'Artois. — *Paris, Saugrain*, M. DCC. LXXIV ;

7° Eloge funèbre de Messire Claude Léger, curé de S. André-des-Arcs, prononcé en l'église de cette paroisse, le 17 Août 1781, par Messire Jean-Baptiste-Charles-Marie de Beauvais, évêque de Senez. — *Paris, Didot l'aîné*, M. DCC LXXXI. On lit, au bas de la page du titre, cette note manuscrite : *De la part de M. l'évêque de Senez ;*

8° Jubilé universel de l'année sainte. — *Paris, Cl. Simon, 1776*. (Fleuron-armoiries du Pape et de l'archevêque de Paris) ;

9° Mandement de Monseigneur l'archevêque de Paris, *au sujet de l'incendie de l'Hôtel-Dieu*. — *Paris, C. Simon*, M. DCC. LXXXI ;

10° Oraison funèbre de très-haut et très-puissant seigneur Louis-Nicolas-Victor de Félix, comte de Muy, maréchal de France, etc., etc., prononcée dans l'église de l'hôtel royal des Invalides, le 24 Avril 1776, par Messire Jean-Baptiste-Charles-Marie de Beauvais, évêque de Senez. — *Paris, imprim. royale*, M. DCCLXXVI ;

11° Oraison funèbre d'illustrissime et reverendissime Seigneur Monseigneur Charles de Broglie, évêque-comte de Noyon, pair de France, désigné cardinal de la sainte Eglise romaine, prononcée dans l'église cathédrale de Noyon, le 7 du mois de Juillet 1778, par Messire Jean-Baptiste-Charles-Marie de Beauvais, évêque de Senez, etc., etc. — *Noyon, Jean-Frédéric Devin;*

12° Discours prononcés dans l'Académie françoise, le lundi XI Juillet M. DCC. LXXIV, à la réception de M. l'abbé Delille. — *Paris, J. B. Brunet et Demonville,* M. DCC. LXXIV;

13° Discours prononcés dans l'Académie françoise, le jeudi XX Juin M. DCC. LXXVI, à la réception de M. de La Harpe. — *Paris, Demonville,* M. DCC. LXXVI.

439. — FLÉCHIER, évêque de Nîmes. — Recueil des oraisons funèbres. — *Lyon, Faucheux, 1780, in-8°.*

440. — D°, d°. — *Paris, P. Maumus, 1830, in-18.*

441. — ORAISONS funèbres de Fléchier, suivies de celles de Turenne, par Mascaron; du prince de Condé, par Bourdaloue, et de Louis XIV, par Massillon. Edition stéréotype. — *Paris, Pierre Didot l'aîné, an XI, 2 tomes rel. en un vol.*

442. — D°, d°. — *Paris, veuve Dabo, 2 vol, in-12 rel.*

443. — AUGER (ATHANASE), *prêtre, professeur d'éloquence au Collège de Rouen, etc.* — Discours sur l'éducation, prononcés au collège royal de Rouen, suivis de notes tirées des meilleurs auteurs anciens et modernes; auxquels on a joint des réflexions sur l'amitié. — *Rouen, Le Boucher,* M. DCC. LXXV, *in-12 rel.*

444. — MORCEAUX D'ÉLOQUENCE, extraits des sermons des orateurs protestants français les plus célèbres du XVIIe siècle, précédés d'une courte notice sur la vie de chacun d'eux, par A. Caillot. — *Paris, Chaumerot, 1810, in-8° rel.*

445. — PITHOU. — Abrégé de la vie et des travaux de M. de Mirabeau, avec son portrait, suivi de son testament, de son oraison funèbre et de son épitaphe. — *Paris, in-8°.* (Le portrait manque. Le recto et le verso de la feuille de garde sont couverts de notes manuscrites relatives à Mirabeau.) Relié avec :

1° Eloge funèbre de M. de Mirabeau, prononcé, le jour de ses funérailles dans l'église de Saint-Eustache, par M. Cerutti, au nom de la section de la Grange-Batelière, devant l'Assemblée nationale. — *Paris, Desennes, 1791.*

2° Collection complette des travaux de Mirabeau l'aîné à l'Assemblée nationale, Etats de Provence. (32 pages; le reste manque.)

3° Collection complette des travaux de M. Mirabeau l'aîné à l'Assemblée nationale. Précédée de tous les discours et ouvrages du même auteur, prononcés ou publiés en Provence, pendant le cours des élections, par M. Etienne Méjan. — *Paris, veuve Lejay, 1791-1792, in-8°.* Le tout formant 5 vol, Le tome 4e, qui se termine à la page 352, est incomplet.

446. — DISCOURS ET OPINIONS de Mirabeau, précédés d'une notice historique sur sa vie, par M. Barthe, avocat ; et de l'oraison funèbre prononcée par Cerutti lors de ses funérailles ; d'un parallèle de Mirabeau et du cardinal de Retz, par M. le comte Boissy-d'Anglas, et des jugemens portés sur Mirabeau, par Chénier et M. le comte Garat. — *Paris, Kleffer et Aug. Cannes, janvier 1820, avril 1820, in-8°, 3 vol. cart.* (Portrait de Mirabeau.)

447. — ŒUVRES ORATOIRES de Mirabeau, ou recueil de ses discours, rapports, adresses, opinions, discussions, réparties, etc., à l'Assemblée nationale ; précédé d'une notice historique sur sa vie, et terminé par l'oraison funèbre que Cerutti prononça aux funérailles de l'orateur ; orné de son portrait et d'un *fac-simile* de son écriture. (Le fac-simile se trouve au 2e vol., entre les pages chiffrées 16 et 17.) — *Paris, Pierre Blanchard, 1819, in-8°, 2 vol. rel.*

448. — FOY (Le Général Maximilien-Sébastien). — Discours du général Foy, précédés d'une notice biographique par M. Tissot ; d'un éloge, par M. Etienne, et d'un essai sur l'éloquence politique en France, par M. Jay. Avec portrait et fac-simile qui se trouve avant les discours prononcés à la Chambre des députés. 1er vol. L'*Essai sur l'éloquence*, etc., se trouve au commencement du 2e vol. 2e édition. — *Paris, P.-A. Moutardier, 1826, in-8°, 2 vol. rel.* (2 ex.)

449. — MAILLET-LACOSTE (Pierre-Laurent), *ancien élève de l'Ecole polytechnique*. — Œuvres. — *Paris, A. Belin, 1822, in-8° rel.*

450. — D°. — Eloge de Bossuet, envoyé à l'Académie française pour les concours de 1826 et 1827, avec un examen de l'ouvrage. — *Paris, L. Hachette, 1827, in-8° rel.* (62 pages).

351. — Discours prononcé en français, en 1809, et en latin, en 1810, à l'école de M. Laurent, à Brest. Ce discours est accompagné d'un Essai sur la perfectibilité, et d'une pièce de vers latins adressée à S. M. l'Empereur et Roi, avec la traduction. — *Paris, Le Normant et autres, 1811, in-8°.*

452. — PRIX DE VERTU (Les), fondés par M. de Montyon. — Discours prononcés à l'Académie française par MM. Daru, Daya, de La Place, l'évêque d'Hermopolis, de Sèze, etc., etc., réunis et publiés avec une notice sur M. de Montyon, par MM. Frédéric Lock et J. Couly d'Aragon. — *Paris, Garnier frères, 1858, 2 vol. in-18.* Le tome 1er comprend : 1819-1838 ; le second, 1839-1856.

453. — Do, do, do. — Discours prononcé par M. Cuvillier-Fleury, directeur de l'Académie française, dans la séance publique du 13 Août 1874. — *Paris, Firmin Didot, 1874, in-12.*

454. — DISCUSSIONS IMPORTANTES, débattues au Parlement d'Angleterre, par les plus célèbres orateurs depuis trente ans ; renfermant un choix de discours, motions, adresses, répliques, etc., accompagné de réflexions politiques analogues à la situation de la France, depuis les Etats-Généraux. Ouvrage traduit de l'anglais. (Par Antoine-Prosper Lottin le jeune, suivant les supercheries littéraires dévoilées, et le dictionnaire des ouvrages anonymes d'Ant. Alex. Barbier, 3e édition. A la fin du discours préliminaire, on voit les initiales, M. D.-- *Paris, Maradan et Perlet, 1790, in-8°, 4 vol. rel.*

455. — HARANGUES sur toutes sortes de sujets, avec l'art de les composer, dédiées à Monseigneur le chancelier. — *Paris, J. Guignard, 1688, in-4° mutilé.*

456. — LENOIR DU PARC. — Nouveau Recueil de plaidoyers français, auxquels on a joint plusieurs recherches très utiles aux jeunes élèves de l'éloquence. — *Paris, Vve Thiboust, 1786, in-12.*

457. — VOLTAIRE. — Panégyrique de Louis XV, avec les traductions latine, italienne, espagnole et anglaise. — *S. L., 1749, in-8°.*

458. — POUILLY (M. de). — Eloge de Ch. Bonnet, de l'Académie impériale Léopoldine, et de celle de Saint-Pétersbourg, etc. — *Lausanne, Henbach, 1792, in-8°.*

459. — MASCARON, BOURDALOUE, LA RUE et MASSILLON. — Oraisons funèbres choisies. — *Orange et Avignon, Joly, 1816, in-12.*

460. — MASSILLON. — Le petit Carême. — *Paris, Renouard, 1802, in-16.*

461. — RÉVELIÈRE (L. V.) — Discours qui a remporté le prix sur cette question proposée par la Société des sciences, agriculture et arts, de Montauban : Combien il importe, pour le bonheur et la prospérité des nations, de faire concorder la morale avec les lois. — *Paris, Mignard, 1806, in-8°.*

462. — ALEMBERT (D'). — Eloges lus dans les séances publiques de l'Académie française. — *Paris, Panckoucke-Moutard*, m. dcc. lxxix, *in-8°*.

463. — RECUEIL de discours et d'oraisons funèbres, prononcés pendant le 18ᵉ Siècle, par divers orateurs, *in-4°*.

464. — BOULOGNE (Etienne-Antoine de), évêque de Troyes. — Oraison funèbre de Louis XVI, prononcée dans l'église royale de Saint-Denis, le 21 janvier 1814, jour anniversaire de la mort du Roi et du transport solennel de ses cendres. — *Paris, Le Clerc, 1817, in-8°*.

465. — BOSSUET (J. B.). — Oraisons funèbres. — *Paris, Pougin, 1836, in-12*.

D°. — Autre. — *Paris, Vve Daho, 1823, in-12*.

466. — VILLEMAIN. — Discours et mélanges littéraires. — *Paris, Ladvocat, 1823, in-8°*.

467. — SAUVIAC (M. de). — Eloge du maréchal de Vauban, qui a concouru pour le prix de l'Académie française. — *Paris, sans date, in-8°*.

468. — SAINT-MARC GIRARDIN. (Discours prononcé par M.) — Institut impérial de France. Prix de vertu fondé par M. de Monthyon. — *Paris, Didot frères, in-8°*.

469. — ANDRAL (Paul). — Discours prononcé à la conférence des avocats, le 28 Septembre 1854. — Eloge de Guillaume de Vain. — *Paris, Hennuyer, 1854, in-8°*.

470. — ALLANIC. — Discours prononcé à la distribution solennelle des prix du Lycée impérial de Brest, le 9 Août 1870. — *In-8°*.

471. — D°. — Discours prononcé à la distribution solennelle des prix du Lycée de Brest, du 5 Août 1871. — *In-8°*

472. — PENQUER (Aug.) — Discours prononcé à la distribution solennelle des prix du Lycée de Brest, le 5 Août 1873. — *Brest, Gadreau, in-8°*.

473. — SIMON (Jules). — Discours à l'assemblée générale des délégués des Sociétés savantes. — *Paris, Hachette, 1873, in-8°*.

474. — BUFFON. — Discours sur le style, prononcé à l'Académie française, par Buffon. Nouvelle édition à l'usage des classes, par Félix Hémon, professeur de rhétorique au Lycée de Brest. — *Paris, Ch. Delagrave, 1881, pl. de 48 pages, in-8°*.

475. — JULES FAVRE. — Discours parlementaires publiés par Madame Veuve Jules Favre, née Velten, de 1848 à 1879. — *Paris, E. Plon et Cie, 1881, 4 vol. in-8° rel.*

476. — D°. — Plaidoyers politiques et judiciaires, publiés par Madame Veuve Jules Favre, née Velten. — *Paris, E. Plon et Cie, 1882, 2 vol. in-8°.*

477. — FOX (J. C.) et PITT (Will.) (Recueil de discours prononcés au parlement d'Angleterre, par). — Traduit de l'anglais et publié par MM. H. de G., chevalier de Saint-Louis, ancien officier de la marine française, et L. F. de Jussieu, auteur de plusieurs ouvrages d'éducation. — *Paris, Le Normand, Magimel, Anselin et Pochard, 1820, 12 vol. in-8°.*

III. — POÉSIE

INTRODUCTION ET TRAITÉS GÉNÉRAUX

478. — BATTEUX (L'abbé Ch.). — Les quatre Poëtiques : d'Aristote, d'Horace, de Vida, de Despréaux, avec les traductions et des remarques. — *Paris, Saillant et Nyon, et Desaint*, m. dcc. lxxi, *in-12*, *2 vol. rel.* (Frontispice gravé. C. N. Cochin del. 1770. Aug. de St Aubin, sculp., 1771.)

479. — LE BRVN (Laurent). — Lavrentii Le Brvn Nannetensis e Societate Jesv. Eloqventia poetica ; sive præcepta poetica exemplis poëticis illustrata. — *Parisiis, apud Sebastianvm Cramoisy, et Gabrielem Cramoisy, via Jacobæ sub Ciconiis*, m. d. c. lv, *in-4°*, *2 tom. rel. en 1 vol.* D. S. T. Plats et dos émaillés de fleurs de lys. Armes de France sur les plats. (Fleuron ou marque typographique de S. et G. Cramoisy, deux cigognes. Un frontispice gravé se trouve au second tome.)

480. — RÉFLEXIONS critiques sur la poésie et sur la peinture. Nouvelle édition, par l'Abbé Dubos, suivant une note manuscrite qui se lit sur le titre, et, suivant le dictionnaire des ouvrages anonymes d'Ant. Al. Barbier, 3e édit. et la France littéraire de Quérard. — *Paris, Pierre-Jean Mariette, rue St-Jacques, aux colonnes d'Hercule*, m. dccxxxiii, *in-12*, *3 vol. rel.* (Fleuron ou marque typographique avec ces mots en banderole : *hæc meta laborum.*

481. — D°, d°. — Par M. l'Abbé du Bos, l'un des quarante, secrétaire perpétuel de l'Académie françoise, 5e édition revue, corrigée et augmentée par l'auteur. — *Paris, Pierre-Jean Mariette, rue Saint-Jacques, aux colonnes d'Hercule*, mdccxlvi, *in-12*, *3 vol. rel.* A la fin du 3e vol. de ces deux éditions se trouvent : *Une des dernières scènes de l'Andromaque de Racine*, telle qu'il la donna dans la 1re édit. de cette tragédie, et les trois dernières scènes de la *Mère en détresse.*

482. — MERCIER (Nicolas). — Nicolai Mercerii Pisciaci, proprimarii, ac professoris Navarrici. De conscribendo epigrammate. Opvs cvriosvm in dvas partes divisvm. Quarum prior continet artificium et præcepta in epigrammatum compositione vsurpanda. Posterior verò delectum venustissimorum et acutissimorum quorumque epigrammatum, ex anthoribus cùm veteribus, tùm recentibus, accuratissime excerptorum, et ad præmissas præceptiones regulasque redactorum. — *Parisiis, apud Joannem de La Caille, sub signo Trium Coturnicum*, M. DC. LIII, *in-8°*, avec un frontispice et un port. gravé par Michel L'Asne. (Cette édition est signalée par Brunet, 5ᵉ édit.)—Notre exemplaire est remplie de notes manuscrites interlinéaires.

483. — GENEST (l'Abbé Ch. Cl.) — Dissertations sur la Poésie pastorale, ou de l'Idylle et de l'Eglogue, à Messieurs de l'Académie françoise. — *Paris, J. B. Coignard*, M. DCCVII, *in-12 rel.*

484. — D⁾, d°. — Avec un frontispice gravé par Thomassin et représentant des bergers gardant leurs troupeaux.

485. — LE BOSSU (Le R. P. R.), *Chanoine régulier de Sainte-Geneviève*. — Traité du poëme épique. Nouvelle édition. — *Paris, Jean Musier, à l'Olivier*, M. DCCVIII, *in-12 rel.* Triples filets dorés. Titre rouge et noir, marque typographique, Minerve avec l'olivier et la devise : *Ne extra oleas.*

1. — RECUEIL DE POÉSIES EN DIFFÉRENTES LANGUES

486. — CHOIX de Poésies, traduites du grec, du latin et de l'italien. Contenant la Pancharis de Bonnefons, les Baisers de Jean Second, ceux de Jean Vander-Does, des morceaux de l'anthologie et des poëtes anciens et modernes, avec des notices sur la plupart des auteurs qui composent cette collection, par M. E. T. S. D. T. (Édouard-Thomas-Simon), de Troyes, suivant le dictionnaire des ouvrages anonymes d'Ant. Alex. Barbier, 3ᵉ édition, et les supercheries littéraires dévoilées de J. M. Quérard. — *Londres*, M. DCC. LXXXVI, *Cazin*, 2 vol. *in-18 rel.* Triples filets dorés. Frontispice gravé par M. Thomas.

2. — POÈTES GRECS

A. — Collections et Extraits

487. — POËTÆ græci veteres carminis heroici scriptores, qvi exstant, omnes. Homerus, Hesiodus, Orpheus, Callimachus, Aratus, Nicander, Theocritus, etc., etc... *Apposita est è regione*, latina interpretatio. Notæ item et variæ lectiones margini adscriptæ. Cura et recensione Juc. Lectii V. Cl. Accenit et Index rerum et verborum locupletissimus. — *Avreliæ Allobrogvm sumptibus Caldorianæ societatis anno* CH. AC. VI, *in-f° rel. 2 vol. rel.* (Fleuron ou marque typographique avec ces mots : Sola Dei mens, justitiæ norma.)

438. — POETÆ græci veteres, tragici, comici, lyrici, epigrammatarii, additis fragmentis exprobatis aucthoribus collectis, nunc primum græcè et latinè in vnum redacti corpus. *Coloniæ Allobrogvm, typis Petri de la Rouiere, anno* CH. HC. XIV, *in-f°, 2 vol. rel.* (Même fleuron ou même marque typographique que l'ouvrage précédent.)

489. — THEOGNIDIS, Phocylidis, Pythagoræ, Solonis et aliorum poemata gnomica. *Græcis ex adverso latina interpretatio apposita multis in locis correcta, additaque variantis scripturæ notatio. Opera Friderici Sylburgii.* — *Ultrajecti* (Utrecht), *ex officinâ Joannis à Waesberge, anno* CH. HC. LI, *in-12, parchemin.*

490. — LACHABEAUSSIÈRE (AUG.-ET.-XAV. POISSON DE). — Poésies galantes et gracieuses d'Anacréon, Bion, Moschut, Catulle et Horace, imitées en vers français, et soumises pour la plupart au rhythme musical. — *Paris, Goujon fils, thermidor an XI, in-8° rel.*

491. — ETRENNES DU PARNASSE. — Poëtes grecs. (Ce volume contient une préface, une table des âges de la poësie en Grèce, des notices sur les poëtes grecs et un choix de leurs poésies, traduites en vers et en prose, avec des réflexions par J.-B. Milliet, attaché à la bibliothèque du roi, suivant le dictionnaire des ouvrages anonymes d'Ant. Alex. Barbier, 3ᵉ édit. — *In-12 rel., triples filets dorés. D. S. T.*

B. — Poètes grecs anciens

492. — HOMÈRE. — Homeri opera græco-latina, quæ quidem nunc exstant, omnia. Hoc est : Ilias, Odyssea, Batracho-Myomachia et Hymni : præterea Homeri vita ex Plutarcho, cum latina item interpretatione, locis communibus ubique in margine notatis.

In hæc operam suam contulit Sebastianvs Castellio, sicuti in præfatione verso-mox foliovidere licet. Editio tertia, superioribus longè et emendatior et auctior, etc. Ad fidem postremæ editionis Henrici Stephani diligenter expressa. — *Basileæ, per hæredes Nicolai Brylingeri, 1567, in-f° rel., filet doré.* (Marque typographique : *Ex libris conventus Brestensis Carmelitarum discalceatorum.* Le vol. est en mauvais état. Mouillures. Dernières pages mutilées.)

493. — D°. — Opera, quæ exstant omnia græcæ et latine, duobus tomis divisa, quarum in priore Ilias. — *Parisiis, apud viduam Brocas, 1747, in-8°.*

494. — GAIL (J.-B.). — Clef d'Homère, précédée de dissertations grammaticales, d'un tableau des verbes primitifs, etc. — *Paris, Delalain, s. d., in-12.*

Traductions en prose

495. — HOMÈRE. — L'Iliade. Nouvelle traduction par M. de La Valterie, d'après une note manuscrite sur le titre. Le nom du traducteur se trouve d'ailleurs dans l'extrait du privilège. — *Paris, Claude Barbin, au Palais, sur le second perron de la Sainte Chapelle,* M. DC. LXXXI, *in-12.* Tome premier rel.

496. — D°, d°. — Traduction nouvelle par M. Gin, conseiller au grand Conseil. — *Paris, Servière, 1784, 3 vol. in-12 rel.*

497. — D°. — L'Odyssée, nouvelle traduction, par M. de La Valterie, dont le nom se trouve dans l'extrait du privilège du Roy. — *Paris, Claude Barbin, au Palais, sur le second perron de la Sainte Chapelle,* M. DC. LXXXI, *in-12 rel.*

498. — D°. — Les chapitres I, VI, IX. Traduct. interlinéaire et française, relié avec l'Iphigénie, à Aulis, d'Euripide et la première Idylle de Théocrite, sous le titre : Traductions. — *Paris, Aug. Delalain, 1831, in-12.*

499. — L'Iliade. Tradnction nouvelle, par Ch.-Fr. Le Brun, d'Ant. Alex. Barbier, 3 édit. - *Paris, Barbou,* M. DCC. LXXXV, *in-12, 2 vol. rel.* Cette trad. est précédée d'un dialogue en grec et en français, de 71 pages.

500. — D°, d°. — Accompagné de notes, d'explications et de commentaires, par Eug. Bareste. — *Paris, Lavigne, 1843, in-8°.*

501. — D°. — Œuvres. Avec des remarques, précédées de réflexions sur Homère et sur la traduction des poètes, par P. J. Bitaubé. — *Paris, L. Teari, 1822, in-8°, 2 vol. rel.* Portrait de Bitaubé dans le 1er vol. Gravure représentant la colère d'Achille, dans le second. Le 1er vol. porte en titre, par inadvertance du relieur : Odyssée. Tome 1er, mais il contient 12 chants de l'Iliade.

502. — D°. — 4 volumes. — *Paris, André, 1822, in 8°.*

503. — Les œuvres, traduites du grec, par Mme Dacier, en sept volumes *in-12 rel.*

504. — D°. — L'Odysée, traduction nouvelle. — *Paris, Nyon, 1783, 3 vol. in-12.*

505. — D°. — L'Odysée, traduction nouvelle, accompagnée de notes, d'explications et de commentaires, par Eug. Bareste. — *Paris, Lavigne, 1842, in-8°.*

506. — D°. — L'Odysée, traduite en françois, avec des remarques par Madame Dacier. Nouvelle édition. — *Paris, du fond de Messieurs Rigaud et Anisson, chez Gabriel Martin, Jⁿ.-B^{te} Coignard et les frères Guérin, libraires, in-12, 4 vol. rel.* (Frontispice : A. Coypel, invent., Ben^s Audran, scul^s.)

507. — D°. — *Paris, A. Delalain, 1818, in-12.*

Traductions en vers

508. — HOMÈRE. — L'Iliade, poëme. Avec un discours sur Homère, par M. de La Motte, de l'Académie françoise. Seconde édition, avec de nouveaux changemens. — *Paris, Grégoire Dupuis, rue Saint-Jacques, à la Fontaine d'or,* MDCCXX, *in-8° rel.* en v. r., triples filets dorés, dos orné et à nervures. Armoiries sur les plats. Frontispice gravé : Fr. Roettiers, invent., N. Edelinck, sculp. Avec ces mots : Choisis, tout n'est pas précieux. 12 gravures hors texte, placées chacune devant le livre dont le sujet est tiré.

509. — D°. — L'Iliade, traduite en vers, avec des remarques et un discours sur Homère. Nouvelle édit., augmentée d'un examen de la philosophie d'Homère, par M. de Rochefort, de l'Académie des inscriptions et belles-lettres. — *Paris, Saillant et Nyon,* M. DCC. LXXII, *in-8°, 2 vol. rel.* Portrait d'Homère. (Le 2e vol. n'a pas de changement de pagination.)

510. — D°. — L'Iliade, traduction nouvelle en vers français, précédée d'un Essai sur l'épopée homérique, par A. Bignan. — *Paris, Belin-Mandar, 1830, in-8°, 2 vol. rel.*

511. — D°. — Opuscules d'Homère. Traduction nouvelle par M. L. Coupé (l'abbé J. M. L.), professeur de rhétorique à l'université de Paris. Première partie.— *Paris, Honnert,* M. DCC. XCVI, *an IV de la République, in-18 cart.*

512. — CAYLUS (le c^{te} DE). — Tableaux tirés de l'Iliade, de l'Odyssée d'Homère et de l'Enéide de Virgile ; avec des observations générales sur le costume, par le comte de Caylus, dont le nom se trouve dans l'extrait des registres de l'académie des inscriptions et belles lettres, à la fin du vol. — *Paris, Tilliard,* M. DCC. LVII, *in-8° rel.*

513. — PHOCYLIDE, *poète gnomique, de Millet, en Ionie*. — Les préceptes de Phocylide, traduits du grec, avec des remarques, par J.-F. Duché de Vancy. — *Paris, de l'imprimerie de Monsieur, chez Barrois l'aîné*, M. DCC. LXXXII, *in-18 cart.* (59 pages).

514. — PINDARE. — Les Odes pythiques, traduites, avec des remarques par M. Chabanon. — *Paris, Lacombe*, M. DCC. LXXII, *in-8° rel.*

515. — D°. — Traduction complète. Olympiques, Pythiques, Néméennes, Isthmiques. — Fragments avec discours préliminaire, arguments et notes, par Colin, Faustin. — *Strasbourg, G. Silbermann, 1841, in-8° rel.*

516. — THÉOCRITE. — Les Idylles de Théocrite, traduites du grec en vers françois avec des remarques, par H. P. de Longepierre, dont le nom manuscrit figure sur le titre de notre exemplaire. Les initiales D. L. se voient dans l'extrait du privilège. — *Paris, Pierre Aubouin, Pierre Emery, et Charles Clouziet*, M. DC. LXXXVIII, *in-12 rel. en mar. rouge.* Dos orné, les armes que l'on voit sur les plats sont celles de Luynes (Louis-Charles d'Albert, duc de). Ecartelé, au 1 et 4, d'or, au lion de gueules armé, lampassé et couronné de même, qui est d'Albert, au 2 et 3, de gueules, à 9 macles, 3, 3 et 3, qui est de Rohan.

517. — D°. — Idylles et autres poésies, traduites en françois, avec des notes critiques et un discours préliminaire, par M. Gail. — *Paris, Didot l'aîné*, M. DCC. XCII, *in-12 rel.*

518. — D°, d°. — Même édit., exempl. non relié.

519. — D°. — Idylles, traduites par J. B. Gail, édition ornée de figures dessinées par Barbier, Moreau et Chaudel. — *Paris, Didot jeune, l'an IV, in-12, 2 vol. rel. en v. rac.* Triples filets dorés. (Autre ex. le 1er vol. seulement).

520. — D°, d°. — Idylles, traduites en français, avec des remarques, par Julien Louis Geoffroy. — *Paris, Le Normant, an XI (1800), in-8° rel.*

521. — D°. — Idylles, traduites en français par Julien Geoffroi, ancien professeur de rhétorique au collège Mazarin. Traduct. accompagnée du texte grec et revues par J. Planche. — *Paris, Bruno-Labbé, 1823, in-12.*

522. — D°, d°. — Traduites en vers français, précédées d'un essai sur les poètes bucoliques et suivies de notes, par M. Servan de Sugny. — *Paris, Audin-Ponthieu, Ladvocat, 1822, in-18.*

523. — CALLIMAQUE. — Hymnes. Nouvelle édition, avec une version françoise et des notes, par La Porte du Theil, dont le nom se trouve au bas de la dédicace. — *Paris, imprimerie royale*, m. dcclxxv, *in-8° rel.*

524. — D°, d°. — Hymnes de Callimaque le Cyrenéen, traduit du grec en vers latins, de même mesure que ceux de l'original, avec la version française, le texte et les notes, par Petit-Radel. — *Paris, H. Agasse, et chez l'auteur, 1808, in-8° rel.*

525. — MUSÉE, le grammairien. — Les amours de Léandre et de Héro, poëme traduit du grec en françois, avec le texte, par de La Porte du Theil. — *Paris, Nyon, le jeune*, m. dcc. lxxxiv, *in-12, fig. de Cochin*. A la fin se trouvent les imitations de quelques vers de Musée, qu'on peut lire dans le poëme de Phrosine et Mélidore, de M. Bernard. (En tout 45 pages).

526. — MUSÉE, le grammairien. — Héro et Léandre, poëme. On y a joint la traduction de plusieurs Idylles de Théocrite, par M. M*** C*** (J.-J. Moutonnet-Clairfous), suivant le dictionnaire des ouvrages anonymes d'Ant. Alex. Barbier, 3ᵉ édit. — *A Sertos, et se trouve à Paris, chez Le Boucher*, m. dcc. lxxiv, *in-8° rel.* (Une gravure; hors texte, D. S. T., avec : Nouvelle traduction en prose des Héroïdes d'Ovide. — *Paris*, mdcclxiii, *Durand*. — Avec frontispice gravé et vignettes culs-de-lampe. (189 pages).

527. — D°. — Les Amours de Léandre et de Héro, poëme, traduit en français, avec le texte grec, la version latine, des notes critiques et un index, par J.-B. Gail. — *Paris, chez Gail, l'an quatrième (1795), in-4° cart. pp. velur.* (68 pages.)

528. — NONNUS, le panopolitain. — Les diouysiaqves, ov les voyages, les amovrs et les conquestes de Bacchus aux Indes. Tradvites dv grec, par Boitet, suivant le nouv. Dict. bibliographiqne de Jacques-Charles Brunet, le nom de ce traducteur se lit d'ailleurs au bas de l'épître dédicatoire. — *Paris, Robert Foüet, à l'Occasion*, m. dc. xxv, *in-8°, rel. en mar. rouge*. Dos orné, triples filets dorés. Armoiries sur les plats.

529. — COLUTHUS. — L'enlèvement d'Hélène. Poëme traduit du grec, avec des remarques, par Ch. Dumolard. — *Paris, J. F. Robustel, 1742, in 16, mar. rouge*. Triples filets dorés.

530. — DIONYSIE. — Alexandri, de situ orbis, libellus, Eustathii Thessalonicensis archiepiscopi commentariis illustratus (en grec). — *Lutetiæ, ex officina Rob. Stephani typographi Regii, Regiis, typis, 1547, in-4°*. Relié avec : Manuelis, Moschopuli de ratione examinandæ orationis, libellus, Lutetiæ, ex officina Roberti. — *Stephani, typographi Regii, 1545, in-4°.*

531. — HÉSIODE. — Hesiodi opera omnia latinis versibus expressa atqve illvstrata a Bernardo Zamagna Ragvsimo. — *Ex regio parmensi typographio, anno* chhcclxxxv, *g*^{d} *in-4° rel*. Papier azuré. Il n'a été tiré que 200 exempl. de cet ouvrage sur ce papier. Fleuron-portrait d'Hésiode en buste. Le texte grec qui comprend 110 pages, se trouve à la fin du vol.

532. — D°. — Les œuvres. Traduction nouvelle, dédiée au roi. *Enrichie de notes et du combat d'Homère et d'Hésiode, opuscule grec qui n'avait pas encore été traduit en notre langue*. Par M. Gin, conseiller au Grand-Conseil. — *Paris, Gueffier*, m. dcc. lxxxv, *in-8° rel*.

533. — SAPHO. — Sapphus, poetriœ Lesbiæ, fragmenta et elogia, quotquot in auctoribus antiquis græcis et latinis reperiuntur, *cum virorum doctorum notis integris*, cura et studio Jo. Christani Wolfii, in gymnasio Hamburgensi professoris publici. Qui vitam Sapphonis et indices adjecit. — *Hamburgi, apud Abrahamum Vandenhoeck*, mdccxxxiii, *in-4°*. Titre rouge et noir. Grec et latin. Frontispice où figurent différents portraits de Sapho, tirés des monuments et des médailles antiques. — *Rel., filets dorés*. Avec :

Poetriarvm octo *Erinnæ*, *Myrus*, *Myrtidis*, *Corinnæ*, *Telesillæ*, *Praxillæ*, *Nossidis*, *Anytæ*, fragmenta et elogia græce et latine cvm virorvm doctorvm notis. Accedit Gottfridi Olearii dissertatio de poetriis græcis avctorvm vetervm testimoniis et svpplementis variis avcta, cura et stvdio Jo. Christiani Wolfii in gymnasio Hambvrgensi professoris publici. Qui notas et indices adjecit. — *Hambvrgii, apud Abrahamvm Vandenhoeck*, m. dccxxxiv. Titre rouge et noir.

534. — Poésies de Sapho, suivies de différentes poésies dans le même genre, publiées par Edme Billardon de Sauvigny, suivant le dictionnaire des ouvrages anonymes d'Ant. Alex. Barbier, 3ᵉ édit. — *Londres, 1892, in-12 rel*. Portrait de Sapho.

535. — ANACRÉON. — Anacreontis opera, græcè, cum latina versione, notis et indice. Edente Michel Maittaire, d'après J. C. Brunet. Le nom de Maittaire se trouve au commencement de la dédicace en latin. — *Londini, excudebat Gulielmus Bowyer*, mdccxxv, *grand in-4° rel*. Filets dorés, papier réglé 4 f. f. préliminaires, lxxiv, f. f. 75 p p. On lit au verso du dernier f. : Huic editioni finem imposuit Gulielmus Bowyer typographus in vico vulgo vocato, Withe fryars. Londini, anno domini millesimo septingentesimo vicesimo quinto, undecimo kalendas quintiles. (Marque typographique : un phénix au milieu des flammes, avec ces mots : Spectatur in ignibus.)

536. — Traduction nouvelle, en vers, des Odes d'Anacréon, sur l'original grec, par M. de la Fosse, avec des remarques et d'autres ouvrages du traducteur. — *Paris, Pierre Ribou, proche les Augustins, à la descente du Pont-Neuf, à l'Image St-Louis*, m. dcciv, *in-12 rel*. Le texte est en regard de la traduction ; les poésies de M. D. L. F. de la Fosse, se trouvent à la fin, avec changement de pagination, ainsi qu'un catalogue de Ribou. Portrait d'Anacréon.

537. — ANACRÉON et SAPHO. — Les œuvres d'Anacréon et de Sapho, contenant leurs poésies, et les galanteries de l'ancienne Grèce, traduites de grec en vers françois, par M. de Longepierre, avec des notes curieuses sur tout l'ouvrage. — *Paris, Charles Clouzier*, m. d. l. xxxxii, *in-12 rel*. Titre rouge et noir, frontispice gravé au bas duquel on lit : Poésies d'Anacréon et de Sapho.

538. — D°, d°. — Les Odes d'Anacréon et de Sapho, en vers françois, par le poète sans fard. (François Gacon, prêtre de la Congrégation de l'Oratoire.) C'est, sous ce nom d'emprunt, qu'il a publié tous ses ouvrages. Son nom a été reproduit à la plume sur le titre de notre exemplaire. — *Rotterdam, Fritsch et Bohm*, mdccxii, *in-12 rel*. Titre rouge et noir, fleuron ou marque typographique : Mercure tenant d'une main son caducée et répandant de l'autre des livres avec ces mots en banderole : Terrarum ubique munera spargit.

539. — D°, d°. — Les poésies d'Anacréon et de Sapho, traduites en françois, avec des remarques, par Madame Dacier. Nouvelle édition, augmentée de notes latines de M. Le Fèvre, et de la traduction, en vers françois, de M. de La Fosse. — *Amsterdam, chez la veuve de Paul Marret, à la Renommée*, m. d. ccxvi, *in-8°*. Cet exemplaire a 2 titres, l'un rouge et noir et l'autre en noir seulement.

540. — ANACRÉON, Sapho, Moschus, Bion, Tyrthée, etc. Traduits en vers françois, par M. Poinsinet de Sivry. — *Nancy, Pierre Antoine (1758), in-12 rel*. A la fin se trouvent des extraits de l'Anthologie (8 pages), et lettre sur Anacréon (37 pages).

541. — ANACRÉON, Sapho, Bion, Moschus, Théocrite, Musée, la Veillée des fêtes de Vénus. Choix de poésies de Catulle, d'Horace et de différents auteurs, seconde édit. par M. Moutonnet de Clairfons. — *Paris, Le Boucher*, m. dcc. lxxix, *in-12, 2 vol. rel*.

542. — OPPIEN. — Oppiani de piscibus libri V. Eiusdem de venatione libri iiij. Oppiani de piscibus, Laurentio Lippio interprete, libri V. — *Venetiis, in Ædibus Aldi et Andreæ Soceri mense Decembri* m. d. xvii, *petit in-8°*, v. fauve, frap., filet et bordure dorés, T. D. Reliure de Bozerian jeune ; la marque typog. des Alde.

543. — BION et MOSCHUS. — Les Idylles, traduites du grec en vers françois, avec des remarques, par H.-B. de Longepierre, suivant le Dictionnaire des ouvrages anonymes d'Ant. Alex. Barbier, 3ᵉ édit., la France littéraire de J.-M. Quérard, et les Siècles littéraires de la France, suivant la copie de Paris. — *A Amsterdam, chez Henry Desbordes,* M. DC. LXXXVIII. *(A la sphère.)* Texte en regard. *In-8° rel.* Avec : Idylles du même de Longepierre (96 pages).

544. — CALABER (Quintus), de Smyrne. — Guerre de Troie, depuis la mort d'Hector jusqu'à la ruine de cette ville. Poëme en quatorze chants, faisant suite à l'Iliade et traduit pour la première fois du grec en français, par R. Tourlet, médecin. — *Paris, Lesguilliez frères, an IX, in-8°,* 2 vol. rel. Frontispice gravé représentant un berger (Quintus) inspiré par les Muses.

3. — POÈTES LATINS

A. — Histoire et Traités sur la Poétique

545. — RAVISIUS (J.). — Epitheta Joannis Ravisii Textoris Nivernensis opus absolutissimum. Post varias editiones, ipsiusque auctoris recognitionem, et doctissimorum virorum emendatione locupletatum, et innumeris mendis repurgatum. Accesserunt de prosodia libri IIII quos Epithetorum præposnimus operi. Item, de carminibus ad veterum imitationem artificiose componendis præcepta, collecta à Georgio Sabino. — *Genevæ, ex typographia Jacobi Stofr,* M. DCXXXVIII, *in-8° rel.*

546. — BOINVILLIERS (J.-S.-J.-F.). — Apollineum opus, in gratiam alumnorum a Musis collectum et editum ; cui accessit Prosodia latina seu Manuductio ad Parnassum ad usum scholarum.— *Parisiis, Hecquart, Bellovaci, Desjardins, anno X (1801),* 2 vol. *in-8°.*

547. — LE BRUN (Le R. P. Laurent), *de la Société de Jésus.* — Novus apparatus Virgilii poeticus synonymorvm, epithetorvm et phrasium, seu elegantiarum poeticarum Thesaurum, unà cum explicationibus ex historia, fabula, seu mithologia, geographia, physica, etc., de promptis. Descriptiones et comparationes exquisitissimas eloqventiæ sive artis poeticæ exempla omnis generis, epigrammata, epitaphia, icones, etc., etc. Methodo atque ordine complectens, etc., etc. Ultima editio auctior et emendatior. — *Parisiis, apud Simonem Benard,* M. DC. LXXXIII, *in-4° rel.* (L'index de la seconde partie des descriptions, comparaisons et sentences, est incomplet.)

548. — MILLIET. — Recherches et réflexions sur la poésie, en général, et, en particulier, sur la poésie latine, sur son origine, ses progrès, sa décadence ; sur les théâtres romains, le génie de la langue et le caractère de leurs poètes. — *Paris, Fétil, 1772, in-12.*

549. — NOEL (Fn.). — Gradus ad Parnassum, ou nouveau Dictionnaire poétique latin-français, enrichi d'exemples et de citations tirés des meilleurs poètes latins anciens et modernes. Seconde édit. — *Paris, Le Normant, 1814, in-8°.*

550. — D°. — *Paris, Le Normant père, 1826, in-4°.*

B. — Collections et extraits des poètes latins

551. — EPIGRAMMATVM DELECTVS ex omnibvs tvm veteribvs, tum recentioribus poetis accurate decerptus, etc. Cum dissertatione, de vera pulchritudine, etc. Adjectæ sunt elegantes sententiæ ex antiquis poetis parcè sed severiori judicio selectæ. Cum brevioribus sententiis, etc. Seu proverbiis latinis, græcis, hispanis, italis, etc. (Par Cl. Lancelot et P. Nicole, suivant le Dictionnaire des ouvrages anonymes et pseudonymes d'Ant. Alex. Barbier.) — *Parisiis, apud Carolum Savreux, sub insigni Trium Virtutum, 1659, in-12 rel.*

552. — ANTHOLOGIA veterum latinorum epigrammatum et poematum, sive catalecta poetarum latinorum in VI libros digesta. Ex marmoribus et monumentis inscriptionum vetustis, et codicibus Mss. eruta. Primum a Josepho Scaligero, Petro Pithoeo, Frid. Lindenbrogio, Theod. Jansonio Almeloveenio, aliisque, colligi incepta. Nunc autem ingenti in editorum accessione locupletata, etc., etc., cura Petri Burmanni Secundi, qui perpetuas adnotationes adjecit. — *Amstelodami, ex officina Schouteniana,* CHHCCLIX, LXXIII *(1773), in-4°, 2 vol. rel,, dos orné.* Titre rouge et noir. Portrait de Petrus Burmannus Secundus, avec 4 distiques par Janus Grotius.

553. — BERTRAND (F.). — Ruris Deliciæ. Colligebat ex melioris notæ latinis gallicisque poetis Franciscus Bertrand, Academiæ Andegavensis socius. — *Parisiis, apud Josephum Barbou, sub signo Ciconiarum,* M. DCC. LVII, *in-12 rel.* (4 livres sont consacrés aux poètes latins et 4 livre aux poètes français. Le titre de cette seconde partie est : Les agrémen de la campagne.)

554. — ENNIUS, Q. ENNII. — Poetæ vetustissimi fragmenta quæ supersunt ab Hicron. Columna conquisita disposita et explicata ad Joannem filium. Nunc ad editionem Napolitanam recensa accurante Francisco

Hesselio. Accedunt præterea eruditorum virorum emendationes undique conquisitæ ; M. A. Delrii opiniones, necnon G. J. Vossii castigationes et notæ in fragmenta Tragædiarum Ennii, ut et index omnium verborum Ennianorum. — *Amstelodami, ex officinâ Wetsteniana, 1707, in-4°,* vieille rel. frappée sur les plats.

C. — Poètes latins anciens

555. — LUCRÈCE. — Titi Lucretii Cari De rerum Natura libri sex. Accedunt selectæ lectiones dilucidando poemati appositæ. — *Lutetiæ Parisiorum, typis Josephi Barbou,* MDCC. LIV, *in-12 rel. en v. marb., triples filets dorés. D. S. T.* Fleuron ou marque typographique avec ces mots : Non solus. Frontispice gravé.[6 grav. hors texte, avec ces mots au bas : Frans van Mieris, inv., et del. Cl. Duflos, sculp. (2 exemplaires).

556. — D°. — Traduction nouvelle, avec des notes, par M. L* G**. (La Grange, revue par J.-A. Naigeon, suivant le Dictionnaire des ouvrages anonymes d'Ant. Alex. Barbier, 3ᵉ édit.) — *Paris, Bleuet,* M. DCC. LXVIII, 2 *vol. in-8°*, rel. en v. jaspé, triples filets dorés. T. S. D. Frontispice gravé. 6 gravures hors texte, au bas desquelles on lit : H. Gravelot, inv., Binet, sculp.

557. — LUCRÈCE. — De la nature des choses, traduction et notes par Lagrange. — *Paris, Delongchamps, 1823, 2 vol. in-18.* Frontispice gravé.

558. — D°. — Traduction libre, avec un discours préliminaire, par Charles-Joseph Panckoucke, d'après *la France littéraire* de J.-M. Quérard. — *A Paris, et se trouve à Amsterdam, chëz Chatelain,* M. DCC. LXVIII, *in-12*, 2 tomes rel. en un vol.

559. — D°, d°. — Traduction en prose, par de Pongerville, suivi d'un résumé du système d'Epicure et de Scholies. — *Paris, Lefèvre, Garnier frères, 1845, in-8°.* Latin et français.

560. — D°, d°. — Traduction de M. Chaniot, collect. Nisard, traduit avec Virgile (Aug. Nisard) et Valérius Flaccus (Ch. Nisard), avec le texte latin. — *Paris, H. Dubochet, Le Chevalier et Cie, 1847, in-4°.*

561. — CATULLE, TIBULLE, PROPERCE. — Catvllvs, Tibvllvs, Propertivs. — *Venetiis, in Acdibvs Aldi, et Andreæ Soceri mense martio,* M. D. XV, *petit in-8°, rel. en v. fauve, filets dorés. D. S. T.* Cet exemplaire a, si l'on en croit une note manuscrite que l'on trouve au-dessus de la marq. typ. à la fin du vol., appartenu à M. Choiseul.

562. — D°, d°, d°. — Catvlli, Tibvlli, Propertii, nova editio. Josephvs Scaliger Jvl. Cæsaris f. recensuit. Eiusdem in eosdem Castigationum liber. Ad Cl. Pvteanvm Consiliarium Regium in suprema Curia Parisiensi. — *Lvtetiæ, apud Mamertum Patissonium, in officina Rob. Stephani,* M. D. LXXVII *couv. en parchemin, in-8°.* — Marque typographique : un olivier, avec ces mots en banderole : Noli altum sapere, sed time. *Paul, Ep. aux Romains,* XI, 20.

563. — D°, d°, d°. — Catullus. Tibullus et Propertius, pristino nitori restituti, et ad optima exemplaria emendati, cum fragmentis C. Gallo inscriptis. — *Parisiis, typis, J. Bardou,* M. DCC. LIV, *in-12 rel., triples filets dorés.* Frontispice gravé, marque typographique, avec la devise : *non solus.* — Les œuvres de Tibulle et de Properce ont chacune un frontispice gravé.

564. — CATULLE. — C. Valerii Catulli opera, ex castigationibus observationibusque Grævii, Vossii et Vulpii, emendata, avec le Pervigilium Veneris, ex castigationibus observationibusque Sanadonis emendatum, avec changement de pagination, *petit in-12,* sans date, *rel.*

Traductions

565. — TRADUCTION complète des poésies de Catulle, suivie des poésies de Gallus et de la Veillée des fêtes de Vénus, avec des notes grammaticales, critiques, littéraires, historiques et mythologiques, les parodies des poètes latins modernes et les meilleures imitations des poètes français, par François Noël. — *Paris, Crapelet, Léger et Remont, an XI (1803), in-8°, 2 vol. rel. en v. rac., filets.* Frontispice gravé représentant Ariane abandonnée, au bas duquel on lit : Girodet, inv., Bouillon, delin., B. Roger, sculp., et dans le second vol. se trouve le plan de la maison de campagne de Catulle.

566. — TIBULLE. — Essai sur les élégies de Tibulle, auquel on a joint quelques poésies légères, par M. Guys, secrétaire du Roi, de l'Académie de Marseille. — *A La Haye, et se trouve à Paris, chez la veuve Duchesne,* M. DCC. LXXIX, *in-8° rel.* Le texte latin est en regard.

567. — TIBULLE. — Elégies de Tibulle, par Mirabeau, avec 14 figures et le texte en regard. — *Paris* (sans nom d'imprimeur), *an VI (1798), in-8° 3 vol. rel.* Portrait de Mirabeau. Le tome second porte ce titre : Elégies de Tibulle, suivies des Baisers de Jean Second (2 figures seulement). Le tome troisième porte le titre : Tibulle, suivi de contes et nouvelles, par Mirabeau, avec figures. (Les figures manquent.) 2 ex, dont l'un du fonds F. R. K.

568. — D°. — Traduction en vers français, de C.-L. Mollevant. Troisième édition. — *Paris, J. Carez, 1810, in-12.* Le texte latin est en regard.

569. — D°. — Les amours de Tibulle, par M. de La Chappelle. Nouvelle édition avec texte latin. — *Paris, veuve Delaulne,* M. DCCXXXII, *in 12, 3 vol.* rel. Chaque vol. a son frontispice gravé et la marque typographique à l'Empereur, avec ces mots : Imperio et virtute.

570. — D°. — Elégies, suivies des Baisers de Jean Second, par Mirabeau, avec 14 fig. — *Paris, an VI (1798), in-8°.* (Le tome 2º.)

571. — PROPERCE. — Elégies de Properce, traduites par M. de Longchamps. — *A Amsterdam, et se trouve à Paris, chez Le Jay, rue Saint-Jacques, au grand Corneille, 1772, in-8°,* rel. en v. fauve, triples filets dorés. Deux autres exemplaires de la même édition, rel. ordinaire.

572. — CATULLE, TIBULLE et PROPERCE. — Veillées de Vénus. Catulle, traduct. nouvelle, par M. C. Denanfrid. Tibulle, traduct. de Mirabeau, revue et corrigée. Properce, traduct. de Delongchamps, revue et corrigée. Texte latin sans le français. — *Paris, Lefèvre, Garnier frères, 1845, in-8º.*

573. — VIRGILE. — P. Virgilii Maronis Opera. Mauri Servii honorati Grammatici in eadem commentarii, ex antiquis exemplaribus suæ integritati restituti. Index eorum quæ à Servio explicantur, ita copiosus vt vel Dictionarii instar esse possit. Castigationes et varietates Virgilianæ lectionis, per Joannem Pierium Valerianum. — *Parisiis, ex officina Roberti Stephani,* M. D. XXXII, *in-folio V. B.,* filets et bordures D., coins et dos ornés. Armoiries sur les plats. On lit, au bas de la dernière page de l'index : Excvdebat Rob. Stephanvs Parisiis, anno M. D. XXXIII. XVII, cal. Avgvsti. Marque typ. avec cette devise : Noli altu Sapere, sed time.

574. — D°. — Pvb Virgilii Maronis poetæ Mantvani vniversvm Poema exactissime castigatvm. Servii Mauri honorati grammatici integra expositio. Probi, Joannisque vivis in eclogas allegoriæ. Jodoci Willichii super Georgica erudita explanatio. — Lvdovici Cælii Rhodigini Lvc. Joannis Scopæ, Parthenopei, Jacobi Constantii Fanensis, Francisci Campani Colensis, Jacobi Crvcii Bononiensis, necnon alterius docti lucubrationes, et annotationes in loca difficiliora. — His qvoqve addidimvs non solvm argumenta sub elegantissimis librorum figuris, sed etiam in operis marginibus ex Nonio Marcello vocum Virgiliarum expositiones. — Omnes præterea varietates lectionum, cum à Joanne Pierio, tùm ab aliis doctissimis viris hactenus observatæ. Qvæ omnia recenti hac nostra editione, vt potuit fieri diligentissime, expolita sunt, atque elaborata. — *Venetiis, apud Hieronymum Scotum, 1544, in-fº* rel. Marque typographique avec ces mots en banderole : Cædit iniquos.

575. — D°. — Pvblii Virgilii Maronis Opera, cum notis Thomæ Farnabii. — *Lvgdvni, apud Andream Olier, in vico Tapino sub Signo Providentiæ*, M. DC. LXVIII, *in-12 rel.* (Il manque quelques pages.)

576. — D°. — P. Virgilii Maronis Opera interpretatione et notis illustravit Carolvs Rvæus Soc. Jesu. Jussu christianissimi Regis, ad usum serenissimi Delphini. Secunda editio. — *Parisiis, apud Simonem Benard*, M. DC. LXXXII, *in-4° rel.* Fleuron et frontispice gravé représentant le poète Arion précipité à la mer et tenant la lyre à la main. Au-dessus d'un dauphin qui paraît sur les flots, on lit ces mots en banderole : Dulcedine cantus trahitur ; au bas, un médaillon de Virgile. (La 1re églogue est incomplète.)

577. — D°, d°. — Nova editio accuratè recognita. — *Parisiis, typis J. Barbou*, M. DCC. LXXV, *in-12*, 2 *vol. rel.*, qui comprennent seulement l'Enéide. Le 1er vol. manque.

578. — D°. — Pub. Virgilii Maronis Opera, cum annotationibus Joannis Minellii. — *Rotomagi, sumptibus et typis Jacobi-Josephi Le Boullenger*, CH. HCC. III, *in-12 rel.* Fleuron où l'on distingue ces mots : Non impunè vivit solus homo, et : Animo hic parat escas. (2 exempl.)

579. — D°. — Pub. Virgilii Maronis Opera Nic. Heins. Dan. fil. E membranis compluribus iisque antiquissimis recensuit. — *Vltrajecti, apud Gvil. Vandwater, 1704, petit in-12 rel.* Frontispice gravé. Carte pour servir aux voyages d'Enée. (Cet exemplaire est incomplet.)

580. — D°. — P. Virgilii Maronis Opera in tironvm gratiam perpetva annotatione novis cvris illvstrata a Chr. Gottl. Heyne, editio tertia emendatior et locvpletior. — *Lipsiae, svmtibvs Gaspari Fritsch*, MDCCC, *in-8°*, 2 *vol. rel. en v. rac, filets dorés.*

581. — D°. — P. Virgilii Maronis Opera omnia, accuratissimis et selectissimis Abrami notis et variorum de novo illustrata. — *Parisiis, apud Aug. Delalain, anno 1805, in-12.* Avec appendix de Diis et heroibus poeticis, par le P. Jouvency, jésuite (30 p p.)

582. — D°. — Publius, Virgilius Maro, ex recensione et cum notis, Chr. Gottl Heynii, curante J. A. Amar. — *Parisiis, apud C. Gosselin et L. Mame-Delaunay, Al. Emery*, M. DCCC. XXIV, *in-12*, 5 *vol.* (2 ex.)

583. — D°. — Publii Virgilii Maronis Bucolica, Georgica et Æneis, illustrata, ornata, et accuratissime impressa. — *Londini, impensis J. et P. Knapton et Gul. Sandby*, MDCCL, *gr. in-8°*, 2 *vol. relié en v. jaspé.* Triples filets dorés, fleurs dorées aux angles. Titre rouge et noir, frontispice gravé, 29 grav. hors texte.

584. — D°. — Publii Virgilii Maronis Bucolica, Georgica et Æneis. — *Birmimghamiæ, typis, Johannis Baskerville*, M. DCC LXVI *in-8° rel.* Triples filets dorés, fleurs dorées aux 4 angles, frontispice gravé, représentant une muse qui montre le portrait de Virgile en médaillon et couronné de lauriers.

585. — D°. — Publii Virgilii Maronis Bucolica Georgica et Æneis. — *Argentorati, typis Philippis Jacobi Dannbach,* M. DCC. LXXXIX, *gr. in-4°*. Pap. vél. ret. en v. jaspé, triples filets dorés, dos orné.

586. — D°. — Virgilii Maronis Opera in fide Nicolai, Heinsii ope triginta Mss restituta cum notis integris Caroli Rusei S. J. ad tertiam editionem parisinam exactis in usum vicinarum scholarum. — *Coloniæ munatianæ sumptibus Emanuelis Thurneisen,* M. DCC. LXXXII, *3 vol. in-12*.

587. — D°. — Argvmenta, explicationes, notæ in Publ. Virgilii Maronis sex priores libros Æneidos; auctore Joanne Lvdovico de la Cerda, societatis Jesv, et in sex priores libros Æneidos commentarii. — *Lugduni, H. Cardon, 1612, in-f° rel.* Le titre et le frontispice gravé sont mutilés ; nous avons emprunté le titre à Brunet, aux permissions et au privilège qui se trouvent dans les pages préliminaires.

688. — D°. — Thesaurus P. Virgilij Maronis in communes locos olim digestus a Michaele Coyssardo, societatis Jesu. Nunc demum emendatior prodit, opera et studio unius ex eâdem societate.— *Parisiis, apud viduam Claudii Thiboust, et Petrum Esclassan,* M. DC. LXXXIII, *in-18,* anc. reliure.

589. — D°. — Publii Virgilii Maronis vocabulorum omnium index novo ordine dispositus, et cuilibet editioni accommodatus. — *Rotomagi, Richard Lallemant, 1710, in-8°*.

Traductions

590. — VIRGILE. — De la traduction de M. de Martignac avec des remarques, texte latin en regard. Nouvelle édit. — *Paris, Michel David,* M. DCC. VIII. *in-12, 3 vol. rel.* Frontispice gravé, 22 grav.

591. — D°. — Les poésies de Virgile, avec des notes critiques et historiques, texte latin en regard. Nouvelle édit., par le P. F. Catrou, de la compagnie de Jésus. — *Paris, les frères Barbou,* M. DCC. XXIX, *in-12, 4 vol. rel.* Frontispice gravé et 9 grav. hors texte.

592. — D°. — Trnduction des œuvres de Virgile en prose poétique avec des notes, présentée au Roy, par Messire Jean Mallemans, prestre, chanoine de l'église royale de sainte Opportune.— *Paris, J. Mariette, 1717, in-12, 3 vol.* (le 2ᵉ manque).

593. — VIRGILE. — Les œuvres de Virgile, traduites en françois, le texte vis-à-vis la traduction, avec des remarques, par M. l'abbé Des Fontaines. — *Paris, Quillau père, imprimeur-juré-libraire de l'Université, rue Galande, près la place Maubert, à l'Annonciation,* M. DCC. XLIII, *in-8°, 4 vol. rel.* Titre rouge et noir.

594. — D°. — Œuvres de Virgile, traduites en françois, le texte vis-à-vis la traduction, avec des remarques, par M. l'abbé Des Fontaines. Nouvelle édit. — *Paris, P. Plassan, an IV (1795, v. st.), gr. in-8°.* Pap. vél. Avec frontispiece gravé représentant Virgile, et 175 figures hors texte.

595. — D°. — Les œuvres de Virgile en latin et en françois. Traduction nouvelle, par Lallemand, Jean-Nicolas, professeur de rhétorique au collège de Lamarche, dont le nom se trouve dans le privilège ; il a retouché cette traduction, qui est de l'abbé de Saint-Remy. — *Paris, Desaint et Saillant,* M. DCC. LI, *in-12, 4 vol. rel.* Triples filets dorés.

596. — D°. — Les œuvres de Virgile en latin et en français. Nouvelle édition, par Lallemand, Jean-Nicolas, professeur de rhétorique au collège de Lamarche, dont le nom se trouve dans le *privilège ;* il a retouché cette traduction, qui est de l'abbé de Saint-Remy. — *Paris, Nyon l'aîné,* M. DCC. LXXXVII, *in-12, 4 vol. rel.*

597. — D°. — Œuvres de Virgile, traduites en français, avec des remarques, texte latin en regard, par M. Binet. — *Paris, Le Normant, 1808, in-12, 4 vol.*

598. — D°, d°. — Avec des commentaires anciens et nouveaux et des index complets, publiés par des professeurs de l'Académie de Paris et de l'ancienne Université. — *Paris, Gosselin et L. Mame Delaunay, 1824, 5 vol. in-12.*

599. — D°. — Les Bucoliques de Virgile, avec une double traduction, l'une littérale, l'autre conforme au génie de notre langue, par Vidal, ancien professeur de belles-lettres, et professeur de l'Ecole centrale de la Drôme. Texte latin en regard. — *Lyon, chez les frères Perisse, l'an XII, 1804, in-12.*

600. — D°, d°. — Enéide (trad. de M. de Pongerville, Bucoliques et Géorgiques (trad. de M. Ferdinand Collet), avec le texte. — *Paris, Lefèvre-Garnier frères, 1850, 2 vol. in-8°.*

601. — D°. — Les Bucoliques de Virgile, précédées de plusieurs idylles de Théocrite, de Rion et de Moschus, suivies de tous les passages de Théocrite que Virgile a imités. Traduites en vers français par Firmin Didot. Texte latin en regard. — *Gravé, fondu et imprimé par le traducteur.* — *Paris, 1806, petit in-8°.* Pap. vél., rel. en v. fauve, par Courteval.

602. — D°. — Les Bucoliques de Virgile, traduites en vers français, accompagnées de remarques sur le texte et de tous les passages de Théocrite que Virgile a imités, par P.-F. Tissot. Texte latin en regard. Seconde édit. — *Paris, Fain et C*^{ie}, m. dccc. viii, *in-12*. Rel. en v. fauve, par Courteval, filets dorés.

603. — D°. — Les Bucoliques de la même traduction. Texte latin en regard. — *Paris, Delaunay, 1812, in-12* rel. en v. rac. Portrait de Virgile. (2 exemplaires.)

604. — D°. — Les Bucoliques de Virgile, traduites en vers français, par M. le Chevalier de Langeac. Texte latin en regard. — *Paris, L.-G. Michaud*, m. dccc. xix, *in-18*. Rel. en v. rac.

605. — D°. — Les Bucoliques de Virgile, traduites en vers français, par M. Geory, principal du collège de Digné. Texte latin en regard. — *Paris, Audin, 1822, in-18* rel.

606. — VIRGILE. — Les Eglogues de Virgile, traduites en vers françois avec le latin à côté, et diverses poésies, par M. Richer. Nouvelle édition, augmentée de la vie de Virgile. — *Paris, Ganeau fils*, m. dcc. xxxvi, *in-8°* rel. Titre rouge et noir. Les poésies diverses ont une pagination séparée (71 pages).

607. — D°. — Les Bucoliques et les Géorgiques en latin et en français, de la traduction de M. de Marolles, abbé de Villebois, 3ᵉ partie, avec un traité du poëme épique. — *Paris, Guillaume de Luyne, in-4°*.

608. — D°. — L'Enéide de Virgile, fidellement tradvitte en vers héroïqves avec les remarqves à chaqve livre pour l'intelligence de l'histoire. Enrichie de 11 figures en taille-douce. Première partie, dédiée à Monseigneur l'éminentiss. cardinal Mazarin. Seconde édition, reveuë et corrigée par l'autheur, *in-12* rel. Frontispice gravé. Seconde partie, dédiée à Monseigneur l'éminentiss. cardinal Anthoine Barberin. Frontispice gravé. Seconde édit., P. Perrin, conseiller du Roy en ses Conseils, introducteur des ambassadeurs et princes étrangers, près la personne de feu S. A. R. Monseigneur le duc d'Orléans. — *Paris, Estienne Loyson, au Palais, à l'entrée de la Gallerie des Prisonniers, au nom de Jesus*, m. dc lxiv.

609. — D°. — Texte et traduction. — *Paris, Brocas, 1679, in-12, 3 vol.* (le 3ᵉ manque).

610. — D°. — L'Enéide, traduite par Jacques Delille. Le faux titre porte : Œuvres de Jacques Delille. L'Enéide traduite en vers français, avec des remarques sur les principales beautés du texte (le latin en regard). — *Paris, Giguet et Michaud, 1804, an XII, in-8°, 4 vol.* rel.

611. — D°, d°. — Même traduction. — *Paris, Giguet et Michaud, 1804 (an XII), in-18 rel., 4 vol. 4 figures.* (2 ex.)

612. — D°. — L'Enéide, traduite en vers français, par J. Delille, 3ᵉ édit., avec les variantes, des notes et des remarques sur les principales beautés du texte, par J. Delille, et MM. de Fontanes, Michaud et Walckenaër. — *Paris, L.-G. Michaud,* м. dccc. xxi, *in-18, 4 vol.* Relié en v. rac. (Le texte latin en regard.

613. — D°, d°. — *Paris, L.-G. Michaud, 1813, 4 vol. in-18.*

614. — VIRGILE. — L'Enéide, traduite en vers français, par François Becquey. 1ʳᵉ partie, contenant les quatre premiers livres. — *Paris, H. Nicolle, 1808, in-12 rel.* (Le texte latin en regard.)

615. — D°. — L'Enéide, traduction de C.-L. Mollevaut. — *Paris, J. Carez, 1810, in-12. 2 vol.* (Texte latin en regard.)

616. — VIRGILE. — Les Géorgiques, traduction nouvelle en vers français, avec des notes, par M. Delille, 5ᵉ édition. — *Paris, Claude Bleuet,* м. dcc. lxx, *in-12 rel.* (Le texte latin en regard.)

617. — D°. — Les Géorgiques, avec une double traduction, l'une littérale, et l'autre conforme au génie de notre langue, enrichie de notes, par M. Vidal, ancien professeur de belles-lettres. C'est la première partie d'un ouvrage intitulé : La langue latine mise à la portée de tout le monde par la version mot à mot, ou Recueil d'auteurs classiques, en vers et en prose. — *Lyon, Perisse, 1787, in-12.*

618. — D°, d°. — Traduites en vers français, par Jacques Delille, avec les notes et les variantes. — *Paris, P. Didot aîné, an XIII,* м. dccciv, *in-18 rel.* (Texte latin en regard.)

619. — D°, d°. — Traduites en vers français, par J. Delille. Nouvelle édition avec les notes et les variantes. — *Paris, L.-G. Michaud,* м. dccc. xxiii, *in-18 rel.* (Texte latin en regard.)

620. — VIRGILE. — Le Virgile travesti en vers burlesques, de Monsieur Scarron. — *Paris, Michel David,* м. dcc. xxvi, *in-12, 2 vol. rel.* (A la fin de l'Epître dédicatoire, on lit : Scarron, malade de la Reine.)

621. — D°, d°. — Avec la suite de Moreau de Brasei. Nouvelle édition revue, annotée et précédée d'une étude sur le burlesque, par Victor Fournel. — *Paris, Adolphe Delahays, 1858.* (2 exempl.)

622. — D°. — Le génie de Virgile, ouvrage posthume de Malfilâtre, publié d'après les manuscrits autographes, avec des notes et additions, par P.-A.-M. Miger. — *Paris, Maradan, 1810, in-8°, 4 vol. rel.*

623. — VIRGILE. — Géographie de Virgile, ou notice des lieux dont il est parlé dans les ouvrages de ce poète, accompagnée d'une carte géographique, par MM Helliez et Buache, suivant un extrait des registres de l'Université. De opere novo, quod in usum Juventutis edere parant MM. Helliez et Buache, institutus, géographie de Virgile. — *Paris, Brocas,* M. DCC. LXXI, *in-12 rel.*

624. — VIRGILE. — L'Eneide di Virgilio del commendatore Annibal Caro libri dodici. Siagginngono le traduzioni della Buccolica, et della Georgica del medesimo Virgilio, la prima ora nuovamente recata in italiano dall' Ab. Raffaele Pastore, la seconda già tradotta da Bernardino Daniello. — *Bassano,* MDCCC, *in-12 cart.*

625. — HORACE. — Horativs, M. Antonii Mvreti in evndem annotationes. Aldi Manvtii de metris Horatianis. Eivsdem annotationes in Horatium. — *Lvgdvni, apvd Gvlielmvm Rovillivm, Sub Scvto veneto,* M. D. LIX, *in-8° rel.* Filets dorés, fleuron ou marque typographique, de Roville ou Rouille, de Lyon, un aigle eployé sur le globe et attaqué par 2 serpents, avec cette devise : In virtvte et fortuna. On lit, à la fin des annotations d'Alde Maunce : *Lugduni, apvd Philibertum Rolletium.*

626. — D°. — Horativs. M. Antonii Mvreti in cvm scholia. Aldi Manvtii de metris Horationis. Eiusdem annotationes in Horatium. — *Aldvs, Venetiis,* M. D. LIX, *ir-8°.* Rel. en v. fauve, triples filets dorés. Marque typographique des Alde, reproduit sur la page du titre et au verso de la dernière feuille : L'ancre entortillée et mordue d'un Dauphin. On lit ces mots d'une écriture ancienne sur le verso d'une feuille de garde : Edition très rare et très recherchée, et quelques notes marginales.

627. — HORACE. — Qvnti Horatii Flacci poemata novis scholiis et argvmentis ab Henrico Stephano illustrata. Eiusdem Henr. Stephani diatribæ de hac sua editione Horatij, et variis in cum observationibus. Fleuron ou marque typographique : L'olivier avec le solitaire, et la devise : Noli altum sapere (Sans date, suivant M. Ant. Aug. Renouard ; cette édition est de 1575.) In-8° de 8 ff. prélim., 135, 134 et 112 pages, avec les remarques de H. Etienne au lecteur, et l'index comprend 21 pages.

628. — D°. — Q. Horativs Flaccus cum commentariis selectissimis variorum : et scholiis integris Johannis Bond. Accedunt indices locupletissimi, tum auctorum, tum rerum. Accurante Schrevelio. — *Lugd. Batavorum, apud Franciscum Hackium,* a° CHHCLIII, *in-8° rel.* Filets dorés.

629. — D°. — Petri Rodellii e societate Jesu, Horatius ad serenissimum Galliarum Delphinum. — *Tolosæ, apud Guill. Ludovicum Colomerium, et Hieronymum Posuel*, M. DC. LXXXIII, *in-8° rel.* (2 exempl.) L'index de l'un est incomplet.

630. — HORACE. — Quinti Horatii Flacci poemata, cum commentariis Joh. Min-Ellii, præmisso Aldi Manutii de metris Horationis tractatu, et adjuncto indice rerum et verborum locupletissimo. — *Francofurti et Hafuiæ, apud J. Justum Erythropilum, Herbornæ, typis Joh. Nicolai Andreæ, anno* M. DCC. IV, *in-8° rel. en parch*. Titre rouge et noir.

631. — D°. — Q. Horatius Flaccus, ex recensione et cum notis atque emendationibus Richardi Bentleii. Editio tertia. — *Amstelaedami, apud Rod. et Jacob. Wetstenios et Guil. Smith*, M. DCC. XXVIII, *in-4° rel.* Fleuron avec cette devise : Terar dum prosim. Frontispice gravé au bas duquel on lit : Amstelaedami ex officina Westsniana.

632. — Quinti Horatii Flacci Opera. — *Londini, typis, J. Brindley*, M. DCC. XLIV, *in-18, v. granit.* Filets dorés, fleuron avec ces mots : Ich Dien, qui forment la devise du prince de Galles.

633. — Quinti Horatii Flacci carmina, nitori suo restituta, accurante Steph. And. Philippe. — *Lutetiæ Parisiorum, sumptibus Ant. Urb. Coustelier*, M. DCC. XLVI, *in-12, en mar. rouge.* Triples filets dorés, frontispice gravé au bas duquel on lit : Ex numismate ænea Fulvii Ursini. H. Picart, inv. Cl. Duflos sculp. (2 ex.)

634. — HORACE. — Q. Horatii Flacci eclogæ vna cvm scholiis perpetvis tam veteribvs qvam novis præcipve vero antiqvorvm grammaticorvm Helenii Aeronis Pomponiiqve Porphyrionis qvorvmqvæ exstant reliqviæ fœdis interpolationibvs pvrgatæ nvnc primvm fere integræ reponvntur.

Adjecit vbi visvm est et sva textvmque ipsvm plvrimis locis vel corrvptvm vel tvrbatvm restitvit Willielmvs Baxter. Ad cvjvs secvndam editionem recvdi cvravit et varietate sectionis svisqve observationibvs avxit Jo. Matthias Gesnervs. — *Lipsiæ, apvd vidvam B. Gasparii Fritschii*, A. C. CHHCC. LII, *in-8° rel.*

635. — D°. — Q. Horatii Flacci carmina expurgata. Cum adnotationibus ac perpetuâ interpretatione Josephi Juvencii è Societate Jesu. Nova editio accuratissima. — *Parisiis, typis Josephi Barbou, viâ Jacobæâ, sub Ciconiis*, M. DCC. LIV, *in-12, 2 vol. rel.* Le second vol. est de 1736, et porte la marque typographique de Barbou qui manque au premier.

636. — D°. — Quinti Horatii Flacci poemata, scholiis sive annotationibus, instar commentarii, illustrata à Joanne Bond. Editio nova. — *Aurelianis, typis Couret de Villeneuve, regis typographi,* M. DCC. LXVII, *in-12.* V. porph., triples filets dorés.

637. — D°. — Quintus Horatius Flaccus. Editio stereotypa — *Parisiis, excudebam Petrus Didot, natu major, in adibus palat. Scientiarum et artium anno VIII (1800), in-18 rel.* Filets dorés.

638. — HORACE. — Quintus Horatius Flaccus, cum scholiis, perpetuis Johannis Bond. — *Parisiis, apud Nic. Lud. Achaintre,* M. DCCC. VI, g^d *in-8°.* Frontispice gravé représentant le buste d'Horace couronné de la Muse. On lit au bas : Sumptibus Nicolai Druyer du Pointé.

639. — D°. — Quintus Horatius Flaccus, cum scholiis J. Bond, ex recensione N. L. Achaintre. Sumptibus N. Druyer du Pointé. — *Parisiis, apud P. D. Mequignon, juniorem,* M. DCCC. VI, *in-8° rel. en v. rac.* Frontispice gravé, le même que celui de l'exempl. précédent, mais quelques parties en sont coloriées.

640. — D°. — Q. Horatii Flacci carmina expurgata, accuratis notis ac Appendice de Diis et Heroibus poeticis illustravit Josephus Juvencius. Editio novissima juxta exemplar Romæ. — *Parisiis, ex typis Augusti Delalain, 1828, in-12 rel.*

641. — D°. — Q. Horatius Flaccus cum variis lectionibus, argumensis, etc. — *Paris, Lemaire, 1829, 3 vol. in-8°.*

Traductions

642. — HORACE. — Traduction des œuvres d'Horace par le Père Tarteron, de la Compagnie de Jésus. Nouvelle édition. — *Paris, Jean Mariette,* M. DCC, XIII. (Texte en regard), *in-12, 2 T. en un vol. rel.* Le titre manque au premier Tome. Le second a un fleuron représentant une ruche d'abeilles avec ces mots : Insistere puris gaudent.

643. — D°. — Les œuvres d'Horace (odes), traduites en vers françois, avec le texte latin, éclaircies par des notes, augmentées d'autres traductions et pièces de poésie. Avec un discours sur ce célèbre poète, et un abrégé de la vie, par Monsieur l'abbé Pellegrin. — *Paris, Pierre Witte,* M. DCC. XV, *in-8°, 2 vol. rel.* A la fin du second vol. et sans changement de pagination, on trouve les poésies diverses de l'auteur de la traduction d'Horace, précédées de plusieurs odes en l'honneur de S. François de Sales, composées en latin, par M. de la Fosse, et traduite par M. l'abbé Pellegrin.

644. — HORACE. — Œuvres d'Horace en latin et en françois, avec des remarques critiques et historiques, par M. Dacier, 5ᵉ édit. revue, corrigée d'un nombre considérable de fautes, et augmentée de notes critiques, historiques et géographiques, et des différentes leçons de MM. Bentlei et Cuningam, et du P. Sanadou. Texte latin en regard. — *Hambourg, A. Vanderhoeck, libraire à Londres,* M. DCC. XXXIII, *in-12,* 10 vol. rel. (La feuille de garde contient des notes manuscrites utiles à consulter.)

645. — Dº. — Les poésies d'Horace, traduites en françois, par l'abbé Ch. Batteux, dont le nom se trouve au bas de l'épître dédicatoire à Monseigneur le Dauphin. — *Paris, Desaint et Saillant,* M. DCC. LXIII, *in-12, 2 vol.* rel. (Le texte latin est en regard.)

646. — Dº. — Les poésies d'Horace, traduites en françois, par l'abbé Batteux, de l'Académie françoise et de celle des institutions et belles-lettres. (Texte latin en regard.) — *Paris, Nyon l'aîné,* M. DCC. LXXXI, *in 12, 2 vol. rel.*

647. — Dº. — Traduction française du R. P. Sanadou, de la Cⁱᵉ de Jésus. — *Paris, Cⁱᵉ des libraires, 1756, in-12.* (Le 1ᵉʳ volume.)

648. — Dº. — Les chef-d'œuvres d'Horace, nouvellement traduits en françois, avec le latin à côté, et des notes pour l'intelligence du texte, précédés de la vie d'Horace, extraite de l'italien d'Algarotti, par M. M***. — *Lyon, Bruyset frères,* M. DCC. LXXXVII, *in-18, 2 vol. rel.*

649. — Dº, dº, dº. — *1787, in-12.*

650. — Dº. — Œuvres d'Horace, traduites en vers par Pierre Daru. Nouvelle édit. — *Paris, Levrault, Schoell et Cⁱᵉ, an XII (1804), an XIII (1805), in-8°, 4 vol. rel.*

651. — Dº, dº. — Traduction nouvelle en prose, par Ferd. Collet. — *Paris, Lefèvre.*

652. — Dº. — Les œuvres d'Horace, traduction nouvelle par M. Jules Janin. 2ᵉ édit. — *Paris, L. Hachette et Cⁱᵉ,* MDCCCLXI, *in-12 rel.*

653. — Dº. — De l'art poétique ; épître d'Horace aux Pisons, traduite en vers français par L.-C. Lefebvre-Laroche. — *Paris, P. Didot l'aîné, an VI (1798), in-18 rel.* (2 exemplaires.) Le texte latin est en regard.

654. — HORACE. — L'Art poétique d'Horace, traduit en vers français, divisé en six chapitres, avec des notes historiques, géographiques et mythologiques, les imitations de Boileau et de diverses auteurs. Orné de gravures en taille douce (texte latin en regard.) Lu au Lycée Républicain le 28 frimaire, dédié à Bonaparte, premier Consul de la République française et présenté par l'auteur, F. M. Cornette, du département de la Somme, professeur de littérature et de la ci-devant Université de Paris, dont le nom se trouve sur le faux titre.— *Paris, Ant. Auguste Renouard, an X, 1802, in-8° rel.* (94 pages).

655. — D°. — L'Art poétique d'Horace, traduit et analysé grammaticalement, logiquement et poétiquement, d'après le style critiqué et corrigé dans ses divisions, leçons et ponctuations, par Jean Verdier, Docteur en médecine (texte latin en regard). — *Paris, Ch. Pougens, etc., an XII, 1804, in-12.*

656. — D°. — Art poétique d'Horace, traduit en vers français, par Henri Terrasson, avec le texte et des remarques. — *Paris, Durey, 1819, in-18* (72 pages).

657. — D°. — Art poétique, expliqué en français, par des traductions, l'une littérale et interlinéaire, et l'autre conforme au génie de la langue française, précédée du texte pur et accompagnée de notes explicatives, par J. M. Masselin, 2ᵉ édit. — *Paris, Jules Delalain et Cⁱᵉ, м. dccc. xl, in-18* (79 pages).

658. — D°. — Odes d'Horace, traduites par feu M. l'abbé Des Fontaines. — *Berlin, м. dcc. lix, in-12 rel.* (le texte latin en regard).

659. — D°. — Traduction en vers des odes d'Horace avec le texte conforme à celui des éditions classiques, des sommaires et des notes, dédiée au roi, par E. A. de Wailly.— *Paris, P. Didot l'aîné, Juin 1817, in-18* (2 exemp).

660. — D°. — Morceaux choisis, rangés par ordre de matières, par M. Duriez. — *Paris, Delalain, 1830, in-12.*

661. — D°. — Loisirs d'un militaire, ou traduction en vers français d'une partie des odes d'Horace, par le vᵗᵉ Le Noir. — *Paris, Didot, 1822, in-8° br.*

662. — D°. — Traduction en vers français, de l'Art poétique d'Horace et des satires de Perse, par Alciator (B.) — *Marseille, chez l'auteur, 1876, in-8°.*

663. — HORACE. — Odes et Epodes, traductions, l'une interlinéaire et l'autre conforme au génie de la langue française, et au-dessous du texte. — *In-12 rel.*

664. — D°. — Horace éclairci par la ponctuation, par le chevalier Croft. — *Paris, Ant. Augustin Renouard, mdcccx, in-8° rel.*

665. — D°. — The Epistles and art of Poetry of Horace. In Latin and English. With critical notes collected from his best Latin and French commentators. By the Rev⁴ Mr. Philip Francis, Rector of Skeyton in Norfolk. The third edition.— *London, printed for A. Millar,* m. dcc. xlix, *in-12 rel.* (4ᵉ vol.)

666. — OVIDE. — P. Ovidii Nasonis opera quæ supersunt. — *Parisiis, typis J. Barbou, viâ San-Jacobeâ, sub signo Ciconiarum,* m. dcc. lxii, *in-12, 3 vol.* Triples filets dorés et D. S. T. (Chaque volume a son frontispice gravé.)

667. — D°. — Ovidii Nasonis opera. — *Amstelodami, D. Elzevirii, 1664, 3 vol. in-32.*

668. — D°. — Publius Ovidius Naso. Collatis editionibus optimis, cum suis et aliorum notis, tertio edidit Joh. Aug. Amar. — *Parisiis, apud Carolum Gosselin,* m. dccc. xxv, *in-12, 2 vol. rel.*

669. — D°. — P. Ovidii Nasonis Metamorphoseon libri XV. Expurgati. Interpretatione, notis, et appendice de Diis et Heroïbus poeticis illustravit Josephus Juvencius S. J. Editio nova... Juxta exemplar Romæ. — *Rotomagi, apud Nicolaum Lallemant,* m. dcc. xxxvi, *in-12 rel.*

670. — D°. — P. Ovidii Nasonis Metamorphoseon libri XV, cum notis Th. Farnabii. — *Amstelædami, typis Joannis Bluev, sumptibus societatis, 1650, petit in-12 rel.* Frontispice gravé.

Traductions

671. — D°. — Les œuvres d'Ovide, traduction nouvelle, par M. de Martignac, avec des remarques. — *Lyon, Horace Molin, à l'image S. Ignace,* m. dc. xcvii, *in-12, 10 vol. rel.* (Texte latin en regard.) Le 1ᵉʳ vol. a un frontispice gravé et contient le portrait, en médaillon, d'Ovide : Publius Ovidius Naso sulmonensis ex veteri numismate repræsentatus, et, au bas duquel, on lit les distiques suivants :

> Quem relegat Româ violati Cæsaris ira
> Ovidium nostra hæc picta tabella refert.
> Effigiem numisma dedit, cui lumina pictor
> Finxit, at Ingenium fingere nemo potest.

Le tome quatrième a 2 gravures séparées du texte ; le cinquième en a 6 ; le sixième, 5 ; le septième a un frontispice gravé ; le dixième a un frontispice gravé.

672. — D°. — Œuvres complètes, avec gravures. — *Paris, Debarle, an VII, 7 vol. in-8°.*

673. — OVIDE. — Les œuvres galantes et amoureuses d'Ovide, contenant l'art d'aimer, le remède d'amour, les épîtres et les élégies amoureuses. Nouvelle édition. — *Londres, aux dépens de la Compagnie,* M. DCC. LXXIV, *in-12, 2 vol. rel.*

674. — D°. — Les Epistres et toutes les Elégies amoureuses d'Ovide, traduites en vers françois, par l'abbé Jean Barrin. 3ᵉ édit. — *La Haye, Abraham de Hondt, à la Renommée,* M. DC. LXXXV, *in-12.* Rel. en v. marb., triples filets dorés, D. S. T., frontispice gravé.

675. — D°. — Les mêmes. — *Lyon, Benoist Vignien,* M. DC. XCII, *in-12 rel.*

676. — D°. — Les métamorphoses d'Ovide en latin, avec la traduction françoise à côté, et de nouvelles explications historiques, morales, politiques et sur toutes les fables, par Pierre du Ryer. Edition enrichie de très belles figures en taille douce à chaque fable, etc. — *Bruxelles, Foppens, 1677, in-folio rel.* Le titre en a été enlevé ; nous l'empruntons aux notes manuscrites qui se trouvent collées sur l'une des feuilles de garde. Cet exemplaire précieux, quoiqu'il soit mutilé, contient encore le Jugement de Paris, traduit par M. Renouard, et Epistres d'Ovide, aucunes en vers et d'autres en prose. La dernière, l'Epistre de Cydippe à Aconce, est mutilée.

677. — OVIDE. — Les métamorphoses d'Ovide, traduites en françois, avec des remarques et des explications historiques, par M. l'abbé Banier. Ouvrage enrichi de figures, en taille douce, au nombre de 15, avec frontispice gravé et fleuron avec ces mots : Terar dum prosim. — *Amsterdam, R. et J. Wetstein et G. Smith, in-12, 3 vol. rel.*

678. — D°. — Les mêmes. Nouvelle édition, augmentée de la vie d'Ovide. — *Paris, Compagnie des libraires,* M. DCC. LXXXVII, *in-12, 3 vol. rel.*

679. — D°. — Métamorphoses d'Ovide. Traduction nouvelle, avec le latin à côté. Nouvelle édition retouchée avec soin, par Barrett. — *Paris, Barbou frères, an IV de la République françoise (1796), in-12, 2 vol. rel.*

680. — D°. — Traduction en vers des métamorphoses d'Ovide, poëme en quinze livres, avec des commentaires, par F. Desaintange, avec XVI figures et un frontispice gravé, représentant l'assemblée des Dieux. — *Paris, chez Deterville, de l'imprimerie de Crapelet, an IX (1800), in-8° 2 vol.* Rel. en v. citron. Dos orné et triples filets dorés.

681. — D°, d°. — *Paris, Deterville, an XI (1803), in-12 rel.*

BELLES LETTRES.

682. — D°. — Les métamorphoses d'Ovide, traduites par J.-G. Dubois-Fontanelle. Nouvelle édition, revue, corrigée et augmentée de notes par l'auteur, avec le texte latin et figures. On y a joint un dictionnaire mythologique et des notes explicatives d'après Banier, Dupuis, Noël, etc., par F.-G. Desfontaines. — *Paris, L. Duprat, 1802, in-8°.* 3 tomes rel. en 2 vol. en v. racine, filets dorés. Portrait d'Ovide.

683. — OVIDE. — Commentaires sur les Epistres d'Ovide, par Messire Gaspar Bachet, sieur de Meziriac, de l'Académie françoise. Nouvelle édition. Avec plusieurs autres ouvrages du même auteur, dont quelques-uns paroissent pour la première fois. — *La Haye, Henri du Sauzet,* M. DCC. XVI, *in-8°, 2 vol. rel.* Frontispice gravé. Le même pour chaque vol. et fleuron représentant une presse avec cette devise : Vitam mortuis reddo.

684. — MANILIUS (Marcus). — Marci Manilii astronomicon libri quinque; accessere Marci Tullii Ciceronis Arataea, cum interpretatione gallica et notis. Edente Al. G. Pingré. — *Parisiis, via et Ædibus Serpentis,* M. DCC. LXXXVI, *in-8°, 2 vol. rel.*

685. — PHÈDRE. — Phaedri Augusti Liberti fabulae. Ad manuscriptos Codices et optimam quamque editionem emendavit Steph. And. Philippe. Accesserunt notae ad calcem. — *Parisiis, typis Josephi Barbou,* M. DCC. LIV, *in-12.* Rel. en v. marb. Triples filets dorés, dos ornés, D. S. T. Fleuron avec la devise : Non solus, et frontispice gravé représentant Mercure et un fabuliste.

686. — D°. — Phaedri Augusti Liberti fabularum Æsopiarum libri quinque. Ex recensione Alexandri Cuningamii, Scoti. Accedunt Publii Syri, et aliorum veterum, sententiae. — *Edimburgi, apud G. Hamilton et J. Balfour, academiae typographos,* M. DCC, LVII, *petit in-8°.* Rel. en v. marb. Triples filets dorés. D. S. T. (Suivant Brunet, cette *édition assez belle* est réputée sans faute typographique.)

687. — D°. — Phaedri Avgvsti Liberti fabulae Æsopiae ad Lvsitanae jvventvtis commodvm et institvtionem de integro recensitae et illvstratae. Editio qvarta priori castigatior, emendatior et avctior. — *Olisipone, typis Simonis Thaddaei Ferreriae,* A. M. DCCCIV, *in-12 rel.*

688. — PHÈDRE. — Les fables de Phèdre, affranchi d'Auguste, traduites en françois, augmentées de huit fables qui ne sont pas dans les éditions précédentes, expliquées d'une manière très-facile, avec des remarques, par l'abbé René Prévost, suivant le dictionnaire des ouvrages anonymes d'Ant. Alex. Barbier. Nouvelle édition. — *Douay, Jacq.-Fr. Willerval, au Saint-Esprit,* M. DCC. LVIII, *in-12 rel.* Le texte latin est en regard et des chiffres placés sur les mots en indiquent la construction grammaticale.

689. — D°. — Fables de Phèdre, avec la construction du latin et une interprétation françoise littérale et interlinéaire, suivant les principes de M. Wandelaincourt, préfet du collège royal de Verdun. — *Bouillon, Société typographique*, M. DCC. LXXVI, *in-12 rel.* Frontispice représentant le fabuliste au milieu des divers animaux qu'il a fait parler.

690. — D°. — Les fables de Phèdre, en vers françois, par le pasteur J. Jaq. Gross, dont le nom se trouve au bas de l'épître dédicatoire : Phædri Aug. Liberti fabulæ libri V. Texte latin en regard. — *Berne, B. L. Walthard, 1792, in-12.* Frontispice (2 exemp.)

691. — D°. — Fables de Phèdre, avec la construction du latin et une interprétation française, littérale et interlinéaire, par Hubert Wandelaincourt. — *Paris, Ancelle, an XII, in-12 cart.*

692. — D°. — Traduction interlinéaire des fables de Phèdre, suivant le système de Dumarsais, avec des observations préliminaires sur l'enseignement des langues, des notes grammaticales, et les parties des verbes les plus difficiles, par M. Moillet-Sacoste. — *Paris, A. Belin, 1811, in-12 rel.* (2 exemp.)

693. — D°. — Nouvelles fables de Phèdre, traduites en vers italiens, par M. Petronj, et en prose française, par M. Biagioli, avec les notes latines de l'édition originale et précédée d'une préface française, par M. Ginguené. Texte latin en regard. — *Paris, P. Didot l'aîné*, M. DCCCXII, *in-8° rel.*

694. — D°. — Traduction nouvelle avec des notes, par M. l'abbé Paul. — *Lyon, Tournachon-Molin, 1816, in-12.*

695. — PHÈDRE. — Fables anciennes et nouvelles, éditées d'après les manuscrits et accompagnées d'une traduction litérale en vers libres, par Léopold Hervieux. — *Paris, Hachette, 1885.*

696. — TIBULLE. — Essai sur les élégies de Tibulle, auquel on a joint quelques poésies légères, par M. Guys. — *A La Haye, et se trouve à Paris, veuve Duchesne*, M. DCC. LXXIX, *in-8° rel.*

697. — D°. — Elégies de Tibulle, traduction par Mirabeau, avec 14 figures. Texte latin en regard. — *An VI (1798), in-8°, 3 vol. rel.*

698. — D°. — Traduction en vers de C.-H. Mallevan. Texte latin en regard. 3ᵉ édit. — *Paris, J. Carez, 1810.*

699. — D°. — Les amours de Tibulle, contenant la traduction en vers des plus belles pièces du poète, avec le texte, par M. de La Chapelle. Nouvelle édition. — *Paris, veuve Delaulne*, M. DCCXXXII, *in-12, 3 vol. rel.*

700. — PROPERCE. — Elégies de Properce, traduites par M. de Longchamps. Le texte latin en regard. — *Amsterdam, et se trouve à Paris, Le Jay, 1772, in-8°.* V. f., fil. T. D.

701. — SEVERUS (P. Cornelius). — L'Etna de P. Cornelius Severus, et les Sentences de Publius Syrus, traduits en françois, avec des remarques, des dissertations critiques, historiques, géographiques, etc., et le texte latin de ces deux auteurs à côté de la traduction, par J. Accarias de Serionne, dont le nom se trouve au bas de l'Epître dédicatoire. — *Paris, Chaubert et Clousier*, m. dcc. xxxvi, *in-12 rel.* Ex libris, Janvry l'aîné, capitaine des vaisseaux du Roi.

702. — PERSE. — Auli Persii Flacci satiræ ad codices parisinos recensitæ, lectionum varietate et commentario perpetuo illustratæ Anic.-Lud. Achaintre. Accedunt C. Lucilii Suessani Auruncani Eq. Romani satirarum fragmenta nec non Sulpiciæ Caleni uxoris satira. — *Parisiis, sumptibus et typis Firmini Didot*, mdcccxii, *in-8° rel.*

703. — D°. — Traduction des Satires de Perse et de Juvénal, par le Révérend Père Tarteron, de la Compagnie de Jésus. Nouvelle édition. Texte latin en regard. Augmentée d'argumens à chaque satire. — *Paris, Compagnie des libraires*, m. dcc. lii, *in-8° rel.* Sur le carton est collé le portrait de Juvénal dans l'attitude de la méditation. On lit ces mots tirés de Juvénal (satire I, v. 79) : « Facit indignatio versum », et, au bas du portrait, ces deux vers (satire VIII, 82-84) :

> Summum crede nefas animam præferre pudori,
> Et propter vitam vivendi perdere causas.

704. — D°. — Satires de Perse. Traduction nouvelle, avec le texte latin à côté et des notes, par M. l'abbé Le Monnier.— *Paris, Ch. Ant. Jombert*, m. dcc. lxxi, *in-8° rel.* Filets dorés.

705. — D°. — Satires de Perse, traduites en vers et en prose, pour servir de suite à la traduction de Juvénal, par M. Dusaulx, avec un discours sur la satire et les satiriques tant latins que françois ; des remarques critiques sur les traducteurs de Perse, et les endroits difficiles, le texte, les variantes et une interprétation en prose latine, par M. D. D. R. A. A. P. (M. Dreux Du Radier, avocat au Parlement), suivant une note manuscrite qui se trouve sur le verso de la feuille de garde, et suivant le Dictionnaire des ouvrages anonymes d'Ant. Alex. Barbier, 3ᵉ édition, qui n'a pas reproduit fidèlement le texte du titre de cet ouvrage. — *Paris, veuve Duchesne, au temple du Goût*, m. dcc. lxxii, *in-8° rel. en v. marbr.* Triples filets dorés.

706. — PERSE. — Satires de Perse, traduites en françois, avec des remarques, par M. Sélis. — *Paris, Antoine Fournier, libraire, rue de Hurepoix, à la Providence,* M. DCC. LXXVII, *in-8°*. Rel. en veau marb. Avec :

1° Petite Guerre entre M. l'abbé Le Monnier et M. Sélis, au sujet de la traduction des Satires de Perse, par ce dernier, pour l'amusement de ceux qui aiment encore les auteurs latins. — *A La Haye, et se trouve à Paris, chez Fournier l'aîné, 1777, in-8°* (66 pages) ;

2° Epîtres en vers sur différens sujets, par M. Sélis. — *Paris, Ant. Fournier,* M. DCC. LXXVI, *in-8°* (51 pages) ;

3° Traduction du *Pervigilium Veneris* (c'est le faux titre). Traduction en prose et en vers d'un ancien hymne *sur les fêtes de Vénus*, intitulée : Pervigilium Veneris. (L'Epître dédicatoire à Madame la comtesse d'Estaing est signée des initiales L. D. P., suivant le Dictionnaire des ouvrages anonymes d'Ant. Alex. Barbier, 3ᵉ édition. Ce sont peut-être celles de l'abbé Ansquer de Ponçol, ex-jésuite.) 47 pages. Le texte latin est en regard de la traduction en prose. — *A Londres et se trouve à Paris, chez Barbou,* M. DCC. LXVI.

707. — Dᵒ. — Satires de Perse, traduites en françois, avec des remarques, par M. Sélis. — *Paris, Antoine Fournier,* M. DCC. LXXVI, *in-8° rel.*

708. — LUCAIN. — M. Annæus Lucanus de Bello civili, cum Hug. Grotii, Farnabii notis integris et variorum selectiss. Accurante Corn. Schrevelio, avec le fragment de Pétrone sur la guerre civile, et un supplément de la Pharsale de Lucain, en 7 livres par Thomas May (Thomas Maius). — *Amstelodami, ex officina elzeviriana, anno 1669, in-8°*, vieille reliure. Frontispice gravé représentant l'assassin de Pompée qui vient en présenter la tête à César, et qui est égorgé. Le texte est en lettres italiques. Brunet dit : quelques exemplaires de cette édition portent, au titre, comme le nôtre, ex officina elzeviriana.

709. — LUCAIN. — Murci Annæi Lucani Pharsalia, cum supplemento Thomæ Maii. — *Parisiis, typis Barbou,* M. DCC. LXVII, *in-12 rel.* Fleuron avec ces mots en banderole : et fructu et foliis ; frontispice gravé représentant le passage du Rubicon par César, et ces mots : Jacta est alea, cette édition est citée par Brunet.

710. — LUCAIN. — La Pharsale de Lvcain ov les Gverres civiles de César et de Pompée, en vers françois, par Guillaume de Brebœuf, dont le nom se trouve au bas de l'épître dédicatoire à l'archevesqve de Rouen. — *Cologne, Pierre Marteav,* M. DC. LXXVIII, *in-12 rel.*

711 — Dº. — La Pharsale de Lucain, traduite en françois, par M. Marmontel. — *Paris, Merlin*, M. DCC. LXVI, *in-8º, 2 vol. rel. en v. graint.* Triples filets dorés, 11 figures hors du texte (2 ex.)

712. — Dº. — La Pharsale de Lucain, traduite en françois, par M. Marmontel. — *Paris, Merlin,* M. DCC. LXXII, *in-12, 2 vol. rel.* Les excerpta se trouvent à la fin de chaque livre.

713. — Dº. — La Pharsale de Lucain, traduction de Marmontel. — *Paris, A. J. Sanson, 1824, in-18, 2 vol. rel. en v. rac.* Filets dorés. Chaque vol. a son frontispice gravé ; dans l'un, César fait ouvrir le Temple de Saturne, malgré la résistance du tribun Metellus, et l'autre représente le mort de Caton.

714. — PÉTRONE. — Poëme de Pétrone sur la guerre civile entre César et Pompée, avec deux Epîtres d'Ovide. Le tout traduit en vers françois avec des remarques et des conjectures sur le poëme intitulé : Pervigilium Veneris, par le président J. Bouhier, suivant le Dictionnaire des ouvrages anonymes d'Ant. Alex. Barbier, 3ᵉ édition. Texte latin en regard. — *Amsterdam, François Changuion,* M. DCC. XXXVII, *in-4º.* Titre rouge et noir. Fleuron au bas duquel on lit : B. Picart, del. 1728. Rel. en v. rac., filets dorés. Brunet cite cette édition. (2 exempl., un du fond Duseigneur.)

715. — SILIUS ITALICUS. — Seconde guerre punique de Silius Italicus, corrigée sur quatre manuscrits, et sur la précieuse édition de Pomponius, donnée en 1471, inconnue de tous les éditeurs ; complette par un long fragment trouvé dans la bibliothèque du Roi, et traduit par M. Lefebvre de Villebrune. — *Paris, rue et hôtel Serpente,* M. DCC. LXXXI, *in-12, 3 vol. rel.* Les vers latins sont en regard de la traduction, et à la fin du 3ᵉ vol. se trouve, avec changement de pagination, la nomenclature historique et géographique.

716. — Dº. — Même édition. — *Rel.* (Donnée par M. Lejeune, avoué.)

717. — STACE. — La Thébaïde Stace, traduction nouvelle, par M. l'abbé Cormiliolle. — *Paris, Hardouin,* M. DCC. LXXXIII, *in-12, 3 vol. rel.*

718. — Dº. — L'Achilléide et les Sylves de Stace, traduites en françois, par P.-L. Cormiliolle. — *Paris, Demoraine et chez Ganet, an X (1802).*

719. — JUVÉNAL. — Juvenalis Satiræ, cum quatuor commentariis videlicet Antonii Mancinelli, Domitii Calderini, Georgii Merulæ, Georgii Vallæ. On lit, au verso du CCVᵉ feuillet : *Venetiis impressum est hoc Juvenalis opus cum quatuor commentariis per Joannem de Cereto alias Tacuinum de Tridino,* M. CCCC. XCVIII, *die vero* XXIIII *Julii, in-fº,* de 12 f. f. prélim. et de 206 feuillets chiffrés, présente un texte revu et renferme le commentaire de G. Merula qui avait été imprimé déjà à Trevise et à

Venise en 1478, mais séparément. On voit, en tête du recto du 1er feuillet, les portraits des 4 commentateurs. Quelques notes manuscrites en marge. Couvert en bois de hêtre, avec des débris de fermoir en cuivre.

720. — JUVÉNAL et PERSE. — *Jvvenalis, Persivs.* On lit, au bas de la 66e page : *Venetiis, in Acdibvs Aldi, et Andreæ Soceri.* Et, au bas de la 78e : *Venetiis, in Acdibvs Hacredvm Aldi, et Andreæ Soceri, mense Martio,* M. DXXXV, *in-8° rel.* de Bozerian en v. brun, frappé sur les plats. Cette édit. est mentionnée par Brunet. L'ancre Aldine est sur le titre.

221. — JUVÉNAL et PERSE. — D. Jvn. Jvvenalis et Auli Persii Flacci Satyræ cum annot. Th. Farnabii. — *Amstelodami, typis, Joannis Blacv sumptibus societatis, 1630, in-12 rel.* Frontispice gravé. Cet exemplaire a appartenu à l'abbé Jacques Bechennec, ancien bibliothécaire de la ville de Brest.

722. — D°, d°. — D. Jvn. Jvvenalis et Avli Persii Flacci Satyræ, cum annot, Th. Farnabii. — *Parisiis, apud Simonem, Benard, viâ Jacolæâ, e Regione Jesuitarum, 1669, in-12 rel.* Filets dorés, titre gravé.

723. — JUVÉNAL. — Decii Junii Juvenalis Satyræ, cum notis ac perpetua interpretatione Josephi Juveneii, è societate Jesu. Editio nova auctior et emendatior. — *Parisiis, apud Joannem Barbou,* M. DCC. XV, *in-12 rel.* A la fin du vol. se trouve l'appendix de Diis et Heroibus poeticis.

724. — JUVÉNAL et PERSE. — Decii Junii Juvenalis et A. Persii Flacci Satyræ. Notis novissimis ac perpetuâ interpretatione illustravit Josephus Juveneius. Cum appendice de Diis et Heroibus poeticis, ad poetarum intelligentiam neessariâ. Nova editio prioribus longè emendatior. — *Parisiis, apud H. Barbou, 1805, in-12 rel.* (2 exemp.)

725. — JUVÉNAL et PERSE. - Decii Junii Juvenalis et A. Persii Flacci Satyræ. Notis novissimis illustravit Josephus Juveneius cum appendice de Diis et Heroibus, etc. Nova editio expurgata et prioribus longè emendatior. — *Parisiis, ex typis Augusti Delalain, 1826, in-12 cart.*

726. — D°, d°. — Decii Junii Juvenalis et A. Persii Flacci Satyræ. — *Londini, typis, J. Brindley,* M. DCC. XLIV, *in-18, rel. en v. b.* Triples filets dorés, fleuron représentant une couronne surmontée de trois panaches avec ces mots : Ich-Dien, qui est la devise du Prince de Galles.

727. — JUVÉNAL. — Decii Junii Juvenalis Satiræ ad codices parisinos recensitæ, lectionum varietate et commentario perpetuo illustratæ A. Nic. Lud. Achaintre ; accedunt Hadr. et C. Valesiorum notæ adhuc ineditæ. — *Parisiis, sumptibus et typis Firmini Didot,* M. DCCCX, *in-8°, 2 vol. rel.* Frontispice gravé représentant un sujet tiré de la 4e Satyre, qui a pour titre Rhombus.

Traductions

728. — JUVÉNAL et PERSE. — Les Satyres de Juvénal et de Perse, de la traduction de M. de Martignac, avec des remarques. — *Paris, J. B. Coignard*, m. dc. lxxxiii, *in-12 rel.* (Les vers latins sont en regard de la traduction.)

729. — D°. — Les Satyres de Juvénal et de Perse, avec des remarques en latin et en français. — *Paris, Guillaume de Luyne, 1771, in-12.*

730. — D°. — Avec le texte latin. — *Paris, Lefèvre et Garnier frères, 1845, in-8°.*

731. — JUVÉNAL. — Satires de Juvénal, traduites par J. Dusaulx, 4ᵉ édit., augmentée de l'éloge historique de Dusaulx, par M. Villeterque. — *Paris, Crapelet-Merlin, an XI, 1803, in-8°, 2 vol. rel.* Portrait de J. Dusaulx, texte latin en regard.

732. — D°. — *Paris, Dalibon, 1821, 2 vol.*

733. — D°. — Satires de Juvénal, traduites en vers français, par L. V. Raoul. Deuxième édition. — *Amiens, Caron-Vitei, 1815, in-8° rel.* Les vers latins sont en regard.

734. — D°. — Satires de Juvénal, traduites en vers français, par M. le baron Méchin. — *Paris, P. Didot l'aîné*, m. dcccxvii, *in-8° rel.* Les vers latins en regard.

735. — D°. — Satires de Juvénal, traduites en vers français, par H. Kerdaniel, ancien officier supérieur de la marine de l'Etat. — *Paris, Armand Le Chevalier, 1868, in-8°.*

736. — JUVÉNAL et PERSE. — Pensées extraites des Satires de Juvénal, traduites par P. N. G***, Pierre Nicolas Guérin, suivant le Dictionnaire des ouvrages anonymes d'Ant. Alex. Barbier, 3ᵉ édit. Nouvelle édition, augmentée des pensées de Perse, avec le portrait de Juvénal gravé en trait, d'après l'antique. — *Paris, Duponcet, an XI, in-12 rel.* (81 pages).

737. — MARTIAL. — Martialis. Aldus avec le fleuron ou marque typographique représentant un Dauphin entortillé autour d'une ancre On lit à la fin. — *Venetiis in Acdibvs Aldi et Andreæ Soceri, mense decembri* m. d. xvii, *in-12 cartonné.*

738. — D°. — M. Val. Martialis nova editio. Ex Museo Petri Scriverii. — *Lugduni Batavorum, apud Joannem Maire*, ch. hc. xix, *petit in-12, cou-*

vert en parchemin. Fleuron représentant un compas avec ces mots : Labore et constantiâ. Rel. Avec :

P. Scriverii animadversiones in Martialem, 1618. Cl. VV. Jvsti Lipsis, Jani Rvtgersii, 1. Isaci Pontani, notæ in Martialem ad Petrum Scriverium. — *Lugduni Batavorum, apud Joannem Maire,* anno CHHCXIX (24 pages).

739. — D°. — M. Valerii Martialis Epigrammatum libri. Ad optimos codices recensiti et castigati. — *Lutetiæ Parisiorum, typis Josephi Barbou,* M. DCC. LIV, *in-12, 2 vol.* Rel. en v. f. D. S. T. et triples filets dorés. Fleuron ou marque typographique avec ces mots en banderole : Non solus, et frontispice gravé.

740. — MARTIAL. — Tovtes les Epigrammes de Martial en latin et en françois, avec de petites nottes, divisées en devx parties, par Michel de Marolles, suivant Brunet, qui ajoute, dans son Manuel du libraire et de l'amateur de livres (5ᵉ édit.), que les 2 exemplaires de l'édition de Martial que nous possédons ne sont pas communs. — *Paris, Gvillavme de Lvyne,* M. DC. LV, *petit in-8°, 2 vol. rel.* Ex libris, collé sur le verso de la feuille de garde, avec cette devise : Antiqua ætate decoræ.

741. — MARTIAL. — Epigrammes de M. Val. Martial, traduction nouvelle et complète par feu E. T. Simon, avec le texte latin en regard, des notes et les meilleures imitations en vers français, depuis Cl. Marot jusqu'à nos jours, publiée par le général baron Simon, son fils, et P. R. Augnis. — *Paris, F. Guitel, 1819, in-8°, 3 vol. rel.*

742. — D°. — Recueil des plus beaux endroits de Martial, par feu M. Costar, avec un traité de la beauté des ouvrages d'esprit, et particulièrement de l'épigramme, traduit du latin, par M. G. L. A. C. Germain De la Faille, ancien Capitoul, d'après une note manuscrite qui se trouve sur notre exemplaire. D'ailleurs le nom de M. De la Faille, avocat au parlement, ancien Capitoul, et sindic de la ville de Toulouse, se trouve en tête de la dedicace signée des initiales D. C. D. D. V. — *Toulouse, Guillaume-Louis Colomyez, et Jérôme Posuel,* M. DC. LXXXIX, *in-12, 2 vol. rel.*

743. — AUSONE. — D. Magni Avsonii Burdigalensis Opera. — *Amstelodami, apud Joann Jansonium,* anno CH. HC. XXIX, *à la Salière, in-32 rel.*

744. — D°. — Œuvres d'Ausone, traduites en françois par M. l'abbé Jaubert. — *Paris, Delalain,* M. DCC. LXIX *petit in-12, 4 vol. rel.* Le texte latin est en regard. Brunet cite cette édition.

745. — CLAUDIEN. — Cl. Claudiani, principum, heroumque Poetæ Prægloriosissimi, quæ exstant, Gaspar Barthius ope septemdecim manvscriptorum exemplarium restituit ; commentario mvlto locvpletiore, grammatico, critico, philologo, historico, philosophico, politicoque, ita illustravit ; vt avctor pretiosissimvs omni ætati, scholasticæ, Academicæ, aulicæ, politicæque esse debeat ex commendato commendatissimus. — *Francofvrti, apud Joannem Naumannum, bibliop. Hamburgensem, anno* MDC. L. Titre rouge et noir. Fleuron avec ces mots : Superata Tellus, sidera domat, reproduits sur le frontispice gravé, avec la croix et un cavalier sur un cheval ailé. On y voit encore, avec les anges qui représentent l'Eternité : Theodosivs invictvs ; fl. Stilico Tvtela imperii, etc. *In-4° rel. en vélin.* Cette édition est recherchée, suivant Brunet, à cause du commentaire.

746. — D°. — Magnifico et ornato viro, Cornelio, Pruenen. — *Antuerpiano, Theod. Pulmannus Craneburgius.* Sans date et sans lieu d'impression.

747. — PRUDENCE. — Avreli Prvdenti Clementis V. C. Opera : Ex postrema, doct : virorum, recensione. — *Amstelodami, apud Guiliel. Jans-Cæsium, anno 1625, à la Salière.* Au-dessous du globe, on lit ces mots : Indefessus agendo. Frontispice gravé. *Petit in-8*, rel. en mar. rouge, triples filets dorés.

4. — POÈTES LATINS MODERNES

A. — Histoire. — Collections et extraits

748. — MICHAEL TARCH. — Marvllus Hieron. Angerianvs, et Joan. Secvndvs, poetæ elegantissimi : Nunc primùm in Germania excusi. — *Spiræ Nemetvm, apud Bernardum Albinum*, M. D. XCV, *in-18 rel.*

749. — VARIA E VARIIS Poetis Carmina et orationes. Vitis. Filio meo cantus. Lettre de M. Perlan à M. de Santeul. Querimoniæ. Stephæbus, Tragædia. Agapitùs, Martyr, Tragædia Christiana. Brutus, Tragædia (du R. P. Porée, de la Société de Jésus). — *Parisiis, apud Josephum Barbou*, M. DCC. LIII, *in-12 rel.* Avec :

Discours sur l'éducation, par M. Vicaire, ancien recteur de l'Université de Paris. — *Paris, J. Barbou, aux Cigognes.* Fleuron ou marque typographique, les cigognes et un arbre avec ces mots en banderole : et fructu et foliis, M. DCC. LXIII, 116 pages, les autres pages contiennent la traduction en latin de ce morceau et une pièce de vers latins intitulée : Musæ ad Supremum Senatum.

B. — Poètes latins modernes, Italiens et Portugais de nation

750. — PALINGÈNE. — Marcelli Palingenii Stellati Poetæ Zodiacus Vitæ, id est de hominis vita, studio, ac moribus optime instituendis Libri XII. Nunc demùm ad exemplaria primaria sedulo castigati, centenis aliquot mendis expurgati, aliisque accessionibus aucti. — *Rotterodami, apud Joannem Hofhout, anno 1722.* Fleuron et frontispice gravé, *petit in-8°.* Rel. en maroc. rouge aux armes impériales de Napoléon Ier sur les plats, filets et bordures en or. Brunet parle avantageusement de cette édition.

751. — D°. — Le Zodiaque de la vie humaine, ou préceptes pour diriger la conduite et les mœurs des hommes. Divisé en XII livres, sous les douze signes, traduit du poëme latin de Marcel Palingène, célèbre poète, de la Stellada. Nouvelle édition, augmentée de notes historiques, critiques, politiques, morales, et sur autres grandes sciences, par M. J. B. C. de La Monnerie, Mre P. — *Londres, Le Prévost et compagnie,* M. DCC. XXXIII, *in-12, 2 vol. rel.* avec :

Remarques sur les principales erreurs d'un livre intitulé : L'ancienne nouveauté de l'Ecriture sainte, ou l'Eglise triomphante en terre, par Monsieur Arnaud. Seconde édition, revue, corrigée sur le manuscrit, et augmentée d'une préface, avec des notes, et d'une lettre de l'auteur. — *Paris, Barthélémy Alix, ou Griffon,* M. DCC. XXXV.

752. — PONTANUS. — Joannis Joviani Pontani amorum libri II. — De amore conjugali III. — Tumulorum II, qui in superiore aliorum poematon editione desyderabantur. — Lyrici I. — Eridanorum II. — Eclogæ duæ Coryle, et Quinquennius superioribus quatuor additæ. — Calpurini Siculi Eclogæ VII. — Aurelii Nemesiani Eclogæ IIII. — Explicatio locorum omnium abstrusorum Pontani authore Petro Summontio viro doctissimo. — Index rerum, quæ in his Pontani lusibus contineantur. — Aldvs. Avec la marque typographique.

Immédiatement après l'index, vous lisez, sur le recto de la feuille suivante : *Venetiis in Acdibvs Aldi, et Andreæ Soceri, mense febrvario* M. D. XVIII, et, au verso d'une autre feuille, est reproduite l'ancre aldine. (Armoiries d'un évêque collées sur le carton supérieur.) *In-8° rel. en v. fauve.* Brunet constate la rareté de cette édition qui est l'unique, et que les Alde avaient donné de cette partie des poésies de Pontanus. Notre exemplaire contient 172 ff., en comprenant le 144° qui est tout blanc, et les deux dernières pour la souscription et la marque typographique. Les ff. du cahier M, qui devaient être cotés 89 à 96, sont mal chiffrés, sans toutefois qu'il y ait une lacune.

753. — STROZII *(Titus Vespasianus et Hercules)*. — Poetæ pater et filivs Aldvs. Avec la marque typographique : *Venetiis in Acdibvs Aldi et Andreæ Asvlani Soceri*, MDXIII. 2 tomes rel. en v. fauve en *un vol. in-8°*. Le 1ᵉʳ tome a 8 ff. préliminaires et 152 ff. chiffrés ; le second a 90 ff., dont le premier et le dernier ne sont pas chiffrés. Un cachet empreint au-dessous de la marque typographique, indique que cet exemplaire a appartenu à la bibliothèque de l'abbaye de Saint-Victor, dont d'ailleurs les armoiries sont reproduites sur les plats, où l'on peut lire encore ces mots échappés au grattage : Biblioth.... Paris....

754. — CARMINA NAUTICA. — Lecture à la Société académique de Brest sur les poèmes latins de Nic. Parthensies Gianactasius S. J. et autres; par M. A. Guichon de Grandpont, Commissaire général de la marine, en retraite. — *Brest, J.-B. Lefournier aîné, 1869, plaq. in-8°*, de 32 p.

755. — BOSCOVICH (L'abbé-Roger-Joseph), de la Société de Jésus. — Les Eclipses, poème en six chants, dédié à sa Majesté par M. l'abbé Boscovich, traduit en françois, par M. l'abbé de Barruel. — *Paris, Valade,* M. DCC. LXXIX, *in-4° rel.*

756. — BARTHÉLEMY PEREIRA, S. J. (Le P.) — La Paciécide, épopée en douze livres, en l'honneur du très illustre Père François Pacheco, portugais de Ponte-de-Lima, provincial de la Société de Jésus au Japon, martyrisé en 1626, dédié au pape Urbain VIII, traduction par A. Guichon de Grandpont, Commissaire général de la marine. — *Paris, Ern. Leroux, Guillard, Aikaud et Cⁱᵉ.*— *Brest, J.-B. et A. Lefournier*, M. DCCC. LXXXVII, *in-8°*, avec le texte latin.

C. — Poètes latins modernes, français de nation

757. — DESBILLONS (Franc.-Joseph.) — Francisei, Josephi Desbillons, e societate Jesu, fabularum Æsopiarum libri quinque priores diligenter emendati. Editio tertia, quam solam auctor agnoscit. — *Parisiis, typis J. Barbou.* Fleuron avec ces mots : Meta laboris honos, M. DCC. LIX, *in-12 rel.* Frontispice gravé.

758. — DOISSIN (L.) — Sculptura, Carmen, autore Ludovico Doissini, S. J. — *Parisiis, apud P. Œ. Le Mercier*, M. DCC. LIII, *in-12* (76 pages), *rel.* avec :

La Gravure, poème. — *Paris, P. G. Le Mercier*, M. DCC. LIII (90 pages). C'est la traduction du poème latin précédent.

759. — LE BRUN (L.) — Lavrentii Le Brvn Nannetensis, e societate Jesv. Ecclesiastes Salomonis paraphrasi poetica explicatus. Editio tertia. On trouve encore en ce volume : David pæniteas, hexameron, sive Moyses de opere sex diervm, Jeremias, lvgens. Vesperæ Marianæ, Franciados libri II, nova Gallia Delphino, etc. — *Rothomagi, apud Joannem Le Boullenger*, M. DC. L, *in-12 rel.*

760. — FRIZON (L.). — Leonardi Frizon et societ. Jesu. Opera poetica, Libri XXIV, cum orationibus Panegyricis III. — *Parisiis, apud Simonem Bernard*, M. DC. LXXV, *in-8°*, 2 *vol. rel.* Fleuron avec ces mots : Virtvte et Doctrina. Nombreux culs de lampe, vignettes et en-têtes avec devises.

761. — PETAU (D.) — Dionyssi Petavii Avrelianensis e societate Jesv Opera poetica. Vltima editio plerisque carminibus aucta. — *Parisiis, apud Sebastianvm Cramoisy, sub Ciconiis*, M. DC. XLII, *in-8°*. Fleuron ou marque typographique, les Cigognes avec ces mots : Honora patrem tuum et matrem tuam ut sis longœvus super terram, exo. 20. Relié avec :

Dionysii Petavii avrelianensis e societate Jesv. Græca varii generis carmina, cum latina interpretatione. Inter quæ primoloco posita est Ecclesiastæ Salomonis paraphrasis, cujus versio ipsa commentarii loco esse potest Græci sermonis imperitis. — *Parisiis, apud Sebastianvm Cramoisy, sub Ciconiis*, M. DC. XLI (280 pages). Rel. en v. fauve, filets dorés, dos orné de fleurs de lys. Sur les plats on lit en lettres d'or : Collegivm Marchianvm.

762. — D°. — Carmina de Beatissima Virgine Matre. Authore Patre Dionyso Petavio societatis Jesu Sacerdote. — *Parisiis, ex typographia Vlduæ Antonii Lambui viâ Jacobæâ, sub signo Speculi*, M. DCC, *in-12 rel.* avec :

1° Carmina de Diva Genovefa Parisiensium Patrona. Anthore Patre Dionysio Petavio, societatis Jesu Sacerdote (60 pages).

2° Terræ Motus. Carmen, auctore Francisco Antonio Lefebvre, e societate Jesu. — *Parisiis, apud viduam Simonis Benard*, M. DCCIV (20 pages).

3° Vites (14 pages).

4° Saül Moricus. Carmen. Auctore Francisco Tarillon Soc. Jesu. — *Parisiis, apud viduam Simonis Benard*, M. DC. XCVI (23 pages).

5° Musica. Carmen. Auctore Francisco Antonio Lefebvre e Societate Jesu. — *Apud viduam Simonis Benard*, M. DCCIV (23 pages).

763. — GEOFFROY (ETIENNE-LOUIS). — Hygiene sive ars sanitatem conservandi. Poemata. Auctore Stephano-Ludovico Geoffroy, Parisino;

doctore et antiquo professore medico Parisiensi, etc. — *Parisiis, apud Petrum-Guillelmum Cavelier, sub signo Lilii aurei*, M. DCC. LXXI, *in-8° rel.* (Ex libris Janvry l'aîné, capitaine des vaisseaux du Roi.)

764. — POLIGNAC (Le Cardinal MELCHIOR DE). — Anti-Lucretius, sive de Deo et Natura, libri novem ; Eminentissimi S. R. E. Cardinalis Melchioris de Polignac Opus posthumum. — *Parisiis, apud Petrum-Ægidium Le Mercier, ad signum libri aurei*, M. DCC. LIV, *in-12, 2 vol, rel.* D'après une note manuscrite, cet exemplaire appartenait à un couvent de Brest. *Conventus Brestensis.*

765. — D°. — L'Anti-Lucrèce, poëme sur la Religion naturelle, composé par M. le cardinal de Polignac ; traduit par M. de Bougainville, secrétaire perpétuel de l'Académie royale des belles-lettres. — *Paris, Bauche*, M. DCC. LXVII, *in-12, 2 vol. rel.*

766. — D°. — L'Anti-Lucrèce, poëme sur la Religion naturelle, composé par M. le cardinal de Polignac, traduit par M. de Bougainville, de l'Académie royale des belles-lettres. — *Bruxelles, François Foppens*, M. DCC. LXXII, *in-12.* 2 tomes rel. en un vol., sans changement de pagination.

767. — D°, d°. — *Lyon, Perisse frères, 1780, in-12.*

768. — QUILLET (CLAUDE). — La Callipédie, traduite du poëme latin de Claude Quillet, par Charles-Phillippe de Monthenauet d'Egly, suivant le Dictionnaire des ouvrages anonymes d'Ant. Alex. Barbier, 3ᵉ édit., et la France littéraire de J.-M. Quérard. — *Imprimé à Amsterdam, et se vend à Paris, chez Durand et Pissot*, M. DCC. XLIX, *in-8° oblong rel.* Le texte latin en regard de la traduction.

769. — D°. — La Callipédie ou la manière d'avoir de beaux enfans. Poëme didactique. Traduction libre en vers françois du poëme latin de Claude Quillet, par Lancelin ou Lanselin, de Laval, suivant le Dictionnaire des ouvrages anonymes d'Ant. Alex. Barbier, 3ᵉ édition, et la France littéraire de J.-M. Quérard. — *A Amsterdam, et se trouve à Paris, chez Dupuis et J.-Fr. Bastien*, M. DCC. LXXIV, *in-8° oblong rel.* Texte latin en regard de la traduction.

770. — D°. — La Callipédie ou l'art d'avoir de beaux enfans. Traduction nouvelle du poëme latin de Claude Quillet, par J.-M. Caillau. C. Quilleti Callipædia, seu de pulchræ prolis habendæ ratione. Libri quatuor. — *Burdigalæ, excudebamus Pinard pater et filius, anno Regubeicæ septimo (1799, in-8°.* Frontispice gravé avec ces mots tirés du chant 1ᵉʳ de la traduction : Peut-être un jour des beautés ingénues, étudieront mes préceptes interprétés par leurs époux. On trouve en tête de cette traduction une notice sur la vie de Quillet.

771. — REMI (Abraham Ravaud de), en latin *Remmius*. — Borbonias, Ludovico XIII, christianis, Franc. et Navar. regi. — *Paris, 1623, vieille brochure maculée, in-8°.*

772. — MAYRE (Le P. Jacques). — Liladamus Ultimus Rhodiorum, primusque Melitensiam Equitum Magnus-Magister, seu Melita. Poema heroïcium. Authore P. Jacobo Mayre, e Societate Jesu. — *Parisiis, apud Nicolaum Le Gras, sub signo L. Coronatæ*, m. dc. lxxxv, *in-12 rel.*

773. — RUPIN (Le P. R.) — Renati Rapini societatis Jesu, hortorum libri IV. Accedit ejvsdem odarvm liber. Editio tertia. — *Parisiis, apud Sebast. Mabre Cramoisy*, m. dc. lxxiii, *petit in-12 rel.* Le livre des Odes a sa pagination à part (84 p. p.)

774. — D°. — Les Jardins, poëme en quatre chants, du Père Rapin, traduction nouvelle, avec le texle, par MM. V*** et G*** Voyron, ancien professeur à Saint-Cyr, et J. L. Gabiot, suivant le Dictionnaire des ouvrages anonymes d'Ant. Alex. Barbier, 3ᵉ édit , et la France littéraire de J. M. Quérard. Nouvelle édit. — *Paris, Merlin, an XI (1802), in-8° rel. en v. rac.*

775. — SAINTE-MARTHE (Scévole de). — La manière de nourrir les enfants à la mamelle, traduction d'un poëme latin de Scévole de Sainte-Marthe, par messire Abel de Sainte-Marthe, chevalier, seigneur de Corbeville, etc., et garde de la Bibliothèque de Sa Majesté à Fontainebleau. — *Paris, Guillaume de Luyne, Claude Barbin, Laurent d'Houry*, m. dc. xcviii, *iu-8° obl. rel.* Le texte latin est en regard de la traduction.

776. — D°. — Traduction de La Pædotrophie de Scévole de Sainte-Marthe, ou poëme sur l'éducation des enfants en bas-âge, par Ysabeau de Bréconvilliers, suivant la France littéraire de J. M. Quérard. — *Paris, Barrois l'aîné*, m. dcc. lxxvii, *in-12*.

777. — LA RUE (Le P. Charles de). — Caroli Ruæi e societate Jesu Carminum libri quatuor. Editio quinta. — *Lutetiæ Parisiorum, apud viduam Simonis Benard*, m. dc. lxxxviii, *in-12 rel. Ex libris* Pʳᵉ Mᵉˡ Moisson.

778. — COSSART (Le R. P. Gabriel). — Gabrielis Cossartii et Societate Jesu Orationes et Carmina. — *Parisiis, apud Robertum Pepie*, m. dc. xc, *in-12 rel.* Frontispice gravé représentant le P. Cossart, dont les muses sculptent le buste. (Ce livre, d'après une note manuscrite, appartenait à Jacques Bechennec, ancien bibliothécaire de la ville de Brest.

779. — COSSART (Le R. P. Gabriel). — Gabrielis Cossartii e Societate Jesu Orationes et Carmina. Nova editio auctior et emendatior. —

Parisiis, sumptibus fratrum Barbou, via Jacobæa, sub Ciconiis. Fleuron ou marque typographique : les Cigognes. Frontispice gravé comme dans la précédente édition.

780. — SANTEUIL (J.-B. DE), *chanoine régulier à l'abbaye de Saint-Victor.* — Joannis Baptistæ Santolii Victorini Operum omnium editio secunda. In qua reliqua opera nondùm conjunctim edita reperiuntur. — *Parisiis, apud Dionysium Thierry,* M. DC. XCVIII, *in-12.* 2 tomes rel. en un vol. (Portrait de Santeuil.)

781. — D°. — Œuvres de feu Monsieur de Santeuil, chanoine régulier de Saint-Victor, avec les traductions par différents auteurs. Mises au jour par P.-A. Pinel de La Martelière, prêtre. — *Paris, Simon Benard, au Compas d'or.* On trouve à la fin, avec changement de pagination : Epitaphes latines et françoises par divers avtevrs, sur feu Monsieur de Santeuil, chanoine régulier de Saint-Victor (74 pages). — *Paris, Simon Benard, au Compas d'or,* M. DC. XCVIII, *in-12 rel.*

782. — MASSIEU (L'abbé GUILLAUME). — Gulielmi Massiæi Carmen, Caffæum. Le Café, poëme, par Guillaume Massieu, avec le texte latin. Traduction relié avec :

Etrennes à tous les amateurs de café, pour tous les temps, ou Manuel de l'amateur de café, contenant l'histoire, la description, la culture, les propriétés de ce végétal, etc., etc. — *Paris, hôtel de Bouthillier, 1790, in-12.* 2 parties avec changement de pagination.

783. — SAUTEL (Le P. PIERRE-JUSTE). — Lusus poetici allegorici, sive Elegiæ oblectandis animis, et moribus informandis accommodatæ. In tres libros, aut decurias tributæ. Auctore P. Petro Justo Sautel, Societatis Jesu. — *Parisiis, typis Josephi Barbou, sub Ciconiis,* M. DCC. LIV, *in-12, rel.* Avec :

GABRIELIS MADELENETI Carmina. Nova editio auctior et emendatior. — *Parisiis, typis Josephi Barbou, sub Ciconiis,* M. DCCLIII.

784. — VANIÈRE. — Jacobi Vanieri e Societate Jesu sacerdotis, Prædium rusticum. Nova editio auctior et emendatior. — *Parisiis, apud Marcum Bordelet,* M. DCC. XLVI, *in-12 rel.* Frontispice gravé, 1 grav. hors du texte.

785. — VANIÈRE. — Jacobi Vanierii e Societate Jesu Sacerdotis, Prædium rusticum. Nova editio auctior et emendatior. — *Parisiis, apud viduam Bordelet,* M. DCC. LVI, *in-12 rel.* Frontispice gravé, 16 grav. hors texte.

786. — D°. — Jacobi Vanierii e Societate Jesu Carmina. — *Parisiis, apud viduam Simonis Benard,* M. DCCIV, *in-12 rel.* Avec :

1° Namurcum expugnatum. Carmen, auctore Franc.Tarillon, Soc. Jesu. — *Apud viduam Simonis Benard*, m. dcciv.

2° Franc. Champion, e Societate Jesu Stagna. — *Parisiis, apud viduam Simonis Benard*, m. dcciv.

3° In Divum maximum martyreni.

4° De arte confabulandi Carmen, auctore Franc. Tarillon, e Societate Jesu. — *Parisiis, apud viduam Simonis Benard*, m. dcciv.

5° Epitaphe d'un petit chien en vers françois et latin.

6° Vers françois et latins sur la mort d'un petit chat.

7° Ratio conscribendæ epistolæ. Carmen, auctore Claudio Hervæo de Montaigu, e Societate Jesu.— *Parisiis, apud Joannem Barbou*, m. dcc. xiii.

8° In laudem Ludovici XV. Argumenta poetica A. P. Carolo Porée. — *Apud Joannem et J. Barbou, fratres*, m. dcc. xvii.

9° Exempla amoris, A. P. Carolo Porée. — *Parisiis, apud Joannem et J. Barbou, fratres*, m. dcc. xvii ;

10° Pulvis Pyrius. Carmen. Auctore Franc. Tarillon, Soc. Jesu.

787. — GRIFFET (Le P. Henri). — Henrici Griffet, è Societate Jesu, varia carmina. — *Leodii, typis J.-F. Bassompierre*, m. dcc. lxvi, *in-8° oblong rel.* (Le poëme intitulé *Lacryma*, est traduit en vers français.)

788. — APPOLINEI operis carmina difficillima. Redditi quibus priores numeri. Anno X Reipublicæ, 1801. — *Parisiis, apud Hocquart, in-8° broché.*

789. — SAILLOUR (L.). — De Galliæ calamitatibus, ab anno 1790, usque ad annum 1815, Carmen, in undecim elegias distributum ; auctore Ludovico Saillour, curato ex Guisseny, in diocæsi Corisopitensi. — *Gesocribatis, e typographia G.-M.-F. Michel, 1818, in-12.* (2 exempl.)

790. — GRANDPONT (A. Guichon de). — Gloriæ navales, odæ, cum præfatione, notis, isographia et quorumdam numismatum descriptione. — *Brest, J.-B. Lefournier aîné, 1853, in-8°.*

D. — Poètes latins modernes, allemands, flamands et hollandais de nation

791. — EDSCHLAGER (Christian). — Christiani Edschlager, S. J. Synopsis rei nummariæ veterum. Poëme publié par M. A. Guichon de Grandpont, et notice lue par le même à la Société académique de Brest. — *Brest, J.-P. Gadreau, 1869, broch. in-8°.* Imprimé avec le poëme de Georges Vionnet, jésuite français, intitulé : Musæum nummarium. Titre commum aux deux poëmes : Carmina nummaria.

792. — HOSSCHIUS. — Sidronii Hosschii e Societate Jesu Elegiarum libri sex. Item Guilielmi Becani ex eâdem Societate Idyllia et Elegiæ. Nova editio auctior et emendatior. — *Parisiis, sumptibus fratrum Barbou, sub Ciconiis*, m. dcc. xxiii, *in-12 rel.*

793. — WALLIUS (Le Père Jacques). — Jacobi Wallii è Societate Jesu Poematum libri novem. Editio nova cui accedit posthuma ad Elegias appendix. — *Lugduni, sumptibus Anissoniorum Joan. Posuel, et Claud Rigaud*, m. dc lxxxviii, *in-12 rel.*

E. — Poètes latins modernes, anglais de nation

794. — OWEN (J.). — Epigrammatum Joannis Owen Cambro-Britanni, Oxoniensis, editio postrema. — *Lud. Bat., ex officina Elzeviriana, anno* m. dc. xxviii, *in-24 rel. sur vélin.* Frontispice gravé.

795. — D°. — Epigrammatum Joannis Oveni Cambro Britanni Oxoniensis, et Alberti Ines è Societate Jesu, acroamatum epigrammaticorum, editio postrema et postumis quibusdam adaucta. — *Amstelodami, apud Elzevirium,* m. dc. lxxix, *petit in-12 rel.* Frontispice gravé et ex libris : Janvry l'aîné, Capitaine des Vaisseaux du Roi.

796. — D°. — Les Epigrammes d'Owen, traduites en vers françois, par Monsieur Le B. Ant. Louis Le Brun, suivant le Dictionnaire des ouvrages anonymes d'Ant. Alex. Barbier, 3ᵉ édit., et suivant les supercheries littéraires de J. M. Quérard, qui nous dit que le traducteur a supprimé les pièces dirigées contre les Moines et la Cour de Rome. On trouve à la fin, sans changement de pagination : Epigrammes de Buchanan, traduites en vers françois.

797. — BOURNE (V.) — Poematia, latinè partim reddita, partim scripta, A. V. Bourne, Collegii Trinitatis apud Cantabrigienses aliquando Socio. Quartò edita. — *Londini, typis, J. Bettenham,* m. dccl, *in-12 rel.* Avec :

1° Lettres à Monsieur H*** Hérinch, petit-neveu de l'évêque d'Ypres, de ce nom, suivant le Dictionnaire des ouvrages anonymes d'Ant. Alex. Barbier, 3ᵉ édit. Sur les premiers Dieux ou Rois d'Egypte, par l'abbé Dominique Révéread, suivant le même Dictionnaire cité plus haut. Seconde édition, augmentée d'une troisième lettre sur la Chronologie des premiers tems depuis le Déluge. — *Paris, veuve Ribou et Pierre J. Ribou,* m. dcc. xxxiii.

2° Demosthenis oratio de Corona, accurate emendata, argumento locupletata, et partibus distincta (avec le texte grec). — *Parisiis, apud Dionysium Joannem Aumont sub signo, S. Monicæ,* m. dcc. lxix.

5. — POÈTES FRANÇAIS

A. — Histoire

798. — LA RUE (l'Abbé Gervais de). — Recherches sur les ouvrages des Bardes de la Bretagne armoricaine dans le moyen-âge, lues à la classe d'histoire et de littérature ancienne de l'Institut, le 30 Décembre 1814. — *Caen, F. Poisson, 1815, in-8° rel.* (68 pages).

B. — Troubadours

799. — CROISADE (Histoire de la) contre les hérétiques Albigeois, écrite en vers provençaux par un poète contemporain. Traduite et publiée par M. C. Fauriel. — *Paris, imprimerie royale,* m. dccc. xxxvii, *in-4° rel.*

C. — Traités sur la poétique française

800. — BOILEAU - DESPRÉAUX. — L'art poétique, suivi de sa ixe satire, et de son Epître à M. de Lamoignon ; avec des argumens, les notes historiques de Brossette, un commentaire littéraire d'après Saint-Marc, et plusieurs remarques tirées des littérateurs les plus célèbres, précédés des considérations sur la poétique, par Fénélon, des discours de Racine sur l'essence de la poésie, la poésie naturelle et le respect que les poètes doivent à la Religion, formant, avec le texte, une poétique complète. — *Paris, L. Duprat-Duverger, an XII, in-8° rel.*

801. — D°. — Le même. — *Lyon, Tournachar-Molin, 1805, in-16 rel. obl.*

802. — D°. — Les deux arts poétiques d'Horace et de Boileau, collationnés sur les meilleures éditions de ces deux poëmes. — *A Brest, de l'imprimerie de Michel, 1815.*

Q. Horatii et Nicolai Boileau, ambæ artes poeticæ ; ad accuratissimas utriusque poematis editiones recognitæ. *Gesocribatis, è typographia Michel, regis typographi et bibliopolæ, in-24 cart.* (1re édition.)

803. — D°. — Les mêmes, seconde édition. — *Brest, Michel, 1818, in-24 cart.*

804. — D°. — Les mêmes. — *Brest, G.-M.-F. Michel, 1819, in-f° cart.*
2 exemplaires, l'un sur pp. vélin. Ces 2 exemplaires contiennent, de plus que les précédentes éditions de Michel, les poésies diverses de M. Boileau-Despréaux.

805. — POÉTIQUE FRANÇOISE, à l'usage des dames, avec des exemples, par Gabr.-Henri Gaillard, suivant la France littéraire de J.-M. Quérard, et le Dictionnaire des ouvrages anonymes d'Ant. Alex. Barbier, 3ᵉ édition. — *Paris, Savoye,* M. DCC. LII, *in-12.* 2 tomes rel. en un vol.

806. — MARMONTEL (JEAN-FRANÇOIS). — Poétique françoise. — *Paris, Lesclapart,* M. DCC. LXIII, *in-8° 2 vol.* Rel. en v. marb. Triples filets dorés. Fleuron au bas duquel on lit : C.-N. Cochin filius del. 1762, et B.-L. Prevost, sculp.

807. — POÉTIQUE ÉLÉMENTAIRE, par M. L* S**, de plusieurs Académies, par l'abbé J. Ant. de La Serre, dont le nom se trouve à la fin de l'Epître dédicatoire à M. de Flesselles. — *Lyon, les frères Perisse,* M. DCC. LXXI, *in-12 rel.* Fleuron ou marque typographique : Minerve et l'olivier, avec ces mots : Favet Minerva labori. Cet exemplaire, d'après une note manuscrite, aurait appartenu au célèbre chanteur Elleviou.

808. — LE DUC (V.). — Nouvel ari poétique. Poëme en un chant. — *Paris, Martinet, 1809, in-12 rel.* (68 pages.)

809. — NOUVEAU DICTIONNAIRE DE RIMES, corrigé et augmenté, c'est-à-dire précédé d'une lettre à M***, par P. Richelet, contenant l'histoire de la rime. — *Paris, Lovis Rilaine, à la Palme et au grand César,* M. DC. LXVII, *in-8° rel.* 14 ff. lim. et 412 pages.

810. — WAILLY (DE) et DREVET. — Nouveau Dictionnaire de rimes, où l'on trouve 1° tous les mots de la langue françoise; 2° les termes de sciences et d'arts; 3° le genre et la définition des mots; 4° les noms propres de la mythologie, de la géographie et de l'histoire. 2 parties in-8°. — *Paris, de Baussaux, 1812, rel. en un vol.*

811. — LA MADELAINE (L.-PH. DE). — Dictionnaire portatif des rimes, précédé d'un nouveau traité de la versification française, et suivi d'un essai sur la langue poétique. Seconde édition. — *Paris, Saintin, 1815, in-18.* Frontispice reproduisant les portraits des douze poètes français. Rel.

812. — CARPENTIER (L.-J.-M.). — Le Gradus français, ou Dictionnaire de la langue poétique, précédé d'un nouveau traité de la versification française et suivi d'un nouveau Dictionnaire des rimes. Cet ouvrage présente : 1° chaque terme susceptible d'entrer dans la langue poétique, etc., etc.; 2° les synonymes, les épithètes et les phériphrases ; 3° un recueil précieux de descriptions, etc. ; 4° les noms des principales divinités de la fable, etc. ; 5° les remarques littéraires ou grammaticales de Ménage, de Voltaire, de La Harpe, de Geoffroy, de Domergue, de Laveaux, etc. Deuxième édition. — *Paris, Alexandre Johanneau, 1825, in-8°, 2 vol. rel.*

813. — LANNEAU (de). — Dictionnaire portatif des rimes françaises, rédigé d'après l'Académie. — *Paris, Ch. Froment (sans date), in-12.*

D. — Collections de Poètes français

814. — POÈTES FRANÇAIS (Les). — Recueil des chefs-d'œuvre de la poésie française, depuis les origines jusqu'à nos jours, avec une notice littéraire sur chaque poète, précédé d'une introduction par M. Sainte-Beuve. — *Paris, Gide, 1861, grand in-8°, 4 vol. rel.*

815. — RECUEIL des plus belles pièces des poètes français, tant anciens que modernes, depuis Villon jusqu'à M. de Benserade. — *Paris, Claude Barbin, M. DC. XCII, in-12, 5 vol. rel.*

816. — RECUEIL FACTICE DES POËMES. — *In-8°, 7 vol. rel.*

Le premier vol. contient : 1° La Duncierade ou Guerre des Sots, poëme, par Charles Palissot, suivant le Dictionnaire des ouvrages anonymes et la France littéraire de J.-M. Quérard. Chelsea (Paris), 17 ch. Ce poëme, imitation de celui de Pope (Dunce), n'était d'abord qu'en 3 chants; ceux-ci sont dans notre exemplaire ;

2° Les Victimes, poëme héroï-comique en quatre chants, par Alex. Maton, suivant le Dictionnaire des ouvrages anonymes et pseudonymes d'Alex. Barbier, 2ᵉ édition, et suivant la France littéraire de J.-M. Quérard. — *A Amsterdam, et se trouve à Paris, chez Delalain, M. D. CC. LXVIII.* Frontispice gravé. Ce poëme fut primitivement imprimé sous le titre suivant : Innocents (Les), en quatre chants. Sous le titre nouveau, il a subi beaucoup de changements ;

3° Gabrielle d'Estrées, à Henri IV, par M. Poinsinet. — *Amsterdam, Chaugniou, M. DCC. LXVII.* Frontispice gravé ;

4° La Guerre civile de Genève ou les Amours de Robert Covelle, poëme héroïque avec des notes instructives, par Voltaire. — *Besançon, Nicolas Grandvel, 1768 ;*

5° Nanine, sœur de lait de la reine de Golconde, parodiée, par imitation, sur les plus jolis airs connus, en trois actes et quelques vaudevilles, par Gondot. — *A Genève, et se trouve à Paris, chez la veuve Duchesne, M. DCC. LXVIII.* Fleuron et frontispice gravé. A la fin on trouve : Airs détachés de Nanine (8 pages).

Le tome second contient : 1° La Peinture, poëme en trois chants, par M. Le Mierre. — *Paris, Le Jay, au grand Corneille.* Le fleuron en reproduit le portrait. Trois grav. hors texte ;

2° Le Songe d'Irus ou le Bonheur, conte en vers, à Jean-Jacques Rousseau, suivi de Silvestre, conte en prose, de quelques apologues, etc., par Fr. Jos. Marteau, suivant le Dictionnaire des ouvrages anonymes de Barbier, 2e édition. — *Paris, J.-P. Costard,* M. DCC. LXX, *in-8°.*

Le tome troisième contient : 1° Les Sens, poëme en cinq parties, par de Rosoy, suivant le Dictionnaire des ouvrages anonymes de Barbier, 2e édit., qui donne 6 chants à ce poëme ;

2° Poésies diverses (27 pages) ;

3° Les Elémens, poëme, par de Lavergne, conseiller au présidial de Villefranche en Rouergue, suivant le Dictionnaire des ouvrages anonymes d'Ant. Alex. Barbier, 3e édit. — *A La Haye, chez P. Gosse junior et D. Pinet, et se trouve à Paris, ehez J.-P. Costard,* M. DCC LXX (32 pages) ;

4° Le siège de Marseille, par le connétable de Bourbon, poëme qui a concouru pour le prix de l'Académie françoise, en 1774, par M. Duruflé. — *Paris, Demonville,* M. DCC. LXXIV ;

5° Les hommes de Prométhée, poëme, par M. Colardeau. — *A Amsterdam, et se trouve à Paris, chez Jay,* M. DCC. LXXV ;

6° Pièces détachées.

Le quatrième vol. contient : 1° Première nuit d'Young, traduite en vers françois par M. Colardeau. — *Amsterdam, et se trouve à Paris, chez Delalain,* M. DCC. LXX ;

2° Seconde nuit d'Young, par M. Colardeau ;

3° Quatrième, douzième et quinzième nuits d'Young, traduites en vers françois, par M. Doigni Duponceau. — *Amsterdam, et se trouve à Paris, chez J.-P. Costard,* M. DCC. LXXI ;

4° Vérités philosophiques, tirées des nuits d'Young, et mises en vers libres sous différens titres relatifs aux sujets qui sont traités dans chaque article, par M. de M*** (M. de Mossy), dont le nom se trouve dans le privilège. — *Paris, Pillot; Rouen, Le Boucher,* M. DCC. LXX. Fleuron représentant un homme, les yeux fixés sur une horloge, avec ces mots : Une heure sonne, elle est déjà perdue. Frontispice gravé.

Le tome cinquième contient : 1° Le pacte du Destin, de l'amour, de l'hymen et de la félicité, poëme, ou Epitre à l'hymen, sur le mariage de Monseigneur le Dauphin avec Madame Antoinette, archi-duchesse, sœur de l'Empereur, présenté à Monseigneur le Dauphin le 29 avril 1770, par M. Hurtaut. — *Paris, Pillot,* M. DCC. LXX. Frontispice gravé.

2° Les Grâces, imitation de l'allemand, par M. D'Ussieux. — *A Londres et se trouve à Paris, chez Fétil*, M. DCC. LXXI ;

3° Le Rhinocéros, poëme en prose, divisé en six chants, par M{{lle}} de *** (Guiard de Servigné), suivant le Dictionnaire des ouvrages anonymes de Barbier, 2ᵉ édit. ;

4° Précis de l'Ecclesiaste, et du Cantique des Cantiques, par M. de Voltaire, dont le portrait est reproduit dans le fleuron. — *Liège, J.-F. Bassompierre*, M. DCC. LX ;

5° Le Code des amants, poëme héroïque ;

6° L'Anti-Moine ;

7° La voix des Pauvres, épître au Roi, sur l'incendie de l'Hôtel-Dieu, par M. Marmontel. — *Paris, Valade*, M. DCC. LXXIII ;

8° L'Antropophagie, ou les Antropophages. — *Amsterdam, 1764.*

Le tome sixième contient : 1° Le Temple de Gnide, poëme, imité de Montesquieu, par M. Léonard. Nouvelle édit., ornée de figures en taille douce et augmentée de l'Amour vengé. — *Paris, Dufour*, M. DCC. LXXIII ;

2° La Pharsale, poëme, par M. le Chevalier de Laurès. — *Paris, Ruault*, M. DCC. LXXIII ;

3° Opuscules de Monsieur de Laus de Boissy, écuyer, lieutenant particulier du siège général de la connétablie de France. M. DCC. LXXV. (Portrait de l'auteur) ;

4° Lettre critique sur les ballets de l'Opéra, adressée à l'auteur du spectateur français par un homme de mauvaise humeur. Seconde édit. Sur le faux titre : Lettre critique sur notre danse théâtrale, par L. Laus de Boissy, fils de l'académicien, suivant le Dictionnaire des ouvrages anonymes d'Ant. Alex. Barbier, 3ᵉ édition ;

5° Lettre critique à Monsieur l'abbé Sabatier de Castres, auteur ou éditeur du Dictionnaire intitulé : Les trois Siècles de notre littérature. Au bas de la page 56, on lit : Aletophile. C'est, suivant les Supercheries littéraires dévoilées de J.-M. Quérard, le pseudonyme de Louis de Laus de Boissy, membre de plusieurs Académies ;

6° Lettre de M. de Voltaire à M. de Laus de Boissy, au sujet de la dissertation précédente ;

7° Musique des chansons insérées dans l'article des poésies, traduites ou imitées de différens auteurs. (8 pages.)

Le tome septième contient : 1° Origine des Graces, poëme en prose, par Mademoiselle D*** (D{{elle}} Dionis, suivant le Dictionnaire des ouvrages anonymes d'Ant. Alex. Barbier, 3ᵉ édit. — *Paris*, M. DCC. LXXVII. Frontispice gravé où Cochin a représenté l'auteur sur le Parnasse. On lit au bas les vers suivants :

BELLES LETTRES. 121

Tibulle respira l'amour dans ses écrits,
Et pour récompenser une si tendre flamme,
Les Dieux ont fait passer son âme
Chez la charmante D**** (Dionis).

5 gravures hors texte.

2° Dix pièces du même auteur en prose ;

3° Le Génie, le Goût et i'Esprit, poëme en quatre chants, dédié à M. le duc de **** par l'auteur du poëme sur les Sens, attribué par Ersch à L.-S. Mercier, et par la « France littéraire » de 1769, 11,283, à Barn. Farmian du Rosoy. Barbier a reproduit cette dernière attribution. Quérard la donne successivement sous les deux noms. — *A La Haye*, M. DCC. LVI ;

4° Le Théâtre de l'univers, poëme, par Monsieur le marquis de la Cer*** (de la Cervelle), suivant le Dictionnaire des ouvrages anonymes de Barbier, 2ᵉ édit. — *A Amsterdam, aux dépens de la Compagnie*, M. DCC. XLVI. (Le titre, la préface et les deux premières pages du chant premier sont manuscrits) ;

5° Le Vauxhall de Londres, poëme attribué au docteur Maty ;

6° Vers sur Rénélas (Ranelaglv), par Mᵐᵉ Du Bocage ;

7° Zélis au bain, poëme en quatre chants, par le marquis de Pesay, suivant le Dictionnaire des ouvrages anonymes de Barbier, 2ᵉ édit., et suivant la France littéraire de J.-M. Quérard. — *Londres*, M. DCC. LXXIII, (38 pages).

817. — RECUEIL FACTICE de pièces en vers et en prose.— *2 vol. in-8° rel.* Le premier contient : 1° Ariste ou les Charmes de l'honnêteté, par Seguier de Saint-Brisson. — *Paris, Panckoucke*, M. DCC. LXV ;

2° Les amours de Chérale, poëme en six chants, suivi de Isotime ou le bon Génie, par L.-S. Mercier, suivant le Dictionnaire des ouvrages anonymes d'Ant. Alex. Barbier, 3ᵉ édit. — *Amsterdam, Zacharie*, M. DCC. LXVII. Ces deux ouvrages sont en prose.

3° Laïs et Phriné, poëme en quatre chants. — *Londres, et se trouve à Paris, chez Panckoucke*, M. DCC. LXVII.

Le deuxième vol. contient : *1°* Amusemens poétiques, par M. Légier. — *Londres, et se trouve à Orléans, chez J. Couret de Villeneuve*, M. DCC. LXIX ;

2° Pièces fugitives de M. François de Neufchâteau, en Lorraine, âgé de quatorze ans, etc. — *Neufchâteau, Monnoyer*.

818. — CARTON N° 1

POÉSIES

Liasse N° 1. — Poètes Brestois

1. — LE HAITRE, Capitaine d'Artillerie de Marine. — Ode sur les événements actuels de l'Europe. — *Brest, P. Anner* (sans date).

1ᵃ. — CORBIÈRE (Ed.), de Brest. — Considérations politiques. — C'est un Ultra ! (chanson). — *Brest, P. Anner, Juillet, 1819.*

2. — LUGAIGNE. — Ode sur le Voyage du Roi dans les départements de l'Est en 1828. — *Brest, Lefournier et Deperiers, 1829.*

2ᵃ. — BOUET (Alex.) — Epître à M. le comte de Montlosier, suivi de chansons sur le séjour des Missionnaires à Brest. — *Paris, Ponthieu, 1827.*

3. — HYMNE qui se chante au salut, pendant le temps pascal, dans les Eglises de Brest et de Recouvrance. — *J. B. Lefournier* (sans date).

3ᵃ. — VIOLEAU (Hipp.) — La Pèlerine de Rumengol, ballade. — *Brest, Veuve J. B. Lefournier, 1844.*

4. — DUVAL (P. C. P.), Professeur de Rhétorique. — Au connétable de Richemont. (Extrait du Bulletin de la Société académique de Brest). — *Brest, J. B. Lefournier* (sans date).

4ᵃ. — BOUET (Alex.) — Epître aux Bordelais, par un bas-breton. — *Brest, Ed. Anner, 1854.*

5. — BIZET (Jeune). — Stances sur la prise de Sébastopol. — *Brest, Ed. Anner* (sans date).

6. — HUGOT (A.) — Six bluettes vendues au profit des pauvres. — *Brest, Roger père et fils, 1857.*

6ᵃ. — MAURIÈS. — La Bretagne. — *Brest, Lefournier aîné, 1866.*

7. — LE CALLOCH (A.) — Ballades, sonnets et élégies. — *Brest, Roger père, 1869.*

8. — MAURIÈS. — Adieux d'un jeune soldat breton, traduct. bretonne, par M. Roux. (Extrait du Bulletin de la Société académique). — *Brest, Lefournier aîné.*

BELLES LETTRES. 123

9. — JOUBERT (A.). — La marchande de couronnes. (Extrait du Bulletin de la Société académique de Brest). — *Brest, J. P. Gadreau.*

10. — Auguste PENQUER (Mme). — A Monsieur E. Caro, de l'Académie française, après la lecture de sa belle étude sur le poète positiviste Mme L. Ackerman, poésie. — *Brest, J. P. Gadreau, 1874.*

11. — C** D***. — La main de ma fille. — *Brest, F. Halégouet.*

12. — GUICHON de GRANDPONT (Alf.) — La poésie de la science, poëme présenté au concours annoncé par l'Académie française, pour l'année 1879 (lithographie).

13. — BOISBELLE (Hippolyte de). — Le salut du drapeau, hymne à la Révolution. — *Brest, J. P. Gadreau, 1880.*

14. — Auguste PENQUER (Mme). — Appel aux riches, poésie au profit des pauvres. — *Brest, J. P. Gadreau, 1879.*

15. — MAURIÈS. — Michel Columb, poésie (extrait du Bulletin de la Société académique. — *Brest, Halégouet* (sans date).

Liasse N° 2. — Poètes divers

16. — CHATEAU-LYON (d'Aquin de). — Satyre sur la corruption du goût et du style. — *A Liège et à Bruxelles, chez Gilles de Bel, 1760.*

17. — GUYÉTAND. — Le Génie vengé, poëme. — *La Haye et Paris, chez les marchands de nouveautés, 1780.*

18. — ROMANCE de Damon et Henriette, ou les modèles de la constance et de l'amour. — Romance de Pirame et Thisbé. — Ariette d'Hippolyte. — Les adieux d'un marin à sa maîtresse. — Le Diable déchaîné.

19. — DEGUERLE. — Stratonice et son peintre, ou les deux portraits. Suivent : Phryné devant l'aréopage ; Pradon à la comédie, ou les sifflets ; Bonaparte en Italie, etc. — *Paris, Chaignicau aîné, an VIII.*

20. — DESPAZE. — Cinquième satire, littéraire, morale et politique, adressée à l'abbé Sicard. — *Paris, Hamelin, an IX, 1801.*

21. — BAOUR-LORMIAN (P.-L.-M.). — Le rétablissement du culte. — *Paris, Louis, an X, 1802.*

22. — CHÉNIER (M.-J.). — Discours en vers sur les poëmes descriptifs. — *Paris, Didot jeune (P.-R.-F.), chez Dabin, an XIII, 1805.*

23. — CASTEL (René-Richard). — La forêt de Fontainebleau, poëme. — *Paris, Deterville, an XIII, 1805.*

24. — MUSÉE LE GRAMMAIRIEN. — Les amours d'Héro et Léandre, poëme, traduction libre par Ch.-Louis Mollevault. — *Paris, P. Didot, an XIII, 1805.*

25. — MILLEVOYE (Ch.). — Le Voyageur.— *Paris, Ant. Aug. Renouard, 1807.*

26. — LE CRI DES BRAVES : Vive l'Empereur ! Stances. — *Paris, Mme veuve Jeunehomme* (sans date).

27. — TRENEUIL. — La princesse Amélie, ou l'héroïsme de la piété fraternelle, élégie. — *Paris, Giguet et Michaud, 1808.*

28. — LA PETITE VILLE, satire, 1808.

29. — VINSON (L'abbé). — Ode à la discorde, composée pour la fête donnée au Roi, le jour de saint Louis, par la Ville de Paris. — *Paris, G. Michaud, 1814.*

30. — MICHAUD (M.). — Correspondance de Bonaparte et Michaud, membres de l'Institut. Stances. — *Paris, Delaunay, Cérioux* (sans date).

31. — AMÉDÉE D***. — Le chant du retour. — *Paris, Brasseur aîné* (sans date).

32. — V'là le bouquet ! N'bougeons pas !..., par N. V. R***, prisonnier de guerre rentré, auteur du chant national.

Liasse N° 3

33. — VIGÉE. — Le pour et le contre, dialogue religieux, moral, politique et littéraire. — *Paris, Eymery, 1818.*

34. — JOACHIM B^{on} DE B., chasseur de la 6e légion. — Les prédictions d'un bon luron, à MM. les chevaliers de l'éteignoir, chantées le 20 Mars 1815. — *Paris, Edouard G..., de l'imprimerie d'Ant. Bailleul* (sans date).

35. — DUVAL (Alex.) — Affaire de l'Odéon, Mémoire en vers, en réponse au Mémoire en prose de M. l'avocat de la liste civile.— *Paris, Delaunay, 1816.*

36. — CORBIÈRE (Ed.), ex-officier de marine. — Le dix-neuvième Siècle, satire politique. — *Paris, Mlle Donas et les libraires constitutionnels, 1819.*

37. — NAPOLÉON. — La Bataille de Waterloo, poëme. — *Paris, Ch. Painparré, 1821.*

38. — BERNARD (Mme). — Elégie sur la mort de Napoléon, suivie de ses adieux à Marie-Louise, par la Veuve d'un soldat. — *Paris, chez les Marchands de nouveautés, 1821.*

39. — LA FLIZE, Avocat ex-constituant. — Respect et vérité aux mânes d'un grand homme. — *Paris, librairie universelle de Mongie aîné, 1821.*

40. — LEBRUN (P^re.) — Poëme lyrique sur la mort de Napoléon. — *Paris, Béchet aîné, 1822.*

41. — ALEXANDRE (B.) — Le dernier cri des Grecs, suivi de strophe sur le même sujet. — *Paris, Ponthieu et chez l'auteur, Mars 1823.*

42. — BAOUR-LORMIAN. — Le retour à la Religion, poëme suivi du Sacre de Charles X. — *Paris, Paul Dottin, Aimé André, Lerond, 1825.*

43. — HUBERT (L.) — Méditations poétiques sur les ruines de la Grèce moderne. — *Paris, Touquet et Cie, 1826.*

44. — BOILEAU. — Le Lutrin, poëme en six chants. — *Paris, Aug. Barthélemy, 1826.*

45. — CORBIÈRE (E_D.). — (Corbière à Corbière. Epître à S. E. le comte de Corbière, ministre de l'intérieur, par).— *Paris, Ponthieu et Cie, 1827.*

46. — MARESCHAL. — La Moutarde celtique, poëme en ix chants, héroïco-historico-erotico-comico-lyrique, avec une préface, par le meilleur des amis de l'auteur, adressée à la Société épicurienne. — *Saint-Brieuc, Guyon aîné, 1827.*

47. — MÉRY et BARTHÉLEMY. — Le Fils de l'Homme ou Souvenir de Vienne. — *Bruxelles, 1829.*

48. — BARTHÉLEMY. — Procès du « Fils de l'Homme », avec la défense en vers, prononcée à l'audience du 20 Juillet 1829. — *Paris, Dénain, 1829.*

49. — Le Pasteur poursuivi et le Chien compatissant (manuscrit).

50. — LEROY-KÉRANIOU. — Turenne, poëme dédié à la Ville d'Arras, que ce grand homme délivra des Espagnols, le 4 Août 1654. — *Arras, G. Souquet, 25 Août.*

51. — GAGEAC (B^on _DE_). — Epître à la Société d'agriculture, sciences et arts du département de la Dordogne. — *Périgueux, F. Dupont, 1830.*

52. — LE PETIT MORALISTE, choix de maximes, pensées, moralités et fables extraites des œuvres de Corneille, Racine, Boileau...., Lamartine et autres poètes français. — *Au Palais-Royal, librairie d'éducation de A.-J. Sanson.*

53. — COMBEROUSSE (Hyacinthe de). — La Victoire du Peuple, nationale. — *Paris, Timothée Dehay, 1830.*

54. — TURQUETY (Ed.) — A M. Lamennais. — *Rennes, Molliex, — Paris, Debécourt, Delaunay-Chamerot, 1838.*

55. — BLANCHEMAIN (Prosper). — La Crèche, stances. — *Paris, Masgana, 1846.*

56. — LA CHABAUSSIÈRE. — Catéchisme français, ou principes de philosophie, de morale et de politique républicaine à l'usage des écoles primaires. — *Paris, H. Fournier et Cie, 1846.*

57. — A M. le Conseiller d'Etat, Directeur de l'Administration des Postes. — *Paris, Locquin* (sans date).

Liasse N° 4

58. — BLANCHEMAIN (Prosper). — Œuvre des Familles. — Fraternité, poëme dédié à M. l'abbé Faudet, curé de Saint-Etienne-du-Mont. — *Paris, Challamel, 1849.*

59. — PONSARD (F.) — Chœurs d'Ulysse, musique de Ch. Gounod. — *Paris, Mich. Lévy, frères, 1852.*

60. — JUBINAL (Achille), député des Hautes Pyrénées. — A sa Majesté Napoléon III. — *Toulouse, Amiot, libraire, 1853.*

61. — BLOT (de Chauvigny de), dit le Pauvre-Antoine, apôtre errant, abhorrant l'anarchie, élève bonapartiste de 1815. — La Napoléonienne, précédée d'un prologue dramatique (attentat du 14 Janvier.) Epitre à S. A. le Prince Impérial, destinée au peuple, à l'armée, aux écoles mutuelles, militaires et aux théâtres. — *Savenay, Fronteau. — Nantes, Guéraud, 1858.*

62. — MARCEL-BRIOL (Les phases du Louvre, épopée nationale en trois chants, par), régisseur général du Théâtre royal français de La Haye, membre correspondant de la Société académique des Hautes-Pyrénées. *La Haye, imp^{te} de H.-S.-J. de Groot. — J. Van Wearden, 1859.*

63. — PRIOU (Mme Louise). — Partez ! A l'armée, 29 Avril 1859. — *Lith. Masson, Paris.*

64. — BELMONTET (L.), député. — Odes nationales sur la campagne d'Italie. — *Paris, Amyot, et Librairie nouvelle, 1859.*

65. — DAUVIN (A). — La Guerre et la Paix. — *Sceaux, Munzel aîné, 1859.*

66. — FERRAND (Jacques). — Remember ! Manin, Scheffer, Sévigné, etc., poésies.— *Paris, C. Vanier ; Lyon, Librairie nouvelle ; Bruxelles, J.-J. Jorez, 1860.*

67. — D°. — Le grand canal Lesseps ; le grand canal oriental de Suez. A Ferdinand Lesseps, à bord du paquebot en partance pour Alexandrie. — *Marseille, 30 Mai 1861 ; Paris, imprimerie parisienne, Marchand frères et Cie.*

68. — QUINZE AOUT, souvenirs des grands jours de France. — Sans date ni nom d'imprimeur.

69. — DIZAINS, à M. Louis Bouilhet, auteur de la conjuration d'Amboise, représentée pour la première fois à l'Odéon, le 20 Octobre 1866, et au théâtre des Arts, à Rouen, le 8 Décembre suivant. — *Rouen, H. Boissel*, (sans date).

70. — CLOGENSON (J.). — Banquet offert à M. Louis Bouilhet, le 22 Décembre 1866 ; vers lus à ce banquet par leur auteur, président de la réunion. — *Rouen, imprimerie de D. Brière et fils* (sans date).

71. — LIMON (I.-M.). — Stances sur Préfailles (extrait des annales de la Société académique de Nantes. — *Nantes, Mme veuve Mellinet, 1869.*

72. — LISLE (Leconte de). — Le Sacre de Paris, strophes dites par Mlle Agar, de la Comédie française. — *Paris, Alphonse Lemerre, 1871.*

73. — SIEBECKER (Edouard). — La Statue, poésie dite à l'arbre de Noël de l'association générale d'Alsace-Lorraine, le 25 Décembre 1880, à l'Hippodrome. Publié par l'association générale d'Alsace Lorraine. — *Paris, 1881.*

Nota. — *Quelques-uns de ces ouvrages se trouvent en d'autres endroits du Catalogue dans leurs sections respectives.*

---

819. — ALMANACH des Muses, 1765, 2e édit. — *Paris, Delalain*, m. dcc. lxix, *petit in-12.* 20 vol. de 1765 à 1784.

820. — DUCERCEAU (Le P.). — Recueil de poésies diverses. — *Paris, veuve Etienne, 1733, in-12 rel.*

821. — TRÉSOR (Le nouveau) du Parnasse, ou Elite de poésies fugitives. — *Liège, Bassompierre,* m. dcc. lxxii, *in-18, 6 vol. rel.*

822. — RECUEIL des pièces d'éloquence et de poésie qui ont remporté les prix donnés par l'Académie française en 1744-1746, avec les discours qui ont été prononcés, etc. — *Paris, J.-B. Coignard, 1747, in-12.*

823. — RÉGNIER (Mathurin). — Œuvres de Régnier. Avec poésies choisies de Motin, Berthelot et autres poètes célèbres du temps de Regnier. Nouvelle édition. — *Londres*, m. dcc. lxxx, *in-18, 2 vol. rel.* Triples filets dorés. Ces 2 vol. portent : Œuvres de Régnier, mais le tome 1er contient les Satires et les Epîtres de Boileau.

824. — SOIRÉES BRETONNES, ou Recueil de poésies diverses, 1re année. — *Brest, P. Anner, in-18, rel.* (2 exemplaires).

825. — KEEPSAKE breton, au profit des pauvres. — *Rennes, Marteville, 1832, in-8°.*

E. — Trouvères et autres poètes français, depuis le XIII° Siècle jusqu'àprès la mort de Marlherbe (1628)

826. — FABLIAUX et Contes des poètes françois, des xii, xiii, xiv et xv° Siècles, tirés des meilleurs auteurs, par Et. de Barbazan, suivant le Dictionnaire des ouvrages anonymes d'Ant. Alex. Barbier, 3° édit. — *Paris, Vincent,* m. dcc. lvi, *petit in-12, 3 vol. rel.* A la fin de chaque volume se trouve un vocabulaire des mots les plus difficiles.

827. — FABLIAUX choisis, mis en vers, et suivis de l'histoire de Rosémonde, par M..., par Barthélemy Imbert, suivant le Dictionnaire des ouvrages anonymes d'Ant. Alex. Barbier, 3e édit., et la France littéraire de J. M. Quérard. — *A Amsterdam, et se trouve à Paris, chez Belin,* m. dcc. lxxxv, *in-18 rel.*

828. — MARIE DE FRANCE. — Poésies de Marie de France, poète anglo-normand du xiii° Siècle, ou Recueil de lais, fables et autres productions de cette femme célèbre, publiées d'après les manuscrits de France et d'Angleterre, avec une notice sur la vie et les ouvrages de Marie, la traduction de ses lais en regard du texte, avec des notes, des commentaires, des observations sur les usages et coutumes des françois et des anglois, dans les xii° et xiii° Siècles, par B. de Roquefort. — *Paris, Chasseriau, 1820, in-8°, 2 vol. rel.* Brunet cite cette édition avec 2 gravures qui n'existent pas dans notre exemplaire.

829. — LORRIS (Guillaume de) et MEUN (Jean de), dit Clopinel. — Le Roman de la Rose, revu sur plusieurs éditions, et sur quelques anciens manuscrits. Accompagné de plusieurs autres ouvrages, d'une préface historique, de notes et d'un glossaire. — *Paris, Veuve Pissot,* m. dcc. xxxv, *in-12, 4 vol. rel. en v. f. avec nervures.* Au tome IV se trouve le Supplément ou glossaire, contenant des notes critiques, historiques et grammaticales. Une dissertation sur les auteurs de ce roman.

L'analyse de ce poëme. Un discours sur l'utilité des glossaires. Les variantes restituées sur un MS. de M. le Président Bouhier de Savigny. Et une table des auteurs cités dans cet ouvrage. — *Dijon, J. Pirot,* M. DCC. XXXVII. A la fin de ce 4e vol. *se* trouvent les vers omis dans les remontrances de nature p. 171, du tome IIIe, et les vers omis dans le petit traité d'Alchymie, intitulé le sommaire philosophique de N. Flamel, qui se trouve p. 235 du tome IIIe. Ces vers manuscrits sont contenus en 21 pages.

830. — COMBAT (Le) des Trente. — Poëme du xive siècle, transcrit sur le manuscrit original, conservé à la bibliothèque du Roi, et accompagné de notes historiques, par M. le Chevalier de Fréminville. — *Brest, Lefournier et Deperiers, an 1819, in-8° rel.* (39 pages).

831. — COMBAT (Le) de trente Bretons contre trente Anglois, publié d'après le manuscrit de la bibliothèque du Roi, par G. A. Crapelet, 2ᵉ édit. — *Paris, Crapelet,* M. DCCC. XXXV. Avec fac-simile et armoiries des trente Bretons. Frontispice lithographié représentant le monument de la bataille des Trente élevé dans la Lande de Mi-Voie en 1819, *in-4° rel.*

832. — COMBAT (Le) de trente Bretons contre trente Anglais, d'après les documents originaux des xive et xve siècles; suivi de la biographie et des armes des combattants, par M. Pol de Courcy.— *Saint-Pol-de-Léon,* M. D. CCCLVII, *grand in-4° rel.* Frontispice représentant le combat des Trente, d'après la miniature originale de Pierre Le Baud, et 2 planches reproduisant les armoiries des bretons (72 pages).

833. — ORDRE (L') des bannerets de Bretagne et leur origine, translatée sur le latin, et depuis mis en rimes françaises. — *Caen, Mancel, 1827, in-4° rel.* L'éditeur est G. Duplessis, dont le nom se trouve au bas de la préface adressée *au lecteur.*

834. — CUVELIER (Trouvère du xive siècle). — Chronique de Bertrand Du Guesclin, publiée pour la première fois par E. Charrière. — *Paris, Firmin Didot frères, 1839, in-4° cart.,* 2 *vol.* Collection des monuments inédits sur l'histoire de France.

835. — CLOTILDE. — Poésies de Marguerite-Eléonore Clotilde de Vallon-Chalys, depuis Madame de Surville, poëte françois du xve siècle ; publiées par Ch. Vanderbourg. — *Paris, Henrichs, an XI,* M. DCCCIII, *in-8° rel.*

836. — Dº. — Les mêmes. — *Paris, P. Didot l'aîné, an XII,* M. DCCCIV, *in-18.* Frontispice gravé.

837. — VILLON (FRANÇOIS). — Œuvres complètes. — *Paris, Jannet, 1854, in-8°.*

838. — MAROT (Clément). — Les œuvres de C. Marot, de Cahors, valet de chambre du Roy. — *La Haye, Adrian Moetjens*, mcc, *petit in-12, 2 vol. rel.* Fleuron ou marque typographique avec cette devise : Amat libraria curam. La typographie d'Adrian Moetjens rivalisa avec celle des Elzevirs, et ses 12 français sont encore aujourd'hui recherchés presque à l'égal des plus jolies éditions de ces illustres imprimeurs. *Jolie édition, la plus recherchée*, dit Brunet. Cet exemplaire appartenait, comme le prouve un ex-libris imprimé, collé sur le carton supérieur, au cabinet de Monseigneur l'évêque de Meaux ; mais les armoiries qui sont sur les plats sont celles de Chapt de Rastignac, Louis-Jacques, archevêque de Tours, *d'azur, au lion d'argent couronné d'or.*

839. — MAROT. — Les œuvres de Clément Marot, de Cahors, valet de chambre du Roi. — *La Haie, Adrian Moetjens,* m. dcc. ii, *in-12, 1 vol.* Le second vol. manque.

840. — D°. — Les mêmes. — *La Haie, Adrian Moetjens,* m. dcc. xiv, *in-12, 2 vol.* Fleuron ou marque typographique avec la devise : Amat libraria curam. Portrait de Clément Marot, poète françois.

841. — D°. — Œuvres de Clément Marot, valet de chambre de François 1, Roy de France, revues sur plusieurs manuscrits et sur plus de quarante éditions, et augmentées tant de diverses poésies véritables, que de celles qu'on lui a faussement attribuées ; avec les ouvrages de Jean Marot, son père, ceux de Michel Marot, son fils, et les pièces du différent de Clément avec François Sagon ; accompagnées d'une préface historique et d'observations critiques. — *La Haye, P. Gosse et J. Neaulme,* m. dcc. xxxi, *in-12, 6 vol.*

842. — D°. — Œuvres de Marot, valet de chambre du Roi. — *Genève,* m. dcc. lxxxi, *in-18.* Rel. en v. cit. Triples filets dorés.

843. — D°. — Œuvres choisies. — *Paris, P. Didot l'aîné, an X, in-18.*

844. — LABÉ (Louise). — Œuvres de Louise Charly, lyonnoise, dite Labé, surnommée la Belle Cordière. — *Lyon Duplain,* m. dcc. lxii, *petit in-8° rel.* Fleuron représentant des Amours, dont l'un fait tourner un rouet et l'autre tient une quenouille. Frontispice gravé représentant Louise Labé touchant du luth en présence de quelques seigneurs.

845. — D°. — Evvres de Lovize Labé, Lionnoise, surnommée la Belle Cordière. — *Brest, Michel, 1815, in-8° rel.* (2 exempl. du papier vélin). L'édition de Brest, nous dit Brunet, dans son manuel de l'amateur de livres, 5ᵉ édit., in-8° mise en meilleur ordre que les précédentes éditions et augmentée d'une table, n'a été tirée qu'à 140 exemplaires dont 20 en pap. ordinaire, 116 sur carré vélin, plus 3 sur pap. rose et un seul sur vélin, lequel a été acquis au prix de 201 fr. en 1824, pour la Bibliothèque du Roi.

846. — LA ROCQVE (S. G. DE), de Clermont en Beauvoisis. — Le titre, nous l'empruntons à Brunet et aux autres titres du volume lui-même. Les premières œuvres, contenant les amours de Phyllis, diverses amovrs et avtres œvvres meslées, les amovrs de Coristée, élégies, continvation de l'Angeliqve d'Arioste, épître de Didou à Ænée, complainte de Tirsis, les amovrs de Pan, songe amovrevx. Les hevrevses amovrs de Cloridan, le destin de Philémon, fable de Psiché, les œuvres chrestiennes, avec changement de pagination pour la plupart de ces œuvres. — *Roven, Raphaël Du Petit Val*, M. D. XCV et M. D. XCVI, *petit in-12 rel.* Fleuron ou marque typographique représentant l'ange et Tobie qui saisit un poisson, avec ces mots : Deo duce.

847. — COVRVAL-SONNET (THOMAS DE). — Les Satyres du sievr de Covrval, contre les abus et désordres de la France. Dédiées à la Reine, mère du Roy. — *Roven, Gvillavme de la Haye, tenant boutique dans l'Estre Nostre-Dame, in-8° rel.* Ce titre paraît avoir été collé sur la première feuille. Après la page 48, fautivement chiffrée, nous lisons ce titre : Satyre Menipée, svr les poignantes traverses du mariage, par le sievr de Covrval, gentilhomme virois. — *Paris, Rolet Bovtonné, au Palais, en la gallerie des prisonniers, près la Chancellerie*, M. DC. XXI, *in-8°*. Rel. en v. f. C'est, suivant Brunet, la première édition.

848. — RÉGNIER (Les œuvres de), contenant les Satyres et autres pièces de poésie. — *Amsterdam, 1710, in-8°.*

849. — D°. — Les Epîtres et autres œuvres de Régnier, avec des remarques. — *A Londres, chez Hyon et Woodman*, M. DCC. XXX, *in-8°*. Les Satyres ont une pagination différente de celle des Epîtres. Cart. Titre rouge et noir, frontispice gravé.

850. — D°. — Satires et autres œuvres. — *Londres, Jacob Tonson, 1733, in-4° rel.*

851. — D°. — Œuvres. — *Londres, Paris*, M. DCC. XLVI, *in-18, 2 vol. rel.* Suivant Brunet, cette édition est assez jolie.

852. — D°. — Œuvres. — *Paris, stéréotype d'Herhan, an XIII, 1805, in-18.* Rel. en v. rac.

853. — D°. — Œuvres complètes avec commentaires.— *Paris, P. Jannet, 1853.* Bibliothèque elzévirienne. Cette édition est précédée de l'histoire de la Satire en France, par Viollet-le-Duc.

854. — MALHERBE (François de). — Les œuvres de François de Malherbe, en vers et en prose, avec les observations de M. Ménage et les remarques de M. Chevreau sur les poésies. — *Paris, les frères Barbou, aux Cicognes*, m. dcc. xxiii, *in-12, 3 vol.*

855. — D°. — Poésies de Malherbe, rangées par ordre chronologique, avec un discours sur les obligations que la langue et la poésie françoise ont à Malherbe, et quelques remarques historiques et critiques, par Lefèvre de Saint-Marc, suivant Brunet qui cite cette édition. — *Paris, Joseph Barbou*, m. dcc. lvii, *in-8°*. Fleuron avec cette devise : Vivitur ingenio, cætera mortis erunt. Portrait de Malherbe.

856. — D°. — Poésies de Malherbe, rangées par ordre chronologique. — *Genève*, m. dcc. lxxvii, *in-18*. (Portrait de Malherbe). Rel. en v. fauve. Triples filets dorés.

857. — RACCAN (Mre Honorat de Bveil, chevalier, sievr de). — Les Bergeries, dédiées av Roy. — *Roven, Jean Bovlley, 1635, pet. in-8° rel.*

---

6. — POÈTES FRANÇAIS DEPUIS 1628 JUSQU'A NOS JOURS.

A. — Poésies de divers genres

858. — ADAM (Billaut dit Maitre). — Œuvres de maître Adam Billaut, menuisier de Nevers, édition soigneusement revue d'après celle originale de 1644, augmentée de quelques notes, et précédée d'une notice historique sur cet homme extraordinaire, par N. L. Pissot. — *Paris, Hubert et Cie*, m. dccc. vi, *in-12.*

859. — PERRAULT (Ch.), de l'Académie françoise. — Saint Paulin, evesque de Nole, avec une épistre chrestienne sur la pénitence, et une ode aux nouveaux convertis. — *Paris, J. B. Coignard, à la bible d'or*, m. dc. lxxxvi, *in-8°*. Fleuron ou marque typographique avec ces mots : Alpha et omega, principium et finis, etc.

860. — BACHAUMONT et LA CHAPELLE (Voyage de Messieurs), auquel on a joint les poésies du Ch. de Caisly, la relation des campagnes de Rocroy et Fribourg, et les « Visionnaires, » comédie de J. Desmarets. — *Amsterdam, 1708, in-12.*

861. — CHAPELLE et BACHAUMONT. — Œuvres. — *A La Haie, et se trouve à Paris, chez Quillau*, m. dcc. lv, *petit in-12.*

BELLES LETTRES.

862. — BENSERADE (J. DE). — Les Œuvres de Monsieur de Bensserade, réimprimées en Hollande, à la sphère, suivant la copie. — *Paris, chez Charles de Sercy*, M. DC. XCVIII, *pet. in-8°*. Deux parties, rel. én un seul vol. Frontispice gravé.

863. — DESHOULIÈRES (Madame et Mademoiselle). — Poésies. Nouvelle édition, augmentées d'une infinité de pièces qui ont été trouvées chez ses amis. — *Paris, Villette*, M. DCC. XXXII, *in-8°, 2 vol.*

864. — D°, d°. — Œuvres, nouvelle édition, augmentée de leur éloge historique, et de plusieurs pièces qui n'avoient pas encore été imprimées. — *Paris, chez les Libraires associés*, M. DCC. LXIV, *in-12, 2 vol.* Portrait de dame Antoinette de la Garde, veuve Deshoulières.

865. — D°, d°. — Œuvres, nouvelle édition, augmentée de leur éloge historique, et de plusieurs pièces qui n'avoient pas encore été imprimées. *In-12*, 2 tom. rel. en un vol. cart. — *Paris, chez les Libraires associés audit privilège*, M. DCC. XC.

866. — D°, d°. — *Paris, stéréotype d'Herhan, an XI (1803), 2 vol. in-12.*

867. — SEGRAIS (JEAN REGNAULD, sieur DE), de l'Académie françoise. — Eglogues de Monsieur de Segrais, avec les passages imités des poètes latins. L'Athis, poëme pastoral. Le portrait de Mademoiselle, du même auteur. — *Paris, la veuve Delormel et René Josse*, M. DCC. XXXIII *in-8°*. Avec :

Les Géorgiques de Virgile, traduites en vers françois. Ouvrage posthume de Monsieur de Segrais. — *Paris, Pierre Huet*, M. DCC. XII.

868. — RÉGNIER DESMARAIS (L'abbé FRANÇOIS-SÉRAPHIN), secrétaire perpétuel de l'Académie françoise. — Poésies françoises. Nouvelle édition, augmentée de plusieurs pièces qui ne se trouvent pas dans celle de Paris. — *La Haye, H. du Sauzet*, M. DCC. XVI, *in-12, 2 vol.* rel. Fleuron représentant une presse avec cette devise : Vitam mortuis reddo. Frontispice gravé. (Chaque tome à le sien.)

869. — D°. — Poésies françoises. Nouvelle édition. — *Amsterdam et Leipsik, Orkstee et Merkus*, M. DCC. LIII, *petit in-12, 2 vol.*

870. — BOILEAU-DESPRÉAUX (NICOLAS). — Œuvres diverses du sieur D***, avec le traité du sublime ou du merveilleux dans le discours, traduit du grec de Longin. Nouvelle édition, reveuë et augmentée. — *Paris, Denys Thierry*, M. DC LXXXIII, *in-12 rel.* Frontispice gravé avec ces mots : Utile dulci. 4 grav. hors texte.

871. — D°. — Les mêmes, avec le traité du sublime ou du merveilleux dans le discours. Traduit du grec de Longin, et les réflexions critiques sur ce rhéteur, où l'on répond aux objections faites contre quelques anciens. Nouvelle édition, reveuë et augmentée de diverses pièces nouvelles, avec les passages des poètes latins imitez par l'auteur. — *Amsterdam, H. Schelte*, M. DCCI, *in-12*. 2 Tomes en un vol. Fleuron ou marque typographique avec le mot Qverendo. Frontispice gravé avec ces mots : Utile dulci. Six gravures hors texte.

872. — D°. — Œuvres. Nouvelle édition, reveuë et de beaucoup augmentée. — *Liège, F. Broncard*, M. DCC. XV, *in-8°*. 2 tomes en un vol. Titre rouge et noir. Portrait de Boileau, avec quatrain au bas. 6 gravures hors texte dans le lutrin.

873. — D°, d°. — Œuvres, avec des éclaircissemens historiques donnez par lui-même. Nouvelle édition, revuë, corrigée et augmentée de diverses remarques, enrichie de figures gravées par Bernard Picart, le Romain. — *Amsterdam, David Mortier*, M. DCC. XVIII, *in-f°*. 2 vol. rel. en v. fauve. Triples filets dorés. Fleuron qui représente Désiré Erasme. Desiderivs Erasmvs. Frontispice gravé. Le portrait de Boileau-Despréaux est apporté sur le Parnasse par la poésie satirique. Portrait de Guillemine Charlotte, princesse de Galles. D. Mortier excudit. Cette édition est dédiée à cette princesse par D. Mortier. 6 planches hors texte dans le lutrin, 1er tome ; sept vignettes dans le tome second. Texte encadré. C'est, suivant Brunet, la première édition de luxe qu'on ait donnée de ce grand poète. Elle se recommande par sa belle exécution typographique et par d'assez bonnes estampes ou vignettes.

874. — D°, d°. — Œuvres en vers, avec des éclaircissemens historiques donnez par lui-même. — *Amsterdam, les frères G. et R. Westein*, M. DCC. XX, *in-12*, 4 vol. Fleuron représentant une fontaine ou viennent s'abreuver différents animaux, avec ces mots : Patet omnibus. Portrait de Philippe d'Orléans, petit-fils de France, régent du royaume auquel cette édition est dédiée, quatrain au bas. Portrait de Boileau, avec quatrain, 6 gravures hors texte dans le tome second, pour le lutrin.

875. — D°, d°. — Satires et œuvres diverses avec les passages des poètes latins imitez par l'auteur, et augmentées de plusieurs pièces qui n'ont point encore paru, avec les poésies du Père Sanlecque. Nouvelle édition. — *Amsterdam, Henri Chelt*, M. DCC. LVI, *in-12*.

876. — D°, d°. — Œuvres. — *Paris, Jean-François Bastien, an XIII, in-8°* 2 vol. Portrait de l'auteur, dessiné et gravé à l'eau forte, par Saint-Aubin, 6 grav. hors texte pour le lutrin (2 ex.)

877. — Dº, dº. — Œuvres poétiques, avec des notes de Ponce-Denys, Ecouchard Le Brun. — *Paris, F. Buisson, 1808, in-8º rel.* Portrait de P. D. E. Le Brun.

878. — Dº. — Œuvres complètes, précédées d'une notice sur sa vie, par M. Daunou, revue par M. Léon Thiessé. — *Paris, P. Pourrat frères, 1848, in-8º 3 vol. rel.* Portrait de Boileau Despréaux.

879. — Dº. — Œuvres complètes, précédées des œuvres de Malherbe et suivies des œuvres poétiques de J. B. Rousseau. — *Paris, Didot frères, 1840, in-4º.*

880. — DUCERCEAU (Le P. J. A.) — Recueil de poésies diverses, revues, corrigées et beaucoup augmentées. — *Paris, Veuve Etienne, 1733, in-12.*

881. — ROUSSEAU (J. B.) — Œuvres choisies. — *Paris, Desaint, 1744, in-12.*

882. — ROUSSEAU (J. B.) — Œuvres. Nouvelle édition. — *Londres,* M. DCC. LIII, *pet. in-12, 5 vol.* Portrait de l'auteur.

883. — Dº. — Œuvres. Nouvelle édition, revue, corrigée et augmentée sur les manuscrits de l'auteur et conforme à l'édition in-4º donnée par M. Seguy. — *A Bruxelles, et se vend à Paris, chez Didot,* M. DCC. LIII, *in-12, 4 vol. rel.*

884. — Dº. — Œuvres choisies, *in-12.* (Sans lieu ni date).

885. — Dº. — Œuvres choisies. — *Amsterdam,* M. DCC. LXXVII, *in-18, 2 vol.* Rel. en v. fauve. Triples filets dorés. Portrait de Rousseau.

886. — Dº. — Œuvres choisies. Nouvelle édition. — *Paris, Brocan,* M. DCC. LXXXIV, *pet. in-12 rel.*

887. — Œuvres choisies. — *Paris, stéréotype d'Herhan, an XIII (1805).*

888. — Dº. — Œuvres choisies. — *Paris, libraires associés, 1808, in-18.* (Quelques pages manquent à la fin).

889. — Dº. — Œuvres choisies, stéréotype d'Herhan. — *Paris, Veuve Dabo, 1822, in-18.* Rel. en v. rac.

890. — CHAULIEU. — Œuvres, d'après les manuscrits de l'auteur. — *La Haye, Gosse, 1727, in-18.*

891. — CHAULIEU (L'abbé GUILL. AMFRYE DE). — Œuvres diverses. — *Amsterdam, Zacharie Chatelain,* M. DCCXXXIII, *in-8º, 2 vol.*

892. — D°. — Œuvres. Nouvelle édition, augmentée d'un grand nombre de pièces qui n'étoient point dans les précédentes, et corrigée dans une infinité d'endroits sur des copies authentiques, par M. de Saint-Marc. — *A Amsterdam, et se vend à Paris, chez David*, M. DCC. L, *petit in-12, 2 vol.*

893. — D°. — Œuvres, d'après les manuscrits de l'auteur. — *La Haye, Gosse*, M. DCC. LXXVII, *petit in-12.* Triples filets dorés. Portrait de l'auteur.

894. — FRÉDÉRIC II, roi de Prusse. — Poésies du philosophe de Sans-Souci. Nouvelle édit. — *A Sans-Souci, 1760, 2 vol. petit in-8° rel.*

895. — LA FARRE (Charl.-Aug., marquis de). — Poésies. — *Genève*, M. DCC. LXXVII, *in-18.* Rel. en veau fauve. Triples filets dorés. Frontispice gravé. (3 exemplaires.)

896. — LAINEZ (Alexandre). — Poésies. — *La Haye, aux dépens de la Compagnie*, M. DCC. LIII, *in-8°.*

897. — VERGIER (J.), *commissaire de la Marine.* — Œuvres diverses. Nouvelle édition, plus ample et plus correcte que les précédentes. — *Amsterdam, N.-E. Lucas*, M. DCC. XXXI, *in-12, 2 vol.* (Détérioré.)

898. — D°. — Œuvres diverses. Nouvelle édition, plus ample et plus correcte que les précédentes. — *Amsterdam, N.-E. Lucas*, M. DCC. XLII, *in-12, 2 vol.* Les 2 vol. contiennent chacun un supplément avec changement de pagination.

899. — D°. — Œuvres. Nouvelle édition, revue, corrigée et augmentée. — *Lausanne, Briaconnet*, M. DCC. LII, *petit in-12, 2 vol.* — Frontispice gravé.

900. — FONTENELLE (Bernard Le Bovier de) et HOUDART DE LA MOTTE (Ant.) — Poésies choisies. — *Genève*, M. DCC. LXXVII, *in-18, 2 vol.* Triples filets dorés. Portrait de Fontenelle.

901. — DULARD (Paul-Alex.), de l'Académie des belles-lettres de Marseille. — Œuvres diverses. — *Amsterdam, Arkstée et Merkus*, M. DCC. LVIII, *pet. in-12, 2 vol.* (2 exemp.)

902. — L'ATTAIGNANT (L'abbé Gabr.-Ch. de). — Poésies, contenant tout ce qui a paru de cet auteur sous le titre de : Pièces dérobées, avec des augmentations très considérables, des annotations sur chaque pièce qui en expliquent le sujet et l'occasion, et des airs notés sur toutes les chansons. — *Londres, et se trouvent à Paris, chez Duchesne*, M. DCC. LVII, *in-12, 4 vol.*

903. — COCQUARD (Fr. Bern.), jurisconsulte et poète. — Poésies diverses. — *Dijon, François Desventes,* m. dcc. liv, *pet. in-12, 2 vol.*

904. — DESMAHIS (Jos.-Fr. Edouard de Corsembleu). — Les œuvres. Première édition complette, publiée d'après ses manuscrits, avec son éloge historique, par M. de Tresséol. — *Paris, Humblot,* m. dcc. lxxviii, *in-12 2 vol.*

905. — ELÈVE (L') de Minerve. — Poëme, par Jean-Baptiste de Junquières, dont l'initiale se trouve à la fin de l'épître dédicatoire en vers, adressée au duc de Bourbon, suivant le Dictionnaire des ouvrages anonymes d'Ant. Alex. Barbier, et suivant la France littéraire de J. M. Quérard. — *Paris, Panckoucke,* m. dcc. lxiv, *3 vol. in-18.*

906. — PARNASSE (Le). — Chrétien, divisé en deux parties, dont l'une va jusqu'à Jésus-Christ, et l'autre jusqu'à nous, par le P. Jos. Chabaud, oratorien, suivant la France littéraire de J. M. Quérard. Nouvelle édition. — *Paris, Desaint et Saillant,* m. dcc. lx, *in-12.*

907. — MALFILATRE (G.-C.-L.). — Œuvres. — *Paris, Lemoine, 1826, in-32.*

908. — BERNARD (P. Jos., surnommé par Voltaire Gentil.) — Œuvres complètes. — *Edition de Cazin, in-18.* Rel. en v. gran. Triples filets dorés.

909. — D°. — Œuvres complètes. Nouvelle édition avec figures. — *Paris, Dafart, an VI, 1798, in-18.* Frontispice gravé. La 1re partie se trouve en double.

910. — GRESSET (G.-B.-L.). — Œuvres, enrichies de la critique de Vairvert. — *Amsterdam, aux dépens de la Compagnie,* m. dcc. xlviii. 4 parties reliées en un seul vol. *in-12.* Ce vol. a appartenu à Segrez, dont le nom est reproduit en lettres d'or sur le plat supérieur.

911. — D°. — Œuvres. Nouvelle édition. — *Londres, Edouard Kermaleck,* m dcc. lxxii, *in-12,* 2 tom. en un vol.

912. — D°. — Poésies choisies. — *Paris, stéréotype d'Herhan, an XI.* Portrait de Gresset.

913. — D°. — Œuvres. Nouvelle édition, augmentée de pièces inédites et ornée de figures en taille douce. — *Paris, Bleuet, 1803, 2 vol. in-16,* rel.

914. — D°. — Le Parrain magnifique. — *Paris, Renouard, 1810, in-8°* rel.

915. — D°. — Œuvres choisies. — *Paris, Mame-Delaunay*, m. dccc. xxiv, *in-18 rel.*

916. — D°. — Œuvres complètes. — *Paris, Ménard et Desenne fils, 1822, 3 vol. in-12 rel.*

917. — D°. — Les mêmes. — *Paris, Le Moine, 1826, in-32, 2 vol.*

918. — D°. — Œuvres, nouvelle bibliothèque des classiques français. — *Paris, Lecointe, 1830, 2 vol in-16 cart.*

919. — D°. — Poésies inédites de Gresset, précédées de Recherches sur ses manuscrits, par Victor de Beauvillé. — *Paris, J. Claye*, m. dccc. lxiii, *grand in-8° rel.*

920. — RÈGNES (Les deux). — Poëmes en six chants. — *1785* (sans nom d'auteur).

921. — PORTE-FEUILLE (Le) françois, ou Choix nouveau et intéressant de différentes pièces de prose et de poésie, par Gasp. Guillard de Beaurieu, suivant la France littéraire de J.-M. Quérard, et le Dictionnaire des ouvrages anonymes d'Ant. Alex. Barbier, 3ᵉ édit Cependant au bas de l'Epître dédicatoire, on lit : F***. — *En France, se vend à Paris, chez Rozet*, m. dcc. lxvi, *in-12.*

922. — D°. — Le même. — *En France, se vend à Paris, chez Durand et chez Rozet, à la Roze d'Or, 1766, in-12.*

923. — DORAT (Claude-Joseph). — Poésies. — *Genève*, m. dcc. lxxvii, *in-18, 4 vol.* Rel. en v. fauve. Triples filets dorés. Portrait de l'auteur avec quatrain de la comtesse de B.

924. — D°. — Mes Fantaisies. Troisième édition, considérablement augmentée. — *A la Haye, et se trouve à Paris, chez Delalain*, m. dcc. lxx, *in-8°*. Rel. en v. marb. Triples filets dorés.

925. — SECRÉTAIRE (Le) du Parnasse. — Deuxième cahier. Recueil de nouvelles pièces fugitives, en vers et en prose, accompagnées de notes critiques et impartiales, par Louis de Lans de Boissy, suivant le Dictionnaire des ouvrages anonymes de Barbier, 2ᵉ édit.

926. — IMBERT (Barthél.) — Nouvelles historiettes en vers. — *A Amsterdam, et se trouve à Paris, chez Delalain,* m. dcc. lxxxi, *grand in-8°.*

927. — BERTIN (Le Chev. Ant. de). — Œuvres complètes. — *Paris, de Pelafol, 1818, in-18.* 2 tom. en un vol. 2 frontispice et portrait de l'auteur.

928. — BERNIS (L'abbé Fr. Joach. de Pierre de), *depuis cardinal.* — Œuvres mêlées en prose et en vers. Nouvelle édition augmentée. — *Genève, Antoine Philibert*, m. dcc. liii, *petit in-12.*

929. — D°. — Œuvres complètes de M. le C. de B***, de l'Académie françoise. — *Londres*, m. dcc. lxxvi, *petit in-8°.* 2 tomes en un vol.

930. — D°. — Œuvres complètes de M. le C. de B***, de l'Académie françoise. Dernière édition. — *Londdes*, m. dcc. lxxvii, *in-18, 2 vol.* Triples filets dorés.

931. — D°. — Œuvres complètes. — *Londres, 1779, 2 vol. in-18 rel.*

932. — D°. — Œuvres complètes de M. le C. de B***, de l'Académie françoise. Dernière édition. — *Londres, 1787, in-18.* 2 tomes en un seul vol. Frontispice gravé.

933. — D°. — Œuvres. — *Paris, stéréotype d'Herhan, an XI, 1803, in-18, 2 vol.*

934. — D°. — Œuvres. — *Stéréotype d'Herhan; Paris, les frères Mame, 1810, in-18.* 2 tomes en un vol.

935. — PANARD (Charles-François). — Œuvres choisies, hommage rendu à sa mémoire, par Armand Gouffé. — *Paris, Capelle, an XI, in-18, 3 vol.*

936. — SEDAINE (Michel-Jean). — Recueil de poésies. Seconde édit., revue et augmentée des pièces faites depuis la première, et avec de plusieurs airs notés. — *A Londres, et se trouve, à Paris, chez Duchesne*, m. dcc. lx, *in-12 rel.* 2 parties avec changement de pagination. Frontispice gravé reproduisant le buste de Sedaine.

937. — PIIS (Le Chevalier Auguste de). — Opuscules divers. — *Paris, Defer de Maisonneuve, 1791, petit in-12 rel.* Portrait de l'auteur.

938. — LÉONARD (Nicolas-Germain). — Ses œuvres, recueillies et publiées par Vincent Campenon. — *Paris, Didot jeune*, m. dcc. xcvii, *in-8°, 3 vol.*

939. — TEZMONVILLE (de). — Les Trouhadours modernes ou Amusemens littéraires de l'armée de Condé.

940. — AMI (L') des Muses, par Boudier de Villemert, suivant le Dictionnaires des ouvrages anonymes d'Ant. Alex. Barbier, et suivant la France littéraire de J.-M. Quérard. — *Avignon, Louis Chambeau, in-8°*, m. dcc. lviii.

941. — BASTIDE (F. de). — Mon entrée au Parnasse. — *Paris, Crapelet, an IX, 1801, in 12.*

942. — LE BRUN (Ponce-Denis Ecouchard). — Œuvres mises en ordre et publiées par P.-L. Ginguené, membre de l'Institut, et précédées d'une notice sur sa vie et ses ouvrages, rédigé par l'auteur. — *Paris, Crapelet, 1811, in-8°, 4 vol.* Portrait de l'auteur. (2 ex.)

943. — LE GAY (Cl.-Mar.), du Mont-Jura. — Poésies diverses. — *Paris, Clousier, 1790, in-8°.*

944. — GUYÉTAND (Louis-Pierre-Prudent). — Mes souvenirs et autres opuscules poétiques. Nouvelle édition avec figures. — *Pays de Vaud, et se trouve à Caen, chez Manoury, à Paris, chez Bélin, 1788, pet. in-12, 2 vol.* Rel. en v. cc. Triples filets dorés. Frontispice différent gravé en tête du 1er et du 2e vol. Le 2e vol. contient avec le chant des Bardes, la Matrone d'Ephèse, comédie en un acte et en vers, mêlée d'ariettes, avec une gravure.

945. — LEGOUVÉ (Gabr.-Mar.-J.-Bapt.) — Le mérite des femmes, poëme — *Londres, Dulau et Cie, 1804, in-8° rel.*

946. — D°. — Le mérite des femmes et autres poésies. — *Paris, Aug. Renouard, 1813, in-18 rel.*

947. — D°, d°. — Il merto delle Donne, le Rimembranze, la malinconia e le Pompe funebri, poèmetti di G. Legouvé membro dell' instituto nazionale recati in versi italiani. Da Luigi Balochi. — *Parigi, appresso Aut. Ag. Renouard, an XI.* Rel. en v. rac.

948. — BARON (D.) — Héro et Léandre, poëme en quatre chants, suivi de poésies diverses, — *Paris, Le Normant, 1806, pet. in-8°.*

949. — BOUFFLERS (Stanislas). — Œuvres. — *Paris, Peronch, 1805, 2 vol. in-12.*

950. — DU TEMPLE (Le Platr.) — Virgile, en France, ou la nouvelle Enéide, poëme héroï-comique, en style franco-gothique. — *Bruxelles, Weissenbruch, 1807, in-8°.* (Tome 1er.)

951. — BAOUR-LORMIAN (L.-P. Mar.-F.) — Veillées poétiques et morales. Quatrième édition, ornée de six gravures. — *Paris, L Janet, 1819, in-18.* A la suite de ces veillées, on trouve : Vue d'un Cimetière de campagne. Job, poëme lyrique. Fragmens imités des nuits d'Young. Fragmens d'Hervey. Notice historique sur Jeanne Gray.

952. — VIENNET (J.-P.-G.) — Essais de poésie et d'éloquence. — *Paris, Fulchs, Lorient, Mme veuve Baudouin, an XIII, in-8°.* A la fin se trouve l'éloge de Boileau.

953. — MUSE BRETONNE (La) de 1809. — *Brest, Binard, in-12.*

BELLES LETTRES. 141

954. — D°, de 1810. — *Brest, Binard, in-12.*

955. — CORBIÈRE (Ed.) — Brésiliennes. Seconde édition, augmentée de poésies nouvelles. — *Paris, Ponthieu, 1825, in-18.*

956. — NODIER (Ch^{les}). — Poésies diverses, recueillies et publiées par Delangle. — *Paris, Delangle frères, Ladvocat 1827, in-12.*

957. — PÉRENNÈS, Garde du Corps. — Bluettes poétiques. — *Paris, Delaunay, 1827, in-18.*

958. — DIDOT (Firmin). — Poésies et traductions en vers. — *Paris, de la typographie de l'auteur,* m. dccc. xxii, *in-12.*

959. — TASTU (Mme Amable). — Poésies. — *Paris, Ambroise Dupont et Cie, 1826, in-8°.*

960. — BRIZEUX (Auguste). — Marie, poëme. — *Paris, Paulin et Eug. Renduel,* m. dccc. xxxvi, *in-8°.*

961. — D°. — Œuvres complètes, précédées d'une notice par Saint-René Taillandier. — *Paris, Michel Lévy frères, 1860, in-18, 2 vol.* Portrait de l'auteur.

962. — LORQUET (H.-L.) — Napoléon, poëme en dix chants. — *Philadelphie, G. Tell, 1822, in-4° rel.*

963. — D°. — Même ouvrage. — *Ile-Maurice, veuve Deglos, 1838, in-8°.*

964. — VIGNY (Alfred de). — Les destinées, poëmes philosophiques. — *Paris, Michel Lévy, frères, 1864, in-4°.*

965. — TURQUETY (Edouard). — Esquisses poétiques. — *Paris, Delangle frères, 1829, in-8°.*

966. — D°. — Amour et foi. — *Paris, Delaunay ; Rennes, Molliex,* m. dccc. xxxiii, *in-8°.*

967. — D^e. — Poésie. Nouvelle édition, revue et augmentée. — *Paris, Sagnier et Bray, 1846, in-12.*

968. — D°. — Primavera. Nouvelle édition augmentée. — *Paris, Chamerot ; Rennes, Molliex, 1841, in-8°.*

969. — DESCHAMPS (Antoni). — Poésies : Les Italiennes. — Dernières paroles. — Résignation. — *Paris, H.-L. Delloye, 1841, petit in-8°.*

970. — VIOLEAU (Hippolyte), de Brest. — Mes loisirs, poésies. — *Brest, Proux et Cie, 1840, in-12.*

971. — D°. — Premiers loisirs poétiques. Troisième édition. — *Brest, V⁶ J.-B. Lefournier, 1845, in-12.* Hommage de l'auteur à la Bibliothèque de Brest.

972. — D°. — Livre des mères et de la jeunesse. Poésies. Ouvrage couronné par l'Académie française. Troisième édition, augmentée de pièces nouvelles. — *Paris, A. Bray, 1854, in-12.*

973. — DELAVIGNE (Casimir). — Messéniennes, chants populaires, poésies diverses. Neuvième édition, augmentée, ornée de sept gravures en taille douce et de vingt vignettes. — *Paris, Ladvocat, mcccxxiv, in-4°.*

974. — D°. — Œuvres complètes. Nouvelle édition. — *Paris, Didier, 1850, in-8°, 6 vol. rel.* Portrait de l'auteur.

975. — D°. — Œuvres complètes. — *Paris, Desrez, H.-L. Delloye et V^or Lecou, 1836, grand in-8°.*

376. — D°. — Œuvres complètes avec une notice de Germain Delavigne. — *Paris, Didier, 1848, 6 vol. in-8°.*

977. — SAINTE-BEUVE (Charles-Augustin). — Poésies complètes. Edition revue et augmentée. — *Paris, Charpentier, 1845, grand in-18.*

978. — D°. — Poésies complètes. — *Paris, Charpentier, 1846, in-8°.*

979. — GIRARDIN (Mme Emile de). — Poésies complètes. — *Paris, Charpentier, 1846, in-8°.*

980. — DUVAL (Louis). — Poésies diverses. — *Quimper, Alphonse Lion, 1857, in-8°.*

981. — MICHAUD (Clovis).— Poésies.— *Paris, Dentu ; Troyes, Dufey-Robert, 1856, in-8°.*

982. — D°.— Une semaine de Salomon, poëme suivi de nouvelles poésies. — *Paris, Dentu, 1866, in-8°.*

983. — D°. — Poésies posthumes. — *Paris, Delagrave, 1875.*

984. — MUSSET (Alfred de). — Premières poésies (1829-1835). Nouvelle édit. — *Paris, Charpentier, 1852, petit in-8° rel.*

985. — D°. — Poésies nouvelles (1836-1852). Nouvelle édit. — *Paris, Charpentier, 1854, petit in-8° rel.*

986. — MONIER de LA SIZERANE (H.). — Marie-Antoinette, poëme historique. — *Paris, Amyot, 1862. petit in-8°.*

987. — PENQUER (Mme Auguste) — Les Chants du Foyer. — *Paris, Didier et Cie, 1862, in-18.*

BELLES LETTRES. 143

988. — D°. — Les Chants du Foyer. — *Paris, Didier et Cie, 1862, in-8°.*

989. D°. — Les Chants du Foyer. — *Paris, Didier et Cie, 1862, in-8°.*

990. — D°. — Révélations poétiques. — *Paris, Didier et Cie, 1865, in-18* (2 exempl.)

991. — D°. — Anniversaire. A Victor Hugo, le jour de ses 78 ans. — *Brest, Roger, 1880, in-8°.*

992. — D°. — A M. Caro, de l'Académie française, après la lecture de sa belle lettre sur le poète positiviste, Mme L. Ackermann. — *Brest, J.-P. Gadreau, 1874, in-8°.*

993. — D°. — Appel aux riches, poésie au profit des pauvres (4 pages). — L'hiver (4 pages). — La neige (4 pages). — Le fils de la veuve (4 pages). — Anniversaire. A Victor Hugo, le jour de ses soixante-dix-huit ans (8 pages). Rel. ensemble. — *Brest, J.-P. Gadreau, 1879, in-8°.*

994. — D°. — Appel aux riches. — *Brest, J.-P. Gadreau, 1879, in-8°.*

995. — FRAYSSEIX-BONNIN (Le Marquis de). — Les orages et les beaux jours. Essais de poésie. — *Paris, librairie générale, 1870, in-8°.*

996. — GAUTIER (Théoph.) — Emaux et Camées. — *Paris, Eug. Didier, 1853, in-12.*

997. — D°. — Poésies complètes : Albertus. — La Comédie de la mort. Poésies diverses. Poésies nouvelles. — *Paris, Charpentier, 1858, in-12.*

998. — ACKERMANN (Madame L.). — Poésies. Premières poésies. Poésies philosophiques, 3 édit. — *Paris, A. Lemerre,* M. DCCC. LXXIV, *in-12.* (2 ex.)

999. — DUPLESSIS. — Œuvres posthumes d'un poète breton. Notice par Jules Kergomard. — *Brest, Roger père, 1875, in-8°.*

1000. — GEFFROY (Prosper-Marie). [Passe-temps de]. — 1er Fascicule. — *Morlaix, Chevalier, 1881, in-8° br.*

B. — Poëmes religieux, épiques, héroïques, mythologiques, chevaleresques, didactiques, descriptifs, érotiques, satiriques et badins.

1001. — RACINE (L.) — La Religion, poëme. Huitième édition, revue, corrigée et augmentée par l'auteur. — *Paris, Desaint et Saillant, Durand Le Prieur,* M. DCC. LXIII, *in-12.* On trouve à la fin de ce volume, sans changement de pagination : Epître de M. Rousseau à M. Racine. Lettre de M. Racine à M..... Lettre de M. le chevalier de Ramsay à M. Racine. Lettre de M. Pope à M. Racine. Réponse de M. Racine à M. Pope. Epîtres sur l'homme. Eclaircissement sur la fille sauvage dont il est parlé dans la 2ᵉ épître. Prière de Cléante. Puis, avec changement de pagination, La Grâce, poëme.

1002. — Dº. — La Religion, poëme. Neuvième édition, revue, corrigée et augmentée par l'auteur. — *Paris, Laporte*, M. DCC. LXXXV, *in-12*. On trouve à la fin, sans changement de pagination, les mêmes articles que ceux de la précédente édition, et de plus quelques lettres qu'on ne rencontrent pas dans la 8ᵉ édit.

1003. — Dº. — Poëme sur la Grâce, suivi d'un avertissement en prose, et d'une épistre en vers à M. de Valincour. — *Paris, 1722*.

1004. — DULARD, de l'Académie des belles-lettres de Marseille. — La Grandeur de Dieu, dans les merveilles de la nature, poëme. Cinquième édition. — *Paris, Saillant*, M. DCC. LXVII, *pet. in-12*.

1005. — BERNIS (JOACH. DE PIERRES DE), cardinal. — La Religion vengée, poëme en dix chants. — *A Paris et à Strasbourg, chez Amand Kœnig*, M. DCC. XCV, *in-8º*. Portrait de l'auteur.

1006. — DUBOCCAGE (Mᵐᵉ ANNE-MAR. LEPAGE). — La Colombiade, ou la Foi portée au Nouveau-Monde. Poëme. — *Paris, Desaint et Saillant*, M. DCC. LVI, *in-8º*. Portrait de l'auteur avec ces mots : Formâ Venus, arte Minerva. Dix gravures.

1007. — DELILLE (JACQUES). — Dithyrambe sur l'immortalité de l'âme, suivi du passage du Saint-Gothard, poëme traduit de l'anglais. Texte en face avec figure. — *Paris, Giguet et Michaud ; Londres, Prosper et Cⁱᵉ, 1802, in-8º*. Le poëme anglais est de Mᵐᵉ la duchesse de Devonshire.

1008. — Dº. — Le même, relié avec la Pitié, poëme avec 4 figures. — *Paris, Giguet et Michaud, 1803, grand in-8º*.

1009. — BIZET jeune, maire de Brest. — La vie de la Vierge, mise en vers. — *Brest, veuve Normand, 1862, in-8º*.

1010. — SORNET (GASPARD), maître ès-arts de l'Université de Nanci. — Alexandriade (L'), poëme héroïque en neuf chants, composé l'an 1ᵉʳ de l'Empire français. — *Metz, Behmer, et Paris, Mongie, 1806, in-8º*. Ce titre, que nous empruntons à la France littéraire de J.-M. Quérard, manque à notre exemplaire, qui est relié avec :

1º La Pétréade ou Pierre le Créateur, poëme, par M. G.-S, chevalier de Mainvillers. — *Amsterdam, Schneider*, M. DCC. LXIII. Frontispice gravé, dont l'explication est donnée dans 2 pages suivantes. Portrait de Pierre Iᵉʳ ;

2° La France républicaine ou le Miroir de la Révolution française, poëme en dix chants, par François Pagès, ci-devant rédacteur du journal du Cantal. — *Paris, J. Grand, 1793.* L'an second de la République française, et l'an premier de la constitution populaire.

1011. — COURTIN (Nicolas). — Charlemagne ov le Rétablissement de l'Empire romain, poëme héroïqve. — *Paris, Thomas Jolly,* m. dc. lxvi, pet. in-12.

1012. — VOLTAIRE (François-Marie-Aronet de). — La Ligue ou Henry Le Grand, poëme épique (La Henriade). — *Genève, Jean Mokpap,* m. dcc. xxiii, *in-8°.*

1013. — D°. — La Ligue, ou Henry Le Grand, poëme épique, avec des additions et un recueil de pièces diverses du même auteur. — *Amsterdam, Jean Frédéric Bernard,* m. dcc. xxiv, *in-12.*

1014. — D°. — La Henriade, avec les variantes. Edition stéréotype. — *Paris, P. Didot l'aîné, an VIII, in-18.*

1015. — D°. — La Henriade, poëme, avec les notes, suivi de l'essai sur la poésie épique. Edition stéréotype. — *Paris, P. Didot l'aîné, an X, in-18.*

1016. — D°. — La même, avec des remarques de Clément, extraites de ses lettres à Voltaire, et grand nombre de morceaux de comparaison, tirés d'Homère, de Virgile, de La Fontaine, etc., par M. Lepan. — *Paris, Ponthieu, 1823, in-12.*

1017. — D°. — La même. — *Paris, A. J. Sanson, 1820, in-32.*

1018. — HENRIADE (La). — Travestie en vers burlesques, par Fougeret de Monbron, d'après le Dictionnaire des ouvrages anonymes d'Ant. Alex. Barbier, 3° édit. — *Berlin, Paris, 1753, in-12.*

1019. — D°, d°. — *Berlin, au dépens du Public,* m. dcc. lxv, *in-12.*

1020. — D°. — Voltarii Henriados libri decem, latinis versibus et gallicis; adposito duplici poemate, quod accurate semper ad versum respondet. Editio nova, probe recognita et castigata, auctore Calcio Cappavelle, ex aulæ Palatinæ servitio. — *Parisiis, apud L. La Porte,* m. dcc. lxxvii, *in-12.* (2 exempl.)

1021. — D°. — Poëmes et Discours en vers de Voltaire (Ed. Stéréotype). — *Paris, P. Didot, an VIII, in-18.*

1022. — PARSEVAL GRAND-MAISON (F.-A.). — Philippe-Auguste, poëme héroïque en douze chants. — *Paris, Beaudouin frères,* m.dccc.xxvi, *in-8°.*

1023. — BAILLOT (D.). — Frédéric à Iéna. — *Paris, Ballard, 1807, in-8°.*

1024. — MÉRY et BARTHÉLEMY. — La Villéliade, ou le prix du château Rivoli, poëme héroï-comique. — *Paris, 1826, in-8°.* (2 exempl.)

1025. — D°. — Napoléon en Egypte, poëme en huit chants. — *Paris, Amb. Dupont et Cie, 1828, in-8°.*

1026. — D°. — Némésis, satire hebdomadaire. — *Paris, Mme Goullet, 1837, 2 vol. in-8°.*

1027. — MÉRY (Joseph) et BARTHÉLEMY (Auguste-Marseille). — Le Fils de l'Homme, ou Souvenirs de Vienne. — *Bruxelles, H. Tarlier,* m. dccc. xxix, *in-18.* Portrait du duc de Reichstadt.

1028. — DUSEIGNEUR, de Brest. — Les ducs Bretons, poëme historique en quatorze chants, et la Guerre de Crimée, poëme. — *Brest, J.-B. et A. Lefournier, 1857, in-8°.* (2 exempl.)

1029. — ALEXANDRE (Charles). — Les Espérances. — *Paris, Pagnerre, 1852, in-12.*

1030. — D°. — Les funérailles de Lamartine. — *Mâcon, Emile Protet, 1869, in-8°.*

1031. — MAURIÈS (Pierre). — La Bretagne. — *Brest, J.-B. Lefournier, 1866, in-8°.*

1032. — D°. — La France dans l'Extrême-Orient, poëme lyrique. — *Brest, Anner, 1862, in-8°.*

1033. — D°. — Stances composées en l'honneur de la ville de Brest, à l'occasion du Concours hippique. — *Brest, J.-P. Gadreau, 1878, in-8°.*

1034. — D°. — Ode sur le Pommier, 1er prix remporté par l'auteur au Concours de la Pomme, à Caen. — *In-8°.*

1035. — MAURIÈS (Pierre). — Robert Surcouf, poëme historique qui a remporté le premier prix de poésie au concours de la Pomme, à Fécamp en 1880. — *Brest, Gadreau, in-8°.*

1036. — CHRESTIEN (F.) — Les essais d'un bobre africain, 2e édition, dédié à Mme Borel jeune, poésies.

1037. — COLET (Madame Louise). — Le monument de Molière, poëme couronné par l'Académie française, précédé de l'histoire du monument élevé à Molière, par M. Aimé Martin, avec une vue du monument, et suivi de la liste des souscripteurs. — *Paris, Paulin, 1843, g^d in-8°,* papier vél.

1038. — PENQUER (Madame Auguste). — Velléda, poëme. — *Paris, Didier et Cie, 1869, in-8°.*

1039. — LOYSEL (Paul). — Paysages bretons, poésies. — *Rennes, Mme de Caila, 1840, in-12.*

1040. — DU PONTAVICE de HENSSEY (Hya.) — Nuits rêveuses, poésie. — *Paris, Hip. Souverain, 1840, in-12.*

1041. — DUMESNIL (Pierre). — Oreste, poëme en douze chants. — *Rouen, veuve Pierre Dumesnil et fils. — Paris, Bossange, Masson et Besson, an XII, in-8°.*

1042. — LE MONNIER (H.) — Un voyage aux Pyrénées. Histoire d'une fleur, poésie. Extrait du bulletin de la Société académique de Brest. — *Brest, Roger, in-8°.* (Sans date).

1043. — D°. — L'arc-en-ciel. Un chapelet. — *in-8°.* (Sans date).

1044. — LA FONTAINE (Jean de). — Adonis, poëme. — *Paris, P. Didot l'aîné. L'an II de la République françoise (1794), in-18,* pap. vel. Renfermé dans une gaîne en bois.

1045. — MALFILATRE (J. C. L. Clinchamp de). — Narcisse dans l'Isle de Vénus, poëme en quatre chants. — *Paris, Lejay (1769), g^d in-8°.* Frontispice gravé. Quatre gravures hors-texte. A la fin se trouve : Le Soleil fixe au milieu des planètes, ode de Malfilatre, relié avec :

Nouvelle traduction des Héroïdes d'Ovide. — *Paris, Durand, m. dcc. lxiii.* Frontispice gravé, vign. en culs de lampe.

1046. — D°. — Narcisse dans l'Isle de Vénus, poëme en quatre chants. — *Paris, Lejay, 1769, in-8°.* Frontispice gravé. A la fin se trouve : Le Soleil fixe au milieu des planètes. Rel. avec :

1° La nouvelle Zélis au bain, poëme en six chants, par le marquis de Pesay, d'après le Dictionnaire des ouvrages anonymes d'Ant. Alex. Barbier, 3e édit., et la France littéraire de J.-M. Quérard. — *A Genève, et se trouve à Paris, chez Merlin, m. dcc. lxviii.* C'est, suivant J.-M. Quérard, la 3e édit. Frontispice gravé et qui porte : Nouvelle édit.

2° Lettre de Dulis à son ami, par M. Mercier. Nouvelle édit. — *A Amsterdam, et se trouve à Paris, chez Lejay, m. dcc. lxviii.* On distingue, au fleuron, le portrait de l'auteur avec ces mots : Je ne dois qu'à moi seul toute ma renommée. Gravure hors texte.

1047. — MASSON de PEZAY (Le marquis). — La nouvelle Zélis au bain. — *Paris, Merlin, 1768, in-8°.*

1048. — AUBERT (L'abbé J.-L.). — Psiché, poëme en huit chants, par M. l'abbé Aubert, pour servir de suite à son recueil de fables; avec des notes et des pièces fugitives du même auteur. — *Paris, Moutard*, M. DCC. LXIX, *in-18*.

1049. — IMBERT (Barthélemy). — Le jugement de Pâris, poëme en IV chants, suivi d'œuvres mêlées. Nouvelle édit. — *Amsterdam*, M. DCC. LXXIV. 3 grav. hors texte. Rel. en veau rac. Avec :

Narcisse dans l'Isle de Vénus. — *Paris, Lejay, 1769, in-8°*. Frontispice gravé, 4 gravures hors texte. A la fin se trouve : Le Soleil fixe au milieu des planètes.

1050. — BAINS (Les) de Diane, ou le triomphe de l'amour, poëme, par M. Desf*** (Desfontaines l'aîné, suivant le Dictionnaire des ouvrages anonymes d'Ant. Alex. Barbier, 3e édition). — *Paris, J. P. Costard*, M. DCC. LXX, *in-8°*. Frontispice gravé et 2 vignettes, d'après Marillier et Eisen.

1051. — HELVETIUS (Cl.-Ad.) — Le Bonheur, poëme en six chants, avec des fragments de quelques épîtres. Ouvrages posthumes. — *Londres*, M. DCC. LXXIII.

1052. — ROMAN (L'abbé J.-J.-T.) — L'Inoculation, poëme en quatre chants. — *A Amsterdam, et se trouve à Paris, chez Lacombe*, M. DCC. LXXIII, *in-8°*. Frontispice gravé, précédé d'une explication.

1053. — DORAT (Ch. J.) — La Déclamation théâtrale, poëme didactique en quatre chants, précédé d'un discours et de notions historiques sur la danse. — Nouvelle édition. — *Paris, S. Jorry*, M. DCC. LXVII, *in-8°*. Frontispice gravé et 4 figures d'Eisen.

1054. — LE MIERRE (Antoine-Marin). — Les Fastes ou les usages de l'année, poëme en seize chants. — *Paris, P. Fr. Gueffier*, M. DCC. LXXIX, *in-8°*.

1055. — BOUCHER (Jean-Antoine). — Les Mois, poëme en douze chants. — *Paris, Quillau*, M. DCC. LXXIX, *g^d in-4°, 2 vol*. Rel. en v. marb. Triples filets dorés. Frontispice gravé, au bas duquel on lit : J. M. Moreau le jeune inv. J. B. Simonnet sculp. 1779. 2 figures de Marillier et de Cochin dans le 1er vol. et 2 de Moreau le jeune et Cochin dans le 2e. Cette édition est citée par Brunet.

1056. — SAINT-LAMBERT (J.-F.) — Les Saisons, poëme. Nouvelle édition. — *Londres*, M. DCC. LXXXII, *in-18*. Rel. en v. marb. Triples filets dorés. Frontispice gravé. On trouve, à la fin, des pièces fugitives du même auteur.

1057. — D°. — Les saisons. Nouvelle édition. — *Londres, 1782.*

1058. — D°. — Les Saisons, poëme. Nouvelle édition, ornée de cinq gravures. — *Paris, A. Delalain, 1818, in-18.* Rel. en v. rac.

1059. — DELILLE (Jacques). — L'Homme des champs, ou les Géorgiques françoises. — *Strasbourg, Levrault, an VIII, in-12.*

1060. — D°. — L'Imagination, poëme. — *Paris, Giguet et Michaud,* m. dccc. vi, *in-18, 2 vol.* (2 fig.)

1061. — D°. — Les Jardins, poëme par M. l'abbé Delille. — *Hambourg, Virchaux, 1783, in-18.*

1062. — D°. — La Pitié, poëme. — *Paris, Giguet et Michaud, 1803, in-18.*

1063. — D°. — La Pitié, poëme, avec quatre figures. — *Paris, Giguet et Michaud, 1803, in-8°.*

1064. — D°. — Recueil de poésies et de morceaux choisis, contenant des pièces fugitives inédites et quelques fragmens du poëme de *Imagination* et de celui du *Malheur* et de la *Pitié*, avec plusieurs morceaux de l'*Homme des champs*, qui avoient été supprimés par ordre du Directoire. Précédé d'une notice historique sur l'auteur, et suivi des extraits raisonnés des *Géorgiques françaises*, par Fontanes, Geoffroy, Guinguené, Millin et d'autres littérateurs distingués. Avec portrait au bas duquel on lit un quatrain de Voltaire adressé à l'auteur. — *Paris, Giguet et Cie, 1800, in-8°.*

1065. — D°. — Œuvres complètes. — *Paris, Giguet et Michaud, 1804, 16 vol. petit in-8°.*

1066. — D°. — L'Imagination. — *Paris, Didot, 1816, 2 vol. in-8°.*

1067. — D°. — Les Géorgiques de Virgile. — D°, d°, *Lecointe, 1833. 2 vol. in-8°.*

1068. — D°. — Œuvres complètes. — *Paris, F. Didot, 1865, in-4°.*

1069. — LALANNE (J.-B.). — Le Potager, essai didactique, suivi du Voyage à Sorèse, et de quelques autres poésies. — *Paris, F. Louis, an XI, in-18.* Relié avec :

Les Oiseaux de la ferme, poëme du même auteur. — *Paris, F. Louis, 1805.*

1070. — DARU (Pierre). — La Cléopédie, ou la Théorie des réputations en littérature; suivie du poëme des Alpes et de l'Epître à mon Sans-Culotte. — *Paris, Ch. Pougens, au huitième, in-8°.*

1071. — LACOURT (G.) — L'éducation, poëme en quatre chants, par J. L.... Avec odes, contes et poésies fugitives du même auteur, sans changement de pagination. — *Paris, 1803, in-12.*

1072. — SAINT-VICTOR (J.-B. DE). — L'Espérance, poëme Quatrième édit. — *Paris, Barba, 1802, in-8°.*

1073. — D°. — L'espérance, poëme. Sixième édition. — *Paris, Barba,* M DCCCIII, *in-12.* Frontispice gravé, avec explication dans 2 vers qui se trouvent au bas. Transposition des pages par le relieur.

1074. — ESMÉNARD (J.) — La Navigation, poëme. — *Paris, Giguet et Michaud, 1805, 2 vol. in-8°.* 2 gravures, l'une dans le premier vol., représentant l'arrivée de Cléopâtre à Tarse, sur les bords du Cydnus. Ch. III; l'autre dans le second vol., représentant le Naufrage des canots de La Pérouse au Port des Français. CH. VIII. (2 exemp.)

1075. — GRÉE. — La Navigation, poëme en quatre chants, par Grée, de Lesneven. — *Paris, Mérigot, 1781, in-8°.*

1076. — LUCRÈCE (LE). — Français, fragments d'un poëme, par Sylvain M***. (Sylvain Maréchal, suivant le Dictionnaire des ouvrages anonymes d'Ant. Alex. Barbier, 3ᵉ édit.) Nouvelle édition, revue, corrigée et considérablement augmentée. — *Paris, l'an VI, in-8°.*

1077. — FAUCILLON (JEAN-JACQUES). — Les premières amours de Napoléon, poëme suivi d'un fragment épique sur l'Assemblée nationale et de chants élégiaques. — *Paris, Librairie ancienne et nouvelle, Londres, Genève, 1822, in-8°.*

1078. — LAMARTINE (A. DE). — La mort de Socrate, poëme. — *Paris, Ladvocat, in-8°,* M. DCCC. XXIII. (2 ex.) Fleuron représentant Socrate buvant la ciguë.

1079. — LAMARTINE (A. DE). — Mélanges poétiques et discours. Pièces de vers adressées à M. de Lamartine. 2ᵉ édit. — *Paris, Ch. Gosselin, Furne et Cⁱᵉ, 1840, petit in-8° rel.*

1080. — D°. — Recueillements poétiques, 9ᵉ édit. — *Paris, Ch. Gosselin, Furne et Cⁱᵉ, 1840, petit in-8° rel.*

1081. — D°. — Les mêmes, avec poésies diverses. — *Paris, Firmin Didot, 1850, grand in.8°.*

1082. — D°. — La chute d'un ange. — *Paris, Ch. Gosselin, Furne, Pagnerre, 1845, in-8°.*

1083. — D°. — Le même. — *Paris, Hachette et Cⁱᵉ, Furne, Jouvet et Cⁱᵉ, Pagnerre, 1870, in-8°.*

1084. — D°. — Premières méditations poétiques. La mort de Socrate. Précédées de discours de réception à l'Académie française et de la réponse de M. le baron Cuvier. — *Paris, Ch. Gosselin, Furne, Pagnerre, 1845, in-8°.*

1085. — D°. — Les mêmes avec commentaires. — *Paris, Pagnerre, V. Lecou, Furne et Cie, 1853, in-8°.*

1086. — D°. — Nouvelles méditations poétiques. Epitres. Le dernier chant du pèlerinage d'Harold. Chant du Sacre. — *Paris, Ch. Gosselin, Furne, Pagnerre, 1845, in-8°.*

1087. — D°. — Les mêmes, avec commentaires. — *Paris, Pagnerre, V. Lecou, Furne et Cie, 1853, in-8°.*

1088. — D°. — Jocelyn. Episode. Journal trouvé chez un curé de village. — *Paris, Ch. Gosselin, Furne, Pagnerre, 1847, in-8°.*

1089. — D°. — Harmonies poétiques et religieuses avec commentaires. Epître à M. de Lamartine, par M. Sainte-Beuve. Réponse de M. Reboul, de Nîmes, à M. de Lamartine. Ode à M. A. de Lamartine, par M. Victor Hugo. — *Paris, Firmin Didot frères, 1850, 2 vol. grand in-8°.*

1090. — D°. — La mort de Socrate. Le dernier chant du pèlerinage d'Harold. Politique rationnelle. Discours familiers. — *Paris, Firmin Didot frères, 1850, grand in-8°.*

1091. — D°. — Les Visions. — *Paris, Michel Lévy frères, 1833, in-12,* rel.

1092. — D°. — Poésies inédites, précédées d'une préface par M. de Laprade, et publiés par Mme Valentine de Lamartine. — *Paris, Hachette et Cie, Furne, Jouvet et Cie, 1873, in-8°.*

1093. — HUGO (Victor). — Le retour de l'Empereur, suivi des Lui-Bounaberdi, orientale. — Grand comme le monde. — Première ode à la Colonne. — Souvenir d'enfance (l'Empereur au Panthéon). — Deuxième ode à la Colonne. — Le grand Homme vaincu. — Napoléon II. — A Laure, duchesse d'Abrantès. — A l'Arc-de-Triomphe de l'Etoile. — *Paris, Furne et Cie, Dalloge, et chez tous les principaux libraires, 1840, in-32.*

1094. — D°. — Les Chansons des Rues et des Bois. — *Paris, librairie internationale, A. Lacroix, Verboeckhoven et Cie, à Bruxelles, à Leipzig et à Livourne, 1866, grand in-8° rel.*

1095. — D°. — Les Châtiments, 44e édit., seule édit. complète. — *Paris, J. Hetzel et Cie, sans date ; doit être de 1870.*

1096. — D°. — L'Année terrible, 3ᵉ édit. — *Paris, Michel Lévy frères, 1872, grand in-8°.*

1097. — D°. — Même ouvrage, 4ᵉ édit. — *Paris, Michel Lévy frères, 1872, grand in-8°.*

1098. — D°. — La légende des Siècles. Nouvelle série, 5ᵉ édit. — *Paris, Calman Lévy, 1877, 2 vol. in-8° rel.*

1099. — D°. — L'Art d'être Grand-Père. — *Paris, Calman Lévy, 1877, 1 vol. in-8°.*

1100. — VOLTAIRE (François-Marie-Arouet de). — La Pucelle d'Orléans, poëme héroï-comique en dix-huit chants. 2 grav. — *Genève, 1788, in-16.*

1101. — D°. — La Pucelle d'Orléans, poëme en vingt-un chants ; ornés de figures gravées par Ponce et sous sa direction. Portrait de Jeanne d'Arc. — *Paris, an VII, in-8°, 2 vol.*

1102. — D°. — La Pucelle de Voltaire (c'est le faux titre) La Pucelle, poëme en vingt-un chants, avec les notes, par Voltaire. Edition stéréotype d'après le procédé de Firmin Didot. — *Paris, an X, in-18.* A la fin se trouve le chant de Corisandre.

1103. — D°. — Poëmes et Discours en vers. — *Paris, Didot aîné, in-16.*

1104. — BERNARD (P.-Jos., surnommé par Voltaire, Gentil). — L'Art d'aimer et Poésies diverses. — *A Cythère (Paris), m. dcc. lxxv, in-18.* Phrosine et Mélidore, poëme en 4 chants, se trouve entre l'Art d'aimer et les Poésies diverses.

1105. — DORAT (C.-J.). — Les Baisers, suivis du mois de Mai, avec les Baisers de Jean Second en latin, et des imitations d'autres poésies latines. — *Genève, 1777, in-18.*

1106. — GLYCÈRE, ou la Philosophie de l'amour, poëme champêtre divisé en autant de parties que le jour, attribué à Camille Saint-Aubin. — *Zurich, 1796, in-8°.* Au bas de l'avertissement de cet ouvrage, on lit : Il n'en a été tiré que cent exemplaires, tous sur papier vélin seulement.

1107. — UN MOIS DE FOLIE, poëme en huit chants, par A. d'Egvilly, suivant le Dictionnaire des ouvrages anonymes d'Ant. Alex. Barbier, 3ᵉ édit. — *Vaucluse (Avignon), 1803, in-12.*

1108. — CHÉNIER (André). — Poésies, précédées d'une notice, par M. H. de La Touche, orné d'un beau portrait de l'auteur. — *Paris, Charpentier, 1850, petit in-8°.*

BELLES LETTRES.   153

1109. — D°. — Autre d°, d°. — *Paris, Charpentier, 1855, in-12.*

1110. — PALISSOT (Ch.). — La Dunciade, poëme en dix chants. Nouvelle édition, revue, corrigée et enrichie d'un commentaire plus complet que tous ceux des éditions précédentes.— *Londres*, M. DCC. LXXXI, *in-18.* Triples filets dorés. Portrait de l'auteur. Après la Dunciade de Palissot, on trouve, sans changement de pagination, la Dunciade de Pope, traduite en prose. (2 exemplaires.)

1111. — BARBIER (Auguste). — Jambes et poëmes. — *Paris, Charpentier, 1853, in-8°.*

1112. — D°. — Jambes et poëmes. Dixième édition. — *Paris, E. Dentu, 1859, g^d in-18.*

1113. — DÉROULÈDE (Paul). — Chants du soldat. Vingtième édition. — *Paris, Michel Lévy frères, 1875, in-32.*

1114. — D°, d°. — Nouveaux chants du soldat. Dix-septième édition. — *Paris, Michel Lévy frères, 1875, in-32* (96 pages.)

1115. — BERVILLE (Saint-Albin). — Mélodies amiénoises. Ne se vend pas. Ce recueil de vers a été imprimé pour ses amis. Il a été offert par l'auteur à son ancien collègue, M. Lacroix. — *Paris, Simon Racou et Cie, 1853, in-8°.*

1116. — PARNY (Œuvres complètes du chevalier de). — Poésies érotiques. — *Paris, Hardouin et Gattey, 1788, in-18.*

1117. — PARNY (Evariste). — La guerre des Dieux. — *Paris, Debray, 1807, 2 vol. in-16.*

1118. — D°. — Œuvres. — *Paris, Debray, 1808, in-18, 5 vol.* (2 ex.)

1119. — DUVAL (P.-C.-P.), de Belle-Ile-en-Mer (Morbihan). — Jeanne Darc, ou la délivrance de la France, en 12 chants. — *Quimper, Lion, Alph. 1857, g^d in-8°.* Donné par l'auteur, professeur de rhétorique en retraite, à la bibliothèque communale de Brest.

1120. — SAMSON (Joseph-Isidore), de la Comédie française. — L'art théâtral, orné de portraits photographiés, par Franck, d'après les originaux. — *Paris, E. Dentu, 1863-65, in-8°, 2 vol.*

1121. — ROBIDOU (Bertrand). — Elohim et Jaweh. Episode du déluge. — *Paris, Le Chevalier, 1873, in-8°* (64 pages).

1122. — MITAINE-GUENIN (A.) — L'anglosaxophobie. Poëme en douze chants. — *Paris, Société générale d'imprimerie anglo-française, 1879, in-8°.* Don de l'auteur à la bibliothèque communale de Brest.

1123. — GUICHON de GRANDPONT (Alf.) — La poésie de la science, poëme présenté au concours annoncé par l'Académie française pour l'année 1879, *in-8°* (19 pages lithographiées). Don de l'auteur à la bibliothèque communale de Brest.

1124. — D°. — Imitation de Jésus-Christ, traduite en vers français. — *Draguignan, imp. et lib. de P. Gimbert fils, 1875, in-12.* Cette traduction est accompagnée d'extraits du texte latin de chaque chapitre, du chapitre xii du livre ii, traduit en vers latins, par M. Colson, et de quatre chapitres, traduits en vers celtiques, par M. G. Milin.

1125. — COPPÉE (François). — L'Epave, poëme dit par M. Monnet-Sully, à l'Assemblée générale du 10 Mai 1880, de la Société centrale des naufragés. — *Paris, Lemerre, 1880, in-18.*

1126. — DEIN (Le Baron), président honoraire. — Roncevaux, ou la mort de Roland. Extrait de la chanson de Roland, traduit en vers. — *Brest, J. B. et A. Lefournier, 1881, in-8°* (59 pages). Don de l'auteur à la bibliothèque communale de Brest.

C. — Fables, Contes et Idylles

1127. — LA FONTAINE (J. de). — Fabulæ selectæ Fontanii e gallico in latinum sermonem conversæ, in usum studiosæ Juventutis, authore J. B. Giraud, presbitero congregat. Oratorii domini Jesu, Rothom, academisæ socio (français et latin). — *Rothomagi, apud Lud. Le Boucher et Laurent Dumesnil, m. dcc. lxxv, in-8°, 2 vol.*

1128. — LA FONTAINE (Jean de). — Contes et nouvelles, en vers. — *Londres, 1781, 2 vol. in-18.*

1129. — D°. — Fables, imp. par ordre du Roi, pour l'éducation de Mgr le Dauphin. — *Paris, Didot frères, m. dcc. lxxxvii, pet. in-8°, 2 vol.* (en mauvais état.)

1130. — D°. — Fables. — *Paris, Méquignon, mdcccxx, in-18, 2 vol.*

1131. — D°. — Fables illustrées par J. J. Grandville. — *Paris, Fournier aîné, 1838, in-8°, 2 vol.*

1132. — D°. — Fables choisies, traduites en vers bretons, par P.-D. de Goësbriand. — *Morlaix. V^r Guilmer, 1836, in-8°* (32 pages).

1133. — COCHERIS (Hippolyte). — Le premier livre des fables de La Fontaine (texte de 1668), accompagné d'une version latine interlinéaire calquée sur le texte français, établissant la généalogie des mots français et les différentes phases de leur transformation. Précédé de la théorie des lois qui régissent la formation de la langue française. — *Paris, librairie de l'Ecole de la Sorbonne, 1874-1875, in-8°* (86 pages).

1134. — LE NOBLE (Eustache), littérateur, ancien procureur général au Parlement de Metz. — Contes et fables tirez des entretiens politiques de M. Le Noble. — *Paris, J. Moreau, 1710, in-12.*

1135. — GROZELIER (Le P. Nic.), P. D. L. O., prêtre de l'Oratoire. — Fables nouvelles, divisées en six livres, et dédiées à Monseigneur le duc de Bourgogne. — *Paris, Desaint et Saillant,* M. DCC. LX, *in-12.*

1136. — BARBE (Le P.). — Fables et Contes philosophiques. — *Paris, Delalain,* M. DCC. LXXI, *in-12.* Avec :
Fables nouvelles, divisées en six livres, et dédiées à Monseigneur le duc de Bourgogne, par M. Grozelier, P. D. L. O., prêtre de l'Oratoire. *Paris, Desaint et Saillant,* M. DCC. LX.

1137. — LA FERMIÈRE (de). — Fables et Contes, dédiés à Son Altesse Impériale, Monseigneur le grand-duc de toutes les Russies, etc., etc., par de La Fermière, dont le nom se trouve au bas de l'Epître dédicatoire. — *Paris, Lacombe,* M. DCC. LXXV, *in-8°.* (2 exemplaires.)

1138. — VOLTAIRE. — Contes en vers, satires et poésies mêlées. Stéréotype. — *Paris, P. Didot, an IX, in-18.*

1139. — BOISSARD (J.-J.-M.), de Caen. — Fables. Nouvelle édition, augmentée, avec figures. — *Paris, Pissot,* M. DCC. LXXIX, *in-8° rel.* Fleuron avec ce vers d'Horace qui en donne l'explication :

Aufidius forti miscebat mella Falerno.

1140. — ARNAULT (A.). — Fables et poésies diverses. — *Paris, Bossange, 1827, in-8°.*

1141. — FLORIAN (J.-B. Claris de). — Fables. — *Paris, Guillaume, in-18.*

1142. — D°. — Fables. — *Paris, Briand, 1810, in-18.*

1143. — D°. — Fables, suivies d'un choix des plus jolies fables en vers qui existent en français. — *Paris, Passart, 1853, in-32.*

1144. — JAUFFRET (L.-F.) — Fables nouvelles, dédiées à son Altesse royale Madame, duchesse d'Angoulême. — *Paris, Maradan,* M. DCCC. XV, *in-8°, 2 vol.* (5 gravures).

1145. — ROMET (Nicolas-Antoine). — Lettre de Pétrarque à Laure, suivie de remarques sur ce poète et de la traduction de quelques-unes de ses plus jolies pièces. — *Paris, S. Jorry, 1765, in-8°* (pl. de 40 p.)

1146. — LACHAMBEAUDIE (Pierre). — Fables, augmentées d'une préface, d'une lettre de Béranger et de 16 fables nouvelles. — *Paris, Pagnerre, 1851, in-12.*

D. — Odes, Epîtres, Elégies, Satires, Epigrammes, Madrigaux, etc.

1147. — LEFRANC de POMPIGNAN. — Poésies sacrées, divisées en quatre livres et ornées de figures en taille douce. — *Paris, Chaubert, 1753, in-12.*

1148. — MÉRO (Honoré-Joseph). — Odes anacréontiques, contes en vers et autres pièces de poésie, suivies de Côme de Médicis. — *Londres,* m. dcc. lxxxi, *in-18.* Triples filets dorés. Portrait de l'auteur.

1149. — DUSEIGNEUR (L.), de Brest. — Odes historiques. — *Brest, E. Anner, 1848, in-12.* (2 exemplaires).

1150. — SELIS (Nicolas-Joseph.) — Epîtres en vers sur différents sujets. — *Paris, A. Fournier,* m. dcc. lxxvi, *in-8°.* Triples filets dorés, armoiries sur les plats. Ecartelé : an 1 et 4, de Louvois ; an 2, d'Estrées ; an 4, de Souvré-Courtanvaux.

1151. — AMOURS (Les). — Elégies, en trois livres, par le chevalier Ant. de Bertin, suivant le Dictionnaire des ouvrages anonymes d'Ant. Alex. Barbier, 3e édit. — *Londres, 1780, in-8°, en v. marb.* Triples filets dorés.

1152. — LE FLAGUAIS (Alphonse-Joseph). — Poésies élégiaques. — *Paris, C. Gosselin,* m. dcc. xxvi, *in-18.*

1153. — BOUET (Alexandre). — Epître à S. M. Nicolas Ier, Empereur et autocrate de toutes les Russies. — *Brest, Ed. Anner, 1854, in-8°.*

1154. — Do. — Epîtres aux Bordelais. — *Brest, Anner, 1854, in-8°.*

1155. — LE CALLOCH (A.). — Ballades, Sonnets et Elégies. — *Brest, Roger, 1869, in-8°* (56 pages).

1156. — GILBERT (Nicolas-Joseph-Laurent). — Œuvres complètes. — Nouvelle édition, où se trouvent insérés plusieurs morceaux du même auteur qui n'avoient pas encore été publiés, suivies de remarques critiques et littéraires. — *Paris, an VI, in-12.*

1157. — Do. — Œuvres complètes. — *Paris, Dalibon, 1823, in-8°.*

1158. — Do. — Œuvres. — *Paris, Menard et Desenne, 1817, in-18.* Portrait de l'auteur.

1159. — DESPAZES (Joseph). — Les quatre Satires, ou la fin du xviiie siècle. — *Paris, Moller, an IX, in-8g.*

1160. — CHÉNIER (G. de). — Epître à Voltaire. — *Paris, Didot jeune, 1806, in-8°.* (2 exemplaires.)

1161. — LA SABLIÈRE (Antoine Rambouillet de). — Madrigaux. Nouvelle édition. — *Paris, Duchesne, m. dcc. lviii, in-16.* Avec un avertissement de l'abbé Sépher, qui renferme une notice sur l'ouvrage et son auteur. Edition encadrée en rouge.

1162. — PINIÈRE (C.-A.-B.). — Le Siècle, satyre. — *Paris, Desenne-Laran-Vente, an VIII, in-8°.* (2 exempl.)

1163. — DISCOURS satyriques et moraux, ou Satyres générales, par L. Petit, dont le nom se trouve au bas de l'Epître dédicatoire au duc de Montausier et dans l'extrait du privilège du Roy. — *Roven, Richard Lallemant, m. dc lxxxvi, in-12.*

1164. — ROCHE (M.-J.-B.). — Pièces fugitives, suivies de quelques airs notés. — *Amsterdam, 1780, in-8°.*

1165. — GACON (Fois), ou le Poète sans fard, ou Discours satiriques sur toutes sortes de sujets, par Gacon, François, prêtre de la Congrégation de l'Oratoire, suivant la France littéraire, de J.-M. Quérard, et le Dictionnaire des ouvrages anonymes d'Ant. Alex. Barbier, 3e édition. — *1701, in-12 rel.* Frontispice et 2 gravures.

1166. — Do. — Anti-Rousseau, par le poète sans fard. — *Rotterdam, Fritsch et Bohm, 1792, in-8°.*

1167. — ESSAI du nouveau Conte de ma mère Loye, ou les enluminures du jeu de la Constitution, par l'abbé Debonnaire, suivant le Dictionnaire des ouvrages anonymes d'Ant. Alex. Barbier, 3e édition. — (Sans lieu), m. dcc. xxii, *in-8°.* Avec :

Poëme sur la Grâce, par L. Racine. — *Paris,* m. dccxxii, 7 feuillets lim. 208 p. et 1 f. d'errata. Ce poëme sur la Grâce est suivi d'un avertissement en prose et d'une épître à M. de Valincour.

1168. — LA MOTTE (Houdart de). — Odes, avec un discours sur la poésie en général, et sur l'ode en particulier. Seconde édition, augmentée de moitié. — *Paris, Grégoire Du Puis, 1709, in-8° rel.*

1169. — SATIRES, par M. C*** (J.-M.-B. Clément, suivant la France littéraire de J. M. Quérard et le Dictionnaire des ouvrages anonymes d'Ant. Alex. Barbier, 3e édit.) — *A Amsterdam, et se trouvent à Paris, chez les marchands de Nouveautés 1786, in-8°.* A la fin se trouvent : les persifleurs persiflés, dialogue dramatique ; et réquisitoire ou projet de règlement, le tout sans changement de pagination.

1170. — RECUEIL DE SATIRES. — Pinière (C.-A.-B.) — Le Siècle, satire, an VIII (2 ex.)

Despaze (Jos.) — Les 4 satires ou la fin du XVIII° Siècle, an IX, 1801.

D°. — 5° Satire littéraire, morale et politique, adressée à l'abbé Sicard, 2° édit., an IX, 1801.

La petite ville. — Satire.

Corbière (Ed.) — Le 19° Siècle, satire politique, 1819.

Dupaty (Em.) — Les Délateurs ou trois années du 19° Siècle. — *Paris, F. Didot, 1819.*

Méry et Barthélemy. — La Villéliade ou la prise du château de Rivoli, poëme héroï-comique en 5 chants, 7° édit., 1826 (2 ex.)

L'art d'obtenir des places, ou conseils aux solliciteurs (en prose). — *Paris, 1816, un volume in-8°.*

1170ᵃ. — *6 vol. in-32, édit. 1826.* — Satires.

   a. — Beuglant. — Monsieur Dentscourt.

   b. — La Sentinelle, ou Gazette de la semaine.

   c. — Complainte sur la mort de haut et puissant seigneur, le Droit d'aînesse, par Cadet Roussel, et une Société de publicistes, jurisconsultes et gens de lettres.

   d. — Budget de 1826, ou Guillaume Ledru à la Chambre des députés, etc., par le Secrétaire perpétuel de l'Académie de Montmartre.

   e. — Constant-Trillard-Voltaire et un jésuite, dialogue en vers.

   f. — Lepage (Charles). — Le vivant, le malade et le mort, etc.

1171. — LAPRADE (Vᵉʳ DE). — Psyché, odes et poëmes. Nouvelle édit. — *Paris, Michel Lévy, frères, 1857, in-12 rel.*

1172. — VIENNET (JEAN-PONS-GUILLAUME). — Epitres et satires. — *Paris, L. Hachette et Cⁱᵉ, 1860, in-18.*

1173. — JESTIN (FÉLIX). (Pseudonyme : Charles Dumanais). — Glanes poétiques. — *Brest, J. P. Gadreau, 1871, pet. in-8°.* Don de l'éditeur à la bibliothèque communale de Brest.

1174. — LOTH. — Le chant de la Marseillaise, son véritable auteur, avec fac-simile original du manuscrit. — *Paris, Vᵛᵉ Palmé, in-8° broché.*

1175. — TRÉFOVEL (J.) — Pauline, poésies élégiaques. Deuxième édition. — *Paris, J. Brouillet, 1882, in-8°.*

1176. — Liasse A.

Série de vol. in-32 de l'édition populaire de 1826, ou de la Bibliothèque en miniature.

a. — MALFILATRE. — Œuvres. — *Paris, Lemoine, 1826, in-32* (de la Bibliothèque en miniature).

b. — VOLTAIRE. — La Henriade. — *Paris, Samson, 1826, in-32* (de la Biblioihèque en miniature).

c. — CHÉNIER (M.-J.). — Œuvres. — *Paris, Béchet aîné, 1826, in-32* (de la Bibliothèque en miniature).

d. — LUCE de LANCIVAL. — Œuvres. — *Paris, Lemoine, 1826, 2 vol. in-32* (de la Bibliothèque en miniature).

e. — GRESSET. — Œuvres. — *Paris, Lemoine, 1826, 2 vol. in-32* (de la Bibliothèque en miniature).

f. — D° (Trois Epîtres de). — La Chartreuse. — Les Ombres. — L'Abbaye. — *Paris, Lucas, 1826, in-32* (de la Bibliothèque en miniature).

1177. — Liasse B.

Série de vol. in-32 de l'édition populaire de 1826, ou de la Bibliothèque en miniature.

a. — FABVIER. — Chant lyrique sur la Grèce. — *Paris, Fouquet, 1826, pl. in-32* (de la Bibliothèque en miniature).

b. — LE NOBLE. — De la révocation de l'Edit de Nantes, poëme héroïque dédié au Roi. — *Paris, Fouquet, 1826, pl. in-32* (de la Bibliothèque en miniature).

c. — LA MISSIONIDE, par un Rouennais. — *Paris, marchands de nouveautés ; Frère, Rouen, 1826, pl. in-32* (de la Bibliothèque en miniature).

d. — MÉRY. — Epître à M. le comte de Villèle. — *Paris, marchands de nouveautés, 1826, pl. in-32* (de la Bibliothèque en miniature).

e. — LA HARPE. — Le couvent des Camaldules, édition populaire. — *Paris, marchands de nouveautés et Sanson, 1826* (de la Bibliothèque en miniature).

E. — Cantiques, Noëls et Chansons depuis le XIIe siècle.

1178. — DURAND (Laurens), prêtre du diocèse de Toulon. — Nouvelle édition des Cantiques de l'âme dévote, divisée en xii livres. Où l'on représente d'une manière nette et facile les principaux mystères de la foy et les principales vertus de la Religion chrétienne. Accommodés à des airs vulgaires, avec une augmentation notable. — *Marseille, P. Mesnier, 1730, in-12.* Titre rouge et noir. (Manquent quelques pages de la table.)

1179. — RECUEIL (Nouveau). — Recueil de Cantiques spirituels à l'usage des retraites qui se donnent chez les Dames de l'Union chrétienne. — *Brest, R. Malassis, 1768, petit in-8°.*

1180. — RECUEIL (Nouveau) de Chansons choisies. 4e édit. — *La Haye, Jean Néaulme*, m. dcc. xxxv - m. dcc. xliii, *in-12, 8 vol.* Avec les airs.

1181. — CHANSONNIER (Le) françois, ou Recueil de chansons, ariettes, vaudevilles et autres couplets choisis, avec les airs notés à la fin de chaque recueil. m. dcc. lx. 16 recueils rel. en *8 vol. in-12.* On trouve, à la fin du 6e vol., une table générale des chansons, brunettes, ariettes, vaudevilles, etc., contenus dans les 12 premiers volumes de ce recueil ; et, dans les premières, se trouve, sur les feuilles de garde, la liste par ordre alphabétique des chansons, etc., etc.

1182. — CHANSONS choisies, avec les airs notés. — *Genève*, m. dcc. lxxxii, *in-18.* Rel. en v. fauve. Triples filets dorés. (2 exempl.)

1183. — ANACRÉON (L') françois, ou Recueil de chansons, romances, ariettes, vaudevilles et à-propos de société, par Couret de Villeneuve, le jeune, imprimeur du Roi, à Orléans, dont le nom se trouve au bas de la dédicace en vers à Madame de C****.— *En Grèce*, m. dcc. lxxx, *2 parties en 2 vol., petit in-8°.*

1184. — CASTEL (L.). — Nouvelle Anthologie, ou choix de chansons anciennes et modernes. — *Paris, Béchet aîné, 1826, in-32.*

1185. — D°, d°. — Supplément à la nouvelle Anthologie, ou choix de chansons anciennes et modernes, *Paris, C. Farcy, 1827, in-32.*

1186. — DÉSAUGIERS (Marc-Antoine).— Chansons et Poésies diverses. Nouvelle édition, ornée de son portrait (il ne s'y trouve pas). — *Paris, Gennequin, 1860, in-18.*

1187. — BÉRANGER (P.-J. DE). — Chansons. 4 vol. in-32 et un vol. orné de 84 vignettes. — *Paris et Bruxelles, Beaudouin, 1826 et 1827.*

1188. — D°. — Œuvres complètes. Edition unique revue par l'auteur, ornée de 104 vignettes en taille douce, dessinées par les peintres les plus célèbres. A la fin du 4e vol. se trouvent : Procès faits aux chansons. — *Paris, Perrotin, 1834, 4 vol. in-8°.*

1189. — D°. — Dernières chansons, de 1834 à 1851, avec une lettre et une préface de l'auteur. — *Paris, Perrotin,* M. DCCC. LVII, *in-8°.*

1190. — D°. — Ma biographie. Ouvrage posthume, avec un appendice orné d'un portrait en pied dessiné par Charlet. — *Paris, Perrotin,* M. DCCC. LVII, *in-8°.*

1191. — D° Correspondance recueillie par Paul Boiteau. — *Paris, Perrotin,* M. DCCC. LX, *in-8°, 4 vol.*

1192. — CHAMBOURG (Chansons de). — *Brest, Ch. Le Blois, 1845, 2 vol. in 8°.*

1193 — CHANTS ET CHANSONS populaires de la France. Notices par Dumersan. Accompagnement de piano par H. Collet. Illustrations par MM. E. de Beaumont, Bailly, Daubigny, Dubouloz, E. Giraud, Meissonier, Pascal, Staal, Steinheil, Trimolet. Chants guerriers et patriotiques, chansons bachiques. *Paris, Lécrivain et Toubon, 1860, grand in-8°, 3 vol.* Frontispice à chaque vol.

1194. — CHANSONS populaires des provinces de France. Notices par Champfleury. Accompagnement de piano par J.-D. Wekerlin. Illustrations par MM. Bida, Bracquemond, Catenacci, Courbet, Faivre, Flameng, Français, Fath, Hanoteau, Ch. Jacque, Ed. Morin, M. Sand, Taal, Villevicille, Noels. — Chansons de Mai, ballades, chansons de métiers, rondes, chansons de mariées. — *Paris, Bourdilliat et Cie, 1860, grand in-8°.* Frontispice.

F. — Poésies en langue celtique et bretonne.

1195. — VILLEMARQUÉ (Vte TH. HERSART DE LA). — Poëmes des bardes bretons du VIe siècle. Traduits pour la première fois avec le texte en regard, revu sur les plus anciens manuscrits. — *Paris, J. Renouard, et Rennes, Vannier,* MDCCCL, *in-8°.*

1196. — D°. — Barzas-Breiz. Chants populaires de la Bretagne, recueillis et publiés, avec une traduction française, des éclaircissements, des notes et les mélodies originales. — *Paris, Charpentier, 1839, in-8°. 2 vol.*

1197. — D°. — La légende celtique et la poésie des Cloîtres en Irlande, en Cambrie et en Bretagne. Nouvelle édit. — *Paris, Didier et Cie, 1864, in-8°*.

1198. — D°. — Les Romans de la Table Ronde et les Contes des anciens Bretons. Nouvelle édit. — *Paris, Didier et Cie, 1861, in-8°*.

1199. — D°. — Myrdhinn ou l'enchanteur Merlin. Son histoire, ses œuvres, son influence. — *Paris, Didier et Cie, 1862, in-8°*.

1200. — D°. — Le grand mystère de Jésus. Passion et résurrection. Drame breton du moyen-âge, avec une étude sur le Théâtre chez les nations celtiques. — *Paris, Didier et Cie, 1865, in-8°*. Fleuron et frontispice d'après la gravure d'Arse Graff. Passionis Christi, 1507. Titre rouge et noir.

1201. — D°. — Poètes bretons du Moyen-Age, publiés et traduits d'après l'incunable unique de la Bibliothèque nationale. — *Paris, Didier; Nantes, Morel, 1879, in-8°*.

1202. — D°. — Barzaz-Breiz. Chants populaires de la Bretagne, recueillis, traduits et annotés. 6e édition. Ouvrage couronné par l'Académie française. — *Paris, Didier et Cie, 1867, in-12*. A la fin se trouve la musique, avec changement de pagination.

1203. — MILIN (Gabriel). — Iann-es-Kolmwenn, légende bretonne, extrait du Bulletin de la Société académique (19 pages). — *Brest, imp. E. Anner, 1864, in-8°*.

1204. — RECUEIL DE MORCEAUX BRETONS. — A M. Le Gal, commis principal de la marine, au magasin général. Manuscrit in-f° relié en parchemin. Ce recueil contient :

1° Un poëme inédit du fameux Le Laé (Claude-Marie), auteur du Sarmoun Mikeal Morin, imitation du Michel Morin français. Cette pièce de vers inédite est ainsi intitulée : Ar C'hy. Nouvelle édition, revue, corrigée et diminuée considérablement par le révérend père Canisius, ancien docteur de chienneries et enrichie de remarques utiles, explicatives et nécessaires pour l'intelligence de la pièce. Avec approbation et privilège du Doge de Caniopolis et du corps politique des chiens du levant, du sud, du nord et du ponant, mdccciii, 15 ff.]

2° Sarmoun Mikeal Morin, 28 ff.

3° Pièces fugitives, fragments. Traduits du français en vers bretons, 2 ff.

1205. — LESCOUR (J.-P.-M.) — Telenn Gwengam. La Harpe de Guingamp. — *Brest, moulet gant U. Piriou, 1869, in-18 rel.* A la fin se trouvent : Chants bretons notés par P. Thielemans, organiste et maître de chapelle à Guingamp, et avec pagination refusée. Comptes-rendus par Mauriès, l'abbé Herpin, Hippolyte Le Gouvello.

1206. — D°, d°. — Comptes-rendus par Mauriès, l'abbé Herpin et Hippolyte Le Gouvello, *in-12 cart.* (42 pages).

1207. — LESCOUR (P.-J.-M.). — Telenn Remengol. La Harpe de Rumengol. — *E Brest, moulet gant J.-B. Lefournier hena, 1867, in-18.* A la fin se trouvent : Airs notés par P. Thielemans, organiste de Notre-Dame de Guingamp.

1208. — D°, d°. — Compte-rendu par Mauriès, sous-bibliothécaire de la ville de Brest. — *Brest, J.-B. Lefournier, 1869, in-12 cart.* (23 pages).

1209. — MAUNOIR (Le P. Julien). — Canticou spirituel da zisqui an hent da vont d'ar Barados. Composet gant an Tat Julian Maner, Religius eus a Gompagnunez Jesus. Corriget hac augmentet. — *E Quemper, e ty Y.-J.-L. Derrien, petit in-8° rel.* (120 pages).

1210. — D°. — Canticou spirituel hac Instructionou profitabl, evit disqui an hent da vont d'ar Barados. Composet gant an Tat Julian Maner, Religius eus a Gompagnunez Jesus. — *E Quemper, e ty Y.-J.-L. Derrien, petit in-8°* (151 pages).

1211. — D°. — Templ consacret da Bassion Jesus-Christ, Batisset gant an Tat Julian Maner, Religius eus a Gompagnunez Jesus. Corriget a nevez en diveza edition-man. — *E Quemper, gant Jouen-Jan-Lois Derrien, petit in-8°*, sans date. L'approbation de la 1re édition porte la date de 1686.

1212. — CANTICOU spirituel composet evit usaich ar missionou. — *E Brest, e ty J.-B. Lefournier ha Dëperiers, 1820, in-8° rel.* M. Dan. L. de Kerdanet, dans sa notice, page 439, semble attribuer ce Canticou à M. Le Jeune, curé de Plougoulm ; et Levot, dans sa biographie bretonne, affirme que ce Le Jeune (Guillaume) est l'auteur des cantiques bretons, *Canticou spirituel*, qui jouissent d'une grande réputation en Basse-Bretagne.

1213. — RECUEIL FACTICE de récits, de cantiques, de discours, de chansons, de complaintes, etc., en langue bretonne. — *In-12, 3 vol. rel.*

1214. LUZEL (F.-M.). — Gwerziou Breiz-Izel. Chants populaires de la Basse-Bretagne, recueillis et traduits. — *Lorient, Edouard Corfmat, 1868-1874, in-8°, 2 vol. rel.*

1215. — D°. — Bepred Breizad. Toujours Breton. Poésies bretonnes, avec traduction française en regard. — *Morlaix, J. Haslé, 1865, in-8°*. Don de l'auteur à la Bibliothèque de la ville de Brest.

1216. — PRADÈRE (O.). — La Bretagne poétique. Traditions, mœurs, coutumes, chansons, légendes, ballades, etc., etc. — *Paris, 1872, in-8°* rel.

Poésies en divers patois de la France.

1217. — GOUDELIN (Pierre). — Las Obros. A Toulouso per Jan Pech imprimur 1678. (C'est le titre que porte le frontispice gravé.) Las Obros de Pierre Goudelin, augmentados noubelomen de forço Pessos, ambè le Dictiounari sur la Lengo Moundino. Ount es mes per ajustié Sa Bido, Remarcos de l'antiquitat de la Lengo de Toulouso, le Trinste Moundi, soun Ombro ; d'amb'un manadet de Berses de Gautié, è d'autres Pouetos de Toulouso. — *A Toulouso, chez Me J.-A.-H.-M.-B. Pijon, ahoucat,* m. dcc. lxxiv, *in-12 rel.*

7. — POÈTES ITALIENS

1218. — DANTE ALIGHIERI. — La Divine Comédie, contenant la description de l'Enfer, du Purgatoire et du Paradis. — *Paris, Sallior, l'an IV de la République (1796), in-8°*, papier vel. 2 tomes reliés en un vol. Cette traduction est de Colbert, comte d'Estouteville, a été revue et publiée par Sallior ; suivant la biographie universelle, le traducteur aurait anéanti presque toute l'édition.

1219. — D°, d°. — La Divine Comédie. L'Enfer, premier cantique, illustré par John Flaxman, précédé de la vie nouvelle illustrée par Mme Rhéal, traduction complète, accompagnée de notes historiques et littéraires, d'une introduction et de la vie du Dante, par l'auteur des divines féeries (Sébastien Rhéal, dont le nom se trouve à la fin de l'introduction). — *Paris, 1843, g^d in-8°*. Le Purgatoire, deuxième cantique, illustré par John Flaxmans, 1845, avec changement de pagination. Le Paradis, troisième cantique, avec changement de pagination. — *Paris, Moreau, 1846.* Traduct. complète accompagnée de notes historiques et de la Prophétie de Byron par l'auteur des divines féeries. Nous lisons, après le Paradis : La Prophétie de Dante, poëme Byronien. Traduction libre.

1220. — D°. — Poëme, traduction nouvelle par A. Brizeux. La vie nouvelle, traduite par Delécluze. — *Paris, Charpentier, in-8°, 1843.*

1221. — D°, d°. — Œuvres philosophiques. Le Banquet, première traduction française, par Sébastien Rhéal. Volume orné du portrait du Dante moulé après sa mort. — *Paris, Moreau, 1852, g^d in-8°.* Rel. avec ‹

Œuvres mineures. Poésies complètes, traduites avec préliminaire et notes par Sébastien Rhéal. — *Paris, Moreau, 1852.* (Avec portrait du Dante et 11 figures).

1222. — D°. — Le Paradis. — *Paris et Strasbourg, Treuttel et Würtz, 1811, in-8° rel.*

1223. — D°. — Le Purgatoire. — *Paris, J. J. Blaise-Pichard, 1813, in-8° rel.*

1224. — DANTE ALIGHIERI. — L'Enfer, poëme. Traduction nouvelle, par le comte Antoine Rivarol, suivant la France littéraire de J.-M. Quérard. — *A Londres, et se trouve à Paris, chez P. Fr. Didot le jeune, Marigot le jeune, Bailly,* M. DCC LXXXV, *in-8° rel.* Le texte est en regard de la traduction.

1225. — D°. — L'Enfer. — *Paris, G. Smith, F. Schœll, 1812, in-8° rel.*

1226. — PÉTRARQUE (Rimes de). — Traduction complète en vers des sonnets, canzones, sextines, madrigaux et triomphes, par Poulenc (Joseph). — *Paris, librairie des Bibliophiles, 1877, 2 vol. in-12.*

1227. — TASSE. — La Gerusalemme Liberata di Torquato Tasso, colle osservazioni di Niccolo Cianculo, et di Scipio Gentili, coll' aggiunta di tutte le Stanze, che dall' autore sono state rifiutate, e de' Luoghi, che dalli Poeti, e Scrittori antichi ha presi, ed imitati. — *Nimes, Nella Stamperia di Michele Gande, l'anno* M. DCC. LXIV, *in-8°, 2 vol. rel.*

1228. — D°. — Même poëme. — *In Avignone, Seguin, 1809, 2 vol. in-12 rel.*

1229. — D°. — La Hiervsalem dv Seignevr Torqvato Tasso. Renduë françoise, par Blaise de Vigenere Boulonnois. — *Paris, Anthoine Dv Brveil, au Mont S. Hilaire, ruë d'Escosse, à la Corone,* M. DC. X, *in-8° rel.* On voit au fleuron le portrait lauré du Tasse.

1230. — D°. — Jérusalem délivrée, poëme historique, trad. par Jean-Baptiste Mirabaud, dont le nom se trouve au bas de l'Epître dédicatoire au duc d'Orléans. — *Rouen, chez la veuve de Pierre Dumesnil,* M. DCC. LXXXVII, *in-12.* 2 tomes rel. en un vol.

1231. — D°. — Même poëme, même traducteur. — *Rouen, J. Racine, 1788.*

1232. — D°. — Jérusalem délivrée, poëme du Tasse. Nouvelle traduction par Charles-François Lebrun, duc de Plaisance, suivant la France littéraire de J.-M. Quérard. — *Paris, Musier,* M. DCC. LXXVII, *in-12.* 2 tomes rel. en un vol.

1233. — D° — Le même, de la même traduction. — *Paris,* M. DCC. XCIV, *in-18, 2 vol.* On y voit un frontispice qui appartient aux Incas, de Marmontel.

1234. — D°. — Jérusalem délivrée, poëme, traduit de l'italien, par C.-F. Lebrun, duc de Plaisance. Nouvelle édition, enrichie de la vie du Tasse, par M. Suard, d'après une note qui se trouve au bas de la 3e page. — *Paris, Bossange, Masson et Besson, 1808, in-12, 2 vol. rel.* 10 portraits hors texte dans le 1er vol. et 9 dans le second. (2 exempl.)

1235. — D°. — Jérusalem délivrée, nouvelle traduction par C. Panckoucke, dont le nom se trouve au bas de l'Epître dédicatoire, dédiée à Monseigneur le comte de Vergennes. — *Paris,* M. DCC. LXXXV, *in-18.* 5 vol. carton. Portrait du comte de Vergennes. Le texte italien se trouve en regard de la traduction.

1236. — D°. — Jérusalem délivrée, poëme imité du Tasse, par J.-M.-B. Clément, de Dijon. — *Paris, Desenne, an VIII (1800).*

1237. — D°. — La Jérusalem délivrée, en vers français, par L.-P.-M. Baour-Lormian. — *Paris, Maradan, an IV (1796), ère vulgaire, in-8°, 2 vol. rel.*

1238. — D°. — Jérusalem délivrée, ou cours de langue italienne, à l'aide duquel on peut apprendre cette langue chez soi, sans maître et en deux ou trois mois de lecture. Traduction interlinéaire avec des notes et la traduction française, par M. Luneau de Boisjermain. — *Lausanne, J.-P. Giegler, 1795, in-8°, 3 vol. rel.*

1239. — D°. — Même poëme. Traduction nouvelle et en prose, par M. Philipon de la Madeleine, augmentée d'une description de Jérusalem, par M. de Lamartine. — *Paris, Mallet et Cie, 1844, in-4°.*

1240. — D°. — Les Veillées du Tasse, manuscrit inédit, mis au jour par Compagnoni, et traduit de l'italien par J.-F. Mimant. — *Paris, Maradan, V., in-8° rel.* Le texte italien est en regard de la traduction. Faisons observer, avec la France littéraire de J.-M. Quérard, que cet ouvrage n'est point de T. Tasso, mais de Compagnoni.

1241. — TANSILLO (L.). — Le Jardin d'amour, ou le Vendangeur, poëme traduit littéralement de l'italien, par C.-F. Mercier. — *Paris, chez les marchands de nouveautés, an VI, in-12 rel.* Le texte italien est en regard.

1242. — BOYARDO (Matheo-Maria), comte de Scandiano. — Extrait de Roland l'amoureux, par M. le comte de Tressan. — *Paris, Pissot,* m. dcc. lxxx, *in-12 rel.* (2 exempl.)

1243. — ARIOSTE (Lud.). — Roland furieux, poëme héroïque. Nouvelle traduction, par M. le comte de Tressan. — *Paris, Pissot,* m. dcc. lxxx, *in-12, 4 vol. rel.* (2 exempl.)

1244. — D°. — Roland furieux, poëme héroïque. Traduction nouvelle, par M. d'Ussieux. — *Paris, Brunet,* m. dcc. lxxv, *in-8°, 4 vol.* Rel. en v. rac. Portrait de l'Arioste. 20 grav. dans le 1er vol.; 22 dans le second; 23 dans 3e et 22 dans le 4e.

1245. — D°. — Même poëme. Nouvelle traduction, avec la vie de l'Arioste et des notes sur les romans chevaleresques, les traditions orientales, les chroniques, les chants des trouvères et des troubadours, etc., par A.-N. Magny. — *Paris, Knab, 1839, 3 vol. in-8° rel.*

1246. — CARTEROMACO. — Fortiguerra ou Forteguerri (Nic.), poète facétieux italien du xviiie Siècle. — Richardet, poëme italien de Carteromaco, traduit en vers français, par Mancini-Nivernais, suivant la France littéraire de J. M. Quérard, et le Dictionnaire des ouvrages anonymes d'Ant. Alex. Barbier, 3e édition. — *Paris, Didot jeune,* m. dcc. xcvi, *in-8°, 2 vol. rel.*

1247. — CARTEROMACO. — Fortiguerra ou Forteguerri (Nic.), poète facétieux italien du xviiie Siècle. — Richardet (Ricciardetto), poëme en xii chants, imité de l'italien par Anne-Fr. Duperrier-Dumouriez, père du général, d'après la France littéraire de J. M. Quérard. — *Liège, C. Plomteux,* m. dcc. lxxvi, *petit in-12, 2 vol. rel.* L'original italien a trente chants. Dumouriez avait déjà publié, en 1764, les 6 premiers chants sous le nom de Richardet. On lit, au commencement de notre édition, une épître en vers adressée par Duperrier-Dumouriez à M. de Voltaire, et la réponse en vers de ce dernier.

1248. — BERTOLA (D. Giorgi). — Les nuits Clémentines, poëme en iv chants, sur la mort de Clément xiv (Gauganelli), traduction libre de l'italien, suivie du poëme original. — *Paris, Lottin,* m. dcc. lxxviii, *in-12 rel.* Avec :

1° Le Notti Clementine, poemæ in quattro canti in morte Della santa memoria di Clemente xiv.

2° Altre poesie del medesimo : Scelta d'Idili di Gessner, tradotti dal Tedesco (2 exemplaires).

1249. — SANNAZAR (Jacques de). — L'Arcadie. Traduite de l'italien, par Ant. Pecquet, suivant le Dictionnaire des ouvrages anonymes d'Ant. Alex. Barbier, 3° édition, et la France littéraire de J.-M. Quérard. — *Paris, Nyon fils*, m. dcc. xxxvii, *in-12.*

1250. — ALL CHIARISSIMO Sig. Luigi de La Grange Torinese, etc., etc. Epistola di un suo Concittadino, ed amico — *In Bologna. Nella Stamperia di Lelio dalla Volpe,* 1767, *in-8°.* Filets dorés. (2 exempl.)

1251. — LOPE DI VEGA CARPIO. — La hermosura de Angelica, con ostras diversas Rimas. — *En Barcelona, à costa de Miguel Menescal, mercader de libros,* m. dc. iiii, *in-12.*

G. — Poètes espagnols et portugais.

1252. — CAMOENS (L. de). — La Lusiade, poëme héroïque, sur la découverte des Indes orientales. Traduit du portugais par M. Dupéron de Castera. — *Paris, Briasson,* m. dcc. lxviii, *in-12, 3 vol.*

1253. — D°. — Les Luciades, ou les Portugais. poëme en dix chants. Traducien nouvelle, avec des notes, par J.-B^te Milliée. — *Paris, Firmin Didot, père et fils.* m. dccc. xxv, *in-8°, 2 vol.*

7. — POÈTES ALLEMANDS

1254. — HUBER (Michel). — Choix de Poésies allemandes. Traduction. — *Paris, Humblot,* m. dcc. lxvi, *in-8°, 4 vol.* Frontispice gravé et fleuron.

1255. — D°. — Choix de poésies allemandes, traduction. — *Paris, Humblot,* m. dcc. lxvi, *in-12, 4 vol.* Frontispice gravé et fleuron.

1256. — HALLER (Le bar. Alb. de). — Poésies, traduites de l'allemand, par Tscharner, suivant la France littéraire de J. M. Quérard, et le Dictionnaire des ouvrages anonymes d'Ant. Alex. Barbier, 3° édit. — *Berne, Société typographique,* m. dcc. lxxv, *in-8° rel. en v. gran.* Triples filets dorés.

1257. — ZACHARIE (Fréd.-Wilhelm), poète allemand célèbre. — Les quatre parties du jour, poëme traduit de l'allemand, par Muller, suivant la France littéraire de J. M. Quérard qui nous affirme que le traducteur s'est masqué au bas de son épître dédicatoire, sous le nom de Capitaine. — *Paris, J. B. G. Musier fils,* m. dcclxix, g^d *in-8° oblong.* Frontispice gravé et 4 figures avec petites vignettes dont l'explication est donnée dans les feuillets préliminaires.

1258. — SCHONAICH (le baron de). — Arminius, ou la Germanie délivrée, poëme héroïque en douze chants, mis en vers français par Déhault sur la 3ᵉ édit. allemande, traduit par M. E* et dédiée au roi de Danemarck, avec un précis historique et des notes. — *Paris, Petit-Frechet, an VII, in-8°.* Avec :

La Pétréade ou Pierre le Créateur, par M. G. S. Chevalier de Mainvillers. — *Amsterdam, J. H. Schneider,* m. dcc. lxiii, *in-8°.* Frontispice gravé, fleuron, portrait de Pierre III, page 159. Titre rouge et noir.

1259. — KLOPSTOCK (Fréderic-Gostlieb). — Le Messie, poëme en dix chants, traduit de l'allemand, par d'Antelmy, Junker et autres. — *Paris, Vincent,* m. dcc. lxix, *in-12.*

---

8. — POÈTES SCANDINAVES ET SLAVES

1260. — GRABERG di HEMSO. — Saggio istorico sugli Scaldi o antichi poeti Scandinavi. — *Pisa, presso Molini, Landi e comp. co' caratteri di Didot,* mdcccxi, *in-8°* Sur le faux-titre on lit, un envoi de l'auteur à M. Barbié du Bocage, membre de l'institut.

1261. — MIKIÉWICZ (Adam), professeur de littérature et langue Slave au Collège de France. — Œuvres poétiques complètes, traduction nouvelle d'après l'édition originale de 1844, par Chistien Ostrowski, 3ᵉ édit. ornée de deux planches en taille-douce. — *Paris, Plon frères, 1849,* g^d *in-18, 2 vol.*

Les Poètes illustres de la Pologne au XIXᵉ Siècle
8 volumes in-8°.

1262. — HOWACKI (Jules). — Sigismond Krazinski. — *Paris, E. Plon et Cie, 1876, 1 vol.*

1263. — MICKIEWICZ (Adam). — Première et deuxième partie. — *E. Plon et Cie. 1876 et 1877, 2 vol.*

1264. — LENARTOWITZ (Théophile). — Sigismond Krapinski, Jules Słowacki, Joseph Kraszewski, dernière série. — *Nice, Visconti, Paris, Marpon et Flammarion, 1881, 1 vol.*

1265. — UKRAINIEN (Cycle). — Antoine Malezewski. Bohdan Zaleski. Séverin Goszczynski. — *Nice, Visconti, 1878, 1 vol.*

1266. — GALICIEN (Cycle). — Vincent Pol. Kornel Ujelski. Alexandre Fredro. — *Nice, Visconti, Paris, Marpon et Flammarion, 1879, 1 vol.*

1267. — LITHUANIEN (Cycle). — Première partie : Adam Mickiewicz. Edouard Odyniec. — Deuxième partie : Ladislas Syrokomsa. Julien Niemcéwicz. — *Nice, Visconti, Paris, Marpon et Flammarion, 1880, 2 vol.*

1268. — Les chants historiques de l'Ukraine et les chansons des Latyches des bords de la Dvina occidentale. Périodes païenne, normande, tartare, polonaise et cosaque, traduits sur les textes originaux par A. Chodzko, chargé de cours au Collège de France. — *Paris, Ernest Leroux, 1879, in-8°, 1 vol.*

9. — POÈTES ANGLAIS

1269. — MILTON (John). — Le Paradis perdu, poëme héroïque, traduit de l'anglais, par N. F. Dupré de Saint-Maur, avec les remarques de M. Addisson. Nouvelle édition. — *Paris, Bordelet, m. dcc. xlii, in-12, 3 vol.* Le 3ᵉ vol. à la date de 1736, comprend : Le Paradis reconquis, trad. de l'anglais par le P. de Mareuil de la compagnie de Jésus, avec Lycidas, l'Allegro, Il. Pensero, le cantique sur la fête de Noël et six lettres critiques sur le Paradis perdu et reconquis, par le P. R. Routh, de la compagnie de Jésus.

1270. — Dº. — Le Paradis perdu, poëme héroïque, traduit de l'anglois, avec les remarques de M. Addisson qui se trouvent à la fin du 4ᵉ vol., après les lettres critiques. Nouvelle édition. — *Paris, Nyon, m. dcc. lxv, in-12, 4 vol.* Après le Paradis reconquis, tome III, se trouvent, sans changement de pagination, les œuvres diverses de Milton, Lycidas, l'Allegro, Il Pensero et le cantique sur la fête de Noël.

1271. — Dº. — Le Paradis perdu, traduit de l'anglais, avec les remarques de M. Addisson, avec le Paradis reconquis et quelques autres pièces de poésie du même auteur. — *La Haye, chez les frères Van Durew, 1777, in-8°.*

BELLES LETTRES.

1272. — D°. — Le Paradis perdu, poëme héroïquo, traduit de l'anglois. Avec les remarques de M. Addisson. Nouvelle édition, augmentée du Paradis reconquis et de quelques autres pièces de poésie du même auteur, avec changement de pagination. — *Lyon, M. Barret,* M. DCC. LXXXI, *in-12.*

1273. — D°. — Le Paradis perdu, traduction nouvelle, avec des notes, la vie de l'auteur, un discours sur son poëme, les remarques d'Addisson ; et à l'occasion de ces remarques, un discours sur le poëme épique, par M. Racine. — *Paris, Desaint et Saillant,* M. DCC. LV, *in-8°, 3 vol.*

1274. — D°. — Le Paradis perdu, traduction nouvelle en treize chants, par Jacques-Barthélemy Salgues. — *Paris, Collin, 1807, in-8°,*

1275. — D°. — Le Paradis perdu. Traduction de Châteaubriand. Précédé de réflexions sur la vie et les écrits de Milton, par Lamartine, et enrichi de vingt-cinq magnifiques estampes originales, gravées au burin sur acier. — *Paris, Furne,* M. DCCC. LV, *grand in-folio.*

1276. — HUDIBRAS (BUTLER S. DE). — A poem written in the time of the civil wars. Adorned with cuts. — *London,* M. DCC. LVII. Hudibras, poëme écrit dans le tems des troubles d'Angleterre, et traduit en vers françois, avec le texte en regard, et des remarques et des figures, par Jean Towneley, et publié par l'abbé Jean Needham Tuberville, avec des remarques par P. Henri Larcher, suivant le Dictionnaire des ouvrages anonymes d'Ant. Alex. Barbier, 3e édition. — *Londres,* M. DCC. LVII, *in-12, 3 vol.* Portrait de Samuel Butler.

1277. — GAY (JOHN). — The poetical Works. Including his fables, in three volume. — *Edimburg, at the Apollo press, by the Martins, anno 1777, in-18* rel. en un seul. Portrait de l'auteur et frontispices gravés. With the life of the author, from the royal quarto édition of 1700.

1278. — D°. — Fables by John Gay ann by Edward Moore, etc. — *Paris, Aug. Renouard, 1802, P. in-16.*

1279. — POPE (A). L'Essai sur l'homme, traduit en vers français par Jacques Delille, avec le texte anglais en regard, suivi de notes, de variantes, et de la prière universelle, traduite en vers français, par M. de Lally-Tolendal. — *Paris, Michaud,* M. DCCC. XXI, *in-18.*

1280. — THOMPSON. — Les Saisons, poëme trad. de l'anglais. (S. l. d'imp. ni date, *in-24.*

1289. — D°. — Autre trad. par Mme Bontemps. — *Tulle, C. Chirac, 1816, in-12.*

1282. — YOUNG (Edouard). Les Nuits, traduites de l'anglais par M. Le Tourneur. Nouvelle édition corrigée et augmentée du Triomphe de la Religion. — *Paris, Lejay.* m. dcc. lxix, *in-12, 2 vol.* 2 grav., l'une représentant Young offrant son livre à l'Eternel, et l'autre, Young enterrant sa fille.

1283. — D°. — Les Nuits, traduites de l'anglais par M. Le Tourneur. 4e édit., corrigée et augmentée du Triomphe de la Religion. — *Paris, Lejay.* m. dcc. lxx, *in-12,* 4 t. en 2 vol., 2 grav. comme ci-dessus. Après le Triomphe etc, se trouve une *Paraphrase d'une partie du livre de Job,* les *Pensées, Eusèbe,* la *Résignation.*

1284. — D°. — Les nuits, traduites de l'anglais, par M. Le Tourneur. Nouvelle édition, corrigée et augmentée du Triomphe de la Religion, de la Fille séduite, et du Courtisan Hermite. — *Amsterdam, aux dépens de la Compagnie,* m. dcc. lxxi, *in-12, 2 vol.* 2 gravures comme ci-dessus.

1285. — D°. — Même traduction. — *Lyon, Rolland et Rivière aîné, 1809, in-12, 2 vol.*

1286. — D°. — Love of fame, the universal passion, in seven characteristical satires. (Satires d'Young, ou l'amour de la Renommée, passion universelle). — *Glasgow, printed and Sold by Rob. and And. Foulis,* m. dcc. lviii *in-18* (86 pages).

1287. — BURNS (Robert). — The poetical works, with a complete glossary, and life of the author. — *London, printed by W. Levis, 1812, 2 vol. in 12.* (Portrait de l'auteur et 4 fig).

1288. — DARWIN (E.). — Les Amours des plantes, poëme en quatre chants, suivi de notes et de dialogues sur la poésie. Ouvrage traduit de l'anglais de Darwin, par J.-P.-F. Deleuze. — *Paris, Digeon, an VIII, in-12.*

1289. — WILLIAMS (Helena-Maria). Recueil de poésies, extraites de ses ouvrages, traduites de l'anglais par M. Stanislas de Boufflers, membre de l'Institut. et par M. Esménard. — *Paris, Fr. Cocheris, fils,* m. dccc. viii, *in-8°.*

1290. — MOORE (Thomas) esq. — Irish Melodies, with an appendix, containing the original advertissements, an the prefatory letter on music. The seventh edition. — *London, printed for J. Power.* m. dccc. xxv. *in-18.*

1291. — SEWARD (Miss). — Louisa, a poetical novel, in four epistles. — *Dublin, printed by J.-M. Davis,* m. dcc. lxxxiv, *in-8°* (85 pages).

1292. — BYRON (Lord). — Œuvres complètes. Traduction nouvelle, d'après la dernière édition de Londres, par Benjamin Laroche, avec les notes et commentaires de Sir Walter Scott, Thomas Moore, Francis Jeffrey, le professeur Wilson, etc., etc.; les variantes du texte, précédées de l'histoire de la vie et des ouvrages de lord Byron, par John Galt. — *Paris, Charpentier, 1836, grand in-8°, 4 vol.* Portrait de lord Byron. (15 figures.)

1293. — D°. — Même traduction. — *Paris, Victor Lecou, 1854, 4 vol. in-8°.*

1294. — D°. — Traduction de M. Paulin. — *Paris, Dondey-Dupré et fils, 1830, 13 vol. rel. in-8°.*

1295. — D°. — Traduction de M. Amédée Pichot. — *Paris, Furne et Cie, 1842, in-4° rel.*

1296. — D°. — The complete Works of lord Byron. — *Paris, published by A. and W. Galignani and C°, 1842, in-4° rel.*

1297. — D°. — Childe Harold. Texte anglais, avec un avant-propos et des notes en français, par M. de Tréverret, professeur de littérature étrangère à la Faculté des lettres de Bordeaux. — *Paris, Paul Dupont, 1883, in-12.*

1298. — D°. — Beautés ou choix des pensées et des morceaux les plus remarquables, etc. Traduction par E. de Léonville. — *Paris, Eymery, 1825, in-12.*

1299. — JORDAN (William). — The creation of the world, with Noah's flood, written in Cornish in the year 1611, by William Jordan; with an english translation, by John Keigwin. Edited by Davies Gilbert. — *London, printed for J.-B. Nichols, 1827, in-8°.* Avec :

Adresses to the royal society at the anniversary meeting on St. Andrew's dy 1827, by Davies Gilbert. — *London, printed by Richard Taylor, 1828.*

---

10. — POÉSIES ÉCOSSAISES ET IRLANDAISES.

1300. — MACPHERSON (James). — Ossian, fils de Fingal, barde du troisième siècle. Poésies galliques, traduites sur l'anglais de Macpherson, par M. Le Tourneur. *Paris. Mussier fils, M. DCC. LXXVII, in-8° 2 vol.*

1301. — D°. — Même traduction. — *Paris, Dentu, an VII, in-8°. 2 vol.*

1302. — MACPHERSON (James). — Temora, poëme épique, en VIII chants, composée de langue erse ou gallique par Ossian, fils de Fingal.

Traduit d'après l'édition anglaise de Macpherson, par M. Le marquis de Saint-Simon. — *Amsterdam, Changuion.* M. DCC. LXXIV, *in-8°*, avec 2 cartes.

1303. — BAOUR-LORMIAN. — Ossian, barde du III° siècle, poésies galliques, en vers français. — *Paris, Didot l'aîné, an XII, in-12.*

1304. — D°. — Autre *in-8°*. — *Paris, R. Bocquet, 1840.*

1305. — SCOTT (Walter). — Harold l'Indomptable, poëme en 6 chants. Les fiançailles de Triermain. — *Bruxelles, Aug. Vahlen, 1827, in-32.*

1306. — D°. — Le Lord des Isles, poëme en 6 chants. — *Bruxelles, Aug. Vahlen, 1827, in-32.* (Le champ de Waterloo, qui devait se trouver à la page 207 a été enlevé).

Poëtes Magyares

1307. — POÉSIES MAGYARES. — Choix et traduction par H. Desbordes-Valmore et Ch. E. de Ujfalvy de Mezo-Kovesd. — *Paris, Maisonneuve et Cie 1873, in-8°.*

Poésies Finlandaises

1308. — LE KALEVALA. — Epopée nationale de la Finlande et des peuples finnois. Traduit de l'idiome original, précédé d'une introduction et annoté par L. Léouzon Leduc. — *Paris, Ch. Marpon et Flammarion, 1879, in-8°.*

11. — POÈTES ORIENTAUX

1309. — BHAGUAT-GEETA (Le) ou Dialogues de Kreeshna et d'Arjoon, contenant un précis de la Religion et de la Morale des Indiens. Traduit du Samscrit, la langue sacrée des Brahmes, en anglais, par M. Charles Wilkins ; et de l'anglais en français, par M. Parraud, de l'Académie des Arcades de Rome. — *A Londres et se trouve à Paris, chez Buisson.* M. DCC. LXXXVII, *in-8°.*

1310. — SABBAGH (Michel). — La Colombe messagère, plus rapide que l'éclair, plus prompte que la nue. Trad. de l'arabe en français, par A. I. Sylvestre de Sacy. — *Paris, imprimerie impériale, an XIV, in-8°.*

1311. — BIDASARI. — Poëme malais, précédé des traditions poétiques de l'Orient et de l'Occident. Traduction par Louis de Backer. — *Paris, E. Plon et Cie 1875, in-8°, et librairie orientale de Maisonneuve et Cie.*

1312. — SAADI. — Le Boustan, ou Verger, poëme persan, traduit pour la première fois en français, avec une introduction et des notes, par A. C. Barbier de Meynard. *Paris, E. Leroux, 1880, in-8°.*

III. — POÉSIE (Seconde partie)

POÉSIE DRAMATIQUE

1. — Histoire générale des Théâtres et Traités généraux de l'Art dramatique.

1313. — HEINSIUS (Dan).— Dan. Heinsii de Tragœdiæ constitvtione liber. In quo inter cætera tota de hac Aristotelis sententia dilucide explicatur. Editio auctior multo. Cui et Aristotelis de Poetica libellus (gr. et lat) cum ejusdem notis et interpretatione, accedit. — *Lvgd. Batav. ex officina elseviriana*, ch. hc. xliii (1643), *in-12*.

1314. — GEOFFROY (Julien-Louis). — Cours de littérature dramatique, ou Recueil par ordre des matières des feuilletons de Geoffroy, précédé d'une notice historique sur sa vie et ses ouvrages, par Etienne Gosse. Seconde édition, considérablement augmentée et ornée d'un fac-simile de l'écriture de l'auteur. — *Paris, Blanchard, 1825, in-8°, 6 vol.*

1315. — Almanach des spectacles pour 1830, 9ᵉ année. — *Paris, Barba, 1830, petit in-8°.*

2. — Poètes dramatiques grecs

1316. — BRUMOY (Le P. Pierre), jésuite. — Théâtre des Grecs. Nouvelle édition, enrichie de très belles gravures, et augmentée de la traduction entière des pièces grecques dont il n'existe que des extraits dans toutes les éditions précédentes ; et de comparaisons, d'observations et de remarques nouvelles, par MM. de Rochefort et du Theil, de l'Académie royale des Inscriptions et Belles-Lettres, et par M*** (Pierre Prévost et A.-C. Brotier qui a traduit Aristophane, suivant le dictionnaire des ouvrages anonymes d'Ant. Alex. Barbier, 3ᵉ édit.) — *Paris, Cussac. m. dcc. lxxxv, in-8°, 13 vol. rel.* Un frontispice et 22 grav.

1317. — ESCHYLE. — Théâtre. Nouvelle traduction en vers par Francis Robus. — *Paris, L. Hachette, 1846, in-12.*

1318. — SOPHOCLE. — Théâtre. Traduit en entier, avec des remarques et un examen de chaque pièce ; précédé d'un discours sur les difficultés qui se rencontrent dans la traduction des poètes tragiques grecs et d'une vie de Sophocle, par M. de Rochefort. — *Paris, Nyon l'aîné et fils.* M. DCC. LXXXVIII, *in-8°, 2 vol.* Un autre exemp. rel.

1319. — EURIPIDE. — Les tragédies, traduites du grec, par M. Prevost. — *Paris, Pissot père et fils,* M. DCC. LXXXII, *in-12 rel.* Triples filets dorés. Portrait en buste d'Euripide.

1320. — D°. — Hippolyte, porte-couronne. Drame antique, avec les chœurs. Traduit pour la scène française, autorisé pour la représentation. Préliminaires historiques : Les pièces grecques et le théâtre au XIX° siècle, par Sébastien Rhéal (de Cesena). — *Paris, Dentu, 1858, in-18.*

1321. — D°. — Texte grec. — *Parisiis, apud Hachette, 1838, in-8°.*

1322. — ARISTOPHANE. — Théâtre avec les fragments de Ménandre et de Philémon ; traduit en français par M. Pointinet de Sivry. Neuvième édition. — *Paris, Desray,* M. DCC. XC. *in-8°, 4 vol.* (Autre exemp.)

1323. — D°. — Le Plutus et les Nuées, comédies grecques traduites en français, avec des remarques et un examen de chaque pièce selon les règles du théâtre ; par Mademoiselle Le Fèvre (depuis Madame Dacier). — *Paris, Denys Thierry et C. Barbier.* M. DC. LXXXIV, *in-12.*

1324. — D°. — Comédies traduites du grec, par M. Artaud. — *Paris, Charpentier, 1845, 2 vol. in-8°.*

3. — Poétes dramatiques latins anciens, et poètes modernes qui ont écrit en latin.

1325. — PLAUTE. — M. Actii Plavti Comædiæ Viginti. — *Apvd Seb. Gryphivm Lvgdvni, 1549, in-16,* rel. à compartiments et gauffrée. Fleuron ou marque typographique, un griphon avec la devise : Virtvte dvce, Comite fortuna, qui est une sentence de Cicéron.

1326. — D°. — Marci Actii Plauti Comædiæ quæ supersunt. — *Parisiis, typis J. Barbou, viâ San Jacobæa, sub signo Ciconiarum,* M. DCC. LIX, *in-12, 3 vol.* Trip. filets dorés. Fleuron avec cette devise : Meta laboris honos. Chaque vol. a son frontispice gravé. Brunet, dans son manuel du libraire, 5° édit., dit, en parlant de l'édition dont notre exemplaire est tiré : une des plus jolies éditions de la collection de Barbou.

1327. — D°. — Les Comédies de Plaute, nouvellement traduites en stile libre, naturel et naïf, avec des notes et des réflexions enjouées, agréables et utiles, de critique, d'antiquité, de morale et de politique, par Monsr Gueudeville, enrichi d'estampes en taille-douce à la tête de chaque tome et de chaque comédie : divisées en 10 tomes. — *Leide, Pierre Vander Aa.*, m. dcc. xix, *in-12, 10 vol.* A la fin du 1er vol. se trouve un catalogue de 70 pp.

1328. — D°. — Le même, texte et traduction nouvelle, par J. Naudet. — *Paris, Lefèvre et Garnier frères, 1845, pet. in-8°, 4 vol.*

1329. — D°. — Mostellaria (le Revenant), texte et trad., *in-8°*. La première page manque avec le titre, le libraire, le lieu et la date.

1330. — TÉRENCE. — Terentius. — *Parisiis, ex officina Rob. Stephani*, m. d. xl, *in-24*. Marque typographique l'olivier, avec la devise : Noli altum sapere.

1331. — D°. — Publii Terentii comædiæ sex. ex. recensione Heinsiana, cum annotationibus Thomæ Farnabii. — *Amstelædami, typis Joannis Blæv. sumptibus. societatis, 1669, in-8°.*

1332. — D°. — Publii Terentii Afri comædiæ ad optimorum exemplarium fidem recensitæ, accesserunt variæ lectiones, quæ in libris Mss. et eruditorum commentariis notatu digniores occurrunt. — *Londini, impensis J. et P. Knapton. et G. Sandby*, m. dcc. li, *in-8°, 2 vol.* Rel. en v. marb. Trip. filets dorés. Fleuron représentant le portrait en buste de Térence, 6 grav. hors texte.

1333. — D°. — Heautontimorumenos et Adelphi, texte et trad., *in-8°*, tome ii (sans lieu ni date).

1334. — D°. — Les Comédies, nouvellement traduites avec le latin à costé, et rendves très-honnestes en y changeant fort peu de chose, par Etienne de Martignac, suivant le Dictionnaire des ouvrages anonymes d'Ant. Alex. Barbier, 3e édit.— *Paris, veuve Claude Thiboust*, m. dc. lxx, *in-12 rel.* Frontispice gravé. Chaque pièce a sa pagination séparée.

1335. — D°. — Les Comédies, traduites en français, avec des remarques, par Mme Dacier (suivant Barbier) — *Lyon, Molin, 1695, 3 vol. in-12.*

1336. — D°. — Les Comédies de Térence, avec la traduction et les remarques de Mme Dacier. — *A Rotterdam, aux dépens de Gaspar Fritsch*, m. dcc. xvii. *petit in-8°, 3 vol.* Frontispice gravé avec l'explication. 37 fig. de Bern. Picart. C'est l'édition la plus recherchée de cette traduction, au témoignage de Brunet.

1337. — D°. — Les Comédies de Térence. Traduction nouvelle, avec le texte à côté et des notes, par M. l'abbé Le Monnier. — *Paris, Ch. Ant. Jombert*, M. DCC. LXXI, *in-8°, 3 vol.*

1338. — D°. — Les Comédies de Térence. Texte latin et traduction par M. Alfred Magin, recteur de l'Académie de Nancy. — *Paris, G.-G. Dubochet et Cie, 1845, in-8°.*

1339. — D°. — Les mêmes. Texte latin et traduction par M. Ferdinand Collet. — *Paris, Lefèvre et Garnier frères, 1845, in-8°.*

1340. — SÉNÈQUE. — L. Annaei Senecæ tragædiæ, ad editionem Gronovii emendatæ, cum notis Thomæ Farnabii. Accedunt Hieronymus Avantius et Georgius Fabricius de generibus carminum, apud L. Annacum Senecam tragicum. — *Amstelædami, apud Janssonio-Waesbergios*, M. DCC. XIII, *petit in-12.* Frontispice gravé.

1341. — D°. — Autre édition. — *In-16.* Manque la page du titre avec le lieu, le libraire et la date.

1342. — PORÉE (Le P. Charles), jésuite. — Caroli Porée è Societate Jesu, Sacerdotis Fabulæ dramaticæ, editæ ab uno ejusdem Societatis Sacerdote. — *Lutetiæ Parisiorum, apud Marcum Bordelet*, M. DCC. XLIX, *in-8°.*

1343. — D°. — Un autre exemplaire sur le titre duquel on lit ces mots manuscrits : Ad usum F. Anastasii Landernardi capucini concionatoris pro capucinis Brestensibus. *Anno domini 1760.*

4. — Poètes dramatiques français

A. — Histoire du Théatre en France. — Traités sur la Poésie Dramatique et sur l'Art du Comédien

1344. — Histoire de l'établissement des théâtres en France ; avec l'état, de dix ans en dix ans, depuis 1690 jusqu'à ce moment, des acteurs qui ont paru sur le théâtre français ; état d'après lequel on connaît quels étaient ceux qui occupaient ensemble la scène française. A la suite de cette histoire se trouvent :

1° La liste, par ordre alphabétique, des pièces qui composent actuellement le répertoire du théâtre français et celui du théâtre de l'Impératrice ; etc.

2° La liste.... des opéras qui composent le répertoire de l'Opéra-Comique, etc.

3° Des notices sur les auteurs morts, etc., etc.

4° Le dernier décret relatif aux droits des auteurs.

5° Des extraits des derniers règlements, etc., etc.

6° Le décret impérial du 8 juin 1806, concernant les théâtres.

7° L'arrêté en exécution de ce décret, pris par le Ministre de l'Intérieur, le 25 avril 1807 (Par Edouard-Marie-Joseph Lepan, suivant le Dictionnaire des Ouvrages anonymes d'Ant.-Alex. Barbier, 3ᵉ édit.) *Paris, Frechet, 1807, in-12.*

1345. — Bibliothèque du Théâtre françois, depuis son origine ; contenant un extrait de tous les ouvrages composés pour ce théâtre, depuis les Mystères jusqu'aux pièces de Pierre Corneille ; une liste chronologique de celles composées depuis cette dernière époque jusqu'à présent ; avec deux tables alphabétiques, l'une des auteurs et l'autre des pièces. (Par le duc de La Vallière, ou plutôt par L.-F. Cl. Marin, J. Capperonnier et l'abbé P.-J. Boudot, suivant le dictionnaire des ouvrages anonymes d'Ant.-Alex. Barbier, 3ᵉ édition, et *Les Supercheries littéraires dévoilées,* par J.-M. Quérard, 3ᵉ édit.) *Dresde, Michel Groell.* M. DCC. LXVIII, *in-8°,* 3 *vol.* Chaque vol a son frontispice gravé.

1346. — CLÉMENT (J.-M.-B.) de Dijon et l'abbé Jos. DE LA PORTE. — Anecdotes dramatiques contenant : 1° Toutes les pièces de théâtre, etc., etc. 2° Tous les ouvrages dramatiques qui n'ont été représentés sur aucun théâtre, mais qui sont imprimés, ou conservés en manuscrits dans quelques bibliothèques ; 3° un recueil de tout ce qu'on a pu rassembler d'anecdotes imprimées, manuscrites, verbales, etc., etc. 4° Les noms de tous les auteurs, poëtes ou musiciens, qui ont travaillé pour tous nos théâtres, de tous les acteurs ou actrices célèbres, etc. Un abrégé de leur vie, et des anecdotes sur leurs parents. 5° Un tableau, accompagné d'anecdotes, des théâtres de toutes les nations. — *Paris, Veuve Duchesne, 1775, 3 vol. rel. in-8°.*

1347. — LERIS (ANT. DE), premier huissier de la Chambre des Comptes de Paris. — Dictionnaire portatif historique et littéraire des théâtres, contenant l'origine des différens théâtres de Paris ; le nom de toutes les pièces qui y ont été représentées...., et celui des pièces jouées en province, ou qui ont simplement paru par la voie de l'impression depuis plus de trois siècles, avec des anecdotes et des remarques sur la plupart, le nom et les particularités intéressantes de la vie des auteurs, musiciens et acteurs, avec le catalogue de leurs ouvrages et l'exposé de leurs talens ; une chronologie des auteurs et des musiciens, avec une chronologie de tous les opéras et des pièces qui ont paru depuis trente-trois ans. Seconde édition. — *Paris, C.-A. Jombert,* M. DCC. LXIII, *in-8°.*

1348. — LAUGIER (Eugène). — De la Comédie française depuis 1830, ou résumé des événemens survenus à ce théâtre depuis cette époque jusqu'en 1844, pour servir de complément à toutes les histoires du théâtre français ; augmenté du texte officiel du décret de Moscou et du discours prononcé par M. Samson, doyen des sociétaires, pour l'inauguration du monument de Molière. — *Paris, Tresse, 1844, in-12.*

1349. — RICCOBONI (Louis). — De la réformation du théâtre. — m. dcc. xliii, *in-12.*

1350. — CLAIRON (Claire-Jos. Legris de la Tude, plus connue sous le nom de Mademoiselle). — Mémoires d'Hyppolite Clairon, et réflexions sur la déclamation théâtrale, publiés par elle-même. Seconde édition. — *Paris, F. Buisson, an VII de la République (1799), in-8° rel.* Portrait d'Hyppolite Clairon.

1351. — JANIN (Jules). — Histoire de la littérature dramatique. Deuxième édition, revue et corrigée par l'auteur. — *Paris, Michel Lévy frères, 1855, g^d in-18, 6 vol.*

1352. — SCUDO (P.) — Critique et littérature musicales, 1re série, 3e édition. — *Paris, L. Hachette et Cie, 1856, in-18.* (2 ex.)

1353. — D°. — Critique et littérature musicales. Deuxième série. — *Paris, L. Hachette et Cie, 1859, in-18.*

1354. — ESCUDIER (Gaston). — Les Saltimbanques, leur vie, leurs mœurs, 500 dessins à la plume, par P. de Crauzat. — *Paris, Michel Lévy frères, librairie nouvelle, 1875, in-8°.*

B. — Pièces de Théatre, depuis l'origine du Théatre en France jusqu'a nos jours

1355. — FOURNIER (Edouard). — Le Théâtre français au xvie et au xviie Siècle, ou choix des comédies les plus remarquables antérieures à Molière, avec une introduction et une notice sur chaque auteur, avec huit portraits en couleur. — *Paris, Laplace, Sanchez et Cie, in-12, 2 vol.*

1356. — THÉATRE FRANÇOIS, ou Recueil des meilleures pièces de théâtre. — *Paris, P. Gandouin, Nyon père et autres,* m. dcc. xxxvii, *in-12, 12 vol.* Filets dorés.

1357. — THÉATRES (petite Bibliothèque des), contenant un Recueil des meilleures pièces du théâtre français, tragique, comique, lyrique et bouffon, depuis l'origine des spectacles en France jusqu'à nos jours. — *Paris, au Bureau, rue des Moulins, 1783, 12 vol. in-16.*

1358. — THÉATRE des auteurs de second ordre, ou Recueil des tragédies et comédies restées au théâtre français, avec des notices sur chaque auteur, la liste de leurs pièces et la date des premières représentations. Stéréotype d'Herhan. — *Paris, Mame, 1808, 5 vol. in-18*, comprenant les tomes 6e, 7e, 12e et 14e seulement.

1359. — RÉPERTOIRE du théâtre françois, ou Recueil des tragédies et comédies restées aa théâtre depuis Rotrou, pour faire suite aux éditions in-octavo de Corneille, Molière, Racine, Régnard, Crébillon, et au théâtre de Voltaire, avec des notices sur chaque auteur, et l'examen de chaque pièce, par M. Petitot. Nouvelle édition, augmentée des chefs-d'œuvre de Beaumarchais, Collin d'Harleville, Ducis et Le Fèvre. — *Paris, Foucault, 1817-1818, in-8° 25 vol.*

1360. — PIÈCES DE THÉATRE (8) :

1. — Les premières amours et les souvenirs d'enfance.

2. — Etre aimé ou mourir, de Scribe et Dumanoir.

3. — Les premières armes de Richelieu, de Bayard et Dumanoir.

4. — Rue de la lune, Varin et Bayer.

5. — Marie-Jeanne, par Dennery et Mallian.

7. — J'attends en omnibus, par J. Gabric et P. Vermond.

8. — Le quart de Mardi, Clairville et Lambert Thiboust. Le tout en un vol. *in-4°*, chez différents libraires.

1361. — CHEFS-D'ŒUVRE tragiques de Rotrou, Crébillon, Lafosse, Saurin, de Belloi, Pompignan, Laharpe, Ducis, Chénier, Legouvé, Luce de Lancival, Lemercier. — *Paris, F. Didot frères, 1843 et 1845, 2 vol. in-12.*

1362. — RÉPERTOIRE général du théâtre français, composé des tragédies, comédies et drames, des auteurs du premier et du second ordre, restés au Théâtre français, avec une table générale. — *Paris, Mme veuve Dabo, stéréotype de Tremblay, 1821, in-18.* 67 tomes en 40 vol.

1363. — THÉATRE BOURGEOIS, ou Recueil des meilleures pièces de différens auteurs qui ont été représentées sur des théâtres bourgeois. — *Paris, Duchesne,* M. DCC. LV, *2 vol. in-12.*

Ce Recueil se compose des pièces suivantes : Le Marchand de Londres ou l'histoire de Georges Barnwell, tragédie bourgeoise, traduite de l'anglais de M. Lillo, par M. Clément, de Genève. Seconde édition, augmentée de deux scènes. — *A Londres, chez Jean Nourse,* M. DCC. LI. — Momus philosophe, comédie en un acte et en vers, par C.-P.-F. Bontemps de Rivery. — *A Amsterdam, chez Pierre Mortier*, m. dcc. l. — D'Electre d'Euripide, tragédie traduite du grec, par P.-H. Larcher. — *Paris, Cailleau*, m dcc. l. — D'Abailard et Eloïse, pièce dramatique en vers et en cinq actes, par J.-B. Guys. — *Londres*, m. dcc. lii.

1364. — THÉATRE FRANÇAIS (Ancien), ou collection des ouvrages dramatiques les plus remarquables, depuis les Mystères jusqu'à Corneille, publiés avec des notes et éclaircissements par M. Viollet-le-Duc. — *Paris, P. Jannet, 1854, 4 vol. in-8°*.

1365. — MISTÈRE (Le) du siège d'Orléans, publié pour la première fois, d'après le manuscrit unique conservé à la bibliothèque du Vatican, par MM. F. Guessard et E. de Certain. — *Paris, imprimerie impériale*, m. dccc. lxii, *in-4°*.

1366. — D°. — Autre. — *Paris, F. Didot, 1817, 7 vol. in-8°*.

1367. — D°. — Œuvres, avec un commentaire historique et littéraire, précédées du tableau des mœurs du xvii° siècle et de la vie de Molière, par M. Petiot. — *Paris, J.-P. Aillaud, 1826, 6 vol. in-8°*.

1368. — D°. — Autre. — *Paris, bureau des Editeurs, 1829*. 8 tomes en 5 vol. in-8°.

1369. — MOLIÈRE. — Œuvres complètes, précédés d'une notice sur sa vie. — *Paris, Furne et Cie, 1844, in-4°*.

1370. — MOLIÈRE (Jean-Baptiste Poquelin, plus connu sous celui de). — Œuvres, avec des notes de tous les commentateurs. — *Paris, Firmin Didot frères, 1847, grand in-18, 2 vol*. Portrait de Molière.

1371. — MALOUIN (A). Administrateur de l'hôpital général de Mons. — L'Avare, comédie de Molière, en cinq actes, mise en vers. — *Paris, Tresse, 1859, in-8°*. (Don du frère de l'auteur à la bibliothèque communale de Brest.)

1372. — FOURNEL (Victor). — Les Contemporains de Molière. — Recueil de comédies, rares ou peu connues, jouées de 1650 à 1680, avec l'histoire de chaque théâtre, des notes et notices biographiques, bibliographiques, et critiques. — *Paris, Firmin Didot frères, fils et Cie, 1863-1875, in-8°, 3 vol*.

1373. — D°. — Le Théâtre de Corneille, revu et corrigé par l'avthevr.— *Paris, Guill. de Luyne, 1664, 2 vol. in-8°*.

1374. — CORNEILLE (Pierre). — Le Théâtre. Nouvelle édition. — *Paris, Didot*. m. dcc. lv, *in-12. 7 vol*. Portrait de l'auteur. Le 7° volume contient les œuvres diverses.

1375. — D°. — Théâtre, avec les commentaires de Voltaire. — *Paris, Bossange, 1797. 12 vol. in-8°.*

1376. — D°. — Chefs-d'Œuvres. — *Paris, Didot jeune. L'an IX, in-18,* 4 vol. Le 4° contient les chefs-d'œuvres de Th. Corneille.

1377. — CORNEILLE (P.) — Œuvres complètes suivies des œuvres choisies de Th. Corneille. — *Paris, F. Didot, 1843, 2 vol. petit in-4°.*

1878. — CORNEILLE. — (Théâtre de Pierre et Thomas) avec notes et commentaires. — *Paris, Didot 1858 2 vol. in-8°.*

1879. — CORNEILLE. — Rodogune, tragédie en 5 actes, à l'usage des classes, par Félix Hémon, professeur de théorique au lycée de Brest. — *Paris, Ch. Delagrave, 1881, in-12.*

1380. — D°. — Cinna, tragédie, avec des éclaircissements, des notes et une introduction par Félix Hémon, professeur de rhétorique au lycée de Brest. — *Paris. Ch. Delagrave 1882, in-12.*

1381. — LA THUILLERIE (Jean-François Juvénon, dit), auteur et acteur dramatique français. — Théâtre de M. de La Tuillerie, comédien de la troupe royale. Nouvelle édition. — *Amsterdam, Pierre Marteau,* M. DCC. XLV, *in-12.* L'épitre dédicatoire est signée : La Tuillerie.

1382. — PRADON (Nicolas). — Les œuvres divisées en deux tomes. Nouvelle édition. — *Paris, Compagnie des libraires associés,* M. DCC. XLIV, *in-12, 2 vol.* (2 exempl.)

1383. — D°. — Autre. — *Paris, Claude Barbier, 1696, in-12.*

1384. — RACINE (Jean). — Œuvres. — *Paris, Denys Thierry.* M. DCC. II *in-12, 2 vol.*, 6 grav.

1385. — Autre, avec les variantes et les imitations des auteurs grecs et latins, etc. — *Paris, Mame frères, 1810, 5 vol. in-8°.*

1386. — D°. — Autre précédé des mémoires sur sa vie, par L. Racine. — *Paris, Lefèvre, 1835, grand in-8°.*

1387. — D°. — Œuvres complètes précédées de Mémoires sur sa vie, par Louis Racine. — *Paris, Furne et Cie, 1844, petit in-4°.*

1388. — D°. — Œuvres complètes, avec les notes de tous les commentateurs. 5° édition publiées par L. Aimé-Martin avec des additions nouvelles. *Paris, Le Febvre et Furne,* M. DCCC. XLIV, *in-8° 6 vol.* Portrait de Racine, 12 grav.

1389. — RACINE (J.) Théâtre complet, précédé d'une notice de M Augier. *Paris, F. Didot, frères 1851, in-8°.*

1390. — RACINE (J) Théâtre complet, précédé d'une notice par M. Augier, secrétaire perpétuel de l'Acad. française. — *Paris, F. Didot, frères, fils et C^{le} 1859, in-8°.*

1391. — D°. — Esther, tragédie, tirée de l'Ecriture Sainte. — *Paris, Denys Thierry, 1689 petit in-8°.*

1392. — CHAMPMESLÉ (Charles Chevillet, dit), auteur dramatique et comédien français. — Les Œuvres, première et seconde partie. — *Paris, par la Compagnie des libraires associés, m. dcc. xlii, in-12, 2 vol.*

1393. — REGNARD (Jean-François). — Œuvres. Edition stéréotype, d'après le procédé de Firmin Didot. — *Paris, an X, in-18, 5 vol.*

1394. — D°. — Autre. — *Paris, stéréotype d'Herhan, an XIV, 4 vol. petit in-8°.*

1395. — D°. — Œuvres complètes, avec une notice, des variantes et des notes, par le Cte Germain Garnier et M. Beffara. — *Paris, Brière, 1826, in-8°.* (1er et 2e vol.) Portrait de l'auteur.

1396. — D°. — Œuvres, suivies des œuvres choisies de Destouches. — *Paris, Le Dentu, 1836, grand in-8°.*

1397. — CAMPISTRON (J.-Galbert de). — Œuvres de M. Capistron. (Ce nom est ainsi orthographié sur le frontispice gravé, sur le titre et sur l'extrait du privilège.) — *Paris, Thomas Guillain, m. dc. xciv, petit in-12.* La tragédie de *Tiridate*, qui se trouve la dernière, a été imprimée à Paris, chez la veufve de Louis Gontier, même année.

1398. — DANCOURT (Florent Carton), auteur et artiste dramatique comique.— Chef-d'œuvres. — *Paris, les libraires associés, m. dcc. lxxxiii, in-12, 4 vol.*

1399. — BARON (Mich. Boyron, dit), auteur et artiste dramatique. — Le théâtre de M. Baron, augmenté de deux pièces qui n'avoient pas encore été imprimées, et de diverses poésies du même auteur. — *Paris, aux dépens des associés, m. dcc. lix, petit in-12, 3 vol.*

1400. — NADAL (L'abbé Augustin). — Œuvres mêlées. — *Paris, Briasson, m. dcc. xxxviii, in-12, 3 vol.*

Le tome 1er contient : Dissertations académiques, avec plusieurs pièces de littérature et de critique ; le tome second : Plusieurs pièces fugitives et dissertations sur les tragédies de Racine ; et le troisième : Son théâtre (5 grav.).

1401. — BARBIER (Mademoiselle Ann. Mar.). — Théâtre, contenant : Arrie et Petus, Cornélie, Tomyris, la mort de César et le Faucon, comédie. — *Paris, Briasson*, m. dcc. xlv, *in-12*.

1402. — POISSON. — Œuvres choisies de Raimond et Philippe Poisson. Edit. stéréotype. — *Paris, P. et F. Didot, 1812, petit in-8°*.

1403. — AUTREAU (Jacques). — Œuvres, précédées d'une préface sur la vie et les ouvrages de l'auteur, par Pesselier. — *Paris, Briasson,* m. dcc. xlix, *in-12 4 vol*. A la fin du tom. quatrième se trouvent : chansons diverses avec leurs airs notés.

1404. — LE SAGE (Alain-René). — Recueil des pièces mises au théâtre françois, par M. Le Sage. — *Maestricht, Jean-Edme Dufour*, m. dcc. lxxiv, *in-12, 2 vol*.

1405. — MORAND (Pierre de). — Théâtre et Œuvres diverses. — *Paris, Sébastien Jorry, aux Cicognes*, m. dcc. li, *in-12, 3 vol*.

1406. — ŒUVRES DE THÉATRE de M**** (l'abbé C.-H. de Fusée de Voisenon), suivant le Dictionnaire des ouvrages anonymes d'Ant. Alex. Barbier, 3ᵉ édit. — *Paris Duchesne,* m. dcc. liii, *in-12* (2 exempl.)

1407. — FAGAN (Barthélemy-Christophe). — Théâtre et autres œuvres du même auteur, publiés par Pesselier, avec l'éloge historique de l'auteur et l'analyse de ses œuvres. — *Paris, N. B. Duchesne*, m. dcc. lx, *in-12 4 vol*. rel. Frontispice gravé. Les deux premiers volumes contiennent les pièces de l'auteur jouées au théâtre français ; le 3ᵉ celles qui ont été jouées sur le théâtre italien, et le 4ᵉ contient les pièces du théâtre de la Foire.

1408. — BOISSY (Louis de), auteur dramatique de l'Académie française. — Œuvres de Théâtre. Nouvelle édition, augmentée de trois pièces. — *Paris, N. B. Duchesne*, m. dcc. lviii, *in-8°, 9 vol*. Portrait de l'auteur.

1409. — LAGRANGE-CHANCEL (Joseph de Chancel, dit de). — Nouvelle édition, revue et corrigée par lui-même. — *Paris, les libraires associés*, m. dcc. lviii, *petit in-12, 5 vol*.

1410. — GRAFFIGNY (Françoise d'Issembourg d'Happoncourt, Dame de). — Œuvres de théâtre. — *Paris, veuve Duchesne*, m. dcc. lxvi, *in-12*. Chaque pièce a sa pagination particulière.

1411. — AVISSE (Et.). — Œuvres de théâtre. Contenant les comédies représentées par les comédiens italiens ordinaires du Roi. — *Paris, N.-B. Duchesne*, m. dcc. lviii, *in-8°*. — Ce recueil comprend la Gouvernante et le Valet embarrassé, avec pagination distincte.

1412. — PALISSOT de MONTENOY (Charles). — Théâtre et œuvres diverses. — *A Londres, et se trouve à Paris, chez Duchesne, au temple du Goût,* m. dcc. lxiii, *in-12, 2 vol.* Fleuron. Portrait de l'auteur. Frontispice au second volume.

1413. — LA NOUE (Jean Sauvé de), ancien artiste de la Comédie française. — Œuvres de théâtre. — *Paris, Duchesne, au temple du Goût,* m. dcc. lxv, *in-12.* Fleuron. Portrait de l'auteur.

1414. — MARIN (François-Louis-Claude), de l'Académie de Marseille, et de la Société royale de Nancy, censeur royal et de la police, et secrétaire-général de la Librairie de France. — Pièces de théâtre. — *Paris, Duchesne, au Temple du Goût,* m. dcc. lxv, *in-8°.*

1415. — ARNAUD (Fr.-Th.-Mar. de Baculard d'). — Le comte de Comminge, ou les amans malheureux, drame, suivi des mémoires du comte de Comminge, 4ᵉ édit.— *Paris, Le Jay, au grand Corneille,* m. dcc. lxviii, *in-8°.* Rel. en v. marb. Triples filets dorés, 2 grav. et fleuron ou marque typographique avec portrait de Corneille et ce vers :

Je ne dois qu'à moi seul toute ma renommée.

Le drame en vers est précédé de discours préliminaires, d'un précis de l'histoire de La Trappe, et suivi des mémoires du comte de Comminge.

1416. — D°. — Euphémie, ou le triomphe de la religion, drame en vers, suivi des mémoires d'Euphémie et d'une lettre de l'auteur sur Euphémie. — *Paris, Le Jay, au grand Corneille,* m. dcc. lxviii, *in-8°.* Rel. en v. marb. Trip. fil. dorés, 1 grav. et fleuron ou marq. typog. avec portrait de Corneille et le vers ci-dessus.

1417. — D°. — Fayel, tragédie, suivi d'un extrait de l'édition du châtelain de Fayet. — *Paris, Le Jay, au grand Corneille,* m. dcc. lxx, *in-8°.* Rel. en v. marb. 1 grav. et fleuron ou marque typog. avec portrait de Corneille et le vers ci-dessus.

1418. — SAINTFOIX (Germain-François-Poullain de). — Œuvres de théâtre. Nouvelle édition, augmentée de plusieurs comédies. — *Paris, Prault,* m. dcc. lxii, *in-12, 4 vol.*

1419. — D°. — Œuvres de théâtre. Nouvelle édition, revue et augmentée de plusieurs comédies. — *Paris, Charpentier,* m. dcc. lxxi.

1420. — CRÉBILLON (Prosper Jolyot de). — Œuvres. Nouvelle édition, augmentée de la vie de l'auteur, par l'abbé Laporte, suivant la France littéraire de J.-M. Quérard.— *Paris, les Libraires associés,* m. dcc. lxxiv, *petit in-12, 3 vol.* Portrait de l'auteur.

1421. — D°. — Œuvres. Edition stéréotype, d'après le procédé de Firmin Didot. — *Paris, an X, in-18, 3 vol.*

1422. — D°. — Œuvres. — *Paris, stéréotype d'Herhan, chez H. Nicolle et chez A. Aug. Renouard, 1807, 3 vol. pet. in-8°.*

1423. — PESSELIER (Charles-Etienne). — Œuvres. Nouvelle édition. — *Paris, veuve Duchesne, m. dcc. lxxii, in-8°.*

1424. — GUYOT de MERVILLE (Mich.). — Œuvres de théâtre. — *Paris, veuve Duchesne, m. dcc. lxvi, in-12, 3 vol.* Triples filets dorés. On trouve dans le 3ᵉ vol. : Les Tracasseries, le Triomphe de l'amour et du hasard, la Coquette punie, le Jugement téméraire, et des poésies diverses du même auteur. (2 exempl.)

1425. — VOLTAIRE (François-Marie Arouet de). — Le théâtre. Nouvelle édition, qui contient un recueil complet de toutes les pièces de théâtre que l'auteur a données jusqu'ici. — *Amsterdam, François Canut Richœf, m. dcc. lxxiii, 7 vol. in-12.*

1426. — D°. — Théâtre. Edition stéréotype, d'après le procédé de Firmin Didot. — *Paris, P. et F. Didot, an IX, in-18, 2 vol.* Il existe, à la tête de chaque pièce, une figure jusqu'au 9ᵉ vol. inclus.

1427. — LA HARPE (Jean-Franc. de). — Commentaire sur te Théâtre de Voltaire, imprimé d'après le manuscrit autographe de ce célèbre critique, et approprié aux différentes éditions de ce Théâtre. Recueilli et publié par *** (par M. Decroix). — *Paris, Maradan, m. dccc. xiv, in-8°.*

1428. — D°. — Tragédies et Drames. — *Brest, Michel, 1814, in 8°.*

1429. — D°. — Le comte de Warwick, tragédie en 5 actes et en vers. — (Sans date ni lieu d'impression), *in-8°.*

1430. — D°. — Virginie, trag. en 5 a., en vers. *Brest, Michel, 1814, in-8° br.*

1431. — D°. — Philoctète, tr. en 3 a., en vers.   d°   d°   d°   d°

1432. — D°. — Mélanie, drame en 3 a., en vers.   d°   d°   d°   d°

1433. — D°. — Jeanne de Naples, trag. en 5 a. et en vers.   d°   d°   d°   d°

1434. — D°. — Coriolan, trag. en 5 a., en vers.   d°   d°   d°   d°

1435. — DIDEROT (Denis). — Œuvres de théâtre, avec un discours sur la poésie dramatique. — *Amsterdam, Mac-Michel Rey, m. dcc. lxxii, in-8°, 2 vol.*

1436. — D°. — Même ouvrage. — *Paris, Vve Duchesne, 1771, in-8°, 2 vol.*

1437. — CHÉNIER (M.-J. de). — Théâtre, précédé d'une analyse, par M.-N.-L. Lemercier. Nouvelle édition revue sur les manuscrits. — *Paris, Baudouin frères, 1821, in-8°, 3 vol.* Portrait de l'auteur.

1438. — D°. — Théâtre, précédé d'une notice et orné du portrait de l'auteur. — *Paris, Foulon et Cie, Baudouin frères, 1818, in-8°, 3 vol.*

1439. — D°. — Charles IX, ou la S.-Barthélemi, Henri VIII, tragédies. — *Paris, Laran, an VII, in-18.*

1440. — D°. — Charles IX ou l'Ecole des Rois, tragédie. — *Paris, imp. de P. F. Didot jeune, Bossange et Cie, in-8°.*

1441. — DUCIS (J.-F.) — Œuvres. — *Paris, Ladvocat Aimé André, m. dccc. xxvii, in-18, 4 vol.*

1442. — D°. — Œuvres posthumes. — *Paris, Ladvocat Aimé André, m. dccc. xxvii, in-18, 2 vol.*

1443. — D°. — Œuvres et œuvres posthumes. — *Paris, Aimé André Ladvocat, 1827, in-12, 6 vol.*

1444. — PICARD (L. B.), Membre de l'Institut (Académie française). — Œuvres. — *Paris, J. N. Barba, m. dccc. xxi, in-8°, 10 vol.* Portrait de l'auteur.

1445. — DUVAL (A.), Membre de l'Institut (Académie française). — Œuvres complètes. — *Paris, J. N. Barba, m. dccc. xxii, in-8°, 9 vol.* Portrait de l'auteur.

1446 — DUMAS (Alexandre). — Mademoiselle de Belle-Isle, drame en 5 actes, en prose. — *Paris, Marchand, 1839, in-4°.*

1447. — D°. — Théâtre complet. Nouvelle édition, revue et corrigée par l'auteur. — *Paris, C. Gosselin, m. dccc. xli, in-12, 3 vol.*

1448. — D°. — Romulus, com. en 1 acte, en prose. — *Paris, lib^{ie} théâtrale, 1854, in-8°.*

1449. — DUMAS (A. Fils). — Théâtre complet, 5e édit. — *Paris, Calmann Lévy, 1882, in-8°, 6 vol.*

1450. — D°. — La Dame aux Camélias, pièce en 5 actes, mêlée de chants. — *Paris, Mich. Lévy frères, 1855, in-8°.*

1451. — D°. — Le Demi-Monde, com. en 5 actes, en prose. — *Paris, Mich. Lévy frères, 1855, in-12.*

1452. — D°. — Diane de Lys, com. en 5 actes, en prose — *Paris, Mich. Lévy frères, 1855, in-8°.*

1453. — D°. — La question d'Argent, com. en 5 actes, en prose. — *Paris, Charlieu, 1857, in-12.*

1454. — D°. — Une visite de noces. La princesse Georges. La femme de Claude, pièces. — *Paris, Calmann Lévy, 1877, in-12.*

1455. — SCRIBE (Eugène). — Œuvres complètes. Nouvelle édition, comprenant tous les ouvrages composés par M. Scribe seul ou en société, illustrée de cent quatre-vingts jolies gravures en taille douce, d'après les dessins de MM. Alfred et Tony Johannot, Gavarni, Marckl, G. Staal, Et. David, etc. — *Paris, Arnauld de Vresse, 1860, g^d in-8°, 17 vol.*, dont 13 pour le théâtre.

1456. — D°. — Répertoire du théâtre de Madame. 6 pièces, g^d *in-32*, avec changement de pagination.

1457. — D°. — La Czarine, drame en 5 actes et en prose. — *Paris, Mich. Lévy frères, 1855, in-12.*

1458. — SCRIBE et LEGOUVÉ. — Les Contes de la Reine de Navarre, ou la Revanche de Pavie, comédie en 5 actes et en prose. — *Paris, D. Giraud et J. Dagneau, 1850, in-16.*

1459. — SCRIBE et Ch. POTRON. — Feu Lionnel, ou qui vivra, verra, comédie en 3 actes et en prose. — *Paris, Mich. Lévy frères, 1858, in-16.*

1460. — PONSARD (F.) — Lucrèce-Agnès de Méranie, Charlotte Corday, tragédies. Horace et Lydie (une ode d'Horace), comédie en vers. — *Paris, Michel Lévy frères, 1854, in-12.*

1461. — D°. — La Bourse, comédie en 5 actes, en vers. — *Paris, Mich Lévy frères, 1856, in-12.*

1462. — D°. — Œuvres complètes. — *Paris, Michel Lévy frères,* m. dccc. lxv, *in-8°, 2 vol.*

1463. — NOUVEAU THÉATRE FRANÇOIS. — François II, Roi de France, en 5 actes. Seconde édition, enrichie de notes nouvelles, par le président Ch.-J.-Fr. Henault. Sans lieu ni nom d'imprimeur. — *Paris, Prault,* suivant le Dictionnaire des ouvrages anonymes d'Ant. Alex. Barbier, 3ᵉ édition, m. dcc. lxviii, *in-8° rel.*

1464. — ROMAGNESI et RICCOBONI. — Les Sauvages, parodie d'Alzire, en un acte et en vers. — *Paris, Prault, 1736, petit in-8°.* (2 exempl.)

1465. — USSIEUX (L. d'). — Les Héros français, ou le siège de Saint-Jean-de-Lône, drame héroïque en trois actes et en prose, suivi d'un précis historique de cet événement. — *Amsterdam, et se trouve à Paris, chez Lejal, 1774, in-8°.*

1466. — RAYMONARD (François-Juste-Marie). — Les Templiers, tragédie représentée pour la première fois, le 24 floréal an XIII (14 mai 1805), précédée d'un précis historique sur les Templiers. — *Paris, Giguch et Michaud, an XIII, in-8°.*

1467. — D°. — Les Templiers, tragédie, suivie de la tragédie espagnole des Templiers, par Perez de Montalban, avec le portrait du Grand-Maître. (Il n'existe pas dans cet exemplaire.) — *Paris, Mame frères, 1815 in-8°*, avec :

Le Mariage de Figaro, ou la Folle journée, comédie en 5 actes de Beaumarchais. Nouvelle édition. — *Paris, Barba, 1818, in-8°.*

1468. — La Mort de Louis XVI, tragédie, suivie de son testament et d'une lettre à son confesseur. — *Brest, Audran, imprimeur, 1797, petit in-8°* (47 pages).

1469. — LORANS (Louis), de Brest. — Théâtre de collège contenant : Les deux Malades, l'Assassin, l'Antiquaire, l'Égoïste, l'Émigré, le Grand-Turc, la Paresse. — *Brest, P. Anner et fils, 1834, 1835, 1836, et tome 1837, 1838, in-8°.* Chacune de ces pièces a sa pagination particulière.

1470. — COMMERSON (S.) — Les Trente, drame national en v actes et en vers. Nouvelle édition, revue, augmentée d'un acte et corrigée avec soin. — *Paris, Lacour, 1843, in-12.*

1471. — MOREAU (Louis), de Brest. — Monsieur Blaguignac, le commis-voyageur, comédie-vaudeville en un acte. — *Brest, J.-B. Lefournier aîné, 1863, petit in-8°* (56 pages).

1472. — LE CALLOCH (Auguste), de Brest. — Théâtre et Poésies légères. — *Brest, Alléguen, 1866, g^d in-18, 2 vol.*

1473. — WAILLY (Alfred, Gustave et Jules de). — Œuvres réunies et publiées par M. Gustavo de Wailly. Théâtres. — *Paris, Firmin Didot frères, fils et Cie, 1873, in 8°, 2 vol.*

1474. — FAVART (Théâtre de). — *Paris, Duchesne, 1763, 8 vol. in-8°* et 2 Suppléments.

1475. — BARTHE, de l'Acad. de Marseille. — Les fausses infidélités, comédie en un acte et en vers. — *Paris, L. Prault, 1775, in-8°.*

1476. — CLÉMENT. — Médée, tragédie en 3 actes. — *Paris, Moutard, 1779, in-8°.*

1477. — BEAUMARCHAIS (Pierre-Augustin Caron de). — La folle Journée ou le Mariage de Figaro, comédie en 5 actes et en prose. — *Paris, 1785, in-8°.*

1478. — SAURIN (B.-J.). — Beverlei, tragédie bourgeoise, imitée de l'anglais, en 5 actes et en vers. — *Paris, Delalain, 1789, in-8°.*

1479. — CHALUSSAY (Le Boulanger de). — Œuvres. — *Paris, Servières et Bastien, 1792, in-8°.*

1480. — LEGOUVÉ (Gabriel). — Epicharis et Néron, tragédie en 5 actes et en vers. — *Paris, Maradan, an XI, in-8°.*

1481. — LAYA (Le citoyen J.-L.). — L'Ami des loix, comédie en 5 actes, en vers. — *Paris, Maradan, 1793, in-8°.*

1482. — HURTAUD-DELORME. — Cocanius ou la Guerromanie, comédie héroïque et burlesque en 4 actes et en vers, faisant suite à celle du Roi de Cocagne, de Legrand, dédiée aux habitants de la Vendée. — *Paris, Capelle et autres, an XIII.*

1483. — BELLOI (De). — Œuvres choisies. — *Paris, F. Didot, 1811, 2 vol. in-12.*

1484. — GUILBERT DE PIXÉRÉCOURT (R.-C.). — Le Belvédère ou la Vallée de l'Etna, mélodrame en 3 actes, en prose. — *Paris, Barba, 1818.*

1485. — ANDRIEUX (F. G. S.) — Œuvres dramatiques. — *Paris, Nepveu, 1818, in-8°.*

1486. — PIXÉRÉCOURT (R. C. Guibert de). — Le Belvédère ou la Vallée de l'Etna, mélodrame en 3 actes, en prose et à spectacle, représenté pour la première fois à Paris sur le théâtre de l'Ambigu comique, le 10 Décembre 1818, *in-8°.*

1487. — COLLIN d'HARLEVILLE. — Œuvres. — *Paris, Janet et Cotelle, 1821, 4 vol. in-8°.*

1488. — JOUY (E.) — Sylla, tragédie en cinq actes, représentée pour la première fois sur le premier théâtre français le 27 Octobre 1821, *in-8°.*

1489. — MONIER (Henri). — L'amitié des deux âges, com. en 3 actes et en vers. — *Paris, Ladvocat, 1826, in-8°.*

1490. — ARNAULT (A. V.) — Théâtre.— *Paris, Bossange, 1827, 3 vol. in-8°.*

1491. — D°. — Germanicus, tragédie en 5 actes. — *Paris, Chaumerot, jeune, 1817, in-8°.*

1492. — D°. — Marius à Minturnes, tragédie en 3 actes. — *Paris, Barba, 1815, in-8°.*

1493. — DELAVIGNE (J.-F.-C.) — Louis XI, tragédie en 5 actes et en vers. — *Paris, J.-N. Barba, 1832, in-8°.*

1494. — MAZÈRE (H.) — La Niaise, com. en 4 actes. — *Paris, Mich. Lévy, frères, 1834, petit in-8°.*

1495. — SOULIÉ (Frédéric). — La Closerie des Genêts, drame en 5 actes et 8 tableaux, 1846; un Docteur en herbe, comédie-vaudeville en 2 actes, de MM. Duvert et Lauzanne, 1847 (dans le même volume). — *Paris (sans date).*

1496. — ROSIER. — La Foi, l'Espérance et la Charité, drame en 5 actes et en 6 parties. — *Paris, 1848.*

1497. — SAND (Georges). — François le Champi, comédie en 3 actes, en prose. — *Paris, E. Blanchard. 1850, in-8°.*

1498. — LALOUE (F.) et LABROUSSE (F.). — Louis XVI et Marie-Antoinette, drame en 7 actes et 10 tableaux, représenté pour la première fois à Paris, le 17 Mars 1849. — *Paris, Mich. Lévy frères, 1849, in-8°.*

1499. — BOURCH (Joseph). — Un heureux dénouement, drame en un acte. — *Brest, Gadreau, in-8°.*

1500. — D°. — Un drame émouvant, pièce en un acte.— *Brest, Gadreau, in-8°.*

1501. — LELION-DAMIENS. — Vous n'êtes que Marquis, comédie en 2 actes et en vers. — *Paris, Masgana, 1850, in-12.*

1502. — CORMON (E.) et DUTERTRE. — La Ferme de Primerose, comédie-vaudeville en un acte. — *In-12, 1851.*

1503. — MURGER (Henri). — Le Bonhomme Jadis, comédie en un acte, en prose. — *Paris, Mich. Lévy frères, 1852, in-8°.*

1504. — BELLOY (Mis Aug. de). — La Mal'aria, drame en un acte et en vers. — *Paris, Mich. Lévy frères, 1853, petit in-8°.*

1505. — GIRARDIN (Mme Em. de). — Lady Tartuffe, comédie. — *Paris, Mich. Lévy frères, m. dccc. liii, in-12.*

1506. — D°. — La joie fait peur, comédie en un acte et en prose. — *Paris, Mich. Lévy frères, 1854, in-12.*

1507. — PLOUVIER (Edouard).— Le Songe d'une nuit d'Hiver, comédie en 2 actes et en prose. — *Paris, Mich. Lévy frères, 1854, in-12.* Dans le même volume, la Comédie à Ferney, par L. Lurin et A. Second.

1508. — FOUSSIER (Edouard). — Une journée d'Agrippa d'Aubigné, drame en 5 actes, en vers. — *Paris, Garnier frères, 1854, petit in-8°.*

1509. — LEGOUVÉ (E.). — Par droit de conquête, comédie en 3 actes, en prose. — *Paris, Mich. Lévy frères, 1855, in-12.*

1510. — FOUCHER (Paul) et RÉGNIER. — La Joconde, comédie en 5 actes, en prose. — *Paris, Mich. Lévy frères, 1855, in-8°.*

1511. — LAYA (Léon). — Les jeunes gens, comédie en 3 actes, en prose. — *Paris, Mich. Lévy frères, 1855, in-12.*

1512. — DOUCET (Camille). — Les Ennemis de la Maison, comédie en 3 actes, en vers. — *Paris, Mich. Lévy frères, 1855, in-12.*

1513. — GOZLAN (Léon). — Le Gâteau des Reines, comédie en 5 actes, en prose. — *Paris, Mich. Lévy frères, 1855, in-12.*

1514. — LACROIX (Oct.). — L'Amour et son train, comédie en un acte, en vers. — *Paris, Mich. Lévy frères, 1855, in-12.*

1515. — DUMANOIR et de BIÉVILLE. — Les Fanfarons de vices. — *Paris, Mich. Lévy frères. 1856, in-12.*

1516. — MEURICE (Paul). — L'Avocat des pauvres, drame en 5 actes. — *Paris, Mich. Lévy frères, 1856, in-12.*

1517. — BRISEBARRE (Edouard) et NUS (Eugène). — Les Pauvres de Paris, drame en 7 actes. — *Paris, Mich. Lévy frères, 1856, in-12.*

1518. — D°. — La Route de Brest, drame en 8 actes. — *Paris, Mich. Lévy, frères, 1857, in-12.*

1519. — MONTÉPIN (Xavier de). — Les Viveurs de Paris, drame en 5 actes et 8 tableaux. — *Paris, Mich. Lévy, frères, 1857, in-8°.*

1520. — UCHARD (Mario). — La Fiammina, com. en 4 actes, en prose. *Paris, Mich. Lévy, frères, 1857, in-12.*

1521. — SÉJOUR (Victor). — André Gérard, drame en 5 actes, en prose. — *Paris, Mich. Lévy, frères, 1857, in-12.*

1522. — BARRIÈRE (Théod.) et CAPENDU (Em). — Les faux bons hommes. — *Paris, Mich. Lévy frères, 1857, in-8°.*

1523. — D°. et BEAUPLAN (Arthur de). — Le Lys dans la Vallée, drame en 5 actes et en prose (tiré du roman de Balzac). — *Paris, Mich. Lévy, frères, 1853. in-8°.*

1524. — D°. et MURGER (H.) — La vie de Bohème, pièce en 5 actes, mêlée de chants. — *Paris, Madame Veuve Dondey-Dupré, 1849, in-8°.*

1525. — RATISBONNE (Louis). — Hero et Léandre, drame antique en 1 acte et en vers. — *Paris, Mich. Lévy, frères, 1859, in-12.*

1526. — DENNERY, ensuite D'ENNERY (Ad.) et CRÉMIEUX (Hect.) — Germaine, drame en 5 actes et 8 tableaux. — *Paris, Mich. Lévy, frères, 1858, in-12.*

1527. — FEUILLET (Octave). — Le roman d'un jeune homme pauvre. — *Paris, Mich. Lévy, frères, 1859, in-12.*

1528. — FEUILLET (Octave). — Péril en la demeure, comédie. — *Paris, Mich. Lévy, frères, 1855, in-12.*

1529. — D°. — Le Sphinx, drame. — *Paris, Michel Lévy, frères, 1874, Librairie nouvelle, in-8°.*

1530. — ANICET-BOURGEOIS et D'ENNERY. — Le fou par amour, drame en 5 actes et 7 tableaux. — *Paris, Mich. Lévy frères, 1859, in-12.*

1531. — D° et Michel MASSON. — Les Mystères du Carnaval, drame en 5 actes et 9 tableaux. — *Paris, Lacrampe fils et Cie, 1847, in-12.*

1532. — D°, d°. — La Mendiante, drame en 5 actes. — *Paris, Mich. Lévy, 1852, in-12.*

1533. — D°, d°. — Le Pendu, drame en 5 actes. — *Paris, Mich. Lévy frères, 1854.*

1534. — D°, d°. — Le Mari de la Veuve. — *Paris, librairie théâtrale, 1855, in-12.*

1535. — AUGIER (Emile). — Théâtre complet. Les Méprises de l'amour. Les Pariétaires. — *Paris, Mich. Lévy frères, 1857.* Le 6ᵉ vol. seulement *in-8°.*

1536. — D°. — Madame Caverlet, comédie en 4 actes. — *Paris, Calmann-Lévy, 1877, in-12.*

1537. — D°. — La Ciguë, comédie en 2 actes et en vers. — *Paris, Mich. Lévy, frères 1851, in-12.*

1538. — D°. — Le Fils de Giboyer, comédie en 5 actes, en prose. — *Paris, Mich. Lévy, frères, 1863, in-8°.*

1539. — D°. — Gabrielle, comédie en cinq actes, en vers. — *Paris, Mich. Lévy, frères, 1852, in-12.*

1540. — D°. — Les Lionnes pauvres, pièce en 5 actes en prose. — *Paris, Mich. Lévy, frères, 1853, in-12.*

1541. — D°. — La Pierre de touche, comédie en 5 actes, en prose. — *Paris, Mich. Lévy, frères, 1854, in-12.*

1542. — D°. — Philiberte, comédie en 3 actes et en vers. — *Paris, Mich. Lévy, frères, 1855, in-12.*

1543. — PRIGENT. — Le palais du Silence, ou la Fourberie confondue, tragédie en 3 actes. — *Landerneau, Desmoulins, fils, 1869 ; in-8°.*

1544. — PENQUER (Mme Aug.) — L'Œillet rose, comédie en 1 acte, en vers. — *Paris, A. Lemoine, 1874, in-8°* (3 ex.)

1545. — JOUBERT (A.) — Le perroquet de ma tante, comédie en 1 acte. — *Brest, J.-P. Gadreau, 1880, in-12.*

1546. — HUGO (Victor). — Théâtre. 1er vol. : Hernani, Marion de Lorme, le Roi s'amuse. 2e vol. : Lucrèce Borgia, Marie Tudor, Angelo, Procès d'Hernani et d'Angelo. — 3e vol. : La Esmeralda, Ruy-Blas, les Burgraves. — *Paris, Charpentier, 1847-1850, 3 vol. in-8°.*

1547. — HUGO (Victor). — Théâtre. Tome i : Cromwell. Tome ii : Hernani, Marion de Lorme, le Roi s'amuse. Tome iii, Lucrèce Borgia, Marie Tudor, Angelo, Procès d'Angelo, et d'Hernani. Tome iv, la Esmeralda, Ruy-Blas, les Burgraves. — *Paris, Hachette et Cie, 1880, 1881, 1882, 4 vol. in-8°.*

1548. — SANDEAU (Jules). — Mademoiselle de la Seiglière, comédie en 4 actes et en prose. — *Paris, Mich. Lévy, frères, 1852, in-16.*

1549. — VACQUERIE (Auguste). — Jean Baudry. — *Paris, Calmann-Lévy, 1881, in-12.*

1550. — CRÉMIEUX (Gaston) — Œuvres posthumes, précédées d'une lettre de Victor Hugo, et d'une notice par A. Naquet, député, contenant le neuf thermidor ou la mort de Robespierre, drame en cinq actes et en vers, composé par l'auteur condamné à mort, pendant sa détention à Marseille, de mai à novembre 1871, accompagné de poésies diverses. — *Paris, E. Dentu, 1884, in-12.*

1551. — Poésie dramatique

Série de vol. in-32, de l'édition populaire de 1826, ou de la Bibliothèque en miniature

a. — VOLTAIRE. — Le comte de Boursouflé, comédie en 3 actes. — *Paris, Renouard, 1826 ; pl. in-32.*

b. — RACINE. — Les Plaideurs, comédie en 3 actes. — *Paris, Sanson, 1826, pl. in-32.*

c. — CORNEILLE (Thomas). — Le Festin de Pierre. — *Paris, Touquet et Cie, 1826, pl. in-32.*

d. — MOLIÈRE. — Le Misanthrope, comédie en 5 actes. — *Paris, Sanson, 1826, pl. in-32.*

e. — D°. — Les Précieuses ridicules, comédie en un acte. — *Paris, Sanson, 1826, pl. in-32.*

f. — D°. — Les Femmes savantes, comédie en 5 actes. — *Paris, Sanson, 1826, pl. in-32.*

g. — D°. — Tartufe, comédie en 5 actes. — *Paris, Beaudouin, 1825* (2 exempl.) un autre, *chez J. Pinard, 1825.*

h. — REGNARD. — Le légataire universel, comédie en 5 actes, en vers. — *Paris, Sanson, 1826, in-32.*

i. — PIRON. — La Métromanie, comédie en 5 actes. — *Paris, chez l'éditeur, 1826, in-32.*

j. — SAINT-ÉVREMOND. — Les Académiciens, comédie historique en 3 actes et en vers. — *Paris, Sanson, 1826, in-32.*

k. — PIGAULT-LEBRUN. — Les Abus de l'ancien régime, ou Charles et Caroline, comédie en 5 actes et en prose. — *Paris, Touquet, 1826, in-32.*

l. — BOUGEANT (Le R. P.) — Le Saint déniché, ou la Banqueroute des marchands de miracles, comédie en 5 actes. — *Paris, Sanson et autres, 1826, in-32.*

m. — MONVEL. — Blaise et Babet, comédie en deux actes, mêlée d'ariettes. — *Paris, Sanson, 1826, in-32.*

1552. — Poésie dramatique

Série de vol. in-32, de l'édition populaire de 1826, ou de la Bibliothèque en miniature.

a. — VOLTAIRE. — Brutus, tragédie en 5 actes. — *Paris, Ach. Desauges-Sanson, 1826, pl. in-32.*

b. — D°. — La mort de César, tragédie en 5 actes. — *Paris, Ach. Desauges-Sanson, 1826, pl. in-32.*

c. — D°. — Mérope, tragédie en 5 actes. — *Paris, J. Sanson, 1826, pl. in-32.*

BELLES LETTRES.

d. — D°. — Mahomet, tragédie en 5 actes. — *Paris, Borquet, 1826, pl. in-32.*

e. — D°. — Zaïre, tragédie en 5 actes. — *Paris, Ach. Desauges, 1826, pl. in-32.*

f. — RACINE. — Britannicus, tragédie en 5 actes. — *Paris, Sanson, 1826, pl. in-32.*

g. — D°. — Esther, tragédie en 3 actes. — *Paris, Roux-Dufort, frères, et chez Sanson, 1826, pl. in-32.*

h. — D°. — Les Frères ennemis, tragédie en 5 actes. — *Paris, Sanson, 1826, pl. in-32.*

i — CORNEILLE (Pierre). — Cinna, tragédie, en 5 actes. — *Paris, Ach. Desauges. 1826, pl. in-32.*

j. — D°. — Polyeucte, tragédie en 5 actes. — *Paris, Ach. Desauges, 1826, pl. in-32.*

k. — CHÉNIER. — Tibère, tragédie en 5 actes. — *Paris, Sanson, 1826, in-32.*

l. — D°. — Charles IX, tragédie en 5 actes. — *Paris, Sanson, 1826; in-32.*

m. — D°. — Fénélon ou les Religieuses de Cambrai, tragédie en 5 actes. — *Paris, Ponthieu, Delaunay, 1826, in-32.*

n. — DELAFOSSE. — Manlius Capitolinus, tragédie en 5 actes — *Paris, Ach. Desauges 1826, in-32.*

o. — DUCIS. — Jean-sans-Terre, tragédie en 3 actes. — *Paris, Ach. Desauges, 1826, in-32.*

p. — D°. — Othello ou le More de Venise, tragédie en 5 actes. — *Paris, Sanson, 1826, in-32.*

q. — D°. — Hamlet, tragédie en 5 actes. — *Paris, Sanson, 1826, in-32.*

r. — D°. — Abufar, comédie en 5 actes. — *Paris, Sanson, 1826, in-32.*

s. — BELLOY (de). — Le siège de Calais, tragédie en 5 actes. — *Paris, Sanson, 1826, in-32.*

t. — LA HARPE. — Mélanie ou la Religieuse forcée, drame en 3 actes et en vers. — *Paris, Ponthieu et autres, 1826, in-32.*

u. — MONVEL. — Les victimes cloîtrées, drame en 4 actes et en vers. — *Paris, Ponthieu et autres, 1826, in-12.*

v. PIRON. — Gustave Wasa, tragédie en 5 actes. — *Paris, Sanson, 1826, in-32.*

x. — LUCE DE LANCIVAL. — Hector, tragédie en 5 actes. — *Paris, Sanson, 1826, in-32.*

y. — LEMERCIER. — La démence de Charles VI, tragédie en 5 actes. — *Paris, Sanson et autres, 1826, in-32.*

z. — D°. — Dame Censure, tragi-comédie en un acte et en prose. — *Paris, chez les marchands de nouveautés, 1826, in-32.*

z'. — ANONYME. — Le Jésuite conspirateur, ou Malagrida, tragédie en 3 actes. — *Paris, chez les marchands de nouveautés, 1826, in-32.*

1552ᵃ. — CARTON N° 1

PIÈCES DE THÉATRE

Liasse N° 5

1. — L'ORACLE, comédie en un acte et en prose. — *Paris, Prault fils, 1740, in-8°.*

2. — FAVART (CH. SIMON). — La Servante maîtresse, comédie en deux actes, mêlée d'ariettes, parodiées de la Serva padrona, intermède italien ; représentée pour la première fois par les comédiens italiens ordinaires du Roi, le 14 Août 1754. — *In-8°.*

3. — LA BOHÉMIENNE, comédie en deux actes, en vers, meslée d'ariettes, traduite de la Zingara, intermède italien, représentée pour la première fois par les comédiens italiens ordinaires du Roy, le 28 Juillet 1755. — *La Haye, H. Constapel*, M. DCC. LVIII, *in-8°.*

4. — GARDEL (MAXIMILIEN-LÉOPOLD-JOSEPH-PHILIPPE). — Mirsa, ballet en action, représenté sur le théâtre de l'Académie de musique, le jeudi 8 Novembre 1779. — *Paris, chez les marchands de pièces de théâtre, 1779, in-8°.* Ce n'est qu'une analyse.

5. — DESFORGES (PIERRE Jⁿ-Bᵗᵉ CHOUDARD, connu au théâtre sous le nom de). — L'Epreuve villageoise, opéra-bouffon en deux actes, en vers, représenté pour la première fois devant Leurs Majestés, à Versailles, le 3 Mars 1784, sous le titre de Théodore et Paulin, et sur le théâtre italien, le 24 Juin suivant, sous ce dernier titre. Musique de Grétry. — *Paris, Prault,* m. dcc. lxxxviii, *in-8°.*

6. — BEFFROY de REIGNY (L.-A.). — Nicodème dans la lune, ou la Révolution pacifique, folie en prose et en 3 actes, mêlée d'ariettes et de vaudevilles, représentée pour la première fois à Paris, au Théâtre français comique et lyrique, le 7 Novembre 1790, et pour la cinquantième fois, le lundi 21 Février 1791, par le cousin Jacques (pseudonyme de Beffroy de Reigny). — *Paris, chez l'auteur, et au Théâtre lyrique, 1791, in-8°.*

7. — CHÉNIER (M.-J.). — Fénélon, ou les Religieuses de Cambrai, tragédie en cinq actes, représentée pour la première fois à Paris, sur le Théâtre de la République, le 9 Février 1793, l'an II de la République française. — *Paris, Montard, 1793, in-8°.*

8. — ROUJOUX (Le citoyen), accusateur public du Finistère. — La Paix, divertissement mêlé de couplets. — *Quimper, Y.-J.-L. Derrien, an VI de la République, in-8°.*

9. — HURTAUD-DELORME. — Le Sauvage muet, ou les deux Caraïbes, mélodrame en trois actes, musique de M. Quaisain, ballet de M. Richard, représenté pour la première fois à Paris, sur le théâtre de l'Ambigu-Comique, le 27 Août 1806. — *Paris, Fages, 1806, in-8°.*

10. — LES LANGUES esmoulues pour avoir parlé du Drap d'or de sainct Vivien, farce joyeuse à vi personnages. — *Se vend place du Louvre, chez Techener, libraire, in-8°.*

11. — TRAGÉDIE manuscrite, sans titre, ni date, ni nom de l'auteur.

12. — AVOCAT (Henri). — Sur la Frontière, à-propos vaudeville en un acte, représenté pour la première fois à Paris, sur le théâtre des Délassements-Comiques, le 8 Mai 1859. — *Paris, Morris et C*^{ie}*. in-8°.*

13. — JOUBERT (A.). — La chasse au Papillon, comédie en un acte et en vers. — *Brest, Roger fils, 1866, in-8°.*

14. — BOURCH (J^h). — Un heureux dénouement, drame en un acte. — *Brest, Gadreau, in-8°.*

15. — D°. — Un Drame émouvant, pièce en un acte, jouée à Brest, le samedi 20 Novembre 1880. — *Brest, Gadreau, in-4°.*

16. — LE LAN (Victor). — Un Rêve, comédie en un acte et en vers. A M. F^{ois} Coppée. V. L. — *Brest, Gadreau, 1885.*

C. — Opéras, Pièces de l'ancien Théâtre Italien ; Opéras-Comiques, Vaudeville, etc.

1553. — Des représentations en musique, anciennes et modernes (Par le (P. Claude-François Ménestrier, suivant le Dictionnaire des ouvrages anonymes d'Ant. Alex. Barbier, 3° édition). — *Paris, Guignard*, m. dc. lxxxi, *in-12*.

1554. — DANCHET (Antoine). — Théâtre. — *Paris, Grangé*, m. dcc. li, *petit in-8° 4 vol*. Portrait de l'auteur. Titre gravé, chaque vol. à un fleuron particulier. (2 exempl.)

1555. — PARODIES (Les) du nouveau théâtre italien, ou recueil des parodies représentées sur le théâtre de l'Hôtel de Bourgogne, par les comédiens italiens ordinaires du Roy, avec les airs gravés. Nouvelle édition augmentée de plusieurs parodies.—*Paris, Briasson*, m. dcc. xxxviii, *in-12, 4 vol*. (Chaque vol. a son frontispice particulier gravé avec explication.

1556. — LE SAGE et D'ORNEVAL. — Le Théâtre de la Foire, ou l'opéra-comique, contenant les meilleures pièces qui ont été représentées aux foires de Saint-Germain et de Saint-Laurent. Enrichie d'estampes en taille-douce, avec une table des vaudevilles et autres airs gravés notés à la fin du volume. — *Amsterdam, G. Chatelain, 1722 et divers libraires, à Paris, 10 vol. in-12*.

1557. — PANNARD (Charles-François). — Théâtre et œuvres diverses, pièces représentées sur les théâtres des comédies française et italienne. Divertissements exécutés sur les mêmes théâtres. Vaudevilles avec la musique. — *Paris, Duchesne*, m. dcc. lxiii, *in-12*. Portrait de l'auteur.

1558. — PHILIDOR. — Le Bûcheron ou les trois souhaits, comédie en 1 acte, mêlée d'ariettes. — *Paris, Hennissant, 1763, in-12*. Livret de Guichard et Castet.

1559. — AFFICHARD ou LAFFICHARD (Th. L.) — Auteur dramatique et romancier, né au diocèse de Saint-Pol-de-Léon. Œuvres de théâtre, nouvelle édition. — *Paris, veuve Duchesne*, m. dcc. lxviii, *in-12*.

1560. — VADÉ (Jean-Joseph). — Œuvres complètes, ou recueil des opéras-comiques, parodies et pièces fugitives de cet auteur, avec les airs, rondes et vaudevilles. Nouvelle édition. *Londres, 1785, in-18, 6 vol*.

1561. — ANSEAUME (N.) — Théâtre, ou recueil des comédies, parodies et opéra-comiques qu'il a donnés jusqu'à ce jour, avec les airs, rondes et vaudevilles, notés dans chaque pièce. — *Paris, veuve Duchesne,* M. DCC. LXVI, *in-8°, 3 vol.* A chaque pièce, changement de pagination.

D. — Pièces non représentées sur des Théatres publics, Proverbes, Pièces historico-satiriques.

1562. — THÉATRE DE SOCIÉTÉ, par l'auteur du Théâtre à l'usage des jeunes personnes, par Genlis (Stéphanie-Félicité Ducrest de Saint-Aubin, comtesse de), suivant le Dictionnaire des ouvrages anonymes d'Ant. Alex. Barbier, 3ᵉ édition, et la France littéraire de J.-M. Quérard. — *Paris, Lambert,* M. DCC. LXXXI, *in-12, 2 vol.* Cette édition anonyme est la première.

1563. — RÉTIF de LA BRETONNE (N.-E.). — La Prévention nationale, action adaptée à la scène, avec deux variantes et les faits qui lui servent de base. — *La Haye,* M. DCC. LXXXIV, *et à Paris, chez Regnault, à Genève, in-12.* 3 tomes en 2 vol. 10 estampes.

1564. — MUSSET (Alf. de). — Comédies et proverbes. — *Paris, Charpentier, 1853, 2 vol. in-8°.*

1565. — Dº. — Un Caprice, proverbe. — *Paris, Charpentier, 1864, in-8°.*

1566. — PETITS DESSERTS (Les), manuscrit de 37 feuillets, contenant des pièces de théâtre. (Sans nom d'auteur.) — *In-8°.*

1567. — FEUILLET (Octave). — Scènes et Comédies. — *Paris, Mich. Lévy frères, 1859, in-12.*

1568. — Dº. — Scènes et Proverbes. — *Paris, Mich. Lévy frères, 1859, in-12.*

E. — Pièces écrites en dialecte breton.

1569. — BUHEZ SANTEZ NONN, ou Vie de sainte Nonne, et de son fils saint Devy (David), archevêque de Menevie en 519 ; mystère composé en langue bretonne antérieurement au XIIᵉ siècle, publié d'après un manuscrit unique, avec une introduction par l'abbé Sionnet, et accompagné d'une traduction littérale de M. Legonidec, et d'un fac-simile du manuscrit. Tiré à 300 exemplaires. — *Paris, Merlin, 1837, in-8°.*

1570. — BUEZ AR PEVAR MAB EMON, duc d'Ordon, laget e form un drajedi. (Vie des quatre fils Emon, mise sur la forme d'une tragédie.) — *E Montroulez, e ti Lédan, 1813, in-8°.*

1571. — SAINTE TRYPHINE et le Roi Arthur. Mystère breton en deux journées et huit actes, traduit, publié et précédé d'une introduction par F.-M. Luzel. Texte revu et corrigé d'après d'anciens manuscrits, par M. l'abbé Henry. — *Quimperlé, Th. Clairet, 1863, grand in-18.* Offert à la bibliothèque de Brest par F.-M. Luzel.

5. — Histoire du Théâtre Italien. — Poètes dramatiques Italiens

1572. — ARTEAGA (S.) — Le Rivoluzioni del theatro musicale italiano, dalla sua origine fino al presente. Seconda edizione accresciuta, variata, e corretta dall' autore. — *In Venezia, Carlo Palese*, m. dcc. lxxxv, *in 8°* 3 vol.

1573. — GUARINI (B.) — Il pastor fido. Tragi commedia pastorale del signor Cavaliere Battista Gvarini. Con laïunta in questa nova impressione delle Rime del detto signor et ornata di bellissime figure. — *In Lione, da Leonardo Dellarocca* m. dcc. xx, *in-12*. Le Berger fidelle, traduit de l'italien de Guarini en vers françois. Augmentée dans cette nouvelle édition de ses rimes italiennes et de belles figures en taille-douce. — *A Lyon, chez Léonard de La Roche.* (Les figures ne se trouvent pas dans cet exemplaire. On voit à la fin de l'épître dédicatoire à Son Altesse Royale Madame (mère du Régent) les lettres L. D. L. R., initiales de Léonard de La Roche.

1574. — D°. — Le Berger fidelle, traduit de l'italien de Guarini en vers françois (par l'abbé de Torche, dont on voit les initiales au bas de l'épître dédicatoire. — *Lyon, A. Perisse, à la bible d'or.* m. dcc. vii *in-12.* Frontispice gravé.

1575. — BONARELLI (Le comte G. de). — Filli di Scire, favola pastorale del conte Guidubaldo de Bonarelli. Detto l'aggiunto accademico intrepido. Da effa accademia dedicata al Sereniss. Signor Don Francesco Maria Feltrio Dalla Rovere Duca VI d'Urbino. — *In Parigi, della Raceolta di Cazin*, m. dcc. lxxxvi, *in-18.* Rel. en v. porp. Triples filets dorés.

1576. — D°. — La Philis de Scire, pastorale, novvellement tradvite en vers françois, avec l'italien à côté, par l'abbé de Torche, dont les initiales se trouvent au bas de l'Epitre décicatoire. — *Paris, Estienne Loyson*, m. dc. lxix, *in-12.* Frontispice et titre gravés. On y lit : La Philis de Scire, etc. Tradvit en vers libres. 4 grav. hors texte. Cet exemplaire a appartenu à Desforges-Maillard, poète, né au Croisic, en Bretagne, en 1699, mort en 1772. (2 exempl.)

1577. — ZENO (Apostolo). — Œuvres dramatiques, traduites de l'italien, par Math.-Ant Bouchaud, suivant la France littéraire de J.-M. Quérard. — *Paris, Duchesne*, m. dcc. lviii, *in-12, 2 vol.*

1578. — ŒUVRES de M*** (Goldoni), traduites de l'italien par Sablier, suivant la France littéraire de J.-M. Quérard. — *Londres et Paris*, m. dcc. lxi, *in-12*. Ce volume contient : 1° La Suivante généreuse, comédie en 5 actes, imitée de Goldoni, en vers libres. C'est une imitation de la pièce suivante, intitulée : La Domestique généreuse. 2° Les Mécontens....

1579. — MONTI (L'abbé Vincent) et ALFIERI (Victor). — Œuvres posthumes de M. Philippe Duplessis, imprimées en exécution de son testament. — *Paris, Firmin Didot frères, 1853, in-8', 5 vol.* C'est une traduction en vers français des pièces de Monti et d'Alfieri, dont le texte italien se trouve en regard.

1580. — BÉLISAIRE, tragédie italienne, avec la traduction française en regard. Le titre est conjecturé. La première page manque. — *In-8°.*

6. — Poètes dramatiques espagnols

1581. — PARTE VEINTE y tres de Comedias nvevas, escritas por los mejores ingenios de Espana. — *En Madrid, por Joseph Fernandez de Buendia, ano 1665, petit in-4° à 2 colonnes.* Fleuron représentant les armoiries de don Francisco Lopez, auquel ce recueil est dédié, par Manuel Melendez, dont le nom se lit au bas de l'Epître dédicatoire. Ce recueil contient 12 pièces.

1582. — RECUEIL de quinze pièces espagnoles. Nueva impresion. — *En Madrid, por la Vinda de Ibarra, 1812, in-16.* (15 petites broch.)
El Alcade Quimico, entremes. La Guitarra, entremes. Los Pages Golosos, entremes. El Poeta, entremes. El Raforme sin forma, entremes. Candil y Garabato, entremes. Don Calceta, entremes. Las Gurruminas, entremes. La Universidad de Amor. Bayle. Los Apodos, entremes. El Enfermo Descomido, entremes. Los Gurriminos, entremes. El Espejo, entremes. Juan de Aprieta, y Chasco de la Carta, entremes. Del Hambriento, entremes.

1583. — THÉATRE ESPAGNOL, traduction française par S.-N.-H. Linguet, avocat au Parlement, suivant le Dictionnaire des ouvrages anonymes d'Ant. Alex. Barbier, 3ᵉ édit., suivant une note manuscrite qui se trouve au verso de la feuille de garde. L'initiale du nom de Linguet se trouve au bas de l'Epître dédicatoire. — *Paris, de Hansy, le jeune*, m. dcc. lxx, *in-12, 4 vol.*, qui contiennent 20 pièces.

1584. — D°. — Un autre exemplaire. Filet doré.

1585. — LUCAS (Hippolyte). — Théâtre espagnol : L'Hameçon de Phenice (Lope de Vega). Le Médecin de son honneur (Calderon). Le Tisserand de Segovie (Alarcon). Diable ou Femme (Calderon). Le Collier du Roi (Don Francisco de Rojas) Rachel ou la belle Juive (Romancezo). La jeunesse du Cid (Guilhem de Castro). Cette dernière traduction seule est en prose. — *Paris, Michel Lévy frères, 1851, in-8°.*

7. — Poètes dramatiques allemands

1586. — BIELFELD (Le baron Jacques-Fréd. de), conseiller privé du roi de Prusse. — Comédies nouvelles. — *Berlin, Etienne de Bourdeaux, libraire du Roy et de la Cour,* m. dcc. liii, *in-8°.* Titre et frontispice gravés.

1587. — Théâtre allemand, ou recueil des meilleures pièces dramatiques, tant anciennes que modernes, qui ont paru en langue allemande, précédé d'une dissertation sur l'origine, les progrès et l'état actuel de la poésie théâtrale en Allemagne, par MM. Junker et Liébault. — *Paris, J.-P. Costard.* m. dcc. lxxii *in-12, 2 vol.*

1588. — SCHILLER (Jean-Frédéric-Christophe). — Théâtre, traduit de l'allemand par Lamartelière, membre de plusieurs sociétés littéraires. — *Paris, Ant. Aug. Renouard, an VIII, in-8°, 2 vol.*

1589. — D°. — Œuvres dramatiques, traduit par de Barante. — *Paris, Marchant, 1844, in-4°.*

1590. — D°. — Théâtre traduct. nouvelle, précédée d'une notice sur la vie et les ouvrages de Schiller, par M. X. Marmier. — *Paris, Charpentier, 2 vol. in-8°, 1848.*

8. — Poètes dramatiques anglais

1591. — SHAKSPEARE. — Œuvres traduites de l'anglais par Letourneur, enrichies de notes de divers commentateurs sur chaque pièce. — *Paris, Brissot Thivars, 1822, 3 vol. in-18* seulement.

1592. — D°. — The dramatic works of William Shakspeare from text of Johnson, Stevens, and Reed, wish glossarial notes, his life and a critique on his genius and Writings, by Nicolas Rowe, esq. — *London, printed for Mason and C°, 1825 in-8°.*

1593. — D°. — Œuvres complètes, traduction de Letourneur, revue et corrigée par MM. Guizot et A Pichot, précédée d'une notice biographique et littéraire sur Shakspeare. — *Paris, Dufay, 1829, 13 vol. in-8°.*

1594. — D°. — Richard the Third a tragedy in five acts. — *Paris, Truchy, 1834, in-12.*

1595. — D°. — Othello, a tragedy in five acts. — *Paris, Truchy, 1839, in-12.*

1596. — D°. — Œuvres dramatiques. Traduction nouvelle par Benjamin Laroche, précédée d'une introduction sur le génie de Shakspeare, par A. Dumas. — *Paris, Marchant, 1839, 2 vol. pet. in-4°.*

1597. — D°. — Dicks' complete edition of Shakspere's works, with thirty-seven illustrations, and a memoir. — *London, John Dicks, in-8°* (sans date).

1598. — D°. — Œuvres complètes. — Traduction nouvelle, par Benjamin Laroche. — *Paris, Charpentier, 1854, 6 vol.*

1599. — D°. — Œuvres complètes. Traduction entièrement revue sur le texte anglais, par M. Francisque Michel, et précédée de la vie de Shakspeare, par Woodsworth. — *Paris, Auguste Desrez,* M. DCCC. XXXIX *grand in-8°, 3 vol.*

1600. — BURGOYNE (Général). — The Heiress, a comedy, in five acts. — *London, 1816, in-18.*

1601. — BYRON (Lord). — Caïn. A Mystery By the rigt hon, lord Byron. — *Paris, published by a and W. Galignani, 1822, in-18.*

1602. — D°. — Théâtre, traduction de Benjamin Laroche. — *Paris, Charpentier, 1840, in-8°.*

IV. — FICTIONS EN PROSE

1. — Apologues ou Fables en différentes langues

1603. — ÉSOPE. — Fablou Esop, troët en Brezonec gant G. Ricou. Fables d'Esope traduites en breton, vers bretons, par G. Ricou. — *E. Montroulez, e-ty, v. Guilmer, 1828, in-18.*

1604. — D°. — Choix de fables, nouvelle traduction par Parizot et L. Liskenne. — *Paris, Poilleu, 1836, in-12.*

1605. — D°. — Fables choisies d'Esope, nouvelle édition classique, suivie des fables imitées d'Esope par La Fontaine et d'un lexique nouveau, par L. Humbert, professeur au collège Rollin. — *Paris, Garnier frères, in-12.*

1606. — BILLARDON DE SAUVIGNY (L. EDME). — Apologues orientaux, dédiés à Monseigneur le Dauphin. — *Amsterdam, E. van Harrevelt.* M. DCC. LXV, *in-8°*, avec :

1° Atalzaide, ouvrage allégorique. (Par Claude-Prosper-Jolyot de Crébillon fils, suivant le dictionnaire d'Ant. Alex. Barbier, 3ᵉ édition). — *Imprimé où l'on a pu.* M. DCC. XXXXVI.

2° Hylaire, par un métaphysicien (Jean-Henri Marchand suivant le dictionnaire des ouvrages anonymes d'Ant. Alex. Barbier, 3ᵉ édition). C'est une parodie du Bélisaire de Marmontel. — *Amsterdam, 1767, in-12.*

2. — Romans, Contes et Nouvelles

A. — HISTOIRE DES ROMANS ET COLLECTIONS DE ROMANS

1607. — PARIS (PAULIN). — Les Romans de la Table Ronde, mis en nouveau langage et accompagnés de recherches sur l'origine et le caractère de ces grandes compositions. — *Paris, Léon Techener,* M. DCCC. LXXII, *in-12, 3 vol.* 6 gravures hors texte.

1608. — GORDON DE PERCEL (Le comte). C'est le pseudonyme de l'abbé Lenglet du Fresnoy. — De l'usage des romans: où l'on fait voir leur utilité et leurs différents earactères ; avec une bibliothèque des romans, accompagnée de remarques critiques sur leur choix et leurs éditions. — *A Amsterdam, chez la veuve de Poilvas, à la Vérité sans fard. Paris*, d'après J.-M. Quérard, dans ses Supercheries littéraires dévoilées, 2ᵉ édition, M. DCC. XXXIV, *2 vol. in-12*. Titre rouge et noir.

1609. — BIBLIOTHÈQUE DE CAMPAGNE, ou Amusemens de l'esprit et du cœur. — *Paris, Belin, 1792, in-12, 24 vol.*

B. — Romans grecs

1610. — BIBLIOTHÈQUE DES ROMANS GRECS, traduits en français. — *Paris, Guillaume Gide, an V de la République (1797), et an IV, 10 vol., petit in 12.*

1ᵉʳ vol. : Les affections d'amour de Parthenius, ancien auteur grec ; jointes les Narrations d'amour de Plutarche, nouvellement mises en français, par Jean Fournier, de Montauban. — *Sur l'édition de Lyon, Macé-Bonhomme, 1555, an V de la République.*

2ᵉ vol. : Les Amours de Leucippe et Clitophon, traduites du grec d'Achilles Tatius, avec des notes historiques et critiques, par Loins-Adrien du Perron de Castera. Tome II. — *Réimprimé sur l'édition d'Amsterd., 1733, an Vᵉ.*

3ᵉ vol. : Les Amours, etc. Tome II.

4ᵉ vol. : Amours de Théagènes et Chariclée. Histoire éthiopique. 1ʳᵉ partie. *An IVᵉ.*

5ᵉ vol. : Les Amours de Théagènes, etc. Seconde partie. *An IVᵉ.*

6ᵉ vol. : Les Amours pastorales de Daphnis et Chloé, traduites du grec de Longus, par Jacques Amyot. — *Réimprimées sur l'édition de 1731, an Vᵉ, 1797.*

7ᵉ vol. : Les Amours d'Abrocome et d'Anthia, histoire éphétienne, traduite de Xénophon, par M. J*** (Jean-Baptiste Jourdan), d'après le Dictionnaire des ouvrages anonymes d'Ant. Alex. Barbier, 3ᵉ édition. Enrichie de figures en taille douce (elles ne s'y trouvent pas), avec des notes sur la géographie, les mœurs et différents usages des anciens. — *1797, an Vᵉ.*

8ᵉ vol. : Les Amours de Chéréas et Callirrhoë, traduites du grec de Chariton, avec des remarques, par Pierre-Henri Larcher. Tome Iᵉʳ. — *Réimprimées sur l'édition de Paris, 1763, an Vᵉ, 1797.*

9ᵉ vol. : Les Amours de Chéréas, etc. Tome II.

10ᵉ vol. : Les Amours d'Ismène et d'Isménias, par P.-Fr. Godard de Beauchamps, d'après le Dictionnaire des ouvrages anonymes d'Ant. Alex. Barbier, 3ᵉ édition. — *An IVᵉ.*

1611. — PARTHENIUS. — Les affections de divers amans, faictes et rassemblées par Parthenius de Nicée, ancien auteur grec, et nouvellement mises en françoys, avec les narrations d'amour de Plutarche, par Jean Fornier, dont le nom se trouve au bas de la dédicace en vers adressés à Monseigneur J. Bertrand, conseiller dv Roy en son grand Conseil. — *Paris, Coustelier,* d'après le Dictionnaire des ouvrages anouymes d'Ant. Alex. Barbier, 3ᵉ édition, M. DCC. XLIII, *in-8°*. Rel. en v. citron. Triples filets dorés. Titre rouge et noir. Faux-titre rouge et noir, ainsi conçu : Les affections de divers amans. Les narrations d'amour de Plutarche.

1612. — LONGUS. — Les amours pastorales de Daphnis et de Chloé, écrites en grec par Longus, et traduites en français par Amiot, avec figures (elles ne s'y trouvent point). Nouvelle édition. — *Amsterdam, les frères Westin.* M. DCC. XVI, *in-12*. Titre rouge et noir.

1613. — Dº. — Amours de Daphnis et Chloé, avec figures par un élève de Picart (au nombre de 6). — *Amsterdam,* M. DCC. L, *petit in-8°* rel. en v. fauve. Triples filets dorés, armes sur les plats, frontispice gravé.

1614. — Dº — Les amours pastorales de Daphnis et Chloé, écrites en grec par Longus, et translatées en françois par Jacques Amyot. — *Lille. C. F. J. Lehoucq, rue des Buisses, 1792, petit in-8'*, filets dorés, frontispice gravé, 26 grav. hors texte, grandes marges.

1615. — Dº. — Les amours pastorales de Daphnis et de Chloé, traduites du grec de Longus par Amyot. — *Paris, P. Didot l'aîné, an VIII,* M. DCCC. *grand in-4°* rel. en mar. rouge bordure, papier vélin. Brunet cite cette édition, mais les 9 figures, d'après Gérard et Prud'hon, ne se trouvent pas dans notre exemplaire.

1616. — Dº. — Les pastorales de Longus, ou Daphnis et Chloé, traduction complette d'après le texte grec des meilleurs manuscrits (par J.-P. Courier). *Paris, Firmin-Didot, 1813 in-12,* papier vélin.

1617. — HÉLIODORE. — Les amours de Théagènes et de Chariclée, histoire Ethiopique, traduite du grec d'Héliodore. — *Amsterdam, Herman Uytwerf,* M. DCC. XXVII. *A la Sphère, in-12, 2 tomes en 1 vol.* Veau racine. Cette édition est la première de cette traduction. Au bas de l'épître dédicatoire à Fontenelle, on lit : « L'abbé de F.... C'est, suivant quelques bibliographes, l'initiale de Fontenu (l'abbé).

1618. — Dº. — Les amours de Théagènes et de Choriclée, histoire éthiopiqve, traduite du grec d'Héliodore. Même traduction. — *Paris, Briasson,* M. DCC. XXVII, *in-12, 2 vol.*

1619. — D°. — Les mêmes, même traduction. — *Paris, Coustelier*, M. DCC. LVII, *in-12, 2 tomes en 1 volume*. Frontispice et fleuron gravés (10 gravures).

1620. — XÉNOPHON. — Abrocome et Anthia, histoire éphésienne, traduites de Xénophon (par J.-B. Jourdan, suivant le Dictionnaire des ouvrages anonymes d'Ant. Alex. Barbier, 3ᵉ édition). — *Paris, Maison, in-18, 2 vol.* avec frontispices.

1621. — TATIUS (ACHILLES). — Les amours de Clitophon et de Lencippe, traduction libre du grec d'Achilles Tatius, avec des notes par le sieur D*** D*** (Ch.-Phil. Montenault d'Egly, suivant la France littéraire de J.-M. Quérard.) — *Paris, André-François Le Breton*, M. DCC. XXXIV, *in-12*.

1622. — D°, d°. — Les amours de Lencippe et de Clitophon, nouvellement traduit du grec d'Achilles Tatius, évêque d'Alexandrie, par J.-M.-B. Clément. — *Paris, Colnet, an VIII, in-12*, relié en v. gran. Filet doré.

1623. — PRODOMUS THEODORUS. — Les amours de Rhodante et de Dosiclès. Traduction du grec de Theodorus Prodomus. — *1746, petit in-8°* (84 pages). La lettre initiale D dorée se trouve sur le plat.

1624. — D°. — Les amours de Rhodante et de Dosiclès, traduites du grec de Theodorus Prodromus, par P. François Godard de Beauchamps. Réimprimées sur l'édition de 1746. — *Paris, Guillaume, an V, 1797, in-18*.

1625. — AMOURS (Les) d'Ismène et d'Isménias, par P.-Fr. Godard de Beauchamps, suivant le Dictionnaire des ouvrages anonymes d'Ant. Alex. Barbier, 3ᵉ édition. — *La Haye; Paris, Coustellier*, M. DCC. XLIII *petit in-8°* rel. en mar. brun. 4 planches en comptant le titre gravé.

1626. — AMOURS (Les) d'Ismène et d'Isménias, suivis de ceux d'Abrocome et d'Anthia, traduits de Xénophon le jeune, par Jourdan. — *Genève*, M. DCC. LXXXII, *in-24*. Rel. en veau fauve. Triples filets dorés. Frontispice gravé.

1627. — D°. — *Londres, 1783, in-24*.

1628. — HISTOIRE des amours de Chéréas et de Callirrhoë, par Chariton, traduite du grec, avec des remarques, par P. Henri Larcher. — *Paris, Ganeau*, M. DCC. LXIII, *in-8°, 2 vol.* rel. Bordure dorée, larges marges. On trouve cette traduction reproduite sous le titre de : Les amours de Chéréas et de Callirrhoë, traduite du grec de Chariton, avec des remarques, par Pierre Larcher. — *1597, 2 vol. in-12*. Contenu dans le 8ᵉ et 9ᵉ vol. de notre Bibliothèque des romans grecs.

C. — ROMANS LATINS ANCIENS ET MODERNES

1629. — APULÉE. — Apvleivs Madavrensis platonicus, serio cartigatus. — *Amsterodami, apud Guilj. Cæsium, 1623, in-16.* Rel. en v. mar. rouge. Doubles filets dorés. Titre gravé. Portrait en buste de l'auteur.

1630. — D°. — Les Métamorphoses, ov l'Ane d'or d'Apulée, philosophe platonicien, avec le Démon de Socrate, traduits en françois avec des remarques, par l'abbé Compain de Saint-Martin, suivant le Dictionnaire des ouvrages anonymes d'Ant. Alex. Barbier, 3ᵉ édition. — *Paris, Michel Brunet,* M. DCC. VII, *in-12, 2 vol.* 12 gravures. Frontispice et titre gravés.

1631. — D°. — L. Apuleii, Madaurensis platonici, Metarmorphoseos ; sive Lusus Asini. Editio nova, cum figuris æneis. — *Parisiis, apud Joannem Francisc. Bastien,* M. DCC. LXXXVII.

Les Métamorphoses, ou l'Ane d'or d'Apulée, philosophe platonicien, traduction avec le texte latin. Nouvelle édition, ornée de figures en taille douce. — *Paris, chez Jean-François Bastien, 1787, in-8°, 2 vol.* Rel. en v. marbré. Triples filets dorés. Portrait de l'auteur. 16 gravures. Cette traduction, suivant la France littéraire de J.-M. Quérard et le Manuel du libraire et de l'amateur de livres de Brunet, 5ᵉ édition, a été retouchée par J.-F. Bastien.

1632 — D°. — De l'Esprit familier de Socrate, tradvction nouvelle, avec des remarques, par le baron des Coutures, d'après le Dictionnaire des ouvrages anonymes d'Ant. Alex. Barbier, 3ᵉ édition. — *Paris, Barthélemy Girin, à la Prudence,* M. DC. XCVIII, *in-12.* Avec :

Histoire d'Apollone de Tyane, d'après une note manuscrite sur le carton inférieur de cette reliure : M. Dupin, docteur de Sorbonne, est l'auteur de ce liure, sous le nom de Clairval. On lit d'ailleurs, dans le privilège, le nom du sieur de Clairval, auquel ce privilège est accordé.

1633. — D°. — Les amours de Psyché et de Cupidon, tirez de la Métamorphose, ou de l'Asne d'or de L. Apulée de Madaure, philosophe platonicien. Traduction nouvelle, par Breugière, sieur de Barante, d'après une note à l'encre rouge écrite sur le titre, avec des remarques. Enrichies de figures en taille douce. 5 gravures. — *Rotterdam, Michel Bohm,* M. DCC. XIX, *in-12.* Titre rouge et noir.

1634. — D°. — La Fable de Psyché, figures de Raphaël. — *Paris, caractères de Henri Didot, an XI, grand in-4°.* La traduction qui se trouve en regard du texte latin est de Breugière de Barante, et la dissertation sur cette fable est de F.-N.-S. de L'Aulnaye, suivant le Dictionnaire des ouvrages anonymes d'Ant. Alex. Barbier, 3ᵉ édition. Les 32 planches ont été dessinées et gravées au trait, d'après Raphaël, par Dubois et Marchais, sous la direction de Girodet.

1635. — BARCLAY (J.). — Joannis Barclaii Argenis. — *Parisiis, apud Nicolavm Bvon, in via Jacobæa, sub signis S. Claudij, et Hominis silvestris,* M. DC. XXI, *in-8°*. Rel. en maroc. ronge. Filets dorés ; armes sur les plats. Fleuron ou marque typographique avec cette devise : Omnia mecum porto.

1636. — Dº. — Jo. Barclaii Argenis. Editio novissima, cum clave, hoc est nominum propriorum elucidatione hactenus nondum edita. — *Lug. Bat., ex officina Elzeviriana, anno 1630, petit in-12.* Titre gravé.

1637. — Dº. — Evphormionis Lusinini sive Joannis Barclaii Satyricon partes quinque cum clavi. Accessit conspiratio anglicana. — *Lugd. Batavorum, apud Etzevirios, 1637, petit in-12.* Rel. ancienne ; filets dorés.

D. — ROMANS FRANÇAIS

A. — Romans de Chevalerie

1638. — Histoire de Valentin et Orson, très-hardis, très-nobles, et très-vaillants chevaliers, fils de l'empereur de Grèce et neveux du très-vaillant et très-chrétien roi de France Pépin. Contenant diverses matières, comme vous pouvez voir ci-après. — *Rouen, Pierre Seyer, imprimeur-libraire rue du Petit-Puits, petit in-4°* (sans date.)

B. — Poëmes en prose

1639. — OLLENIX DV MONT-SACRÉ, gentilhomme du Mayne. — Les amours de Cléandre et Domiphille, par lesquelles se remarque la perfection de la vertu de chasteté. Liure non moins délectable que profitable à tous vrais amateurs de chasteté. Le tout de l'inuention d'Ollenix etc. — *A Paris, chez la veufue de Gabriel Bvon, au clos Brunneau à l'Image St-Claude,* M. D. XCVIII, *petit in-12,* rel. en mar vert. Triples filets dorés. Fleuron et marque typographique avec cette devise : Omnia mecum porto. Brunet, dans son Manuel du libraire et de l'amateur de livres, cite cette édition à l'article Montreux (Nicolas de) sous le nom d'Olenix du Mont-Sacré.

1640. — LA FONTAINE (JEAN DE). — Les amours de Psiché et de Cupidon. Edition nouvelle, plus correcte que la précédente (selon la France littéraire de J.-M. Quérard, c'est au contraire une réimpression incorrecte de la seconde). — *La Haye, Adrien Moetjens*, M. DCC. VII, *petit in-8°*. Frontispice gravé. A la fin se trouve sans changement de pagination :. Adonis, poëme par Monsieur de La Fontaine.

1641. — HISTOIRE (L') et les amours de Sapho de Mytilène avec une lettre qui contient des réflexions sur les accusations formées contre ses mœurs. — *Paris, Musier,* M. DCC. XXIV, *in-12*. Attribué à Jean du Castre d'Auvigny. L'auteur de la « Bibliographie des ouvrages relatifs à l'amour », observe avec raison, nous dit Barbier dans son Dictionnaire des ouvrages anonymes, 3ᵉ édition, que cet auteur étant né en 1712, il est difficile d'admettre qu'il ait pu être, en 1724, l'auteur de cet ouvrage.

1642. — AMOURS (Les) de Callysthène et d'Aristoclie. Histoire grecque, par Léon Ménard, suivant le Dictionnaire des ouvrages anonymes d'Ant. Alex. Barbier 3ᵉ édition. D'ailleurs cet ouvrage a été, d'après le même écrivain, augmenté et réimprimé en 1765, sous ce titre : « Callysthène, ou le modèle de l'amour et de l'amitié avec le nom de l'auteur. — *La Haye, Pierre Paupie,* M. DCC. XL, *in-12*.

1643. — AMOURS (Les) de Carite et Polydore, roman traduit du grec, par l'abbé J.-J. Barthélemy, auteur du voyage d'Anarchasis, suivant le Dictionnaire des ouvrages anonymes d'Ant Alex. Barbier, 3ᵉ édition. — *Paris, 1760, petit in-8°*, avec : Fables nouvelles ; avec un discours sur la manière de lire les Fables et de les réciter. Par M***, par l'abbé J.-L. Aubert. Elles ont été plusieurs fois réimprimées avec le nom de l'auteur. — *A Amsterdam, et se trouvent à Paris, chez Duchesne,* M. DCC LVI.

1644. — Les mêmes, suivies de la Chanteloupée, ou la Guerre des Puces, poëme en vers, contre Madame L. D. de Ch., par l'abbé J.-J. Barthélemy. — *Paris, Sanson, 1826, in-32*. Frontispice.

1645. — AMOURS (Les) de Sapho et de Phaon, par Cl.-L.-M. de Sacy, suivant le Dictionnaire des ouvrages anonymes d'Ant. Alex. Barbier, 3ᵉ édition. — *Amsterdam, veuve Nihof et fils, 1769, in-8°*.

1646. — AMOURS (Les) de Laïs, histoire grecque, par M. de S*** (Cl.-L.-M. de Sacy). — *A Corinthe, et se trouve à Paris, chez Cuissart,* M. DCC. LXV, *in-12*, avec :

1° Les amours de Sapho et de Phaon. — *Amsterdam, veuve Nihof et fils, 1769*.

2° Les amours d'Ismène et d'Isménias, par P.-Fr. Godard de Beauchamps, suivant le Dictionnaire des ouvrages anonymes d'Ant. Alex. Barbier, 3ᵉ édition. — *La Haye,* M. DCC. LVI. Titre rouge et noir. Fleuron Cartouche et 4 planches.

1647. — UNIVERS (L') perdu et reconquis par l'Amour, suivi d'Iphis et Amarante, ou l'Amour vengé, par de Carné, suivant le Dictionnaire des ouvrages anonymes d'Ant. Alex. Barbier, 3ᵉ édition, et la France littéraire de J.-M. Quérard. — *Amsterdam*, m. dcc. lviii, *in-8°*. Frontispice gravé. Avec :

1° Histoire des Rats, pour servir à l'histoire universelle, par Cl.-Guill. Bourdon de Sigrais, suivant le Dictionnaire des ouvrages anonymes d'Ant. Alex. Barbier, 3ᵉ édition. — *Ratapolis, 1737.* Gravure représentant Apollo Smyntheus.

2° Poésies du chevalier D*** (48 pages).

1648. — SOUPIRS (Les) d'Euridice aux Champs Elisées, par l'auteur de Garrick, ou les Acteurs anglois, par A.-F. Sticotti, suivant le Dictionnaire des ouvrages anonymes d'Ant. Alex. Barbier, 3ᵉ édition, et la France littéraire de J.-M. Quérard. — *A La Haye, et se trouve à Paris, chez J.-P. Costard,* m. dcc. lxx, *in-8°*.

1649. — MONTESQUIEU (Charles de Secondat, baron de la Brède et de). — Le temple de Gnide, accompagné d'une version allemande et de sa traduction en vers, par M. Collardeau. — *Aux Deux-Ponts, P.-J.-B. Migneret, direxit. A l'imprimerie ducale, 1782, petit in-4°.*

1650. — PECHMÉJA (J. de). — Téléphe en xii livres, par J. de Pechméja, professeur d'éloquence au collège royal de La Flèche. — *A Londres, et se trouve à Paris, chez Pissot, 1784, in-8°.* Rel. en v. fauve. Triples filets dorés.

1651. — BILDERBECK (Le baron L.-Fr. de), ancien maréchal de la cour de Nassau-Saarbrück, et conseiller intime de légation. — Cyane, ou les Jeux du Destin, roman grec. — *Anenwied, chez la Société typographique, et à Strasbourg, chez J.-P. Treuttel,* m. dcc. xc, *in-8°.* Frontispice gravé.

1652. — AVENTURES (Les) d'Hélène, fille de Léda. (Par S.-P. L.... — *Paris, Delaunay, 1811, in-8°.* Relié en veau racine. Bordure dorée.

1653. — REYRAC (L'abbé François-Philippe de Laurens de). — Hymne au Soleil, suivi de plusieurs morceaux du même genre et de poésies diverses. Nouvelle édition. — *Amsterdam,* m. dcc. lxxxi, *in-18.* Relié en v. fauve. Portrait de l'auteur. (2 exempl.)

1654. — LE CLERC (L. C.) né à Nangis. — Tobie, poëme, en quatre chants, dédié à N. S. P. le Pape Clément XIV. — *Paris, Lejay,* m. dcc. lxxiii, *in-12.*

1655. — CHRISTIADE (La) ou le Paradis reconquis, pour servir de suite au Paradis perdu de Milton, par l'abbé Jacq.-Franç. de Labaume-Desdossat, suivant le Dictionnaire des ouvrages anonymes d'Ant. Alex. Barbier, 3ᵉ édition, et la France littéraire de J.-M. Quérard. — *Bruxelles, Vase,* M. DCC. LIII, *in-12, 6 vol.* Frontispice gravé, vignettes et gravures d'après Ch. Eisen, au nombre de 14. Cet ouvrage a été condamné par arrêt du Parlement, avril 1756.

1656. — FÉNÉLON (François de Salignac de la Mothe), archevêque et duc de Cambray. — Avantures de Télémaque, fils d'Ulysse, ou suite du quatrième livre de l'Odyssée d'Homère. Dernière édition, plus ample et plus exacte que les précédentes. Enrichie de figures (17). Portrait de l'auteur. — *La Haye, Adrien Moetjens, à la librairie françoise,* M. DCC. X, *in-12.* 2 tom. en un volume. Titre rouge et noir. A la fin se trouvent : les avantures d'Aristonoüs et trois dialogues.

1657. — Dº, dº. — Les Avantures de Télémaque, fils d'Ulysse, ov suite du quatrième livre de l'Odyssée d'Homère, servant d'instruction à Monseigneur le duc de Bourgogne. Dernière édition, plus ample et plus exacte que les précédentes. — *La Haye, Adrian Moetjens, à la librairie françoise,* M. DCC. XI, *in-12.* Fleuron, une sphère. 11 figures. A la fin se trouvent les Avantures d'Aristonoüs, sans changement de pagination.

1658. — Dº, dº. — Les Aventures de Télémaque, fils d'Ulysse, par feu Messire François de Salignac de la Motte Fénélon, précepteur de Messeigneurs les enfans de France, et depuis archevêque-duc de Cambrai, prince du saint Empire, etc. — *Paris, Nyon le jeune,* M. DCC. LXXV, *in-12* 2 vol. Frontispice gravé. 23 gravures hors texte, avec la carte des voyages de Télémaque, par Roussel. A la fin du second vol. se trouve une ode, sans changement de pagination.

1659. — Dº, dº. — Les Aventures de Télémaque. Nouvelle édition, enrichie d'une notice abrégée de la vie de l'auteur, de réflexions sur Télémaque, des principales variantes, tirées des manuscrits et des éditions précédentes, et de 25 estampes gravées d'après les dessins de Ch. Monnet, par J.-B. Tilliard. — *Paris, A. Moreau, 1810, in-4º.* 2 tomes en un volume. Le fleuron représente le buste de Fénélon.

1660. — Dº, dº. — Les Aventures de Télémaque, fils d'Ulysse. — *Paris, Aumont, 1816, in-8º.*

1661. — Dº, dº. — Autre. — *Paris, Alp. Hériot, 1837, in-8º.*

1662. — Dº, dº. — Autre. — *Paris, Lecointe, 1830, in-12.*

1663. — Dº, dº. — Les Aventures de Télémaque. — *Lyon, A. Leroy, 1811, in-12.*

1664. — D°, d°. — Adventures (The) of Telemachus, the son of Ulysses, by the deceased Francis de Salignac de la Motte Fenelon. Translated in to english by Des Maizeaux, F.-R.-S. The sevteenth edition, corrected. — *Saint-Malo, printed by H.-L. Hovius, 1808, in-12.* 2 tomes en un seul volume.

1665. — PETIT TÉLÉMAQUE, ou précis des Aventures de Télémaque, fils d'Ulysse, d'après l'ouvrage de Fénélsn, dédié à l'enfance et publié par un instituteur. — *Paris, Emery, et Amsterdam, Chanal, 1812, in-8°*

1666. — RAMSAY (Le Chevalier And.-Mich. de). — Les voyages de Cyrus avec nn discours sur la mythologie. — *Paris, Gabriel-François Quillau, imprimeur-juré de l'Université, à l'Annonciation,* m dcc. xxvii, *in-12*, 2 vol. Frontispice gravé représentant Cyrus qui consulte Daniel.

1667. — D°. — Les voyages de Cyrus, histoire morale. Suivie d'un discours sur la mythologie et la théologie ancienne par le même. Nouvelle édition. — *La Haye, Nicolas Van Daalen,* m. dcc. lxviii, *in-12.* Frontispice représentant Cyrus qui consulte Daniel.

1668. — D°. — Voyages de Cyrus, suivis d'un discours sur la mythologie. Nouvelle édition revue et augmentée de notes géographiques, historiques, mythologiques, etc., par L. Ph. de la M*** (Philipon de la Madeleine). — *Paris, Richomme, 1807, in-12.*

1669. — REPOS (Le) de Cyrus, ou l'histoire de la vie depuis sa seizième jusqu'à sa quarantième année, par l'abbé Jacques Pernetti, biographe et historiographe lyonnais, suivant le Dictionnaire des ouvrages anonymes d'Ant. Alex. Barbier, 3ᵉ édition et la France littéraire de J.-M. Quérard. *Paris, chés Driasson, à la Science,* m. dcc. xxxii, *in-8°*. Trois tomes en un seul vol. Frontispice gravé et 3 planches. Triples filets dorés.

1670. — TERRASSON (L'abbé J.) Séthes, histoire ou vie tirée des monuments, anecdotes de l'ancienne Egypte, traduit d'un manuscrit grec. *Paris, Desaint, 1767, 2 vol. in-12.* (2 exempl.) Carte des voyages de Séthos et carte de l'Egypte.

1671. — D°. — Le même. *Paris, J.-F. Bastien, an III, 2 vol in-8°.* Carte des voyages de Séthos et carte de l'Egypte.

1672. — MARMONTEL (Jean-François). — Bélisaire. — *Paris, Merlin,* m. dcc. lxvii, *in-12.* Rel. en.v. fauve. Triples filets dorés. Frontispice gravé représentant Bélisaire que guide un enfant. (2 exempl.) 3 gravures hors texte. A la fin se trouvent, sans changement de pagination : Fragmens de Philosophie morale.

1673. — D°. — Bélisaire. — *Paris, Merlin,* m. dcc. lxvii, *in-8°.* Rel. en v. fauve. Triples filets dorés.

1674. — MENU de CHOMORCEAU (Etienne), président, lieutenant-général en bailliage de Villeneuve-le-Roi. — Renaud, poëme héroïque imité du Tasse. — *Paris, Moutard,* m. dcc. lxxxiv, *in-8°.* 2 tomes en un vol. Triples filets dorés.

1675. — CAZOTTE (J.). — Ollivier, poëme. — m. dcc. lxiii, *in-12.* 2 tomes en un vol.

1676. — BITAUBÉ (Paul-Jér.). — Guillaume de Nassau, ou la fondation des Provinces-Unies. Nouvelle édition. — *Paris, Prault,* m. dcc. lxxv, *in-8°.* Frontispice et fleuron gravés.

1677. — D°. — Joseph. — *Paris, Didier, 1833, in-8°.*

1678. — REGNAULT de WARIN (Jean-Baptiste-Joseph-Innocent-Philadelphe). — L'Ange des prisons (Louis XVII), élégie, avec le portrait du jeune Roi, dessiné sur le buste du cabinet de Madame, duchesse d'Angoulême, et des romances gravées. — *Paris, L'Huillier-Delaunay-Pillet, 1817, in-12.*

1679. — MANDAR (Mich.-Phil., plus connu sous le nom de Théophile), commissaire national du Conseil exécutif de la République française en 1793. — Le Génie des Siècles. — *Paris, Hautbont l'aîné, l'an IV, in-8°.* On trouve après les notes : 1° Discours prononcé, en Septembre 1792, à l'assemblée générale de la section du Temple, par Théophile Mandar, sur l'horreur des journées des 2, 3 et 4 du même mois ; 2° Lettre de l'auteur sur l'origine du despotisme ; 3° Projet d'adresse aux 88 départemens.

C. — Romans de différents genres, rangés par ordre chronologique de publication.

1680. — CHATEAUBRIAND (F.-A. de). — Atala et le dernier Abencérage. — *Paris, Gabriel Roux, 1857, in-8°.*

1681. — D°. — René. — *Paris, Gabriel Roux, 1857, in-8°.*

1682. — D°. — Les Martyrs et le dernier des Abencérages. — *Paris, Hachette, 1863, in-8°.*

1683. — D°. — Les Martyrs, ou le triomphe de la Religion chrétienne. — *Paris, Le Normand, 1809, 2 vol. in-8°.*

1684. — D°. — Atala, René. Les aventures du dernier des Abencérages. Dargo, Duthona, Ganl, poëmes-poésies. — *Paris, Lefèvre et Ladvocat, 1830, in-8°.*

1685. — VIDEL (Louis), secrétaire de Monseigneur le Connétable. — Melante, amoureuses avantures du temps. — *Paris, chez Samvel Thibovst, au Palais, en la gallerie des Prisonniers,* m. dc. xxiv, *in-8°*. Rel. en mar. rouge. Triples filets dorés (1015 pages). Brunet, dans son Manuel du libraire et de l'amateur du livre, cite cette édition, et ajoute : Ce roman, devenu rare, est encore recherché dans le Dauphiné, patrie de l'auteur.

1686. — SOREL (Charles). — Le Berger extravagant où, parmi des fantaisies amoureuses, on voit les impertinences des romans et de la poésie, avec des remarques. — *Paris, 1627, in-8°.* Tome 2° seulement. L'ouvrage est en 3 vol.

1687. — URFÉ (Honoré d'). — L'Astrée de Messire Honoré d'Urfé, marquis de Verromé, comte de Chasteau-Neuf, baron de Chasteau-Morand, chevalier de l'ordre de Savoye, etc., où par plusieurs histoires, et sous personnes de Bergers et d'autres, sont déduits les divers effets de l'honneste amitié. — *5 vol. in-8°.* Figures. 1re partie : Imprimée à Rouen, se vend à Paris, chez Augustin Courbé, 1647. — 2e partie : Lyon, Simon Rigaud, 1631. — 3e partie : Paris, veuve Olivier de Varennes, 1631. — 4e partie : Paris, Augustin Courbé, 1637. — 5e partie, composée sur les vrais mémoires de feu Messire Honoré d'Urfé, par le sieur Baro. — *Paris, Anthoine de Sommaville, 1637.*

1688. — SCUDERY (Mademoiselle Magdeleine de). — Artamène, ov le Grand Cyrvs. Dédié à Madame la dvchesse de Longveville. Par Monsieur de Scvdery, gouuerneur de Notre-Dame de la Garde. Seconde édition. *Paris, Avgvstin Covrbé,* m. dc. liii *petit in-8°, 10 vol.* Filets dorés. Portrait de la Duchesse de Longueville dans le 1er et 10e vol., avec cinq vers. Frontispices gravés en tête de chaque vol. Figures de Fr. Chauveau qui se trouvent au commencement de chaque livre. Ce roman de Mlle de Scudery, comme d'autres qui lui appartiennent, parut comme on le voit ci-dessus, sous le nom de son frère. Notre édition est citée dans le Manuel du libraire et de l'amateur de livres, 5e édition, par Brunet.

1689. — D°. — Ibrahim ou l'illustre Bassa, dédié à Mlle de Rohan, 4e partie, 2 vol. — *Paris, A. de Sommaville, 1641, in-8°* mutilé.

1690. — MONTPENSIER (Mlle de). — La Relation de l'Isle imaginaire et l'histoire de la princesse de Paphlagonie. — m. dc. lix, *in-8°*, filets dorés.

1691. — LE PAYS (René) Seigneur du Plessis-Villeneuve, né à Fougères. — Amitiez, amours et amourettes. Nouvelle édition augmentée de la zéloytide, histoire galante, composée par le même autheur. Première partie. — *Paris, Charles de Sercy, à la Bonne-Foy couronnée,* m. dc. lxxxv, *in-12.* Fleuron représentant deux mains qui se joignent.

1692. — SEGRAIS (Jean Regnauld, sieur de). — Zayde, histoire espagnole, avec un traité de l'origine des romans, par M. Huet. — *Paris, Compagnie des libraires associez,* m. dcc. xxv, *in-12, 2 vol.* Ce roman est de Madame la comtesse de La Fayette ; elle le mit sous le nom de Segrais, qui, plus tard, déclara qu'il n'avait sa part qu'à la disposition.

1693. — BOURSAUT (Edme). — Le prince de Condé, roman historique, suivi d'éclaircissements et de pièces intéressantes sur les règnes de François II, de Charles IX et de Henri III. — *Paris, P. Didot l'aîné,* m. dcc. xcii, *in-12, 2 vol.* Papier vélin.

1694. — HAMILTON (Le chev. Ant.). — Mémoires de la vie du comte de Grammont, contenant particulièrement l'histoire amoureuse de la Cour d'Angleterre, sous le règne de Charles II. — *Cologne, Pierre Marteau,* m. dcc. xv, *in-12.* Vieille reliure. Titre rouge et noir.

1695. — D°. — Mémoires du chevalier de Grammont, avec introduction et des notes par M. de Lescure. — *Paris, librairie des Bibliophiles, 1876, in-12.*

1696. — GUEULLETTE (Thom.-Sim.). — Les Mille et une Soirées. Contes mogols. — *Paris, les libraires associés,* m. dcc. lxv, *in-12, 3 vol.*

1697. — D°. — Mémoires de Mademoiselle de Bontems, ou de la comtesse de Marlou, rédigés par M. Gueullette, auteur des Contes tartares, chinois et mogols. Première et seconde partie. — *Londres,* m. dcc. lxxxi, *in-18, 2 vol.* Rel. en veau porphyre. Triples filets dorés.

1698 — LESAGE (Alain-René). — Histoire de Gil-Blas de Santillane. — *Paris, Bertin, 1798, 3 vol. in-12.*

1699. — D°. — Aventuras de Gil-Blas de Santillana. — *Paris, libreria Cormon y Blanc, 1826, in-12.*

1700. — D°. — Histoire de Gil-Blas de Santillane, vignettes par Jean Gigoux. — *Paris, Paulin, 1835, grand in-8°.*

1701. — D°. — Autre, précédé des Lazarille de Tormès, trad. par L. Viardot. — *Paris, Dubochet, 1846, in-8°.*

1702. — D°. — Le Diable boîteux. Gil-Blas. Guzman d'Alfarache. Le Bachelier de Salamanque. Théâtre : Crispin rival de son maître Turcaret. — *Paris, Firmin Didot frères, 1840, in-4°.*

1703. — D°. — Histoire d'Estévanille Gonzalès, surnommé le Garçon de bonne humeur. — *Paris, Genetts jeune, 1821, 2 vol. in-12.*

1704. — PRÉVOST D'EXILES (L'abbé A.-F.). — Mémoires et Avantures d'un homme de qualité, qui s'est retiré du monde. — *Paris, T. Le Gras*, m. dcc. xxviii, *in-12*. 2 tomes en un vol.

1705. — D°. — Les mêmes. Nouvelle édition, censidérablement augmentée sur quelques manuscrits trouvés après sa mort. — *Amsterdam et Leipzig, Arkstée et Merkus*, m. dcc. lix, *petit in-12, 8 vol*. Le tome 7ᵉ contient la première partie de l'histoire du chevalier des Grieux et de Manon Lescaut, et le tome 8ᵉ la seconde partie.

1706. — PRÉVOST (L'abbé A. de). — Mémoires et Aventures d'un homme de qualité, qui s'est retiré du monde. — *La Haye, Merville, 1775, 2 vol. in-12*.

1707. — D°. — Œuvres choisies (inc.). — *Londres, 1786, in-18*.

1708. — D°. — Histoire de Manon Lescaut et du chevalier des Grieux. — *Paris, Charpentier, 1844, in-12*.

1709. — D°. — Autre. — *Paris, Paulin, 1846, in-12*.

1710. — D°. — Autre. — *Paris, Adolphe Delahays, 1858, in-12*.

1711. — CRÉBILLON Fils (C.-P. Jolyot de). — Lettres athéniennes, extraites du porte-feuille d'Alcibiade. — *Londres, Pierre Elsmy, Southampton-Street, 1771, petit in-8°*. 4 tomes en 2 vol.

1712. — MARIVAUX (Pierre Carlet de Chamblain de). — Le paysan parvenu, ou les mémoires de M***. — *La Haye, Pierre Derogissart*, m. dcc. lxxv, *in-12*. 3 tomes en 1 vol.

1713. — DIABOTANUS, ou l'Orviétan de Salins. Poëme traduit du Languedocien par Cl.-Mar. Giraud, suivant le Dictionnaire des ouvrages anonymes d'Ant. Alex. Barbier, 3ᵉ édition. — *Paris, Delaguette, 1749*. Le titre manque à cet exemplaire, nous l'empruntons à l'en-tête de la 1ʳᵉ page et au Diction. de Barbier), *in-8°*.

1714. — VOLTAIRE. — Romans, Ed. Stéréotype. — *Paris, P. Didot, 1749, in-18, 3 vol*.

1715. — VOLTAIRE. — Romans. Edition stéréotype, d'après le procédé de Firmin-Didot. — *Paris, Pierre Didot, l'aîné et Firmin Didot, an VIII (1800), 3 vol. petit in-8°*.

1716. — VOLTAIRE. — Le Huron ou l'Ingénu. — *Lausanne, 1758, 1 vol., in-12*.

1717. — ROUSSEAU (J.-J.). — Julie ou la nouvelle Héloïse. — *Paris, Didot l'aîné, 1806, 4 vol. in-16*.

1718. — D°. — Julie, ou la nouvelle Héloïse, ou lettre de deux amants, habitants d'une petite ville au pied des Alpes, recueillies et publiées par J.-J. Rousseau. — *Paris, édition de P. Didot, l'aîné,* m. dccc. xxiv, *in-8° 3 vol.* Cette édit. fait partie de la collection des meilleurs ouvrages de la langue française, dédiée aux amateurs de l'art typographique, ou d'éditions soignées et correctes.

1719. — BÉLIARD (Fr.) — Zelaskim, histoire américaine, où les avantures de la marquise de P***. avec un discours pour la défense des romans, par M. B***. — *Paris, Mérigot,* m. dcc. lxv, *in-12.* Quatre parties en un vol.

1720. — BARTHE (Nic. Th.). — La jolie femme, ou la femme du jour. — *Amsterdam, aux dépens de la Cie,* m. dcc. lxix, *in-12.* Deux parties en un vol. (La moitié de la table des chapitres de la seconde partie manque).

1721. — LO-LOOZ (de), chevalier de l'ordre royal et militaire de saint Louis. — Les Militaires au-delà du Gange. — *Paris, Bailly,* m. dcc. lxx. *in-8°, 2 vol.* 2 gravures hors texte et 4 planches.

1722. — CLERC, ancien médecin des armées du Roi, de l'hetman des Cosaques, etc. — Yu le Grand et Confucius, histoire chinoise. — *Soissons, Ponce Courtois, imprimeur du Roi,* m. dcc. lxix, *in-4°.* Quatre parties en un vol., avec tables et tableaux.

1723. — FLORIAN (J.-P. Claris de). — Estelle, roman pastoral. — *Genève, 1788, in-12.*

1724. — GORGY. — Saint-Alme. Nouvelle édition, ornée de figures (2). — *Paris, Louis, 1794, l'an deuxième de la République, in-18, 2 vol.*

1725. — D°. — Lidorie, ancienne chronique allusive ; figures. — *Paris, Louis, an II, in-18, 2 vol.*

1726. — ARCONVILLE (Mme Gen.-Ch. Thiroux d'). — Mémoires de Mademoiselte de Valcourt. — *A Amsterdam, et se trouve à Paris, chez Lacombe,* m. dcc. lxvii, *in-12.* 2 parties en 2 vol.

1727. — ARNAUD (Fr.-Th., mar. de Baculard d'). — Epreuves du Sentiment. — *Paris, Laporte, 1803, in-12, 6 vol.*

1728. — RESTIF de LA BRETONNE. — Le Paysan perverti, ou les Dangers de la ville, histoire récente, mise au jour d'après les véritables lettres des personnages. — *Amsterdam, aux dépens de la Compagnie, 1776, in-12.* 4 tomes en 2 vol.

1729. — D°. — Les Contemporains, ou les Aventures des plus jolies femmes de l'âge présent, recueillies par N. E. de La Bretonne, et publiées par Timothée Joly, de Lyon, dépositaire de ses manuscrits. 2ᵉ édition. — *Leipsick et Paris, 1781, in-12, 18 vol.* Il y en a 40.

1730. — D°. — Les Françaises, ou trente-quatre exemples choisis dans les mœurs actuelles, propres à diriger les filles, les femmes, les épouses et les mères. — *Neuchâtel et Paris, 1786, 4 vol. in-12.*

1731. — D°. — Les mêmes. — *Neufchâtel, 1786, 4 vol. in-8°.*

1732. — D°. — Les Parisiennes, ou 40 caractères généraux pris dans les mœurs actuelles, propres à servir à l'instruction des personnes du sexe, tirés des Mémoires du nouveau lycée des mœurs. — *Neufchâtel et Paris, 1787, 4 vol. in-12.*

1733. — D°. — Les mêmes. — *Neufchâtel, 1787, 3 vol. in-8°.*

1734. — Les mêmes. — *Neufchâtel et Paris, 1787, 1 vol.* (le 4ᵉ), *in 8°.*

1735. — VILLETERQUE (A.-L. de). — Zena, ou la Jalousie et le Bonheur, rêve sentimental. — *Londres et Paris, 1786, in-18.*

1736. — VARENNE (Jacq.). — Mémoires du chevalier de Ravanne, page du Régent et mousquetaire. — *Londres, 1781, 4 vol. in-18.* V. marb. fil.

1737. — DUCLOS (Ch. Pineau). — Histoire de Mᵐᵉ de Luz. — *Londres, 1782, in-18.* V. mar. fil.

1738. — LUCHET (J.-P.-L. de La Roche du Maine, marquis de). — Mémoires de Mᵐᵉ la duchesse de Morsheim, ou suite des Mémoires du vicomte de Barjac. — *Dublin, Wilson, 1786, in-18.*

1739. — COTTIN (Mar.-Joséphine Risteau, Veuve). — Mathilde, ou Mémoires tirés de l'histoire des croisades ; précédés d'un tableau historique des croisades, et de la conquête de Constantinople. — *Paris, Lecointe et Durey, 1828, in-18, 4 vol.* Chaque vol. a une gravure.

1740. — D°.. — Claire d'Albe, précédée d'une étude historique. — *Limoges, Barbou, frères, 1844, in-12.*

1741. — D°. — Elisabeth, ou les exilés de Sibérie, suivi de la prise de Jéricho. — *Paris, Bernardin-Béchet, 1860, in-12.*

1742. — DAUPHIN. — La dernière Héloïse, ou lettres de Janie Salisbury, recueillies et publiées par M. Dauphin, citoyen de Verdun. Nouvelle édition. — *Paris, de l'imprimerie de Monsieur, 1790, in-18.* Triples filets dorés. Frontispice.

1743. — BILLARDON de SAUVIGNY (L. Edme). — L'innocence du premier âge en France. — *Chés Ruault, à Paris*, m. dcc. lxxiv, *in-8°*. Frontispice gravé. Fleuron représentant deux portraits en buste accolés, et ces mots : Pierre et Blanche. L'autre titre porte : L'innocence du premier âge en France, ou histoire amoureuse de Pierre Le Long et de Blanche Bazu, suivie de la Rose, ou la fête de Salency. Triples filets dorés. 2 vignettes, au bas de l'une desquelles on lit : J.-B. Greuze inv. 1768 et J.-M. Moreau, le jeune, sculpteur.

Cette nouvelle édition contient un discours sur les progrès de la langue françoise, l'histoire amoureuse de Pierre Le Long, etc. Augmentée de plusieurs chapitres : la Rose, ou la Fête de Salency, ouvrage presqu'entièrement refait, dans lequel l'auteur a inséré l'anecdote de Louis XII et d'Anne de Bretagne, et plusieurs autres épisodes : Le couronnement d'Emée et de Bazile, pastorale en un acte ; et des notes relatives à l'ouvrage de la Rose.

1744. — RICCOBONI (Marie-Jeanne Laboras de Mézières, Dame). — Lettres de Milord Rivers à Sir Charles Cardigan, entremêlées d'une partie de ses correspondances à Londres, pendant son séjour en France. — *Liège, Bassompierre*, m. dcc. lxxvii, *in-12*.

1745 — D°. — Lettres de Mistriss Fanny Butler à Milord Ch.-Alfred de Cartombridge, etc., écrites en 1735. Trad. de l'anglais en 1756, par Adélaïde de Varançais. — *Paris, 1759, in-12*. Relié avec :
Lettres d'Elisabeth-Sophie de Vallière à L.-Hort. de Chanteleu, son ami (par la même). — *Paris, Homblot, 1772, in-12.*

1746. — LE GROING LA MAISONNEUVE (Mlle). — Zenobie, ou l'Héroïne d'Arménie. — *Paris, Delance, an VIII, in-8°*. Frontispice.

1747. — REGNAULT-WARIN (Jean-Baptiste-Joseph-Innocent-Philadelphe). — Les Prisonniers du Temple, suite du Cimetière de la Madeleine. — *Paris, Locard, an X, in-12*, 3 vol. 6 gravures hors texte. Regnault-Warin, suivant la France littéraire de J.-M. Quérard, n'avoue que les deux premiers volumes, et les soixante premières pages du troisième.

1748. — STAEL (Anne-Louise-Germaine Necker, baronne de). — Corinne, ou l'Italie. Nouvelle édition. — *Paris, Treuttel et Würtz, 1836, in-12*, 2 vol.

1749. — D°. — La Corinna, ossia l'Italia, della Signora di Staël-Holstein. — *Fivenza, Piatti, 1808*, 8 tomes en 5 vol. *in-12*.

1750. — D°. — Delphine. — *Paris, Charpentier, 1851, in-12*.

1751. — D°. — Autre. — *Paris, Garnier frères, 1877, in-8°*.

1752. — DESFONTAINES de LA VALLÉE (G.-Fr. Fouques Deshayes, plus connu sous le nom de). — La mort d'Ernance, ou les Victimes des guerres civiles. Anecdote romaine, dédié à Pierre Daru. — *Paris, Batilliot jeune, an X.* Frontispice.

1753. — MAISTRE (Le comte Xavier de). — Œuvres complètes. Edition illustrée pour la première fois. Précédée d'une notice sur l'auteur, par M Sainte-Beuve. Vignettes dessinées par Staal. Portrait du comte X. de Maistre. — *Paris, Garnier frères* (sans date), *grand in-8°.*

1754. — D°. — Les mêmes. — *Paris, Charpentier, 1851, in-8°.*

1755. — PIGAULT-LEBRUN (Guillaume-Charles-Antoine). — La sainte Ligue, ou la Mouche, pour servir de suite aux annales du fanatisme, de la superstition et de l'hypocrisie. — *Paris, J.-N. Barba, 1829, in-12,* 6 vol.

1756. — JAY (A.) — Le Glaneur, ou Essais de Nicolas Freeman. — *Paris, 1812, in-8°.*

1757. — EDOUARD, par l'auteur d'Ourika (Madame la duchesse de Duras, née Claire Lechat de Kersaint, à Brest). Seconde édition. — *Paris, Ladvocat,* m. dccc. xxv, *in-18.* 2 tomes en un vol. Avec :

1° Réflexions et prières inédites, par Claire de Kersaint, duchesse de Duras, suivant une note manuscrite sur le titre, publié au profit d'un établissement de charité pour les jeunes enfants ;

2° Ourika. 3ᵉ édition. — *Paris, Ladvocat, 1826.* Frontispice gravé et portrait d'Ourika. Portrait de la duchesse de Duras. Quatre lettres autographes de cette duchesse, interfoliées au commencement du vol. Rel. en mar. noir.

1758. — ARNAULT (Antonie-Vincent). — Les loisirs d'un Banni. Pièces recueillies en Belgique, publiées avec des notes par M. Auguste Imbert. Le titre manque au 1ᵉʳ vol. ; nous l'empruntons au second. — *Paris, imprimerie d'A. Beraud, 1823, in-8°,* 2 vol. Le 1ᵉʳ vol. contient, pages 5 et 6, une protestation de M. A.-V. Arnault, ex-membre de l'Institut.

1759. — DINOCOURT (T.). — L'Agent provocateur. — *Paris, Lecointe et Durey, 1828, in-12.* 4 vol.

1760. — D°. — Le lendemain du dernier jour d'un condamné. — *Paris, Th. Ballimore ; Genève, Ab. Cherbuliez, 1829, in-8°.*

1761. — BOUTMY (E.), garde à cheval, 2ᵉ compagnie de la garde nationale de Paris. — Une Veillée au corps-de-garde du Palais-Royal, ou Louis-Philippe, roi des Français. — *Paris, Everat, 1831, in-12.*

1762. — JAL (A.). — Scènes de la vie maritime. — *Paris, Charles Gosselin,* m. dcc. xxxii, *in-8°, 2 vol.*

1763. — BONNELLIER (Hippolyte). — Les vieilles femmes de l'Ile de Sein. — *Paris, A.-J. Kilian, 1826, in-12.* 2 tomes en un vol.

1764. — DUCREST de VILLENEUVE (E.). — Le bandoulier, histoire du temps de Pierre de Dreux, dit Mauclerc, duc de Bretagne (1212-1224). — *Paris, Schwartz et Gagnot, 1837, in-8°.* 2 vol. (2 ex.)

1765. — SAINTINE (X.-B.). — Picciola, 36° édition, revue par l'auteur. — *Paris, L. Hachette et Cie, 1860, grand in-18.*

1766. — D°. — Le même. — *Paris, Charpentier, 1861, in-8°.*

1767. — ROUSSY (Victor). — Comme on se perd, histoire contemporaine. — *Paris, Desforges, 1837, petit in-8°, 2 vol.*

1768. — BALZAC (Honoré de). — Œuvres complètes. — *Paris, Alexandre Houssiaux, 1855, in-8°, 20 vol.* 134 figures hors texte, avec une notice sur l'auteur par George Sand.

1769. — D°. — Les mêmes. — *Paris, Furne, J.-J. Dubochet et Cie J. Hetzel et Paulin, 1852, 20 vol. in-8°, 3 vol de 1855 chez Alexandre Houssiaux.*

1770. — D°. — Théorie de la démarche. — *Paris, Eugène Didier, 1853, in-12.*

1771. — Scènes de la vie politique. Le Député d'Arcis. — *Paris, librairie nouvelle, A. Bourdilliat et Cie, 1859, in-8°.*

1772. — Le lys dans la vallée. — *Paris, Charpentier, 1851, in-8°.*

1773. — D°. — Pierretto. — *Paris, Hachette et Cie, 1854, in-12.*

1774. — D°. — La recherche de l'absolu, suivie de « un épisode sous la Terreur ». — *Paris, Gustave Havard, 1853, in-4°.*

1775. — D°. — Scènes de la vie de province. Ursule Mirouet. — *Paris, librairie nouvelle, 1857, in-8°.*

1776. — D°. — Scènes de la vie de province, Eugénie Grandet. — *Paris, librairie nouvelle, 1857, in-8°.*

1777. — D°. — Les Contes drôlatiques, colligez ez abbayes de Touraine et mis en lumière par le sieur De Balzac, pour l'esbattement des Pantagruelistes et non aultres. Sixiesme édition, illustrée de 425 dessins par Gustave Doré. — *Paris, Garnier, frères, 1855, in-8°.* Frontispice gravé.

1778. — MOREAU (Louis) de Brest. — Le routier et la juive. — *Paris, Arnauld de Vresse, 1856, in-8°, 3 vol.* (Don de l'auteur à la bibliothèque communale de Brest.

1779. — D°. — Le brigand de la Cornouaille. Chronique bretonne sous la Ligue. — *Paris, Arnauld de Vresse, Brest, J.-B. et A. Lefournier, 1860, in-18, 2 vol.*

1780. — ARNOULD (Arthur). — Les trois poëtes. Nouvelles. Madeleine Lambert, le poëte Saturnin, Karl Hermann. — *Paris, L. Hachette et Cie, 1860, in-18.*

1781. — ABOUT (Edmond).— Germaine. — *Paris, Hachette, 1857, in-8°.*

1782. — D°. — Tolla. — *Paris, Hachette, 1857, in-8°.*

1783. — D°. — Le Roi des montagnes. — *Paris, Hachette, 1858, in-8°.*

1784. — D°. — Madelon. — *Paris, L. Hachette et Cie, 1863, in-8°.*

1785. — FLAUBERT (Gustave). — Salammbô. Deuxième édition. — *Paris, Michel Lévy frères, 1863, in-8°.*

1786. — D°. — Madame Bovary, mœurs de province. — *Paris, Michel Lévy frères, 1857, 2 vol. in-12* (2 exempl.).

1787. — ERCKMANN-CHATRIAN. — Romans nationaux. Le Conscrit de 1813. Waterloo. Madame Thérèse, ou les Volontaires de 92. Illustrés par Riou. L'Invasion, illustrée par Fuchs. — *Paris, J. Hetzel, 1865^{t} in-4°.* Texte encadré et à 2 colonnes.

1788. — D°. — Madame Thérèse, ou les Volontaires de 92, suivi de : Pourquoi Hambourg ne fut pas rendu, *grand in-8°.* Histoire d'un Conscrit de 1813, *grand in-8°.* Histoire d'un Paysan, 1789-1815. Histoire de la Révolution française, racontée par un paysan, *4 vol. grand in-8°.* Le Banni, suivi de : Dis-moi quel est ton pays ? chant alsacien. Illustrés. — *Paris, J. Hetzel et Cie.*

1789. — GAUTIER (Théophile). — Le Roman de la Momie. — *Paris, L. Hachette et Cie, 1858, in-8°.*

1790. — D°. — Mademoiselle de Maupin. — *Paris, Charpentier, 1859, in-8°.*

1791. — D°. — Le même. — *Paris, G. Charpentier, 1880, in-8°.*

1792. — SCARRON (Paul). — Le roman comique, avec : Hélène repentante, par Franz de Lienhart. 3 livraisons. — *Paris, G. Havard, in-4°.*

1793. — COUPPEY (Augusta), romancière, poète et musicienne, née à Guingamp (Côtes-du-Nord). — L'Orpheline du 41ᵉ. Deuxième édition. — *Paris, Didier et Cⁱᵉ, 1872, in-12.*

1794. — HUGO (Victor). — Notre-Dame de Paris. — *Paris, Furne et Cⁱᵉ, 1840, 2 vol. grand in-8°.*

1795. — Dº. — Les Travailleurs de la mer. — *3 vol. in-8ᵍ, Paris, librairie internationale, A. Lacroix, Verhoeckhoven et Cⁱᵉ, à Bruxelles, à Leipzig et è Livourne, 1866.*

1796. — Dº. — L'Homme qui rit. — *Paris, librairie internationale, A. Lacroix, Verhoeckhoven et Cⁱᵉ, à Bruxelles, à Leipzig et à Livourne, 1869, 4 vol. in-8°.*

1797. — Dº. — Quatre-vingt-treize. Troisième édition. — *Paris, Michel Lévy frères, 1874, in-8°, 3 vol.*

1798. — Dº. — Quatre-vingt-treize. (Le tome II porte : Quatrième édition. — *Paris, Michel Lévy frères, 1874, in-8°, 3 vol.*

1799. — BERNARD (Joseph), littérateur, conservateur à la Bibliothèque Sainte-Geniève, ancien député, né à Brest, en 1792. — Charles. — *Paris, Ch. Béchet, 1825, 4 vol. in-8°.* (Don de M. Mauriès à la Bibliothèque.)

1800. — Dº. — Cinq nouvelles. Louise, ou le Cimetière du Père-Lachaise. L'Expiation. Etienne. Le Fou de la Reclusière. L'Anse de Kerouall. — *Paris, E. Dentu,* M. DCCC. LXXVI, *grand in-18.* (Donné à la Bibliothèque de Brest par M. le bibliothécaire Mauriès.)

1801. — ANCELOT (Mᵐᵉ Marg.). — Gabrielle. — *Paris, Ch. Gosselin, 1844, in-12.*

1802. — AUBIGNÉ (Agrippa d') Les avantures du baron de Fæneste augmentées de plusieurs remarques historiques de l'histoire secrète de l'auteur, écrite par lui-même, et de la bibliothèque de maître Guillaume. — *Amsterdam, 1721, 2 vol. in-12.*

1803. — BUSSY-RABUTIN (Cᵗᵉ). — Histoire amoureuse des Gaules. — *Paris, 1754, 3 vol. in-12.*

1804. — Dº. — Histoire amoureuse des Gaules, suivie de la France galante, roman satirique du xxvıı° siècle attribué au Cᵗᵉ de Bussy. — *Paris, Ad. Delahays, 1857, 2 vol. in-8°.*

1805. — BEAUMONT (Le prince de). — Moralische Erzahlungen von frau aus dem Franzosischen. Dritter Band. — *Leipzig, bey Bedmanns Erben und Reich, 1777, in-8°.*

1806. — BURCH (Mme Van der). — Une année de bonheur, ou les récompenses méritées. — *Paris, Le Dentu, 1818, in-18.*

1807. — KÉRATRY (Cte de). — Tower of Helvin, or the last of the Beaumanoir, translated from the french of M. Kératry, deputy of Finisterre. — *Philadelphia, R. Desilver, 1827, in-8°.*

1808. — BERNARD (Charles de). — Les ailes d'Icare. — *Paris, Mich. frères, 1853, in-8°.*

1809. — D°. — Un beau-père. — *Paris, Mich. Lévy, frères, 1854, in-8°.*

1810. — D°. — Autre. — *Paris, Mich. Lévy, frères, 1857, 2 vol. in-8°.*

1811. — D°. — Gerfaut. — *Paris, Mich. Lévy, frères, 1856, in-8°.*

1812. — D°. — Autre. — *Paris, Mich. Lévy, frères, 1854, in-8°.*

1813. — D°. — Un homme sérieux. — *Paris, Mich. Lévy, frères, 1854, in-8°.*

1814. — D°. — Autre. — *Paris, Mich. Lévy, frères, 1856, in-8°.*

1815. — D°. — L'écueil. — *Paris, Mich. Lévy, frères, 1853, in-8°.*

1816. — D°. — Le nœud gordien. — *Paris, Mich. Lévy, frères, 1853, in-8°.*

1817. — D°. — Le gentilhomme campagnard. — *Paris, Mich. Lévy, frères, 1857, 2 vol. in-8°.*

1818. — D°. — Nouvelles et mélanges. — *Paris, Mich. Lévy, frères, 1854, in-8°.*

1819. — D°. — Le Paravent. — *Paris, Mich. Lévy, frères, 1853, in-8°.*

1820. — D°. — La peau du lion et la chasse aux amants. — *Paris, Mich. Lévy, frères, 1854.*

1821. — BERNARDIN de SAINT-PIERRE. — Paul et Virginie. — *Paris, Déterville, m. dccc. xvi, in-16.*

1822. — D°. — Autre. — *Paris, Lavigne, 1840, in-8°.*

1823. — D°. — Paul et Virginie, suivi de la Chaumière indienne. — *Paris, Janet (sans date), in-8°.*

1824. — D°. — DIDEROT (Denis). — La Religieuse. — *Paris, C. Taillard, Painparré, 1822, in-16.*

1825. — D°. — Jacques le fataliste et son maître. — *Paris, C. Taillard-Painparré, 1822, in-16.*

1826. — Le capitaine Robert, ou le père de famille ramené à la religion par les exemples domestiques. — *Paris, 1833, in-12.*

1827. — CASTILLE (Hippolyte). — Histoire de ménage. Scènes de la vie réelle. — *Paris, librairie nouvelle, 1856, in-8°.*

1828. — CHERBULIEZ (Victor). — L'idée de Jean Têterol. — *Paris, Hachette et C*^{ie}*, 1878, petit in-8°.*

1829. — CORBIÈRE (Edouard). — Le négrier, 4e édition. — *Havre Brindeau et C*^{ie}*, 1855, in-8°.*

1830. — DU CAMP (Maxime). — Mémoires d'un suicidé. — *Paris, librairie nouvelle, 1855, in-8°.*

1831. — DUMAS, fils (Alexandre). — La dame aux camélias, roman. — *Paris, Mich. Lévy, frères, 1855, in-8°.*

1832. — D°. — La dame aux perles, roman. — *Paris, Mich. Lévy, frères, 1854, in-8°.*

1833. — ENAULT (Louis). — La vierge du Liban. — *Paris, Hachette et C*^{ie}*, 1858, in-12.*

1834. — FEUILLET (Octave). — Bellah. — *Paris, Mich. Lévy frères, 1858.*

1835. — D°. — La putite Comtesse. Le Parc. Onesta. — *Paris, Mich. Lévy frères, 1859, in-12.* (2 exempl.)

1836. — D°. — Le Roman d'un jeune homme pauvre. — *Paris, Mich. Lévy frères, 1859, in-12.*

1837. — FEYDEAU (Ernest). — Daniel, étude. — *Paris, Amyot, 1859, 2 vol. in-8°.*

1838. — D°. — Fanny, étude. — *Paris, Amyot,* mccclviii, *petit in-8°.*

1839. — FOUDRAS (Mis de). — Un Caprice de grande Dame. — *Paris, Cadot, in-8°.*

1840. — FROMENT (Mme Mathilde). — La Vie réelle. — *Paris, Ambr. Bray, 1858, in-12.*

1841. — FORTUNIO (M. Paulin Niboyet). — L'Américaine. — *Paris, Boulanger, 1885, in-8°.*

1842. — GÉRARD de NERVAL. — Les Filles de feu. — *Paris, Gironid, 1854, in-8°.*

1843. — GIRARD (Juste). — Le Sabotier de Marly. — *Tours, Mame, 1861, in-8°.*

1844. — GIRARDIN (Emile de). — Emile. — *Paris, Librairie nouvelle, 1855, in-12.*

1845. — GIRARDIN (M*me* Em. de). — Marguerite, ou deux Amours. — *Paris, Mich. Lévy, 1853, in-8°.*

1846. — D°. — Autre. — *Paris, Mich. Lévy frères, 1863, in-8°.*

1847. — D°. — Th. Gautier, J. Sandeau, Méry. La croix de Berny. — *Paris, Librairie nouvelle, 1857, in-8°.*

1848. — GODARD de BEAUCHAMPS. — Les Amours de Rhodente et Dosiclès. — *Paris, Guillaume, an V*e*, in-8°.*

1849. — GOZLAN (Léon). — Le Dragon rouge. — *Paris, Mich. Lévy frères, 1859, in-12.*

1850. — JANIN (Jules). — L'âne mort et la femme guillotinée. — *Paris, Adolphe Delahays, 1858, in-12.*

1851. — KARR (Alph.) — La famille Alain. — *Paris, Hachette, 1858, in-8°.*

1852. — D°. — Histoires normandes. — *Paris, librairie nouvelle, 1855, in-8°.*

1853. — KOCK (Henri de). — Les petits chiens de ces dames. — *Paris, Arnauld de Vresse, 1856, in-8°.*

1854. — LA FAYETTE (M*me* de). — La princesse de Clèves. — *Paris, Bureau de la bibliothèque choisie, 1853, in-8°.*

1855. — LA MADELÈNE (H. de) et D'AUGEROLLES. — Mademoiselle de Fontanges. — *Paris, librairie nouvelle, 1853, in-16.*

1856. — LA MADELÈNE (Jules). — Le marquis de Saffras. — *Paris, librairie nouvelle, Bourdilliat, 1859, in-12.*

1857. — LAMARTINE (A. de). — Raphaël, pages de la vingtième année. — *Paris, Furne et C*ie*, 1849, in-8°.*

1858. — D°. — Graziella. — *Paris, librairie nouvelle, 1852, in-16.*

1859. — D°. — Geneviève, histoire d'une servante. — *Paris, librairie nouvelle, 1856, in-8°.*

1860. — D°. — Fior d'Aliza. — *Paris, chez l'auteur, 1866, in-8°* (2 ex.)

1861. — LEGOUVÉ (E.) — Béatrix, ou la Madone de l'art. — *Paris, Hachette et C¹ᵉ, 1860, in-8°.*

1862. — D°. — Edith de Falsen. L'éducation d'un père. Un lâche. — *Paris, Hachette et C¹ᵉ, 1860, in-8°.*

1863. — LOURDOUEIX (de). — Les folies du Siècle. — *Paris, Pillet, 1818, in-8°.*

1864. — MARTIN (Louis-Aimé). — Raymond. — *Paris, Panckoucke, 1812, in-8°.*

1865. — MAYER (de). — Geneviève de Cornouailles et le Damoiseau sans nom. — *Londres, 1784, in-24.*

1866. — MÉRY. — La Floride. — *Paris, Gabriel Roux, Baudry, 1854, in-12, gravures.*

1867. — D°. — La guerre du Nizam. — *Paris, Gabriel Roux, Vialat et C¹ᵉ, Baudry, 1854, in-12, gravures.*

1868. — D°. — La comtesse Hortensia. — *Paris, mêmes libraires, 1854, in-12, gravures.*

1869. — D°. — Les Nuits italiennes. — *Paris, Michel Lévy frères, 1858, in-12.*

1870. — MOLÈNES (Paul de). — Caractères et récits du temps. La Garde mobile. La Comédienne. Cornélia Tulipani. Les souffrances d'un Houzard. C'était vrai. Les Soirées du Bordj. Une légende mondaine. — *Paris, Michel Lévy frères, 1853, in-12.*

1871. — D°. — Les mêmes. — *Même librairie, 1854, in-12.*

1872. — D°. — Les Caprices d'un régulier. Les souffrances d'un Houzard. Le Soldat de 1709. — *Paris, Hachette et C¹ᵉ, 1863, in-8°.*

1873. — MONNIER (Henri). — Mémoires de M. Joseph Prudhomme. — *Paris, librairie nouvelle, 1857, 2 vol. in-8°.*

1874. — MONSELET (Charles). — Les aveux d'un pamphlétaire. — *Paris, Victor Lecou, 1854, in-16.*

1875. — MONTALIVET (de). — Un heureux coin de terre. Saint-Bouize et Couargues (département du Cher). — *Paris, Quantin, 1878, in-12.*

1876. — MONTCHAMP (L¹ˢ de). — Le livre de l'Amour. — *Paris, Delahage, 1858, in-8°.*

1877. — MONTOLIEU (Isabelle de). — Caroline de Lichtfield, ou Mémoires d'une famille prussienne. — *Paris, Dauthereau, 1829, 1 vol.* (le 4e) *in-12.*

1878. — MURGER (Henri). — Le roman de toutes les femmes. — *Paris, Michel Lévy frères, 1861, in-8°.*

1879. — D°. — Scènes de campagne. — *Paris, d°, 1857, in-12.*

1880. — D°. — Les vacances de Camille. — *Paris, d°, d°, in-12.*

1881. — D°. — Le Pays latin. — *Paris, d°, 1856, in-12.*

1882. — MUSSET (Alfred de). — Confession d'un enfant du Siècle. — *Paris, Charpentier, 1858, in-8°.*

1883. — MUSSET (Paul de). — Lui et elle. — *Paris, Charpentier, 1860, pet. in-8°.*

1884. — NOTTRET (Mlle V.) — Deux éducations, suivi de la réparation. — *Tournay, Casterman, 1864, in-8°.*

1885. — NOUVELLE Bibliothèque de campagne ou : Les amusements du cœur et de l'esprit. — *Bruxelles, H. Dujardin et à Paris, Veuve Duchesne et fils.* Frontispice gravé. Changement de pagination à chaque nouveau sujet, 24 vol. (Le 17e manque). Le tome 25e contient : Œuvres diverses de M. de Marivaux.

1886. — OLD NICK, pseudonyme de Forgues (Paul-Emile). — Violette, chronique d'opéra. Eléonor Raymond. — *Paris, Hachette et Cie, 1858, in-12.*

1887. — PERRAULT. — Magasin des fées, ou Contes de fées, etc. — *Paris, Arsène et Duperron, in-8°.*

1888. — PICARD (L. B.) — Le Gil Blas de la Révolution. — *Paris, Baudouin, 1824, in-12.*

1889. — PROYART (l'Abbé). — L'écolier vertueux, ou vie édifiante d'un écolier de l'Université de Paris. — *Paris, Berton, 1778, in-18.*

1890. — QUATRE FILS AYMON (Les). — *Montbéliard, Deckheir, frères* (sans date), *in-8°.*

1891. — RAOUSSET-BOULBON (Cte G.) — Une conversion. — *Paris, librairie nouvelle, 1855, in-8°.*

1892. — REYBAUD (Louis). — Jérôme Paturot, à la recherche d'une position sociale. — *Paris, Mich. Lévy, frères, 1858, in-8°.*

1893. — D°. — Jérôme Paturot, à la recherche de la meilleure des républiques. — *Paris, Mich. Lévy, frères, 1858, in-8°.*

1894. — REYBAUD (Mme Charles). — Faustine. — *Paris, librairie Hachette et Cie, 1858, in-12.*

1895. — D°. — Misé Brun. — *Paris*, d°, *1860, pet. in-8°.*

1896. — D°. — Le Moine de Chaalis. — *Paris*, d°, d°, d°.

1897. — D°. — Sydonie. — *Paris*, d°, d°, d°, *1858.*

1898. — D°. — Le Cabaret de Gaubert. — *Paris*, d°, d°, d°.

1899. — ROQUEPLAN (Nestor). — Regain. La vie parisienne. — *Paris, librairie nouvelle, 1857, in-8°.*

1900. — SAINTE-BEUVE. — Volupté. — *Paris, Charpentier, 1845, in-8°.*

1901. — SAND (Georges). — François le Champi. Les maîtres Mosaïstes. — *Paris, J. Hetzel et Cie, Victor Lecou, 1852, in-8°.*

1902. — D°. — Les mêmes. — *Mêmes libraires, 1853, in-8°.*

1903. — D°. — Le Compagnon du tour de France. — *Paris, J. Hetzel et Cie, V^or Lecou, 1852, in-8°.*

1904. — D°. — La petite Fadette. La Marquise. M. Rousset. Mouny. Robin. Les Sauvages de Paris. — *Paris, J. Hetzel et Cie, V^or Lecou, 1852, in-8°.*

1905. — D°. — Mauprat.— *Paris, J. Hetzel et Cie, V^or Lecou. 1852, in-8°.*

1906. — D°. — Le même. — *Paris, Mich. Lévy frères, librairie nouvelle, 1864, in-12.*

1907. — D°. — Indiana. Melchior. — *Paris, J. Hetzel et Cie, V^or Lecou, 1853, in-8°.*

1908. — D°. — Indiana. — *Paris, J. Hetzel et Cie, Mich. Lévy frères, 1856, in-8°.*

1909. — D°. — Valentine. Cora. — *Paris, J. Hetzel et Cie, V^or Lecou, 1853, in-8°.* (2 exempl.)

1910. — D°. — Le meunier d'Angibault. — *Paris, J. Hetzel et Cie, V^or Lecou, 1853, in-8°.*

1911. — D°. — Le même. — *Paris, Mich. Lévy frères, 1857, in-8°.*

1912. — D°. — Jacques. — *Paris, J. Hetzel et Cie, V^or Lecou, 1854, in-8°.*

1913. — D°. — Le même. — Paris, *Mich. Lévy frères, J. Hetzel et C*^{ie}, *1857, in-8°*.

1914. — D°. — Horace. — Paris, *J. Hetzel et C*^{ie}, *V*^{or} *Lecou, 1854, in-8°*.

1915. — D°. — Le même. — Paris, *Mich. Lévy frères, J. Hetzel et C*^{ie}, *1857, in-8°*.

1916. — D°. — Le château des Désertes. Isidora. — Paris, *J. Hetzel et C*^{ie}, *V*^{or} *Lecou, 1854, in-8°*.

1917. — D°. — Le péché de M. Antoine. Pauline. L'Orco. — Paris, *J. Hetzel et C*^{ie}, *V*^{or} *Lecou, 1852, 2 vol. in-8°*.

1918. — D°. — Les mêmes. — Paris, *Mich. Lévy frères, 1857, 2 vol. in-8°*.

1919. — D°. — Teverino. Leone Leoni. — Paris, *J. Hetzel et C*^{ie}, *V*^{or} *Lecou, 1854, in-8°*. (2 exempl.)

1920. — D°. — Lélia. L'Uscoque. — Paris, *J. Hetzel et C*^{ie}, *V*^{or} *Lecou, 1855, 2 vol. in-8°*.

1921. — D°. — Mont-Revêche. — Paris, *librairie nouvelle, 1855; in-8°*.

1922. — D°. — La Mare au Diable. — Paris, *J. Hetzel et C*^{ie}, *Mich. Lévy frères, 1856, in-12*.

1923. — D°. — Jeanne. — Paris, d°, d°, *1856, in-12*.

1924. — D°. — Lucrezia Floriani. Lavinia. — Paris, *Mich. Lévy frères, 1857, in-8°*.

1925. — D°. — André. — Paris, *J. Hetzel et C*^{ie}, *Mich. Lévy frères, 1857, in-12*. (2 exempl.)

1926. — D°. — Elle et Lui. — Paris, *L. Hachette et C*^{ie}, *1860, in-12*.

1927. — D°. — Narcisse. — Paris, *Mich. Lévy frères, librairie nouvelle, 1862, in-12*.

1928. — D°. — La Famille de Germandre. — Paris, *mêmes librairies, 1865, in-12*.

1929. — D°. — La dernière Aldini. Simon. — Paris, *mêmes librairies, 1868, in-8°*.

1930. — SANDEAU (Jules). — Marianna. — Paris, *Charpentier, 1851, in-8°*.

1931. — D°. — Le même. — Paris, *même librairie, 1855, in-8°*.

1932. — D°. — Madame de Sommerville. La chasse aux romans. — Paris, même librairie, 1852, in-12.

1933. — D°. — Fernand. Vaillance. Richard. — Paris, même librairie, 1852, in-8°.

1934. — D°. — Le docteur Herbeau. — Paris, même librairie, 1852, in-8°.

1935. — D°. — Valereuse. — Paris, même librairie, 1853, in-8°.

1936. — D°. — Catherine. — Paris, Mich. Lévy frères, 1853, in-8°.

1937. — D°. — Un Héritage. — Paris, même librairie, 1853, in-8°.

1938. — D°. — La Maison de Penarvan. — Paris, même librairie, 1858, in-12.

1939. — D°. — Un début dans la Magistrature. — Paris, Mich. Lévy frères, librairie nouvelle, 1863, in-12.

1940. — SOULIÉ (Frédéric). — Si jeunesse savait ! Si vieillesse pouvait ! — Paris, Ch. Gosselin, 1844, g^d in-8°.

1941. — D°. — Les mémoires du Diable. — Paris, librairie nouvelle, Jarcottet, Bourdilliat et Cie, 1858, 2 vol. in-8°.

1942. — D°. — Un été à Meudon. — Paris, Mich. Lévy frères, 1859, in-8°.

1943. — SOUVESTRE (Emile). — Le foyer breton, traditions populaires. — Paris, V. Coquebert (sans date), in-8°.

1944. — D°. — Le monde tel qu'il sera. — Paris, d°, d°, d°.

1945. — D°. — Le coin du feu. — Paris, Mich. Lévy frères, 1856, in-12.

1946. — D°. — Un philosophe sous les toits. — Paris, d°, 1858, d°.

1947. — STENDHAL (Beyle H^i, connu sous le nom de). — La Chartreuse de Parme. — Paris, J. Hetzel, 1846, in-8°.

1948. — D°. — L'abbesse de Castro. — Paris, Eug. Didier, 1853, in-16.

1949. — D°. — Le rouge et le noir, chronique du XIXe siècle. — Paris, Mich. Lévy frères, 1854, in-8°.

1950. — STERN (Daniel, Ctesse d'Agoult). — Nélida. — Paris, Amyot, 1846, in-8°.

1951. — SUE (Eugène). — Le marquis de Létorière, roman. — Paris, Paulin, 1846, in-16.

1952. — VALREY (Eugénie-Marie Gaude, dame Soler, connue sous le pseudonyme de Max). — Marthe de Montbrun. — Paris, *Mich. Lévy frères, 1857, in-12.*

1953. — TAINE (H.) — Vie et opinions de M. Frédéric Thomas Graindorge. — Paris, *Hachette et Cie, 1868, in-12.*

D. — Romans, Féeries et Voyages imaginaires

1955. — LE NOBLE (Eustache). — Les avantures provinciales. Le voyage de Falaize. Nouvelle divertissante — A Paris, *au palais Guillaume Cavelier, dans la grande salle, à l'écu de France et à la Palme*, m. dcc. vii, *in-12.*

1956. — RELATION du voyage du prince de Montberaud dans l'île de Naudely. Où sont rapportées toutes les maximes qui forment l'harmonie d'un parfait gouvernement, par Lesconvel (Pierre de) gentilhomme breton, né au château de Lesconvel, diocèse de Saint-Pol-de-Léon, vers le milieu du xviie siècle, mort à Paris en 1722. Au bas de l'épître dédicatoire au duc de Bourgogne, on voit l'initiale du prénom de l'auteur, P***** (Pierre). — *A. Mérinde* (Paris), *chez Pierre Fortane*, m. dcc. v, *in-12.* Portrait du duc de Bourgogne.

1957. — VOYAGE de campagne, par Madame la comtesse de M*** (Murat) (Henriette-Julie de Castelnau) née à Brest en 1670, morte à la Buzardière (Maine) le 24 septembre 1716, suivant une note manuscrite sur le titre. Avec les comédies en proverbes de Madame D*** (Durand), dont le nom est mentionné dans le privilège. — *Paris, Proult*, m. dcc. xxxiv, *in-12.* 2 tomes en un vol.

1958. — L'AFFICHARD ou LAFFICHARD (Th.) — Le voyage de M. de Cléville. — *Londres, 1750, in-12.*

1959. — CARACCIOLI (L.-Ant. de). — Voyage de la Raison en Europe, par l'auteur des lettres récréatives et morales. — *Compiègne, Louis Bertrand et Paris, Saillant et Nyon, 1772, in-12.*

1960, — PERREAU (J.-A.) — Le Roi voyageur, ou examen des abus de l'administration de la Lydie. — *Londres, T. P. Cadel, dans le Strand*, m. dcc. lxxxiv, *in-8°.*

1961. — LANTIER (E. F.) — Voyages d'Anténor en Grèce et en Asie, avec des notes sur l'Egypte ; manuscrit grec trouvé à Herculanum, traduit par E. F. Lantier. Cinquième édition, revue et corrigée par l'auteur, avec cinq planches. — *Paris, F. Buisson, an X, in-8° 3 vol.* Rel. en v. rac.

1962. — CUOCO (Vincent). — Voyage de Platon en Italie, traduit en italien par Vincent Cuoco, sur les manuscrits grecs trouvés dans Athènes ; et de l'italien en français, par B. Barère, membre de plusieurs Académies. (C'est le célèbre conventionnel.) — Paris, *Arthus Bertraud, 1807, in-8° 3 vol.* Frontispice gravé. — Plan de la ville de Tarente.

E. — Contes et Nouvelles en prose

1963. — CAMUS (Jean-Pierre), évesque de Belley. — Les décades historiques. — *Rouen, Malassis, 1642, in-12.*

1964. — MARGUERITE de VALOIS, Reine de Navarre. — Contes et nouvelles. — Paris, *Danthereau, 1827, in-32,* 5 tomes en deux volumes.

1965. — DU FAIL (Noel), seigneur de la Hérissaye, gentilhomme breton. — Les contes et discours d'Eutrapel, *pet. in-12 3 vol.* Rel. en mar. gran. Triples filets dorés. — Paris, m. dcc. xxxiii. Le troisième volume contient : Discours d'aucuns propos rustiques, facécieux et de singulière récréation : ou les ruses et finesses de Ragot, capitaine des Gueux, etc., par Léon Ladulfi (Noël du Fail), seigneur de la Hérissaye, etc. Réimpression de l'édition de 1554.

1966. — MAILLY (le chevalier A. de). — Nouvelles toutes nouvelles, par M. D. L. C. — Paris, *Jean Moreau à la Toison d'or,* m. dcc. viii, *petit in-12.*

1967. — GOMEZ (Madame Angél. Poisson, dame de), fille du comédien Paul Poisson, — Les cent nouvelles nouvelles. Nouvelle édition. — Paris, *Fournier, 1732-39, in-12,* 8 vol.

1968. — MIRABEAU (le comte H.-G.). — Recueil de contes. — *Londres,* m. dcc. lxxx, *in-8°, 2 parties en 2 vol.* Ce recueil contient 16 morceaux. Le 15e, intitulé Armide et Renaud est la réunion et l'ajustement des morceaux qui composent l'épisode des amours d'Armide et de Renaud, et qui se trouvent éparses dans les 14e, 15e et 16e livres de la Jérusalem délivrée.

1969. — TROUDE (Le colonel A.) et MILIN (G.). — Le conteur breton, ou contes bretons recueillis par eux, avec le français en regard. — *Brest, J.-B. et A. Lefournier, 1870, in-12.* Ar marvailler brezounek pe marvaillou brezounek, dastumet gant ar c'horonal A. Troude, ha G. Milin. Ar gallec azo dirak ar brezounec.

Offert par le colonel Troude à la bibliothèque de la ville de Brest.

1970. — MIRONE (de), pseudonyme de de Saumery. — Anecdotes vénitiennes et turques, ou nouveaux mémoires du comte de Bonneval, depuis son arrivée à Venise jusqu'à son exil dans l'isle de Chio, au mois de mars 1739. — *Utrecht, Jean Broedelet, 1742, in-12.* 2 tomes en 1 vol. Portrait d'Osman-Pacha, cy-devant comte de Bonneval.

1971 — TOPFFER (Rodolphe). — Rosa et Gertrude, précédée d'une notice sur la vie et les ouvrages de l'auteur, par MM. Sainte-Beuve et de la Bive. — Paris, *J.-J. Dubochet, 1847, grand in-18.*

1972. — D°. — Réflexions et menus propos d'un peintre génevois, ou essai sur le beau dans les arts, précédés d'une notice sur la vie et les ouvrages de l'auteur, par Albert Aubert. — Paris, *L. Hachette et Cie, 1858, grand in-18.*

1973. — D°. — Le Presbytère. Nouvelle édition. — Paris, *L. Hachette et Cie, 1859, grand in-18.*

1974. — D°. Nouvelles génevoises. Nouvelle édition. — Paris, *L. Hachette et Cie, 1859, grand in-18.*

1975. — D°. — Les mêmes, précédées d'une lettre adressée à l'éditeur, par le comte Xavier de Maistre. — Paris, *Charpentier, 1846, in-8°.*

1976. — BRANDAT (Paul). — En mer. Souvenirs et fantaisies. — Paris, *Paul Dupont, Pache et Deffaux, 1868, in-12.*

1977. — D°. — Récits et nouvelles. — Paris, *E. Lachaud, 1869, in-12* (2 exempl.)

1978. — D°. — Un jour à Monaco. — Paris, *André Sagnier, 1873, in-12.*

1979. — D°. — Contre vent et marée. — Paris, *Dentu, 1883, in-12.*

1980. — D°. — Soleil d'automne. — Paris, *Fishbacher, 1885, petit in-8°.*

1981. — VIOLEAU (Hippolyte). — La Maison du Cap. Nouvelle bretonne, 3e édition. — Paris, *Ambroise Bray, 1860, in 12.*

1982. — HAMILTON (Antoine). — Les quatre Facardins, conte. — Sans nom d'imp. ni lieu d'impres., *1749, in-12.*

1983. — MARMONTEL (Jean-François). — Contes moraux. Nouvelle édition, augmentée de plusieurs contes. — *Londres, 1795, 3 vol. in-18.* Le premier volume manque.

1984. — D°. — Contes moraux. — Tome 1er, *in-12.* Portrait de l'auteur et gravures hors texte.

BELLES LETTRES.

1985. — GENLIS (Mme DE). — Sainclair, ou la Victime des sciences et des arts, nouvelle. — Paris, *Maradan*, M. DCCC. VIII, *in-8°*.

1986. — D°. — Les Veillées du château. — Paris, *Lecointe et Durey*, *1826, 4 vol. in-8°*.

1987. — COIN DU FEU (LE) de la bonne maman, dédié à ses petits enfants. — Paris, *Raymond et Ménard, 1810, in-8°*.

1988. — CHEMIN-DUPONTÉS. — Anecdotes et contes moraux. — Paris, *Madame Desmarest, 1810, in-8°*.

1989. — ENFANTS (Les). — La page du titre manque, *in-12*.

1990. — ENFANTS STUDIEUX (Les). — Paris, *Pierre Blanchard, 1812, in-32*.

1991. — BIEN-AIMÉ (Jules). — Mes premiers ballons, étrennes à l'enfance, dédiées aux enfants de M. le comte de Las Cases, chambellan, de S. M. l'Empereur et Roi, et membre de son Conseil d'État. — Paris, *Alex. Johanneau, 1813, petit in-8°*. Le tome II seulement.

1992. — RENNEVILLE (Mme DE). — La fée gracieuse, ou la bonne année des enfants. — Paris, *Genets jeune, 1817, in-12*.

1993. — DELAFAYE (Mme J.). — Les nouvelles nouvelles de l'enfance — Paris, *Alexis Eymery, 1820, in-12*.

1994. — ROBILLARD. — Les quinze nouvelles de l'enfance. — Paris, *P. Blanchard, 1823, in-18*.

1995. — BRANTOME. — (P. DE BOURDEILLES, seigneur DE). — Les dames galantes, avec une préface de M. Ph. Chasles. — Paris, *A. Ledoux, 1834, 2 vol. in-8°*.

1996. — SANSON (A. Z.). — Les petits solitaires, ou une semaine d'hiver. — Paris, *Thiriot, 1836, in-12*.

1997. — GUIZOT (Mme). — Récréations morales, contes à l'usage de la jeunesse. — Paris, *Didier, 1840, in-8°*.

1998. — NODIER (CH^{les}). — Nouvelles. Souvenirs de jeunesse. Mme de Marsan. Inès de las Sierras. — Paris, *Charpentier, 1840, in-8°*.

1999. — D°. — Autre, et Romans et Contes. — Paris, *Charpentier, 1850, in-8°*.

2000. — LEPRINCE DE BEAUMONT (Mme). — Le Magasin des enfants. — Paris, *Warée, 1844, in-4°*.

2001. — MUSSET (ALF. DE). — Nouvelles. — Paris, *Charpentier, 1852, in-8°*.

2002. — D°. — Contes. — Paris, *Charpentier, 1854, in-8°.*

2003. — GAUTIER (Théoph.) — Un trio de romans. — Paris, *V°r Lecou, 1852, iu-12.*

2004. — D°. — Nouvelles. — Paris, *Charpentier, 1858, in-8°.*

2005. — GOZLAN (Léon). — Les mœurs théâtrales. La Comédie des Comédiens, nouvelles. — Paris, *Victor Lecou,* m. dcc. liii, *in-8°.*

2006. — PONTMARTIN (A. de). — Contes et Nouvelles. — Paris, *Mich. Lévy frères, 1853, in-8°.*

2007. — D°. — Paris, *Michel Lévy frères, 1856, in-8°.*

2008. — D°. — Le fond de la coupe, nouvelle. — Paris, *Mich. Lévy frères, 1854, in-8°.*

2009. — CHAMPFLEURY. — Les Excentriques. — Paris, *Mich. Lévy frères, 1856, in-8°.*

2010. — MOLÈNES (Paul de). — Caractères et Récits du temps. — Paris, *Mich. Lévy frères, 1853, in-8°.*

2011. — D°. — Les Caprices d'un régulier. Les souffrances d'un Houzard. Le Soldat de 1709. — Paris, *Hachette, 1863, in-8°.*

2012. — KÉRATRY (Cte de). — Clarisse. Nouvelle édition. — Paris, *Comptoir des imprimeurs unis, Ve Comon, éditeur, 1854, petit in-8°.*

2013. — AUTRAN (J.). — La vie rurale ; tableaux et récits. — Paris, *Mich. Lévy frères, 1856, in-8°.*

2014. — DUMAS fils (Alexandre). — La Boîte d'argent. Un paquet de Lettres. Le prix de Pigeons. Le Pendu de la Piroche. Ce que l'on voit tous les jours. Césarine. — Paris, *Mich. Lévy frères, 1857, in-8°.*

2015. — SANDEAU (Jules). — Nouvelles. Mademoiselle de Kérouar. Karl Henri. Le Concert pour les pauvres. Le jour sans lendemain. Vingt-quatre heures à Rome. La dernière Fée. Hélène Vaillant. — Paris, *Michel Lévy frères, 1859, in-12.*

2016. — BRUCYRE (Loys). — Contes populaires de la Grande Bretagne. — Paris, *Hachette, 1875, in-8°.*

2017. — FÉVAL (Paul). — Contes de Bretagne. — Paris, *V. Palmé, 1878, in-8°.*

2018. — MÉVEL (Emmanuel). — Nouvelles bretonnes suivies d'une étude sur Emile Souvestre. — Paris, *Ch. Forestier, 1884, in-8°.*

2019. — FESSARD (Charles). — Les Récits de l'oncle Yanick. Nouvelles bretonnes. Les amours d'Yvonne. L'atelier de maître Flock. Le secret de maître Flock. Pauvre Jean. — Paris, *Plon, 1885, in-8°.*

2020. — LUZEL (F. M.) — Contes populaires de Basse-Bretagne. (Collection : Les littératures populaires). — Paris, *Maisonneuve et Ch. Leclerc, 1887, 3 vol. pet. in-8°.*

2021. — BOUILLY (J. H.) — Contes populaires. — Paris, *Hip. L. Janet* (sans date), *Londres, Lowel et Barthès, 2 vol. in-8°.*

2022. — NOUVELLE BIBLIOTHÈQUE de la ville et de la campagne, ou choix de jolis romans, contes en vers et en prose, poésies diverses, anecdotes, bons mots, faits intéressants, etc. — *Genève, Toulouse, Nismes, 12 vol. in-8° br.* Manque le 1er vol.

2023. — RICHOMME (Charles). — Le livre d'or de la jeunesse, dessin de Louis Lassalle. — Paris, *Vve L^{is} Janet, in-8°.*

2024. — SAVIGNAC (de). — Les bonnes petites Filles, contes. — Paris, *L^{is} Janet, in-8°.*

2025. — WALDOR (Mme Mélanie). — Heures de récréation. — Paris, *Didier, 1856, 1 vol. in-8°.*

E. — *Romans italiens, espagnols, etc.*

Romans de différents genres. — Contes et Nouvelles.

2026. — POLIPHILE. — Hypnerotomachie, ou Discours du songe de Poliphile, déduisant comme amour le combat à l'occasion de Polia. Soubz la fiction de quoy l'aucteur monstrant que toutes choses terrestres ne sont que vanité, traicte de plusieurs matières profitables et dignes de mémoire. Nouuellement traducte de langage italien en françois. — A Paris, *Pons-Jacques Keruer, à la Licorne, rue S. Jacques,* m. d. lxi, *in-f°.* Rel. en vélin. Titre gravé. Figures dans le texte.

2027. — ALGAROTTI (Cte de). — Congrès de Cythère, suivi de la lettre de Léonce à Erotique, traduit de l'italien et accompagné de notes avec le texte en regard. Dédié aux aimables parisiennes, par Mme d'A.... de B... (Madame d'Artanières de Boisserolle). — Paris, *A. Egron, 1815, in-18.*

2028. — BOCCACE (Jean). — Le Decaméron de Maistre Jean Boccace, Florentin. Traduit d'italien en françois, par Me Antoine le Maçon, conseiller du Roy et thrésorier de l'extraordinaire de ses guerres. Dernière édition, nouvellement corrigée. — A Roven, *et se vend à* Paris, *chez Clavde Barbin*, M. DC. LXX, *petit in-12*. Deux parties avec changement de pagination en un vol. Veau fauve ; filets dorés.

2029. — D°. — Le Decaméron. — Londres, *1757, in-8°* (grand papier), 5 *vol*. Titre gravé ; nombreuses gravures hors texte.

2030. — D°, d°. — Contes. Traduction nouvelle, par l'abbé Sabatier de Castres, suivant la France littéraire de J.-M. Quérard et le Manuel de Brunet, 5e édition, enrichie de belles gravures. — Londres, M. DCC. LXXIX, *in-8°*. 10 tomes en 6 vol. Triples filets dorés ; titre gravé. Chaque tome a 10 gravures hors texte.

2031. — RECUEIL des figures de Romeyn de Hooge qui faisaient partie de la première édition des contes et nouvelles de Boccace. Trad. libre, accommodée au goût de ce temps. Il manque les n°s 26 et 99.

2032. — GAMBARELLI (AGOSTINO). — Il latinista ossia la sorte dé letterati. Del sig. di Voltaire. — *In Milano, per Giuseppe Galeazzi regio Stampatore*, MCCCLXXIV, *in-8°*.

2033. — RUFFINI (J.). — Le docteur Antonio, trad. par Octave Sachot. — *Menton, Jⁿ Giordan*.

2034. — PRINI (V.), professeur de langue italienne. — Nouvelles et anecdotes composées ou recueillies par V. Prini, et traduites de l'italien par H. Vigoureux, instituteur à Brest. Ornées de 4 jolies lithographies. — Paris, *J. Hachette, 1843, in-12*. Brest, *typ. d'A. Proux et Cie*.

2035. — MANZONI. — Les fiancés, texte italien. — Paris, *Hachette et Cie, 1875, petit in-8°*.

2036. — CERVANTES-SAAVEDRA (MIGUEL). — Œuvres choisies. Traduction nouvelle, par H. Bouchon-Dubournial. — Paris, *1807, in-12*, 8 *vol*. 15 gravures hors texte. Portrait de Cervantes.

2037. — D°. — L'ingénieux hidalgo, don Quichotte de la Manche, traduit et annoté par L. Viardot. — Paris, *Dubochet, 1836, in-4°*.

2038. — D°. — Le même. Texte à 2 col. Grav. hors texte. Traducteur inconnu. Le titre manque et a été emprunté à l'en-tête du livre 1er, *grand in-8°*.

2039. — D°. — La Bohémienne de Madrid, trad. de L. Viardot. — Paris, *Hachette et Cie, 1853, in-12*.

2040. — D°. — La Galatea, imitada, compendiada y concluida, par M. Florian. Traducida, par D. Casiano Pellicer. — *Madrid, 1814, in-8°*.

2041. — VIDA de PERICO del CAMPO. — Obra restituida a su idioma original, por un buen Espanol, dala à luz et abate alcino. — *Madrid, por Ramon Ruiz, ano 1792, in-8°.*

2042. — LARIZ Y LA VEGA (Don Xavier de). — Et triunfo de la amistad y el amor mas firme y tiermo, historia griega, etc. — *Madrid, Villalpando, 1796, in-8°.*

2043. — MONTENGON (Don Pedro). — Eusebio, historia sacada de las memorias que dejo el mismo, edicion hecha bajo la direccion de José René Masson. — Paris, *casa de Masson e hijo, 1824, 4 vol. in-18.*

2044. — QUEVEDO (Francisco de). — Œuvres choisies. Histoire de Pablo de Segovia (el gran tacano). Trad. de l'espagnol et annotée par A. Germond de Lavigne, de l'académie française, illustrée de nombreux dessins par Vierge. — Paris, *Léon Bonhoure, 1882, in-8°.*

2045. — LARRA dit FIGARO. — Le damoiseau de don Henri le Dolent (Il Doncel de don Enrique-el-Doliente). Traduit de l'Espagnol de Larra dit Figaro, par Marcel Mars avec un préambule et des notes du traducteur. — *Châteauroux, Adolphe Nuret, 1865, grand in-18.* Hommage à la bibliothèque de Brest, par M. Mars. (2 exempl.)

F. — Romans allemands

2046. — GESNER (Salomon). — Œuvres avec préface de l'auteur. Préface du traducteur. Mort d'Abel. Le premier navigateur. Daphnis. Idylles. Nouvelles idylles. Contes. Pastorales. La nuit. Tableau du déluge. Lettre de M. Gessner à M. Fueslin sur le paysage. — Paris, *Dufart, grand in-8°.* Titre gravé. 23 grav. hors texte. Triples filets dorés. Portrait de Gessner. Michel Huber et A.-R.-J. Turgot sont les traducteurs de la mort d'Abel, de Daphnis et des Idylles, J.-H. Meister est le traducteur des nouvelles idylles. L'abbé Bruté de Loirelle est celui des pastorales. Quant à la lettre à M. Fueslin, traduite par M. Huber, elle a été refondue par M. C.-H. Watelet.

2047. — D°. — Idylles et poëmes champêtres, traduits de l'allemand par M. Huber, traducteur de la mort d'Abel. — *Lyon, Jean-Marie Bruyset,* m. dcc. lxvii, *in 12,* avec :

La mort d'Abel, poëme en cinq chants, traduit de l'allemand de M. Gessner, par M. Huber. Nouvelle édition. — *Amsterdam, J.-H. Schneider,* m. dcc. lxx.

2048. — D°. — Mort d'Abel, poëme, traduit par Hubert. Edition ornée d'estampes imprimées en couleur, d'après les dessins de M. Monsiau, peintre de l'académie. — Paris, *Defer de Maisonneuve, 1793, grand in-4°*. Rel. en veau marb. Filets dent. 6 estampes en comptant le portrait de Gessner.

2049. — D°. — La mort d'Abel, poëme en cinq chants, suivie du premier navigateur. Traduit par Huber. Ornée de huit planches gravées en taille-douce en comptant le portrait de Gessner. — Paris, *Le Prieur, 1807, in-12*.

2050. — D°. — Œuvres. — Paris, *Bertrandet, 1803, 4 vol. in-8°*.

2051. — D°. — La mort d'Abel. — Paris, *Bertrandet, an XI, 2 vol, in-16*.

2052 — D°. — Autre. — *Paris, Billois, 1810, in-8°*.

2053. — MEISSNER (A.-T.). — Alcibiade enfant, jeune homme, homme fait, vieillard, Imitation libre, par M. Rauquil-Lieutaud. — *A Athènes, et se trouve à Paris, chez Buisson, 1789, in-8°*. 4 parties rel. en 2 vol. Veau marbré. Fil. Dentelles. 2 planches en taille-douce dans le second vol. Suivant le Dictionnaire des ouvrages anonymes d'Ant.-Alex. Barbier, 3° édition, l'imitation libre d'Alcibiade a été revue par Lamarre. La préface signée L. M. a été attribuée par les uns à Louis Mercier et par les autres à Delisle de Salles; suivant M. Paul Lacroix ce dernier serait l'auteur de l'ouvrage dans lequel il n'y aurait rien de Meissner. Suivant la France littéraire de J.-M. Quérard, cet ouvrage serait imité de l'allemand par L. Séb. Mercier.

2054. — GŒTHE (Le Faust de). Traduction précédée d'un essai sur Gœthe, par M. H. Blaze. — Paris, *Mich. Lévy, 1847, in-8°*.

2055. — D°. — Autre, seule traduction complète, par M. H. Blaze. — Paris, *Charpentier, 1853, in-8°*.

2056. — D°. — Wilhem Meister, traduction complète et nouvelle, par Mme la baronne de A. Carlowitz. 1re et 2e parties. — Paris, *Charpentier, 1847, 2 vol. in-8°*.

2057. — D°. — Autre, d°. — Paris, *d°, 1843, d°*.

2058. — D°. — Werther, traduction nouvelle, précédée de considérations sur Werther, etc. — Paris, *Hetzel, 1845, in-4°*.

2059. — D°. — Autre, d°, d°. — Paris, *Charpentier, 1852, in-8°*.

2060. — WERTHES (Fr.-Aug.-Clém.). — Les aventures d'Edouard Bomston, pour servir de suite à la Nouvelle Héloïse, traduites de l'allemand par G.-H. Seigneur de Correvon (suivant Barbier). — Lauzanne, J. Maurer, *1789, in-8°.*

2061. — SCHMID (Chanoine). — Contes. — Paris, *Le Huby* (sans date), *in-8°.*

2062. — WYSS (Rodolphe). — Le Robinson suisse. — traduction nouvelle. — Paris, *Le Huby, 1837, 2 vol. in-8°.*

2063. — HOFFMANN (Ern.-Théod.-Guill.). — Contes fantastiques, traduction nouvelle, précédée de souvenirs intimes sur la vie de l'auteur, par P. Christian. Illustrés par Gavarni. — Paris, *Lavigne, 1843, grand in-8°.*

2064. — D°. — Les mêmes, traduction nouvelle, par Marmier. — Paris, *Charpentier, 1853, in-8°.*

2065. — HILDEBRAND (Nicolas-Beets). — Les scènes de la vie hollandaise. — Paris, *Mich. Lévy frères, 1850, in-8°.*

2066. — CONSCIENCE (Henri). — Traduction Léon Wocquier. Le Démon de l'argent. — Paris, *Mich. Lévy frères, 1857, in-8°.*

2067. — D°. — L'année des Merveilles. — Paris, *Mich. Lévy frères, 1866, in-8°.*

2068. — D°. — Les Veillées flamandes. Comment on devient peintre. La male main. Ange et Démon. Une erreur judiciaire. Le Fils du bourreau. — Paris, *Mich. Lévy, frères, 1857, in-8°.*

2069. — D°. — Scènes de la vie flamande. — Paris, *Mich. Lévy frères, 1857, 2 vol. in-8°.*

2070. — D°. — Les veillées flamandes, traduction de Léon Wocquier. — Paris, *Mich. Lévy frères, 1855, in-8°.*

2071. — WIELAND (Christophe-Martin), poëte et romancier philosophe allemand du dix-huitième siècle. — Ménandre et Glycère, ou la Bouquetière d'Athènes, traduit de l'allemand de C. M. Wieland, par J. G. J. G. — Paris, *Latour 1806, in-12.* Il y a une épître dédicatoire du traducteur « Aux vainqueurs d'Austerlitz. »

2072. — KOTZBUE (Auguste de). — L'année la plus remarquable de ma vie, suivie d'une réfutation des mémoires secrets sur la Russie, de Masson, traduit de l'allemand par G....d-P.....c et J. B. D....s, C.-J.-F. Girard de Propiac et J.-B. Dubois, suivant le dictionnaire des ouvrages anonymes d'Ant. Alex. Barbier, 3ᵉ édit., la France littéraire de J.-M. Quérard, et les supercheries littéraires dévoilées du même auteur. — Paris, *Buisson, Bertrand et Levrault, Mongie*, 1802, in-8° 2 vol. Portraits de Kotzbüe et d'Alexandre Iᵉʳ. La réfutation des mémoires secrets sur la Russie, se trouve à la fin du 2ᵉ vol., avec changement de pagination.

2073. — CAMPE (Joach.-Henr.), philologue allemand du xixᵉ siècle. — Robinson Crusoëus, ex imitatione operis germanicè scripti ab Henrico Campe. Latinè vertit F.-J. Goffaux, humaniorum litterarum professor in Lycæo imperiali. — *Parisiis, apud auctorem*, 1809, in-18, 2 grav.

2074. — SCHOPPE (Amélie), née WEISSE. — Les émigrans au Brésil, traduit de l'allemand par P.-C. Gérard, à la suite se trouvent : L'égoïste, Belle et Laide ou les deux Sœurs, La noble vengeance et le Pécheur. — Paris, *Langlamé et Peltier*, 1837, in-12. Frontispice et titre gravés, 2 gravures hors texte.

G. — Romans anglais

2075. — SWIFT (Jonathan). — Voyage de Gulliver dans des contrées lointaines. Edition illustrée par Grandville. Traduction nouvelle. Avec notice biographique et littéraire sur J. Swift, par Walter Scott. — Paris, *H. Fournier aîné, Furne et Cⁱᵉ*, m. dccc. xxxviii, in-8°, 2 vol. (2 exemp.)

2076. — STERNE (Laurence). — A sentimental journey through France and Italy. — Paris, *Baudry*, 1825, in-18.

2077. — Dº. — Voyage sentimental en France, par M. Sterne, sous le nom d'Yorick. Traduit de l'anglois, par M. Frénais. — *Londres*, m. dcc. lxxxix, in-18. 2 parties rel. en 2 vol. Triples filets dorés. 2 grav. A la fin se trouve un catalogue de livres utile à consulter.

2078. — Dº. — Nouveau voyage de Sterne en France, suivi de l'histoire de LeFèvre, et d'un choix de lettres familières du même auteur. Traduit de l'anglois par M. D. L****, avocat-général au parlement de ***. — *Lausanne, J.-P. Heubach et Comp.*, m. dcc lxxxv, in-12.

2079. — Dº. — La vie et les opinions de Tristram Shandy, traduites de l'anglois de Sterne, par M. Frénais. Nouvelle édition. — *A York, et se trouve à Paris chez Volland*, 1785, in-12. 4 parties reliées en 2 vol. Les 3ᵉ et 4ᵉ parties intitulées : Suite de la vie et des opinions, etc., sont de la traduction de M. de Bonnay.

La vie et les opinions de Tristram Shandy, traduites de l'anglois de Sterne, par M. Frénais. — *Londres*, M. DCC. LXXXIV, *in-18, 4 vol.* en veau gran. Triples filets dorés.

2080. — D°. — Vie et opinions de Tristram Shandy, gentilhomme. Traduction nouvelle par M. Léon de Wailly. Paris, *Charpentier, 1848, 2 vol. in-8°.*

2081. — GOLDSMITH (OLIVIER). — Vicar (the) of Wakefield, a tale supposed to be Written by himself. Edition stéréotype. — Paris, *P. Didot, 1815, in-18.*

2082. — D°. — Le ministre de Wakefield ou histoire de la famille Primerose. — Paris, *Lesguilliez, an XII, 2 vol. in-12.*

2083. — D°. — Le vicaire de Wakefield, the vicar of Wakefield, traduit en francais avec le texte anglais en regard, par Ch. Nodier, précédé d'une notice par le même sur la vie et les ouvrages de Goldsmith, et suivi de quelques notes. — Paris, *Bourgueleret, 1838, g^d in-8°.*

2084. — DEFOE ou DE FOE (DANIEL). — La vie et les avantures surpreprenantes de Robinson Crusoé, traduit de l'anglois par Saint-Hyacinthe et Van Effen, suivant Brunet, dans son manuel du libraire et de l'amateur de livres, 5e édition. — *Amsterdam, L'Honoré et Chatelain*, M. DCC. LI, *in-12.* Titre imp. en rouge, 11 grav. hors texte, quatre parties en 2 vol.

2085. — D°. — Les mêmes. Traduct. nouvelle. Edition illustrée par Grandville. — Paris, *H. Fournier aîné, 1840, in-8°.*

2086. — D°. — Les mêmes, traduites par Mme Amable Tastu, précédées d'une notice sur de Foë, par M. Philarète Chasles, et suivies d'une notice sur le matelot Selkirk et sur les Caraïbes, par F. Denis. et d'une dissertation religieuse, par l'abbé Labouderie. Nouvelle édition, illustrée de 50 vignettes. — Paris, *Didier, 1845, 2 vol. in-8°.*

2087. — D°. — Les mêmes, traduction par Fl., ornée de 28 nouveaux sujets de gravures. — Paris, *librairie d'éducation, d'Hennery, Fruger et Cie, 1829, 2 vol. in-8°.*

2088. — SCOTT (WALTER). — Œuvres, traduction de M. Defauconpret, avec des éclaircissements et des notes historiques. — Paris, M. DCCC. XXX et M. DCCC. XXXIII, *in-8°, 32 vol.* Portrait de Walter Scott.

Romans poétiques et poésies diverses, 2 vol. 3 fig.

Waverley, ou il y a soixante ans (Weverley, or sixty years since), 1 vol. 1 grav.

BELLES LETTRES. 247

Guy Mannering ou l'astrologue (Guy Mannering, or the astrologer), 1 vol. 1 grav.

L'antiquaire (the antiquary), 1 vol. 1 grav.

Rob-Roy (Rob-Roy), 1 vol. 1 grav.

Les Puritains d'Ecosse (old Mortality), 1 vol. 1 grav.

La prison d'Edimbourg (the heart of midlothian), 1 vol. 1 grav.

La Fiancée de Lammermoor (the Bride of Lammermoor), 1 vol.

Le Nain (the Black Dwarf). L'Officier de fortune, ou une légende de Montrose (A Legend of Montrose), 1 vol. 1 grav.

Ivanhoe, 1 vol. 1 grav.

Le Monastère (the Monastery), 1 vol. 1 grav.

L'abbé, suite du Monastère (the Abbot being, the sequel of the Monastery), 1 vol. 1 grav.

Kenilworth (Kenilworth), 1 vol. 1 grav.

Le Pirate (the Pirate), 1 vol. 1 grav.

Les Aventures de Nigel (the fortunes of Nigel), 1 vol. 1 grav.

Peveril du Pic (Peveril of the Peak), 2 vol. 2 grav. A la fin du 2ᵉ vol. se trouvent : du Merveilleux dans le roman, le Miroir de la tante Marguerite et la Chambre tapissée).

Quentin Durward (Quentin Durward), 1 vol. 1 grav.

Les Eaux de Saint-Ronan (St. Ronan's well), 1 vol. 1 grav.

Redgauntlet, roman du xviiiᵉ Siècle. (Redgauntlet, a tale of the eighteenth century), 1 vol. 1 grav.

Les Fiancées, ou le Connétable de Chester, histoire du Temps des croisades (the Betrothed), 1 vol. 1 grav.

Richard en Palestine, ou le Talisman (the Talisman), 1 vol. 1 grav.

Woodstock, ou le Cavalier, histoire de l'année mil six cent cinquante et un (Woodstock, or the Cavalier), 1 vol. 1 grav.

Les chroniques de la Canongate (the chronicles of the Canongate), 1 vol. 1 grav.

La Jolie fille de Perth, ou le jour de Saint-Valentin (St-Valentie's Day), 1 vol. 1 grav.

Charles-le-Téméraire, ou Anne de Geierstein. La Fille du Brouillard. (Anne of Geirstein), 1 vol. 1 grav.

Histoire d'Ecosse, racontée par un grand-père à son petit-fils, 3 vol. 3 grav.

Robert, comte de Paris. Roman du Bas-Empire. (Count Robert of Paris), 1 vol. 1 grav.

Le Château périlleux. Roman écossais du quatorzième siècle (Castle dangerous). Histoire de la Démonologie et de la Sorcellerie (Demonology and Witchcraft), 1 vol. 1 grav.

2089. — D°. — Œuvres, traduites par M. Defauconpret avec des éclaircissements et des notes historiques. — Paris, *Furne, 1830, 32 vol. in-8°*.

2090. — D°. — Œuvres, traduites par A.-J.-B. Defauconpret. — Paris, *Furne et Cie, Ch^{les} Gosselin, 1839-1842, 30 vol. in-8°*. Gravures.

2091. — D°. — Ivanhoé, ou le Retour du croisé. Trad. n^{lle}, par M. Albert Montémont. — Paris, *Rignoux, Amable Gobin et Cie, 1829, 4 vol. in-18*.

2092. — D°. — Traduction par M. Defauconpret de l'Abbé, suite du monastère, tome XIII, des œuvres de Walter Scott, des aventures de Nigel, tome XVI, de Peveril du Pic, des Romans merveilleux comprenant : du merveilleux dans le roman. Le miroir de la tante Marguerite. La chambre tapissée, tome XVII et XVIII. — Paris, *Furne, 1830, in-8°*.

2093. — D°. — Le monastère. Traduction de M. Albert Montémont. — Paris, *Ménard, 1837, in-8°*.

2094. — The abbot being the sequel to the Monastery, with all his illustrations and notes. — *Edimburg, Adam, and Charles Black, 1854, in-4°*.

2095. - D°. — The fair Maid of Perth, with all his illustrations and notes. — *Edimburg, Adam, and Charles Black. 1854, in-4°*.

2096. — D°. — Waverley, traduit par M. Defauconpret. — Paris, *Furne, Pagnerre, Perrotin, 1857, in-8°*.

2097. — D°. — Galerie des femmes de Walter Scott. 42 portraits accompagnés chacun d'un portrait littéraire par Em. Souvestre, Alex. Dumas, Frédéric Soulié, Jules Janin, etc. — Paris, *Marchant, Ambroise Dupont, Rittaer et Goupil, 1839, in-4°*.

2098. — HISTORY (The). — Of the adventures of Joseph Andrew, and of his friend, Mr Abraham Adams, written in imitation of the manner of Cervantes, author of Don Quixote. — *Dublin, Ewing, 1754, in-8°*.

2099. — RICHARDSON (T.) — Pamela Andrews, o la virtud premiada. Escrita in Ingles por Tomas Richardson, traducida al castillano, corregida y acomodada à nostras costimbres por el traductor, segunda edicion. — *Madrid, in la imprenta real, por D. P. Pereyra, 1789, in-8°*.

2100. — NELSON (Histoire de Miss), traduit de l'anglais par M. V. R. Y. — *Neuwied, sur le Rhin, Société typographique et Paris, Garnery, 1792, 2 vol. in-12*.

2101. — DAY (Thomas). — The history of Sandford and Merton, a work intended for the use of children, by Thomas Day, esq. a new edition. — *London, Printed for F. C. and J. Rivington ; and Longman, Hurst, Rees, Orme and Brawn, 1814, in-8°*. Frontispice gravé.

2102. — COOPER (Fenimore). — Œuvres, traduites par A. J. B. Defauconpret. — Paris, *Furne et Cie, Charles Gosselin, 1839, 39 vol. grand in-8°*. Frontispice gravé à chaque volume.

2103. — D°. — The Pilot, a tale of the sea. — Paris, *Baudry's, 1833, in-8°*.

2104. — D°. — Le dernier des Mohicans, histoire de 1757, traduction de M. Defaucompret. — Paris, *Furne, 1830, in-8°*.

2105. — POE (Allan-Edgar). — Tales of mystery, imagination and humour, second series. Illustrated with sixteen engravings on wood. — *London, Clarke, Breton et Cie, in-8°*.

2106. — CURRER-BELL. — Le Professeur, trad. par Mme H^{te} Loreau. — Paris, *Hachette, 1872, in-8°*.

2107. — D°. — Jane Eyre ou les Mémoires d'une institutrice, trad. par Mme Lesbazeilles-Souvestre. — Paris, *Hachette et Cie* (sans date).

2108. — D°. — Autre. — Paris, d°, *2 vol. in-8°*.

2109. — BEECHER STOWE (Mme H.) — La Case de l'oncle Tom, traduction faite à la demande de l'auteur par Mme L. Sw. Belloc, avec une préface de Mme Beecher Stowe, écrite par elle pour cette traduction, précédée d'une notice sur sa vie par Mme L. Sw Belloc, et ornée de son portrait gravé par M. Fr. Girard. — Paris, *Charpentier, 1853, in-8°*.

2110. — D°. — La Case de l'oncle Tom ou vie des nègres en Amérique, par M^{ss} Harriet Beecher Stowe, traduction de L^s Enault. — Paris, *L. Hachette et Cie, 1853*.

2111. — DICKENS (Ch.). — Contes de Noël, traduits de l'anglais avec l'autorisation de l'auteur, sous la direction de P. Lorain. Le chant de Noël. Les carillons. Le grillon du foyer. La bataille de la vie. Le possédé. — Paris, *L. Hachette et Cie* (sans date), *in-8°*. Publication de Ch Lahure.

2112. — D°. — Les mêmes. Traduit par Amédée Pichot. L'arbre de Noël. Les apparitions de Noël. Le cricri du foyer. Le tocsin. — Paris, *Mich. Lévy frères, 1858, in-8°*.

2113. — D°, d°. — Le neveu de ma tante, histoire personnelle de David Copperfield, précédée d'une notice biographique et littéraire par Amédée Pichot, 3° édition, plus complète que les précédentes. — Paris, *aux bureaux de la Revue britannique, et chez les principaux libraires, 1851, 3 vol. in-8°*.

2114. — D°. — Le même. Même traduction. Même notice. — Paris, *Mich. Lévy frères, 1857, 2 vol. in-8°*. Le 1ᵉʳ manque.

2115. — DISRAÉLI (Benjamin). — Lothair, roman traduit de l'anglais avec autorisation de l'auteur, par Charles-Bernard Derosne. — Paris, *Hachette et Cⁱᵉ, 1875, 2 vol. in-8°*.

2116. — D°. — Sybil, roman anglais, traduit avec l'autorisation de l'auteur, sous la direction de P. Lorrain. — Paris, *Hachette et Cⁱᵉ, 1875, 2 vol. in-12*. Le 1ᵉʳ en double.

2117. — HARWOOD (J.-R.). — Lord Ulswater, roman traduit de l'anglais avec l'autorisation de l'auteur, par Léon Bochet. — Paris, *Hachette et Cⁱᵉ, 1882, 2 vol. pet. in-8°*.

H. — *Romans Arabes, Persans, Turcs, Indiens, Chinois.*

2118. — LES MILLE ET UNE NUITS, contes arabes, traduits en français, par Galland. Nouvelle édition, revue, accompagnée de notes, augmentée de plusieurs contes, traduits pour la première fois, ornée de 21 gravures, et publiée par M. Edouard Gauttier. — Paris, *J. A. S. Collin de Plancy*, M. DCCC. XXII, 7 vol, *in-8°*.

2119. — D°. — Même traduction. Nouvelle édition, augmentée de plusieurs contes et accompagnée de notes et d'un essai historique sur les Mille et une Nuits, par A. Loiseleur-Deslongchamps, publiée sous la direction de M. L. Aimé-Martin. — Paris, *Société du Panthéon littéraire*, M. DCCC, XLI, *in-4°*.

2120. — D°. — Même traduction. Edition illustrée par les meilleurs artistes français et étrangers. Revue et corrigée sur l'édition Princeps de 1704. — Paris, *G. Havard, 1850, in-4°*. Texte à deux colonnes.

2121. — LES MILLE ET UN JOURS. — Contes persans, turcs et chinois, traduits par Petit de la Croix, Cardonne, Caylus, etc., augmentés de nouveaux contes, traduits de l'arabe par M. Sainte-Croix Pajot, membre de la Société orientale. Edition illustrée. — Paris, *Pourrat frères, 1844, in-4°*.

2122. — GUYARD (Stanislas). — Le Divan de Beha-eddin Zoheir. Variantes en texte arabe. — Paris, *Maisonneuve et Cⁱᵉ, 1883, in-8°*.

2123. — HAU KIOU CHOAAN. — Histoire chinoise, traduite de l'anglais par M***. — *Lyon, Benoit Duplain*, M. DCC. LXVI, 2 vol. *in-12*.

APPENDICE AU TITRE IV

Facéties et Pièces burlesques. Dissertations singulières, plaisantes et enjouées sur différents sujets : sur l'amour, pour ou contre les femmes, etc. Ouvrages grotesques.

2124. — RABELAIS (François). — Œuvres de maître François Rabelais, publiées sous le titre de faits et dits du Géant Gargantua et de son fils Pantagruel, avec la pronostication pantagruélique, l'épître du Limosin, la Crême philosophale et deux épîtres à deux Vieilles de mœurs et d'humeurs différentes. Nouvelle édition, où l'on a ajouté des remarques historiques et critiques sur tout l'ouvrage ; le vrai portrait de Rabelais ; la carte du Chinonnois ; le dessein de la Cave peinte, et les différentes vûes de la Devinière, Métairie de l'auteur. — *Amsterdam, Henri Bordesius*, m. dcc. xxv, *petit in-8°, 6 vol.* Frontispice gravé. Titre rouge et noir, suivant Brunet, dans son Manuel du libraire et de l'amateur de livres. Cette édition n'est qu'une contrefaçon fort médiocre de l'édition d'Amsterdam. — *Henri Bordesius, 1711, 5 vol. pet. in-8°.*

2125. — RABELAIS (François). — Œuvres de maître François Rabelais, suivies des remarques publiées en anglois par M. Le Motteux, et traduites en françois, par C. D. M. (César de Missy). Nouvelle édition, ornée de 76 gravures. — Paris, *Ferdinand Bastien, an VI, in 8°, 3 vol.*

2126. — D°. — Le Rabelais moderne, ou les œuvres de maître François Rabelais, docteur en médecine, mises à la portée de la plupart des lecteurs, avec des éclaircissements historiques, pour l'intelligence des allégories contenues dans le Gargantua, et dans le Pantagruel, par l'abbé de Marsy, ex-jésuite, suivant la France littéraire de J.-M. Quérard, et le Dictionnaire des ouvrages anonymes d'Ant. Alex. Barbier, 3ᵉ édition. — *Amsterdam, Jean-Frédéric Bernard*, m. dcc. lii, *petit in-12, 8 vol.*

2127. — D°. — Œuvres. Edition variorum, augmentée de pièces inédites, des songes drôlatiques de Pantagruel, ouvrage posthume, avec l'explication en regard, des remarques de Le Duchat, de Bernier, de Le Motteux. de l'abbé de Marsy, de Voltaire, de Guinguené, etc. et d'un nouveau commentaire historique et philologique, par Esmangart et Eloi Johanneau, membres de la Société royale des antiquaires. — Paris, *Dalibon*, m. dcc. xxiii, g^d *in-8°*. Le 1ᵉʳ vol. manque.

2128. — DESLANDES (André François Bourreau). — Réflexions sur les grands hommes qui sont morts en plaisantant. Nouvelle édition. Augmentée d'épitaphes et autres pièces curieuses, qui n'ont point encore paru. — *Amsterdam, chez les frères Westeing,* m. dcc. xxxiii, *petit in-12,* Frontispice gravé. A la fin se trouvent, sans changement de pagination, poésies diverses, épitaphes et autres pièces plaisantes, œuvres de monsieur La Chapelle. Cet ouvrage a été mis à l'index, le 5 décembre 1758.

2129. — MOVSIN (L.), conseiller et médecin ordinaire de son Atlesse. — Discovrs de l'yvresse et yvrongnerie auquel les causes, nature, et effects de l'yuresse sont amplement déduictz, auec la guérison et préservation d'icelle. Ensemble la manière de carousser. et les combats bachiques des anciens yurongnes. Le tout pour le contentement des curieux. — *A Tovl, par Sébastien Philippe, imprimeur-juré, 1612, in-8°.* Rel. en veau fauve. Triples filets dorés. Brunet, dans son Manuel du libraire et de l'amateur de livres, constate la rareté et la singularité de cet ouvrage.

2130. — ESSAI historique, critique, philologique, politique, moral, littéraire et galant sur les lanternes, leur origine, leur forme, leur utilité, etc., etc. avec quelques notes de l'éditeur, et une table très ample des matières, par une société de gens de lettres par J.-Fr. Dreux du Radier, le médecin Ant. Le Camus, l'abbé Jean Le Bœuf et Jamet le jeune, suivant le Dictionnaire des ouvrages anonymes d'Ant. Alex. Barbier, 3ᵉ édition. — *A Dôle, chez Lucnophile et Compagnie,* m. dcc. lv, *petit in-8°.* Fleuron avec ces mots : Et in vento tuta manet.

2131. — DICTIONNAIRE contenant les anecdotes historiques de l'amour, depuis le commencement du monde jusqu'à ce jour, par Mouchet, vice-président du tribunal de première instance à Troyes, suivant le Dictionnaire des ouvrages anonymes d'Ant. Alex. Barbier, 3ᵉ édition, et la France littéraire de J.-M. Quérard. Seconde édition, revue et augmentée par l'auteur. — *Troyes, Gobelet, 1811, in-8°, 5 vol.*

2132. — LE DUCHAT (J.) — Les quinze Joyes de mariage, ouvrage très ancien, auquel on a joint le Blason des fausses amours (p. Guil. Alexis), le Loyer des folles amours (p. Guil. Cretin), et le triomphe des Muses contre-amour. Le tout enrichi de remarques et de diverses leçons. — *La Haye, A. de Rogissart,* m. dcc. xxxiv, *in-8°.* Rel. en v. marb. Triples filets dorés.

2133. — MARÉCHAL (Sylvain). — Projet d'une loi portant défense d'apprendre à lire aux femmes, par S*** M***. — *Paris, Massé, an X, in-8°.*

2134. — CARACCIOLI (le marquis L. Ant. de). — La grandeur d'âme. — *Francfort en Foire, 1762, in-12.*

2135. — AGRIPPA (Hen.-Corn). — De l'excellence et de la supériorité de la femme, avec les commentaires de Roetitg. — Paris, *Delance, 1801, in-8°.*

2136. — L'ART d'obtenir des places ou conseils aux solliciteurs, ouvrage dédié aux gens sans emploi. — Paris, *Pélicier Petit, et chez tous les marchands de nouveautés, 1816, in-8°.*

2137. — BRUYX (Le Chevalier de Plante-Amour). — L'art de connaître les femmes. — *Paris, Delaunay, 1820, in-8°.*

2138. — PETITS DESSERTS (Les). — Manuscrit de 37 feuillets qui contient : Avis aux amateurs de la gaîté ; les amusements de l'enfance ; la servante du prêtre ; le cérémonial ridicule ; le bail renouvelé, etc., etc. — *Cahier de format in-8°.*

V. — PHILOLOGIE

1. — PHILOLOGIE PROPREMENT DITE

A. — **Introduction contenant les traités pour et contre les lettres, les dictionnaires et cours de littérature générale.**

2139. — GIBBON (Edward). — Essai sur l'étude de la littérature. — *A Londres, et se trouve à Paris, chez Duchesne,* m. dcc. lxii, *in-12.* Rel. en veau gran. bordure dorée.

2140. — STAEL-HOLSTEIN (Anne-Louise-Germaine Necker, baronne de). — De la littérature considérée dans ses rapports avec les institutions sociales. Seconde édition. — *Paris, Aug. Crapelet, in-8°, 2 vol.*

2141. — JOUVANCY (Le P. Joseph de), jésuite. Manière d'apprendre et d'enseigner; ouvrage traduit du latin (de ratione discendi et docendi), par J.-F. Lefortier, professeur de belles-lettres à l'école centrale de Fontainebleau. — Paris. *Le Normant, an XI, in-12.*

2142. — FLEURY (L'abbé Claude). — Traité du choix et de la méthode des études. Nouvelle édition. — Paris, *Jean-Thomas Hérissant,* m. dcc. lix, *in-12,* rel. A la fin se trouvent : Discours sur Platon, version de Platon, et deux pièces de vers latins. (2 exemplaires.)

2143. — ROLLIN (Charles). — De la manière d'enseigner et d'étudier les belles-lettres, par rapport à l'esprit et au cœur. — Paris, *les frères Estienne,* m. dcc. lxv. *in-12, 4 vol.*

2144. — D°. — De la manière d'enseigner, etc., etc. Nouvelle édition. — Paris, *Huet, an XI, in-12, 4 vol.*

2145. — D°. — De la manière d'enseigner, etc., etc. Le faux-titre porte : Traité des études. Edition stéréotype, précédée de la vie de l'auteur, accompagnée de notes historiques, et suivie d'une table générale des matières. — Paris, *Mame frères, 1810, in-12, 4 vol.*

2146. — D°. — Même ouvrage. — *Lyon, F^{ois} Savy, 1808, 4 vol. in-12.*

2147. — CONDILLAC (H. Bonnot de). — Cours d'étude pour l'instruction des jeunes gens. — Paris, *Fr. Dufart, l'an II et III, de la République, in-18*. 6 tom. en 3 vol. Portrait de l'auteur.

2148. — D°, d°. — Cours d'études pour l'instruction des jeunes gens. — Paris, *Dufart, 1796, in-18*, 8 vol. Portrait de l'auteur. Les tomes 6°, 7° et 8° portent en titre : Cours d'étude pour l'instruction des jeunes gens, et qui a servi à l'éducation du prince de Parme.

2149. — BONVALOT (A. F.), professeur au collège royal de Charlemagne. — Art d'étudier, ou complément indispensable des études universitaires et manuel utile à ceux qui, n'ayant jamais fait d'étude, veulent cultiver leur raison et leur intelligence. — Paris, *Mme Veuve Maire-Nyon, 1843, in-12*.

2150. — SABATIER de CASTRES (l'abbé Antoine). — Dictionnaire de littérature, dans lequel on traite de tout ce qui a rapport à l'éloquence, à la poésie et aux belles-lettres, et dans lequel on enseigne la marche et les règles qu'on doit observer dans tous les ouvrages d'esprit. — Paris, *Vincent*, m. dcc. lxx, *in-8°*, 3 vol.

2151. — BATTEUX (l'abbé Ch.) — Principes de la littérature. Nouvelle édition. — Paris, *Desaint et Saillant*, m. dcc. lxiv, *in-12*, 5 vol.

2152. — D°. — Principes de la littérature. Cinquième édition. — Paris, *Saillant et Nyon, et Veuve Desaint*, m. dcc. lxxiv, *in-12*, 5 vol.

2153. — D°. — Éléments de littérature, extraits du cours de belles-lettres. Nouvelle édition. — *Avignon, Veuve Ficher-Joly, 1834*, 2 vol. *in-12*.

2154. — MERMET (l'abbé Louis-Franç.-Emmanuel). — Leçons de belles-lettres, pour servir de supplément au cours de belles-lettres de l'abbé Batteux. — Paris, *Montardier, an XI, in-12*, 3 vol. Rel. en v. rac. Filet dent.

2155. — LA HARPE (J. F. de). — Lycée, ou cours de littérature ancienne et moderne. — Paris, *H. Agasse, an VII et années suivantes, in-8°* 16 vol. Rel. en v. rac. Filet dent. De plus : supplément au cours de littérature de J. F. de La Harpe, ou choix de morceaux extraits de Mescure de France, recueillis par J. B. Salgues. — Paris, *Agasse, 1810*, formant le 17° vol. Nouveau supplément au cours, etc., contenant : l'éloge de Voltaire, la réfutation des lettres de feu M. Ginguené sur les confessions de J. J. Rousseau, la réfutation des principes de J. J. Rousseau, etc., la lettre de M. Sélis et l'examen de plusieurs assertions hasardées, par M. de La Harpe dans la philosophie du dix-huitième siècle, par M***, formant le 18ᵉ vol. ; commentaire sur le théâtre de Voltaire, par M. de La Harpe, imprimé d'après le manuscrit autographe de ce célèbre critique, et approprié aux différentes éditions de ce théâtre, recueilli et publié par ***. — Paris, *Maradan*, M. DCCC. XIV, formant le 19ᵉ vol. C'est l'édition originale.

2156. — Dº. — Le même ouvrage. — Paris, *Agasse, an VII, 17 vol. in-8º*.

2157. — Dº. — Le même ouvrage. — Paris, *Garnery, 1823, 18 vol. in-8º*.

2158. — BOUCHARLAT (J.-L.) — Cours de littérature, faisant suite au Lycée de La Harpe. — Paris, *Brunot-Labbe, 1826, in-8º 2 vol.*

2159. — LEMERCIER (N. L.), membre de l'Institut de France, de l'Académie française. — Cours analytique de littérature générale, tel qu'il a été professé à l'Athénée de Paris. — Paris, *Nepven, 1817, in-8º 4 vol.*

B. — Traités de critique générale et Dictionnaires pour l'intelligence des auteurs classiques

2160. — SABBATHIER (François), professeur au Collège de Châlons-sur-Marne et membre de la Société littéraire de la même ville. — Dictionnaire pour l'intelligence des auteurs classiques, grecs et latins, tant sacrés que profanes, contenant la géographie, l'histoire, la fable et les antiquités. Dédié à Monseigneur le duc de Choiseul. — *A Châlons-sur-Marne, Seneuve, et se trouve à Paris, chez Delalain,* M. DCC. LXVI, *in-8º*, 37 tomes rel. en 19 vol. Texte à 2 colonnes.

2161. — CHRISTOPHE (l'Abbé Ant. Noel-Math.), traducteur. — Dictionnaire pour servir à l'intelligence des auteurs classiques grecs et latins ; comprenant la géographie, la fable, l'histoire et les antiquités, avec une table chronologique et un tableau des poids, mesures et monnaies des anciens, comparés avec les nôtres. — Paris, *L. Duprat-Duverger, an XIII, in-8º 2 vol.* Texte à deux colonnes. Suivant la France littéraire de J.-M. Quérard, cet ouvrage ne serait qu'une traduction d'un ouvrage de M. Lamprière, docteur de l'université d'Oxford.

C. — Philologues ou critiques grecs et latins anciens et modernes

2162. — ATHÉNÉE. — Les Qvinze livres des Deipnosophistes d'Athénée, de la ville de Naucrate d'Egypte, écrivaln d'une érudition consommée, et presque le plus sçavant des grecs.

Ovvrage délicievx. Agréablement diversifié et rempli de narrations sçavantes sur toutes sortes de matières et de sujets.

Traduit pour la première fois en françois, sans l'avoir jamais esté en quelque langue vulgaire que ce soit sur le grec original, après les versions latines de Natalis Comes de Padoue et de Jacques d'Alechamp de Caën, médecin fameux, par l'abbé Michel de Marolles, dont l'initiale se trouve au bas de l'épistre dédicatoire. — Paris, *Jacques Langlois, imprimeur ordinaire du Roy, rue St-Jacques, à la Reyne du Clergé*, M. DC. LXXX, *in-4°*. Rel. en veau rac. Fil. dent., dos orné.

2163. — D°. — Banquet des savants par Athénée, traduit, tant sur les textes imprimés que sur plusieurs manuscrits, par M. Lefèvre de Villebrune. — Paris, *chez Lamy, de l'imprimerie de Monsieur*, M. DCC. LXXXIX, *in-4°, 5 vol.* Rel. en v. marb.

2164. — STOBÉE. — Johannis Stobaei sermones e mss. codicibus emendatos et auctos edidit Nic. Schow, professor havniensis, texte grec. — *Lipsiæ, in libraria Weidmannia*, M. DCC. XCVII, *in-8°*. Rel. en v. rac. Fil. dent.

2165. — AULU-GELLE. — Auli Gellii Noctes atticæ, sev Vigiliæ atticæ qvas nvnc primvm a magno mendorum numero magnus veterum exemplarium numerus repurgavit. — Henrici Stephani Noctes aliqvot parisinæ, atticis A. Gellij Noctibus seu Vigilijs innigilatæ. Eiusdem H. Stephani annotationes in alios Gellij locos prodibunt cum notis Lad. Carrionis (qui vet. exemplaria contulit) prelo iam traditis. — *Parisiis*, M. D. LXXXV. Cvm privilegio Cæsaris et Gallorvm Regis in decennium. *Petit in-8°*, couvert en pp. vélin. Cette édition, fait observer Brunet (dans son Manuel du libraire et de l'amateur du livre, 5ᵉ édit.), imprimée à Paris, par H. Estienne, qui s'y trouvait alors, ne porte point de nom d'imprimeur. Elle contient ordinairement un titre, une épitre à P. Delbène, en 2 ff. 23 pp. prélim., 587 pp. de texte, 37 ff. pour les Indices, 16 pp. prélim. et pp. pour la Stephani noctes, qui ont leur pagination particulière.

2166. — D°. — Les nuits attiques, traduites pour la première fois, accompagnées d'un commentaire et distribuées dans un nouvel ordre, par M. l'abbé de V*** (l'abbé Joseph Donzé de Verteuil, mort à Nancy en 1818, ancien substitut de Fouquier-Tinville, et accusateur public à Brest, près du tribunal révolutionnaire), d'après une note manuscrite sur le titre, et suivant le Manuel du libraire et de l'amateur de livres, 5ᵉ édition, le Dictionnaire des ouvrages anonymes d'Ant.-Alex. Barbier, et la France littéraire de J.-M. Quérard. — Paris, *Visse*, M. DCC. LXXXIX, *in-12*, 3 vol.

2167. — MACROBE. — Macrobii Avrelii Theodosii viri cousvlaris in Somnium Scipionis libri II. Saturnaliorum libri VII, nunc denno recogniti, et multis in locis aucti. — *Seb, Gryphivs Germ. excvd. Lvgd, 1532, petit in-8°* couvert en peau de vélin. Fleuron ou marque typographique : un griffon.

2168. — CRENIUS (TH.). — Fasciculus dissertationum historico-critico-philologicarum. In qvo continentur : Delphi Phœnicizantes Edmundi Dickinsoni, veritas creationis mundi, etc. Messiæ mors, sepultura ac resurrectio, etc. Collectus ac plenissimis indicibus auctus. — *Rotterodami, apud Petrum Vander Slaart Bibliopolam, ad insigne Ciceronis, 1691, petit in-8°.*

2169. — ALEXANDER AB ALEXANDRO. — Alexandri ab Alexandro, jurisperiti neapolitani, Genialium dierum libri sex, cum integris commentariis Andreæ Tiraquelli, Dionysii Gothofredi, J. C. Christophori Coleri et Nic. Merceri. Accessere Indices Capitum, Rerum et verborum, completissimi. — *Lugduni Batavorum, ex officina Hackiana, 1673, in-8°*, 2 vol. Rel. en mar. citr. Filets dorés. Frontispice gravé. Fleuron ou marque typographique représentant un aigle déployé, surmonté de ce mot : Movendo. Cette édition fait partie de la collection variorum, suivant le Manuel du libraire et de l'amateur de livres de Brunet, 5ᵉ édition.

2170. — D°. — Même édition, ancienne reliure, armes sur les plats : d'azur, à la croix d'or coupée d'argent, accolée d'un cep de vigne de sinople chargé de trois grappes de raisin d'or, et cantonnée de quatre flammes d'argent. Armes différentes collées sur le carton inférieur.

2171. — WOLF (F. A). — Prolegomena ad Homerum sive de operum homericorum prisca et genuina forma variisque mutationibus et probabili ratione emendandi volumen I. — *Halis, Saxonum, e libraria Orphanotrophei, 1785, in-8°.*

2172. — SIEBELIS. — Symbolæ, criticæ et exegeticæ ad graviores plurium græcorum scriptorum locos, qui antiquæ græciæ historiam, geographiam, religionem atque mores spectant, illustrandos, cum indicibus et latina interpretatione, auctore Car. Godofr. Siebelis. — *Lipsiæ, apud J. A. Barthium,* mdccciii, *pet. in-8°.* Relié en veau rac. fil. dent. L'autre titre porte en caractères grecs : Ellenica, puis en latin : Seu antiquissimæ græcorum historiæ res insigniores usque ad primam Olympiadam cum geographicis descriptionibus e scriptoribus græcis collectas notis criticis atque exegeticis illustravit et indices cum latina interpretatione adjecit Car. Godofr. Siebelis.

2173. — LEGIPONT (O.) — Dissertationes philologico-bibliographicæ, in quibus de adornanda et ornanda bibliotheca, etc., disseritur. — *Norimbergæ, Paule Lochneri, 1747, in-4°.*

2174. — LONGIN (D.) — Dionysii Longini quæ supersunt græce et latine recensuit, notasque suas atque etiam adversiones adjicit Joanucs Toupins, accedunt emendationes Davidis Ruhnkenii. — *Oxonii, e typog. Clarendoniano, 1778, in-4°.* Rel. en v.

2175. — LEXICON (Magnum). — Latinum et Lusitanum, ex diuturnis celeberrimorum eruditissimorumque philologorum observationibus de promptum, ad plenissimam scriptorum latinorum interpretationem accommodatum. — *Olisipone, typis regiæ officinæ, anno 1780, in-f°.*

2176. — TRÉVERRET (de). — Quæ in Attica republica partes a Scenicis scriptoribus vulgo defensæ fuerint. — *Parisiis, Ern. Thorin, 1868, in-8°.*

D. Critiques français

Cours de Littérature spéciaux. — Traité sur différents points de Critique. — Mélanges de Critique.

2177. — CHÉNIER (Marie-Joseph). — Introduction au cours de littérature française. Discours prononcé, à l'athénée de Paris, le 15 décembre 1806 ; par M. Chénier, de l'institut national. — Paris, *Didot jeune, Dabin, 1806, in-8°.* (52 pages).

2178. — MANUEL de littérature contenant la définition de tous les différens genres de compositions, en prose et en vers, avec des exemples tirés des prosateurs et des poètes les plus célèbres ; un traité de la versification française, et des préceptes sur l'art de lire à haute voix. A l'usage des deux sexes, par L.-J.-B.-E. Vigée, suivant le Dictionnaire des ouvrages anonymes d'Ant.-Alex. Barbier, 3ᵉ édition, et la France littéraire de J.-M. Quérard. — Paris, *F. Louis, 1809, in-12.*

2179. — BOUHOURS (Le P. Dominique). — La manière de bien penser dans les ouvrages d'esprit. Dialogues. Nouvelle édition. — Paris, *Guillaume Desprez*, m. dcc. lxviii, *in-12*.

2180. — CARTAUD de LA VILATE. — Essai historique et philosophique sur le Goût. — *Londres*, m. dcc. li, *in-12*.

2181. — DACIER (Mademoiselle Anne Lefèvre, Dame). — Des causes de la corruption du Goust. — Paris, *aux dépens de Rigaud, directeur de l'imprimerie royale*, m. dcc. xiv, *in-12*.

2182. — GARNIER (J.-J.), professeur royal d'hébreu et de l'Académie royale de l'inscription et belles-lettres. — L'Homme de lettres, première partie, où l'on traite de la nature de l'homme de lettres, du principe fondamental de toutes les sciences, de la culture des esprits, de l'utilité des gens de lettres, des récompenses littéraires, etc. Seconde partie, dans laquelle on examine particulièrement l'influence réciproque des lettres sur le gouvernement, et du gouvernement sur les lettres. — Paris, *Panckoucke*, m. dcc. lxiv, *in-12*.

2183. — HARDOUIN (Le P. Jean), de la Compagnie de Jésus. — Apologie d'Homère, où l'on explique le véritable dessein de son Iliade et sa théomythologie. — Paris, *aux dépens de Rigaud, directeur de l'imprimerie royale*, m. dcc. xvi, *in-12*.

2184. — AUBIGNAC (François Hédelin, abbé d'). — Conjectures académiques, ou Dissertation sur l'Iliade, ouvrage posthume, trouvé dans les recherches d'un savant. — Paris, *chez François Fournier, rue S. Jacques, aux armes de la Ville*, m. dcc. xv, *in-12* rel. Fleuron ou marque typographique représentant la Nef parisienne sans voiles.

2185. — GACON (François), ou le poète sans fard. — Homère vengé, ou Réponse à M. de La Motte sur l'Iliade. — Paris, *E. Ganeau, aux armes de Doubes*, *in-12*. Fleuron représentant ces armes. Frontispice gravé.

2186. — RAPIN (Le P. René). — La Comparaison de Démosthène et de Cicéron. Seconde édition. — Paris, *F. Muguet, et Claude Barbin*, m. dc. lxxvi, *in-12*.

2187. — JVGEMENT svr Sénèqve, Plvtarqve et Pétrone, avec l'histoire de la matrone d'Ephèse. — A Paris, *chez Clavde Barbin, vis à vis le portail de la Sainte-Chapelle, au Signe de la Croix*, m. dc. lxiv, *in-18*.

2188. — FAYDIT (l'abbé P. V.). — Remarques sur Virgile et sur Homère, et sur le stile poétique de l'Ecritnre-Sainte ; où l'on réfute les inductions pernicieuses que Spinosa, Grotius et M. Le Clerc en ont tirées, et quelques opinions particulières du Père Mallebranche, du sieur L'Elevel et de Mr Simon. — Paris, *Jean et Pierre Cot, fondeurs de caractères d'imprimerie, et libraires, à la Minerve*, M. DCC. V, *in-12.*

2189. — D°. — La Télémacomanie, ou la censure et critique du roman intitulé, les avantures de Télémaque, fils d'Ulysse, ou suite du quatrième livre de l'odyssée d'Homère. — *A Eleutérople, chez Pierre Philalèthe*, M. DCC, *in-12.*

2190. — GENISSET (F.-J.), ex-professeur de seconde au ci-devant collège de Dôle, département du Jura. — Examen oratoire des églogues de Virgile. — Paris, *P. Didot, l'aîné, an X, in-8°.*

2191. — CLÉMENT (J.-Mar.-Bernard). littérateur et critique. — Observations critiques, sur la nouvelle traduction en vers françois des Géorgiques de Virgile, et sur les poëmes des Saisons, de la Déclamation et de la Peinture, suivies de quelques réflexions sur le poëme de Psyché. — *Genève*, M. DCC. LXXI, *in-8°, 1 vol.* Rel. en veau fauve, triples filets dorés.

2192. — D°. — Nouvelles observations critiques sur différens sujets de littérature. — *A Amsterdam, et se trouve à Paris, chez Moutard, libraire de Madame la Dauphine, à Saint-Ambroise*, M. DCC. LXXII, *in-8°.* Rel. en veau fauve. Triples filets dorés.

2193. — FRÉDÉRIC II, roi de Prusse. — Anti-Machiavel, ou Essai de critique sur le prince de Machiavel, publié par M. de Voltaire. — *A Bruxelles, chez R. François Foppens*, M. DCC. XL, *in-8°.* Titre rouge et noir. Cette édition, suivant le Dictionnaire des ouvrages anonymes d'Ant. Alex. Barbier, 3e édition, est le contre-coup de celle publiée à La Haye, chez Van Duren, sous le titre de : Examen du prince... Volume qui vient ci-après :

2194. — EXAMEN du prince de Machiavel, avec des notes historiques et politiques. — *La Haye, Jean Van Duren*, M. D. CC. XLI (fin septembre 1740), *in-8°.* 342 pages. On trouve ensuite, sans changement de pagination : Idée de la science militaire. Idée de l'histoire de la vie et du règne de Louis XIV, et enfin : Livres sur diverses matières et fonds, chez J. Van Duren (364 pages). Le faux titre porte : L'Anti-Machiavel ou Examen. La vignette sur le titre est signée : D. Coster, inv., J. Besset fec., avec ces mots : Utroque favente.

2195. — CASTIL-BLAZE (Fr.-N.-J.). — Molière musicien. Notes sur les œuvres de cet illustre maître et sur les drames de Corneille, Racine, Quinault, Regnard, Montluc, Mailly, Hauteroche, Saint-Evremond, du

Fresny, Talaprat, Dancourt, Lesage, Destouches, J.-J. Rousseau, Beaumarchais, etc., où se mêlent des considérations sur l'harmonie de la langue française. — Paris, *Castil-Blaze, 1852, in-8°, 2 vol.*

2196. — PRADON (Nic). — Nouvelles remarqves sur tous les ovvrages dv sieur D*** (Despréaux). A la fin se trouve : épître en vers à Aleaxndre, sans changement de pagination, en tout 115 pages. — *La Haye, Jean Strik*, m. dc. lxxxv), *pet. in-8°.*

2197. — LINGUET (Simon-Nic.-Henri). — Examen des ouvrages de M. de Voltaire, considéré comme poète, comme prosateur, comme philosophe.— *A Bruxelles, et se trouve chez Lemaire, imprimeur-libraire, rue de l'impératrice,* m. dcg. lxxxviii. *in-8°.* Rel. filets dorés.

2198. — STAEL-HOLSTEIN (Madame la baronne de), épouse de M. l'ambassadeur de Suède auprès du Roi de France, fille unique de M. Necker. — Lettres sur les ouvrages et le caractère de J. J. Rousseau. — *Au Temple de la vertu, chez le premier restaurateur de la France, 1789, in-8°.*

2199 — COGER (L'abbé Fr.-Marie). — Examen du Bélisaire de M. Marmontel. Nouvelle édition. — Paris, *H.-C. de Hansy le jeune,* m. dcc. lxvii, *in-12.* Avec :

1° Censure de la Faculté de théologie de Paris, contre le livre qui a pour titre : Bélisaire, à Paris, 1767. Rédigée par Louis Le Grand, suivant le Dictionnaire des ouvrages anonymes d'Ant. Alex. Barbier, 3ᵉ édition. — Paris, *veuve Simon,* m. dcc. lxvii ;

2° Lettre à M. Marmontel, par un Déiste converti, à l'occasion de son livre intitulé : Bélisaire, dans laquelle on fait une critique du xvᵉ chapitre de ce fameux roman, par Marc.-Ant. Reynauld, curé de Vaux, diocèse d'Auxerre, suivant le Dictionnaire des ouvrages anonymes d'Ant. Alex. Barbier, 3ᵉ édition, 1767 (77 pages) ;

3° Seizième chapitre de Bélisaire. — *A Constantinople, et se trouve à Paris, chez Vallat La Chapelle,* m. dcc. lxviii (56 pages) ;

4° Fragment d'une oraison funèbre de Thuarote et de Suaoure, tiré des Annales chinoises.

2200. — PIÈCES relatives à Bélisaire, 1ᵉʳ cahier. — *Amsterdam,* m. dcc. lxvii. Par Voltaire, sous le nom de l'abbé Mauduit ; par Turgot, sous le nom d'un Bachelier ubiquiste, et par Marmontel, suivant le Dictionnaire des ouvrages auonymes d'Ant. Alex. Barbier, 3ᵉ édition, et suivant les Supercheries littéraires dévoilées, par J.-M. Quérard, 2ᵉ édition Le second cahier, le troisième et le quatrième, portent : A *Genève, in-8° rel.* Le cinquième comprend : Lettre de M. de Voltaire à

M. Marmontel, exposé des motifs qui m'empêchent de souscrire à l'intolérance civile ; lettre de M. de Voltaire à M. le prince de Galitzin, et billet de M. de V., adressé à M. D. (15 pages).

2201. — OBSERVATIONS critiques sur l'ouvrage intitulé : le Génie du christianisme, par M. de Chateaubriand, pour faire suite au tableau de la littérature française, par M. J. de Chénier. Ce recueil contient : Rapport sur le Génie du christianisme, fait par ordre de la classe de la langue et de la littérature françaises, par M. le comte Daru. Opinion de M. Lacretelle. Opinion de M. Morelle. Opinion de M. le comte Régnaud de Saint-Jean d'Angély. Opinion de M. l'abbé Sicard. Opinion de M. Lemercier. Extrait des procès-verbaux de la classe de la langue et de la littérature françaises. — Paris, *Maradan, 1817, in 8°*.

2202. — CURSANT (DE). — La Bibliothèque des auteurs. — Paris, *G. de Luynes, 1697, in-12*.

2203. — SAINJORE, pseudonyme RICHARD-SIMON, suivant les supercheries littéraires dévoilées par J. M. Quérard, 2ᵉ édit., et suivant une note manuscrite sur le verso d'une feuille de garde. — Bibliothèque critique, ou recueil de diverses pièces critiques, dont la plupart ne sont point imprimées, ou ne se trouvent que difficilement, publiées par M. de Sainjore, qui y a ajouté quelques notes. — *Amsterdam, Jean-Louis de Lormes, M. DCC. VIII, in-12, 4 vol*.

2204. — NOUVELLE BIBLIOTHÈQUE choisie, où l'on fait connoître les bons livres en divers genres de littérature, et l'usage qu'on en doit faire, par Nicolas Barat, suivant le Dictionnaire des ouvrages anonymes d'Ant. Alex. Barbier, 3ᵉ édition, et la France littéraire de J. M. Quérard. — *Amsterdam, David Mortier, M. DCC. XIV, in-12, 2 vol*.

2205 — ESSAIS DE CRITIQUE. I Sur les écrits de M. Rollin. II Sur les traductions d'Hérodote. III Sur le dictionnaire géographique de M. Bruzen La Martinière, par l'abbé Fr. Bellenger, suivant le dictionnaire des ouvrages anonymes d'Ant. Alex. Barbier, 3ᵉ édition. — *Amsterdam, François L'Honoré et fils, M. DCC. XL, in-12*. Fleuron et frontispice gravés. Titre rouge et noir. A la tête de sa première lettre, l'auteur se donne le nom de Van der Meulen. On trouve à la fin, avec changement de pagination : Supplément aux essais de critique sur les écrits de M. Rollin, par Waarheit et Van der Meulen, marque de l'abbé Bellenger, M. DCC. XLI (128 pages).

2206. — DANIEL (Le R. P. GABR.), de la Compagnie de Jésus. — Recueil de divers ouvrages philolosophiques, théologiques, historiques apologétiques, et de critique. — *Paris, Denis Mariette et J.-B. Coignard fils,* *imprimeur du roi, rue Saint-Jacques*, M. DCC. XXIV, *in-4°, 3 vol.* Le 1ᵉʳ tome contient : Le voyage du monde de Descartes, traité métaphysique de la nature du mouvement, entretiens de Cléandre et d'Eudoxe, examen de la distinction, du probable en pratique et du probable en spéculation, par rapport à la septième et à la quinzième provinciale, de la doctrine de la direction d'intention, par rapport à la septième provinciale. Lettre de M. l'abbé de *** à Eudoxe, passages des auteurs citez ou indiquez dans les entretiens de Cléandre et d'Eudoxe, histoire du concile de Palestine, ou de Diospolis, traité théologique des péchez d'ignorance. Le second tome contient : Lettre au P. Alexandre, Deffense de S. Augustin contre un livre publié sous le nom de M. de Lannoy, lettre au R. P. Cloche, touchant le livre du P. Serry, et touchant une lettre imprimée contre les jésuites, par ce religieux, lettres au P. Serry, traité théologique, touchant l'efficacité de la grâce. Le tome troisième contient : Histoire apologétique de la conduite des jésuites de la Chine, examen du livre intitulé, du témoignage de la vérité dans l'église, Lettre à une dame de qualité, où l'on examine jusqu'à quel point il est permis aux dames de raisonner sur les matières de religion, Lettre d'un théologien à M. l'archevêque de Reims, Dissertations théologiques, Remontrance à M. l'archevêque de Reims, sur son ordonnance du 15 juillet 1697, etc. Traduction du système d'un docteur espagnol sur la dernière pâque de Notre-Seigneur Jésus-Christ, Lettre touchant la fréquente communion, etc., Lettre touchant une ancienne hérésie renouvellée depuis peu, Lettre apologétique de l'auteur du voyage du monde de Descartes, etc., Dissertation de Judiciis Criticorum, etc. On lit, en lettres manuscrites, sur le recto de la feuille du titre de chacun des vol. : Bibliothecæ Collegy. Soetis Jesv Gandavi, 1726.

2207. — ARTIGNY (L'abbé ANT. GASCHET D'). — Nouveaux mémoires d'histoire, de critique et de littérature. — Paris, *Debure l'aîné, à l'Image S. Paul*, M. DCC. XLIX, *in-12, 7 vol.*

2208. — ALEMBERT (J. LE ROND D'). — Mélanges de littérature, d'histoire et de philosophie. Nouvelle édition, augmentée de plusieurs notes sur la traduction de quelques morceaux de Tacite. — *Amsterdam, Zacharie Chatelain et fils*, M. DCC. LXIII, *in-12, 5 vol.*

2209. — MICHAULT (JEAN-BAPTISTE), philologue, avocat au Parlement de Dijon. — Mélanges historiques et philologiques. — Paris, *N. Tilliard*, M. DCC. LIV, *in-12*, avec :

1° Giphantie, seconde partie, par Thiphaigne de La Roche (Ch.-Fr.), suivant une note manuscrite sur le recto de la feuille du titre, et suivant le Dictionnaire des ouvrages anonymes de Barbier, — *A Babylone* (Paris), M. DCC. LX, *petit in-8°.*

2° Carpenteriana, ou Recueil des pensées historiques, critiques, morales et des bons mots de M. Fr. Charpentier, de l'Académie française, par Boscheron, suivant une note manuscrite sur le recto de la feuille du titre, et suivant le Dictionnaire des ouvrages anonymes d'Ant. Alex. Barbier, 3ᵉ édition. — *Amsterdam,* M. DCC. XLI, *in-12* (240 pages), incomplet.

2210 — DREUX DU RADIER (J. F.) — Récréations historiques, critiques, morales et d'érudition, avec l'histoire des fous en titre d'office, par M. D. D. A., auteur des anecdotes des Rois, Reines et Régentes de France. — Paris, *Roburtel et Veuve Duchesne,* M. DCC. LXVII, *in-12,* 2 *vol.*

2211. — ORBESSAN (Ann. marquis d'), président à mortier du Parlement de Toulouse. — Mélanges historiques, critiques, de physique, de littérature et de poésie. — Paris, *Merlin,* M. DCC. LXVIII, 4 *vol. in-8°.*

2212. — CHOMEL (Jʰ Bᵗᵉ L.) — Les Nuits parisiennes, à l'imitation des Nuits attiques d'Aulu. Gelle, ou Recueil de traits singuliers, anecdotes, usages remarquables, faits extraordinaires, observations critiques, pensées philosophiques, etc., etc. — A Londres, *et se trouve à* Paris, *chez Lacombe,* M. DCC. LXIX, *pet. in-8°, 2 vol.* en un seul.

2213. — Dᵒ. — Aménités littéraires, et Recueil d'anecdotes. — *A Amsterdam, et se trouve à Paris, chez Vincent,* M. DCC. LXXIII, *in-12, 2 vol.*

2214. — TRIBUNAL (Le) d'Apollon, ou Jugement en dernier ressort de tous les auteurs vivans ; libelle injurieux, partial et diffamatoire, par une Société de pygmées littéraires, principalement par Joseph Rosny. Les articles signé C. M., ou C. M. D. C., sont de C. F. X. Mercier de Compiègne. Les lettres F. N. désignent F. Nogaret, suivant le dictionnaire des ouvrages anonymes d'Ant. Alex. Barbier, 3ᵉ édition. — Paris, *Marchand, an VIII, in-18, 2 vol.*

2215. — VARIÉTÉS littéraires, ou Recueil de pièces, tant originales que traduites, concernant la philosophie, la littérature et les arts, par l'abbé Fr. Arnaud, Suard, Turgot, Morellet, Mᵐᵉ Necker, suivant le dictionnaire des ouvrages anonymes d'Ant. Alex. Barbier, 3ᵉ édit. Nouvelle édition. — Paris, *Xhrouet, an XII, 4 vol. in-8°.* Rel. en veau fauve, filets dorés.

2216. — SUARD (J. B. A.), membre et secrétaire perpétuel de la classe de la langue et de la littérature française, de l'Institut national de France. — Mélanges de littérature. — Paris, *Dentu, an XII, 5 vol.* Rel. en veau fauve, filets dorés.

2217. — BAST (F. J.), secrétaire de la légation de S. A. S. Monseigneur le Landgrave de Hesse, à Paris, et conservateur désigné de la bibliothèque de la Cour à Darmstadt. — Lettre critique à M. J. F. Boissonade, sur Antoninus Liberalis, Parthenius et Aristénète. — Paris, *Henrichs, Leipsic, Reclam-Hambourg Perthes, an XIII, in-8°.*

2218. — CHARDON de LA ROCHETTE (Simon). — Mélanges de critique et de philologie. — Paris, *d'Hautel, 1812, in-8°, 3 vol.*

2219. — BARCHOU de PENHOEN (Le baron), auteur des Mémoires d'un Officier sur la conquête d'Alger, et de Guillaume d'Orange et Louis-Philippe. — Un Automne au bord de la mer. — Paris, *Charpentier, 1836, in-8°.*

2220. — SAINTE-BEUVE (C.-A.). — Critiques et portraits littéraires, 2ᵉ édition. — Paris, *Raymond Bocquet, 1841, in-8°, 5 vol.*

2221. — Dº. — Portraits littéraires. Nouvelle édition. — Paris, *Garnier frères, 1862, grand in-18, 3 vol.*

2222. — Dº. — Causeries du Lundi, 1ʳᵉ, 2ᵉ et 3ᵉ édition. — Paris, *Garnier frères, 1850 à 1862, grand in-18, 15 vol.* (2 exempl.)

2223. — Dº. — Tableau historique et critique de la poésie française et des théâtres français, au XVIᵉ siècle. — Paris, *Charpentier, 1848, in-12.*

2224. — Dº. — Derniers portraits littéraires. — Paris, *Didier, 1850, 2 vol. in-8°.*

2225. — Dº. — Portraits contemporains. — Paris, *Didier, 1855, 2 vol. in-8°*

2226. — Dº. — Portraits de femmes. — Paris, *Didier, 1852, in-8°.*

2227. — Dº. — Nouveaux Lundis. — Paris, *Mich. Lévy frères, 1863, 2 vol. in-8°.*

2228. — Dº. — Châteaubriand et son groupe littéraire sous l'Empire. Nouvelle édition. — Paris, *Mich. Lévy frères, 1872, 2 vol. in-18.*

2229. — RAUQUIL-LIEUTAUD. — Lettre à M. le prince de L*** (Ligne), ou observations sur l'ouvrage intitulé : De la littérature allemande, des défauts qu'on peut lui reprocher ; quelles en sont les causes et par quels moyens on peut les corriger, par Frédéric II. — M. DCC. LXXXI, *in-8°* (80 pages).

2230. — FOURNIER (Edouard). — L'esprit des autres, recueilli et raconté. Quatrième édition. — Paris, *Dentu 1861, in-12.*

2231. — PLANCHE (Gustave). — Portraits littéraires. — Paris, *Werdet*, *1836, 2 vol. in-8°.*

2232. — D°. — Portraits littéraires, Guizot, G. Sand, etc. — Paris, *Charpentier, 1853, 2 vol. in-8°.*

2233. — D°. — Etudes littéraires. — Paris, *Mich. Lévy frères, 1855, in-8°.*

2234. — D°. — VILLEMAIN (Abel-François). — Cours de littérature française. — Paris, *Didion et Cie, 1856, 2 vol. in-8°.*

2235. — D°. — La tribune moderne, 1re partie. M. de Châteaubriand. Sa vie, ses écrits, son influence littéraire et politique sur son temps. — Paris, *Mich. Lévy frères, 1858, in-8°.*

2236. — JULLIEN (B.). — Thèses de littérature. — Paris, *Hachette, 1856, in-8°.*

2237. — D°. — Thèses de critique et poésies. — Paris, *Hachette, 1858, in-8°.*

2238. — D°. — L'harmonie du langage chez les Grecs et les Romains, ou étude sur la prononciation de la prose élevée et des vers dans les langues classiques. — Paris, *L. Hachette et Cie, 1867, in-12.*

2239. — TEXIER (Edmond). — Critiques et récits littéraires. — Paris, *Mich. Lévy frères, 1866, in-8°.*

2240. — RÉMUSAT (Ch. de). — Critiques et études littéraires, au passé et présent. — Paris, *Didier et Cie. 1857, 2 vol. in-8°.*

2241. — EGGER (E.). — L'Hellénisme en France. Leçons sur l'influence des études grecques dans le développement de la langue et de la littérature française. — Paris, *Didier et Cie, 1860, 2 vol. in-8°.*

2242. — POMPERY (Edouard de). — De l'amour, du mariage et de la femme dans le théâtre de M. Dumas fils, sans date.

2243. — TRÉVERRET (de). — De l'expression du sentiment religieux dans Polyeucte, dans Esther et dans Athalie, de Racine. — Paris, *in-8°.*

2244. — D°. — Le Panégyrique des Saints au xviie siècle. — Paris, *E. Thorin, 1868, in-8°.*

2245. — LEVEAUX (Alphonse). — Etude sur les essais de Montaigne. — Paris, *Henri Plon, 1870, in-8°.*

2246. — LOMÉNIE (Louis de). — Beaumarchais et son temps. Etude sur la société en France, au xviiie siècle. — Paris, *Mich. Lévy, 1873, in-18, 2 vol.*

2247. — SOUPÉ (A. Philibert). — Etude sur la littérature sanscrite. — Paris, *Maisonneuve et Cie, 1877, in-8°*.

2248. — PRADÈRE (O.) — Etude sur quelques poètes étrangers. — *Brest, Lefournier, 1877, in-8°*.

2249. — BELLAY (Joach. du). — La défense et illustration de la langue française, reproduction par Em. Person. — Versailles et Paris, *1878, in-8°*.

2250. — BRUNETIÈRE (Ferdinand). — Nouvelles études critiques sur l'histoire de la littérature française. — Paris, *Hachette et Cie, 1882, in-8°*.

2251. — ARBOIS de JUBAINVILLE (H. d'). — Introduction à l'étude de la littérature celtique. — Paris, *E. Thorin, 1883*.

2252. — HERVIEUX (Léopold). — Les fabulistes latins, depuis le siècle d'Auguste jusqu'à la fin du moyen-âge ; Phèdre et ses anciens imitateurs directs et indirects. — Paris, *F. Didot et Cie, 1884, 2 vol. in-8°*.

2253. — VIGNEUL-MARVILLE (de). — Mélanges d'histoire et de littérature. — Paris, *Saugrain, 1740, 2 vol. in-12*.

2254. — JAY (M. A.) — Le Glaneur, ou essais de Nicolas Freeman. — Paris, *Le Normant et autres, 1812, in-8°*.

2255. — GAIL (J.-B.). — Clef d'Homère, précédées de Dissertations grammaticales, d'un tableau des Verbes primitifs, etc. — Paris, *Aug. Delalain, in-12*.

2256. — LA DIXMÉRIE (de). — Les deux âges du goût et du génie français sous Louis XIV et sous Louis XV, etc. — *Amsterdam, Barth. Vlam, 1770, in-12*.

2257. — HALÉVY (Léon). — Histoire et modèles de la littérature française. — Paris, *Eymery, 1837, in-18, 2 vol*.

2258. — ROUSSET (Nicolas-Ant.). — Lettre de Pétrarque à Laure, suite de remarques sur ce poète et de la traduction de quelques-unes de ses plus jolies pièces. — Psris, *Jarry, 1765, in 8°*.

2259. — SABRAN (E.-L.-Z. de). — Notes critiques, remarques et réflexions sur le Génie du Christianisme. — Paris, *Pettetier, an XI*.

2260. — CHATEAUBRIAND. — Littérature anglaise. — Paris, *Gennequin aîné, 1860, in-8°*. Portrait de l'auteur.

2261. — LAFOND (Ernest). — Etude sur la vie et les œuvres de Lope de Vega. — Paris, *Librairie nouvelle, 1857, in-8°*.

2262. — HUGO (Victor). — William Shakespeare. — Paris, *Librairie internationale*, A. Lacroix, Verboeckoven et Cie; à *Bruxelles*, à *Leipsig*, à *Milan* et à *Livourne*, m. dccc. lxiv, *in-8°*.

2263. — PICHOT. — Galerie des personnages de Shakespeare. — Paris, *Baudry*, *1844*, *iu-8°*.

2264. — GUIZOT (François). — Shakespeare et son temps, étude littéraire. — Paris, *Didier*, *1858*, *in-8°*.

2265. — GUIZOT (Guillaume). — Ménandre, étude historique et littéraire sur la Comédie et la Société grecques. — Paris, *Didier 1855*, *in-8°*

E. — Critiques italiens, espagnols, allemands et anglais. Mélanges.

2266. — FEIDJOO (Le R. P. Dom Benoit-Jérôme), bénédictin. — Théâtre critique, ou discours différens sur toutes sortes de matières, pour détruire les erreurs communs. Traduit de l'espagnol, par le traducteur de l'Histoire générale de l'Espagae, de D. Jean de Ferreras (Vaquette d'Hermilly), suivant Barbier. — Paris, *Pierre Clément*, m. dcc. xlii, *2 vol. in-12*.

2267. — BLACKWELL (Th.). — Recherches sur la vie et les écrits d'Homère, traduit pour la première fois de l'anglais, par M. Quatremère de Roissy. — Paris, *Nicolle*, *1838*, *in-8°*.

2. — SATIRES

2268. — PETRONE. — Titi Petronii arbitri eqvitis romani satyricon, cum fragmento nuper Tragurii reperto.

Accedunt diversorum poëtarum lusus in Priapum, Pervigilium Veneris, Ausonii ceuto nuptialis, Capido crucifixus, Epistolæ de Cleopatra, et alia nonnulla.

Omnia commentariis, et notis doctorum virorum illustrata.

Concinnante Michaele Hadrianide. — *Amstelodami, typis Joannis Blaev*, m. dc. lxix, *in-8°*. Couv. en p. de vélin, frap. Une Minerve sur les plats, aux pieds de laquelle on lit : Hagæ comitis. Fleuron ou marque typographique représentant la sphère avec ces mots : Indefessus agendo. Frontispice gravé.

Integrvm titi Petronii arbitri fragmentvm, ex antiquo codice Tragvriensi Romæ exscriptum, cum apologia Marini Statilii. Editio secvnda, quodad apologiam auctior et curatior. — *Amstelodami, apud Joannem Blaev*, M. DC. LXXI. Avec pagination séparée. Le fragment a 56 pages, mais il est incomplet ; quatre feuillets blancs ont été intercalés. L'apologia a 32 pages.

Edition belle, assez correcte, dit Brunet, dans son Manuel du libraire et de l'amateur de livres et dont on recherche les exemplaires complets, lesquels doivent contenir 1° 18 ff. prélimin., y compris le frontispice gravé par Romyn de Hooghe et le titre imprimé ; 558 pp. de texte et 21 ff. d'Index ; 2° Priapeia, sive diversorum poetarum in priapum lusus, etc. 168 pp.; 3° Fragmatum, cum apologia, editio secunda, quod ad apologiam auctior et curatior, 4 ff. prélimin., plus 72 et 32 pp.

2269. — D°. — Titi Petronii Arbitri Satyricon, ex optimis exemplaribus emendatum. — *Parisiis, apud Ant. Aug. Renouard*, M. DCC. XCVII, *in-18*, 2 vol. pp, velin, rel. en v. rac.

2270. — D°. — Latin et françois, traduction entière, suivant le manuscrit trouvé à Belgrade en 1688, avec plusieurs remarques et additions qui manquent dans l'édition, qui paroît depuis peu, par Franc. Nodot, suivant le dictionnaire des ouvrages anonymes d'Ant. Alex. Barbier, 3ᵉ édition, M. DC. XCVIII, grand pp. 3 vol. rel. en v. marb. filets dorés. Le même frontispice est reproduit en tête du 3ᵉ vol. Sur le fleuron, on lit ce rébus par lequel le traducteur Nodot révélait son nom : Nodi Solvantur a Nodo. Sur le 3ᵉ vol. il faut le lire à rebours. La date du 3ᵉ vol. est M. DCC. XCVIII, 9 fig. A la fin du second volume table manuscrite. A la fin table manuscrite des matières, les 3 vol. contiennent 556 pages, sans changement de pagination. A la fin du 3ᵉ vol. se trouvent :

1° Lettre écrite par M. Nodot, à Monsieur Charpentier, directeur de l'Académie française, au sujet des fragmens de Pétrone, nouvellement retrouvez à la prise de Bellegrade, en 1688.

2° Réponse de Monsieur Charpentier à Monsieur Nodot, 6 ff. non chiffrés.

3° Observations sur le Pétrone trouvé à Belgrade en 1688, et imprimé à Paris en 1693, avec une lettre sur l'ouvrage et la personne de Pétrone. — Paris, *Veuve Daniel Hortemels*, M. DC. XCIV, *in-12*, encadré en pp. fort de formst in-8°, 213 pp.

4° La contre-critique de Pétrone, ou réponse aux observations sur les fragmens trouvez à Belgrade en 1688, avec la réponse à la lettre sur l'ouvrage et la personne de Pétrone. — Paris, *J. B. Cusson et Pierre Witte*, M. DCC, 128 pp.

5° Sept pages manuscrites contenant : Chapitre ix, du pirronisme de l'histoire, étant au quatrième tome de l'Evangile du jour, dit imprimé à Londres en 1769, de Pétrone.

2271. — D°. — Satyre de Pétrone, par M. de Boispréaux, pseudon. de Bénigue Dujardin, ancien maître des requêtes, suivant les supercheries littéraires dévoilées, par J. M. Quérard, 2ᵉ édition. — *A La Haye, chez Jean Neaulme,* m. dcc. xlii, *petit in-8°*. Deux tomes en un volume, relié en v. gran. Triples filets dorés. Titre rouge et noir.

2272. — D°. — Satire de Pétrone, chevalier romain. Nouvelle traduction, par le citoyen D***** (P. Durand, inspecteur de l'Académie d'Amiens), suivant la France littéraire de J.-M. Quérard, et suivant le Dictionnaire des ouvrages anonymes d'Ant. Alex. Barbier, 3ᵉ édition. — Suivie de considérations sur la Matrone d'Ephèse, et d'un Conte chinois sur le même sujet. Latin et français. La traduction française précède le texte latin. — Paris, *Gérard, 1803, in-8°, 2 vol.* Rel. en v. rac.

2273. — D°. — Fragmentvm Petronii ex Bibliothecæ Sti. Galli antiqvissimo mss. excerptvm, nvnc primvm in lvcem editvm. Gallice vertit ac notis perpetuis illustravit Lallemandvs, S. Theologiæ doctor. — *Basileæ, Sepoell, 1800, petit in-8° rel.* de 75 pp. Suivant la France littéraire de J.-M. Quérard, ce fragment, supposé, espèce de pastiche, est dû à l'espagnol Joseph Marchena, et dédié à « l'armée du Rhin. » Brunet, dans son Manuel du libraire et de l'amateur de livres, a consacré un article à ce fragment.

2274. — D°. — Histoire secrette de Néron, ou le Festin de Trimalcion, traduite de Pétrone, avec des notes historiques, par M. Lavaur. — Paris, *Etienne Ganeau, et G.-F. Quillau fils,* m. dcc. xxvi, *in-12.* 2 tom. rel. en v. rac., 1 vol. Le texte latin est en regard de la traduction.

2275. — JULIEN (L'Empereur). — Les Césars, traduits du grec par feu M. le baron de Spanheim, avec des remarques et des preuves enrichies de plus de 300 médailles, et autres anciens monuments, gravés par Bernard Picart le Romain. — *Amsterdam, François L'Honoré,* m. dcc. xxviii, *in-4°.* Titre rouge et noir. Sur le fleuron est un médaillon de l'empereur Julien. Frontispice gravé représentant le fameux festin que Quirinus, autrement Romulus fit aux Dieux et aux Césars, etc. Lettres dorées sur les plats.

2276. — ERASME (Didier). — Stultitiæ laudatio. Le titre est en grec et est traduit en latin par « Eucomium Moriæ ». Desiderii Erasmi declamatio : Editio castigatissima. Denuo recognovit A. G. M. Q.. Anne-Gabriel Meusnier de Querlon, né à Nantes, suivant la France littéraire de J.-M.

Quérard, et le Dictionnaire des ouvrages anonymes d'Ant.-Alex. Barbier, 3e édition. *Londini, et venit Parisiis, apud Barbou*, m. dcc. lxxvii, *in-12*. Triples filets dorés. Fleuron ou marque typographique avec cette devise : Fructu et foliis. Frontispice gravé, représentant la Folie, avec ces mots italiens au bas : La Pazzia Regina del Mondo. Relié en veau porphyre, avec :

De optimo Reipublicæ statu, deque nova insula utopia, libri duo : Autore Thoma Moro, angliæ cancellario. Opus sincerè expressum ex-antiquioribus et melioris notæ editionibus collatis : Cura et Studio A. G. M. Q., Anne-Gabriel Meusnier de Querlon. — *Londini, et venit Parisiis, apud Barbou*, m. dcc. lxxvii. Au verso de la dernière page, on voit les initiales de J. Barbou, avec cette devise : Meta laboris honos. Brunet fait mention de cette édition.

2277. — D°. — La Lovange de la folie, traduite d'un traitté d'Erasme, intitulé : Œucomivm Moriæ, par Monsieur Petit, de Pontau de Mer, advocat au Parlement. Satyre en prose. — Paris, *Jacqves Collin*, m. dc. lxx, *in-12*.

2278. — D°. — L'éloge de la Folie, composé en forme de déclamation, par Erasme, et traduit par M. Gueudeville, avec les notes de Gérard Listre, et les belles figures de Holbein (78 pages). Le tout sur l'original de l'Académie de Bâle. Pièce qui, représentant au naturel l'homme tout défiguré par la Sotise, lui apprend agréablement à rentrer dans le bon sens et dans la raison. Nouvelle édition, revuë avec soin et mise dans un meilleur ordre. — *Amsterdam, François L'Honoré*, m. dcc. xxviii, *in-12*. Frontispice gravé représentant la Folie sous différents aspects et indiquant les noms de quelques vices, etc. Portraits d'Erasme, de Morus et d'Holbein. Brunet qui donne à cette édition, dans son Manuel du libraire et de l'amateur de livres, le format petit in-8°, dit qu'on ne la recherche qu'à cause des gravures dont elle est ornée.

2279. — D°. — L'éloge de la Folie, traduit du latin d'Erasme, par M. Gueudeville. Traduction retouchée par Falconnet. Nouvelle édition, revue et corrigée sur le texte de l'édition de Bâle, et ornée de nouvelles figures d'après Ch. Eisen (10 avec l'explication qui se trouve après la page 222). — m. dcc. lvii, *in-12*. Fleuron représentant la Vérité.

2280. — D°. — Eloge de la Folie, traduction de Laveaux, suivant la France littéraire de J.-M. Quérard. Figures en bois d'après Holbein et portrait d'Erasme. — *Bâle, 1780, in-8°*. Le titre manque.

2281. — ESTIENNE (Henri). — Apologie pour Hérodote, traité de la conformité des merveilles anciennes avec les modernes. Nouvelle édition faite sur la première, augmentée de tout ce que les postérieures ont de curieux et de remarques, par M. le Duchat, avec une table alphabétique des matières. — *La Haye, Henri Scheurleer*, m. dcc. xxxv, *in-8°, 3 vol.* Rel. en veau porphyre. Triples filets dorés. Fleuron représentant Mercure avec cette légende : Erudit et ditat. Frontispice du tome 1er gravé, représentant Apollon ordonnant aux Muses de transmettre à la postérité les folies, les vices et les erreurs du xvie siècle, pour pouvoir en préserver les suivans. Frontispice du tome 1er, seconde partie : les dérèglements du xvie siècle, exposés au grand jour par la Sincérité. Frontispice du tome second, représentant les fourberies de quelques gens d'Eglise du xvie siècle, mises en œuvre par des stratagèmes magiques et illusoires, courageusement reprises. Cette édition, suivant Brunet, dans son manuel du libraire et de l'amateur de livres, est préférable aux précédentes à cause des remarques qu'elle contient.

2282. — GARASSE (Le P. François). — Le Rabelais réformé par les ministres, et nommement par Pierre dv Movlin, ministre de Charenton, pour response aux bouffonneries insérées en son liure de la vocation des pasteurs. — *A Brvsselle, par Christophle Girard*, m. dc. xx, *in-8°*. Avec :

Satyre Ménipée svr ce qui s'est joué à l'Assemblée de Saulmeur, avec la représentation des tableaux et enrichissemens des bordeures, par le sievr de Tantale, ministre de France, addressées aux ministres d'Allemaigne, 77 pages, m. dc. xii.

2283. — BOYER (Sieur de Ruvière). — Le nouveau Démocrite, ou les Délassements d'esprit. Le titre de l'ouvrage est ainsi relaté, ainsi que dans l'approbation : Le Démocrite moderne. — Paris, *Michel Brunet*, m. d. cci, *in-12*.

2284. — ESPRIT (L') du Siècle, par l'abbé de Lubières, suivant le Dictionnaire des ouvrages anonymes d'Ant. Alex. Barbier, 3e édition. — Paris, *Pierre-François Emery*. m. dcc. vii, *in-12*.

2285. — GACON (Fr.). — Anti-Rousseau, par le poète sans fard. — *Rotterdam, Fritsh et Bohm, 1712, in-12.*

2286. — SALLENGRE (A.-H.). — L'éloge de l'Yvresse. — *La Haye, Pierre Gosse*, m. dcc. xiv, *petit in-8°.* Frontispice gravé représentant Silène assis sur un tonneau, tenant d'une main une coupe qui déborde et de l'autre une grappe de raisins.

2287. — D°. — Eloge de l'Ivresse. Nouvelle édition. — *A Bacchopolis, de l'imprimerie du vieux Silène, l'an de la Vigne, 5555 (1815), et à Paris, chez Michel, an VI, in-12.* Frontispice gravé représentant une scène d'ivresse.

2288. — DUFRESNY (Ch. Rivière). — Amusemens sérieux et comiques. — *Amsterdam* (Rouen, suivant une note manuscrite), *Henry Desbordes*, m. dcc. xxxiv, *in-12*.

2289. — BÉTHUNE (Le Chev. de). — Relation du monde de Mercure. — *Genève, Barillot et fils, 1750, petit in-12*, 2 parties avec changement de pagination, 2 vol.

2290. — CHEF-D'ŒUVRE (Le) d'un inconnu. — Poëme, heureusement découvert et mis au jour, avec des remarques sçavantes et recherchées, par M. le docteur Chrisostome Mathunasius. Saint-Hyacinthe (Hyacinthe Cordonnier, plus généralement connu sous le nom de Trémiseul de) aidé de Saint-Gravesande, Sallengre, Prosp. Marchand, et autres, suivant la France littéraire de J.-M. Quérard. Nouvelle édition augmentée d'une dissertation sur Homère et sur Chapelain, par van Effen, suivant J.-M. Quérard ; de deux lettres sur des antiques ; de la préface de Cervantes sur l'histoire de don Quixotte, et de la déification d'Aristarchus Masso. — *Londres*, m. dcc. lviii, *in-12*, 2 vol.

2291. — MONTESQUIEU (Charles de Secondat, baron de La Brède et de) — Lettres persanes (anonyme). Nouvelle édition, augmentée par l'auteur de plusieurs lettres et d'une table des matières. — *A Amsterdam et à Leipsick, chez Arkstée et Merkus*, m. bcc. lxi, *in-12*. 2 tomes en 1 vol.

2292. — D°, d°. — Lettres persanes, suivies du temple du Gnide (anonyme). — *Genève*, m. dcc. lxxvii, *in-18*, 2 vol. en v. fauve. Triples filets dorés. Frontispice gravé.

2293. — POULLAIN de SAINT-FOIX (J. F.) — Lettres turques, revues et corrigées et augmentées. Titre gravé. — *Amsterdam, Pierre Mortier*, m. dcc. l, *in-12*. 2 vol. en un seul. Le second vol. a pour titre : Lettres de Nedim Coggia, revues et augmentées. A la fin se trouvent : Les Veuves, comédie.

2294. — DIOGÈNE conteur, ou les Lunettes de Vérité, suivies de la bibliothèque naturèle et d'un recueil de contes et de poésies. — m. dcc. lxiv, *in-8° rel.*

2295. — CHEVRIER (Fr.-Ant.), écrivain satirique et auteur dramatique. — Le Colporteur, histoire morale et critique. — *Londres, Jean Nourse, l'an de la Vérité, 1753* (suivant J.-M. Quérard), *in-8°*.

2296. — GODARD D'AUCOURT. — Mémoires turcs, ou Histoire galante de deux turcs pendant leur séjour en France, par un auteur turc, de toutes les académies mahométanes, licentié en droit turc, et maître ès-arts de l'Université de Constantinople. — *A Amsterdam, par la Société des libraires*, m. dcc. lxxii, *in-12*. 2 tom. en un vol.

2297. — MORELLET (L'abbé André). — Théorie du Paradoxe. — *Amsterdam, Paris, 1775, in-12.* Avec : 1° Théorie du Libelle, ou l'art de calomnier avec fruit, dialogue philosophique pour servir de supplément à la Théorie du Paradoxe, par S.-N.-H. Linguet, suivant Barbier. 2° Réponse sérieuse à M. L**, par l'auteur de la Théorie du Paradoxe.

2298. — D°. — Les mêmes. — *Amsterdam, Paris, 1775, in-12 rel.* 224 pages, en comptant la table des matières, et non 114 pp., comme le dit dans son Dictionnaire, Barbier, qui n'a pas fait attention que les chiffres 214, effectivement imprimés à la dernière page, étaient fautifs.

2299. — CHASSAIGNON (J.-M). — Cataractes de l'imagination, déluge de la Scribomanie, vomissement littéraire, hémorrhagie encyclopédique, monstre des monstres, par Epiménide l'Inspiré. — *Dans l'antre de Trophonius, au pays des Visions,* M. DCC. LXXIX, *in-12,* 4 vol. Frontispices gravés aux deux premiers vol. (2 exempl.)

2300. — VOLTAIRE parmi les Ombres, par le P. Ch.-L. Ricard, suivant le Dictionnaire des ouvrages anonymes d'Ant. Alex. Barbier, 3ᵉ édition. — *A Genève, et se trouve à Paris, chez P.-G. Simon,* M. DCC. LXXVI, *in-12.*

2301. — BASTON (L'abbé). — Voltairimerès, ou première journée de M. de V***, dans l'autre monde. — *Bruxelles,* M. DCC. LXXIX, *in-12.*

2302. — GRAMBERT, professeur de belles-lettres. — La Voltairiade, ou Aventures de Voltaire dans l'autre monde, occasionnées par un événement arrivé dans celui-ci. — *Lons-le-Saunier, Gauthier, 1825, in-12.*

2303. — MERCIER (L. Séb.). — L'an deux mille quatre cent quarante. Rêve s'il en fût jamais, suivi de l'Homme de fer, songe. Nouvelle édit., avec 3 figures. — *Londres, 1776, in-8°.*

2304. — D°, d°. — Le même. Nouvelle édition, avec 3 figures. — *1786, 3 vol. in-8°.*

2305. — LA VALLÉE (Jos. de), ancien capitaine au régiment de Bretagne. — La vérité rendue aux lettres par la liberté, ou de l'importance de l'amour de la vérité, dans l'homme de lettres. — *Strasbourg, Amand Kœnig, 1791, in-8°.*

2306. — DES DÉNONCIATEURS et des dénonciattons ; par l'auteur de l'art d'obtenir des places, J.-G. Ymbert, avec A.-F. Varner, suivant le Dictionnaire des ouvrages anonymes d'Ant.-Alex. Barbier, 3ᵉ édition. — *Paris, Pélicier,* M. DCCC. XVI, *in-8°.* Frontispice au bas duquel on lit : La Calomnie, peinte par Apelle, dessin de Raphaël.

2307. — LEMONTEY (P. Ed.). — Raison, folie, petit cours de morale mis à la portée des vieux enfants ; suivi des observateurs de la femme, troisième édition, augmentée de quelques dissertations à peu près philosophiques et de quatre contes inédits : La nourriture d'un prince, ou le danger des coutumes étrangères, le pêcheur du Danube, le jardinier de Samos, ou le père du Sénat ; l'enfant de l'Europe, ou le dîner des libéraux à Paris, en 1814. — Paris, *Deterville et Delaunay*, m. dccc. xvi, *in-8°, 2 vol.*

2308. — LEBRUN-TOSSA (Jean-Ant.). — Consciences littéraires d'à-présent ; avec un tableau de leurs valeurs comparées, indiquant, de plus, les degrés de talent et d'esprit, par un jury de vrais libéraux. — Paris, *Plancher, octobre 1818, in-8°.*

2309. — Liasse numéro collectif

Composée de 8 ouvrages, édition de 1826, 10 vol. in-32.

Satires en prose

a. — Vade-mecum des ministres, tiré de Fénélon.

b. — Nain bleu, par Raban.

c. — Oraison funèbre de l'infortuné droit d'aînesse, suivi d'un dialogue des morts entre cet illustre personnage et son malheureux cousin le trois p^r cent., par Raban (2 ex.)

d. — Sermon de R. P. Protaplaste, dit Zorobabel, Esprit Tinc-Hebray, etc.

f. — Petit dictionnaire de la cour et de la ville, par un courtisan de toutes les bannières.

g. — Paris en miniature, ou petit tableau critique et amusant de Paris, etc. (2 vol.)

h. — Cadet Vilain et Vilain l'aîné, par Raban.

k. — Petit Dictionnaire ministériel.

2310. — LETTRES d'applaudissement, écrites à l'anti-moine (sans date et sans nom d'auteur ni d'imprimeur), mutilé, 136 pages.

2311. — THACKERAY (W. M.) — Le livre des Snobs, traduit de l'anglais, par Georges Guiffrey. — Paris, *L. Hachette et Cie*.

2312. — VEUILLOT (Louis). — Les libres-penseurs. — Paris, *J. Lecoffre, 1850, 1 vol. in-8°.*

2313. — CARTON N° 1

Liasse N° 6

1. — MORELLET (A.) — Observations critiques sur le roman intitulé : Atala. — Paris, *Donné jeune, et chez les Marchands de Nouveautés*, an IX, in-18.

2. — Lettre de F^s de Voltaire à Joseph de Chénier. Seconde édition. — Paris, *Marchand-Bacot*, M. DCCC. VI, in-8°.

3. — Littérature allemande et orientale. (Extrait du Mercure étranger, n° XVII, 1814). — Paris, *Ad. Egron*, in-8°.

4. — LAVERGNE (ALEX. DE). — La duchesse de Mazarin. (Feuilleton du National du 24 Novembre). — Paris, *Dumont*, 1842.

5. — SORBIER. — Du Plagiat. Ce morceau a été lu par son auteur, M. Sorbier, avocat général, dans l'Académie des sciences, arts et belles-lettres de Caen, le 26 Janvier 1847.

6-7. — Le Chasseur bibliographe. Revue bibliographique, littéraire, critique et anecdotique, rédigée par une Société de bibliographes et de bibliophiles, suivie d'une notice de livres rares et curieux, la plupart non cités, à prix marqués. (6, n° 4, Avril 1862. — 7, n° 5, Mai 1862), 12 livraisons in-8° par an. — Paris, *François*, 1862, in-8°.

8. — SÉBILLOT (PAUL). — Sur les limites du breton et du français, et les limites des dialectes bretons. (Extrait des bulletins de la Société d'anthropologie. Séance du 6 Juin 1878. — Paris, *A. Hennuyer*, 1878, in-8°.

---

3. — SENTENCES, APOPHTEGMES, ADAGES, PROVERBES

2314. — MÉRY (C. DE). — Histoire générale des proverbes, adages, sentences, apophtegmes, dérivés des mœurs, des usages, de l'esprit et de la morale des peuples anciens et modernes, accompagnée de remarques critiques, d'anecdotes, et suivie d'une notice biographique sur les poètes, les moralistes et les philosophes les plus célèbres cités dans cet ouvrage, et d'une table des matières. — Paris, *Delonchamps*, 1828, in-8°.

2315. — SCHOTT (André). — Adagia sive proverbia græcorvm ex Zenobio seu Zenodoto Diogeniano et Svidæ collectaneis. Partim edita nunc primùm, partim latinè reddita, scholiisqve parallelis illustrata, ab Andrea Schotto Antuerpiano, soc. Jesv presbytere. — *Antverpiæ, ex officina Plantiniana, apud Viduam et filios Johannis Moreti, 1612, in-4°.* Fleurou ou marque typographique : Une main sortant d'un nuage et tenant un compas ouvert dans les bras duquel s'enroule une banderole avec ces mots : Labore et constantia. 2 figures, dont l'une représente le travail et l'autre la constance, servent de supports à ce fleuron. Brunet, dans son Manuel du libraire et de l'amateur de livres, a consacré un article à l'édition, dont ce volume est un bel exemplaire.

2316. — APOPHTEGMES (Les) des anciens, tirez de Plutarque, de Diogene Laerce, d'Elien, d'Athénée, de Stobée, de Macrobe et de quelques autres, de la traduction de Nicolas Perrot, sieur d'Ablancovrt. — A Paris, *chez Lovïs Billaine, au Palais, dans la grande salle, à la Palme et au grand César,* m. dc. lxiv, *in-12.* Fleuron ou marque typographique reproduisant un palmier, un lion et le buste de César. Relié avec :

Les stratagèmes de Frontin, de la traduction de Nicolas Perrot, sieur d'Ablancovrt, avec un petit traité de la Bataille des romains.

2317. — ERASME (Didier). — Adagiorvm omnivm, tum græcorum quàm latinorvm aureum flumen, variis sententiarum margaritis ac lapidibus preciosis refertum, ex novissima D. Erasmi Rot. Editione brevi commentariolo, secundum ordinem alphabeti, per Theodoricum Cortehœnium selectum, omnibus non solum pueris ac tyrunculis proficuum, sed etiam veræ sanctœquæ scientiæ peritissimis utilissimum. An m. d. xxx. On lit, au verso du dernier feuillet de l'Index : *Antuerpiæ, in officina Martini Cæsaris, impendio ac ære honesti viri Godfridi Dumæi bibliopolæ. Anno ab orbe redempto,* m. d. xxx. xiii. Calendas Martii, cum gratia et privilegio imperiali, *in-8°.* Papier réglé, rel. et gauffré.

2318. — MOURGUES (Le P. M.) — Recueil d'apophtegmes, ou bons mots anciens et modernes, mis en vers français. — *Toulouse, J. Boude, 1694, in-12.*

2319. — PISSOT (N.-L.). — Histoire des proverbes, rédigée par le traducteur de la galerie anglaise. — Paris, *Duroziers, 1803, in-12.*

2320. — PANCKOUCKE (A. Jos.). — Dictionnaire des proverbes françois, et des façons de parler comiques, burlesques et familières, etc. avec l'explication et les étymologies les plus avérées. — Paris, *Savoye,* m. dcc. lviii, *in-12.*

2321. — QUITARD (Pierre-Marie), grammairien, journaliste et littérateur. — Dictionnaire étymologique, historique et anecdotique des proverbes et des locutions proverbiales de la langue française en rapport avec des proverbes et des locutions proverbiales des autres langues. — Paris, *P. Bertrand, 1842, in-8°.*

2322. — LE ROUX DE LINCY. — Le livre des proverbes français, précédé d'un essai sur la philosophie de Sancho Pança, par Ferdinand Denis. — Paris, *Paulin 1842, in-12, 2 vol.*

4, — BONS MOTS, ANA, PENSÉES, ESPRITS

2323. — LACOMBE DE PREZEL (Honoré). — Dictionnaire d'anecdotes, de traits singuliers et caractéristiques, historiettes, bons mots, naïvetés, saillies, réparties ingénieux, etc., etc. — Paris, *Périsse et Compère, 1808, in-8°, 2 vol.*

2324. — PANCKOUCKE (A.-Jos.). — L'art de désopiler la rate. Sive de modo C..... prudenter, etc. Entremêlé de quelques bonnes choses. Nouvelle édition, revue et augmentée, par J. M. F. A. L. D. C. (par Manoury, libraire à Caën, suivant la France littéraire de J.-M. Quérard). — *A Venise (Paris), chez Antonio Pasquinetti, 178873 (1788), in-12.* 2 parties en 2 vol.

2325. — MÉNAGE (G.). — Menagiana, sive excerpta ex ore Ægidii Menagii, publiés par A. Galland et Goulley, suivant le Dictiounaire des ouvrages anonymes d'Ant. Alex. Barbier, 3ᵉ édition. On trouve, au bas de la dernière page de l'avertissement, les noms des personnes qui ont contribué à cet ouvrage, avec leur marque.— Paris, *Florentin et Pierre Delaulne,* M. DC. XCIII, *in-12.* On trouve, sur le verso d'une feuille de garde, des notes manuscrites curieuses à lire, et surtout la suivante : « Les notes marginales, celles qui sont disséminées dans le volume, ont esté écrites dans les années 1694 à 1695, de la main du sçavant abbé de Longuerüe. »

2326. — D°. — Menagiana ou bons mots, rencontres agréables pensées judicieuses et observations curieuses. — Paris, *Delaulne, 1695, in-12.*

2327. — D°. — Menagiana, ou les bons mots et remarques critiques, historiques, morales et d'érudition, de Monsieur Ménage, recueillis par ses amis. Nouvelle édition, publiée par B. de La Monnoye, suivant le

Dictionnaire des ouvrages anonymes d'Ant. Alex. Barbier, 3ᵉ édition. — Paris, *veuve Delaulne, à l'Empereur*, m. dcc. xxix, *in-12, 4 vol*. Fleuron ou marque typographique représentant un Empereur en costume de guerre, avec cette devise : Imperio et virtute.

2328. — COURSANT (de). — La Bibliothèque des auteurs. — Paris, *Guillaume de Luyne, 1697, in-8°*.

2329. — VALOIS (Henri de), Seigneur d'Orée, Conseiller du Roy et historiographe de France. — Valesiana ou les pensées critiques, historiques et morales, et les poésies latines de Monsieur de Valois, etc., recueillis par Monsieur de Valois son fils. — Paris, *Florentin et Pierre Delaulne*, m. dc. xcv, *in-12*. Frontispice gravé représentant la Renommée avec le portrait en buste de M. de Valois. Planche, hors texte, représentant quelques médailles tirées de Patln.

2330. — VIGNEUL-MARVILLE (de), suivant la France littéraire de J.-M. Quérard, c'est le pseudonyme d'Argonne (Noël-Bonaventure), chartreux. — Mélanges d'histoire et de littérature, recueillis par M. de Vigneul-Marville. — *Rotterdam, Elie Yvans, 1700-1702, in-12, 3 vol*. couverts en peau de vélin.

2331. — Dᵒ. — Les mêmes, 4ᵉ édit., augmentée par l'abbé Banier. — Paris, *Claude Prudhomme, 1725, in-12, 3 vol*. Fleuron ou marque typographique, représentant deux mains qui se joignent au-dessous d'une couronne.

2332. — SAINT-EVREMOND (Charles Margotelle de Saint-Denis, comte d'Ethalan, seigneur de). — Saint-Evremoniana, ou Recueil de diverses pièces curieuses, avec des pensées judicieuses, de beaux traits d'histoire, et des remarques très-utiles, par Cotolendi, suivant la France littéraire de J.-M. Quérard et le dictionnaire des ouvrages anonymes d'Ant. Alex. Barbier, 3ᵉ édition. — *Rouen, Ruault, rue S. Lo, à l'occasion, 1710, in-12*. Fleuron ou marque typographique.

2333. — ANONIMIANA ou mélanges de poésies, d'éloquence et d'érudition. — Paris, *Jacques Collombat, imprimeur ordinaire de Mᵐᵉ la duchesse de Bourgogne, rue Saint-Jacques, au Pélican*, m. dcc, *in-12*. Fleuron ou marque typographique représentant le pélican dans l'acte de son dévouement paternel, avec ces mots : hic amor.

2334. — SEVIGNIANA, ou recueil de pensées ingénieuses, d'anecdotes littéraires, historiques et morales, tirées des lettres de madame la marquise de Sévigné, par l'abbé P. Barral, suivant le Dictionnaire des ouvrages anonymes d'Ant.-Alex. Barbier, 3ᵉ édition. Nouvelle édition avec des remarques pour l'intelligence du texte. — Paris, *Belin, an XI, in-12, 2 vol*. Les six premières pages de l'avertissement manquent.

2335. — VIE (La) et les bons mots de M. de Santeuil, avec plusieurs pièces de poësies, de mélanges de littératures, le démêlé entre les jésuites et lui, une autre histoire de ce démêlé, et quelque pièce pour ou contre M. de Santeuil ; le tout divisé en deux tomes avec changement de pagination, publié par Pinel de La Martellière, suivant le Dictionnaire des ouvrages anonymes d'Ant.-Alex. Barbier, 3ᵉ édition, et la France littéraire de J.-M. Quérard, nouvelle édition. — *Cologne, Abraham L'Enclume, gendre d'Antoine Marteau,* M. DCC. XL, *in-12*. 2 tomes rel. en un vol. Une table manuscrite des pièces qui se trouvent dans le 1ᵉʳ tome a été insérée sur les feuilles de garde.

2336. — HUETIANA, ou pensées diverses de M. Huet, évêque d'Avranches, publiées par l'abbé Joseph Thoulier d'Olivet, suivant le Dictionnaire des ouvrages anonymes d'Ant.-Alex. Barbier, 3ᵉ édition. — *Paris, Jacques Etienne,* M. DCC. XXII, *in-12*.

2337. — BIEVRIANA, ou jeux de mots de M. de Bièvre. Nouvelle édit., par A. D. (Albert Deville), natif d'Angers, médecin et littérateur, suivant Barbier, et les Supercheries littéraires dévoilées par J.-M. Quérard. Seconde édition. — Paris, *Maradan, in-18*.

2338. — ESPRIT (L') des monarques philosophes, Marc-Aurèle, Julien, Stanislas et Frédéric, par l'abbé Jos. de La Porte, suivant Barbier. — *A Amsterdam, et se treuve à Paris, chez Vincent,* M. DCC. LXIV, *in-12*.

2339. — ESPRIT (L') des romains, considéré dans les plus belles sentences, maximes et réflexions des auteurs célèbres de l'ancienne Rome. On y a joint les portraits de plusieurs hommes illustres de l'antiquité. Le tout en français et en latin. Collection propre à l'instruction des jeunes gens de qualité, par Pons-Aug. Allet. — Paris, *Saugrain le jeune,* M. DCC. LXVIII, *in-12*.

2340. — ESPRIT des livres défendus, ou Anthologie philosophique, ouvrage dans lequel on a recueilli les morceaux les plus curieux et les plus intéressants sur la religion, la philosophie, les sciences et les arts ; extraits des livres philosophiques les plus modernes et les plus connus, par l'abbé de Fontenay, suivant Barbier. — *A Amsterdam, et se trouve à Paris, chez Nyon l'aîné,* M. DCC. LXXVII, *in-12*, 4 vol.

2341 — ESPRIT (L') de Sénèque, ou les plus belles pensées de ce grand philosophe, enseignant l'art de bien vivre, pour servir de guide à conduire nos passions, pratiquer la vertu et fuïr les vices, par La Serre, suivant les supercheries littéraires dévoilées de J.-M. Quérard. Deuxième édition. — Paris, *chez la vefve Mauger, au quatrième pilier de la grand'-salle du Palais, au Grand Cyrus,* 1ʳᵉ et 2ᵉ parties en 2 vol. *in-12*.

2342. — ESPRIT de Mademoiselle Scudéry, par J.-Fr. de La Croix, suivant Barbier. — *A Amsterdam, et se trouve à Paris, chez Vincent, 1766, in-12.* Filets dorés.

2343. — ESPRIT du grand Corneille, extrait de ses œuvres dramatiques, dédié à Monsieur de Voltaire, par Chartier, suivant Barbier; mais on trouve le nom de l'auteur écrit de la manière suivante, au bas de l'Epître dédicatoire : Chaslier. — *A Bouillon, aux dépens de la Société typographique,* M. DCC. LXXIII, *in-8° rel.*

2344. — ESPRIT (L') de l'abbé des Fontaines, ou Réflexions sur différens genres de science et de littérature, avec des jugemens sur quelques auteurs et sur quelques ouvrages tant anciens que modernes, recueillies par l'abbé Jos. de La Porte, avec une préface par Cl.-Mar. Giraud. — *A Londres, et se trouve à Paris, chez Duchesne,* M. DCC. LVII, *in-12,* 4 vol.

2345. — ESPRIT (L') de Bourdaloue, tiré de ses sermons et de ses pensées, par M. l'abbé Jos. de La Porte, suivant Barbier, et les supercheries littéraires dévoilées de J. M. Quérard. — Paris *C. J. B. Bauche,* M. DCC. LXII, *in-12.*

2346. — ESPRIT, Saillies et Singularités du P. Castel, par l'abbé Jos. de La Porte, suivant Barbier. — *A Amsterdam et se trouve à Paris, chez Vincent,* M. DCC. LXIII, *in-12.*

2347. — ESPRIT, Saillies et Singularités du P. Castel, etc. Reliés avec les Usages, par Monsieur Tr. D. V., citoyen de Bordeaux, par M. Treyssat de Vergy, suivant Barbier (1re et 2e parties avec pagination particulière). — *Genève,* M. DCC. LXII, *in-12.*

2348. — ESPRIT (L') de Saurin. Ouvrage utile à toutes les familles chrétiennes, par Jacques François Durand, suivant Barbier. — *Lausanne, aux dépens de l'auteur, et se vend chez J. P. Heubach,* M. DCC. LXVII, 2 tom. en un vol. *in-12.*

2349. — ESPRIT de Saint-Réal, par Chicanneau de Neuville, suivant Barbier. — *A Amsterdam et se trouve à Paris chez Vincent,* M. DCC. LXVIII, *in-12* (2 exemp.)

2350. — ESPRIT (L') de Bossuet, ou choix des pensées tirées de ses meilleurs ouvrages. — *Bouillon, aux dépens de la Société typographique,* M. DCC. LXXI, *in-12.*

2351. — ESPRIT (L') du marquis d'Argens, ou Recueil de pensées philosophiques, tirées de ses ouvrages. — *Berlin, Chrétien-Frédéric Woss, 1775, in-12, 2 vol.*

2352. — ESPRIT, maximes et principes de Fontenelle, de l'Académie françoise, par J. Chas, ancien avocat. — Paris, *Briand*, M. DCC. LXXXVIII *in-12*. On trouve à la fin, sans changement de pagination : Correspondance de Fontenelle avec M. le cardinal de Fleury.

2353. — ESPRIT (L') de Monsieur de Voltaire, par Claude Villaret, suivant Barbier. — A Paris, *aux dépens de la Compagnie* (sans date), *petit in-8°*, 273 pages, plus 3 pour la table. Condamné par décret de la cour de Rome du 19 Mai 1760, suivant Barbier.

2354. — ESPRIT de Marivaux, avec analectes de ses ouvrages, précédés de la vie historique de l'auteur, par Louis de Lesbros. — Paris, *Veuve Pierres*, M. DCC. LXIX, *in-8°*.

2355. — Esprit philosophique et politique d'un membre de la Société royale de Londres. D'après la préface, ce membre est Bagnel, par l'abbé J. B. Hédouin, suivant Barbier. — *La Haye, Mac-Michel Rey*, M. DCC. LXXVIII, *in-12*. Deux parties avec changement de pagination en un seul vol. (2 exemp.)

2356. — ESPRIT (L') de M. Necker, par Duclos, suivant Barbier. — *A Londres, et se trouve à Paris, chez Prault*, 1788, *in-8°*.

2357. — ESPRIT de Mably et de Condillac, relativement à la morale et à politique, par M. Bérenger. — *A Grenoble, et se trouve à Paris, chez Le Jay fils*, 1789, *in-8°*, 2 vol. Le premier vol. contient le portrait de Mably, et le second celui de Condillac.

2358. — ESPRIT, pensées et maximes de M. l'abbé Maury, député à l'Assemblée nationale, rédigé par J. Chas, suivant Barbier. — Paris, *Cuchet, 1791, in 8°*.

2359. — ESPRIT, maximes et principes de Thomas, de l'Académie française, rédigé par J. Chas, suivant Barbier. — Paris, *Briand, 1788*, *in-12* (2 exempl.)

2360. — PENSÉES ingénieuses des anciens et des modernes. Nouvelle édition augmentée par le P. Dom. Bouhours, 3ᵉ édition. — Paris, *Florentin Delaulne, rue Saint-Jacques, à l'Empereur*, M. DCC. XXII, *in-12*. Fleuron avec la marque de l'imprimeur, et ces mots : Imperio virtvte. Triples filets dorés.

2361. — Dº, dº. — Nouvelle édition. — Paris, *G. Desprez*, M. DCC. LVIII, *in-12*. Armes sur le plat supérieur.

2362. — PENSÉES ingénieuses des Pères de l'Eglise, par le P. Dom. Bouhours, de la Compagnie de Jésus, suivant Barbier. — Paris, *L. Josse*, M. DCC, *in-12*.

2363. — BERTHELIN (L'abbé). — Recueil de pensées ingénieuses, tirées des anciens poètes latins, avec les imitations ou traductions en vers français, rangées par classes, selon les divers sujets. — Paris, *Durand-Pissot, 1752, in-8°.*

2364. — JAMIN (Dom Nic.), religieux bénédictin de la Congrégation de S. Maur, né à Dinan (Ille-et-Vilaine). — Le Fruit de mes lectures, ou Pensées extraites des anciens profanes, relatives aux différents ordres de la Société, accompagnées de quelques réflexions de l'auteur. — Paris, *Jean-François Bastien*, M. DCC. LXXVI, *in-12*.

2365. — PENSÉES diverses, ou réflexions sur l'esprit et sur le cœur, par Goudar, d'après une note manuscrite sur le recto de la feuille du titre; mais, suivant Barbier, par Barbier, de Vitry-le-François, père de Barbier-Neuville. — Paris, *Le Breton,* M. DCC. XLVIII, *in-12.* Avec :

1° Pensées diverses, ou réflexions sur différents sujets, dans le goût de M. de La Bruyère, par M. Ange Goudar. — Paris, *Prault fils,* M. DCC. XLVIII ;

2° Considérations sur le génie et les mœurs de ce siècle, par Soubeyran de Scopon. — Paris, *Durand-Pissot,* M. DCC. XLIX.

2366. — CONTANT D'ORVILLE. — Pensées philosophiques, morales et politiques. Ouvrage de main de maître, tiré des ouvrages de Stanislas, roi de Pologne, et de Frédéric II, roi de Prusse, par A.-G. Contant d'Orville, suivant Barbier. — *Nancy, veuve Babin ; Berlin, chez les Libraires associés ; Paris, chez Grange-Hérissant; Lyon, chez Pierre Cellier,* M. DCC. LXVIII, *in-12.*

2367. — BIGNICOURT (Simon de). — L'homme de lettres et l'homme du monde, par M. de **** (Sim. de Bignicourt, suivant Barbier. — *Orléans, Couret de Villeneuve le jeune,* M. DCC. LXXIV, *in-12* (2 exemp.)

2368. — CICÉRON (Pensées de). — Traduites pour servir à l'éducation de la jeunesse, par M. l'abbé d'Olivet de l'académie française. Onzième édit. revue et corrigée avec soin. — Paris, *H. Barbou, 1805, in-12*, rel. Marques typographique avec cette devise en banderole : Et fructu et foliis. Texte et traduction.

2369. — D°. — Les mêmes. — Paris, *Barbou, 1777, in-12.* Texte et traduction.

2370. — D°. — Les mêmes. — Paris, *Barbou, 1787, in-12.* Texte latin en regard de la traduction française.

2371. — D°, d°. — Choisies et traduites en français par feu J. d'Olivet, membre de la ci-devant académie française. On a joint à la traduction française le texte latin et une traduction italienne, précédés d'une invitation à la jeunesse à l'usage des écoles publiques et de tous jeunes gens qui se livrent à l'étude des langues, par E. T. Dessous.— Paris, *Ch. Pougeas, an VI, in-8°*.

2372. — MONTAIGNE. — Pensées propres à former l'esprit et les mœurs. Publiées par Artaud, suivant Barbier. — Paris, *Anisson*, M. DCC. *in-12*.

2373. — D°. — Les mêmes. — Nouvelle édition. — Paris, *de l'imprimerie bibliographique, an XIII, in-18*. Texte encadré.

2374. — ARC (L.-C. D'). — Mes loisirs. — Paris, *Desaint et Saillant, 1756, in-8°*.

2375. — BOILEAU (l'abbé Charles), prédicateur ordinaire du Roy, et l'un des quarantes de l'Académie françoise. — Sur différens sujets de morale, mises par ordre alphabétique, par l'abbé Charles-Louis Richard, suivant Barbier. Nouvelle édition.— Paris, *André Cailleau*, M. DCC. XXXIV, *in-12*. Avec :

Suite des Pensées choisies de Monsieur l'abbé Boileau, etc., etc. — Paris, *André Cailleau*, même date, avec changement de pagination.

2376. — GÉNIE (Le) de Montesquieu, par Alex. Deleyre, suivant Barbier. — *Amsterdam, Arkstée et Merkus*, M. DCC. LVIII, *in-12*.

2377. — PENSÉES philosophiques de M. de Voltaire, ou Tableau encyclopédique des connaissances humaines, contenant l'esprit, principes, maximes, caractères, portraits, etc., tirés des ouvrages de ce célèbre auteur, et rangés suivant l'ordre des matières, publié par A. G. Contant d'Orville, suivant Barbier, M. DCC. LXVI, *in-8°*, 2 parties rel. en un seul volume.

2378. — PENSÉES, esprit, maximes et principes de Jean-Jacques Rousseau. Nouvelle édition. — *Lille, Vanackere, an XII, in-12*. Tome 1er, avec une introduction préliminaire, contenant quelques particularités sur la vie de M. J.-J. Rousseau, de Genève. L'épilogue, page 440, semble indiquer que l'ouvrage est terminé.

2379. — PENSÉES et observations modestes, de M. le comte de B*** (Ant.-Jos. Barruel-Beauvert). — *Amsterdam, et se trouve à Paris, chez J.-B. Cussac*, M. DCC. LXXXV, *petit in-8°*.

2380. — PENSÉES de Nicole, de Port-Royal, précédées d'une introduction et d'une notice sur sa personne et ses écrits, par M. Mersan. Edition stéréotype d'après le procédé de F. Didot. — Paris, *P. Didot l'aîné et F. Didot*, M. DCCCVI, *in-18*.

2381. — MAXIMES et Pensées du prisonnier de Sainte-Hélène, manuscrit trouvé dans les papiers de Las Cases. — Paris, *L'Huillier, 1820, in-8°.*

2382. — PENSÉES des deux Empereurs Napoléon Ier et Napoléon III, recueillies par M. Martial Bretin. — Paris, *A. Fontaine, 1839, in-18.*

2383. — POPE (Alex.). — Les Pensées de Pope, avec un abrégé de sa vie, extraits de l'édition anglaise, de M. Warburthon, par M***, traduit de l'anglais par Lacombe de Presel. Portrait de Pope. — *A Genève et à Paris, chez Grangé, 1766, in-12.*

2384. — ESPRIT, Maximes et Pensées d'Young, extraits de ses Nuits, par l'auteur de l'ouvrage, intitulé : L'âme élevée à Dieu. L'abbé Barth. Baudrand, suivant Barbier. — Paris, *Cailleau,* M. DCC. LXXXVI, *in-18.*

2385. — KERATRY (A.-H.). — Quelques pensées. Mon ami Lesmann. — Paris, *L. Tenré, 1833, in-12.*

2386. — BRANDA (Paul). — Réflexions diverses. — Paris, *Sandoz et Fischbacher, 1875, in-12.*

2387. — D°, d°, d°. — Paris, *Sandoz et Fischbacher, G. Fischbacher successeur, 1879, in-12.*

2388. — D°, d°, d°. — Paris, *Fischbacher, 1882, in-12.*

2389. — D°, d°, d°. — D°, d°, *1884, in-12.*

2390. — D°, d°, d°. — D°, d°, *1887, in-12.*

5. — SYMBOLES, EMBLÈMES ET DEVISES

2391. — PARADIN (Claude), chanoine de Beaujeu. — *Lion, Jan de Tovrnes et Gvil. Gazeau,* M. D. LVII, *in-8°.* Parchemin. 261 pages. Au verso du dernier feuillet, se trouve la marque typographique de Jean de Tournes, avec devise : Son art en Dieu.

2392. — RIPA (César). — Iconologie ou nouvelle explication de plusieurs images, emblèmes et autres figures hiéroglyphiques des vertus, des vices, des arts, des sciences, des causes naturelles, des humeurs différentes, des passions humaines, etc. Divisée en deux parties. Tirée des recherches et des figures de César Ripa. Moralisées par J. Beaudouin de l'académie française. Nouvelle édition.— Paris, *Lavrent d'Hovry*, à *l'Image Saint-Jean*, M. DC. LXXXI, *in-4°*. Frontispice gravé avec ces mots : Iconologie ou les principales choses qui peuvent tomber dans la pensée touchant les vices et les vertus, sont représentées sous diverses figures gravées en cuivre par Jacques de Bie et moralement expliquées par J. Beaudoin. — Paris, M. DC. LXXVI, *in-4° rel*.

2393. — BEAUDOUIN (J.) de l'académie françoise. — Recueil d'emblèmes ou tableaux des sciences et des vertus morales. — Paris, *veuve Jean Cochart*, *au Saint-Esprit*, M. DC. XCIII *in-12 2 vol*. Frontispice gravé, avec emblèmes et devises, 80 grav.

2394. — VERRIEN, maître graveur. — Recueil d'emblèmes, devises, médailles et figures hiéroglyphiques, au nombre de plus de douze cents, avec leurs explications, Accompagné de plus de deux mille chiffres fleuronnez simples, doubles et triples, d'une manière nouvelle et fort curieuse pour tous les noms imaginables. Avec les tenants, supports et cimiers servans aux ornemens des armes. — Paris, *Jean Jambert*, M. DC. XCVI, *in-8°*.

2395. — TABLEAUX sacrez des figures mystiques du très-auguste sacrifice et sacrement de l'Eucharistie. — Paris, *P. Gallays*, à *Saint-François de Sales*, *in-8°*. Figures avec explication en latin et en français.

VI. — DIALOGUES ET ENTRETIENS

2396. — PLATON. — Alcibiade premier, dialogue expliqué en français, suivant la méthode des collèges, par deux traductions, etc., etc , par Lécluse (H) — Paris, *J. Delalain, 1845, in-12.*

2397. — LUCIEN. — Dialogues des morts, texte et deux traductions, avec des notes historiques et littéraires, par MM. Boulenger. — *Paris, Périsse et Compère, 1817, in-12.*

2398. — ERASME (Des.). — Des. Erasmi Roterodami Colloquia, cum notis selectis variorum, addito indice novo, accurante Corn. Schrevelio. — *Lug. Batav. et Roterod, ex officina hackiana, 1664, in-8°.* Frontispice gravé.

2399. — BEROALDE de VERVILLE (François). — Le cabinet de Minerve, auquel sont jointes plusieurs singularitez, figures, tableaux, antiques, recherches saintes, remarques sérieuses, observations amoureuses, subtilitez agréables, rencontres joyeuses, et quelques histoires meslées et avantures de la Sage Fenisse, patron du Devoir. Reueu, corrigé et augmenté par le mesme auteur. De l'inuention de Beroalde de Verville. — *Rouen, Raphael du Petit-Val, 1601*, v. vert. Triples filets dorés. Relié par Mouillie. Brunet parle assez longuement de cet ouvrage et de cette édition.

2400. — ENTRETIENS (Les) de Monsievr de Voitvre et de Monsievr Costar. — Paris, *A. Covrbé, à la Palme,* MDC. LX, *in-4°*. Rel. en v. f. Fleuron avec la marque typographique de l'imprimerie et la devise : Curvata resurgo. Frontispice gravé, au bas duquel on lit : Chauneau in. N. Regresson, sculp.

2401. — DANIEL (le père Gabriel). — Entretiens de Cléandre et d'Eudoxe, sur les lettres au provincial. — *Cologne, Pierre Marteau, 1694, in-8°.*

2402. — BELLEGARDE (l'abbé de). — Modèles de conversations pour les personnes polies. — Paris, *Guignard, 1698, in-8°.*

2403. — FÉNÉLON (François de Salignac de La Motte). — Dialogues des morts, anciens et modernes ; fables et contes moraux, composés pour l'éducation de la jeunesse et particulièrement pour celle du duc de Bourgogne, père de Louis XV. Nouvelle édition. — Paris, *J.-Ch. Poncelin, an IX, in-12.* Deux frontispices.

2404. — FONTENELLE (Bernard Le Bouyer de), de l'Académie françoise. — Nouveaux Dialogues des morts. Nouvelle édition. — *Londres, Abram. Vandennoeck*, m. dcc. xxx, *in-12 rel.* Frontispice gravé représentant les Champs-Elysâes. Titre rouge et noir.

2405. — FONTENELLE'S dialogues of the Dead, in three parts.
I. Dialogues of the ancients.
II. The ancients with the moderns.
III. The moderns.
Translated from the french, by the late John Hugues, esq.
With a reply to some remarks in a critic, called the judgment of Pluto, etc.
And two original Dialogues.
The second édition. — *London, J. Tonson, 1730, in-12.*

2406. — BOUHOURS (Le P. Dom.) — Les Entretiens d'Ariste et d'Eugène. 4ᵉ édit., où les mots des dëvises sont expliquez. — Paris, *Sébastien Mabre-Cramoisy, aux Cicognes*, m. dc. lxxiii, *in-12*.

2407. — BARBIER D'AUCOUR, de l'Académie françoise. — Les sentimens de Cléante sur les entretiens d'Ariste et d'Eugène. Quatrième édition, où l'on a joint les deux factums du même auteur, pour Jacques Le Brun. — Paris, *Libraires associés*, m. dcc. lxxvi, *in-12*.

2408. — BORDELON (L'abbé Laurent), docteur en théologie et auteur satirique, né à Bourges. — Théâtre philosophique sur lequel on représente, par des dialogues dans les Champs Elisées, les philosophes anciens et modernes, et où l'on rapporte ensuite leurs opinions, leurs reparties, leurs sentences et les plus remarquables actions de leur vie. Seconde édition, augmentée des Femmes philosophes. — Paris, *Jean Musier, au S. Esprit*, m. dc. xciii, *in-12*. Frontispice gravé.

2409. — LIVRE SANS NOM, par Ch. Cotolendi, suivant Barbier. Cet ouvrage a été aussi attribué à l'abbé L. Bordelon. Divisé en cinq dialogues. — Paris, *Michel Brunet, au Mercure galant*. Marque typographique et frontispice gravé.

2410. — SAINT-EVREMONIANA, ou dialogues des nouveaux Dieux, dédiés à M. Bontemps. — Paris, *Michel Brunet, au Mercure galant*, m. dccc, *in-12*. Fleuron, marque typographique

2411. — VERRI (le comte Alexandre). — Les Nuits romaines au tombeau des Scipions, traduites de l'italien du comte Alexandre Verri, milanais, par F. M. G. (François Grasset), suivant Barbier et Quérard. — *Lau-*

sanne, *Durand, Ravanel et C*ie, *1796, in-12*. Deux parties rel. en un vol. Frontispice gravé représentant le tombeau des Scipions sur la voie Appienne.

2412. — D°. — Les mêmes, trad. par Lestrade (L. F.), avec notes et figures. — Paris, *F. Schoell* (sans date), *in-12*.

2413. — VIGÉE. — Le Pour et le Contre, dialogue religieux, politique et littéraire. — Paris, *Eymery, 1818, in-8°*.

VII. — ÉPISTOLAIRES

1. — ÉPISTOLAIRES GRECS ET LATINS ET ÉPISTOLAIRES MODERNES QUI ONT ÉCRIT EN LATIN

2414. — ALCIPHRON, rhéteur. — Lettres grecques, ou anecdotes sur les mœurs et les usages de la Grèce, traduites, pour la première fois, en françois, avec des notes historiques et critiques, par l'abbé Jér. Richard, suivant Barbier et Quérard. — *A Amsterdam, et se trouve à Paris chez Nyon l'aîné,* M DCC. LXXXV, *in-12, 3 vol*. Le tome premier contient : les Courtisannes ; le tome second : les Parasites ; et le tome troisième : les Mœurs des peuples de la Grèce.

2415. — CICÉRON. — Epîtres ou lettres familières et choisies, divisées en IV livres, nouvellement traduites en françois, avec le latin à côté, exactement conférées avec les meilleurs exemplaires latins. — Paris, *Aumont,* M. DCC. LXV, *in-12*.

2416. — D°. — Lettres à Atticus, avec des remarques, et le texte latin de l'édition de Gravius, par M. L. Mingault, précepteur de monseigneur le duc de Chartres. — Paris, *Florentin Delaulne, à l'empereur,* M DCC. XIV, *in-12, 6 vol*. Fleuron, marque typographique avec cette devise : Imperio et virtute.

2417. — D°. — Les mêmes de la même traduction. Nouvelle édition. — Paris, *J. Barbou,* M. DCC. LXXXVII, *in-12, 4 vol*.

2418. — D°. — Lettres de Cicéron à M. Brutus et de M. Brutus à Cicéron, traduites par l'abbé Prévost (A.-F.), avec une préface critique des notes et diverses pièces choisies, pour servir de supplément à l'histoire et au caractère de Cicéron. Traduit de l'anglais de Middleton (Conyers) par le même. Texte latin en face de la traduction. — Paris, *Didot, à la Bible d'or*. Titre rouge et noir, M. DCC. XLIV, *in-12* rel.

2419. — D°. — Les mêmes. Nouvelle édition. — Paris, *les frères Barbou. l'an II de la république française, in-12.*

2420. — CICÉRON. — Lettres à Quintus, latin et français en regard. Traduction nouvelle avec des notes, par M. Le Deist de Botidoux, ex-constituant. — Paris, *Nicolle Eberhart, 1813, in-12.*

2421. — PLINE le jeune. — Lettres traduites en français, par Louis de Sacy. — Paris, *Compagnie des libraires*, M. DCC. XXI, *in-12, 3 vol.*

2422. — LETTRES (Les) et Epîtres amoureuses d'Héloïse et d'Abeilard, traduites librement en vers et en prose, par MM. de Bussy-Rabutin, de Beauchamps, Pope, Colardeau, Dorat, Feutry, Mercier, G** Dourxigné, Saurin, C**, etc., etc. Précédées de la vie, des amours et infortunes de ces célèbres et malheureux époux, par M. C**, et enrichies d'une nouvelle lettre d'Abeilard, pour servir de réponse à la fameuse lettre d'Héloïse, de Pope, par le même. Nouvelle édition, corrigée et augmentée de deux épîtres d'Abeilard à Héloïse, et d'une préface historique par le même M. Cailleau, suivant une note manuscrite sur le titre. — *Au Paraclet, 2 vol. in-18.* Le 1ᵉʳ vol. contient un portrait d'Abeilard, et le second, un portrait d'Héloïse.

2423. — ΦΙΛΟΣΟΦΗΣ (Le) amoureux, histoire galante, contenant une dissertation curieuse sur la vie de Pierre Abeilard et celle d'Héloïse, avec les intrigues amoureuses des mêmes personnes, auxquelles on a joint plusieurs lettres d'Héloïse à Abaillard, et les réponses du même à cette belle. Nouvelle édition, augmentée et mise en meilleur ordre que les précédentes. — *Lyon, Antoine Besson, in-12.*

2424. — RECUEIL (Nouveau), contenant la vie, les amours, les infortunes et les lettres d'Abeilard et d'Héloïse. Les lettres d'une religieuse portugaise et du chevalier ***, celles de Cléante et Bélèse, avec l'histoire de la matrone d'Ephèse. — *Amsterdam, Henry Schelte*. Fleuron, marque typographique avec le mot : Qverendo en banderole.

2425. — LETTRES (les) d'Héloïse et d'Abailard, mises en vers françois. Seconde édition, revue et augmentée d'une lettre d'Héloïse, et de quelques autres ouvrages, par M. de Beauchamps. — Paris, *Jacques Collombat, au Pélican*, M. DCC. XXI, *in-12*. Marque typographique avec ces mots : Hic amor.

2426. — LETTRES et épîtres amoureuses d'Héloïse et d'Abeilard. Nouvelle édition. — *Londres,* m. ldcc. xxx, *in-18, 2 vol.* Triples filets dorés, édit. Cassln. Cet ouvrage contient :

Préface historique et apologétique.

La vie, les amours et les infortunes d'Abeilard et d'Héloïse.

Lettre d'Abeilard à son ami.

Lettres véritables d'Héloïse à Abeilard, avec les réponses d'Abeilard à Héloïse, traduites librement d'après les lettres originales latines, par M. le comte de Bussy-Rabutin.

Lettres d'Héloïse et d'Abeilard, mises en vers, par M. de Beauchamps, d'après l'excellente traduction des lettres d'Héloïse et d'Abeilard, de M. le comte de Bussy-Rabutin.

Lettre amoureuse d'Héloïse à Abeilard.

Lettre d'Abeilard à Héloïse, traduite librement du latin par M. C**.

Epîtres amoureuses d'Héloïse à Abeilard, avec les réponses d'Abeilard à Héloïse, imitées et mises en vers, d'après la fameuse lettre de Pope et les lettres originales latines, par MM. Colardeau, Dorat, Feutry, Mercier, G. Dourxigné, Saurin, C**, précédées d'une idée précise des amours de ces célèbres et malheureux époux.

Scènes extraites d'Héloïse et d'Abeilard, pièce dramatique en cinq actes et en vers, par M. Guis, de l'Académie de Marseille.

2427. — EPISTOLÆ Abælardi et Héloissæ. Lettres d'Abailard et d'Héloïse. Nouvelle traduction avec le texte à côté, par J. Fr. Bastien. — Paris, *chez l'éditeur,* m. dcc. lxxxii, *in-12, 2 vol.*

2428. — LETTRES et épîtres amoureuses d'Héloïse et d'Abeilard. — Paris, *Bossange et Tenon, 1821, in-18, 2 vol.* Bordure dorée. (Portraits d'Héloïse et d'Abeilard).

2429. — ABAILARD ET HÉLOISE. Essai historique par M. et Mme Guizot, suivi des lettres d'Abailard et d'Héloïse, traduites sur les manuscrits de la bibliothèque royale par M. Oddoul. Nouvelle édition. — Paris, *Didier, 1853, in-8°.* Illustré par Gigoux. Maison d'Héloïse. Portrait d'Abailard, de Guillaume de Champeaux. Abailard expliquant Ezéchiel. Portrait d'Héloïse, de Fulbert. Astrolabe chez Denise. Foulques. Saint-Bernard. Abailard recevant un paraclet. Les religieuses d'Argenteuil. Entrevue d'Héloïse et de Saint-Bernard. Visite au tombeau. Abailard moine, Abailard malade, et 15 autres sujets.

2430. — LEIBNITZ. — Viri illvstris Godefridi Gvil. Leibnitii epistolæ ad diversos. Portrait de Leibnitz. — *Lipsiæ, sumtu Bern. Christophe Breitkopfii, 1734-1742, 4 vol. in-8°.*

2431. — MARTINUS (Emmanuel). — Epistolarum libri xii ; accedunt vita auctoris a Greg. Majansio, necnon præfatio P. Wesselingii. — *Amstelod, J. Westenius, 1738, 2 vol. in-4°.*

2432. — LACROZE (Marth. Veissière de). — Thesauri epistolici Lacroziani. Ex-bibliotheca Jordaniana edidit Jo. Lvdovivs Vhlivs. — *Lipsiæ, impens. Jo. Frid. Gleditschii, 1742-1746.* Trois tomes rel. en un vol. *petit in-4°.* Fleuron, marque typographique avec cette devise : Spes alit artes. Au verso de la dernière feuille du tome iii°. Vous lisez : *Lipsiæ, imprim. Vlricvs Christianvs Saalbachivs.* Aigle éployé. Brunet, dans son manuel du libraire et de l'amateur de livres dit, en parlant de cet ouvrage, qu'il est fort curieux.

---

2. — ÉPISTOLAIRES FRANÇAIS

2433. — PHILIPON de LA MADELAINE (L.-P.). — Modèles de lettres sur différents sujets. — *Lyon, Pierre Bruyset Ponthus, m. dcc. lxxvi, in-12.* Sur le recto de la feuille supérieure de garde, on lit une douzaine de lignes manuscrites dues à la plume du célèbre Le Coz, qui devint, en 1791, évêque de Rennes, puis archevêque de Besançon, et qui, à cette époque (1781), était directeur du collège de Quimper, Collegii primarius.

2434. — D°, associé honoraire de l'Académie de Lyon. — Manuel épistolaire à l'usage de la jeunesse, ou instructions générales et particulières sur les divers genres de correspondance, suivies d'exemples puisés dans nos meilleurs écrivains. — Paris, *Brasseur aîné, an XIII.*

2435. — SECRÉTAIRE (Le) de la Cour impériale de France, ou modèles de placets, pétitions et lettres adressés à l'Empereur, etc., etc., précédés d'une notice relative à la réception des ambassadeurs, etc., etc. ; orné d'une planche représentant les armes de la noblesse de France, 4° édit. — Paris, *Barba, 1811, in-12.*

2436. — PÉTITIONNAIRE (Le), ou le Guide des personnes qui ont à présenter des pétitions, placets, requêtes, plaintes et mémoires à l'Empereur, etc., etc., etc. — Paris, *P. Blanchard, 1811, in-12.*

2437. — LA ROCHE (L'abbé J.-B.-L. de). — Lettres héroïques, historiques et intéressantes sur différents sujets. — Paris, *Mesnier,* m. dcc. xxxii, *in-12.*

2438. — BRUHIER D'ABLAINCOURT (J.-J). — Caprices d'imagination, ou lettres sur différens sujets d'histoire, de morale, de critique, d'histoire naturelle, etc. — Paris, *Briaison, à la Science,* M. DCC. XL, *in-12.*

2439. — AUDIERNE (Le R. P. Joseph d'), ancien provincial des Capucins de Bretagne. — Lettres diverses, ou sur différens sujets ; l'esprit de Bayle dans son dictionnaire historique et critique, avec des notes, suivi des lettres instructives et familières d'un théologien à un curé. — *Rennes, J.-C. Vatar, imprimeur ordinaire du Roi, place Royale, au Parnasse,* M. DCC. LXXIV, *in-12.* Des pages manquent à l'Epître dédicatoire, à l'avertissement.

2440. — FEUQUIÈRES (Lettres inédites des), tirées des papiers de famille de Madame la duchesse Decazes, et publiées par Etienne Gallois. — Paris, *Leleux, 1845, in-8°,* 5 *vol.* Envoi de l'auteur à Monsieur T. de Lacrosse, hommage respectueux.

2441. — OSSAT (Le cardinal d'). — Lettres, avec des notes historiques et politiques de M. Amelot de La Houssaie. Nouvelle édition, corrigée sur le manuscrit original, considérablement augmentée et enrichie de nouvelles notes de M. Amelot de La Houssaie, qui ne se trouvent point dans la dernière édition de 1697. Divisé en 5 tomes. — *Amsterdam, Pierre Humbert,* M DCC. VIII, *in-12,* 5 *vol.* Titre rouge et noir. Portrait du cardinal d'Ossat.

2442. — ARNAULD D'ANDILLY. — Lettres. Dernière édition. — Paris, *M. Robin,* M. DC. LXXX, *in-12.*

2443. — D°, d°. — Nouvelle édition. — Paris, *N. Le Gras, à LL couronnée,* M. DC. LXXX, *in-12.*

2444. — BALZAC (J.-L. Guez, seigneur de). — Lettres choisies. — *Imprimé à Rouen, et se vend à Paris, chez Avgvstin Covrbé, marchand libraire, à la Palme,* M. DC. LVIII, *in-12.* Frontispice gravé. Fleuron, marque typographique, avec la devise : Cvrvata resurgo.

2445. — PATIN (Guy). — Lettres choisies de feu M. Guy Patin, docteur en médecine de la Faculté de Paris, et professeur au Collège royal, dans lesquelles sont contenuës plusieurs particularités historiques sur la vie et la mort des sçavans de ce siècle, sur leurs écrits, et sur beaucoup d'autres choses curieuses, depuis l'an 1645 jusques en 1672. — *Rotterdam, chez Reinier Leers,* M. DC. LXXXIX, *in-12.*

2446. — D°. — Les mêmes, augmentées de plus de trois cents lettres. — *Cologne, Pierre du Laurens,* M. DC. XCI, *petit in-12,* 3 *vol.* Portrait de Guy Patin.

2447. — CHAPELAIN (Jean), de l'Académie française. — Lettres publiées par Ph. Tamizey de Larroque. Tome 1er. — Paris, *imprimerie nationale*, m. dccc. lxxx et m. dccc. lxxxiii, *in-4°*.

2448. — D°. — Les mêmes, publtées par le même. — Paris, *imprimerie nationale, 1883, in-4°*. Tome 2e.

2449. — SÉVIGNÉ (Marie-Rabutin-Chantal, marquise de). — Lettres à Madame la comtesse de Grignan, sa fille, m. dcc. xxviii, *in-12*. 3 tomes en 2 vol.

2450. — D°, d°, d°. — Les mêmes. — Rouen, P. Machuel, m. dcc. lxxx, *in-12, 9 vol*. Portrait de madame de Sévigné. Le tome 9e contient : Lettres nouvelles ou nouvellement recouvrées de la marquise de Sévigné, et de la marquise de Simiane, sa petite fille, pour servir de suite aux différentes éditions des lettres de la marquise de Sévigné.

2451. — D°. — Lettres de Mme de Sévigné, choix nouveau, très complet, contenant 318 lettres, précédé d'une notice et de l'essai sur le style épistolaire de Mme de Sévigné, par M. Suard. — Paris, *Firmin-Didot, frères, 1846, in-8°*.

2452. — SÉVIGNÉ (Marie Rabutin Chantal, marquise de), et MAINTENON (Françoise d'Aubigné, d'abord Dame Scarron, ensuite marquise de). — Lettres choisies, avec une préface et des notes, par M. de Lévizac. Ouvrage destiné à l'instruction de la jeunesse et adopté pour les lycées et écoles de France, par MM. les Commissaires du gouvernement. Seconde édition. — Paris, *J.-E. Dufour, an XI, in-12*.

2453. — LETTRES choisies de Mmes de Sévigné, de Grignan, de Simiane et de Maintenon. — Paris, *Bossange et Masson, 1817, 3 vol. in-12*.

2454. — D°, précédées des réflexions de M. l'abbé de Vauxcelles, et accompagnées de notes historiques de M. Grouvelle. — Paris, *Bossange et Masson, 1810, in-18, 3 vol*. Reliés en v. rac., dentel. et filets dorés. Portraits de Mmes de Sévigné et de Grignan.

2455. — BOURSAULT (Edm.). — Lettres nouvelles de feu Monsieur Boursault, accompagnées de fables, de contes, d'épigrâmes, de remarques, de bons mots, et d'autres particularitez aussi agréables qu'utiles. Avec treize lettres amoureuses d'une dame à un cavalier. 5e édition. — Lyon, *Pierre Bruyset, au Soleil et à la Croix d'or*, m dcc. xv, *in-12, 3 vol*.

2456. — LAVERDET (Aug.) et JANIN (J.). — Correspondance entre Boileau Despréaux et Brossette. — Paris, *Techener*, m. dccc. lviii, *in-8°*.

2457. — BOSSUET (Messire Jacques-Bénigne). — Lettre de... Avant qu'il fût évesque, à la révérende mère abbesse et religieuse de Port-Roïal, touchant la signature du formulaire, 3ᵉ édition. — *Paris, Delusseux,* m. dccc. xxvii, *in-12.* Fleuron représentant les armes de Bossuet, avec :

1° Sermon sur l'unité de l'Eglise.

2° Lettre pastorale de monseigneur l'évesque de Meaux aux nouveaux catholiques de son diocèse, 3ᵉ édit.

3° Lettre de M. Bossuet, évesque de Meaux, sur l'adoration de la Croix, au frère N., moine de l'abbaye de N. converti de la religion protestante à la religion catholique.

4° Mandement du même sur la publication de la constitution de Notre-Saint-Père le Pape Innocent XII du 12 mars 1699, portant condamnation el deffense du livre intitulé : Explication des Maximes des Saints.

5° Maximes et réflexions sur la Comédie.

6° Eloge de feu messire Jacques-Bénigne Bossuet, par le R. P. Delarue, de la compagnie de Jésus.

2458. — LETTRES de Ninon de Lenclos au marquis de Sévigné, composées par L. Damours, suivant Barbier et Quérard, avec sa vie. — *Londres,* m. dcc. lxxxii, *2 vol. in-18.* rel. en veau porphyre. Triples filets dorés. Edition Cazin. — Portrait de Ninon de Lenclos.

2459. — LA VALLIÈRE (Louise-Fr. de la Baume Le Blanc, duchesse de), morte religieuse carmélite. — Lettres, avec un abrégé de sa vie pénitente, par l'abbé Cl. Legueux, suivant Quérard et Barbier, et sermon pour la vêture de madame la duchesse de la Vallière, par M. l'abbé de Fromentières, depuis évêque d'Aire. — *A Liège et se trouve à Paris chez A Boudet,* m. dcc. lxvii, *in-12.*

2460. — LETTRES de madame la duchesse du Maine et de madame de Simiane, précédées de notices historiques et de notes biographiques, pour servir de suite aux lettres de mesdames de Villars, de Coulanges, de Lafayette, de Ninon de L'Enclos et de mademoiselle Aissé, par Louis Philipon de la Madeleine, suivant Barbier. — *Paris, L. Collin,* an *XIII, in-12.*

2461. — ARGENS (Le marquis J.-B. de Boyer d'). — Lettres juives ou correspondance philosophique, historique et critique, entre un juif voyageur en différens Etats de l'Europe et ses correspondants en divers endroits. Nouvelle édition augmentée de xx nouvelles lettres, de quantité de remarques et de plusieurs figures. — *La Haye, Pierre Paupie, 6 vol. in-8°, 1742.* Fleuron différent à chaque volume. Titre rouge et noir. Portrait de Jean-Baptiste de B... marquis d***.

2462. — D°. — Lettres cabalistiques ou correspondance philosophique, historique et critique, entre deux cabalistes, divers esprits élémentaires et le seigneur Astaroth. Nouvelle édit. augmentée de nouvelles lettres et de quantités de remarques. — *La Haye, Pierre Paupie, 1767, in-12*, 7 vol.

2463. — POMPADOUR (Jeanne-Antoinette Poisson, marquise de). — Lettres, depuis 1753 jusqu'à 1762, inclusivement. Les lettres suivant la France littéraire de J.-M. Quérard, sont l'ouvrage de la jeunesse de Barbé-Marbois. — *Londres, G. Owen-Cadell*, m. dcc. lxxii, *in-12*. 3 tom. en un vol.

2464. — LESPINASSE (Mademoiselle Jul.-Jeanne-Eléon. de), femme célèbre par son esprit. — Lettres, écrites depuis l'année 1773, jusqu'à l'année 1776 ; publiées par Mme Louise-Alexandrine de Guibert, avec une préface par B. Barère de Vieuzac, suivant Barbier et Quérard. Suivies de deux chapitres dans le genre du Voyage sentimental de Sterne, par le même auteur. — *Paris, Léopold Collin, 1809, in-8°*, 2 vol.

2465. — D°. — Les mêmes avec une notice biographique par J. Janin. — *Paris, Amyot, in-8°*.

2466. — DU DEFFAND (La marq. Mar.). Lettres à Horace Walpole, depuis comte d'Orford, écrites dans les années 1766 à 1780 ; auxquelles sont jointes des lettres de Mme du Deffand à Voltaire, écrites dans les années 1759 à 1775. Publiées d'après les originaux déposés à Strawberry-Hill. Nouvelle édition, augmentée des lettres d'Horace Walpole. — *Paris, Ponthieu, 1824, in-8°*, 4 tomes reliés en 2 vol. Le portrait de madame du Deffand ne s'y trouve pas, comme le titre l'annonce.

2467. — VOLTAIRE (François-Marie Arouet de). — Lettres secrettes, publiées par Mr L.-B. Jean-Baptiste-René Robinet, suivant Barbier et Quérard. — *Francfort et Leypzig, J.-G. Eslinger*, m. dcc. lxv, *in-8°*.

2468. — D°. — Lettres inédites à Frédéric-le-Grand, roi de Prusse, publiées sur les originaux, par M. Boissonade, dont on voit le nom à la fin de l'avertissement. — *Paris, Aug. Delalain, 1802, in 8°*. Rel. en v. rac.

2469. — D°, d°. — *Paris, Aug. Delalain, 1802, in-12*.

2470. — D°. — Lettres chinoises, indiennes et tartares, à Monsieur Paw, par un Bénédictin (par Voltaire, suivant Barbier et Quérard), avec plusieurs autres pièces intéressantes. — *Paris, 1776, in-8°*. Triples filets dorés. (2 exempl.)

2471. — FRÉDÉRIC II, surnommé le Grand, roi de Prusse. — Correspondance familière et amicale avec U.-F. de Suhm, conseiller intime de l'Electeur de Saxe, et son envoyé extraordinaire aux Cours de Berlin et de Pétersbourg. Sur l'édition originale de Berlin, privilégiée par S. M. l'Empereur, S. M. le Roi de Prusse et S. A. S. Mgr l'Electeur de Saxe. — *Genève, Barde, Manget et Cie*, M. DCC. LXXXVII, *petit in-8°, 2 vol.* (2 exempl.)

2472. — ROUSSEAU (J.-B.). — Lettres sur différents sujets de littérature. — *Genève, Barillot et fils, 1750, 5 vol. in-16.*

2473. — ROUSSEAU (J.-J.). — Correspondance originale et inédite avec Madame Latour de Franqueville et M. Du Peyrou. — Paris, *Giguet et Michaud, au XI, in-18, 3 vol.*

2474. — LUZAC (Elie). — Lettre d'un anonime à Monsieur J.-J. Rousseau. — Paris, *Desaint et Saillant*, M. DCC. LXVI, *in-8°*. Ex-libris collé sur le carton supérieur avec ces mots en banderole : De la bibliothèque de Monsieur le comte Damas d'Anlezy. Les armes de la maison de Damas sont : d'or, à la croix ancrée de gueules.

2475. — CLÉMENT (Dom Fr.). — Lettres d'Eusèbe Philalèthe à M. François Morénas, sur son prétendu Abrégé de l'histoire ecclésiastique, dans lesquelles on réfute les fables ridicules, les erreurs grossières, les monstrueux principes et les horribles calomnies avancées par cet auteur en faveur des jésuites, contre les disciples de saint Augustin, en particulier contre le savant abbé de Saint-Cyran, le Grand-Arnauld, etc. — *Liège, Philippe Gramme*, M. DCC. LV, *in-12.*

2476. — LETTRES philosophiques sur saint Paul, sur sa doctrine, politique, morale et religieuse, et sur plusieurs points de la religion chrétienne, considérées politiquement. Traduit de l'anglais, par le philosophe de Ferney, et trouvées dans le portefeuille de M. V., son ancien secrétaire. Attribuées à J.-P. Brissot, de Varville, suivant Barbier. — *Imprimé à Neuchâtel en Suisse, 1783, in-8°.*

2477. — LAURAGAIS (Le comte Louis-Léon-Félicité de). — Lettres à Madame *** dans lesquelles on trouve des jugements sur quelques ouvrages ; la vie de l'abbé de Voisenon ; une conversation de Champfort sur l'abbé Syeyès, et un fragment historique des mémoires de Mme de Brancas sur Louis XV et madame de Châteauroux. — Paris, *F. Buisson et chez Mongie, an X, 1802, in-8°.*

2478. — MIRABEAU (Honoré-Gabriel Riquetti, comte de). — Lettres originales, écrites du donjon de Vincennes pendant les années 1777, 78, 79 et 80 ; contenant tous les détails sur sa vie privée, ses malheurs, et ses amours avec Sophie Ruffei, marquise de Mounier. Recueillis par Manuel, 4° édit. — Paris, *Barbo, an XI, 1803, in-18*, 8 tomes en 4 vol. Portrait de Mirabeau.

2479. — TAILLARD (Constant). — Lettres à mon amie, sur quelques amours célèbres, telles que : de Diane de Poitiers, Pétrarque et Laure, Abeilard et Héloïse, Rousseau et Madame de Warens, Voltaire et Madame du Châtelet, Henri IV et Gabriel d'Estrées, Elisabeth, reine d'Angleterre, Turenne, Demoustier, etc. — Paris, *Belin-le-Prieur, 1822, in-12*.

2480. — GRAFFIGNY (Mme de). — Cartas peruanas escritas en frances, traducidas al espanol — Paris, *Rosa, 1823, in-12*.

2481. — MÉRIMÉE (Prosper). — Lettres à une inconnue, précédées d'une étude sur Mérimée, par H. Taine. Cinquième édition. — Paris, *Mich. Lévy frères, librairie nouvelle, 1874, in-8°, 2 vol.*

2482. — LAMARTINE (A. de). — Correspondance de 1807 à 1852, publiée par Mme Valentine de Lamartine. — Paris, *Hachette et Cie ; Furne, 1873-1875, 6 vol. in-8°.*

2483. — GUÉRIN (Eugène de). — Journal et lettres publiés avec l'autorisation de sa famille, par G.-S. Trébution. — Paris, *Didier et Cie, 1863, in-8°.*

2484. — LAMENNAIS (F.-R. de). — Lettres à Mgr l'archevêque de Paris. (1re et 2e lettre). — Paris, *1829, in-8°*.

2485. — D°. — Correspondance. — Paris, *Didier et Cie, 1863, in-8°*.

2486. — SAND (George). — Lettres d'un Voyageur. — Paris, *Michel Lévy frères, 1857, in-12*.

2487. — POMPERY (Edouard de). — Correspondance inédite de Bernardin de Saint-Pierre et de Mme A. de Pompery. — Paris, *Bureau de la Revue, 1855, in-8°*.

3. — ÉPISTOLAIRES ITALIENS, ESPAGNOLS, PORTUGAIS, ANGLAIS, etc.

2488. — BENTIVOGLIO (Le cardinal Guy). — Raccolta di Lettere. Recueil de lettres, traduites en français, par J. Veneroni. — *Lyon, J. Certe, 1728, in-12.* Texte italien en regard.

2489. — LETTRES PORTUGAISES. Ces lettres, suivant le Dictionnaire des ouvrages anonymes d'Ant. Alex. Barbier, 3e édition, sont attribuées à une religieuse portugaise, nommée Marïanne Aleaforada. Nouvelle édition, publiée par P.-F. Aubin, avec une notice historique sur l'auteur de ces lettres, leur traducteur et leurs différentes éditions, par Mercier, abbé de Saint-Léger. — Paris, *Delance, 1796, 2 vol. in-12.* Estampe au tome 1er. Bord. dorée.

2490. — BUTLER (Lettres de Mistress Fanny) à Milord Ches Alfred de Caitembridge, comte de Plisinthe, duc de Raflingth. — Paris, *Société des libraires, 1759, in-8°.*

2491. — MAILLET (A.-G.). — L'art de la correspondance, ou modèles de lettres en anglais et en français. Divisé en quatre parties :

I. Commerce et affaires domestiques.
II. Education.
III. Amitié, amour, galanterie, mariage.
IV. Mélanges, lettres sur divers sujets.

The art of correspondence, or models of letters in english and french. Divided into four parts :
I. Trade and family affairs.
II. Education.
III. Frendship, love, courtship and mariage.
IV. Miscellaneous letters on all sorts of subjects.— Paris, *Louis, in-12, 2 vol.*

2492. — MONTAGUE (Miss Mary, et depuis Lady Wortley), femme de l'ambassadeur anglais de ce nom à Constantinople, célèbre par son esprit, morte en 1762. — Letters written during her travels in Europe, Asia, and Africa, to wich are added poems by same author. Stereotype edition. — Paris, *P. Didot, 1800, in-18.*

2493. — CHESTERFIELD (Phil.-Dormer Stanhope, comte de). — Letters upon ancient history, in french and english ; chiefly written by late Earl of Chesterfield to his son. Philip. Stanhope, esq. A new edition. — London, printed for G. Kearsley, 1783, in-12, rel. Filets dorés. La traduction, suivant la France littéraire de J.-M. Quérard, est de Peyron.

2494. — CRAVEN (Milady), née Berkeley, pairesse d'Angleterre, depuis Margrave d'Anspach. — Lettres à son fils, traduites de l'anglais, par Durand, suivant la France littéraire de J.-M. Quérard. — Paris, *Durand fils, 1788, in-8°*.

VIII. — POLYGRAPHES

1. — POLYGRAPHES GRECS

2495. — PLUTARQUE. — Les œuvres morales et meslées, translatées de grec en françois, reueuës et corrigées et ceste troisième édition en plusieurs passages par le translateur. Tous les traittez des dites œuvres contenus en deux tomes, se voyent incontinent après l'épistre : et à la fin il y a une table très-ample. — Paris, *M. de Vascosan, imprimeur du Roy*, m. d. lxxv, *in-f°*. Le traducteur est Jacques Amyot, évêque d'Auxerre, grand-aumosnier du Roy Charles IX, et dont on voit le nom au bas de l'épistre dédicatoire.

2496. — D°. — Les mêmes, même traducteur, même édition, même libraire et même date, *2 vol. in-folio*.

2497. — D°. — Œuvres morales, traduites en françois, par M. l'abbé Ricard. — Paris, *P. T. Barrois*, m. dcc. lxxxiii, *an III, 1795, in-12*, 17 vol. Rel. en v. gran. bordure dorée, avec une table des matières.

2498. — D°. — Les vies des hommes illustres, traduites du grec par Dominique Ricard, avec des remarques à la fin de chaque vie. — Paris, *P. T. Barrois, an VII-1798, an XI-1803, in-12, 13 vol.* Rel. en v. gran., bordure dorée, avec table générale des matières.

2499. — LUCIEN. — Luciani samosatansis philosophi opera omnia quæ extant. Cum latina doctis virorum interpretatione. Bourdelotius cum regiis codd. aliisque mss. contulit, emendavit, supplevit. Adjectæ sunt ejusdem Bourdelotii, Theodori Marcilii eloquentia professoris regii, Gilberti Cognati notæ, cum indice locuplettissimo, in quo omnia in hoc opere notatu digna deprehenduntur. Frontispice gravé. — *Lutetiæ Parisiorum, apud P. Ludovicum Febvrier*, M. DC. XV, *in-folio.* Texte grec avec traduction latine.

2500. — Dº. — Luciani Samosatensis Colloquia selecta, et Timon. Cebetis Thebani tabula. Menandri sententiæ morales. Græce et latine Colloqnia Luciani et Timonem notis illustravit Tiberius Hemsterhuis. — *Basileæ, apud Joann. Schweighanser*, M. DCC. LXXI, *in-12.* Rel. en v. rac. Bord. dorée.

2501. — Dº. — De la tradvction de N. Perrot, S. D'Ablancovrt. Divisé en devx parties. Troisième édition. — Paris, *Avgvstin Covrbé, au Palais, en la gallerie des Merciers à la Palme*, M. DC. LX. Fleuron avec la marque typographique et la devise : Curvata resurgo. Frontispice gravé au bas duquel on lit : P. Philippe sculps.

2502. — Dº. — De la traduction de M. Perrot, sieur d'Ablancourt. Nouvelle édition. 3 parties en 3 vol. *in-12*, rel. Coins et plats ornés. — Paris, *Louis Bilaine, à la Palme et au Grand César*, M. DC. LXXIV.

2503. — Dº. — De la traduction de A. Perrot, sieur d'Ablancourt — Paris, *L. Bilaine, 1674, 2 vol. in-16.*

2504. — Dº. — Œuvres. Traduction nouvelle, par M. l'abbé Massieu. — Paris, *Moutard*, M. DCC. LXXXI, *in-12, 3 vol.* Le 3ᵉ v. est mutilé.

2. — POLYGRAPHES LATINS ANCIENS ET POLYGRAPHES MODERNES QUI ONT ÉCRIT EN LATIN.

2505. — CICÉRON. — M. Tvllii Ciceronis opera omnia quæ exstant, a Diony. Lambino monstroliensi ex codicibvs manuscriptis emendata.

Ejusdem Dionysii Lambini annotationes, seu emendationvm rationes post superiorem editionem duplo amplius auctæ et singulis tomis distinctæ.

Accesserunt præterea indices rerum et verborum memoria digniorum copiosi et locupletes, fragmenta item omnia quæ exstant, a viris doctis undique collecta, eaque ab eodem Lambino et aucta et emendata.

— Tomus primus ea quæ sequuntur complectens :

Dionys. Lambinus Errico Memmio viro clarissimo supplicum libellorum in regia magistro, s. d.

Idem erudito et humanitate polito lectori.

M. Tullii Ciceronis vita.

Artes rhetoricæ, scilicet :

Rhetorica ad Herennium, libri iv.

De Inventione rhetorica, libri ii qui reliqui sunt ex quattuor.

Ad Q. fratrem dialogi tres de Oratore. Libri iii.

De claris oratoribus liber qui dicitur Brutus.

Ad Marcum Brutum Orator.

Ad C. Trebatium Topica.

De Partitione oratoria dialogus sive oratoriæ Partitiones.

De optimo genere oratorum.

— Tomvs secvndvs, qvi, continet orationes omnes qvæ exstant. Ex postrema Dionysii Lambini monstrolensis emendatione.

Accesserunt ejusdem D. Lambini emendationes, seu emendationum rationes, auctæ.

Index locupletissimus rerum ac verborum quæ memoriæ mandentur digniorum.

— Tomvs tertivs omneis ejvs epistolas complectens :

Epistolarum libros xv, ad familiareis, ex quibus octavus solas M. Cœlii epistolas ad Ciceronem continet.

Libros xvi, ad T. Pomponium atticum.

Libros iii, ad Q. Ciceronem fratrem.

Librum i, ad M. Brutum.

Epistolam ad Octavianum, sive sit Ciceronis, sive incerti auctoris.

Librum vnum Cornelii Nepotis, de vita T. Pomponii attici.

Ex postrema Dionysii Lambini moustroliensis emendatione.

— Tomvs qvartvs, quo continentvr philosophici libri qvi supersvnt.

Academicarum quæstionum ad Varronem liber i.

Academicarum quæstionum liber iv, qui inscribitur Lvcullvs.

De finibus bonorum et malorum libri v.

Tusculanarum quæstionum libri v.

De naturâ Deorum libri iii.

De divinatione libri ii.

De fato liber i.

De legibus libri iii.

De officiis libri iii.

Cato major, seu de senectute liber singularis.

Lœlius, seu de amicitia liber singularis.

Paradoxa Stoicorum sex.

Fragmenta orationum, epistolarum, et librorum philosophicorum, quæ exstant, à Dionysio Lambino aucta et emendata. Marque typographique : la Vérité tenant une palme et un livre ouvert, d'une main, et de l'autre, le disque du soleil; comme dans les trois tomes précédents. Reliure ancienne, mais dont il ne reste plus que le carton. — *Lugduni, apud Petrum Santandreanum*, m. d. lxxvii, *4 vol. in-folio*, et m. d. lxxviii, pour le tome premier.

2506. — D°. — M. Tvllii Ciceronis opera omnia, in sectiones, apparatvi Latinæ locutionis respondentes, distincta.

Præter hactenus vulgatam Dion. Lambini editionem, accesserunt D. Gothofredi IC notæ : in queis :

Variæ lectiones, propre infinitæ : Synopses generales et speciales singularis vel libris vel paginis adjectæ : Ciceronis loca præcipua, et difficiliora, inter se primo : alliis deimdè auctoribus grammaticis, rhetoribus, poetis, historicis, jurisconsultis maximè collata : ut et formulæ quæ ad jus, leges, senatusconsulta, et actiones pertinent, explicatæ.

Index generalis brevitate, et arte summa compositus præter superiora, adjectus est. *Genevæ, apud Petrum et Jacobum Chouët*, m. dc. xxxiii, *in-4°*. Quelques lignes manuscrites indiquent sur les feuilles de garde, les différents possesseurs de ce volume de 1700 à 1732.

2507. — D°. — M. Tulli Ciceronis opera omnia in sectiones, apparatvi latinæ locutionis respondentes distincta. Præter hactenus vulgatam Dion. Lambini editionem accesserunt. D. Gothofrodi notæ in queis variæ lectiones proprie infinitæ, synopses, etc., etc. Index generalis brevitate..... — *Genevæ, apud Petrum et Jacobum Chouët, 1646, in-4°*.

2508. — PLINE le jeune. — Caii Cæcilii secundi Plinii epistolæ et panegyricus Trajano dictus. — *Parisiis, Barbou, 1769, in-12*.

2509. — D°. — Œuvres de Pline le jeune, traduites par M. de Sacy, de l'Académie française. Nouvelle édition, avec le texte latin en regard. — Paris, *L. Duprat-Duverger, H. Nicole. 1808, 3 vol. in-12*.

2510. — PÉTRARQUE (François). — Librorum Francisci Petrarchæ Basileæ impressorum annotatio. Opera. — *Basileæ, per John. de Amerbach, 1496, in-fol.*, suivant le manuel du libraire et de l'amateur de livres de Brunet, et suivant le dictionnaire bibliographique choisi du xve siècle, de M. de La Serna de Santander. C'est un exemplaire de la première édition dont parlent Brunet, Santander, le catalogue du duc de La Vallière et celui de Guignat. Ce recueil, qui ne comprend que des ouvrages latins de Pétrarque, a été publié par Sébastien Brant, dont on peut lire les vers au recto du premier feuillet. Ce volume se compose des ouvrages suivants :

Principalium sententiarum ex libris Francisci Petrarchæ collectarum summaria annotatio.

Bucolicum Carmen per duodecim Æglogas distinctum.

De vitâ sulitariâ, libri II.

De Remediis utriusque fortunæ, libri II.

Libri quem Secretum : sive de conflictu curarum suarum inscripsit : Colloquium trium dierum.

De Vera sapientia : Dialogi II.

De Rebus memorandis, libri III.

Contra medicum objurganteni : Invectivarum, libri IIII.

Epistolarum de rebus familiaribus, libri VIII.

Epistolarum sine titulo ; liber I.

Ad Carolum quartum Romanor. Regem Epistola I.

De studiorum suorum successibus ad posteritatem Epistola I.

Septem Psalmi pænitentiales.

Epitoma illustrium virorum ad Franciscum de Carrharia.

Ejusdem Epitomatis : port obitum Francisci Petrarchæ : Lorbardi de Siricho supplementum.

Benevenuti de Rombaldis Libellus qui augustalis dicitur.

On lit à la fin :

Explicit liber augustalis ; Benevenuti de Rombaldis cum pluribus aliis opusculis Francisci Petrarchæ : Impressis Basileæ per Magistrum Joannem de Amerbach. Anno salutiferi virginalis partus : Nonagesimo sexto supra millesimum quaterque centesimum. 367 feuillets, sans compter ceux qui contiennent : Principalium sententiarum ac materiarum memoria dignarum ; ex libris Francisci Petrarchæ collectarum : juxta ordinem alphabeticum summaria brevisque annotatio. 20 feuillets. Texte à 2 colonnes. Note manuscrite collée au carton inférieur et contenant quelques données biographiques et d'autres notes manuscrites précieuses à consulter au revers de la feuille, où on lit : Principalium, etc., où dans le corps du volume : Lettres nombreuses ornées et coloriées à la main. *In-folio.* Rel. en v. gran. Au dos, on lit : Sententiæ Petrarchi.

---

3. — POLYGRAPHES FRANÇAIS

2511. — RENÉ D'ANJOU. — Œuvres complètes du roi René, avec une biographie et des notices par M. le comte de Quatrebarbes, et un grand nombre de dessins et ornements, d'après les tableaux et manuscrits originaux par M. Hawke. — *Angers, Cosnier et Lachèse,* M. DCCC. XXXXV, 4 tom. en 2 vol., g^d in-4°. Le deuxième volume porte la date de 1844, le 3e, celle de 1846, et le 4e, celle de 1846.

2512. — RICHELIEU (ARMAND-JEAN DU PLESSIS, cardinal, duc DE). — Résumé de ses principaux écrits. — Paris, *J. Dumaine, 1869, in-18.*

2513. — PERRON (Le cardinal JACQ. DAVY DU). — Les diverses œuvres de l'illustrissime cardinal dv Perron, archevesque de Sens, primat des Gaules et de Germanie, et grand aumosnier de France, contenant plvsieurs livres, conférences, discours, harangues, lettres d'Estat et autres, traductions, poësies et traitez tant d'éloquence, philosophie que de théologie non encor veus ny publiez.

Ensemble tous ses écrits mis au jour de son vivant, et maintenant réimprimez, sur ses exemplaires laissez, reveus, corrigez et augmentez de sa main.

Seconde édition augmentée. — Paris, *Antoine-Estienne, imprimeur ordinaire du Roy, rue Saint-Jacques, à l'Oliuier de Robert Estienne,* avec ces mots : Noli altum sapere. M. DC. XXIX, *in-f°,* rel.

Filets dorés, armoiries sur les plats de gueules à trois bourdons d'argent en pal. Ce sont les armes de Jean-Louis de la Bourdonnaye, grand vicaire de Nantes, nommé le 31 octobre 1701, évêque de Saint-Pol-de-Léon, sacré le 23 avril 1702. Il mourut, en février 1745, à Brest, où il fut inhumé dans l'église du Petit Couvent qu'il avait lui-même établi.

On lit les notes manuscrites suivantes sur la page du titre : Ex libris Conventvs S^{ti} Yvonis Brestensis. Carm. Discal. Ad usum fratris Macarii à S^{to} Luca superiorum permissu.

A la fin du volume se trouve : Recueil des poësies de Monsieur Du Perron, avec une pagination distincte. 118 pages.

2514. — VOITURE (Vincent). — Les œuvres de Monsieur de Voiture. Nouvelle édition corrigée. — Paris, *veuve F. Mauger, au grand Cyrus*, m. dc. xciii, *in-12.* Rel. en v. 2 vol. Frontispice gravé et portrait de Voiture.

Le 1er vol. contient : Epistre dédicatoire par E. Martin de Pinchesne, un avis au lecteur, épitaphe en latin par G. Ménage, deux distiques sur la mort de Voiture, 2 sonnets ; puis les lettres de M. de Voiture.

Le second volume comprend : Lettres amoureuses et de galanterie, puis les poésies et nouvelles œuvres, à la fin, lettres de Monsieur Cortart à Monsieur de Pinchesne.

2515. — D°. — Les mêmes. Le frontispice gravé manque. 2 tomes en un vol. *in-12.*

2516. — D°. — Les mêmes. — *2 vol. in-12.*

2517. — SARASIN ou SARRAZIN (Jean-François). — Œuvres de Monsieur Sarasin, contenant les traitez suivans :

La conspiration de Walstein contre l'Empereur.

S'il faut qu'un jeune homme soit amoureux, dialogue.

La vie de Pomponius Atticus.

La pompe funèbre de Voiture et diverses poësies.

Discours de la tragédie, et remarques sur l'amour tyrannique de M. de Scudery.

Histoire du siège de Dunkerque.

Opinion du nom et du jeu des échets. — Paris, *veuve Sébastien Mabre-Cramoisy*, m. dc. xcvi, *in-12.* Titre rouge et noir. Frontispice gravé.

2518. — SCARRON (Paul). — Les œuvres bvrlesqves de M. Scarron. Dédiées à sa chienne. — *Rouen, David Berthelin*, m. dc. lxviii, *in-12.*

2519. — LA SUZE (Henriette de Coligny, comtesse de) et PELISSON-FONTANIER (Paul). — Recueil de pièces galantes, en prose et en vers. Nouvelle édition, à laquelle on a joint : Le voyage de Bachaumont et La Chapelle. — Les poësies du Cher d'Aceilly ou de Cailly. — Les visionnaires, comédie de Jean Desmarets, de l'Académie françoise. — *Trévoux, par la Compagnie*, m. dcc. xlviii, 5 *vol. in-12.*

2520. — SCUDERY (Mademoiselle Madeleine de). — Sa vie et sa correspondance, avec un choix de ses poësies, par MM. Rathery et Boutron. — Paris *L. Techener*, m. dccc. lxxiii, *gd in-8°.*

2521. — RAPIN (Le P. René), jésuite. — Œuvres, qui contiennent les comparaisons des grands hommes de l'antiquité qui ont le plus excellé dans les belles-lettres. Dernière édit., augmentée du poëme des **Jardins**. — Paris, *les frères Barbou*, M. DCC. XXV, *in-12, 3 vol.*

Le titre du tome second est ainsi conçu : Œuvres du P. Rapin qui contiennent : Les réflexions sur l'éloquence, la poétique, l'histoire et la philosophie, avec le jugement qu'on doit faire des auteurs qui se sont signalés dans ces quatre parties des belles-lettres.

Le titre du tome troisième est ainsi conçu : Œuvres diverses du P. Rapin, qui contiennent : L'esprit du christianisme, la perfection du christianisme, l'importance du salut, la foy des derniers siècles, la vie des prédestinez.

2522. — LA FONTAINE (J. DE). — Les œuvres posthumes. — *Lyon, T. Amaubry*, M. DC. XCVI, *in-12*. Titre rouge et noir.

2523. — Dº. — Œuvres diverses. — Paris, *veuve Pissot*, M. DCC. XXIX, *in-12*. — 1er et 2e vol. : Le 3e, Paris, *Claude Robustel*. Portrait de l'auteur au tome 1er.

2524. — Dº. — Œuvres choisies. — *Londres*, M. DCC. LXXXII, *in-18*. Trip. filets dorés, avec un éloge de La Fontaine, par M. de Chamfort, qui a remporté le prix au jugement de l'académie de Marseille, le 25 août 1774. (2 exempl.)

2525. — Dº. — Les mêmes avec le même éloge, par Chamfort, *in-18*.

2526. — Dº. — Œuvres complètes avec des notes et une nouvelle notice sur sa vie, par M. C.-A. Walckenaer. — Paris, *Lefèvre, 1838, in-8º*, *2 vol.*

2527. — Dº. — Les mêmes, avec des notes et une nouvelle notice sur sa vie, par M. C.-A. Walckenaer. — Paris, *Firmin Didot, frères*, M. DCCC. XL, *in-4º*.

2528. — Dº. — Les mêmes, ornées de trente vignettes dessinées par Devéria et gravées par Thompson. — Paris, *A. Sautelet et Cie*, M. DCCC. XXVI, *in-4º*.

2529. — Dº. — Œuvres inédites, avec les diverses pièces en vers et en prose qui lui ont été attribuées ; recueillies pour la première fois par M. Paul Lacroix. — Paris, *L. Hachette et Cie, 1863, in-8º*.

2530. — BOSSUET (JACQUES-BÉNIGNE), évêque de Meaux. — Œuvres complètes. — Paris, *Méquignon junior et J. Leroux, Gaume frères. — Lille, L. Lefort. — Besançon, Outhenin-Chalandre, fils*, gᵈ *in-8º*, *12 vol.* (Texte à 2 colonnes).

1er vol. — Libri Psalmorum : supplenda in psalmos. Libri Salomonis, contenant : Præfatio de in Proverbia Salomonis. Liber Proverbiorum.

Præfatio in Ecclesiasten. Ecclesiastes. Canticum canticorum. Liber Sapientiæ. Liber Ecclesiasticus. Liber Ecclesiastici. Explication de la prophétie d'Isaïe. Explication du psaume xxi. L'Apocalypse. Abrégé de l'apocalypse. Avertissement aux protestants. De excidio Bahylonis. Avertissement. Lettres. Instructions. S. Jean. Actes des apôtres. Epître aux Romains, aux Corinthiens, aux Ephésiens, aux Thessaloniciens. Epître à Philémon. Epitre aux Hébreux. Epitre de S. Pierre. Epître de S. Jean. Epitre de S. Jude.

2e vol. — Défense de la tradition et des saints pères. Instruction sur la lecture de l'Écriture sainte. Élévations sur les mystères. Méditations sur l'Évangile. Traité de la concupiscence. Opuscules.

3e vol. — Sermons.

4e vol. — Sermons. Pensées chrétiennes et morales. Panégyriques. Sermons pour les vêtures et professions religieuses. Oraisons funèbres.

Tome 5e. — De institutione Delphini. De la connaissance de Dieu et de soi-même. Traité du libre-arbitre. Politique. Discours sur l'histoire universelle. La logique. Mélanges.

6e vol. — Abrégé de l'histoire de France. Catéchisme du diocèse de Meaux. Prières ecclésiastiques. Méditations pour le temps du jubilé. Statuts et ordonnances synodales. Précis concernant l'état de l'abbaye de Jouarre. Cleri gallicani de ecclesiasticâ potestate declaratio. Extraits des procès-verbaux de l'assemblée générale du clergé de France, de 1700. Censura et Declaratio. Mémoires au sujet de l'impression des ouvrages de doctrine, composés par les évêques. De doctrinâ Concilii Tridentini. Extrait du procès-verbal de l'assemblée du clergé, en 1700. Ordonnance et instruction pastorale de Mgr l'archevêque de Paris.

7e vol. — Histoire des variations des églises protestantes. Avertissements aux protestants sur les lettres du ministre Jurieu. Défense de l'histoire des variations contre la réponse de M. Basnage.

L'antiquité éclaircie, etc. Extraits de quelques lettres de M. Burnet. Exposition de la doctrine de l'église catholique. Lettres. Instructions pastorales.

Tome 8e. — Fragments. Réfutation du catéchisme du sieur Paul Ferry. Conférence avec M. Claude. Traité de la communion sous les deux espèces. La tradition défendue. Explications de quelques difficultés. Lettre pastorale. Pièce concernant un projet de réunion des protestants de France à l'église catholique. Recueil de dissertations. Regulæ, etc., etc. Cogitationes privatæ. Projet de réunion. Descripto, etc. Declaratio. Réflexions. Nouvelle explication. Seconde partie qui contient les lettres.

9e vol. — Mémoire sur la bibliothèque ecclésiastique. Remarqués. Traité de l'usure. Dissertatiunculæ. Ouvrages sur le quiétisme. Actes sur la condamnation des quiétistes. Sommaire de la doctrine du livre qui a pour titre : Explication des maximes des saints. Divers écrits et mémoires. Préface sur l'instruction pastorale. De novâ quæstione. Mystici in tuto. Schola in tuto. Quietismus redivivus. Remarques. Conclusion. Réponse. Relation.

10e vol. — Defensio declarationis Conventus cleri Gallicani. Mémoire. Lettres et mélanges. Maximes et réflexions sur la comédie.

11e vol. — Lettres diverses. Lettres de piété et de direction. Lettres sur l'affaire du quiétisme.

12e vol. — Lettres sur l'affaire du quiétisme. Lettres diverses. Discours prononcé par M. Bossuet, évêque de Meaux, lorsqu'il fut reçu à l'Académie françoise. Table générale des matières. Histoire de Bossuet. Pièces justificatives.

2531. — D°. — Œuvres choisies. — Paris, *L. Hachette et Cie, 5 vol. in-8³, 1863.*

2532. — D°. — Œuvres inédites, découvertes et publiées sur les manuscrits du cabinet du Roi et des bibliothèques nationales, de l'Arsenal, par Aug.-L. Ménard. Tome 1. Cours royal complet sur Juvénal. — Paris, *Firmin Didot, 1881, in-8°.*

2533. — SAINT-EVREMONT (Charles Margotelle de Saint-Denis, comte d'Ethalan, seigneur de). — Œuvres meslées. — Paris, *chez Claude Barbin, au Palais, sur le second perron de la sainte Chapelle*, m. dc. xc, *in-4°, 2 vol.*

2534. — D°. — Nouvelles œuvres meslées. — Paris, *chez la veuve de Claude Barbin*, m. dcc, *in-12.*

2535. — SAINT-EVREMOND (Œuvres de Monsieur de), publiées sur les manuscrits de l'auteur. Nouvelle édition, augmentée de la vie de l'auteur, par M. Des Maizeaux. — *Londres, Jacob Tonson, et se vendent chez les libraires français dans le Strand*, m. dcc. xxv, *in-12*, 6 vol. Le tome cinquième manque. La reliure du tome 1er diffère de celle des autres.

2536. — D°. — Œuvres mêlées. — *Londres, aux dépens de Paul et Isaak Vaillant*, m. dcc. viii, *in-12*, 6 vol. Titre rouge et noir, papier réglé.

2537. — SAINT-RÉAL (l'abbé de). — Œuvres. Nouvelle édition. — Paris, *1757, 8 vol. in-12.*

2538. — PAVILLON (Etienne). — Œuvres. — *La Haye, Hⁱ Du Sauzet, 1715, in-12.*

2539. — D°. — Les mêmes Nouvelle édition, considérablement augmentée. — *Amsterdam, Z. Châtelain, 1750, 2 vol. in-12*. Frontispice gravé.

2540. — MAUCROIX (l'abbé F. DE). — Nouvelles œuvres, contenant la première Tusculane de Cicéron ; Lælius, ou de l'amitié ; Caton l'ancien ou de la vieillesse, avec quelques lettres de Brutus et de Célius au même ; les satyres, les épîtres et l'art poétique d'Horace. — Paris, *André Cailleau, 1726, in-12*.

2541. — LOUIS XIV. — Résumé de ses œuvres. — Paris, *Dumaine, 1869, g^d in-18*.

2542. — FÉNELON (F^{ois} DE SALIGNAC DE LA MOTHE). — Œuvres complètes. — *Toulouse, J^n Jph. Benichet aîné, 1810, 19 vol. in-12*.

2543. — TOURREIL (J. DE). — Œuvres. — Paris, *Brunet, 1721, 2 vol. in-4°*. Frontispice gravé.

2544. — DE CHALAMONT DE LA VISELÈDE. — Œuvres. — Paris, *par la Compagnie des libraires, 1726, in-12*, 2 tomes en un volume.

2545. — HOUDAR DE LA MOTTE. — Œuvres. — Paris, *Prault l'aîné, 1754, 10 vol. in-12*.

2546. — ROLLIN (C.) — Opuscules. — Paris, *les frères Estienne, 1772, 2 vol. in-12*.

2547. — ARDÈNE (ESPRIT-JEAN DE ROME D') — Œuvres posthumes. — *Marseille, J. Mossy, 1767, 4 vol. in-12*.

2548. — FONTENELLE (BERN. le Bovier ou le Bouyer DE). — Œuvres. Nouvelle édition. — *Paris, Gaillant-Desaint, Reynard Des Ventes de la Doué, 1767, 11 vol. in 12*.

2549. — MONTESQUIEU (CH^{les} SECONDAT, baron de la BRÈDE et DE). — Œuvres. Nouvelle édition, revue, corrigée et considérablement augmentée par l'auteur. — *Amsterdam et Leipsick, chez Arkstée et Merkus, 1758, 3 vol. in-4°*.

2550. — D°. — Les mêmes. — Paris, *Bernard-Grégoire, an IV, g^d in-4°*, 5 vol. pp. v. rac. fil. Portrait de Montesquieu, gravures.

2551. — D°. — Les mêmes. — Paris, *Gueffier, an IV de la République*, 5 vol. in-8°.

2552. — D°. — Les mêmes. — *Basle, Decker, 1799, 8 vol. in-8°*.

2553. — D°. — Les mêmes, précédés de la vie de Montesquieu, par Auger (L. S.) — Paris, *Lefèvre, 1820, in-8°*, 6 vol. Le 6e manque. Portrait de l'auteur.

2554. — D°. — Œuvres complètes avec les notes de tous les commentateurs. — Paris, *Lefèvre, 1839, 2 vol. in-8°.*

2555. — D°. — Les mêmes. — Paris, *Didot frères, 1846, in-4°.*

2556. — MAUPERTUIS (Pierre-Louis Moreau de). — Nouvelle édit. — Lyon, *J.-M. Bruyset,* m. dcc. lxviii, *in-8°, 4 vol.* Portrait de l'auteur.

2557. — DU MARSAIS (César Chesneau). — Œuvres recueillies et publiées par MM. Duchosal et Millor. — Paris, *Pougin, 1797, an V, in-8°, 7 vol. rel.*

1er vol. : Eloge de du Marsais. Exposition d'une méthode. Poëme. Remarques. Lettre. Réflexions. Véritables principes de la grammaire.

2e vol. : Epitome de Diis.

3e vol. : Des tropes. Dissertation. Lettre à M. Durand. Lettre d'une jeune demoiselle. Inversion. Fragment.

4e vol. : Mélanges de grammaire, etc.

5e vol. : Suite des mélanges. Logique.

6e vol. : De la raison. Le philosophe. Essai sur les préjugés.

7e vol. : Analyse. Exposition de la doctrine de l'Eglise gallicane. Table générale. Table des auteurs et des ouvrages cités.

2558. — ROY (P.-L.). — Œuvres diverses. — Paris, *Robustel. 1727, in-8°, 2 vol.*

2559. — ESPIARD de LA COUR (d'). — Œuvres meslées, contenant des pensées philologiques et quelques poésies de M. E. D. L. C. — *Amsterdam, 1749, in-8°.*

2560. — DESFORGES-MAILLARD (L.). — Œuvres en vers et en prose. — *Amsterdam, J. Schreuder, 1759, in-12, 2 vol.*

2561. — PIRON (Alexis). — Œuvres avec fig. en taille douce. — Paris, *Duchesne, 1758, in-12.* (Tomes 1er et 3e seulement).

2562. — D°. — Œuvres. — *Amsterdam, Merkein, 1764, 3 vol. in-12.*

2563. — D°. — Autre. — *Amsterdam, 1820, in-18.*

2564. — D°. — Œuvres complètes, publiées par Rigoley de Juvigny. — Paris, *Lambert, 1776, 7 vol.* V. m. fil.

2565. — DUVAL (Valentin-Jamerai). — Œuvres, précédées des mémoires sur sa vie. — *Londres, 1785, in-18.* V. p. p. fil. (2 ex.).

2566. — COLARDEAU (C.-P.). — Œuvres. — Paris, *Ballard, 1779, in-8°, 2 vol.*

2567. — D°. — Œuvres choisies. — Paris, *Janeh et Cotelle, 1825, in-8°.*

2568. — VOLTAIRE. — Œuvres complètes, avec des avertissements et des notes par Condorcet, imprimées aux frais de Beaumarchais par les soins de M. De Croix. — *Kehl, de l'imprimerie de la Société littéraire typographique 1785-89, in-8° 70, vol.* Avec les tables analytiques et raisonnées des matières contenues dans les œuvres de Voltaire, rédigées par P.-M. Chantereau. — Paris, *Deterville, 1801, in-8°, 2 vol.* En tout 72 vol. v. rac.

A ces œuvres complètes de Voltaire sont joints les ouvrages suivants formant 10 vol. in-8° reliés comme les œuvres.

— 1ᵉʳ vol. n° 73 de l'ouvrage :

LEPAN. — Vie politique, littéraire et morale de Voltaire, où l'on réfute Condorcet et ses autres historiens, etc. — Paris, *Cordier, 1817.*

HAREL (ELIE). — Particularités curieuses de la vie et de la mort de Voltaire, avec des réflexions sur le mandement des vicaires généraux, etc. contre la nouvelle édition de ses œuvres et de celles de J.-J. Rousseau. — Paris, *Leclerc, 1817, in-8°.*

FAC-SIMILE de l'écriture de Voltaire et FAC-SIMILE de l'écriture de Rousseau. — Paris, *Chevalier, 1817, in-8°.*

VOLTAIRE jugé par les faits, par M***. — Paris, *Plancher, 1817, in-8°.*

INSTRUCTION PASTORALE de l'évêque de Troyes sur les œuvres de Voltaire et de Rousseau. — Paris, *Leclerc, 1821, in-8°.*

TOUQUET. — Lettre de Touquet à l'évêque de Troyes. — Paris, *Touquet, 1821, in-8°, etc.* 13 brochures reliées en un vol.

— 2ᵉ volume, n° 74 de l'ouvrage :

PELLEGRIN (L'abbé). — Apologie de Voltaire. — *Londres, 1786, in-8°.*

MONTBRUN (DE). — La canne de Voltaire et l'écritoire de Rousseau, dialogue. — Paris, *L'Huillier-Delaunay, 1817, in-8°.*

LA RAISON vengée de l'inconséquence, ou lettre de M. Azaïs à M. de Feletz. Réponse de M. Azaïs à M. de Feletz. — Paris, *Ladvocat-Grabit, 1817.*

INSTRUCTION PASTORALE de Son Infaillibilité, Mgr le Mouphti des mulsumans, siégeant à Constantinople, sur l'ouverture du Ramadhan, et, par occasion, sur l'introduction dans l'empire ottoman d'éditions nouvelles des œuvres de Voltaire et de J.-J. Rousseau. — *Constantinople et Paris, 1817, in-8°.*

MARCHAND. — Testament politique de M. V*** (Voltaire). — *In-8°.*

Azaïs (Es.). — Jugement philosophique sur J.-J. Rousseau et sur Voltaire. — Paris, *1817, in-8°*, et le Journal général de France, contenant un compte-rendu de l'ouvrage de M. Azaïs.

Voltaire et son génie, son arrivée et son triomphe dans l'autre monde, drame en trois actes et en prose, ouvrage posthume de feu Bros, publié par Crussaire. — Paris, *1817, in-8°*.

Voltaire, ou le triomphe de la philosophie moderne, poëme en 8 chants, avec épilogue, suivi de diverses pièces en vers et en prose, par Berchoux (G), 2ᵉ édition. — Paris, *Michaud, 1817, in-8°*.

Toutes ces brochures reliées en un volume.

— 3ᵉ volume, n° 75 de l'ouvrage :

Tableau philosophique de l'esprit de Voltaire, pour servir de suite à ses ouvrages et de mémoire à l'histoire de sa vie, par l'abbé Sabatier de Castres. — *Genève, Cranmer, 1771, in-8°*, un vol.

— 4ᵉ volume, n° 76 de l'ouvrage :

Soirées de Ferney, ou Confidences de Voltaire, recueillis par un ami de ce grand homme (Simien Despréaux). — Paris, *Dentu, an X*, un vol

— 5ᵉ et 6ᵉ volumes, n°ˢ 77 et 78 de l'ouvrage :

Supplément au recueil des lettres de M. de Voltaire, avec un avis de l'éditeur et des notes, par M. Auger. — Paris, *1808, in-8°, 2 vol*.

— 7ᵉ volume, n° 79 de l'ouvrage :

Lettres inédites de Voltaire, adressées à Mᵐᵉ la comtesse de Lutzelbourg auxquelles on a joint une lettre autographe de Voltaire, gravée par Miller. — Paris, *1812, in-8°*.

— 8ᵉ volume, n° 80 de l'ouvrage :

Correspondance de Voltaire et du cardinal de Bernis, 1761-1777, publiée d'après les lettres originales, avec quelques notes, par Bourgoing. — Paris, *Dupont, an VII, in-8°*.

— 9ᵉ volume, n° 81 de l'ouvrage :

Lettres de quelques juifs portugais et allemands à M. de Voltaire, avec des réflexions critiques, etc., et un petit commentaire extrait d'un plus grand, par Guénée. — *Lisbonne et Paris, L. Prault, 1769, in-8°*.

— 10ᵉ et dernier volume, n° 82 de l'ouvrage :

Histoire de la vie et des ouvrages de Voltaire, suivie des jugements qu'ont porté de cet homme célèbre divers auteurs estimés, par L Paillet de Warey. — Paris, *M. Dufrèche, 1824, in-8°*.

2569. — Dᵉ. — Œuvres complètes. Même édition que la précédente. — *Kehl, 1785, in-12, 92 vol.*

2570. — D°. — Œuvres complètes. — *Impression de la Société littéraire typographique, 1784, 69 vol. in-8°.*

2571. — D°. — Œuvres choisies. — *Paris, P. Dupont, 1826, in-8°, 31 vol.* Manquent le 11ᵉ et le 23ᵉ vol. Portrait de Voltaire.

2572. — D°. — Œuvres complètes, avec des notes et une notice historique sur la vie de Voltaire. — *Paris, Furne et Cⁱᵉ, 1846, 13 vol. in-4°.*

2573. — LUCHET (le marquis DE). — Histoire littéraire de M. de Voltaire. — *Cassel, 1781, in-8°, 6 vol.*

2574. — LINGUET (S. N. H.) — Examen des ouvrages de Voltaire, considéré comme poète, comme prosateur, comme philosophe. — *Bruxelles, 1788, in-8°.*

2575. — WAGNIÈRE. — Commentaire historique sur les œuvres de l'auteur de la Henriade, etc., avec les pièces originales et les preuves. — *Basle, P. Duker, 1776, in-8°.*

2576. — ANALYSES et critiques des ouvrages de M. de Voltaire, avec plusieurs anecdotes intéressantes et peu connues qui le concernent, depuis 1762 jusqu'à sa mort 1778. Recueil indispensable à tous ceux qui ont acquis les nouvelles éditions des œuvres de Voltaire. — *Kehl, 1789, in-8°.*

2577. — LACOMBE (JACQUES). — Poétique de Voltaire ou observations recueillies de ses ouvrages concernant la versification française, les différents genres de poésie, etc. — *Genève et Paris, Lacombe, 1766, in-8°, 2 vol.*

2578. — JOHANNEAU (ELOI). — Rhétorique et poétique de Voltaire, appliquées aux ouvrages des siècles de Louis XIV et de Louis XV, ou principes de littérature tirés textuellement de ses œuvres et de sa correspondance, etc., etc. — *Paris, A. Johanneau, 1828, in-8°.*

2579. — CLÉMENT (J.-M.-R.). — Lettres de M. de Voltaire. — *La Haye et Paris, Moutard, 1773, in-8°, 5 vol.*

2580. — ROUSSEAU (J.-J.). — Collection complète de ses œuvres. — *Genève, 1782 pᵗ in-12, 36 vol.*

2581. — D°. — Œuvres complètes. — S. l. d'imp. de 1788-1793. *38 vol. in-8°.* Nᵘᵉ édition ornée de 90 gravures.

2582. — D°. — Œuvres. Edition ornée de superbes figures, d'après les tableaux et dessins de Cochin, Vincent Regnault et Monsiau. — *Paris, Didot le jeune, et Amsterdam, J.-E. Gabriel Dufour, successeur de Defer de Maisonneuve, 1793-1800, grand in-4°, p. p. vel. 18 vol.*

2583. — D°. — Œuvres. N^lle édition. — *Thomine et Fortic, 1823, in-18, 25 vol.* fig.

2584. — D°. — Supplément aux œuvres de Rousseau, pour servir de suite à toutes les éditions. — *Genève, 1778, in-8°.*

2585. — D° — Œuvres complètes, avec des notes historiques. — *Paris, Furne et Cie, 1846, 4 vol. in-4°.*

2586. — D°. — Œuvres et correspondance inédites publiées par M. G. Streckeisen-Monltou. — *Paris, Mich. Lévy, frères, 1861, in-8°.*

2587. — DORAT (E.-J.). — Collection complète de ses œuvres. — *Neufchâtel, 1776, in-8°, 6 vol. rel.*

2588. — COYER (L'abbé). — Œuvres. Nouvelle édition. — *Londres et Paris, 1765, in-12, 2 vol.*

2589. — LA LOUPTIÈRE (DE). — Poésies et œuvres diverses. — *Amsterdam et Paris, P. Prault, 1768, in-8°, 2 vol.*

2590. — MABLY (L'abbé DE). — Œuvres complètes. — *Lyon, Delamollière, 1792, in-8°.*

2591. — D°. — Les mêmes. — *Paris, Ch^les Desbrière, an III de la République, 15 vol. in-8°.* (2 exemplaires.)

2592. — CONDORCET. — Œuvres publiées par A. Condorcet, etc. O'Connor et M. F. Arago. — *Paris, 1847-1849, F. Didot, in-8°, 12 vol.*

2593. — THOMAS (A.-L.). — Œuvres diverses. — *Amsterdan, E. Van Harrevelt, 1762, in-8°, 2 vol.*

2594. — D°. — Œuvres. Nouvelle édition. — *Amsterdam, E. Van Harrevelt, 1774, in-12, 4 vol.*

2595. — D°. — Œuvres posthumes, publiées par N.-L. Desessarts. — *Paris, Desessarts, 1802, in-8°, 2 vol.*

2596. — RADONVILLIERS (L'abbé DE). — Œuvres diverses, précédées d'un discours prononcé par le C^al Maury, le jour de sa réception dans la classe de la langue et de la littérature française de l'Institut, publiées par P. Noël. — *Paris, 1807, in-8°, 3 vol.*

2597. — RICCOBONI (Mme). — Œuvres complètes. Nouvelle édition, 24 fig. — *Paris, 1786, in-8°, 3 vol.*

2598. — CAZOTTE (JACQUES). — Œuvres badines et morales. Nouvelle édition. — *Londres, 1788, in-18, 7 vol.* v. porp. fil.

2599. — VILLETTE (le marquis DE). — Œuvres. — *Londres, 1782*, in-18, v. gr. fil.-

2600. — BARTHÉLÉMY (J. J.) — Œuvres diverses. — Paris, *H. J. J. Jansen, an 6*, in-8°, 2 vol.

2601. — BEAUMARCHAIS (Caron de). — Œuvres complètes. — *1780*, in-8°, 4 vol.

2602. — D° (Pierre-Augustin Caron de). — Œuvres complètes. — Paris, *Etienne Ledoux, 1821*, 6 vol. in-8°.

2603. — D°, d°. — Les mêmes, précédées d'une notice sur sa vie et ses ouvrages, par M. St-Marc Girardin. — Paris, *Firmin Didot, 1845*, in-4°.

2604. — MARMONTEL (J. F.) — Œuvres posthumes. Régence du duc d'Orléans et mémoires. — Paris, *an XIII*, in-12, 6 vol.

2605. — DEMOUSTIER (C. A.) — Les consolations et opuscules en vers et en prose. — Paris, *A. A. Renouard, an XII*, in-18

2606. — CHÉNIER (J. M). — Œuvres choisies. — Paris, *Ch^es Béchet aîné, 1826*, in-32.

2607. — LUCE de LANCIVAL. — Œuvres précédées d'une notice par Collin de Planzy, et des discours prononcés sur sa tombe par MM. Deguerle, Lacretelle et Royer. — Paris, *Brissot-Thivars et Cie, 1826*, in-8°, 2 vol.

2608. — D°. — Œuvres. — Paris, *Lemaire, 1826*, in-32, 2 vol.

2609. — SAINT-PIERRE (J. H. Bernardin de). — Œuvres mises en ordre par L. Aimé-Martin. — Paris, *Desrez, 1839*, g^d in-8°, 2 vol.

2610. — GIRODET-TRIOSON (A. L.) — Œuvres posthumes, suivies de sa correspondance, précédées d'une notice historique, et mises en ordre par P. A. Coupin. — Paris, *J. Renouard, 1829*, g^d in-8°, 2 vol. Fig.

2611. — VOLNEY (F. de). — Œuvres complètes. — Paris, *Bossange, 1821*, 8 vol. in-8°.

2612. — D°. — Œuvres complètes. — Paris, *Parmentier, 1826*, in-8°, 8 vol.

2613. — D°. — Œuvres complètes, précédées d'une notice sur la vie et les écrits de l'auteur. — Paris, *Firmin Didot frères, 1846*, in-4°.

2614. — NAPOLÉON. — Ses opinions et jugements sur les hommes et sur les choses, recueillis par ordre alphabétique, avec une introduction et des notes, par M. Dumas-Hinard. — Paris, *Paulin, 1838*, in-8°, 2 vol.

2615. — COURIER (P.-L.). — Collection complète de pamphlets politiques et opuscules littéraires. — *Bruxelles, 1827, in-8°.*

2616. — D°. — Mémoires, correspondance et opuscules inédits. — *Paris, Santelet et Cie, 1828, in-8°, 2 vol.*

2617. — CAUCHOIS-LEMAIRE. — Lettres et opuscules. — *In-8°, 3 vol.*

2618. — LANJUINAIS (J.-D.). — Œuvres avec notes biographiques, par V^{or} Lanjuinais. Portrait et fac-simile. — *Paris, Dondey-Dupré père et fils, 1832, in-8°, 4 vol.*

2619. — ARNAUD (A.-V.). — Œuvres. Mélanges. — *Paris, Bossange, 1827, in-8°.*

2620. — CHATEAUBRIAND (Le vicomte DE). — Œuvres complètes. — *Paris, Eug. et Vict. Penaud frères, in-8°, 12 vol.* — Discours historiques, 1 vol. — Les Martyrs, 2 vol. — Itinéraire de Paris à Jérusalem, 2 vol. — Mélanges historiques, 1 vol. — Analyse de l'histoire de France, 1 vol. — Génie du christianisme, 2 vol. — Atala, René, 1 vol. — Les Natchez, 1 vol. — Opinions et discours, 1 vol.

2621. — D°. — Les mêmes, accompagnées d'un essai sur la vie et les œuvres de l'auteur. — *Paris, Didot frères, 1847, 5 vol. in-8°.*

2622. — D°. — Mémoires d'outre-tombe. — *Paris, Boulanger et Legrand, 6 vol. in-4°.*

2623. — D°. — Congrès de Vérone. — *Paris, Legrand, Troussel et Pomey, in-4°.*

2624. — STASSART (Le baron DE). — Œuvres complètes, publiées et accompagnées d'une notice biographique et d'un examen critique des ouvrages de l'auteur, par P.-N. Dupont-Delporte. Nouvelle édition. Portrait de l'auteur. — *Paris, Firmin Didot frères, et chez les principaux libraires de Paris et des départements, 1855, grand in-8°.*

2625. — ARAGO (FRANÇOIS). — Œuvres complètes. — *Paris, Gide, 1854-57, in-8°, 12 vol. rel.*

2626. — STASSART (Le b^{on} DE). — Œuvres complètes. Publiées et accompagnées d'une notice biographique et d'un examen critique des œuvres de l'auteur, par P. Dupont Delporte. — *Paris, Didot, 1855, N^{lle} Ed^{on}, port., g^d in-8° rel.*

2527. — NODIER (CHARLES). — Œuvres. Les sept châteaux du roi de Bohême. Edition illustrée. — *Paris, Victor Lecou, 1852, in-8°.* — Romans, nouvelle édition, revue et accompagnée de notes. — *Paris,*

BELLES LETTRES.   319

Charpentier, 1855, in-8°. — Souvenirs de la Révolution et de l'Empire. 7ᵉ édition, avec notes et augmentations considérables. — Paris, *Charpentier, 1860, 2 vol. in-8°*. — Contes de la veillée. — Paris, *Charpentier, 1860, in-8°*. — Nouvelles, choisies des fantaisies du Dériseur sensé. Nouvelle édition, accompagnée de notes. — Paris, *Charpentier, 1860, in-8°*. — Souvenirs de jeunesse, suivis de Mˡˡᵉ de Marsan et de la Neuvaine de la Chandeleur. 7ᵉ édition, accompagnée de notes. — Paris, *Charpentier, 1862, in-8°*. — Contes fantastiques. Nouvelle édition, accompagnée de notes. — Paris, *Charpentier, 1861, in-8°*.

2628. — LAMENNAIS (F.-R.). — Œuvres. — Paroles d'un croyant. Nouvelle édition populaire. — Paris, *Daubrée et Cailleux, 1835, pet. in-8°*. — Politique à l'usage du peuple, 4ᵉ édition augmentée, 2 vol. 1839. — De l'Esclavage moderne, décembre 1839. — Le Pays et le Gouvernement, 1840. — Du passé et de l'avenir du peuple, 1841. — De la Religion, 1841. — Une voix de prison, 1844. — Les sept derniers volumes édités à Paris, *Pagnerre, pet. in-8°*.

2629. — CORMENIN (Louis-Marie de Lahaye, vicomte du). — Œuvres sous le nom de Timon, *4 vol. pet. in-8°*. — Questions scandaleuses d'un Jacobin au sujet d'une dotation, 1840. — La Légomanie, 1844. — Dix-huitième édition des deux derniers pamphlets de Timon sur la dotation, suivie de la note du *Moniteur* et des discours de MM. Lherbette, Guizot et Dupin, 1844. — Oui et Non, au sujet des ultramontains et des gallicans, par Timon (qui n'est ni l'un ni l'autre). 7ᵉ édition, 1845. — Paris, *Pagnerre*.

2630. — HUGO (Victor). — Paris, *Furne et Cⁱᵉ, 1840-46, 16 volumes grand in-8°*. Le tome XIII manque. Gravures.

— Tome I. — Odes et Ballades.

— Tome II. — Odes et Ballades. Les Orientales.

— Tome III. — Chants du crépuscule.

— Tome IV. — Voix intérieures. Rayons et Ombres.

— Tomes V et VI. — Notre-Dame de Paris.

— Tome VII. — Cromwell.

— Tome VIII. — Hernani. Marion de Lorme. Le Roi s'amuse.

— Tome IX. — Lucrèce Borgia. Marie Tudor. Angelo.

— Tome IX bis. — La Esmeralda. Ruy-Blas. Les Burgraves.

— Tome X. — Han d'Islande.

— Tome XI. — Bug-Jargal. Le dernier jour d'un condamné.

— Tome XII. — Littérature et philosophie mêlées.

— Tome xiii (manque).

— Tomes xiv, xv et xvi. — Le Rhin (lettres à un ami).

2631. — D°. — Œuvres. — *30 volumes grand in-8°, 1841-1862.* Le tome xiii manque.

— Tome i. — Odes et Ballades. 1841.

— Tome ii. — Odes et Ballades. Les Orientales. 1841.

— Tome iii. — Les Feuilles d'automne. Les Chants du crépuscule. 1843.

— Tome iv. — Les Voix intérieures. Les Rayons et les Ombres. 1843.

— Tomes v et vi. — Notre-Dame de Paris. 1844-1850.

— Tome vii. — Cromwell. 1840.

— Tomme viii. — Hernani. Marion de Lorme. Le Roi s'amuse. 1843.

— Tome ix. — Lucrèce Borgia. Marie Tudor. Angelo. Procès d'Angelo et d'Hernani, 1844.

— Tome ix bis. — La Esmeralda. Ruy-Blas. Les Burgraves.

— Tome x. — Han d'Islande.

— Tome xi. — Bug-Jargal. — Le dernier jour d'un condamné. 1844.

— Tome xii. — Littérature et philosophie mêlées. 1844.

— Tome xiii. — Manque.

— Tomes xiv, xv et xvi. — Le Rhin, lettres à un ami. — Paris, *Furne et Cie, 1846.*

— Tomes xvii et xviii. — Les Contemplations, 3e édit. — Paris, *Michel Lévy frères, Hetzel, Pagnerre, Gustave Havard, 1857.*

— Tomes xix et xx. — La légende des siècles, 1re série. Histoire. Les petites épopées. — Paris, *Mich. Lévy frères, Hetzel et Cie, 1859.*

— Du tome xxi compris au tome xxx compris. — Les Misérables. — Paris, *Pagnerre, 1862.*

2632. — COUSIN (Victor). — Œuvres. — Paris, *Didier et Cie, 18 vol. in-8°.*

— Premiers essais de philosophie, 3e édition, revue et corrigée. — Paris, *librairie nouvelle, 1855.*

— Philosophie sensualiste au dix-huitième siècle, 3e édition, revue et corrigée. — Paris, *même librairie, 1856.*

— Introduction à l'histoire de la philosophie, 4e édition, revue et corrigée. — Paris, *Didier et Cie, 1861.*

— Philosophie de Locke, 4ᵉ édition, revue et augmentée. — Paris, *Didier et Cⁱᵉ, 1861*.

— Histoire générale de la philosophie, 4ᵉ édition, revue et augmentée. *Didier et Cⁱᵉ, 1861*.

— Histoire générale de la philosophie depuis les temps les plus anciens jusqu'à la fin du xvıııᵉ siècle. Nouvelle édition. — *Même librairie, 1864.*

— Du Vrai, du Bien et du Beau, 6ᵉ édition. — *Même librairie, 1856.*

— Philosophie de Kant, 3ᵉ édition, revue et augmentée. — Paris, *librairie nouvelle, 1857.*

— Fragments et souvenirs, 3ᵉ édition, considérablement augmentée. — Paris, *Didier et Cⁱᵉ, 1857.*

— Jacqueline Pascal, premières études sur les femmes illustres et la Société du xvıɪᵉ siècle, 3ᵉ édition. — Paris, *Didier et Cⁱᵉ, 1856.*

— Etudes sur Pascal, 5ᵉ édition, revue et augmentée. — *Didier et Cⁱᵉ, 1857.*

— La Société française au xvıɪᵉ siècle, d'après le grand Cyrus de Mˡˡᵉ de Scudéry. — *Didier et Cⁱᵉ, 1858, 2 vol.*

— Madame de Sablé, études sur les femmes illustres et la Société du xvɪɪᵉ siècle. — *Didier et Cⁱᵉ, 1854.*

— Madame de Longueville. Etudes sur les femmes illustres et la Société du xvɪɪᵉ siècle, 3ᵉ édition. — *Didier et Cⁱᵉ, 1855-1859, 2 vol.*

— Madame de Chevreuse et Madame de Hautefort. Nouvelles études sur les femmes illustres du xvɪɪᵉ siècle. — *Didier et Cⁱᵉ, 1856, 2 vol.*

2633. — VILLEMAIN (ABEL-FRANÇOIS). — Œuvres. — Paris, *Didier, 1854-1858, 14 vol. in-8°.*

— Tableau de la littérature au xvıııᵉ siècle. Nˡˡᵉ édit., 4 vol. 1854-1855.

— Tableau de la littérature au moyen-âge en France, en Italie, en Espagne, en Angleterre. Nouvelle édition, revue et corrigée. 2 vol. 1866.

— Littérature ancienne. Nouvelle édition, revue et corrigée. 1 vol. 1856.

— Discours et mélanges littéraires. Nouvelle édition, revue et corrigée. 1 vol. 1856.

— Choix d'études sur la littérature contemporaine. 1 vol. 1857.

— Tableau de l'éloquence chrétienne au ɪvᵉ siècle. Nouvelle édition, revue et corrigée. 1 vol. 1857.

— La République de Cicéron, traduite d'après le texte découvert par M. Maï, avec un discours préliminaire et des suppléments historiques. Nˡˡᵉ édition, revue et corrigée. 1 vol. 1858.

— Etudes d'histoire moderne. N^{lle} édition, revue, corrigée et augmentée. 1 vol. 1856.

— Souvenirs contemporains d'histoire et de littérature, 5ᵉ édition. 2 vol. 1855-1856.

2634. — GIRARDIN (Mme Em. de), née Delphine Gay. — Œuvres complètes. — Paris, *Henri Plon, 1860-1861, 6 vol. in-8°*.

— Tome 1ᵉʳ. — Poèmes, poésies, improvisations. Portrait de l'auteur par Chassériau, gravé sur acier par Flameng, 1861.

— Tome 2ᵉ. — Romans : Le lorgnon. — La canne de M. de Balzac. — Monsieur le marquis de Fontange, 1861.

— Tome 3ᵉ. — Nouvelles et contes : Marguerite ou deux amours. — Il ne faut pas jouer avec la douleur. — Contes d'une vieille fille à ses neveux, 1860.

— Tomes 4ᵉ et 5ᵉ. — Lettres parisiennes. Tome 4ᵉ années 1836-1840. Tome 5ᵉ : années 1840-1848-1860.

— Tomes 6ᵉ — Théâtre : L'école des journalistes. — Judith. — Cléopâtre. — C'est la faute du mari. — Lady Tartuffe. — La joie fait peur. — Le chapeau d'un horloger. — Une femme qui déteste son mari, 1860.

2635. — LAMARTINE (Alph. de). — Œuvres complètes. — Paris, *Charles Gosselin et Furne, 1836-1837. 10 vol. g^d in-8°*.

— Tome 1ᵉʳ. — Des destinées de la poésie, introduction (en prose). — Premières méditations poétiques (30 médit.) — La mort de Socrate, 1836.

— Tome 2ᵉ. — Nouvelles méditations poétiques (26 médit.). — Paysage (la chute du Rhin à Laüffen. — Une jeune fille. — Réflexion.) — Le dernier chant du pélerinage d'Harold, épîtres, 1837.

— Tome 3ᵉ. — Harmonies poétiques et religieuses (3 livres). — Epître à M. de Lamartine, par M. de Sainte-Beuve. — Réponse de M. Reboul, de Nîmes, à M. de Lamartine. — Ode à M. de Lamartine, par M. Victor Hugo, 1837.

— Tome 4ᵉ. — Harmonies poétiques et religieuses (livre IV). — Pièces diverses, entre autres deux discours sur l'abolition de la peine de mort, 1837.

— Tome 5ᵉ, 6ᵉ, 7ᵉ et 8ᵉ. — Voyage en Orient. 1836.

— Tome 9ᵉ. — Jocelyn, 1837.

— Tome 10ᵉ. — Jocelyn. — Note de l'éditeur. — Discours de réception à l'Académie. — Réponse de M. le baron Cuvier au discours de M. de Lamartine.

2636. — MUSSET (Alfred de). — Œuvres complètes d'Alfred de Musset, édition ornée de 28 gravures, d'après les dessins de M. Bida, d'un portrait gravé par M. Flameng, d'après l'original de M. Landelle, et accompagnée d'une notice sur Alfred de Musset, par son frère. — Paris, *Charpentier, 1866, 10 vol. in-8°.*

— Tomes 1ᵉʳ et 2ᵉ. — Poésies.
— Tomes 3ᵉ, 4ᵉ et 5ᵉ. — Comédies.
— Tomes 6ᵉ et 7ᵉ. — Nouvelles et contes.
— Tome 8ᵉ. — Confession d'un enfant du siècle.
— Tome 9ᵉ. — Mélanges.
— Tome 10ᵉ. — Œuvres posthumes.

2637. — NAPOLÉON III. — Œuvres. — Paris, *Amyot, 1854-1856, 5 vol, g^d in-8°.*

— Tome 1ᵉʳ. — L'idée napoléonienne. — Des idées napoléoniennes — Fragments historiques, 1688 et 1830. — Réponse à M. de Lamartine. — Rêveries politiques. — Mélanges.

— Tome 2ᵉ. — Mélanges (suite). — Extinction du paupérisme. — Tableau justificatif. — Analyse de la question des sucres. — Projet de loi sur le recrutement de l'armée. — Considérations politiques et militaires sur la Suisse. - Quelques mots sur Joseph-Napoléon Bonaparte. — Le canal de Nicaragua.

— Tome 3ᵉ. — Discours, proclamations, messages.

— Tome 4ᵉ. — Du passé et de l'avenir de l'artillerie.

— Tome 5ᵉ. — Discours, proclamations, messages. — Portrait de Napoléon III.

— Histoire de Jules César. — Paris, *H¹ Plon-Amyot ; Vienne Ch^{les} Gerold fils; Londres, Cassell, Petter et Galpin, 1865, 2 vol. g^d in-8°.* Atlas.

2638. — BOUCHER de PERTHES. — Œuvres. — Paris, *Treuttel et Wurtz, Derache-Dumoulin, V^{or} Didron, 1835-1859, 24 vol. in-12.*

2639. — LECHZINSKI (Stanislas), roi de Pologne. — Œuvres du Philosophe bienfaisant. Nouvelle édition, publiée par Marin. — Paris, *1769, 4 vol. in-12.*

2640. — FRÉDÉRIC II, roi de Prusse. — Œuvres complètes. Edition de 1770 (sans lieu d'impression). — *17 vol. in-8°.* (Le 2ᵉ manque.)

2641. — D°. — Œuvres posthumes. — Berlin, *Van et Decker, 1788 16 vol. in-8°.*

2642. — D°. — Résumé de ses œuvres. — Paris, *Dumaine, grand in 18.*

2643. — LIGNE (Le prince de). — Lettres et pensées, publiées par Mme la baronne de Staël-Holstein. — Paris, *J.-Z. Paschoud, 1809, in-8°.*

2644. — D°. — Mémoires et mélanges historiques et littéraires, avec son portrait et un fac-simile. — Paris, *A. Dupont et Cie, 1827, in-8°, 5 vol.*

2645. — ANCILLON (F.). — Mélanges de politique et de philosophie morale. — *Berlin, H. Frolich, et Paris, Fishs, 1801, in-8°.*

2646. — AUBINEAU (Léon). — Bibliothèque nouvelle. Religion. Histoire. Sciences. Littérature, par une société d'écrivains catholiques, sous la direction de M. Louis Veuillot, rédacteur en chef de l'*Univers.* — Paris, *Bibliothèque nationale, 1851, petit in-8°.*

2647. — ANDRIEUX (F.-G.-J.-S.). — Œuvres, avec gravures, d'après Desenne. — Paris, *Nepveu, 1818-1823, 4 vol. grand in-8°.*

2648. — CHAMFORT. — Œuvres complètes. — Paris, *Maradan, 1812, 2 vol. in-8°.*

2649. — CONDILLAC (Et. Bonnot de). — Œuvres, revues, corrigées par l'auteur, imprimées sur ses manuscrits autographes, et augmentées de la Langue des calculs, ouvrage posthume. — Paris, *imp. de Ch. Houel, an VI, 23 vol. in-8°.*

2650. — DIDEROT. — Œuvres, précédées de mémoires historiques et philosophiques sur sa vie et ses ouvrages. — Paris, *Brière. 1821, in-8°.*

2651. — FLORIAN. — Œuvres. — Paris, *Guilleminet, an IX et an X, 21 vol. in 12.* (Les tomes 3, 5 et 6 manquent.)

2652. — D°. — Œuvres complètes. — Paris, *Librairie économique, 1800, 24 vol. in-16.*

2653. — FRÉRET. — Œuvres complètes. Edition augmentée de plusieurs ouvrages inédits et rédigés par M. de Septchênes. — Paris, *Dandré, an IV, 20 vol. in-32.*

2654. — HOUSSAYE (Arsène). — Galerie du XVIIIe siècle. — 1re série : Les hommes d'esprit. — 2e série : Princesses de comédie et déesses d'opéra. — 3e série : Poëtes et philosophes. — 4e série : Hommes et femmes de cour. — 5e série : Sculpteurs, peintres et musiciens. — Paris, *L. Hachette et Cie, 1858, 5 vol. in-8°.*

— Le violon de Franjolé, roman. — Paris, *L. Hachette et Cie, 1859, in-8°.*

— Le repentir de Marion, roman. — Paris, *Victor Lecou, 1854, in-12.*

— Philosophes et comédiennes. — Paris, *Victor Lecou, 1854, in-8°.*

2655. — GÉDOYN (l'abbé Nicol). — Œuvres diverses. — Paris, *de Bure l'aîné, 1745, in-8°*.

2656. — LACRETELLE, l'aîné. — Œuvres divorses. — Paris, *Treuttel et Wurtz, an X, 2 vol. in-8°*.

2657. — LE ROY-MABILLE (Evariste-Héry-Joseph). — Œuvres, agronomie, économie politique, histoire, géologie, littérature, vers, philosophie : Table de la 1ʳᵉ partie (s. n. d'imprimeur, ni date d'impression), *in-8°*.

2658. — VIGNY (Alfred de). — Œuvres complètes. — Paris, *H. Delloye, V. Lecou, 1838, 7 vol. g^d in-8°*.

T. i. — Poèmes antiques et modernes. — T. ii et iii. — Cinq-Mars ou une conjuration sous Louis XIII. — 6ᵉ édit. précédée de réflexions sur la vérité dans l'art, et augmentée de notes historiques et de documents inédits. — T. iv. — Servitude et grandeur militaires. — T. v. — Théâtre. La maréchale d'Ancre. Chatterton. Quitte pour la peur. — T. vi. — Le More de Venise. Othello. Le marchand de Venise. — T. vii. — Stello.

2659. — BARCHOU DE PENHOEN (Aug^te-Théod.-Hilaire, baron de). — Œuvres complètes. — *16 vol in-8°, 2 brochures in-8°*.

— Mémoires d'un officier d'état-major (expédition d'Afrique). — Paris, *Charpentier, 1835*.

— Un automne au bord de la mer. — Paris, *Charpentier, 1836*.

— Guillaume d'Orange et Louis-Philippe. — Paris, *Charpentier, 1835*.

— Destination de l'homme, de Fichte. Traduit de l'allemand. — Paris, *Charpentier, 1836*.

— Histoire de la philosophie allemande, depuis Leibnitz jusqu'à Hegel. — Paris, *Charpentier, 1836, 2 vol*.

— Histoire de la conquête de l'Inde par l'Angleterre. Publication de Guiraudet et Jouaust. — Paris, *au comptoir des imprimeurs-unis, 6 vol*.

— L'Inde sous la domination anglaise. Même publication. — Paris, *au Comptoir des imprimeurs-unis, 2 vol*.

— Essai sur la philosophie de l'histoire. — Paris, *Guiraudet et Jouaust, Comptoir des imprimeurs (librairie Comon), 1854, 2 vol*.

— Un mot sur la situation politique (aux électeurs du Finistère). — Paris, *Guiraudet et Jouaust, 1849, brochure in-8°*.

— Lettre d'un membre de la majorité à ses commettants. — Paris, *A. Guyot et Scribe, 1850, brochure in-8°*.

2660. — BRANDAT (Paul). — Œuvres. — *23 vol. in-12.*

— Réflexions diverses. — Paris, *Sandoz et Fischbacher, Fischbacher successeur, 1875-1888, 6 vol.*

— Mers de l'Inde. — Paris, *E. Lachaud, 1870.*

— Mers de Chine. — Paris, *Pichon et Cie, 1872.*

— Les trois Caps, journal de bord. — Paris, *Sandoz et Fischbacher, 1877.*

— Lettres d'un marin. Calédonie. Le Cap. Saint-Hélène. — Paris, *G. Fischbacher, 1881.*

— Autour du monde. — Paris, *librairie Fischbacher* (Société anonyme), *1884.*

— Çà et là. Cochinchine et Cambodge. L'âme khmère. Ang-kor. — Paris, *librairie Fischbacher* (Société anonyme), *1886.*

— Le Haut-Mékong ou le Laos ouvert. Avec une carte autographe du Haut-Mécong, dressée par M. C. de Fésigny. — Paris, *librairie Fischbacher* (Société anonyme), *1887.*

— En mer. Souvenirs et fantaisies. — Paris, *Paut Dupont, Pache et Deffaux, 1868.*

— Récits et nouvelles. — Paris, *E. Lachaud, 1869.*

— Un jour à Monaco. — Paris, *André Sagnier, 1873.*

— Contre vent et marée. La dame pâle. Le répentir. Le bois de Kéroman. La glace. Amours funèbres. Le château de Trémazan. Lettre d'un transporté. Police correctionnelle. Massino Bracchioti. Le père Bailly. — Paris, *E. Dentu, 1883.*

— Soleil d'automne. — Paris, *librairie Fischbacher* (Société anonyme), *1885.*

— Guerre à outrance et République. — *Brest, U. Piriou, 1870.*

— République constitutionnelle. Etude sur le gouvernement des Etats-Unis. — Paris, *E. Lachaud, 1871.*

— La République rurale. — Paris, *Henry Bellaire, 1872.*

— Les Droits de l'Homme. — *Même librairie, 1872.*

— La Représentocratie. — Paris, *Sandoz et Fischbacher, 1874.*

2661. — DUPARC (Ed. de la Barre). — Opinions et maximes de Frédéric-le-Grand, recueillies, annotées et précédés d'une introduction. — Paris, *Ch. Tanera, 1857, in-8°.*

— Les cents de pensées. — Paris, *aux frais de l'auteur, 1876.* Plaq. de 30 pages, *in-8°.*

— Monsieur, Mademoiselle et Madame de Scudéry. — *Brest, Gadreau, 1878.* Plaq. de 34 pages, *in-8°*.

— L'art militaire pendant les guerres de religion. — Paris, *Ch. Tanera, 1864, in-8°.*

— Réflexions sur les talents militaires de Louis XIV. — Paris, *Ch. Tanera, 1867, in-8°*, 40 pages. Notice des ouvrages du commandant de la Barre Duparc, 17 pages.

— Les chiens de guerre. — Paris, *Ch. Tanera, 1869, in-32.*

— Les chats de guerre. — Paris, *1878, in-32*, 68 pages.

— Les flatteries guerrières de Boileau. — *Orléans, Colas, 1871.* Plaq. de 16 pages, *in-8°*.

— Du nombre des tués dans les batailles. — Paris, *Ch. Tanera, 1870, in-8°*, 31 pages.

— François Ier et ses actions de guerre. — Paris, *Ch. Tanera, 1871*, 41 pages, *in-8°*.

— Le soldat français comparé aux soldats étrangers. — Paris, *Ch. Tanera, 1872, in-8°*, 35 pages.

— La monnaie de Turenne. — Paris, *Ch. Tanera, 1874, in-8°*, 25 pages.

— Henri IV et nos frontières. — Paris, *Ch. |Tanera, 1878, in-8°*, 49 pages.

2662. — SÉGUR (L. P. Cte DE), de l'Académie française, pair de France.
— Œuvres complètes, ornées de son portrait, d'un fac-simile de son écriture et de deux atlas composés de 32 planches, par P. Tardieu, pour servir à l'histoire ancienne, romaine et du Bas-Empire.. — Paris, *A. Eymery, 1824, 33 vol. in-8°*, sans compter l'atlas.

— Mémoires ou souvenirs et anecdotes, ornés du portrait de l'auteur, d'un fac-simile de son écriture, d'un portrait de l'impératrice Catherine II, d'une médaille et d'une carte du voyage de Crimée, *3 vol.*

— Histoire ancienne, *3 vol.*

— Histoire romaine, *4 vol.*

— Histoire du Bas-Empire, *4 vol.*

— Histoire de France, *9 vol.*

— Décade historique ou tableau historique de l'Europe, *3 vol.*

— Galerie morale et politique, *3 vol.*

— Politique des cabinets de l'Europe, *3 vol.*

— Mélanges, *1 vol.*

2663. — D°. — Œuvres complètes. — Paris, *A. Eymery, 1827, 33 vol. in-8°* et 2 atlas.

2664. — MÉRIMÉE (Prosper). — Colomba, suivi de la Mosaïque et autres contes et nouvelles. — Paris, *Charpentier, in-8°* (3 exemplaires), *1852-1853-1857*. Nouvelles éditions corrigées.

— Nouvelles. — Paris, *Mich. Lévy frères, 1852, in-8°*.

— Les deux héritages. L'inspecteur général. Les débuts d'un aventurier. — Paris, *Mich. Lévy frères, 1853, in-8°*.

— Chronique du règne de Charles IX, suivi de la double méprise et de la Guzla. — Paris, *Charpentier, 1853, in-8°*.

— Théâtre de Clara Gazal, comédienne espagnole, suivi de la Jacquerie et de la famille Carvajal. — Paris, *Charpentier, 1850, in-8°*.

— Notes d'un voyage dans l'ouest de la France, extrait d'un rapport adressé à M. le Ministre de l'intérieur. — Bruxelles, *Société belge de librairie Hauman, Cattoir et Cie, 1837, in-8°*.

---

4. — POLYGRAPHES ÉTRANGERS

Italiens, espagnols, allemands, anglais, etc.

2665. — MACHIAVEL (N.). — Œuvres. Nouvelle édition, contenant le 1er livre des discours politiques sur la première décade de Tite-Live. — Paris, *Volland, 1793, in-8°, 8 vol.*

2666. — QUEVEDO (Don Francisco). — Obras. — *En Brusselas, Fr. Foppens, 1660, in-4°.* 3 vol. p. vél.

2667. — PALAFOX (Dom J. de). — Œuvres spirituelles. Nouvelle édition. — *Marseille, J. Morry, 1775, in-18.*

2668. — MERTHGEN. — Œuvres pastorales. Trad. de l'allemand par le baron de Nausell, suivies des aulnayes de Voux, idylles françaises, par M. Le Boux de la Bapaumerie. — Paris, *Belin, 1783, in-16, 2 vol.* (fig.)

2669. — SCHILLER (J.-Fréd.-Christophe). — Œuvres. Trad. nouvelle, par A. Régnier. — Paris, *L. Hachette, 1859, in-8°, 8 vol.*

2670. — GŒTHE (Jean-Wolfgang). — Gœthe's sammtliche works. — Paris, *Baudry, 1840, 5 vol. grand in-8°*.

2671. — Dº. — Œuvres. Traduction nouvelle, par Porchat (Jacques). — Paris, *L. Hachette, 1860, 4 vol. in-8º*.

2672. — POPE (ALEX.). — The works of Mʳ Alexander Pope. Portrait de Pope. — *London, printed by T. J. for the Company, 1720, petit in-8º*.

2673. — Dº. — Œuvres complètes, traduites en français par l'abbé de la Porte. Nouvelle édition, avec le texte anglais mis à côté des meilleures pièces, ornée de gravures. — Paris, *Durand, 1780, 8 vol. in-8º*. V. porp. fil.

2674. — PAINE (TH.). — Recueil d'ouvrages de Th. Paine, réunis en 2 volumes. Trad. de l'anglais par F. S..., avec des notes et une nouvelle préface de l'auteur. — Paris, *F. Buisson, Mai 1791, 2 vol. in-8º*.

2675. — Dº. — Recueil de divers écrits de Th. Paine, sur la politique et la législation, faisant suite à ses autres ouvrages. Trad. de l'anglais. — Paris, *F. Buisson, 1793, in-8º*.

IX. — COLLECTIONS D'OUVRAGES & D'EXTRAITS

DE DIFFÉRENTS AUTEURS

Recueils de pièces, mélanges, auteurs grecs, latins, anciens et modernes, qui ont écrit en latin, français et étrangers.

2676. — BOUQUET (LE). Historial. Recueil des meilleurs autheurs grecs, latins, français, augmentée de plusieurs histoires, avec les citations par Mᵗʳᵉ François Berthauldt, avocat au Parlement. Nouvelle édition. — *Lyon, J. Balam, 1672, petit in-12*.

2677. — HYDE (THOMAS). — Syntagma dissertationum quas olim auctor Doctissimus Thomas Hyde S. T. P. separatim edidit. Accesserunt nonnulla ejusdem opuscula hactenus inedita ; necnon de ejusdem vita scriptisque prolegomena, cum appendice de linguâ sinensi aliisque linguis orientalibus, una cum quamplurimis tabulis æneis quibus earum characteres exhibentur. Omnia diligenter recognita a Gregorio Sharpe. — *Oxonii, e typographeo Clarendoniano, 1777, in-4º, 2 vol*. Portrait de Thomas Hyde.

2678. — POMPIGNAN (Le Franc de). — Mélanges de traductions de différents ouvrages grecs, latins et anglais, sur des matières de politique, de littérature et d'histoire, par l'auteur de la traduction d'Eschyle (Le Franc de Pompignan). — Paris, *Nyon, 1779, in-8°*.

2679. — COUPÉ (J,-L.). — Spicilège de littérature ancienne et moderne, ou recueil d'ouvrages grecs et latins, de tous les âges et de tous les genres, ignorés ou peu connus ; traductions nouvelles et inédites, avec des analyses de livres rares, de notes critiques, etc. — Paris, *an XI, in-8°, 2 vol.* Rel. fil.

2680. — PAUL (L'abbé Armand-Laurent). — Cours de latinité supérieure, ou extraits des auteurs latins, accompagnés des meilleurs traductions françaises. — *Lyon, Tournachou-Molin, 1806, in-12.* 3 vol. seulement. L'ouvrage se compose de 5 vol.

2681. — CHOMPRÉ (P.).— Selecta latini sermonis exemplaria e scriptoribus probatissimis ad christianæ juventutis usum. — *Lutetiæ Parisiorum, H.-L. Guérin et L.-F. Delatour, 1753, in-12, 6 vol.*

2682. — D°. — Traductions des modèles choisis de latinité, tirés des meilleurs écrivains pour l'usage de la jeunesse. N^lle édition. — *Paris, Saillant et Nyon, 1774, in-12, 6 vol.*

2683. — HISTOIRES CHOISIES des auteurs profanes, traduites en français, avec le latin à côté. — *Basle, Em. Tourneisse*, m. dcc. liv, *2 vol. in-12.*

2684. — DUMOUCHEL (J.-B.) et GOFFAUX (F.-J.). — Narrationes excerptæ ex latinis scriptoribus, servato temporum ordine dispositæ, ou choix de narrations tirées des meilleurs auteurs latins, Justin, Quinte-Curce, etc., avec des précis historiques en français qui lient les événements entre eux, etc. 6° Ed°n. — Paris, *Duponcet, 1812, in-12.*

2685. — RECUEIL contenant :

Scholæ christianæ epigrammatum libri duo, ex variis christianorum poetis excerpti, etc., par J. Susenbrotum, etc., etc. — *Basileæ, per Nicolaum Brylingerum, 1541, in-8°.*

Joachimi Perionii pro Aristotele in Petrum Ramum orationes ii, Ejusdem, de Dialectica liber 1.— *Parisiis, apud J.-L. Tiletanum, 1543, in-8°.*

Et Antonii Goveani pro Aristotele responsio adversus Petri Rami Calumnias ad Jacobum Spifamium Gymnasii Parisiensis cancellarium. — *Parisiis, apud Simonem Colinæum, 1543, in-8°.*

2686. — CICÉRON. — Selecta Marci Tullii, opera, noti illustrata, et in quatuor partes distributa ; Pars tertia, ad usum humanistarum. — Apud fratres Perisse bibliopolas — *Lugduni et Parisiis, 1837, in-12.*

2687. — MUSÆ RHETORICES, seu carminum libri sex a selectio rethorices alumnis in regio Ludovici Magni Collegio elaborati et palam recitati in argumenta ipsis proposita, ab Æg. Ann, Xaverio de la Sante, societatis Jesu sacerdote. — *Lutetiæ Parisiorum, apud Joan. Barbou, 1845, in-12, 2 vol.*

2688. — DUVAL (F.). — Nouveau choix de pièces de poésie. — *La Haye, H. Van Bulderen, 1715, in-8°.* 2 parties en un vol.

2689. — RECUEIL DE DIVERS ÉCRITS :

Sur l'amour et l'amitié, par de Saint-Hyacinthe.

Traité de l'amitié, par Mme de Lambert.

Question sur la politesse, résolue par Mme l'abbesse de F*** (de Rochechouart, abbesse de Fontevrault).

Conversation sur la volupté, par Remond, dit le Grec.

Agathon, dialogue sur la volupté, par le même.

Réflexions sur les sentiments agréables, par l'évêque de Pouilly.

Lettre à M. l'abbé L... ; Réflexions, à M. le marquis *** (Charost), sur l'esprit et le cœur. — *Paris, veuve Pissot, 1736, in-12 rel.*

2690. — MERVEILLEUX (D.-F.). — Amusements des bains de Bade en Suisse, de Schintznach et de Pfeffers, avec la description et la comparaison de leurs eaux avec celle des bains de Schwalbach et autres de l'empire ; le tout accompagné d'histoires et d'anecdotes curieuses (fig.). — *Londres, S. Harding, 1739, in-12, v. f.*

2691. — RECUEIL A. Z. — Recueil publié par Perau, de Querlon, Mercier de Saint-Léger, de la Porte, Barbazan et Graville. — *Fontenoy, 1745-1762, in-12.* 24 tomes en 12 vol.

2692. — LA PLACE (E.-A. DE). — Pièces intéressantes et peu connues pour servir à l'histoire et à la littérature, par M. D. L. P. Nouvelle édit. — *Bruxelles et Paris, 1785, in-12.* 6 vol. seulement.

2693. — MASSAC (DE). — Les amusements des gens d'esprit. — *Amsterdam, Arkstée et Merkus, 1756, in-12.*

2694. — LAPORTE (L'abbé). — Ecole de littérature, tirée de nos meilleurs écrivains. Nouvelle édition. — *Paris, Rabuty-Brocas-Humblot, 1768, in-12, 2 vol.*

2695. — ALLETZ (P.-A.). — Les Ornements de la mémoire, ou les Traits brillants des poètes français les plus célèbres, avec des dissertations sur chaque genre de style. — *Paris, veuve Barrois, 1777, in-12.*

2696. — D°. — Les mêmes. Nouvelle édition. — *Toulouse, Sages, 1803*, *in-12*.

2697. — ROCHE (M.-J.-B.). — Poésies fugitives, suivies de quelques airs notés. — *Amsterdam et Nantes, 1780*. Avec :

Toustain-Richebourg. — Aventures d'Alcime, suivies de l'histoire d'Hyacinthe et de quelques poésies fugitives. — *Londres et Paris, 1778 in-12*.

2698. — MODÈLES D'ÉLOQUENCE LATINE, ou morceaux choisis dans les discours publics des professeurs les plus célèbres, avec la traduction à côté. — *Cologne et Paris, J.-B. Brunet et Demonville, 1775, in-12*.

2699. — DAILLANT de LA TOUCHE. — L'enfant prodigue, poëme en huit chants. — *Genève et Paris, 1785, in-12*, avec :

Chérenti (B.-S.-D.). — Les Prémices de ma jeunesse, ou Arlequin héros dans le royaume de Cathai, ou l'an du Seigneur 12012. — *Londres et Paris, 1787, etc.* :

Massac (de). — Les amusements des gens d'esprit. — *Berlin, 1762*.

Mme Guibert. — Pensées détachées. — *Bruxelles et Paris, 1771, in-12*.

2700. — MERCIER. — La destruction de la Ligue ou la réduction de Paris, pièce nationale en 4 actes. — *Amsterdam, 1782, in-8°*, avec :

Imbert. — Lectures variées ou bigarrures littéraires. — *Paris, Bastien, 1783 (3 parties), in-8°*.

2701. — BIBLIOTHÈQUE (Nouvelle) de ville et de campagne, ou choix de jolis romans, contes en vers et en prose, poésies diverses, etc. — *Genève, 1788, in-12, 12 vol*. (Le 1er manque).

2702. — SAUTREAU de MARSY. — Tablettes d'un curieux, ou variétés historiques, littéraires et morales. — *Bruxelles et Paris, Defer-Maisonneuve, 1789, in-12, 2 vol*.

2703. — POAN St-SIMON. — Recueil tiré du portefeuille d'un rentier, contenant quelques poésies fugitives et des épigrammes choisies de l'anthologie. Trad. du grec en français, par le citoyen P. S. S. — *Paris, Didot jeune, 1797, in-18*.

2704. — BÉRENGER (P.-L.). — Le Peuple, instruit par ses propres vertus, ou cours complet d'instruction ou d'anecdotes recueillies dans nos meilleurs auteurs, etc. — *Paris, veuve Nyon, an XIII, in-12, 3 vol*.

2705. — HAMONIÈRE (G.-J.). — Recueil de morceaux en prose, extraits des meilleurs auteurs français et portugais, etc., en français et en portugais. — *Paris, Th. Barrois, 1818, in-12*.

2706. — MÉLANGES CATHOLIQUES, extraits de l'*Avenir*. — Paris, *1831*, in-8°, 2 vol.

2707. — MILLIN (A.-L.). — Mélanges de littérature étrangère. — Paris, *Gagué et Née de La Rochette, 1785-86*, in-12, 6 vol.

2708. — THE PROSE. — Epitome, or, elegant extracts abridged from the larger volume, for the improvement of Scholars at classical and other Schools, in the art of Speaking, in reading, thinking, composing; and in the conduct of life. — *London, printed for C. Dilly, 1791, petit in-4°.*

2709. — ALMANACH DES DAMES, pour l'an 1814. — *A Tubingue, Cotta ; à Paris, Treuttel et Würtz* (sans autre date), in-32.

2710. — ALMANACH DES PROSATEURS, ou Recueil de pièces fugitives en prose, rédigé par les C.-C. Fr. Noël et P.-B. Lamare. — Paris, *F. Louis, Léger, Dentu*, 4 vol. in-12, an XI, 1805-1806-1808.

2711. — ALPES et PYRÉNÉES, arabesques littéraires, composées de nouvelles historiques, anecdotes, descriptions, chroniques et récits divers, par Mmes Amable Tassu, Julie Delafaye, Bréhier, Eugénie Foa, et MM. Léon Guérin, de Chantal, Ernest Despréaux, Maigret, Champagnac Raphaël Saint-Phar, J.-D. Mirval. — Paris, *à la librairie de l'Enfance et de la Jeunesse, P-C. Lehuby, 1842*, in-8°.

2712. — BARCHOU de PENHOEN. — Un automne au bord de la mer. — Paris, *Comptoir des imprimeurs réunis, 1844*, in-8°.

2713. — CORBEILLE (La). — Recueil de morceaux choisis en vers et en prose. Ballades, sonnets, odes, etc. *Moulins, Desroziers, sans date*, grand in-8°.

2714. — CHOMEL. — Aménités littéraires et recueil d'anecdotes. — *Amsterdam, 1773*, in-8°, et *Paris, chez Vincent*.

2715. — CONTEMPORAINES (Les). — Avantures des plus jolies femmes de l'âge présent, recueillies par N* E* R* de L* B*, et publiées par Timothée Joly, de Lyon, dépositaire de ses manuscrits. — *Leipsick, Burchel, et Paris, veuve Duchesne, 1781*, 18 vol. in-8°.

2716. — COURSANT (de). — La bibliothèque des auteurs. — Paris, *Guillaume de Luynes, 1697*, in-8°.

2717. — EGGIS (Etienne). — Voyage aux Champs-Elysées. — Paris, *Victor Lecou, 1855*, in-12.

2718. — LES FRANÇAIS peints par eux-mêmes. — Paris, *Furne et Cie*, *1853*, 2 vol. in-4°.

2719. — GUÉRIN (Maurice de). — Reliquiæ, publié par G. S. Trébutien, avec une étude biographique et littéraire, par M. Sainte-Beuve. — Paris, *Didier et Cie, 1861, 2 vol. in-8°*.

2720. — LETTRES inédites de Henri IV et de plusieurs personnages célèbres tels que Fléchier, Larochefoucauld, Voltaire, etc. — Paris, *Tardieu, an X (1802), in-8°*.

2721. — MUFFAT (René). — L'ami des livres, recueil bibliographique et littéraire, publié sous la direction de M. René Muffat. — Paris, *René Muffat, 1861, in-8°*.

2722. — PORTE-FEUILLE trouvé, ou tablettés d'un curieux. — *Genève, libraires associés, 1757, 2 vol. in-8°*.

2723. — IMBERT (Barthél.) — Lectures variées ou bigarrures littéraires, par Imbert. — Paris, *Bastien, 1783*, relié avec :

La Destruction de la Ligue ou la réduction de Paris, pièce nationale en 4 actes, par Mercier. — *Amsterdam, 1782, in-8°*.

2724. — VILLEMOT (Aug.) — La vie à Paris, chroniques du *Figaro*, précédées d'une étude sur l'esprit en France à notre époque, par P.-J. Stahl. — Paris, *Mich. Lévy frères, 1858, 2 vol. in-8°*.

2725. — SOUVESTRE (Emile). — Les derniers Bretons. — Paris, *Charpentier, 1836, in-8°*, 3e et 4e vol. seulement, comprenant : Poésies de la Bretagne, tragédies, drames, etc. Industrie, Commerce et Agriculture de la Bretagne.

2726. — RECUEIL comprenant :

1° L'enfant prodigue, poëme en huit chants, par Daillant de la Touche. — *Genève, 1785, in-8°*. Dans le même volume, se trouvent réunis :

2° Les amusements des gens d'esprit, par M. de Massac ;

3° Pensées détachées de Mme Guibert.

2727. — RECUEIL *in-12* composé de :

1° La Tourière des Carmélites, servant de pendant au P. des C. — *Constantinople, chez l'imprimeur du moufti, 1700.*

2° La patte du chat, conte zinzinois, par Jacq. Cazotte — *Grognoniana, chez Miaauhou, à l'enseigne du Raminagrobis ; 1743.*

3° La philosophie des vapeurs, ou Lettres raisonnées d'une jolie femme, sur l'usage des symptômes vaporeux, par l'abbé C.-J. de B. de Poumerle. — *Lausanne, et se trouve à Paris, chez Bastin, 1774.*

4° Le Souper de Ninon, dialogue.

5° Le Momus français, ou les Avantures divertissantes du duc de Roquelaure, suivant les mémoires que l'auteur a trouvés dans le cabinet du maréchal d'H.... duquel il a été secrétaire. Donné au public par le Sr L. R. — *Cologne, Marteau, 1741.*

6° Le Paquet de Mouchoirs. monologue en vaudeville et en prose, dédié au beau sexe. — *Calceopolis, Bisaigue, 1750.*

2728. — RECUEIL composé des trois ouvrages suivants, renfermés dans le même volume in-12, savoir :

1° La Tourière des Carmélites, servant de pendant au P. des C., très mutilé. — *Constantinople, chez l'imprimeur du moufti, 1700,* par Jacq. Cazotte ;

2° La patte du chat, conte zinzinois. — *A Grognonianà, chez Miaaahou, 1743 ;*

3° Poumerle (l'abbé J. de B. de). — La philosophie des vapeurs, ou lettres raisonnées d'une jolie femme sur l'usage des symptômes vaporeux. — *Lauzanne, 1774.*

2729. — MUSSET (Alfred de). — Œuvres posthumes. Complément de toutes les éditions des œuvres d'Alfred de Musset. — Paris, *Charpentier, 1860, in-8°.*

2730. — MACHIAVEL. — Œuvres littéraires. — Paris, *Charpentier, 1851, in-8°.*

2731. — ENFIELD (William). — The Speaker : or miscellaneous pieces, selected from the best english writers, and disposed under proper heads, with a view to facilitate the improvement of youth, in reading and speaking, preceded by an essay on elocution. A new edition with an appendix, containing extracts from modern authors. — Paris, *Baudry, Stussin et Xavier, Amyot, Truchy, Girard frères.* — Leipsik, *Léopold Michelsen.* — And by all the principal booksellers on the continent, *1840, in-8°.*

2732. — BEAUTIES (The) of english poetry ; or extraits from the most eminent British poets. New edition. — *London, and sold at Paris, by Theophilus Barrois, junior, bookseller, 1818, petit in-8°.*

2733. — BEAUTIES of British prose. Selected by Sidney Melmoth, esq. Second edit. — *Huddersfield, printed by J. Brook, 1811, in-8°.*

SUPPLÉMENT

CONTENANT LES OUVRAGES OMIS OU REÇUS APRÈS L'IMPRESSION DU CATALOGUE

LINGUISTIQUE

2734. — COTELLE. — Dialogues arabes. Bibliothèque algérienne, 2ᵉ série. Etude de la langue arabe. — *Alger, Dubos frères*, sans date, *in-8°*.

2735. — CHERBONNEAU (Aug.) — Dictionnaire français-arabe pour la conversation en Algérie. — Paris, *Imprimerie nationale, 1884, in-8°*.

POÈTES LATINS MODERNES

Poètes latins modernes, français de nation

2736. — REMI (Abraham Ravaud, plus connu sous le nom d'Abraham de), en latin : Remmius. — Ludovico xiii, christianissimo Franc. et Navar., regi. Borbonias (La Bourbonide, poème sur les guerres de Louis XIII. — Paris, *1683, in-8°*. (Vieille brochure sans couverture.)

2737. — DU RIVET (Nic-Gab.) — Templum assentationis. Carmen, authore Nic-Gab. du Rivet, è societate Jesu. — *Parisiis, è typographiâ Thiboust, 1742.* Brochure *in-12* mutilée.

2738. — VERS LATINS sur la prise d'Alger, sans nom d'auteur, adressés à M. Lehir père, commissaire rapporteur près les tribunaux maritimes, à Brest. Pièce manuscrite de 3 pages, avec ce titre : In honorem et ad memoriam Gallorum terræ marisque exercituûm, quos ad victoriam conduxerunt illustrissimi Domini de Bourmont, belli Minister, marisque præfectus Duperré, pro religionis defensione, et pro pio rege nostro Carolo decimo, ab infando archipiratâ temeriter lacessito, invicem et gloriosissime pugnantes.

POÉSIE

Poètes français depuis 1628 jusqu'à nos jours

2739. — POÉSIES RELIGIEUSES, par M***. 2ᵉ édition. — *Brest, E. Anner, 1843, in-18.*

2740. — PENQUER (Mᵐᵉ Auɢᵗᵉ). — L'Hiver. A mon petit-fils, élève du lycée de Brest. Plaq. de 4 pages. 9 janvier 1880. — *Brest, imp. L. Evain-Roger.*

2741. — Dᵒ. — Le Fils de la Veuve. Poésie dite sur le théâtre de Brest par Mᵐᵉ Kowalska. Plaq. de 4 pages. — *Brest, imp. L. Evain-Roger.*

2742. — Dᵒ. — Syndorix, le barde de Penmarc'h. 16 pages. — *Brest, imp. F. Halégouët, 1879.*

2743. — Dᵒ. — La belle Yvonne, poëme breton. 16 pages. — *Brest, imp. F. Halégouët, 1882.*

2744. — Dᵒ. — La Payse, conte breton. Mai 1888. 23 pages. — *Brest, Société anonyme d'imprimerie, 1888.*

2745. — MISTRAL (Fʀédéʀɪc). — Mireille, épopée rustique en 12 chants. Traduction en vers allemands par Mᵐᵉ B.-M. Dorieur-Brotbeck. 2ᵉ édit. — *Heilbronn, imp. de Gabr. Henninger ; Paris, C. Haar, 1884, in-12.*

2745ᵃ. — CLÉMENT (J. B.) — Chansons. — *Paris, Georges Robert et Cⁱᵉ, 1885, in-8°.*

POÉSIE DRAMATIQUE

Pièces de théâtre depuis l'origine du théâtre français jusqu'à nos jours

2746. — JOUBERT (A.). — Vivre chacun chez soi, proverbe en un acte et en vers. — *Brest, imp. J.-B. Lefournier aîné, 1864, 32 pages.*

!Pièces non représentées sur des théâtres publics

2747. — MÉRIMÉE (Prosper). — Théâtre de Clara Gazul, comédienne espagnole, suivi de la Jacquerie et de la famille Carvajal. — Paris, Charpentier, 1850, in-8°.

2748. — D°. — Les deux héritages ou Don Quichotte, suivis de l'Inspecteur général et des Débuts d'un aventurier. — Paris, Mich. Lévy frères, 1853, in-8°.

FICTIONS EN PROSE

Romans français. — Contes et Nouvelles

2749. — HOUSSAYE (Arsène). — Le Répentir de Marion. — Paris, Victor Lecou, 1834, in-12.

2750. — D°. — Le Violon de Franjolé. — Paris, L. Hachette et Cie, 1859, in-8°.

2751. — MÉRIMÉE (Prosper). — Colomba, suivi de la Mosaïque et autres contes et nouvelles. — La Vénus d'Ille. — Les Ames du purgatoire. — Mateo Falcone. — Vision de Charles XI. — L'enlèvement de la Redoute. — Tamango. — La Perle de Tolède. — La Partie de trictrac. — Le Vase étrusque. — Les Mécontents. — Lettres adressées d'Espagne au directeur de la Revue de Paris. — Paris, Charpentier, 1852-1853-1857. 3 exempl. in-8°.

2752. — D°. — Nouvelles : Carmen. — Arsène Guillot. — L'abbé Aubain. — La Dame de pique. — Les Bohémiens. — Le Hussard. — Nicolas Gogol. — Paris, Mich. Lévy frères, 1852, in-8°.

2753. — D°. — Chronique du règne de Charles IX, suivi de la Double méprise et de la Guzla. — Paris, Charpentier, 1853, in-8°.

Romans anglais

2754. — STERNE (Laurence). — Voyage sentimental, traduction de Defauconpret. — Paris, Pagnerre, 1847, in-8°.

PHILOLOGIE

Philologie proprement dite et Traités de critique générale

2755. — BORDELON (L'abbé Laurent). — Remarques ou réflexions critiques, morales et historiques sur les plus belles et les plus agréables pensées, qui se trouvent dans les ouvrages des auteurs anc. et modernes. — Paris, *Arn. Seneuze, 1690, in-12.*

2756. — BATTEUX (L'abbé). — Eléments de littérature extraits du cours de belles-lettres. N^{lle} édition, revue, corrigée et augmentée par M. ***, professeur de l'Acad. de Paris. — *Avignon, veuve Fischer-Joly, 1834, 2 vol. in-12.*

2756[a]. — URSCHELLER (H.) — Une page de littérature allemande. — La réforme d'Opitz.— *Brest, Imprimerie de l'Océan, 1886, 12 pages in-8°.*

CRITIQUES FRANÇAIS

2757. — ANSKER (L'abbé). — Variétés philosophiques et littéraires. — *Londres, et se trouve à Paris chez Duchesne, 1762, in-8°.*

2758. — NODIER (Charles).— Mélanges de littérature et de critique, mis en ordre et publiés par Alex. Barginet, de Grenoble. — *Paris, Raymond, 1820, 2 vol. in-8°.*

2759. — ARNAULT (A.-V.) — Critiques philosophiques et littéraires. — Paris, *Bossange, 1827, 2 vol. in-8°.*

2760. — PATIN. — Mélanges de littérature ancienne et moderne. — Paris, *Hachette et Cie, 1840, in-8°.*

2761. — LUCAS (Hippolyte). — Curiosités dramatiques et littéraires, avec une notice sur l'auteur. Littérature anglaise. Théâtre américain. Théâtre chinois. Théâtre de Hrotsvitha. — Paris, *Garnier frères, 1855, in-8°.*

2762. — RENAN (Ernest). — Questions contemporaines, 2e édition. — Paris, *Mich. Lévy, frères, 1868, grand in-8°.*

2763. — TRÉVERRET (de). — L'Italie au xvie siècle, Etudes littéraires, morales et politiques. 1re série, Machiavel, Castiglione, Sannazar, 1877. 2e série, l'Arioste, Guichardin, 1879. — Paris, *Hachette et Cie, 1879,* 2 *vol. in-8°.*

POLYGRAPHES

Polygraphes français

2764. — FÉNELON (Fois de Salignac de la Mothe). — Morceaux choisis ou Recueil de ce qu'il y a de meilleur, sous le rapport du style et de la morale. — Paris, *Belin, 1810, in-8°.*

2765. — Do. — Chefs-d'œuvre littéraires. — Paris, *Lefèvre, 1839, in-8°.*

2766. — VOLTAIRE. — Œuvres choisies. — Paris, Pre *Dupont, 1826,* 31 *vol. in-8°* seulement (manquent le 11e et le 23e vol.)

2767. — RÉMOND de St-MARD (Toussaint). — Œuvres mêlées. — La Haye, *Néaulme, 1742, 3 vol. in-12.*

TABLE ALPHABÉTIQUE

DES AUTEURS ET DES OUVRAGES ANONYMES

Nota. — *Les chiffres renvoient aux numéros du Catalogue.*

A

Abailard et Héloïse. — Essai historique, par M. et Mme Guizot.	2429
About (E). — Germaine. — Tolla. — Le roi des Montagnes. — Madelon. 1781-1782-1783-	1784
Abrégé du Dictionnaire universel français et latin, de Trévoux. . .	155
Ackermann (Mme L.) — Poésies.	998
Adam (Billaut dit Maître Adam). — Œuvres.	858
Adam (L.) — Grammaire de la langue mandchoue.	340
D°. — Grammaire caraïbe.	354
Adam et Henry. — Arte y vocabulario de la lengua chiquita. . . .	356
Adam Y. C. Leclerc. — Arte de la lengua de los Indios Baures. . .	358
Adelung (J.-C.) — Mithridates oder allgemeine, etc. 22-	23
Affichard ou Laffichard (Th. L.) — Œuvres de théâtre. — Le Voyage de M. de Cléville. 1550-	1550
Agrippa (H.-C.) — De l'excellence et de la supériorité de la femme.	2135
Alberti (P.) — Nouveau dictionnaire français-italien et italien-français.	209
Alcaforada (Marianne). — Voir lettres portugaises.	2489
Alciphron. — Lettres grecques.	2414
Alembert (J. Le Rond d'). — Mélanges de littérature, d'histoire et de philosophie.	2208
Alembert (d'). — Eloges lus dans les séances de l'Académie française.	462
Alexander ab Alexandro. — Genialium dierum libri sex. . 2169-	2170
Alexandre (B). — Le dernier cri des Grecs, carton 1, n° 41. . . .	818
Alexandre (C). — Les Espérances.	1029
D°. — Les Funérailles de Lamartine.	1030
Algarotti (Cte de). — Congrès de Cythère.	2027
All chiarissimo sign. Luigi de la Grange.	1250

Allanic. — Discours prononcés à la Distribution des prix, du Lycée de Brest. 470- 471

Alletz (P.-A.). — Les ornements de la mémoire. 2695- 2696

Almanach des Muses. 819

Almanach des Dames pour l'an 1814. 2709

Almanach des prosateurs. 2710

Almanach des spectacles. 1315

Alpes et Pyrénées, arabesques littéraires. 2711

Alphabeta varia. 27

Alphabets de la propagande romaine. 26

Amédée (D***). — Le chant du retour, carton 1, n° 31. 818

Ami (L') des Muses. 940

Amours (Les). — Elégies, etc. 1151

D°. — D'Ismène et d'Isménias. 1625

D°, d°, suivis d'Abrocome, etc. 1626- 1627

D°. — De Callisthène et d'Aristoclie. 1642

D°. — De Carite et de Polydore, 2 ex. différ. 1643- 1644

D°. — De Laïs (histoire grecque), etc. 1646

D°. — De Sapho et de Phaon. 1645

Anacréon (L') français ou recueil de chansons. 1183

Anacréon. — Anacreontis opera græcè cum latina versione. 535

D°. — Traduit en vers, par M. de La Fosse. 536

D°, et Sapho. — Trad. en vers français. 537

D°, d°. — 2 autres, trad. en vers français. 538- 539

Anacréon, Sapho, Moschus, Bion, etc., trad. en vers français. 540- 541

Analyses et critiques des ouvrages de M. de Voltaire. 2576

Ancelot (Mme Marg) — Gabrielle, roman. 1801

Ancillon (F.) — Mélanges de politique et de philosophie. 2645

Andral (P.) — Discours prononcé à la conférence des avocats. . . 469

Andrieux (F. G. J. S.) — Œuvres. 2647

D°. — Discours de grammaire et de belles-lettres. 385

D°. — Rhétorique française. 386

D°. — Œuvres dramatiques. 1485

Anicet-Bourgeois et d'Ennery. — Le fou par amour, drame. . . 1530

D° et Michel Masson. — Les mystères du Carnaval, drame. . . . 1531

D°, d°. — La mendiante, drame. 1532
D°, d°. — Le pendu, drame. 1533
D°, d°. — Le mari de la veuve, comédie. 1534
Anonyme. — Le Jésuite conspirateur, tragédie, vol. in-32, lettre z'. 1552
Anonimiana, ou mélanges de poésies, d'éloquence, etc. 2333
Anseaume (N.) — Théâtre. 1561
Ansker (l'abbé). — Variétés philosophiques et littéraires. 2757
Anthologia veterum latinorum epigrammatum 552
Antonini (l'abbé A.) — Dictionnaire italien, latin et français. . . . 44
D°. — Dizionario italiano, latino e francese. 45
D°. — Grammaire italienne, pratique et raisonnée. 211
Aphelen. — Grand dictionnaire royal danois et français. 274
Aphthonii sophistæ progymnasmata 368
Apollinei operis carmina difficillima. 788
Apophtegmes (les) des anciens, etc. 2316
Apparat (le grand) françois et latin. 196
Apulée. — Apuleius Mad. Metamorph., etc. 1629-1630-1631-1632-
                                                        1633- 1634
Arago (F.) — Œuvres complètes. 2625
Arbois de Jubainville (H.) — Introd. à l'étude de la littérature celtique. 2251
Arc (L. C. d'). — Mes loisirs. 2374
Ardène (Esprit-Jean de Rome d'). — Œuvres posthumes. 2547
Arconville (Mme G.-Ch. Thiroux d'). — Mémoires de Mlle de Valcourt 1726
Argens (Le marquis J.-B. de Roger d'). — Lettres juives, etc. . . 2461
D°. — Lettres cabalistiques. 2462
Arioste. — Roland furieux, traduct. 1243-1244- 1245
Aristophane. — Théâtre, traduct 1322
D°. — Le Plutus et les Nuées, traduct. 1323
D°. — Comédies (traduction Artaud). 1324
Armerye (L.). — Dictionnaire français-breton (2 exempl.) . . 235- 236
Arnaud (Fr. de Baculard d'). — Le Cte de Comminge. — Euphémie.
    — Fayel, pièces de théâtre. 1415-1416- 1417
D°. — Epreuves du sentiment. 1727
Arnauld d'Andilly. — Lettres. 2442- 2443
Arnault (A.-V.). — Œuvres. Mélanges 2619

D°. — Critiques philosophiques et littéraires.	2759
D°. — Théâtre.	1490
D°. — Fables et poésies diverses.	1140
D°. — Germanicus.	1491
D°. — Marius à Minturnes.	1492
D°. — Les loisirs d'un banni.	1758
Arnould (A.). — Les trois poètes. Nouvelles.	1780
Arteaga (S.). — Le rivoluzioni del theatro.	1572
Artigny (L'abbé Gaschet d'). — Nouveaux mémoires d'histoire, de critique et de littérature.	2207
Athénée. — Les quinze livres des déipnosophistes. Traduction.	2162
D°. — Banquet des savants. Traduction.	2163
Aubert (L'abbé (J.-L.). — Psyché.	1048
Aubignac (F.-J., abbé d'). — Conjectures académiques.	2184
Aubigné (Agrippa d'). — Les aventures du baron de Fæneste	1802
Aubineau (Léon). — Bibliothèque nouvelle.	2646
Audierne (Le R. P. Joseph d'). — Lettres diverses, etc.	2439
Auger (Ath.). — Discours sur l'éducation., etc.	443
Augier (Emile). — Les méprises de l'amour. — Les pariétaires. — Mme Caverlet. — La ciguë. — Le Fils de Giboyer. — Gabrielle. — Les lionnes pauvres.— La pierre de touche. — Philiberte.—1535-1536-1537-1538-1539-1540-1541-	1542
Aulu-Gelle. — Auli Gellii noctes atticæ. 2165-	2166
Ausone. — Ausonii opera. — Œuvres. Traduction avec le texte. 743-	744
Autran (J.). — La vie rurale.	2013
Autreau (Jacques). — Œuvres.	1403
Aventures (Les) d'Hélène.	1652
Avisse (Etienne). — Œuvres de théâtre.	1411
Avocat (H.) — Sur la frontière, Carton 1, liasse 5, n° 12.	1552^a
Aymonier (E.). — Vocabulaire cambodgien-français.	332

B

Bachaumont et La Chapelle (voyage de Messieurs).— Œuvres. 860-	861
Baillot (D.). — Frédéric à Iéna.	1023
Bains (Les) de Diane.	1050

Balzac (H. de). — Œuvres complètes. 1768- 1769
Balzac (J.-L. Guez, seigneur de). — Lettres choisies 2444
D°. — Contes drôlatiques. 1777
D°. — Œuvres diverses 1770-1771-1772-1773-1774-1775- 1776
Baour-Lormian (P.-L.-M.). — Ossian, poésies galliques. . . 1303- 1304
D°. — Le rétablissement du culte, etc., carton 1, n° 21 818
D°. — Le retour à la Religion, poëme suivi du Sacre de Charles X, carton 1, n° 42. 818
D°. — Veillées poétiques et morales 951
Barbe (Le P.) — Fables et contes philosophiques. 1136
Barbier (A.). — Iambes et poèmes 1111- 1112
Barbier (Melle Anne M.). — Théâtre. 1401
Barbier d'Aucourt. — Les sentiments de Cléante sur les entretiens d'Ariste et d'Eugène 2407
Barchou de Penhoën. — Œuvres complètes. 2659
D°. — Un automne au bord de la mer. 2219- 2712
Barclay (J.). — J. Barclaii Argenis, etc. 1635-1636- 1637
Baron (D.). — Héro et Léandre. 948
Baron (Mich. Boyron, dit). — (Le théâtre de). 1399
Barrière (Th.) et Capendu (E.). — Les faux bonshommes, comédie. 1522
D°, et Beauplan (A. de). — Le lys dans la vallée, drame 1523
Barrière (Théod.) et Murger. — La vie de Bohême, pièce. 1524
Barthe (Nic.-Th.) — Les fausses infidélités 1475
D°. — La jolie femme. 1720
Barthélemy (L.). — Grammaire des Dames, etc. 100
Barthélemy. — Procès du Fils de l'homme. Carton 1, n° 48 818
Barthélemy. — (J.-J.). — Œuvres diverses. 2600
Bast (F.-J.). — Lettre critique à M. Boissonade. 2217
Bastide (F. de). — Mon entrée au Parnasse. 941
Baston (L'abbé). — Voltairimeros, etc. 2301
Batteux (L'abbé Ch.). — Des tropes, etc. 124- 125
D°. — Les quatre poétiques. 478
D°. — Principes de la littérature. 2151- 2152
D°. — Eléments de littérature. 2153- 2756
Baudory (Le P. J. du). — Œuvres diverses. 432

Baudouin (J.). — Recueil d'emblèmes	2393
Beaumarchais. — Œuvres complètes. 2601-2602-	2603
Beaumarchais (P. A. Caron de). — La folle journée	1477
Beaumont (Mme Leprince de). — Récits moraux. — Magasin des enfants 1805-	2000
Beauties of english poetry	2732
D° of british prose	2733
Eeecher Stowe Mme H.). — La Case de l'oncle Tom. Trad. 2109-	2110
Beffroy de Reiguy (L. A.) — Nicodème dans la lune. Carton 1, liasse 5, n° 6	1552^a
Béliard. — Zelaskim, histoire américaine	1719
Bélisaire. — Tragédie ital. avec la trad. française	1580
Belkacem Ben sedira. — Cours pratique de langue arabe	322
Bellaud. — Essai sur la langue arménienne	326
Bellay (J. du). — Défense et illustr. de la langue française	2249
Bellegarde (L'abbé de). — Modèles de conversation	2402
Bellemare (A.). — Grammaire arabe	321
Belloi (de). — Œuvres choisies	1483
D°. — Le siège de Calais, tragédie. Vol. in-32, lettre s	1552
Belloy (Mis Aug. de). — La Mal'aria, drame	1504
Belmontet (L.). — Odes nationales sur la campagne d'Italie. Carton 1, n° 64	818
Benat (F^ois de) et Gé.rard (de). — L'art oratoire réduit en exemples.	435
Benserade (J. de). — Les œuvres de	862
Bentivoglio (Le cardinal Guy). — Raccolta di Lettere, texte et trad.	2488
Béranger (P.-J. de). — Chansons. — Œuvres complètes. . 1187-	1188
D°. — Dernières chansons, 1189. — Ma biographie	1190
D°. — Correspondance	1191
Bérenger (P.-L.). — Le peuple instruit par ses propres vertus. . .	2704
Bergier (N. S.). — Les éléments primitifs des langues, etc. . . .	1
Bernard (Gentil). — L'art d'aimer et poésies diverses. . 1104-908-	909
Bernard (Mme). — Elégie, carton 1, n° 38	818
Bernard (Jph.) — Charles, roman. — Cinq nouvelles. . . . 1799-	1800
Bernard (Ch. de). — Les ailes d'Icare. — Un beau-père. — Gerfaut, etc., etc. . . . . de 1808 à	1820
Bernardin de Saint-Pierre. — Paul et Virginie (3 ex.). 1821-1822-	1823

Bernis (L'abbé Fr. Joach. de Pierre de). — Œuvres en prose et en vers.	928
D°. — Œuvres complètes, 4 ex. 929-930-931-	932
D°. — Œuvres, 2 ex. 933-	934
D°. — La religion vengée, poëme en dix chants.	1005
Beroalde de Verville (F.). — Le cabinet de Minerve.	2399
Béronie (N.). — Diction. du patois bas-limousin.	198
Berry (Thom.). — Méthode vraie pour apprendre l'anglais.	277
Berthelin (L'abbé). — Recueil de pensées ingénieuses.	2363
Bertin (Le chev. Ant. de). — Œuvres complètes.	927
Bertola (D. Giorgi). — Les nuits clémentines, poëme.	1248
Bertrand (F.). — Ruris deliciæ.	553
Berville (S.-A.). — Mélodies amiénoises.	1115
Bescherelle. — Grammaire nationale.	142
D° (aîné). — Dictionnaire national.	161
Béthune (le Cheval. de). — Relation du monde de Mercure.	2289
Beuglant, M. Dentscourt, vol. in-12, lettre a.	1170a
Bhaguat-Geeta (le). — Dialogue de Kreeshna et d'Arjoon.	1309
Biagioli (G.) — Grammaire italienne.	205
Bibliothèque de campagne.	1609
D°. — Nouvelle de ville et de campagne.	2701
D°. — Des romans grecs.	1610
D°. — Bibliothèque du théâtre français.	1345
Bidasari. — Poëme malais.	1311
Bielfeld (le baron J. F. de). — Comédies nouvelles.	1586
Bien-Aimé (Jules). — Mes premiers ballons.	1991
Bievriana, ou jeux de mots de M. de Bièvre.	2337
Bignicourt (Simon de). — L'homme de lettres et l'homme du monde.	2367
Bilderbeck (le baron L.-Fr. de). — Cyane, roman grec.	1651
Billardon de Sauvigny. — Apolog. orientaux. — L'innocence du premier âge, etc. 1606-	1743
Bion et Moschus. — Idylles, trad. en vers français.	543
Bitaubé (P. J.) — Guillaume de Nassau.	1676
D°. — Joseph.	1677
Bizet (jeune). — La vie de la vierge, mise en vers.	1009
D°. — Stances sur la prise de Sébastopol, carton 1, n° 5.	818

Blackwell (Th.) — Recherches sur la vie et les écrits d'Homère...	2267
Blair (H.) — Leçons de rhétorique et de belles-lettres.	401
Blanchemain (P.) — La crèche (stances). — Œuvre des Familles-Fraternité, carton 1, n°s 55-58.	818
Blot de Chauvigny. — La Napoléonienne, poëme. Carton 1, n° 61.	818
Boccace (Jean). — Le Décaméron.	2028- 2029
D°. — Contes, traduction.	2030
Bohémienne (la), comédie, carton 1, n° 3.	1552^a
Boileau (l'abbé). — Sur différents sujets de morale.	2375
Boileau Despréaux. — Œuvres. 870 - 871 - 872 - 873 - 874 - 875 - 876 - 877 - 878 -	879
D°. — L'art poétique : les deux arts poétiques d'Horace et de Boileau, de . . . . 800 à	804
D°. — Le Lutrin, poëme. Carton 1, n° 44.	818
Boinvilliers (E.) — Principes et morc. choisis d'éloquence judiciaire.	393
Boinvilliers (J. S.) — Apollineum opus.	545
Boisbelle (Hipp. de). — Le salut du drapeau, carton 1, n° 13.	818
Boissard (J. J. M. de Caen). — Fables.	1139
Boissin (L.) — Sculptura, carmen, etc.	758
Boissy (Louis de). — Œuvres de théâtre.	1408
Boiste (P. C. V.) — Diction. universel de la langue française. 186-	187
Bonarelli (Le comte G. de). — Filli di Scire 1575-	1576
Bondot (J.). — Dictionarium universale latino-gallicum	78
Boniface. — Dictionnaire français-anglais et anglais-français.	283
Bonnelier (Hippolyte) — Les vieilles femmes de l'Ile de Sein, roman.	1763
Bonvalot (A.-F.). — Art d'étudier, etc.	2149
Bopp (F.). — Grammaire comparée des langues européennes.	24
Bordelon (L'abbé L.). — Théâtre philosophique, etc.	2408
D°, d°. — Remarques ou réflexions critiques, etc.	2755
Boscovich (L'abbé). — Les éclipses, poëme latin.	755
Bossuet (Jacques Bénigne). — Œuvres complètes.	2530
D°. — Œuvres choisies.	2531
D°. — Œuvres inédites.	2532
D°. — Lettres, mandements.	2457
D°. — Oraisons funèbres	465
Boucharlat (J.-L.). — Cours de littérature.	2158

Boucher de Perthes. — Œuvres.	2638
Bouët (Alex.). — Epitre à S. M. Nicolas Ier.	1153
D°. — Epître aux Bordelais.	1154
D°. — Epîtres, etc., carton 1, n°s 2^a, 4^a.	818
Boufflers (Stan.). — Œuvres.	949
Bougeant (Le R. P.). — Le saint déniché, vol. in-32, lettre l.	1551
Bouhours (Le P. Dom). — La manière de bien penser, etc.	2179
D°. — Les entretiens d'Ariste et d'Eugène.	2406
Bouilly (J.-H.). — Contes populaires	2021
Boulard (M.). — Essai de traduction interlinéaire des cinq langues.	36
D°. — Traduction interlinéaire des six langues, etc	37
Boulogne (Et.-A.). — Oraison funèbre de Louis XVI.	464
Bouquet (Le) historial. — Recueil des meilleurs auteurs.	2676
Bourch (Joseph). — Un heureux dénouement. — Un drame émouvant, pièces, carton 1, liasse 5, n°s 14-15. . . . 1552^a-1499-	1500
Bourne (V.). — Poematia.	797
Boursault (Edmé). — Le prince de Condé.	1693
D°. — Lettres nouvelles de feu M. Boursault.	2455
Bourson (D). — Le participe passé français.	136
Boutmy. — Une veillée, etc.	1761
Boyardo (Matheo-Maria). — Extrait de Roland l'amoureux.	1242
Boyer (sieur de Ruvière). — Le nouveau Démocrite.	2283
Boyer (Abel). — The royal dictionary. 295-	296
Brandat (Paul). — Œuvres. . . de 1976 à 1980, et de 2386 à 2390-	2660
Brantôme (P. de Bourdeilles, S^{gr} de). — Les dames galantes.	1995
Brasseur de Bourbourg (L'abbé). — Gramatica de la lengua quiche.	350
Brisebarre (Ed.) et Nus (Eug.) — Les pauvres de Paris, drame.	1517
D°. — La route de Brest, drame.	1518
Brizeux (Aug.) — Œuvres complètes.	961
D°. — Marie, poëme.	960
Brosses (le Prés. de). — Traité de la formation méch. des langues.	2
Brosset (M. F.) — Mémoires inédits, etc.	327
Brueyre (Loys). — Contes populaires de la Grande Bretagne.	2016
Bruhier d'Ablaincourt (J.-J.) — Caprices d'imagination.	2438
Bruix. — L'art de connaître les femmes.	2137

Brumoy (le P. Pierre). — Théâtre des grecs. 1316
Brunetière (Ferd.) — Nouvelles études critiques, etc. 2250
Budget de 1826, lettre d. 1170ᵃ
Buffier (le Père). — Grammaire française, etc. 96
Buffon. — Discours sur le style. 474
Buhez ar pevar mab Emon. 1570
Buhez santez Nonn. 1569
Bullet (J. B.) — Mémoires sur la langue celtique. 223
Burch (Mᵐᵉ Van der). — Une année de bonheur. 1806
Burgoyne (Gén.) — The heiress a comedy. 1600
Burnouf (J. L.) — Méthode pour étudier la langue grecque. 52
Burnouf (Eugène). — Observations sur la partie de la grammaire
    de Bopp, sur la langue zende 324
Burns (R.) — The poetical works. 1287
Bussy-Rabutin (Cᵗᵉ de). — Histoire amoureuse des Gaules. 1803- 1804
Butler (lettres de Mistr. Fanny) à Milord Chᵉˢ Alfred de Caitem-
    bridge, etc. 2490
Buxtorf (Jean). — Lexicon hebraïcum et chaldaicum. 313
Byron (Lord). — Œuvres complètes, trad. . . . 1292-1293-1294- 1295
Dº. — The complete works 1296
Dº. — Childe Harold. — Texte anglais. 1297
Dº. — Beautés ou choix des pensées, etc. 1298
Dº. — Caïn. — A mystery. 1601
Dº. — Théâtre, trad. de B. Laroche. 1602

C

Cadet Vilain et Vilain l'aîné, vol. in-32, lettre h. 2309
Calaber (Quintus). — Guerre de Troie, poëme, trad. 544
Calepin (A.). — Ambroisii Calepini dictionarium. 29- 30
Dº. — Octolingue. 31- 32
Dº. — Perfectissimus Calepinus parvus. 33
Calfa (A.). — Dictionnaire arménien-français et français-arménien. 328
Callimaque. — Hymnes, nouvelle éd. 1775, trad. 523- 524
Calloch (A. Le). — Théâtre et poésies. 1472

D°. — Ballades, sonnets et élégies, carton 1, n° 7, 818.	1155
Camoëns (L.). — La Lusiade, poëme héroïque. 1252-	1253
Campe (J.-H.). — Robinson Crusoeus	2073
Campistron (J.-G. de). — Œuvres.	1397
Camus (J.-P.). — Les décades historiques.	1963
Canticou spirituel.	1212
Capitaine (le) Robert, roman.	1826
Caraccioli (L. Ant. de) — Voyage de la Raison en Europe.	1959
D°. — La grandeur d'âme.	2134
Carpentier (L.-J.-M.). — Le Gradus français.	812
Cartaud de la Vilate.— Essai historique et philosophique sur le goût.	2180
Carteromaco (Fortiguerra ou Forteguerri).— Richardet, poëme. 1246-	1247
Castel (René-Richard). — La forêt de Fontainebleau, poëme, carton 1, n° 23.	818
Castel (L.) — Nouvelle anthologie ou choix de chansons, etc.	1184
D°. — Supplément à la nouvelle Anthologie.	1185
Castil-Blaze (F.-N.-J.), — Molière musicien.	2195
Castille (Hip.). — Histoire de ménage.	1827
Castius Sadius. — Latinæ orationis particulas, etc.	74
Catulle. — Opera omnia.	564
Catulle, Tibulle, Properce. 561-562-	563
Catulle, Gallus, etc., traduct.	565
Catulle, Tibulle et Properce. — Veillée de Vénus, traduct.	572
Cauchois-Lemaire. — Lettres et opuscules.	2617
Caussin de Perceval (A. L.) — Grammaire arabe vulgaire.	320
Caylus (Le Cte de). — Tableaux tirés de l'Iliade, etc.	512
Cazotte (J.). — Ollivier, poëme.	1675
D°. — Œuvres badines et morales	2598
Cervantes Saavedra Miguel. — Œuvres choisies, trad.	2036
D°. — L'Ingénieux hidalgo, Don Quichotte de la Manche. . 2037-	2038
D°. — La Bohémienne de Madrid.	2039
D°. — Le Galatea.	2040
Chæradamus (J.). — Lexicopator etymon ex variis	59
Chalamont (de). — Œuvres.	2544
Chalumeau de Verneuil. — Grammaire espagnole.	216

352 TABLE

Chalussay (Le Boulanger de). — Œuvres.	1479
Chambaud (Lewis). — A grammar of the french tongue	290
D°. — Dictionnaire français-anglais et anglais-français	297
Chambourg. — Chansons.	1192
Champfleury. — Les excentriques..	2009
Chamfort. — Œuvres complètes.	2648
Champmeslé (Ch.). — Les œuvres.	1392
Chansonnier (Le) françois.	1181
Chansons choisies, etc..	1182
Chants et chansons populaires de la France. 1193-	1194
Chapelain (Jean). — Lettres publiées par Ph. Tamizey de Larroque 2447-	2448
Chardon de la Rochette. — Mélanges de critique et de philologie.	2218
Charuel (L'abbé). — La rhétorique des savants.	381
Chassaignon (J.-M.). — Cataractes de l'imagination.	2299
Châteaubriand. — Œuvres complètes. 2620-	2621
D°. — Mémoire d'outre-tombe.	2622
D°. — Congrès de Vérone.	2623
D°. — Atala et le dernier des Abencérage.	1680
D°. — René.	1681
D°. — Les Martyrs. 1682-	1683
D°. — Atala, René, etc.	1684
D°. — Littérature anglaise.	2260
Château-Lyon (d'Aquin de). — Satyre sur la corruption du goût et du style, carton 1, n° 16.	818
Chaulieu. — Œuvres . 890-891-892-	893
Chautreau (P. N.) — Diction. national et anecdotique.	176
D°. — Arte de hablar bien, frances.	214
Chef-d'œuvre (le) d'un inconnu, poème.	2290
Chefs-d'œuvre d'éloquences poétique.	436
Chefs-d'œuvre tragiques..	1361
Chemin-Dupontès. — Anecdotes et contes moraux	1988
Chénier (André). — Poésies. 1108-	1009
Chénier (M. J.) — Théâtre. 1437-	1438
D°. — Tibère. — Charles IX. — Fénelon, tragédies. Vol. in-32.	1552

D°. — Introd. au cours de littérature française.	2177
D°. — Fénelon ou les Religieuses de Cambrai, tragédie. Carton 1, liasse 5, n° 7.	1552a
D°. — Charles IX. — Henri VIII. 1439-	1440
D°. — Epître à Voltaire.	1160
D°. — Œuvres choisies.	2606
D°. — Œuvres. Vol. in-32. Liasse A, lettre c.	1176
D°. — Discours en vers. Carton 1, n° 22.	818
Chenu (J.), — Dictionnaire français.	160
Cherbonneau (A). — Dictionnaire arabe-français.	323
D°. — Dictionnaire français-arabe.	2735
Cherbuliez (V.) — L'idée de Jean Têterol.	1828
Chesterfield (P. D.) — Letters upon ancient history, in french and english.	2493
Chevrier (F. A.) — Le Colporteur, histoire morale et critique . . .	2295
Chinois (livre) sur papier de riz.	338
Choix de poésies tirées du grec, du latin, et de l'italien.	486
Chomel (J.-B.L.) — Les nuits parisiennes.	2212
D°. — Aménités littéraires, etc. 2213-	2714
Chompré (P.) — Selecta latini sermonis exemplaria 2681-	2682
Chrestien (F.). — Les essais d'un Bobre africain.	1036
Christiade (La) ou le Paradis reconquis.	1655
Christophe (L'abbé). — Dictionnaire pour servir à l'intelligence des auteurs classiques, grecs et latins.	2161
Cicéron. — La Rhétorique, ou les trois livres du Dialogue de l'orateur, texte et traduction.	370
D°. — Traduction du traité de l'orateur par l'abbé Colin. . . 371-	372
D°. — In omnes M. T. Ciceronis doctiss. virorum lucubrationes etc.	417
D°. — Orationes quæ in Universit. Paris vulgo explicantur. . . .	418
D°. — Les oraisons de Cicéron pour Roscius, etc.	419
D°. — Oraisons choisies, trad. par M. de Wailly, texte et trad. 420-	421
D°. — Catilinaires de Cicéron et philippiques de Démosth. trad. . .	422
D°. — Nouvelle trad. des Catilin. et des discours de Cicéron, pour Marcellus et Ligarius. 423-	424
D°. — Orationes in Verrem de signis.	425
D°. — Pensées, traduction avec le texte. . . . . de 2368 à	2371

Dº. — Opera omnia quæ exstant 2505-2506-	2507
Dº. — Opera selecta.	2686
Dº. — Epîtres ou Lettres familières, texte et traduction. . de 2415 à	2420
Clairon (Melle). — Mémoires d'Hyppol. Clairon	1350
Claudien Cl. Claudiani, principum heroumque, etc . . . 745-	746
Clément (Dom Fr.) — Lettres d'Eusèbe Philalèthe à M. François Morénas, etc.	2475
Clément (J.-M.-B.). — Observations critiques 2191-	2192
Dº et l'abbé J. de La Porte. — Anecdotes dramatiques	1346
Clément (J.-M.-B.). — Médée, tragédie.	1476
Dº. — Lettres à M. de Voltaire.	2579
Dº. — Petit dictionnaire de la cour et de la ville 181-	188
Clément (J.-B.) — Chansons..	2745^a
Clerc. — Yu Le Grand et Confucius	1722
Clogenson (J.). — Banquet, etc. Carton 1, n° 70	818
Clotilde. — Poésies, etc 835-	836
Cobbett (W). — Le maître d'Anglais.	280
Cocheris (Hipp.). — Le premier livre des fables, etc	1133
Cocquard (F.-B.). — Poésies diverses.	903
Coger (L'abbé). — Examen du Bélisaire de M. de Marmontel, avec d'autres articles	2199
Coin (Le) du feu de la bonne Maman..	1987
Colardeau (C.-P.). — Œuvres.	2566
Dº. — Œuvres choisies.	2567
Colet (Louise). — Le monument de Molière.	1037
Collin d'Harleville. — Œuvres.	1487
Colloque françois-breton.. 249-250-	251
Coluthus. — L'enlèvement d'Hélène, trad..	529
Combat des Trente 830-831-	832
Comberousse (Hyacinthe). — La Victoire du Peuple, poëme, carton 1, n° 53.	818
Comenius (J.-A.). — Janua linguarum. 10-	832
Commerson (S.). — Les Trente, drame national	1470
Complainte sur le droit d'aînesse, lettre c.	1170^a
Conciones et orationes ex Sallustii, etc.. 412-413-	414

Condillac (Et. Bonnot de). — Œuvres complètes.	2649
Dº. — Cours d'étude pour l'instruction des jeunes gens. . . 2147-	2148
Condorcet. — Œuvres.	2592
Conscience (H.). — Le démon de l'argent.	2066
Dº. — L'année des merveilles.	2067
Dº. — Les veillées flamandes, scènes de la vie flamande. 2068-2069-	2070
Considérations philosoph. sur l'action de l'orateur, par Dom G. . . .	387
Contant d'Orville. — Pensées philosoph., morales, etc.	2366
Constant-Taillard. — Voltaire et un Jésuite, lettre e	1170ª
Contemporaines (les).	2715
Cooper (Fenimore).— Œuvres, trad. par Defauconpret.— The pilot. — Le dernier des Mohicans. 2102-2103-	2104
Copineau (L'abbé). — Essai synthétique sur l'origine, etc.	3
Coppée (Fr.). — L'épave	1125
Corbeille (La). — Recueil de morceaux choisis en vers et en prose.	2713
Corbière (Ed.). — Considérations politiques. — Les Brésiliennes, carton 1, nº 1ª. 818-	955
Dº. — Le xvixᵉ Siècle, satire politique, carton 1, nº 36. . . . 818-	1170
Dº. — Le Négrier.	1829
Dº. — Corbière à Corbière, épître en vers. Carton 1, nº 45	818
Cormenin (L.-M. de Lahaye, Vᵗᵉ de). — Œuvres.	2629
Cormon (E.) et Dutertre. — La ferme de Primerose, comédie. . . .	1502
Corneille (P.). — Le théâtre. — Chefs-d'œuvre. — Œuvres complètes. 1373-1374-1375-1376-	1377
Dº. — Rodogune, Cinna. 1879-	1880
Dº. — Cinna, Polyeucte, vol. in-32, lettres i, j.	1552
Corneille (P. et Th.). — Théâtre.	1378
Corneille (Th.). — Le festin de Pierre. Vol. in-32, lettre c.	1551
Cossart (Le R.-P. Gabriel). — Orationes et carmina. 778-	779
Cotelle. — Dialogues arabes	2734
Cottin (Mᵐᵉ J.).— Mathilde.— Claire d'Albe.— Elisabeth . 1739-1740-	1741
Coupé (J.-L.). — Spicilège de littérat. ancienne et moderne. . . .	2679
Couppey (Augusta). — L'orphelin du 41ᵉ	1793
Courier (P.-L.). — Collection complète de pamphlets.	2615
Dº. — Mémoires, correspondance et opuscules inédits.	2616

Court de Gébelin (A.). Monde primitif analysé et comparé. 17
Courtin (Nic.). — Charlemagne ou le rétabliss. etc. 1011
Courval-Sonnet (Th. de). — Les satyres du sieur de Courval. 847
Cousin (Victor). — Œuvres 2632
Coyer (L'abbé). — Œuvres. 2588
Craven (Milady). — Lettres à son fils. 2494
Crébillon (P. Jolyot de). — Œuvres. 1420-1421- 1422
Crébillon fils (C.-P. Jolyot de). — Lettres athéniennes 1711
Crémieux (G.). — Œuvres posthumes. 1550
Crénius (Th.). — Fasciculus dissertationum. 2168
Crevaux (J.), Adam (L.) — Sagot (P.) — Grammaire et vocabulaire
   de la langue Roucouyenne, etc. 360
Crévier (J.-B.). — Rhétorique françoise. 380
Croisade (Histoire de la) contre les hérétiques albigeois. 799
Cuoco (Vincent). — Voyage de Platon en Italie. 1962
Currer-Bell. — Le Professeur. — Jane Eyre, romans. 2106-2107- 2108
Cursant (de). — Bibliothèque des auteurs. 2202-2328- 2716
Cuvelier, trouvère du xive siècle, chronique de Bertrand Du Guesclin. 834

D

Dacier (Mme). — Des causes de la corruption du goust. 2181
Daillant de la Touche. — L'Enfant prodigue, poëme, avec d'autres
   auteurs. 2699
Daire (Le R. P. E.). — Les épithètes françaises. 133
Danchet (A.). — Théâtre. 1554
Dancourt (F.-C.). — Chef-d'œuvres. 1398
Danet (P.). — Grand dictionnaire français-latin. 191- 192
D°. — Magnum diction. latin et gallic. 84- 85
Daniel (J.-F.) — Analectes littéraires et scientifiques. 9
D°. — Récréations grammaticales. 102
D°. — Leçons de français. 143
Daniel (Le R. P. G.). — Recueil de divers ouvrages philosoph., etc. 2206
D°. — Entretien de Cléandre et d'Eudoxe. 2401
Dante (Alig.). — La divine comédie. 1218-1219- 1220
D°. — Œuvres philosoph. — Œuvres mineures 1221

D°. — Le Paradis.	1222
D°. — Le Purgatoire.	1223
Dⁿ. — L'Enfer.	1224-1225
Darbois (L.-F.). — Dictionnaire des dictionnaires	163
D°. — Almanach des noms, etc.	163ᵃ
Daru (P.). — La Cléopédie, poëme et autres opuscules.	1070
Darwin (E.). — Les amours des plantes.	1288
Dauphin. — La dernière Héloïse, roman.	1742
Dauvin (A.) — La guerre et la paix, carton 1, n° 65.	818
Day (Th.). — The history of Merton and Sandford	2101
Defoë (Daniel). — La vie et les avantures de Robinson Crusoé.	2084-2085-2086-2087
Deguerle. — Stratonice et son peintre, etc., carton 1, n° 19.	818
Dein (Le baron). — Roncevaux ou la mort de Roland.	1126
Delafaye (Mᵐᵉ J.) — Les nouvelles nouvelles de l'enfance.	1993
Delafosse. — Manlius Capitolinus, tragédie, vol. in-32, lettre n.	1552
De l'art de parler par le R.-P. Lamy.	395
Delavigne (Casimir). — Œuvres complètes.	974-975-976
D°. — Les Messéniennes.	973
D°. — Louis XI, tragédie	1493
Delille (Jacques). — Dithyrambe sur l'immortalité de l'âme.	1007
D°. — Le même, relié avec la Pitié.	1008
D°. — Œuvres complètes.	1065-1068
D°. — L'homme des champs.	1059
D°. — L'imagination.	1060-1066
D°. — Les jardins.	1061
D°. — La Pitié.	1062-1063
D°. — Recueil de poésies et de morceaux choisis.	1064
D°. — Les Géorgiques de Virgile.	1067
Delormel (J.). — Projet d'une langue universelle.	7
Demandre. — Dictionnaire de l'élocution française.	169
Démosthène. — Oraisons, traduction de MM. d'Olivet et Auger.	408
D°. — 2ᵉ Olynthienne, 2 traductions.	409
D°. — 3ᵉ Olynthienne, texte grec.	410
Démosthène et Eschine. — Œuvres complètes trad.	407

Demoustier (C.-A.). — Les consolations et opuscules. 2605
Denina (L'abbé Ch.). — La clef des langues, etc. 40
Dennery (Ad.) et Crémieux (Hect.) — Germaine, drame. 1526
Denys d'Halicarnasse. — Traité de l'arrangement des mots, trad. . 367
Denys d'Alexandrie 369. — Voir le n°. 530
Déroulède. — Chants du soldat. 1113
D°. — Nouveaux chants du soldat. 1114
Désaugiers (M. A.) — Chansons et Poésies diverses. 1186
Desbillons (F.-J.). — F. J. D. Æsopiarum fabularum quinque libri. 757
Deschamps (Ant.). — Poésies. 969
Des dénonciateurs et des dénonciations. 2306
Desfontaines (P.-F. Guyot). — Dictionn. néologique, etc. 171-172- 173
Desfontaines de la Vallée. — La mort d'Ernance, roman. 1752
Desforges (Pierre J^h B^{te} Choudard). — L'épreuve villageoise, carton 1, n° 5, liasse 5. . . . . 1152ᵃ
Desforges-Maillard. — Œuvres en vers et en prose. 2560
Deshoulières (Mme et Mlle). — Poésies 863-864-865- 866
Deslandes (A.-F.-B.). — Réflexions sur les grands hommes, etc. . 2128
Desmahis (J.-Fr.). — Œuvres. 904
Despaze (J.). — Les quatre satires. 1159- 1170
D°. — 5ᵉ Satire, carton 1, n° 20. . . . . 818- 1170
Des représentations en musique, anciennes et modernes. 1553
Diabotanus, poëme languedocien, traduit. 1713
Dickens (Ch.). — Contes de Noël. — Le neveu de ma tante, traduit. 2111-2112-2113- 2114
Dictionnaire contenant les anecdotes historiques de l'amour. . . . 2131
Dictionnaire de l'académie française. 144 145
Dictionnaire de la langue française. 174
Dictionnaire des gens du monde. 184
Dictionnaire de la conversation et de la lecture. 182- 183
D°. — Critique et raisonné du langage vicieux 180
D°. — Français et latin. 197
D°. — Grammatical de la langue française. 158
D°. — Portatif de la langue française. 159
D°. — Universel des synonymes, etc. 166- 167

D°. — Universel français et latin, de Trévoux (3 exempl.). 152-153-	154
D°. — Français-pongué.	348
D°. — Pongué-français.	347
D°. — Contenant les anecdotes historiques de l'amour.	2131
Diderot (D.) — Œuvres de théâtre. 1435-	1436
D°. — La religieuse.	1824
D°. — Jacques le fataliste.	1825
D°. — Œuvres.	2650
Didot (A.-F.). — Observations sur l'orthographe, etc.	141
Didot (F.) — Poésies et traductions en vers.	958
Diezmann (J.-A.). — Nouveau diction. de poche des 4 langues princip. de l'Europe.	49
Dinocourt. — L'agent provocateur, roman.	1759
D°. — Le lendemain du dernier jour d'un condamné.	1760
Diogène conteur ou les lunettes de vérité.	2294
Dionysii Alexandrini de situ orbis libellus. 530-	369
Discours de Lycurgue, d'Andocide, d'Isée, de Dinarque, etc.	402
Discours (Recueil de) et d'oraisons funèbres.	437
D°. — Prononcé aux Ecoles de médecine, etc.	438
D°. — et opinions de Mirabeau.	446
D°. — Discours prononcé par Maillet-Lacoste (P. L.), à l'école de M. Laurent à Brest, et autres opuscules en 1809-1810.	451
D°. — satiriques et moraux.	1163
D°. — tirés des historiens latins.	416
Discussions importantes débattues au parlement d'Angleterre.	454
Disraeli (Benj.). — Lothair. — Sybil, romans. 2115-	2116
Dizains, à M. Louis Bouilhet, carton 1, n° 69.	818
Dochez (L.). — Nouveau dictionnaire de la langue française.	162
Doissin (L.) — Sculptura, Carmen avec la gravure, poëmes.	758
Domergue. — Grammaire française simplifiée.	106
Dorat (Ch.-J.). — La déclamation théâtrale.	1053
D°. — Les Baisers, suivis du mois de Mai.	1105
Dorat (E.-J.). — Œuvres complètes.	2587
Dorat (Cl.-J.). — Poésies.	923
D°. — Mes Fantaisies.	924

Doucet (Camille). — Les Ennemis de la maison, comédie. 1512
Dozon (Aug.). — Manuel de la langue chkipe ou albanaise 301
Dreux du Radier. — Récréations historiques, critiques, etc. . . . 2210
Duboccage (Mme A.-M. Lepage), — La Colombiade, poëme. . . . 1006
Dubroca (L.). — Principes raisonnés sur l'art de lire à haute voix. 399
Du Camp (Maxime). — Mémoires d'un suicidé, roman. 1830
Ducerceau (Le P.) — Recueil de poésies diverses. 820- 880
Ducis (J.-F.). — Œuvres 1441
D°. -- Œuvres posthumes. 1442
D°. — Œuvres et œuvres posthumes. 1443
D°. — Jean Sans-Terre, Othello, Hamlet, Abufar, vol. in-32, o, p, q, r. 1552
Duclos (Ch. Pineau). — Histoire de Mme de Luz, roman. 1737
Ducrest de Villeneuve (E.) — Le Bandoulier, roman. 1764
Du Deffand (La marquise). — Lettres à Horace Walpole 2466
Du Fail (Noël.) — Les contes et discours d'Eutrapel. 1965
Dufresne (Ch.), sieur du Cange. — Glossarium, etc. 83
Dufresny (Ch.), — Amusements sérieux et comiques.. 2288
Dulard (Paul-Alex.). — Œuvres diverses 901
D°. — La grandeur de Dieu dans les merveilles de la nature, poëme. 1004
Dumanoir et de Biéville. — Les fanfarons de vices, comédie. . . 1515
Dumarsais (C.). — Œuvres. 2557
D°. — Des tropes 122-123- 400
Dumarsais et Bartoux. — Des tropes. 126- 127
Dumas (A.). — Théâtre complet.. 1447
D°. — Mlle de Belle-Isle. 1446
D°. — Romulus. 1448
Dumas (A.) fils. — Théâtre complet. 1449
D°. — La Dame aux Camélias. — Le Demi-Monde. — Diane de Lys.
— La question d'argent. — Une visite de noces, pièces, de 1450 à 1454
D°.— La Dame aux Camélias (roman).— La Dames aux Perles, 1831- 1832
D°. — Six nouvelles. 2014
Dumesnil (Pierre). — Oreste, poème 1041
Dumouchel (J. B.) et Goffaux (F. J.) — Narrationes excerptæ ex latinis
scriptoribus. 2684
Duparc (Ed. de La Barre du). — Œuvres diverses. 2661

Dupaty. — Les Délateurs 1170
Duplessis. — Œuvres posthumes d'un poète breton. 999
Du Pontavice de Heussey (Hya.) — Nuits rêveuses, poésie. 1040
Durand (L.). — Cantiques de l'âme dévote. 1178
Durand (Ch.). — Cours d'éloquence. 394
Du Rivet (N.-G.). — Templum assentationis, carmen. 2737
Duseigneur.— Les ducs bretons, poëme historique. 1028
D°. — Odes historiques. 1149
Du Temple (Le Platr.). — Virgile en France 950
Duval (F.). — Nouveau choix de pièces de poésie. 2688
Duval (P.-C.-P.). — Jeanne d'Arc, poëme.. 1419
D°. — Au Connétable de Richemont, carton 1, n° 4. 818
Duval (L.). — Poésies diverses. 980
Duval (Alex.). — Affaire de l'Odéon carton 1, n° 35. 818
D°. — Œuvres complètes 1445
Duval (V.-J.). — Œuvres. 2565

E

Edouard, par l'auteur d'Ourika. 1757
Edschlager (Christian). — Synopsis rei nummariæ veterum. 791
Egger (E.) — L'Hellénisme en France. 2241
Eggis (Etienne). — Voyage aux Champs-Elysés. 2717
Eléments de grammaire générale, appliqués à la langue française et
    applicables à la langue latine. 16
Elève (L') de Minerve, poëme. 905
Enault (Louis). — La Vierge du Liban, roman. 1833
Enfants (les). 1989
Enfants (les) studieux. 1990
Enfield (William). — The speaker. 2731
Ennius, Q. Ennii fragmenta 554
Entretiens (les) de Monsieur de Voiture et de Monsieur Costar. . . 2400
Epigrammatum delectus. 551
Epistolæ Abælardi et Heloissæ, texte et traduction. 2427
Erasme (Didier). — Stutitiæ laudatio. 2276

Dº. — La louange de la Folie.	2277
Dº. — L'éloge de la Folie. 2278-2279-	2280
Dº. — Adagiorum omnium tam græcorum quam latinorum aureum flumen.	2317
Dº. — Colloquia.	2398
Erckmann-Chatrian. — Romans nationaux. 1787-	1788
Erpenius ou d'Erpe (Thomas). — Rudimenta linguæ arabicæ. . . .	319
Eschyle. — Théâtre, nouvelle traduction en vers.	1317
Escudier (Gaston). — Les Saltimbanques.	1354
Esménard (J.) — La Navigation, poëme.	1074
Esope. — Fablou Esop, troët en brezonec gant G. Ricou. — Choix de fables. — Fables choisies d'Esope. 1603-1604-	1605
Espiard de la Cour (D'). — Œuvres meslées.	2559
Esprit (L') du marquis d'Argens.	2351
Esprit (L') de Bossuet.	2350
Esprit (L') de Bourdaloue.	2345
Esprit, saillies et singularités du P. Castel. 2346-	2347
Esprit du grand Corneille.	2343
Esprit (L') de l'abbé des Fontaines.	2344
Esprit, maximes et principes de Fontenelle.	2352
Esprit (L') des livres défendus.	2340
Esprit de Mably et de Condillac, relativement à la morale et à la politique	2357
Esprit de Marivaux.	2354
Esprit, pensées et maximes de M. l'abbé Maury.	2358
Esprit (L') des monarques philosophes.	2338
Esprit (L') de M. Necker.	2356
Esprit (L') des Romains.	2339
Esprit de Saint-Réal.	2349
Esprit (L') de Saurin.	2348
Esprit de Mlle de Scudéry.	2342
Esprit (L') de Sénèque.	2341
Esprit (L') du siècle.	2284
Esprit philosophique et politique d'un membre de la Société royale de Londres.	2355
Esprit, maximes et principes de Thomas.	2359

Esprit (L') de M. de Voltaire.	2353
Esprit, maximes et pensées d'Young, extraits de ses Nuits.	2384
Essai du nouveau Conte de ma mère Loye.	1167
Essais de critique.	2205
Essai historique, critique, philologique, politique, morale, littéraire et galant sur les lanternes.	2130
Estienne (H.). — De latinitate falso suspecta expostulatio. De Plauti latinitate dissertatio.	73
D°. — Apologie pour Hérodote.	2281
Estienne (Robert). — Thesaurus linguæ latinæ.	80
Etrennes du Parnasse. — Poètes grecs	491
Euripide. — Les tragédies, traductions de M. Provost. — Hippolyte porte-courone. — Hécube, texte grec. 1319-1320-	1321

F

Fabliaux et contes des poètes français des xii, xiii, xiv et xve siècles.	826
Fabliaux choisis, mis en vers.	827
Fabre (L'abbé). — Syntaxe française. 120-	121
Fabre d'Olivet (M.). — La langue hébraïque restituée.	312
Fabvier. — Chant lyrique sur la Grèce, vol. in-32. Liasse B, n° A.	1177
Fagan (Barthélemy-Christophe). — Théâtre et autres œuvres du même auteur.	1407
Faidherbe (Le général). — Essai sur la langue Poul. — Grammaire et vocabulaire de la langue Poul. 345-	346
Faucillon (Jean-Jacques). — Les premières amours de Napoléon, poëme et autres poésies.	1077
Faure (S). — Essai sur la composition d'un nouvel alphabet.	28
Favart (Ch.-Simon). — Théâtre.	1474
D°. — La Servante maîtresse, carton 1, liasse 5, n° 2.	1552^a
Favre (L'abbé P.). — Dictionnaire malais-français. — Dictionnaire français-malais. — Grammaire de la langue malaise . . 315-316-	317
Favre (Jules). — Discours parlementaires. — Plaidoyers politiques et judiciaires. 475-	476
Faydit (L'abbé P.-V.). — Remarques sur Virgile et sur Homère, et sur le stile poétique de l'Ecriture sainte.—La Télémacomanie. 2188-	2189
Feidjoo (Le R. P. Dom Benoît-Jérôme). — Théâtre critique.	2266
Fénelon (François de Salignac de la Mothe). — Dialogue sur l'éloquence, avec une lettre écrite à l'Académie française.	390

Dº. — Les aventures de Télémaque.	1656 à 1663
Dº. — The adventures of Telemachus.	1664
Dº. — Dialogue des morts.	2403
Dº. — Œuvres complètes.	2542
Dº. — Morceaux choisis.	2764
Dº. — Chefs-d'œuvre littéraires.	2765
Féraud (L'abbé J.-F.).—Dictionnaire critique de la langue française. — Dictionnaire grammatical de la langue française 157-	158
Ferrand (Jacques). — Poésies. Carton nº 1. Liasse 4, nºs 66 et 67.	818
Ferrari (C.). — Grammaire italienne	212
Ferri de Saint-Constant (J.-L.). — Rudimens de la traduction. 76-	77
Fessard (Charles). — Les récits de l'oncle Yanick, etc.	2019
Feuillet (Octave). — Le roman d'un jeune homme pauvre, comédie.	1527
Dº. — Péril en la demeure, comédie.	1528
Dº. — Le sphinx, drame.	1529
Dº. — Scènes et comédies.	1567
Dº. — Scènes et proverbes.	1568
Dº. — Bellah, roman.	1834
Dº. — La petite comtesse. — Le Parc-Onesta, romans.	1835
Dº. — Le roman d'un jeune homme pauvre, roman.	1836
Feuquières (Lettres inédites des).	2440
Féval (Paul). — Contes de Bretagne.	2017
Feydeau (Ernest). — Daniel, étude. — Fanny, étude. . . . 1837-	1838
Figueira (Luiz). — Arte de grammatica da lingua brasilica.	357
Flaubert (Gustave). — Salammbô, roman.	1785
Dº. — Mme Bovary, roman.	1786
Fléchier (Esprit). — Recueil des oraisons funèbres. 439-	440
Dº. — Oraisons funèbres suivies de celles de Turenne par Mascaron ; du prince de Condé, par Bourdaloue, et de Louis XIV, par Massillon. 441-	442
Fleury (L'abbé Claude). — Traité du choix et de la méthode des études.	2142
Florian (J.-B. Claris de). — Fables. 1141-	1142
Dº. — Fables suivies d'un choix des plus jolies fables en vers qui existent en français.	1143
Dº. — Estelle, roman pastoral.	1723

Dº. — Œuvres.	2651
Dº. — Œuvres complètes	2652
Fontenelle (Bernard le Bovier ou le Bouyer de). — Poésies choisies, avec celles d'Ant. Houdar de la Motte.	900
Dº.— Nouveaux dialogues des morts.—Dialogues of the dead. 2404-	2405
Dº. — Œuvres.	2548
Fortunio (M. Paulin Niboyet). — L'Américaine, roman.	1841
Foucher (Paul) et Régnier. — La Joconde, comédie.	1510
Foudras (Mis de). — Un caprice de grande dame, roman.	1839
Fourmont (Etienne). — Linguæ Sinarum mandarinicæ hieroglyphycæ grammatica.	333
Fournel (Victor). — Les contemporains de Molière.	1372
Fournier (Edouard). — Le théâtre français au xvıe et au xvııe siècle.	1355
Dº. — L'esprit des autres	2230
Foussier (Edouard). — Une journée d'Agrippa d'Aubigné, drame.	1508
Fox (J.-C.) et Pitt (Will.). — Recueil de discours prononcés au parlement d'Angleterre.	477
Foy (Le général Maximilien-Sébastien). — Discours.	448
Français (les) peints par eux-mêmes.	2718
Fraysseix-Bonnin (Le Mis de).— Les orages et les beaux jours, essais de poésie.	995
Frédérie II, roi de Prusse. — Poésies du philosophe de Sans-Souci.	894
Dº. — Anti-Machiavel. — Examen du prince de Machiavel. 2193-	2194
Dº. — Correspondance familière et amicale avec U.-F. de Suhm.	2471
Dº. — Œuvres complètes — Œuvres posthumes. — Résumé de ses œuvres. 2640-2641-	2642
Fréret (Nicolas). — Œuvres complètes.	2653
Frizon (L.). — Opera poetica.	760
Froment (Mme Mathilde). — La vie réelle, roman.	1840

G

Gacon (Fois) ou le poète sans fard. — Discours satiriques.	1165
Dº. — Anti-Rousseau. 1166-	2285
Dº. — Homère vengé.	2185
Gageac (Bon de). — Epitre à la Société d'agriculture, sciences et arts de la Dordogne, carton nº 1, liasse 3, nº 51.	818

Gail (J.-B.). — Nouvelle grammaire grecque.	51
D°. — Clef d'Homère. 494-	2255
Galerie des femmes de Walter Scott.	2097
Galicien (Cycle).	1266
Galimard ou Gallimard (P.-J). — Rudiment des dames.	101
Gallon. — Traité des homonymes.	132
Galmace (A.). — Llave nueva y universal para aprender la lengua francesa.	213
Gambarelli (Agostino). — Il latinista ossia la sorte de' litterati.	2032
Garasse (Le P. François). — Le Rabelais réformé par les ministres.	2282
Garcin de Tassy. — La langue et la littérature hindoustanes, en 1876.	331
Gardel (Maximilien-Léopold-Joseph-Philippe). — Mirsa, ballet en action, carton n° 1, liasse 5, n° 4.	1552a
Gardin Dumesnil (J.-B). — Synonymes latins.	82
Garnier (G.-J.) — L'Homme de lettres.	2182
Gattel (C.-M.).— Nouveau dictionnaire portatif de la langue française.	151
Gautier (Théoph.).— Emaux et camées.— Poésies complètes. 996-	997
D°.— Le roman de la momie.— Mademoiselle de Maupin. 1789-1790-	1791
D°. — Un trio de romans. — Nouvelles. 2003-	2004
Gay (John). — The poetical works. — Fables by John Gay and by Edward Moore. 1277-	1278
Gédoyn (L'abbé Nicol.). — Œuvres diverses.	2655
Geffroy (Prosper-Marie). — Passe-temps.	1000
Genest (L'abbé Ch. Cl.).— Dissertations sur la poésie pastorale. 483-	484
Génie (Le) de Montesquieu.	2376
Genisset (F.-J.). — Examen oratoire des églogues de Virgile.	2190
Genlis (Mme de). — Sainclair. — Les veillées du château. 1985-	1986
Geoffroy (Etienne-Louis).— Hygiene sive ars sanitatem conservandi.	763
Geoffroy (Julien-Louis). — Cours de littérature dramatique.	1314
Gérard de Nerval. — Les filles de feu.	1842
Gesner (Salomon). — Œuvres. 2046-	2050
D°. — Idylles et poèmes champêtres.	2047
D°. — La mort d'Abel. 2048-2051-	2052
D°. — La mort d'Abel, suivie du premier navigateur.	2049
Ghirardini (Alessandro). — Studj sulla lingua umana, etc.	210

Gibbon (Edward). — Essai sur l'étude de la littérature.	2139
Gibert (Balthasar). — La rhétorique ou les règles de l'éloquence.	379
Gilbert (Nicolas-Joseph-Laurent). — Œuvres complètes. — Œuvres 1156-1157-	1158
Gin (P.-L.-Cl.). de l'éloquence du barreau	392
Girard (L'abbé Gabr.). — Les vrais principes de la langue françoise. 97-	98
D°. — Synonymes françois. 129-130-	131
Girard de Rialle et Julien Vinson. — Revue de linguistique et de philologie comparée.	39
Girard (L'abbé Ant.-Gerv.). — Préceptes de rhétorique.	384
Girard (Juste). — Le sabotier de Marly	1843
Girardin (Emile de). — Emile.	1844
Girardin (Mme Emile de). — Poésies complètes.	979
D°. — Lady Tartuffe. — La joie fait peur. 1505-	1506
D°. — Marguerite. — Th. Gauthier. — J. Sandeau. — Méry. — La croix de Bercy. 1845-1846-	1847
D°. — Œuvres complètes.	2634
Giraudeau (Le P. Bonaventure). — Introductio ad linguam græcam, etc.	43
Girodet-Trioson (A.-L.). — Œuvres posthumes suivies de sa correspondance.	2610
Glycère ou la philosophie de l'amour.	1106
Godard de Beauchamps. — Les Amours de Rhodante et Dosiclès.	1848
Godard d'Aucourt. — Mémoires turcs.	2296
Gœthe (Jean-Woflgang). — Faust. 2054-	2055
D°. — Wilhem Meister. 2056-	2057
D°. — Werther. 2058-	2059
D°. — Gœthe's sammtliche werke.	2670
D°. — Œuvres.	2671
Goldsmith (Olivier). — The vicar of Wakefield.	2081
D°. — Le ministre de Wakefield.	2082
D°. — Le vicaire de Wakefield, the vicar of Wakefield, traduit en français avec le texte anglais.	2083
Gomez (Ang. Poisson, dame de). — Les cent nouvelles nouvelles.	1967
Gordon de Percel (le comte). — De l'usage des romans.	1608
Gorgy (Jean-Claude). — Saint-Alme, roman.	1724

D°. — Lidorie, roman. 1725
Goudar (L.) — Nuova grammatica italiana e francese. 206
Goudelin (Pierre). — Las Obros. 1217
Gouzien (Alain). — Nouvelle grammaire française. 110
D°. — Dictées françaises. 111
Gozlan (Léon). — Le Gâteau des Reines, comédie. 1513
D°. — Le Dragon rouge, roman. 1849
Les mœurs théâtrales. La Comédie des comédiens, nouvelles. . . 2005
Graberg di Hemso, — Saggio istorico sugli Scaldi o antichi poeti Scandinavi 1260
Graffigny (Françoise d'Issembourg d'Happoncourt, dame de). — Œuvres de théâtre. 1410
D°. — Cartas peruanas. 2480
Gramatica de la lengua castellana. 215
Grambert (Joseph). — La Voltairiade. 2302
Grandpont (A. Guichon de). — Carmina nautica. 754
D°. — Gloriæ navales, odæ. 790
D°. — La poésie de la Science, carton n° 1, liasse 2, n° 12 . 818- 1123
D°. — Imitation de Jésus-Christ en vers français. 1124
Grée. — La navigation, poëme. 1075
Gresset (G.-B.-L.) — Œuvres. Liasse A, e. 910-911-913-916-917-918- 1176
D°. — Poésies choisies. 912
D°. — La Chartreuse. — Les Ombres. — L'Abbaye. Liasse A, f. . . 1176
D°. — Le Parrain magnifique. 914
D°. — Œuvres choisies. 915
D°. — Poésies inédites. 919
Grézel (le Père). — Dictionnaire futunien-français. 365
Griffet (le Père Henri). — Varia carmina. 787
Grozelier (le P. Nic.) — Fables nouvelles. 1135
Guarini (B.) — Il pastor fido. — Le berger fidelle. 1573- 1574
Gueullette (Thom.-Sim.) — Les Mille et une soirées, contes mogols. 1696
D°. — Mémoires de Mlle de Bontems 1697
Guérin (Maurice de). — Reliquiæ. 2719
Guérin (Eugénie de). — Journal et lettres. 2483
Guéroult (P.-C.-B) .—Nouvelle méthode pour étudier la langue latine. 67

Guerre aux passions, ou Dictionnaire modéré.	185
Guide de la conversation espagnole.	218
Guignes (Chr.-Louis-Jos. de) — Dictionnaire chinois, français et latin.	336
Guillaume (J.) — Grammaire française-bretonne.	229
Guillou (J.) — Petites étymologies bretonnes.	254
Guizot (Mme). — Récréations morales, contes.	1997
Guizot (François). — Shakespeare et son temps, étude littéraire.	2264
Guizot (Guillaume). — Ménandre, étude historique et littéraire.	2265
Guyard (Stanislas). — Le Divan de Beha-eddin Zoheir, roman arabe.	2122
Guyétand (Louis-Pierre-Prudent). — Le Génie vengé, poëme, carton 1, liasse 2, n° 17.	818
D°. — Mes souvenirs et autres opuscules poétiques.	944
Guyot de Merville (Mich.) — Œuvres de théâtre.	1424

H

Halévy (Léon). — Histoire et modèles de la littérature française.	2257
Haller (le bar. Alb. de). — Poésies, traduction.	1256
Halma (Fr.). — Le grand Dictionnaire françois et flamand. 265-266-	267
D°. — Woorden Boek der nederduitsche et fransche taalen. 268-	269
Hamilton (le chev. Ant.) — Mémoires du comte de Grammont. 1694-	1695
D°. — Les quatre Facardins, conto.	1982
Hamonière (G.-J.) — Cours de thèmes anglais.	289
D°. — Recueil de morceaux en prose, en français et en portugais.	2705
Harangues choisies des historiens latins.	415
Harangues sur toutes sortes de sujets.	455
Harangues tirées d'Hérodote, de Thucydide et de Xénophon.	403
Hardouin (le P. Jean). — Apologie d'Homère.	2183
Harriet (M.) — Gramatica escuaraz eta francesez.	259
Harris (Jacques). — Hermès, ou recherches philosophiques sur la Grammaire universelle.	12
Harwood (J.-R.) — Lord Ulswater, roman traduit de l'anglais.	2117
Hau Kiou Choaan. — Histoire chinoise.	2123
Haumonté (J.-D.), Parisot, Adam (L.) — Grammaire et vocabulaire de la langue Taensa.	359

Heinsius (Daniel). — Danielis Hensii orationes. 429
D°. — De tragædiæ constitutione liber. 1313
He Helunaan. 364
Héliodore. — Les amours de Théagènes et de Chariclée. 1617-1618- 1619
Helvétius (Cl.-Ad.) — Le Bonheur, poëme. 1051
Henri (V.)— Esquisse d'une gram. raisonnée de la langue aléoute. . 355
Hervieux (Léopold). — Les fabulistes latins. 2252
Hésiode. — Hesiodi opera omnia latinis versibus expressa. 531
D°. — Les œuvres, traduction. 532
Het groot woordboek der nederlandsche en fransche. 271
Hildebrand (Nicolas-Beets.) — Les scènes de la vie hollandaise. . . . 2065
Histoire des amours de Chéréas et de Callirrhoë. 1628
Histoire (l') et les amours de Sapho. 1641
Histoires choisies des auteurs profanes, latin et français. 2683
Histoire de l'établissement des théâtres en France. 1344
Histoire de Valentin et Orson. 1638
History (The). — Of the adventures of Joseph Andrew. 2098
Hoffmann (Ern.Théod.-Guill.) — Contes fantastiques. . . . 2063- 2064
Homère. — Homeri opera græco-latina. 492- 493
D°. — Clef d'Homère par Gail. 494
D°. — Traductions en prose. . . . . de 495 à 507
D°. — Traductions en vers. . . . . de 508 à 511
D°. — Tableaux tirés de l'Iliade, l'Odyssée et de l'Enéide, par le comte de Caylus. 512
Hoogeven (H.). — Doctrinæ particularum linguæ græcæ. 60
Horace, de . . . . 625 à 641
D°. — Traductions, de . . . . 642 à 663
D°. — Horace éclairci par la ponctuation, par le chevalier Croft . . 664
D°. — The epistles and art of poetry of Horace. In latin and english. 665
Hosschius. — Sidronii Hosschii e Societate Jesu elegiarum libri sex. 792
Houbigant (Le P. C. F.). — Racines hébraïques 311
Houdar de la Motte (Ant.). — Œuvres 2545
Hourwitz (Zalkind). — Polygraphie. 35
Houssaye (Arsène). — Galerie du xviiie siècle. — Philosophes et comédiennes. 2654

D°. — Le repentir de Marion.	2749
D°. — Le violon de Franjolé.	2750
Hovelacque (Abel). — Grammaire de la langue zende.	325
Howacki (Jules). — Sigismond Krazinski	1262
Huber (Michel). — Choix de poésies allemandes. Traduction. 1254-	1255
Hubert (L.) — Méditations poétiques sur les ruines de la Grèce moderne. Carton 1. Liasse 3, n° 43.	818
Hudibras, par Butler (Samuel). Poème héroï-comique et satirique, traduit en vers français, avec le texte anglais.	1276
Huetiana, ou pensées diverses de M. Huet, évêque d'Avranches.	2336
Hugo (Victor). — Œuvres. 2630-	2631
D°. — Le retour de l'Empereur, et autres poëmes.	1093
D°. — Les Chansons des rues et des bois.	1094
D°. — Les Châtiments.	1095
D°. — L'année terrible. 1096-	1097
D°. — La légende des siècles.	1098
D°. — L'Art d'être grand-père.	1099
D°. — Théâtre. 1546-	1547
D°. — Notre-Dame de Paris.	1794
D°. — Les Travailleurs de la mer.	1795
D°. — L'Homme qui rit.	1796
D°. Quatre-vingt-treize. 1797-	1798
D°. — William Shakespeare.	2262
Hugot (A.). — Six bluettes vendues au profit des pauvres. Carton 1. Liasse 1, n° 6	818
Humboldt (G. de). — Lettre à M. Abel Rémusat sur la nature des formes grammaticales.	335
Hurtaud-Delorme.— Cocanius ou la Guerromanie, comédie héroïque et burlesque.	1482
D°. — Le Sauvage muet ou les deux Caraïbes, mélodrame. Carton n° 1. Liasse 5, n° 9.	1552ᵃ
Hurtaut (P.-T.-N.). — Manuale rhetorices.	377
Hyde (Thomas). — Syntagma dissertationum.	2677
Hymne qui se chante au Salut, pendant le temps pascal, dans les églises de Brest et de Recouvrance. Carton n° 1. Liasse 1, n° 3.	818

I

Imbert (Barthél.). — Nouvelles historiettes en vers. 926

D°. — Le Jugement de Paris, poëme, avec Narcisse dans l'isle de Vénus, par Malfilâtre 1049

D°. — Lectures variées ou bigarrures littéraires, avec la destruction de la Ligue, pièce nationale, par Mercier. 2723

Interprète (L'), ou le Maître de langues modernes. 48

Isocrate. — Œuvres complètes, avec quelques discours tirés d'autres auteurs grecs. Traduction. 405

D°. — Eloge d'Hélène, traduction. 406

J

Jal (A.). — Scènes de la vie maritime. 1762

Jamin (Dom Nic.) — Le fruit de mes lectures, pensées. 2364

Janin (Jules). — Histoire de la littérature dramatique. 1351

D°. — L'âne mort et la femme guillotinée. 1850

Jasienica Woyna (Joannes Carolus de). — Eques polonus. 302

Jaubert (Le Cte). — Glossaire du centre de la France. . . . 199- 200

Jauffret (L. F.). — Fables nouvelles. 1144

Jay (A.). — Le Glaneur ou essais de Nicolas Freeman. . . . 1756- 2254

Jestin (Félix). — Glanes poétiques. 1173

Joachim B.... de B. — Les prédictions d'un bon luron. Carton n° 1. Liasse 3, n° 34. 818

Johanneau (Eloi). — Mélanges d'origines étymologiques et de questions grammaticales, etc. 8

D°. — Rhétorique et poétique de Voltaire. 2578

Jordan (William) — The creation of the world, poëme. 1299

Joubert (J.). — Dictionnaire français et latin. 194

Joubert (A.). — La marchande de couronnes, poésie. Carton n° 1. Liasse 1, n° 9. 818

D°. — Le perroquet de ma tante, comédie. 1545

D°. — La chasse au papillon, comédie. Carton n° 1. Liasse 5, n° 13. . 1552^a

D°. — Vivre chacun chez soi, proverbe. 2746

Jouvancy ou Jouvency (Le P. J. de). — Josephi Juvencii e societate Jesu orationes. 431

Dº. — Manière d'apprendre et d'enseigner.	2141
Jouy (E.). — Sylla, tragédie.	1488
Jubinal (Achille).— A Sa Majesté Napoléon III. Carton nº 1. Liasse 4 nº 60.	818
Jugement sur Sénèque, Plutarque et Pétrone, avec l'histoire de la matrone d'Ephèse.	2187
Julien (L'Empereur). — Les Césars, traduits du grec.	2275
Jullien (B.). — Thèses de grammaire.	38
Dº. — Les formes harmoniques du français.	139
Dº. — Les éléments matériels du français.	140
Dº. — Thèses de littérature.	2236
Dº. — Thèses de critique et poésies.	2237
Dº. — L'harmonie du langage chez les Grecs et les Romains.	2238
Jump (John). — Grammaire de la langue anglaise.	284
Junius (Hadrianus). — Nomenclator communium rerum.	34
Juvénal. — Satires. 719-723-	727
Dº. — Traductions. 731-732-733-734-	735
Juvénal et Perse. — Satires. 720-721-722-724-725-	726
Dº. — Traductions. 728-729-	730
Juvénal et Perse. — Pensées extraites de leurs satires.	736

K

Ka buke ao.	361
Ka huinahelu hou.	362
Ka houna.	363
Kalevala (le), épopée nationale de la Finlande.	1308
Karr (Alph.). — La famille Alain, roman.	1851
Dº. — Histoires normandes.	1852
Keepsake breton.	825
Kératry (comte A H de). — Tower of Helvin, translated.	1807
Dº. — Clarisse.	2012
Dº. — Quelques pensées. Mon ami Lesmann.	2385
Kircher (Athanase). — Prodromus coptus sive ægyptiacus.	341
Klopstock. — Le Messie, poëme, traduction.	1259

Kock (Henri de). — Les petits chiens de ces dames. 1853
Kotzbue (Auguste de). — L'année la plus remarquable de ma vie. . 2072

L

Labbe (le R. P. Phil.) — Les étymologies de plusieurs mots fraçais. 92
Labé (Louise). — Œuvres de Louise Charly. 844- 845
La Bohémienne, comédie en un acte, carton 1, liasse 5, n° 3. . . . 1552ᵃ
Lachabeaussière (Aug.-Et.-Xav. Poisson de). — Poésies galantes et gracieuses d'Anacréon, Bion, Moschus, Catulle et Horace, imitées en vers français. 490
Dº. — Catéchisme français, carton 1, n° 56. 818
Lachambeaudie (Pierre). — Fables. 1146
Lacombe (F.) — Dictionnaire de la langue romane, etc. 88
Lacombe de Prezel (Honoré). — Dictionnaire d'anecdotes. 2323
Lacombe (Jacques). — Poétique de Voltaire. 2577
Lacourt (G.) — L'éducation, poëme. 1071
Lacretelle, l'aîné. — Œuvres diverses. 2656
Lacroix (Oct.) — L'amour et son train, comédie. 1514
La Croze (Math. Vessière de). — Lexicon ægyptiaco-latinum. . . . 20
Dº. — Thesauri epistolici Lacroziani. 2432
La Dixmérie (de). — Les deux âges du goût et du génie français, sous Louis XIV et Louis XV. 2256
La Farre (Ch. Aug. marquis de). — Poésies. 895
La Fayette (Mᵐᵉ de). — La princesse de Clèves). 1854
La Fermière (de). — Fables et contes. 1137
L'Affichard ou Laffichard. — Le voyage de M. de Cléville. 1958
La Flize. — Respect et vérité aux Mânes d'un grand homme, carton 1, n° 39. 818
Lafond (Ernest). — Etude sur la vie et les œuvres de Lope de Vega. 2261
La Fontaine (J. de). — Adonis, poëme. 1044
Dº. — Fabulæ selectæ, etc. 1127
Dº. — Contes et nouvelles, en vers. 1128
Dº. — Fables. 1129- 1130
Dº. — Fables illustrées par J.-J. Grandville. 1131
Dº. — Fables choisies, traduites en vers bretons. 1132
Dº. — Les amours de Psiché et de Cupidon. 1640

D°. — Les œuvres posthumes.	2522
D°. — Œuvres diverses.	2523
D°. — Œuvres choisies. 2524-	2525
D°. — Œuvres complètes 2526-2527-	2528
D°. — Œuvres inédites.	2529
Lagadeuc (Jehan). — Le catholicon, dictionnaire breton, français et latin.	230
Lagrange-Chancel (Joseph de Chancel dit de). — Œuvres.	1409
La Grue (Philippe). — Grammaire flamande.	264
La Harpe. — Le couvent des Camaldules, liasse B, lettre e.	1177
D°. — Commentaire sur le théâtre de Voltaire.	1427
D°. — Tragédies et drames.	1428
D°. — Le Cte de Warwick.	1429
D°. — Virginie.	1430
D°. — Philoctète.	1431
D°. — Mélanie, lettre t. 1432-	1552
D°. — Jeanne de Naples.	1433
D°. — Coriolan.	1434
D°. — Lycée, ou cours de littérat. ancienne et moderne. 2155-2156-	2157
Lainez (Alex.) — Poésies.	896
Lalanne (J. B.) — Le potager, essai didactique et autres poésies.	1069
Laloue (F) et Labrousse (F.) — Louis XVI et Marie-Antoinette, drame.	1498
La Louptière (de). — Poésies et œuvres diverses.	2589
La Madelaine (L. Ph. de). — Dictionnaire portatif des rimes.	811
La Madelène (H. de) et d'Augerolles. — Mademoiselle de Fontanges.	1855
La Madelène (Jules). — Le marquis de Saffras.	1856
Lamartine (A. de). — La mort de Socrate. 1078-	1090
D°. — Mélanges poétiques et discours.	1079
D°. — Recueillements poétiques. 1080-	1081
D°. — La chûte d'un ange. 1082-	1083
D°. — Premières méditations poétiques. 1084-	1085
D°. — Nouvelles méditations. 1086-	1087
D°. — Jocelyn.	1088
D°. — Harmonies poétiques, etc.	1089
D°. — Les visions.	1091

D°. — Poésies inédites.	1092
D°. — Raphaël.	1857
D°. — Graziella.	1858
D°. — Geneviève.	1859
D°. — Fior d'Aliza.	1860
D°. — Correspondance de 1807 à 1852.	2482
D°. — Œuvres complètes.	2635
Lamennais (F. R. de). — Lettres à Mgr l'archevêque de Paris.	2484
D°. — Correspondance.	2485
D°. — Œuvres.	2628
La Missionide, poëme, par un Rouennais, liasse B, lettre c.	1177
La Motte (Houdart de). — Odes.	1168
Lamy (le R. P.) — De l'art de parler.	11
Lancelot (C. L.), Arnault (Ant.) et Nicole (P.) — Nouvelle méthode pour apprendre facilement la langue grecque. . . . 53-54-	55
D°. — Abrégé de la nouvelle méthode pour apprendre facilement la langue grecque.	56
D°. — Nouvelle méthode pour apprendre facilement la langue latine.	63
D°. — Abrégé de la nouvelle méthode.	64
Landais (Napoléon). — Dictionnaire général, etc.	178
Lanjuinais (J. D.) — Œuvres avec notes biographiques.	2618
Lanneau (de). — Dictionnaire portatif des rimes françaises.	813
La Noüe (Jean Sauvé de). — Œuvres de théâtre.	1413
Lantier (E. F.) — Voyages d'Anténor en Grèce et en Asie.	1961
Lanzi (Luigi). — Saggio di lingua etrusia, etc.	50
La petite ville, carton 1, n° 28. 818-	1170
La Place (E. A. de). — Pièces intéressantes et peu connues.	2692
Laporte (l'abbé). — Ecole de littérature.	2694
Laprade (V^{or} de). — Psyché, odes et poëmes.	1171
Larchey (Lorédan). — Les excentricités du langage.	179
Lariz y la Vega (don Xavier de). — El triunfo de la amistad.	2042
Laroche (l'abbé J.-B.-L. de). — Lettres héroïques, historiques et intéressantes.	2437
La Rocqve (S.-G. de). — Les premières œuvres.	846
Larousse (P.). — Grand Dictionnaire universel. Supplément du grand Dictionnaire.	148

Larra, dit Figaro. — Le Damoiseau de Don Henri le Dolent. . . . 2045
L'art de peindre à l'esprit. 397
L'art d'obtenir des places, satire 1170
L'art du poëte et de l'orateur. 383- 2136
La Rue (Le P.-Ch. de). — Caroli Ruæi Carminum libri quatuor . . 777
La Rue (L'abbé Gervais de). — Recherches sur les ouvrages des bardes de Bretagne. 798
La Sablière (Ant.-R. de). — Madrigaux. 1161
La Sentinelle, ou Gazette de la semaine, satire, lettre b. . . . . . 1170[a]
La Suze (Henriette de Coligny, comtesse de) et Pelisson-Fontanier (Paul). — Recueil de pièces galantes 2519
La Thuillerie (Jn-Fois Juvénon, dit). — Théâtre. 1381
L'Attaignant (L'abbé G.-Ch. de). — Poésies. 902
Laugier (Eug.). — De la comédie française depuis 1830. 1348
Lauragais (Le Cte L.-L.-F. de). — Lettres à Mme *** 2477
Laurenberg (Jean). — Joannis G.-F. Laurenbergi antiquarius . . . 81
La Vallée (Jos. de). — La vérité rendue aux lettres par la liberté. . 2305
La Vallière (R.-F. de la Baume Le Blanc, duchesse de). — Lettres. 2459
Laveaux (J.-Ch.). — Dictionnaire raisonné des difficultés grammaticales et littéraires de la langue française. 170
Laverdet (A.) et Janin (J.). — Correspondance entre Boileau, Despréaux et Brossette. 2456
Lavergne (Alex. de). — La duchesse de Mazarin. Carton 1, liasse 6, n° 4. 2313
Laya (Le citoyen J.-L.). — L'ami des loix, comédie. 1481
Laya (Léon). — Les jeunes gens, comédie. 1511
Le Bos (Eug.). — Causeries bretonnes et remarques, etc 255
Le Bossu (Le R. P. R.). — Traité du poëme épique. 485
Le Brigant (Jacques). — Observations fondamentales sur les langues anciennes et modernes 4
Do. — Eléments succincts de la langue des Celtes 226
Do. — Petit Glossaire ou Manuel, etc. 247
Le Brun (Le R. P. Laurent). — Laurentii Le Brun nannetensis. Eloquentia poetica. 479
Do. — Novus apparatus Virgilii poeticus synonymorum, etc. . . . 547
Do. — Ecclesiastes Salomonis paraphrasi poetica explicatus . . . 759
Le Brun (P.-D. Ecouchard). — Œuvres mises en ordre, etc. . . . 942

Lebrun (P^{rre}). — Poëme lyrique sur la mort de Napoléon. Carton 1, n° 40 818

Lebrun-Tossa (Jean-Ant.). — Consciences littéraires d'à-présent. 2308

Le Calloch (A.). — Ballades, sonnets et élégies. Cart. 1, n° 7. 818- 1155

D°. — Théâtre et poésies 1472

Le Clerc (L.-C.). — Tobie, poëme 1654

Lécluse (Fleury). — Grammaire basque 260

Le Coz (J.). — Grammaire latine. 60

Le cri des braves. — Vive l'Empereur ! Carton 1, n° 26 818

Leczinski (Stanislas, roi de Pologne). — Œuvres du philosophe bienfaisant. 2639

Le Duc (V.). — Nouvel art poétique. 808

Le Duchat (J.). — Les quinze Joyes du mariage 2132

Le Flaguais (Alph.-J.). — Poésies élégiaques 1152

Lefranc de Pompignan. — Poésies sacrées 1147

Le Gay (Ch.-Mar.). — Poésies diverses 943

Legipont (O.). — Dissertationes philologico-bibliographicæ 2173

Le Gonidec (J.-F.-M.-M.-A.). — Dictionnaire celto-breton ou breton-français 241

D°. — Dictionnaire français-breton. 242

D°. — Vocabulaire breton et français et français-breton 253

D°. — Grammaire celto-bretonne 227- 228

Legouvé (G.-M.-J.-B.). — Le mérite des femmes. 945- 946

D°. — Traduction italienne. 947

D°. — Epicharis et Néron, tragédie. 1480

D°. — Par droit de conquête, comédie. 1509

D°. — Béatrix. 1861

D°. — Edith de Falsen. — L'éducation d'un père. — Un lâche . . . 1862

Le grand Dictionnaire françois et flamand 270

Le Groing la Maisonneuve (Mlle). — Zénobie 1746

Le Haître. — Ode sur les événements actuels de l'Europe. Carton 1, n° 1. 818

Leibnitz. — Viri illustris Godefridi G. Leibnitii epistolæ. 2430

Le Kalevala. — Epopée nationale de la Finlande 1308

Le Lan (V.) — Un Rêve, comédie. Carton 1, liasse 5, n° 16 . . . . 1552^a

Lelion-Damiens. — Vous n'êtes que marquis, comédie. 1501

Lemare.— (P.-A.) — Cours théorique et pratique de la langue latine	72
Dº. — Cours théorique et pratique de la langue française	117
Dº. — Idéologie, lexicographie, prononciation, syntaxe, etc.	118
Dº. — Exercices de la langue française	119
Lemercier (N.-L.). — La démence de Charles VI, tragédie, lettre y.	1552
Dº. — Dame Censure, tragi-comédie, lettre z.	1552
Dº. — Cours analytique de littérature générale.	2159
Le Mierre (A.-M.). — Les fastes ou les usages de l'année, poëme.	1054
Le Monnier (H.). — Un voyage aux Pyrénées, etc., poésies. 1042-	1043
Lemontrey (P.-Ed.). — Raison, folie, petit cours de morale	2307
Lenartowitz (Théophile). — Sigismond Krapinski, Jules Slowacki, Joseph Kraszewski.	1264
Le Noble (Eust.). — Contes et fables	1134
Dº. — Les avantures provinciales, etc.	1955
Le Noble. — De la révocation de l'édit de Nantes. Liasse b, lettre b.	1177
Lenoir du Parc. — Nouveau recueil de plaidoyers français.	456
Léonard (Nic.-Germ.). — Ses œuvres.	938
Lepage (Charles). — Le vivant, le malade et le mort. Lettre f.	1170ª
Le Pays (René). — Amitiez, amours et amourettes	1691
Le Pelletier-(Dom L.). — Dictionnaire de la langue bretonne. 237-	238
Le petit moraliste, choix de maximes, etc. Carton 1, nº 52.	818
Lequien (E.-A.). — Traité de la conjug. des verbes.	134
Leris (Ant. de). — Dictionnaire portatif historique et littéraire des théâtres.	1317
Le Roux (P.-J.). — Dictionnaire comique, satirique burlesque, etc.	189
Le Roux de Lincy. — Le livre des proverbes français.	2322
Leroy-Kéraniou. — Turenne, poëme. Carton 1, nº 50	818
Le Roy-Mabille (Evar.-H.-J.). — Œuvres.	2657
Lesage (A.-R.).— Recueil des pièces mises au théâtre français.	1404
Dº et d'Orneval. — Le théâtre de la Foire.	1556
Dº. — Histoire de Gil Blas de Santillane. 1698-1700-	1701
Dº.— Aventures de Gil Blas de Santillana.	1699
Dº. — Le diable boiteux.	1702
Dº. — Histoire d'Estévanille Gonzalès.	1703
Lescour (J.-P.-M.). — Telenn Gwengam.	1205

Dº. — Comptes-rendus par Mauriès, etc.	1206
Dº. — Telenn Remengol. 1207-	1208
Les langues esmoulues pour avoir parlé du Drap d'or. Carton 1, liasse 5, nº 10.	1552ᵃ
Les mille et une nuits, contes arabes. 2118-2119-	2121
Les mille et un jours, contes persans.	2121
Lespinasse (Mˡˡᵉ J.-J. El. de). — Lettres. 2464-	2465
Lettres (Les) et épîtres amoureuses d'Héloïse et d'Abeilard.	2422
Dº. — Mises en vers français.	2425
Dº. — Autres 2426-2427-	2428
Lettres choisies de Mᵐᵉ de Sévigné, de Grignan, etc. . . . 2453-	2454
Lettres de Ninon de Lenclos au marquis de Sévigné.	2458
Lettres de Mᵐᵉ la duchesse du Maine et de Mᵐᵉ de Simiane. . . .	2460
Lettres philosophiques sur Saint-Paul.	2476
Lettres portugaises.	2489
Lettres inédites de Henri IV et de plusieurs personnages célèbres, etc.	2720
Lettres d'applaudissement écrites à l'anti-moine.	2310
Leveaux (Alphonse). — Etude sur les essais de Montaigne.	2245
Lexicon (Magnum). — Latinum et lusitanum.	2175
Lhomond (L'abbé Ch.). — Rudiment ou grammaire latine. . . 68-	69
Ligne (Le prince de). — Lettres et pensées.	2643
Dº. — Mémoires et mélanges historiques et littéraires.	2644
Limon (I.-M). — Stances sur Préfailles. Carton 1, nº 61	818
Lindley-Murray. — English grammar.	291
Linguet (S.-N.-H.). — Examen des ouvrages de M. de Voltaire. 1197-	2574
Lisle (Leconte de). — Le sacre de Paris. Carton 1, nº 72.	818
Lithuanien (Cycle).	1267
Les chants historiques de l'Ukraine.	1268
Littré (E.). — Histoire de la langue française.	91
Dº. — Dictionnaire de la langue française.	147
Livoy (Le R.-P. Timothée de). — Dictionnaire de synonymes français.	165
Livre sans nom.	2409
Lo-Looz (de). — Les militaires au-delà du Gange.	1721
Loménie (Louis de). — Beaumarchais et son temps.	2246
Longin (D.). — Dionysii Longini quæ supersunt.	2174

Longus. — Les amours pastorales de Daphnis et de Chloé. . . . 1614
D°. — Traduites 1614-1615- 1616
Lope de Vega Carpio. — La hermosura de Angelica, con otras diversas rimas 1251
L'Or (Louis de). — Lettre adressée à la société asiatique de Paris. . 25
L'Oracle, comédie en un acte et en prose. Carton 1, liasse 5, n° 1 . 1552[a]
Lorans (Louis), de Brest. — Théâtre de collège contenant : Les deux Malades, l'Assassin, l'Antiquaire, l'Egoïste, l'Emigré, le Grand-Turc, la Paresse. 1469
Lorquet (H.-L.). — Napoléon, poëme. 962- 963
Lorris (Guillaume de) et Meun (Jean de). — Le roman de la Rose. . 829
Loth (J.). — Essai sur le verbe néo-celtique en irlandais, etc. . . 239
D°. — Vocabulaire vieux breton avec commentaires 240
D°. — Le chant de la Marseillaise. 1174
Louis XIV. — Résumé de ses œuvres 2541
Lourdoueix (de). — Les folies du siècle. 1863
Loysel (Paul). — Paysages bretons, poésies. 1039
Lucain. — De bello civili. 709
D°. — Pharsalia. 708
D°. — La Pharsale de Lucain 710-711-712- 713
Lucas (Hipp.). — Curiosités dramatiques et littéraires 2761
D°. — Théâtre espagnol 1585
Luce de Lancival. — Œuvres précédées d'une notice. . . 2607- 2608
D°. — Œuvres. Liasse A, lettre D. 1176
D°. — Hector, tragédie. Lettre X 1552
Luchet (J.-P.-L. de la Roche du Maine, marquis de). — Mémoires de Mme la duchesse de Morsheim. 1738
D°. — Histoire littéraire de M. de Voltaire. 2573
Lucien. — Luciani samosatensis philosophi opera. 2499
D°. — Œuvres, traduct. . . . . 2501 à 2504
D°. — Dialogues des morts, texte et deux trad. 2397
D°. — Colloquia selecta. 2500
Lucrèce. — Titi Lucretii Cari de rerum naturâ. 555
D°. Traductions 556-557-558-559- 560
Le Lucrèce français, fragments d'un poëme, par Sylvain M***. . . 1076

Luzac (Elie). — Lettre d'un anonyme à M. J.-J. Rousseau. . . . 2474

Lugaigne. — Ode sur le voyage du Roi, etc. Carton 1, n° 2. . . . 818

Luzel (F.-M.). — Gwerziou Breiz-Izel. — Chants populaires de la Basse-Bretagne. 1214-1215- 2020

D°. — Contes populaires de Basse-Bretagne. 2020

Lysias. — Œuvres complètes, trad. en français. 404

M

Mably (L'abbé de). — Œuvres complètes. 2590- 2591

Machiavel (N.). — Œuvres. 2665

Machiavel. — Œuvres littéraires. 2730

Macpherson (James). — Ossian. — Poésies galliques. — Temora, poëme épique 1300-1301- 1302

Macrobe. — Macrobii Aurelii Theodosii viri consularis, etc. 2167

Magasin des Adolescens, ou Entretiens d'un gouverneur avec son élève. 388

Maillet (A.-G.). — L'art de la correspondance, etc. 2491

Maillet-Lacoste (P.-L.). — Œuvres. 449-450- 451

Mailly (Le chevalier A. de). — Nouvelles toutes nouvelles. 1966

Maistre (Xavier de). — Œuvres complètes. 1753- 1754

Malfilâtre (G.-C.-L.), Clinchamp (de). — Narcisse dans l'isle de Vénus. 1045- 1046

D°. — Œuvres. Liasse A, lettre a, 1176. 907

Malherbe (François de). — Les œuvres de François de Malherbe, en vers et en prose. — Poésies de Malherbe. 854-855- 856

Malouin. — L'Avare, comédie de Molière, mise en vers 1371

Mandar (M.-P.). — Le Génie des siècles. 1679

Manilius (Marcus). — Marci Manilii astronomicon libri quinque . . . 684

Manuel de littérature, contenant la définition de tous les différents genres de compositions, etc. 2178

Manuel des grammairiens. 65

Manuel lexique ou Dictionnaire portatif des mots françois 193

Manzoni. — Les Fiancés, texte italien. 2035

Marc de Marin. — Grammaire malgache. 344

Marcel-Briol. — Les phases du Louvre, épopée nationale. Carton 1, liasse 4, n° 62 818

Maréchal (Sylvain). — Projet d'une loi portant défense d'apprendre à lire aux femmes.	2133
Mareschal (L.-F.). — Essai d'une grammaire latine.	70
Mareschal. — La moutarde celtique. Carton 1, liasse 3, n° 46	818
Marguerite de Valois. — Contes et nouvelles.	1964
Marie de France. — Poésies de Marie de France	828
Marin (P.). — Dictionnaire complet françois et hollandois	272
Marin (F.-L.-C.). — Pièces de théâtre.	1414
Marivaux (Pierre Carlet de Chamblain de). — Le Paysan parvenu.	1712
Marmontel (Jean-François). — Poétique française.	806
D°. — Bélisaire.	1672-1673
D°. — Contes moraux	1983-1984
D°.— Œuvres posthumes.— Régence du duc d'Orléans et mémoires	2604
Marot (Clément). — Les œuvres.	838-839-840-841-842
D°. — Œuvres choisies.	843
Martial. — Martialis.	737-738-739
D°. — Traductions	740-741-742
Martin (Ch.). — L'art d'enseigner la grammaire française	137
Martin (Louis-Aimé). — Raymond, roman.	1864
Martinus (Emmanuel). — Epistolarum libri xii ; accedunt vita, etc.	2431
Mascaron, Bourdaloue, La Rue et Massillon. — Oraisons funèbres choisies.	459
Masclef (F.). — Grammatica hebraïca a punctis	309
Massac (de). — Les amusements des gens d'esprit	2693
Massieu (L'abbé G.). — Gulielmi Massiaei Carmen, Caffaeum.	782
Massillon (Le R. P. J.-B.). — Maximes sur le ministère de la chaire	389
D°. — Le petit Carême	460
Masson de Pezay (Le marquis). — La nouvelle Zélis au bain.	1047
Maucroix (L'abbé de). — Nouvelles œuvres contenant la première Tusculane de Cicéron, etc.	2540
Maunoir (Le R. P. J.). — Le Sacré-Collège de Jésus, etc.	233
D°. — Canticou spirituel.	1209-1210-1212
D°. — Templ consacret da Bassion Jesus-Christ.	1211
Maupertuis (P.-L. Moreau de). — Œuvres.	2556
Mauriès (P.). — La Bretagne. — Adieux d'un jeune soldat breton. — Michel Columb. Carton 1, liasse n° 1, n°s 6, 8, 15	818

384   TABLE

Mauriès. — La Bretagne. — La France dans l'Extrême-Orient. — Stances. — Ode sur le pommier. — Robert Surcouf . . 1031-1032-1033-1034- 1035

Maury (Le cardinal). — Essai sur l'éloquence de la chaire. 391

Maximes et pensées du prisonnier de Sainte-Hélène. 2381

Mayer (de).— Geneviève de Cornouailles et le Damoiseau sans nom. 1865

Mayre (Le P. J.).— Liladamus ultimus Rhodiorum, poema heroïcum 772

Mazère (H.). — La Niaise, comédie. . . . . , 1494

Meissner (A.-T.). — Alcibiade enfant, jeune homme. 2053

Mélanges catholiques, extraits de l'avenir 2706

Ménage (G.). — Menagiana, sive excerpta ex ore, etc.. . 2325-2326- 2327

D°. — Dictionnaire étymologique de la langue française. 93

D°. — Observations de M. Ménage sur la langue française. 115

Meninski (F.-M.) — Francisci à Mesgnien Meninski institutiones, etc. 19

Menu de Chomorceau (Etienne). — Renaud, poëme héroïque. . . . 1674

Mercier (L.-Séb.). — L'an deux mille quatre cent quarante. — Rêve, etc. 2303

D°. — La destruction de la Ligue. 2700

Mercier (L.-L.). — Néologie ou Vocabulaire des mots nouveaux. . . 177

Mercier (Nic.). — Nicolai Mercerii Pisciaci, etc. De conscribendo epigrammate. 482

Mercurius quadrilinguis id est : linguarum, etc. 18

Merian et Klaproth. — Tripartitum, seu de analogiâ, etc. 21

Mérimée (Prosper). — Colomba, suivi de la Mosaïque, etc. — Nouvelles. — Les deux héritages. — L'Inspecteur général. — Les débuts d'une Aventurière.— Chronique de Charles IX. — Théâtre de Clara Gazul. — Notes d'un voyage dans l'Ouest. 2664

D°. — Lettres à une inconnue 2481

D°. — Théâtre de Clara Gazul. 2747

D°. — Les deux héritages 2748

D°. — La Vénus d'Ille. — Les âmes du Purgatoire. — Mateo Falcone. — Vision de Charles IX. — L'enlèvement de la redoute. — Tamango. — La perle de Tolède. — La partie de trictrac. — Le Vase étrusque. — Les Mécontents. — Lettres adressées d'Espagne, etc. — Nouvelles : Carmen. — Arsène Guillot. — L'abbé Aubain. — La Dame de Pique. — Les Bohémiens. — Le Hussard. — Nicolas Gogol 2751- 2752

Merle (J.-T.). — Grammaire espagnole de Port-Royal. 217

Mermet (L'abbé L.-F.-E.). — Leçons de belles-lettres pour servir de supplément au cours de belles-lettres de l'abbé Batteux. . . .	2154
Méro (Honoré-Joseph). — Odes anacréontiques.	1148
Merthgen. — Œuvres pastorales. Trad. de l'allemand.	2668
Merveilleux (D.-F.). — Amusements des bains de Bade.	2690
Méry (Joseph). — La Floride	1866
D°. — La guerre du Nizam	1867
D°. — La comtesse Hortensia	1868
D°. — Les Nuits italiennes	1869
D°. — Epître à M. le comte de Villèle. Liasse b, lettre d.	1177
Méry (Joseph) et Barthélemy (Aug^{te}-Marseille). — Le Fils de l'homme, ou souvenir de Vienne. Carton 1, liasse 3, n° 47. 818-	1027
D°. — La Villéliade.	1024
D°. — Napoléon en Egypte	1025
D°. — Némésis	1026
Méry (C. de). — Histoire générale des proverbes, adages, etc. . . .	2314
Meurice (Paul). — L'Avocat des pauvres, drame.	1516
Mével (Emmanuel). — Nouvelles bretonnes, suivies d'une étude sur E Souvestre.	2018
Michael Tarch. — Marullus Hieron. Angerianus, etc.	748
Michaud (Clovis). — Poésies. 981-982-	983
Michaud (M.). — Correspondance de Bonaparte et Michaud. Carton 1, n° 30.	818
Michault (Jean-Baptiste). — Mélanges historiques et philologiques.	2209
Mickiewicz (Adam). — Œuvres poétiques complètes. . . . 1261-	1263
Milin (Gabriel). — Iann-es-Kolmwenn, légende bretonne	1203
Millevoye (Ch.). — Le Voyageur. Carton 1, liasse 2, n° 25.	818
Milliet. — Recherches et réflexions sur la poésie	548
Millin (A.-L.). — Mélanges de littérature étrangère.	2707
Milton (J). — Le Paradis perdu. 1269-1270-1271-1272-1273-1274-	1275
Mirabeau (Le comte H.-G. de).— Recueil de contes.	1968
D°. — Lettres originales.	2478
Mirone (de). — Anecdotes vénitiennes et turques.	1970
Mistère (le) du siège d'Orléans	1365
Mistral (Frédéric). — Mireille, épopée rustique en 12 chants, traduit en vers allemand.	2745

Mitaine-Guenin. — L'anglosaxophobie............ 1122
Modèles d'éloquence latine, ou morceaux choisis dans les discours, etc................................ 2693
Molènes (Paul de). — Caractères et récits du temps, etc. 1870-1871- 1872
Molière. — Œuvres complètes 1366-1367-1368- 1369
D°. — Œuvres 1370
D°. — Le Misanthrope. — Les précieuses ridicules. — Les femmes savantes. — Tartufe. Vol. in-32, lettres d, e, f, g........ 1551
Monier de la Sizerane. — Marie-Antoinette............ 986
Monnier (Henri). — Mémoires de M. J. Prudhomme 1873
D°. — L'amitié des deux âges................ 1489
Monselet (Charles). — Les aveux d'un pamphlétaire........ 1874
Montague (Miss Mary). — Letters writted during her travels, etc. . 2492
Montaigne. — Pensées propres à former l'esprit et les mœurs. 2372- 2373
Montalivet (de). — Un heureux coin de terre.......... 1875
Montchamp (Louis de). — Le livre de l'amour.......... 1876
Montengon (Don Pedro). — Eusebio, historia sacada de las memorias, etc............................ 2043
Montépin (Xavier de). — Les viveurs de Paris, drame 1519
Montesquieu. — Lettres persanes.............. 2291- 2292
D°. — Œuvres........ 2549-2550-2551-2552-2553-2554- 2555
Montesquieu (Ch.) — Le temple de Gnide............ 1649
Monti (l'abbé V.) et Alfieri (V.) — Œuvres posthumes........
Montolieu (Isabelle de). — Caroline de Lichtfield.......... 1877
Montpensier (Mlle de). — La relation de l'Isle imaginaire...... 1690
Monvel. — Blaise et Babet. Vol. in-32, lettre m.......... 1551
D°. — Les victimes cloîtrées. Vol. in-32, lettre u.......... 1552
Moore (Th.) — Irish, mélodies.................. 1290
Morand (Pierre de). — Théâtre et œuvres diverses......... 1405
Morand (C.) et Pla (C.) — Dialogues classiques familiers...... 220
Morceaux d'éloquence, extraits des sermons des orateurs...... 444
Moreau (Louis). — Monsieur Blaguignac............ 1471
D°. — Le routier et la juive................. 1778
D°. — Le brigand de la Cornouaille.............. 1779
Morellet (l'abbé André). — Théorie du paradoxe.......... 2297

Dº. — Observations critiques sur le roman intitulé Atala, carton 1, liasse 6, nº 1. 2313

Dº. — Lettre de F. de Voltaire à Joseph de Chénier. Carton 1, liasse 6, nº 2. 2313

Dº. — Littérature allemande et orientale. Carton 1, liasse 6, nº 3. . 2313

Mourgues (le P. M.) — Recueil d'apophtegmes. 2318

Mousin (L.) — Discours de l'yvresse, etc. 2129

Mozin (l'abbé). — Nouveau dictionnaire complet, à l'usage des allemands et des français. 262

Muffat (René). — L'ami des livres. 2721

Murger (Henri). — Le Bonhomme jadis, comédie 1503

Dº. — Le roman de toutes les femmes 1878

Dº. — Scènes de campagne 1879

Dº. — Les vacances de Camille. 1880

Dº. — Le pays latin. 1881

Musæ rhetorices, seu carminum libri sex 2687

Muse bretonne (La) de 1809 953

Musée, le Grammairien. — Héro et Léandre, poëme 526

Dº. — Les amours de Léandre et de Héro. Carton 1, liasse 2, nº 24. . . . . 818- 527

Musset (Alfred de). — Premières poésies 984

Dº. — Poésies nouvelles 985

Dº. — Comédies et proverbes 1564

Dº. — Un caprice. 1565

Dº. — Confession d'un enfant du siècle 1882

Dº. — Nouvelles. 2001

Dº. — Œuvres complètes 2636

Dº. — Œuvres posthumes. 2729

Musset (Paul de). — Lui et elle. 1883

Musy (L'abbé). — Nouvelle grammaire française 109

Mynas (C. Minoïde). — Orthophonie grecque. 57

N

Nadal (L'abbé Aug.). — Œuvres mêlées. 1400

Napoléon. — La bataille de Waterloo, poëme, carton 1, nº 37. . . 818

Dº. — Ses opinions et jugements sur les hommes et sur les choses. 2614

Napoléon III. — Œuvres.................... 2637

Nelson (Histoire de miss). — Trad. de l'anglais par M. V. R. Y. . . . 2100

Nodier (Charles). — Poésies diverses.............. 956

D°. — Nouvelles, souvenirs de jeunesse, etc............ 1998

D°. — Romans et contes................... 1999

D°. — Œuvres. Les sept châteaux du roi de Bohême, etc....... 2627

D°. — Mélanges de littérature et de critique........... 2758

Noel (Fr.). — Dictionarium latino-gallicum............ 87

D°. — Gradus ad Parnassum, ou nouveau dict. poétique latin-français................... 549- 550

Nonnus, le panopolitain. — Les Dionysiaques, ou les voyages, les amovrs et les conquestes de Bacchus aux Indes, trad...... 528

Nottret (Mlle V.). — Deux éducations, suivi de la réparation.... 1884

Nouveau dictionnaire des rimes................ 809

Nouveau théâtre françois................... 1463

Nouvelle bibliothèque de campagne............... 1885

Nouvelle bibliothèque de la ville et de la campagne........ 2022

Nouvelle bibliothèque choisie................. 2204

Nugent (Th.). — Nouveau dictionnaire portatif des langues française et anglaise........................ 281

O

O'Brien (The Rev. Paul). — A pratical grammar of the irish language... 300

Observations critiques sur le génie du christianisme, par M. J. de Chénier........................ 2201

Œuvres de M*** (Goldoni), trad. de l'Italien............ 1578

Œuvres oratoires de Mirabeau................. 447

Œuvres de théâtre de M... (l'abbé C.-H. de Fusée de Voisenon)... 1406

Old Nick, pseudonyme de Forgues (Paul-Emile). — Violette, chronique d'opéra. Eléonore Raymond................ 1886

Olivet (L'abbé d'). — Remarques sur la langue française...... 116

Ollenix du Mont-Sacré. — Les amours de Cléandre et Domiphille. 1639

Oppien. — Oppiani de piscibus libri v............. 542

Oraisons funèbres de Fléchier, suivie de celle de Turenne, par Mascaron, etc.................... 444- 442

Orationes ex Sallustii, Livii, Curtii et Taciti historiis collectæ... 411

Orbessan (Mis d'). — Mélanges historiques, critiques, de physique, de littérature et de poésie. 2211
Ordre (L') des bannerets de Bretagne et leur origine. 833
Ossat (Le cardinal d'). — Lettres avec des notes historiques et politiques de M. Amelot de la Houssaie. 2441
Ovide. — P. Ovidii Nasonis opera quæ supersunt. . . 666-667- 668
D°. — Métamorphoseon libri xv. 669- 670
D°. — Traductions d'Gvide. 671- 672
D°. — Les œuvres galantes et amoureuses. 673
D°. — Les épistres et toutes les élégies amoureuses. 674- 675
D°. — Les métamorphoses, traduct. . 676-677-678-679-680-681- 682
D°. — Commentaires sur les épistres d'Ovide. 683
Owen (J.). — Epigrammatum Joannis Owen Cambro - Britanni oxoniensis, editio postrema 794- 795
D°. — Les épigrammes, traduites en vers français. 796

P

Paine (Th.). — Recueil d'ouvrages de Th. Paine. 2674- 2675
Palafox (Dom J. de). — Œuvres spirituelles. 2667
Palingène. — Marcelli Palingenii Stellati poetæ Zodiacus vitæ, etc. 750
D°. — Le Zodiaque de la vie humaine. 751
Palissot de Montenoy (Ch.). La Dunciade, poëme en dix chants . 1110
D°. — Théâtre et œuvres diverses 1412
Panard (Charles-François). — Œuvres choisies, etc. 935
D°. — Théâtre et œuvres choisies 1557
Panckoucke (A.-J.). — Dictionnaire des proverbes françois. 2320
D°. — L'art de désopiler la rate 2324
Paradin (Claude). — Devises héroïques. 2391
Pardal, Ochoa, Richard, Corona y Sadler. — Nouveau guide de conversations en français et en espagnol. 222
Pardé (A.). — Grammaire de la langue serbo-croate 305
Paris (Paulin). — Les romans de la Table ronde 1607
Paris en miniature. Vol. in-32, lettre g 2309
Parnasse (Le) chrétien, divisé en deux parties 906
Parny (Ev.). — Œuvres complètes 1116

D°. — Œuvres.	1118
D°. — La guerre des Dieux	1117
Parodies (Les) du nouveau théâtre italien	1555
Parseval Grand-Maison (F.-A.). — Philippe-Auguste, poëme héroïque en douze chants	1022
Parte veinte y tres de comedias nuevas	1581
Parthenius. — Les affections de divers amans	1611
Patin. — Mélanges de littérature ancienne et moderne.	2760
Patin (Guy). — Lettres choisies de feu M. Guy Patin. . . . 2445-	2446
Paul (L'abbé Armand-Laurent). — Cours de latinité supérieure. . .	2680
Pavillon (Etienne). — Œuvres. 2538-	2539
Pechméja (J. de). — Téléphe en xii livres	1650
Pell (G.). — Le Vocabulaire anglois, flamand, françois et latin. . .	42
Pelletier (Le R. P. Sté-J.). — Reginæ eloquentiæ Palatium	378
Penquer (Mme Ate). — Les Chants du foyer. 987-988-	989
D°. — Révélations poétiques.	990
D°. — Anniversaire. A Victor Hugo	991
D°. — A M. E. Caro. Carton 1, liasse 1, n° 10 818-	992
D°. — Appel aux riches. Carton 1, liasse 1, n° 14. . . . 818-993-	994
D°. — L'Hiver. — La Neige. — Le Fils de la Veuve. — Anniversaire. A Victor Hugo.	994
D°. — L'Œillet rose.	1544
D°. — Velléda.	1038
D°. — L'Hiver.	2740
D°. — Le Fils de la Veuve	2741
D°. — Syndorix	2742
D°. — La belle Yvonne.	2743
D°. — La Payse	2744
Penquer (Aug.). — Discours prononcé à la distribution solennelle des prix du lycée de Brest.	472
Pensées ingénieuses des anciens et des modernes 2360-	2361
Pensées ingénieuses des Pères de l'Eglise.	2362
Pensées diverses.	2365
Pensées philosophiques de M. de Voltaire.	2377
Pensées, esprit, maximes et principes de J.-J. Rousseau.	2378

Pensées et observations modestes de M. le comte de B***.	2379
Pensées de Nicole de Port-Royal	2380
Pensées des deux empereurs, Napoléon Ier et Napoléon III.	2382
Pereira (Barthélemy). — La Paciécide.	756
Pérennès. — Bluettes poétiques	957
Perny (Paul). — Grammaire de la langue chinoise orale et écrite.	337
Perrault (Ch.). — Saint Paulin, evesque de Nole.	859
Do. — Magasin des fées, ou Contes de fées	1887
Perreau (J.-A.). — Le Roi voyageur, ou examen des abus, etc.	1960
Perron (Le cardinal Jacq. Davy du). — Les diverses œuvres.	2513
Perse. — Auli Persii Flacci satiræ ad codices parisinos recensitæ.	702
Do. — Traductions. 703-704-705-706-	707
Pesselier (Ch.-Et.). — Œuvres.	1423
Petau (D.). — Dionysii Petavii Aurelianensis Opera poetica. 761-	762
Pétitionnaire (Le), ou le Guide des personnes, etc.	2436
Petitot (Le R. P. E.). — Vocabulaire français-esquimau.	351
Do. — Dictionnaire de la langue dessé-dindjée. Dialectes montagnais ou chippewayan, Peaux-de-Lièvre et Loucheux	352
Petits desserts (Les). Manuscrit (pièces de théâtre). 1566-	2138
Petit Dictionnaire de la cour et de la ville. Vol. in-32, lettre f.	2309
Petit Dictionnaire ministériel. Vol. in-32, lettre k.	2309
Petit Télémaque, ou précis des aventures de Télémaque.	1665
Pétrarque (Rimes de Fr.). — Traduction complète en vers des sonnets, canzones, etc.	1226
Do. — Francisci Petrarchæ opera latina.	2510
Pétrone. — Titi Petronii Arbitri equitis rom. Satyricon. 2268-	2269
Do. — Traductions, latin et français 2270-2271-	2272
Do. — Fragmentum Petronii, etc.	2273
Do. — Histoire secrète de Néron.	2274
Do. — Poëme sur la guerre civile, trad. en vers français.	714
Peyton (V.-J.). — Les éléments de la langue angloise. 278-	279
Phèdre. — Phædri Augusti liberti fabulæ, de 685 à	687
Do. — Traductions avec le texte, dont trois interlinéaires, de 688 à	692
Do. — Traduction nouvelle.	694
Do. — Traduction en vers italiens avec le texte.	693

Dº. — Fables anciennes et nouvelles, éditées d'après les manuscrits 695

Philidor. — Le Bûcheron, ou les trois Souhaits, comédie 1558

Philipon de la Madelaine (L.-P.). — Grammaire des gens du monde 107

Dº. — Modèles de lettres sur différents sujets 2433

Dº. — Manuel épistolaire à l'usage de la jeunesse. 2434

Philosophe (Le) amoureux, histoire galante 2423

Phocylide. — Ses préceptes. 513

Picard (L.-B.). — Œuvres. 1444

Dº. — Le Gil Blas de la Révolution 1888

Pichot. — Galerie des personnages de Shakespeare. 2263

Pictet (Adolphe). — Les origines indo-européennes. 329- 330

Pièces de théâtre (8). 1360

Pièces relatives à Bélisaire 2200

Pietkiewieza. — Grammatyca jezyka francuzkiego 303

Dº. — Prawidla pisowni-francuzkiej 304

Pigault-Lebrun (G.-C.-A.) — Les abus de l'ancien régime, comédie.
Vol. in-32, lettre k 1551

Dº. — La sainte Ligue, ou la Mouche, roman historique. 1755

Pihan (A.-P.). — Glossaire des mots français, tirés de l'arabe, du
persan et du turc. 95

Piis (Le chevalier Auguste de). — Opuscules divers. 937

Pinart (Alph.-L.). — Bibliothèque de linguistique et d'ethnographie
américaines. 349

Pindare. — Les odes pythiques traduites, avec des remarques, etc. 514

Dº. — Olympiques, Pythiques, Néméennes, Isthmiques. 515

Pinière (C.-A.-B.). — Le Siècle, satyre. 1162

Piron (Alexis). — Œuvres. 2561-2562- 2563

Dº. — Œuvres complètes 2564

Dº. — La Métromanie, comédie. Vol. in-32, lettre i 1551

Dº. — Gustave Wasa, tragédie. Vol. in-32, lettre v. 1552

Pissot. — Histoire des proverbes. 2319

Pithou. — Abrégé de la vie et des travaux de M. de Mirabeau . . . 445

Pixérécourt (A.-C.-G. de). — Le Belvédère, ou la Vallée de l'Etna.
1484- 1486

Planche (Gustave). — Portraits littéraires 2231- 2232

D°. — Etudes littéraires	2233
Planche (Jos.). — Dictionnaire grec-français.	61
Planche, Alexandre et Defauconpret. — Dictionnaire français-grec.	190
Platon. — Alcibiade premier, expliqué par deux traductions	2396
Plaute. — M. Actii Plauti comœdiæ viginti 1325-	1326
D°. — Traduction	1327
D°. — Traduction avec le texte.	1328
D°. — Mostellaria (Le Revenant), texte et traduction	1329
Pline (Le jeune). — Caii Cæcilii Secundi Plinii panegyricus.	426
D°. — Lettres traduites en français.	2421
D°. — Epistolæ et panegyricus.	2508
D°. — Œuvres, trad. avec le texte.	2509
Plouvier (Edouard). — Le songe d'une nuit d'hiver, comédie.	1507
Plutarque. — Œuvres morales et meslées. 2495-2496-	2497
D°. — Les vies des hommes illustres.	2498
Poan St-Simon. — Recueil tiré du portefeuille d'un rentier.	2703
Poe (Allan-Edgard). — Tales of mistery.	2105
Poésies magyares. — Choix et traduction, etc.	1807
Poésies religieuses, par M***.	2739
Poetæ græci veteres carminis heroici scriptores, etc.	487
Poetæ græci veteres, tragici, comici, lyrici, epigrammatarii	488
Poètes français (Les). — Recueil des chefs-d'œuvre de la poésie française	814
Poétique françoise, à l'usage des dames.	805
Poétique élémentaire, par M. L* S***, de plusieurs académies.	807
Poisson (Raimond et Philippe). — Œuvres choisies.	1402
Poitevin. — Cours théorique pratique de langue française.	138
Polignac (Le cardinal M. de). — Anti-Lucretius, sive de Deo et naturâ.	764
Traductions. — L'anti-Lucrèce. 765-766-	767
Poliphile. — Hypnerotomachie, ou discours du songe de Poliphile.	2026
Politus (Alexander). — Alexandri Politi orationes.	430
Pompadour (Jne Ant. Poisson, marquise de). — Lettres.	2463
Pompery (Edouard de). — De l'amour, du mariage et de la femme dans le théâtre de M. Dumas fils.	2242

Dº. — Correspondance inédite de Bernardin de St-Pierre et de Mme A. de Pompery. 2487

Pompignan (Le Franc de). — Mélange de traductions, etc. 2678

Dº. — Poésies sacrées. 1003ª

Dº. — Œuvres diverses. 2588

Ponsard (F.). — Lucrèce, Agnès de Méranie, etc. 1460

Dº. — La Bourse. 1461

Dº. — Œuvres complètes. 1462

Dº. — Chœurs d'Ulysse. Carton 1, liasse 4, nº 59. 818

Pontanus. — Joannis Joviani Pontani amorum libri II. 752

Pontmartin (A. de). — Contes et nouvelles. 2006- 2007

Dº. — Le fond de la coupe, nouvelle 2008

Pope (Alex.). — The works. 2672

Dº. — Œuvres complètes, traduites en français avec le texte anglais. 2673

Dº. — L'essai sur l'homme, trad. en vers français. 1279

Dº. — Les pensées de Pope. 2383

Poppleton (G.). — Nouveaux éléments de la conversation en anglais et en français. 285

Porée (Le P. Ch.). — Caroli Porée fabulæ dramaticæ. . . . 1342- 1343

Porte-feuille (Le) françois, ou choix nouveau et intéressant de pièces de prose et de poésie 921- 922

Porte-feuille trouvé. 2722

Pottier (F.-G.). — Nouveau système d'enseignement du latin. . . . 71

Pougens (Charles). — Essai sur les antiquités du Nord et les anciennes langues septentrionales 6

Pouilly (M. de). — Eloge de Ch. Bonnet, etc. 458

Poullain de Saint-Foix (J.-F.) Lettres turques. 2293

Pradère (O.). — La Bretagne poétique. Traditions, mœurs, etc. . . 1216

Dº. — Etude sur quelques poètes étrangers. 2248

Pradon (Nicolas). — Les œuvres divisées en deux tomes. . 1382- 1383

Dº. — Nouvelles remarques sur tous les ouvrages du sieur D***. . 2196

Prévost d'Exiles (L'abbé A.-F.). — Manuel lexique. 164

Mémoires d'un homme de qualité. 1704-1705- 1706

Dº. — De l'institution de l'orateur 398

Dº. — Œuvres choisies. 1707

Dº. — Histoire de Manon Lescaut, etc. 1708-1709- 1710
Prigent. — Le palais du silence, tragédie. 1543
Prini (V.). — Nouvelles et anecdotes composées ou recueillies. . . 2034
Priou (Mᵐᵉ Louise). — Partez! à l'armée, poésie. Carton 1, liasse 4, nº 63. 818
Prix (Les) de vertu. — Discours prononcés par MM. Daru, Daya, etc. 452- 453
Prodomus Theodorus. — Les amours de Rhodante et de Dosiclès. 1623- 1624
Properce. — Elégies de Properce, trad. par M. de Longchamps. . 571
Dº. — Traduction avec le texte latin. 700
Proyart (L'abbé). — L'écolier vertueux. 1889
Prudence. — Aureli Prudenti Clementis V. C. opera. 747

Q

Quatre fils Aymon (Les). 1890
Quellien (N.). — L'argot des nomades en Basse-Bretagne. 256
Quevedo (Francisco de). — Œuvres choisies. 2044
Dº. — Obras. 2666
Quillet (Claude). — La Callipédie, traduite du poëme latin de Claude Quillet, avec le texte 768-769- 770
Quintilien. — M. Fabii Quintiliani institutionum oratoriarum libri duodecim, etc. 373
Dº. — Préceptes de rhétorique. 374
Dº. — De l'institution de l'orateur, traduction 375- 376
Quinze Août, souvenir des grands jours de France. Carton 1, liasse 4, nº 68. 818
Quiquier (G.). — Dictionnaire et colloques françois-breton. . 231- 232
Quitard (Pierre-Marie). — Dictionnaire étymologique, historique et anecdotique des proverbes et des locutions proverbiales de la langue française, etc. 2321

R

Raban. — Cadet Vilain et Vilain l'aîné, satire en prose, lettre h, vol. in-32 2309
Dº. — Nain bleu, vol. in-32, lettre a. 2309
Dº. — Oraison funèbre de l'infortuné droit d'aînesse, vol. in-32, lettre c 2309

Rabelais (François). — Œuvres, de . . . . 2124 à 2127
Raccan (Mre Honorat de Bueil, chevalier, sieur de). — Les Bergeries 857
Racine (Jean). — Œuvres, de . . . . 1384 à 1386
D°. — Œuvres complètes. 1387- 1388
D°. — Théâtre complet. 1389- 1390
D°. — Esther 1391
D°. — Esther, vol. in-32, lettre g. 1552
D°. — Les Plaideurs, vol. in-32, lettre b. 1551
D°. — Britannicus, vol. in-32, lettre f. 1552
D°. — Les frères ennemis, vol. in-32, lettre h 1552
Racine (Louis). — La Religion, poëme. — La Grâce, poëme. — Epîtres et lettres. 1001- 1002
D°. — Poëme sur la Grâce. Epître en vers à M. de Valincourt . . . 1003
Radonvilliers (L'abé R.-A.) — Œuvres diverses 2596
D°. — De la manière d'apprendre les langues 13
Ramsay (Le chevalier And.-Mich. de). — Les voyages de Cyrus 1666-1667- 1668
Randle Cotgrave. — A french-english Dictionary, with another in english and french, avec le Dictionnaire anglois et françois. . . . 293
Raousset-Boulbon (Cte G. de). — Une conversion, roman. 1891
Rapin (Le P. René). — Renati Rapini societatis Jesu hortorum libri IV. Accedit ejusdem odarum liber. 773
D°. — Œuvres. 2521
D°. — Les Jardins, poëme, traduction avec le texte. 774
D°. — La comparaison de Démosthène et de Cicéron 2186
Ratisbonne (Louis). — Héro et Léandre, drame antique 1525
Rauquil-Lieutaud. — Lettre à M. le prince de L*** (Ligne) 2229
Ravisius (J.). — Epitheta Joannis Ravisii Textoris nivernensis. . . 545
Raynouard (François-Juste-Marie). — Les Templiers. 1466
D°. — Les Templiers, suivie de la tragédie espagnole des Templiers, par Perez de Montalban, avec le mariage de Figaro, par Beaumarchais 1467
Recueil A, Z. 2691
Recueil composé de six ouvrages. 2727
Recueil composé de trois ouvrages. 2728
Recueil comprenant trois ouvrages 2726

Recueil contenant diverses pièces latines 2685
Recueil de discours et d'oraisons funèbres, prononcés pendant le xviiie siècle, par divers orateurs 463
Recueil de divers écrits. 2689
Recueil de diverses harangues, discours et autres pièces d'éloquence 434
Recueil de morceaux bretons 1204
Recueil d'oraisons funèbres 437
Recueil de quinze pièces espagnoles 1582
Recueil de satires (en vers). 1170- 1170a
Recueil de figures de Romeyn de Hooge, pour les contes de Boccace 2031
Recueil des pièces d'éloquence et de poésie qui ont remporté les prix donnés par l'Académie française en 1744-1746, avec les discours qui ont été prononcés, etc. 822
Recueil des plus belles pièces des poètes français, depuis Villon jusqu'à M. de Benserade 815
Recueil factice de pièces en vers et en prose. 817
Recueil factice de poëmes. 816
Recueil factice des récits, de cantiques, de discours, de chansons, de complaintes, etc., en langue bretonne. 1213
Recueil (Nouveau) de cantiques spirituels 1179
Recueil (Nouveau) de chansons choisies. 1180
Recueil (Nouveau) contenant la vie, etc., et les lettres d'Abeilard et d'Héloïse 2424
Réflexions critiques sur la poésie et sur la peinture 480- 481
Regnard (Jean-François). — Œuvres. 1393- 1394
Do. — Œuvres complètes. 1395
Do. — Œuvres, suivies des œuvres choisies de Destouches 1396
Do. — Le Légataire universel. Vol. in-32, lettre h 1551
Regnault de Warin (Jn-Bte-Jb-Innocent-Philadelphe). — L'Ange des prisons (Louis XVII), élégie. 1678
Do. — Les Prisonniers du Temple. 1747
Règnes (Les deux). Poëmes 920
Régnier (Mathurin). — Œuvres, avec poésies choisies de Motin, Berthelot et autres poètes célèbres du temps de Régnier. . . 823
Régnier (Mathurin). — De . . . . 848 à 853
Régnier Desmarais (L'abbé Fr.-Séraph. — Poésies françoises 868- 869
Reiff (Ch.-Ph.). — Grammaire française-russe. 307

Relation du voyage du prince de Montberaud dans l'île de Naudely.	1956
Remi (Abraham Ravaud de), en latin Rèmmius. — Borbonias. 771-	2736
Rémond de Saint-Mard (Toussaint). — Œuvres mêlées	2767
Rémusat (Jean-Pierre-Abel). — Eléments de la grammaire chinoise	334
D°. — Recherches sur les langues tartares.	339
Rémusat (Ch. de). — Critiques et études littéraires.	2240
Renan (Ernest). — Questions contemporaines.	2762
René d'Anjou. — Œuvres complètes	2511
Renneville (Mme de). — La fée Gracieuse	1992
Répertoire du Théâtre français.	1359
Répertoire général du Théâtre français	1362
Repos (Le) de Cyrus	1669
Restaut (P.). — Abrégé des principes de la grammaire française.	99
D°. — Traité de l'orthographe française.	175
Rétif ou Restif de la Bretonne (N.-E.). — La Prévention nationale.	1563
D°. — Le Paysan perverti.	1728
D°. — Les Contemporaines	1729
D°. — Les Françaises 1730-	1731
D°. — Les Parisiennes 1732-1733-	1734
Révelière (L.-V.). — Discours sur cette question : Combien il importe, pour le bonheur et la prospérité des nations, de faire concorder la morale avec les lois.	461
Revue celtique.	257
Revue des langues romanes.	90
Reybaud (Louis). — Jérôme Paturot à la recherche d'une position sociale	1892
D°. — Jérôme Paturot à la recherche de la meilleure des républiques	1893
Reybaud (Mme Charles). — Faustine, roman	1894
D°. — Misé Brun, roman	1895
D°. — Le Moine de Chaalis, roman.	1896
D°. — Sydonie, roman	1897
D°. — Le Cabaret de Gaubert, roman.	1898
Reyrac (L'abbé François-Philippe de Laurens de). — Hymne au soleil, suivi de morceaux du même genre	1653
Rhétorique française, à l'usage des jeunes demoiselles	382

Riccoboni (Louis). — De la réformation du théâtre 1349
Riccoboni (M^ie-Jeanne Laboras de Mézières, dame). — Œuvres complètes. 2597
D°. — Lettres de Milord Rivers à Sir Charles Cardigan 1744
D°. — Lettres de Mistriss Fanny Butler à Milord Ch.-Alfred de Cartombridge, etc., trad. de l'anglais, avec : Lettres d'Elisabeth-Sophie de Vallière à L.-Hort. de Chanteleu, son ami (par la même) 1745
Richardson (T.) — Pamela Andrews, e la virtud premiada, traduction espagnole 2099
Richelet (P.). — Dictionnaire portatif de la langue française 150
Richelieu (Armand-Jean du Plessis, cardinal de). — Résumé de ses principaux écrits 2512
Richomme (Charles). — Le livre d'or de la jeunesse. 2023
Ripa (César). — Iconologie 2392
Robertson (T.). — Dictionnaire idéologique. 468
Robidou (Bertrand). — Elohim et Jaweh. Episode du Déluge, poëme 1121
Robillard. — Les quinze nouvelles de l'enfance. 1994
Roche (M.-J.-B.). — Pièces fugitives, suivies de quelques airs notés. 1464- 2697
Rochefort (César de). — Dictionnaire général et curieux. 94
Rollin (Charles). — De la manière d'enseigner et d'étudier les belles-lettres, de. . . . . 2143 à 2146
D°. — Opuscules. 2546
Romagnesi et Riccoboni. — Les Sauvages, parodie d'Alzire 1464
Roman (L'abbé J.-J.-T.). — L'inoculation, poëme 1052
Romance de Damon et Henriette. — Romance de Pirame et Thisbé. — Ariette d'Hippolyte. — Les adieux d'un marin à sa maîtresse. — Le Diable déchaîné. Carton n° 1, liasse 2, n° 18 848
Romet (Nicolas-Antoine). — Lettre de Pétrarque à Laure, suivie de remarques sur ce poète, et de la traduction de quelques-unes de ses plus jolies pièces. 1145
Rondeau (Pierre). — Nouveau Dictionnaire françois-allemand . . . 261
Roqueplan (Nestor). — Regain. — La Vie parisienne. 1899
Rosier (Jos^h-Bern.). — La Foi, l'Espérance et la Charité, drame . . 1496
Rostrenen (F^ois-Grégoire de). — Grammaire française-celtique, ou française-bretonne. 224- 225

D°. — Dictionnaire français-celtique ou français-breton 234
Rota (P.-R.). — A Key to Botarelli's italian exercises. 207
Roubaud (L'abbé P.-J.-A.). — Synonymes français. 128
Roucher (Jean-Antoine). — Les Mois, poëme. 1055
Roujoux (Le citoyen). — La Paix, divertissement. Carton n° 1, liasse 5, n° 8 . . . . 1552a
Rousseau (J.-B.). — Œuvres 882- 883
D°. — Œuvres choisies. 881
D°. — Œuvres choisies, de . . . . 884 à 889
D°. — Lettres sur différents sujets de littérature 2472
Rousseau (J.-J.). — Œuvres complètes. 2580-2581- 2585
D°. — Œuvres 2582- 2583
D°. — Supplément aux œuvres de Rousseau. 2584
D°. — Œuvres et correspondance inédites. 2586
D°. — Julie ou la nouvelle Héloïse. 1717- 1718
D°. — Correspondance originale et inédite. 2473
Rousset (Nicolas-Ant.). — Lettre de Pétrarque à Laure 2258
Roussy (Victor). — Comme on se perd, histoire contemporaine. . . 1767
Roustan (Paul). — Petits cours de versions allemandes 263
Roy (P.-L.). — Œuvres diverses. 2558
Rozmowy francuskiei-polskie. Dialogues français-polonais. 306
Ruffini (J.). — Le docteur Antonio, roman italien, traduit 2033

S

Saadi. — Le Boustan, ou Verger, poëme persan. 1312
Sabatier de Castres (L'abbé de Ant.). — Dictionnaire de littérature . 2150
Sabbagh (Michel). — La Colombe messagère. 1310
Sabbathier (François). — Dictionnaire pour l'intelligence des auteurs classiques, grecs et latins 2160
Sabran (E.-L.-Z.-). — Notes critiques, remarques et réflexions sur le Génie du Christianisme 2259
Saillour (L.). — De Galliæ calamitatibus. 789
Sainjoré (pseudonyme de Richard Simon). — Bibliothèque critique, etc 2203
Saint-Evremond (Ch.-M. de St-Denis de). — St-Evremoniana. 2332- 2410

D°. — Œuvres	2535
D°. — Œuvres mêlées 2533-2534-	2536
D°. — Les Académiciens, comédie. Vol. in-32, lettre j	1551
Saintfoix (G.-F.-P. de). — Œuvres de théâtre 1418-	1419
Saintine (X.-B.). — Picciola. 1765-	1766
Saint-Lambert (J.-F.). — Les Saisons, poëme 1056-1057-	1058
Saint-Marc-Girardin. — Discours prononcé par	468
Saint-Pierre (J.-H. Bernardin de). — Œuvres mises en ordre par L. Aimé-Martin.	2609
Saint-Réal (L'abbé de). — Œuvres.	2537
Saint-Victor (J.-B. de). — L'Espérance, poëme 1072-	1073
Sainte-Beuve (Ch.-Aug.) — Poésies complètes. 977-	978
D°. — Volupté.	1900
D°. — Critiques et portraits littéraires.	2220
D°. — Portraits littéraires.	2221
D°. — Causeries du lundi.	2222
D°. — Tableau historique et critique de la poésie française au XVIe siècle.	2223
D°. — Derniers portraits littéraires.	2224
D°. — Portraits contemporains, ...	2225
D°. — Portraits de femmes.	2226
D°. — Nouveaux lundis.	2227
D°. — Châteaubriand et son groupe littéraire sous l'Empire. . . .	2228
Sainte-Marthe (Scévole de). — La manière de nourrir les enfants à la mamelle, trad. avec le texte latin.	775
D°. — Traduction de la Pædotrophie du même.	776
Sainte-Tryphine et le roi Arthur.	1571
Sallengre (A. H.) — L'éloge de l'yvresse. 2286-	2287
Salmon (N.) — Dictionnaire anglais et français et français-anglais.	294
Samson (J^{ph} Is.) — L'art théâtral.	1120
Sand (George). — François Le Champi.	1497
D°. — François Le Champi, Les maîtres Mosaïstes. . . . 1901-	1902
D°. — Le compagnon du tour de France.	1903
D°. — La petite Fadette. La Marquise, etc.	1904
D°. — Mauprat 1905-	1906

D°. — Indiana Melchior.	1907
D°. — Indiana.	1908
D°. — Valentine. — Cora.	1909
D°. — Le meunier d'Angibault.	1910-1911
D°. — Jacques.	1912-1913
D°. — Horace.	1914-1915
D°. — Le château des Désertes, Isidora.	1916
D°. — Le péché de M. Antoine, etc.	1917-1918
D°. — Teverino, Leone Leoni.	1919
D°. — Lélia. L'Uscoque.	1920
D°. — Mont-Revêche.	1921
D°. — La Mare au Diable.	1922
D°. — Jeanne.	1923
D°. — Lucrezia Floriani.	1924
D°. — André.	1925
D°. — Elle et lui.	1926
D°. — Narcisse.	1927
D°. — La famille de Germandre.	1928
D°. — La dernière Aldini. — Simon	1929
D°. — Lettres d'un voyageur.	2486
Sandeau (Jules). — Mademoiselle de la Seiglière, comédie.	1548
D°. — Marianna.	1930-1931
D°. — Madame de Sommerville. — La chasse aux romans	1932
D°. — Fernand, Vaillance, Richard.	1933
D°. — Le docteur Herbeau.	1934
D°. — Valcreuse.	1935
D°. — Catherine.	1936
D°. — Un héritage.	1937
D°. — La maison de Penarvan.	1938
D°. — Un début dans la magistrature.	1939
D°. — Nouvelles. — Mademoiselle de Kérouar, etc	2015
Sané (A. M.) — Nouvelle grammaire portugaise, etc.	221
Sanson (A.-Z.) — Les petits solitaires.	1996
Sannazar (Jacques de). — L'Arcadie, traduit de l'italien.	1249

Santeuil (J. B. de). — Joannis Baptistæ Santolii V. operum omnium editio secunda.	780
D°. — Œuvres de feu Monsieur de Santeuil.	781
Sapho. — Sapphus, poetriæ Lesbiæ, fragmenta et elogia	533
D°. — Poésies de Sapho, traduites en vers français.	534
Sarazin ou Sarrazin (Jⁿ-Fᵒⁱˢ). — Œuvres.	2517
Satires par J.-M.-B. Clément. — Les persifleurs.	1169
Saurin (B.-J.). — Beverlei, tragédie bourgeoise	1478
Sautel (Le P. Pierre Juste). — Lusus poetici allegorici, etc.	783
Sautreau de Marsy. — Tablettes d'un curieux.	2702
Sauviac (M. de). — Eloge du maréchal de Vauban.	467
Savignac (de). — Les bonnes petites filles, contes.	2024
Scaliger (Jules-César). — Jul. Cœs. Scaligeri adversus Desid. Erasmum orationes duæ.	428
Scarron (Paul). — Les œuvres bvrlesques.	2518
D°. — Le Roman comique.	1792
D°. — Le Virgile travesti.	620- 621
Schiller (J.-F.-C.). — Œuvres, trad. nouvelle	2669
D°. — Théâtre, trad. de l'allemand.	1588
D°. — Œuvres dramatiques, trad.	1589
D°. — Théâtre, trad. nouvelle.	1590
Schmid (chanoine). — Contes.	2061
Scholtz (Christ). — Grammatica ægyptiaca.	342
Schonaich (Le baron de). — Arminius, ou la Germanie délivrée, poëme, trad. — La Pétréade, par H.-G.-S., chevalier de Mainvilliers	1258
Schoppe (Amélie). — Les émigrants au Brésil, trad. de l'allemand.	2074
Schott (André). — Adagia sive proverbia græcorum, etc.	2315
Scott (Walter). — Œuvres, trad. de M. Defauconpret. 2088-2089-	2090
D°. — Harold l'indomptable, poëme.	1305
D°. — Le lord des Isles, poëme.	1306
D°. — Ivanhoé, trad.	2091
D°. — L'abbé, trad.	2092
D°. — Le monastère, trad.	2093
D°. — The abbot being the sequel to the monastery.	2094

D°. — The fair Maid of Perth	2095
D°. — Waverley, trad.	2096
D°. — Galerie des femmes de Walter Scott.	2097
Scribe (Eugène). — Œuvres complètes.	1455
D°. — Répertoire du théâtre de Madame.	1456
D°. — La Czarine, drame.	1457
Scribe et Legouvé. — Les contes de la reine de Navarre, comédie.	1458
Scribe et Ch. Potron. — Feu Lionnel, etc., comédie.	1459
Scudery (Mlle Madeleine de). — Artamène ou le grand Cyrus.	1688
D°. — Ibrahim ou l'illustre Bassa.	1689
D°. — Sa vie et sa correspondance.	2520
Scudo (P.). — Critique et littérature musicales.	1352
Sébillot (Paul). — Sur les limites du breton et du français, etc. Carton 1, liasse 6, n° 8	2313
Secrétaire (Le) du Parnasse. Deuxième cahier	925
Secrétaire (Le) de la Cour impériale de France.	2435
Sedaine (Michel-Jean). — Recueil de poésies	936
Segrais (Jean Regnauld, sieur de). — Eglogues, etc	867
D°. — Zayde, histoire espagnole, avec un traité de l'origine des romans, par M. Huet.	1692
Ségur (L.-P., comte de). — Œuvres complètes	2662-2663
Séjour (Victor). — André Gérard, drame	1521
Séjournant (N. de). — Nouveau dictionnaire espagnol, français et latin	46
Selis (Nicolas-Joseph). — Epîtres en vers sur différents sujets.	1150
Sénèque. — L. Annæi Senecæ tragœdiæ.	1340-1341
Sermon du R. P. Protoplaste. Vol. in-32, lettre d.	2309
Severus (P. Cornelius). — L'Etna de P. Cornelius Severus et les sentences de P. Syrus, traduction	701
Sévigné (Marie de Rabutin Chantal, M^{ise} de). — Lettres	2449-2450
D°. — Lettres choisies	2451
D°. — Lettres choisies de Mmes de Sévigné et de Maintenon	2452
D°. — Lettres choisies de Mmes de Sévigné, de Grignan, de Simiane et de Maintenon	2453-2454

Sevigniana, ou Recueil de pensées ingénieuses, etc., tirées des lettres de Mme de Sévigné.	2334
Seward (Miss). — Louisa, a poetical novel.	1291
Shakespeare. — Œuvres trad. de l'anglais, par Letourneur	1591
D°. — The dramatic works, etc..	1592
D°. — Œuvres complètes, trad.	1593
D°. — Richard the Third.	1594
D°. — Othello, a tragedy.	1595
D°. — Œuvres dramatiques, trad.	1596
D°. — Dicks' complete edition of shakspere's works.	1597
D°. — Œuvres complètes, trad. 1598-	1599
Sibillon. — Principes de traduction	75
Sicard (L'abbé R. A.). — Eléments de grammaire générale. . 14-	15
Siebecker (Edouard). — La Statue, poésie. Carton 1, liasse 4, n° 73.	818
Siebelis. — Symbolæ criticæ et exegeticæ ad graviores, etc.	2172
Silius Italicus. — Seconde guerre punique avec le texte latin en regard. 715-	716
Simon (Jules). — Discours à l'Assemblée générale des délégués des Sociétés savantes.	473
Siret (Pierre-Louis). — Eléments de la langue anglaise. . . 286-	287
Smith (L.) et Hamilton (H.). — The international english and french dictionary.	298
Smith (Adam). — Essai sur la première formation des langues.	5
Sobrino (F.). Sobrino aumentado o nuevo diccionario de las lenguas espanola, francesa y latina.	47
Soirées bretonnes, ou recueil de poésies diverses.	824
Sophocle. — Théâtre, traduit en entier.	1318
Sorbier. — Du plagiat. Carton 1, liasse 6, n° 5.	2313
Sorel (Charles). — Le berger extravagant, etc.	1686
Sornet (Gaspard). — L'Alexandriade, poëme héroïque, avec la Pétréade, par M. G. S., et la France républicaine, par F^ols Pagès, poëmes	1010
Sotos Ochando (Le Dr D. B.). — Grammaire espagnole.	219
Soulié (Frédéric). — La closerie des genêts, drame.	1495
D°. — Si jeunesse savait! si vieillesse pouvait!.	1940
D°. — Les mémoires du Diable.	1941

Dº. — Un été à Meudon, romans.	1942
Soupé (A Philibert). — Etude sur la littérature sanscrite.	2247
Soupirs (Les) d'Euridice aux Champs Elysées.	1648
Souvestre (Emile). — Le foyer breton.	1943
Dº. — Le monde tel qu'il sera.	1944
Dº. — Le coin du feu.	1945
Dº. — Un philosophe sous les toits.	1946
Dº. — Les derniers Bretons.	2725
Spiers (A.). — Etude raisonnée de la langue anglaise.	288
Stace. — La Thébaïde, trad. nouvelle, par M. l'abbé Cormiliolle.	717
Dº. — L'Achilléide et les Sylves, trad. par le même.	718
Staël (Anne-Louise-Germaine Necker, baronne de). — Corinne.	1748
Dº. — La Corinna.	1749
Dº. — Delphine. 1750-	1751
Dº. — De la littérature considérée dans ses rapports avec les institutions sociales.	2140
Dº. — Lettres sur les ouvrages et le caractère de J.-J. Rousseau.	2198
Stassart (Le bon de). — Œuvres complètes. 2624-	2626
Stendhal. — La chartreuse de Parme.	1947
Dº. — L'abbesse de Castro.	1948
Dº. — Le rouge et le noir.	1949
Stern (Daniel, cesse d'Agoult). — Nélida.	1950
Sterne (Laurce). — A sentimental journey through France and Italy.	2076
Voyage sentimental en France. 2077-	2754
Dº. — Nouveau voyage.	2078
Dº. — La vie et les opinions de Tristam Shandy. 2079-	2080
Stobée. — Johannis Stobæi sermones.	2164
Strozii (Titus Vespasianus et Hercules). — Poetæ pater et filius Aldus.	753
Suard (J.-B.-A.). — Mélanges de littérature.	2216
Sue (Eug.). — Le marquis de Létorière, roman.	1951
Suidas. — Suidæ historica, cæteraque omnia.	58
Supplément au dictionnaire de l'Académie.	146
Swift (Jonathan). — Voyage de Gulliver dans des contrées lointaines, trad.	2075

T

Tableaux sacrez des figures mystiques	2395
Taillard (Constant). — Lettres à mon amie. . . . . ,	2479
Taine (H.). — Vie et opinions de M. Frédéric-Thomas Graindorge .	1953
Tansillo (L.). — Le jardin d'amour.	1241
Tasse (Torquato Tasso, le). — La Gerusalemme liberata . . 1227-	1228
D°. — Traductions. . 1229-1230-1231-1232-1233-1234-1235-1236-1237-1238-	1239
D°. — Les veillées du Tasse, trad. et texte.	1240
Tastu (Mme Amable). — Poésies.	959
Tatius (Achilles). — Les amours de Clitophon et de Leucippe, traduction. 1621-	1622
Tell. — Exposé général de la langue française.	105
Térence. — Terentius.	1330
D°. — Publii Terentii comœdiæ. 1331-	1332
D°. — Traductions. 1334-1335-1336-1337--1338-	1339
D°. — Heautontimorumenos et Adelphi	1333
Terrasson (L'abbé J.) — Séthos, histoire ou vie tirée des monuments, etc 1670-	1671
Texier (Edmond). — Critiques et récits littéraires.	2239
Tezmonville (de). — Les troubadours modernes.	939
Thackeray (W.-M.). — Le livre des Snobs, trad. de l'anglais. . . .	2311
Théâtre françois ou recueil des meilleures pièces de théâtre	1356
Théâtres (petite bibliothèque des).	1357
Théâtre des auteurs de second ordre	1358
Théâtre bourgeois	1363
Théâtre français ancien	1364
Théâtre (nouveau) françois.	1463
Théâtre de société	1562
Théâtre espagnol, trad. 1583-	1584
Théâtre allemand, trad.	1587
Théocrite. — Les Idylles, traduites du grec en vers français. 516-	522
D°. — Traduites en français 517-518-519-520-	521
Theognidis, Phocylidis, Pythagoræ, Solonis et aliorum poemata gnomica.	489

The prose. Epitome, or elegant extracts abridged, etc. 2708
Thomas (A.-L.). — Œuvres 2594
D°. — Œuvres diverses. 2593
D°. — Œuvres posthumes. 2595
Thompson, ou plutôt Thomson (James). — Les Saisons, poëme, traduction. 1280- 1281
Tibulle. — Essai sur les élégies de Tibulle, avec le texte latin. 566- 696
D°. — Elégies de Tibulle, par Mirabeau, avec le texte . . 567-572- 697
D°. — Traduction en vers français avec le texte 568- 698
D°. — Les amours de Tibulle, [par M. de la Chappelle, avec le texte. 569- 699
Tite-Live. — Les concions et harengves de Tite-Live, nouvellement traduictes en françois 427
Topffer (Phod.). — Rosa et Gertrude 1971
D°. — Réflexions et menus propos, etc. 1972
D°. — Le Presbytère. 1973
D°. — Nouvelles génevoises. 1974- 1975
Tourreil (J. de). — Œuvres 2543
Tourtoulon (Ch. de), O. Bringuier. — Etude sur la limite géographique de la langue d'Oc et de la langue d'Oil 89
Traduction complète des poésies de Catulle, suivie des poésies de Gallus et de la Veillée des fêtes de Vénus, par Noël (F°is). . . . 565
Tragédie manuscrite. Carton 1, liasse 5, n° 11 . . . . 1552ᵃ
Tréfouel (J.). — Pauline. Poésies élégiaques 1175
Treneuil. — La princesse Amélie, ou l'héroïsme de la piété fraternelle. Carton 1, liasse 2, n° 27 818
Trésor (Le) des harangues, faites aux entrées des rois, reines, etc. . 433
Trésor (Le nouveau) du Parnasse. 821
Tréverret (de). — De l'expression du sentiment religieux dans Polyeucte, dans Esther et dans Athalie 2243
D°. — Le panégyrique des Saints au xviie siècle 2244
D°. — L'Italie au xvie siècle. 2763
D°. — Quæ in Attica republica partes a Scenicis scriptoribus vulgo defensæ fuerint 2176
Tribunal (Le) d'Apollon 2214
Tricot. — Les rudiments de la langue latine, etc. 66

Troude (le colonel A.-E.) et Milin (G.). — Conversations nouvelles en breton et en français. 258
D°. — Le Conteur breton 1969
Troude. — Dictionnaire pratique français-breton. 246
D°. — Nouveau dictionnaire pratique français-breton et breton-français. 243-244- 245
Turner (J.). — Nouvelle grammaire anglaise. 282
Turquety (Ed.). — A M. Lamennais. Carton 1, liasse 3, n° 54 . . . 818
D°. — Esquisses poétiques. 965
D°. — Amour et foi. 966
D°. — Poésies. 967
D°. — Primavera. 968

U

Uchard (Mario). — La Fiammina, comédie en 4 actes. 1520
Ujfalvy (Ch. E. de). — Etude comparée des langues ongro-finnoises. 275
D°. — Essai de grammaire vêpse ou Tchoude du Nord. 276
Ukrainien (Cycle). — Antoine Malezewski. Bohdan Zaleski. Séverin Goszczynski. 1265
Univers (l') perdu et reconquis par l'amour, par de Carné. 1647
Un mois de folie, poëme. 1107
Urfé (Honoré d'). — L'Astrée de Messire Honoré d'Urfé. 1687
Uricoechea (Ezequiel). — Vocabulario paez-castellano catecismo. . 353
Urscheller (H.) — Une page de littérature allemande. — La réforme d'Opitz. . . . . 2756[a]
Ussieux (L. d'). — Les Héros français, ou le siège de Saint-Jean-de-Lône, drame héroïque. 1465

V

Vacquerie (Auguste). — Jean Baudry, drame. 1549
Vadé (Jean-Joseph). — Œuvres complètes. 1560
Vade-mecum des ministres, vol. in-32, lettre a. 2309
Vallancey (Charles). — An essay on the antiquity of the irish language. 299
Valois (Henri de). — Valesiana. 2329

Valrey (Eugénie-Marie Gaude, dame Soler, connue sous le pseudonyme de Max). — Marthe de Montbrun, roman. 1952

Vanière (Le père Jacques).— Prædium rusticum. 784- 785

D°.— Carmina, avec des poésies latines de divers auteurs. 786

Varenne (Jacques). — Mémoires du chevalier de Ravanne. 1736

Varia e variis poetis carmina et orationes, avec : Discours sur l'éducation. 749

Variétés littéraires 2215

Vassali (Michel-Antonio). — Mylsen Phœnico Punicum sive Grammatica Melitensis. 314

Vaugelas (Claude Fabre de). — Nouvelles remarques sur la langue française 112

D°. — Remarques sur la langue française. 113- 114

Vaumorière (D'Artigue de).— Harangues sur toutes sortes de sujets. 396

Vauvilliers (Mlle). — Nouvelle méthode pour enseigner le français aux demoiselles 108

Veneroni (Jean). — Le Dictionnaire impérial. 41

D°. — Le maitre italien ou Grammaire française-italienne, de 201 à 204

Vergier (J.). — Œuvres diverses. 897- 898

D°. — Œuvres. 899

Verri (Le comte Alexandre). — Les nuits romaines au tombeau des Scipions, traduct. 2411- 2412

Verrien. — Recueil d'emblèmes, devises, médailles et figures hiéroglyphiques. 2394

Vers latins sur la prise d'Alger, manuscrit. 2738

Veuillot (Louis). — Les libres-penseurs. 2312

Vida de Perico del Campo, roman espagnol. 2041

Videl (Louis). — Mélante, roman. 1685

Vie (La) et les bons mots de M. de Santeuil. 2335

Viennet (J.-P.-G.). — Essais de poésie et d'éloquence. 952

D°. — Epîtres et satires. 1172

Vigée.— Le Pour et le Contre, poésie. Carton 1, liasse 3 n° 33. 818- 2413

Vigneul-Marville (de). — Mélanges d'histoire et de littér. 2253-2330- 2331

Vigny (Alfred de). — Œuvres complètes. 2658

D°. — Les destinées, poëmes philosophiques. 964

Villemain (Abel-François). — Œuvres.	2633
D°. — Discours et mélanges littéraires.	466
D°. — Cours de littérature française. Tableau de la littérature du moyen-âge.	2234
D°. — La tribune moderne. M. de Chateaubriand.	2235
Villemarqué (Vte Th. Hersart de la). — Poëmes des bardes bretons du vi^e siècle.	1195
D°. — Barzas Breiz, chants populaires de la Bretagne... 1196-	1202
D°. — La légende celtique et la poésie des cloîtres en Irlande.	1197
D°. — Les romans de la Table Ronde et les contes des anciens bretons.	1198
D°. — Myrdhinn ou l'enchanteur Merlin.	1199
D°. — Le grand mystère de Jésus.	1200
D°. — Poètes bretons du moyen-âge.	1201
Villemot (Aug.). — La vie à Paris, chroniques du *Figaro*, précédées d'une étude sur l'esprit en France à notre époque, par P.-J. Stahl.	2724
Villeterque (A.-L. de). — Zena, roman.	1735
Villette (Le marquis de). — Œuvres.	2599
Villier (J.). — Dictionnaire français-latin.	195
Villon (François). — Œuvres complètes.	837
Vinson (L'abbé). — Ode à la Discorde. Carton 1, liasse 2, n° 29.	818
Violeau (Hipp.) — La Pèlerine de Rumengol, ballade, carton 1, liasse 1, n° 3ª.	818
D°. — Mes loisirs, poésies.	970
D°. — Premiers loisirs poétiques.	971
D°. — Livre des mères et de la jeunesse, poésies.	972
D°. — La Maison du Cap, nouvelle bretonne.	1981
Violette (L. P. L.) — Dictionnaire samoa-français-anglais, précédé d'une grammaire de la langue samoa.	366
Virgile. — Publii Virgilii Maronis opera, de. . . . . 573 à	586
D°. — Argumenta, explicationes, notæ in sex priores libros Æneidos, auctore Joanne Ludovico de la Cerda.	587
D°. — Thesaurus Publii Virgilii Maronis.	588
D°. — Publii Virgilii Maronis vocabulorum omnium index.	589
D°. — Traductions, de. . . . . 590 à	619
D°. — Le Virgile travesti de Scarron.	620

Dº. — Le Virgile travesti avec la suite de Moreau de Brasei. . . . 621
Dº. — Le génie de Virgile. 622
Dº. — Géographie de Virgile. 623
Dº. — L'Eneide di Virgilio. 624
Vocabolario italiano-latino. 208
Vocabulaire (nouveau), ou colloque français-breton. 248
Vocabulaire (nouveau) ou dialogues français et bretons. 252
Vocabulaire (le grand) françois. 156
Voiture (Vincent). — Œuvres. 2514-2515- 2516
Volney (Constantin-François de Chassebœuf, comte de). — Œuvres
    complètes. 2611-2612- 2613
Dº. — Simplifications des langues orientales, avec : L'Hébreu sim-
    plifié par la méthode alphabétique de C. F. Volney. 318
Voltaire (François-Marie-Arouet de). — Œuvres complètes. 2568-
    2569-2570- 2572
Dº. — Œuvres choisies. 2571- 2766
Dº. — Panégyrique de Louis xv, avec les traductions latine, italienne,
    espagnole et anglaise. 457
Dº. — La Ligue, ou Henry le Grand, poëme épique (La Henriade).
    1012- 1013
Dº. — La Henriade, vol. in-32, liasse a, lettre b. 1176-1014-1015-
    1016- 1017
Dº. — La Henriade travestie. 1018- 1019
Dº. — Voltarii Henriados libri decem, latinis versibus et gallicis. . 1020
Dº. — Poëmes et Discours en vers de Voltaire. 1021- 1103
Dº. — La Pucelle d'Orléans. 1100-1101- 1102
Dº. — Contes en vers, satires et poésies mêlées. 1138
Dº. — Théâtre 1425- 1426
Dº. — Le comte de Boursouflé, comédie, vol. in-32, lettre a. . . . 1551
Dº. — Brutus, tragédie, vol. in-32, lettre a. 1552
Dº. — La mort de César, vol. in-32, lettre b. 1552
Dº. — Mérope, tragédie, vol. in-32, lettre c. 1552
Dº. — Mahomet, tragédie, vol. in-32, lettre d. 1552
Dº. — Zaire, tragédie, vol. in-32, lettre e. 1552
Dº. — Romans. 1714- 1715
Dº. — Le Huron ou l'Ingénu. 1716

D°. — Voltaire parmi les ombres. 2300
D°. — Lettres secrettes. 2467
D°. — Lettres inédites à Frédéric-le-Grand, roi de Prusse. 2468- 2469
D°. — Lettres chinoises, indiennes et tartares, à Monsieur Paw. . 2470
Vossius (Gerardus Joannes). — Etymologicon linguæ latinæ. . . . 79
Voyage de campagne. 1957

W

Wagnière (Jean-Louis). — Commentaire historique sur les œuvres de l'auteur de la Henriade. 2575
Wailly (N.-F. de). — Principes généraux et particuliers de la langue française. 103- 104
D°. — Nouveau vocabulaire françois 149
Wailly (Etienne-Augustin de) et Drevet. — Nouveau dictionnaire de rimes. 810
Wailly (Alfred, Gustave et Jules de). — Œuvres réunies. Théâtre. 1473
Waldor (Mme Mélanie). — Heures de récréation. 2025
Wallius (Le Père Jacques). — Poematum libri novem. 793
Weitenauer (Ignace). — Hierolexicon linguarum orientalium, hebraicæ, chaldaicæ et syriacæ. 308
Werthes (Fr.-Aug.-Clém.). — Les aventures d'Édouard Bomston, roman allemand, traduction 2060
Wieland (Christophe-Martin). — Ménandre et Glycère, roman allemand, traduction. 2071
Williams (Helena-Maria). — Recueil de poésies, traduction 1289
Woimont (L.-F.-N. Magniez de). — Novitius seu Dictionarium latino-gallicum. 86
Wolf (F -A.). — Prolegomena ad Homerum. 2171
Wyss (Rodolphe). — Le Robinson Suisse, traduction. 2062

X

Xénophon, le Jeune, d'Ephèse. — Abrocome et Anthia, histoire éphésienne, traduction 1620

Y

Young (Edouard). — Les Nuits, poëme, traduct. . 1282-1283-1284 1285
D°. — Love of fame, satires. 1286
Young (Thomas). — Rudiments of an egyptian dictionary 343

Z

Zacharie (Fréd.-Wilhelm). — Les quatre parties du jour, poëme,
   traduction. 1257
Zeno (Apostolo). — Œuvres dramatiques, traduction 1577

FIN DE LA TABLE ALPHABÉTIQUE

ERRATA

Nos	Lignes :	Au lieu de :	Lire :
9,	1,	analactes,	analectes.
78,	1,	Bondot,	Boudot.
84,	1,	Danet (T.),	Danet (P.).
86,	1,	Voimont (Magnier de, L.-M.),	Magniez de Woimont (L.-F.-N.).
116,	1,	Olivet,	d'Olivet.
120,	1,	l'Abbé,	l'abbé.
124,	1,	A. Batteux (l'abbé),	Ch. Batteux (l'abbé).
188,	1,	Clément (J.-M.-R.),	Clément (J.-M.-B.).
190,	1,	Defaucompret,	Defauconpret.
209,	1,	Alberty,	Alberti.
210,	1,	Studij,	Studj.
231,	1,	Quiquier,	Quiquer.
231,	1,	Dictionnaires,	Dictionnaire.
231,	2,	tacle,	taele.
231,	2 et 3,	ichryvers,	schryvers.
231,	4,	bedicdenissen,	bediedenissen.
284,	1,	anglaire,	anglaise.
301,	1,	August,	Auguste.
315,	1,	L'Abbé,	l'abbé.
331,	1,	Garem de Tassy,	Garcin de Tassy.
331,	1,	hindoustames,	hindoustanes.
340,	1,	mandchou,	mandchoue.
359,	1,	Haumonte,	Haumonté.
373,	1,	Oratorum,	oratoriarum.
375,	1,	De l'Institution, de l'Orateur.	De l'Institution de l'Orateur.
375,	1,	l'Abé,	l'abbé.
390,	1,	de la Motte,	de la Mothe.
410,	1, *après* : Do.	*ajouter* : 3e olynthienne, texte grec.
490,	2,	Moschut,	Moschus.
493,	1,	græcæ,	græce.

Nos	Lignes :	Au lieu de :	Lire :
530,	1,	Dionysie - Alexandri, de situ orbis, libellus,	Dionysii Alexandrini de situ orbis libellus.
533,	10,	fragments,	fragmenta.
540,	1,	Tyrthée,	Tyrtée.
554,	1,	Ennius, Q. Ennii-Poetæ vetustissimi fragmenta.	Ennius. — Q. Ennii poetæ vetustissimi fragmenta.
554,	2,	Hicron,	Hieron.
554,	6,	tragædiarum,	tragœdiarum.
568,	1,	Mollevant,	Mollevaut.
572,	1,	Veillées de Vénus,	Veillée de Vénus.
587,	2,	Joanue,	Joanne.
698,	1,	Mallevan,	Mollevaut.
709,	1,	Murci,	Marci.
746,	1,	Cornelio, Pruenen,	Cornelio Pruenen.
749,	1,	vitis,	vites.
749,	2,	Stephæbus,	Sephæbus.
760,	1,	et societ,	e societ.
788,	1,	Appolinei,	Apollinei.
816,	1,	des poëmes,	de poëmes.
900,	1,	Houdart de la Motte,	Houdar de la Motte.
906,	1,	Le Parnasse-chrétien,	Le Parnasse chrétien.
967,	1,	Poésie,	Poésies.
969,	1,	Deschamps (Anroni),	Deschamps (Antoni).
1040,	1,	Du Pontavice de Henssey,	Du Pontavice de Heussey.
1055,	1,	Boucher,	Roucher.
1076,	1,	Le Lucrèce-Français,	Le Lucrèce français.
1093,	1,	des Lui,	de : Lui.
1111-1112,	1,	Jambes,	Iambes.
1154,	1,	Epitres,	Epitre.
1159,	1,	Despazes,	Despaze.
1160,	1,	Chénier (G. de),	Chénier (M.-J. de).
1170a, letre e,	8,	Constant-Trillard,	Constant-Taillard.
1175,	1,	Tréfovel,	Tréfouel.
1175,	1,	Pauline, poésies,	Pauline. — Poésies.
1220,	1,	Poëme,	même poëme.
1246-1247,	1,	Carteromaco-Fortiguerra ou Forteguerri, (Nic.),	Carteromaco (Fortiguerra ou Forteguerri, Nic.).

Nos	Lignes :	Au lieu de :	Lire ;
1251,	1,	Lope di Vega,	Lope de Vega, poète espagnol, mis par erreur aux poètes italiens.
1251,	2,	ostras,	otras.
1253,	1,	Les Luciades,	Les Lusiades.
1253,	2,	Traducion-Milliée,	Traduction-Millié.
1258,	6 et 7,	Mainvillers,	Mainvilliers.
1261,	1,	Mikiewicz,	Mickiewicz.
1278,	1,	ann,	and.
1314,	1,	Ceoffroy,	Geoffroy.
1317,	2,	Robus,	Robin.
1321,	1,	Texte grec,	Hécube, texte grec.
1325-1326,	1,	comœdiæ,	comœdiæ.
1332,	1.	Publli,	Publii.
1340,	1,	tragædiæ,	tragœdiæ.
1366-1367-1368,	1,	Autre. — Œuvres, après 1366-1367-1368,	après 1369.
1373,	1,	Le théâtre de Corneille, après 1373,	après 1374.
1409,	1,	Lagrange-Chancel,	Lagrange - Chancel. — Œuvres.
1466,	1,	Raymonard,	Raynouard.
1473,	2,	Théâtres,	Théâtre.
1486,	1,	Guibert,	Guilbert.
1497,	1,	Georges,	George.
1557,	1,	Pannard,	Panard.
1618,	1,	Choriclée,	Chariclée.
1621-1622,	1,	Lencippe,	Leucippe.
1642,	1,	Callysthène,	Callisthène.
1665,	2,	Fénélsn,	Fénelon.
1669,	1,	la vie,	sa vie.
1670,	1,	Séthes,	Séthos.
1693,	1,	Boursaut,	Boursault.
1729,	1,	Les Contemporains,	Les Contemporaines.
1758,	1,	Antonie,	Antoine.
1805.	1,	Beaumont (Le Prince de),	(Leprince de).
1807,	1,	Kératry (Cte de),	Kératry.

N°s	Lignes :	Au lieu de :	Lire :
1824,	1,	D°. — Diderot (Denis),	Diderot (Denis).
1835,	1,	putite,	petite.
1848,	1,	Rhodente,	Rhodante.
1935,	1,	Valereuse,	Valcreuse.
2012,	1,	Kératry (Cte de),	Kératry.
2016,	1,	Brucyre,	Brueyre.
2032,	1,	dé letterati,	de' letterati.
2098,	1,	History (the) — of the adventures,	History (the) of the adventures.
2099,	3,	costimbres,	costumbres.
2172,	1,	Symbolæ, criticæ,	Symbolae criticæ.

Page 259, subdiv. D. Critiques français. lig. 2, *au lieu de :* Traité, *lire :* Traités.

2203,	1,	pseudonyme Richard-Simon.	pseudonyme de Richard Simon.
2234,	1 et 2, *après :* Cours de littér. française,	*ajouter :*	Tableau de la littérature du moyen-âge, en France, en Italie, en Espagne, et en Angleterre (2 ex.).
2234,	2,	Didion et Cie,	Didier et Cie.
2266,	1,	Feidjoo,	Feijoo.
2301,	1,	Voltairimeres,	Voltairimeros,
2306,	1,	dénonciattons,	dénonciations.
2309, lettre d,	6,	de R. P. Protaplaste,	du R. P. Protoplaste.
2310,	1,	applaudlssement,	applaudissement.
2317,	1,	tum græcorum quam,	tam græcorum quam.
2328,	1,	Coursant,	Cursant.
2339,	1,	romains,	Romains.
2342,	1,	Mademoiselle Scudéry,	Mademoiselle de Scudéry.
2391,	1,	Paradin (Claude),	Paradin (Claude). — Devises héroïques.
2393,	1,	Beaudouin,	Baudouin.
2427,	1,	Héloissæ,	Heloissæ.
2432,	1,	Lacroze (Marth. Veissière de),	Lacroze (Math. Veyssière de).
2449-2452,	1,	(Marie Rabutin-Chantal),	(Marie de Rabutin Chantal)
2483,	1,	(Eugène),	(Eugénie).
2489,	3,	Aleaforada,	Alcaforada.

Nos	Lignes :	Au lieu de :	Lire :
2498,	1, *après* : Les vies des hom- mes illustres,	*ajouter :*	2 autres exemplaires de la trad. Ricard, un de la trad. Dacier, une vie d'Alexandre, trad. interlin. et française.
2556,	1,	» Maupertuis,	» Maupertuis. — Œuvres.
2579,	1,	Clément (J.-M.-R.). — Lettres de M. de Voltaire,	Clément (J.-M.-B.). — Lettres à M. de Voltaire.
2586,	1,	Monltou,	Moultou.
2619,	1,	Arnaud,	Arnault.
2629,	1,	Cormenin (vicomte du),	Cormenin (vicomte de).
2639,	1,	Lechzinski,	Leczinski.
2664,	9,	Gazal,	Gazul.
2670,	1,	works,	werke.
2676,	1,	Bouquet (Le). Historial,	Bouquet (Le) historial.
2749,	1,	Répentir,	Repentir.

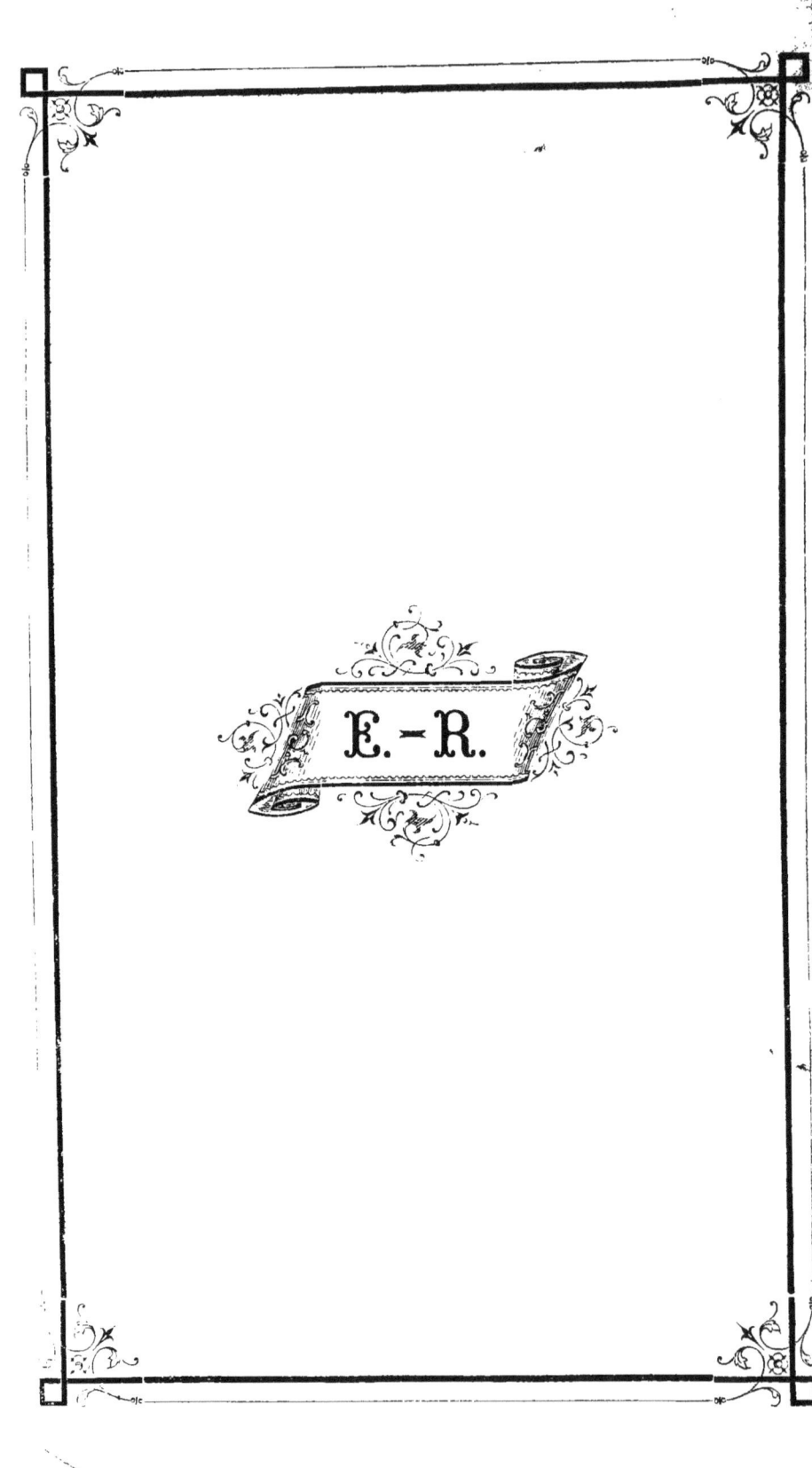